Das Buch

Der Krieg ist vorbei, und Nina Jonkalla, eine reife, attraktive Frau, wird zum Stützpunkt für eine kleine Gruppe von Verletzten und Heimatlosen. Da ist ihr Sohn Stephan, der schwerverwundet aus Rußland zurückgekommen ist, ihre reiche, aber realitätsferne Schwester, das junge Flüchtlingsehepaar und schließlich ihre Enkeltochter Maria, die bei einem Bombenangrif das Augenlicht verloren hat und erst langsam wieder fähig wird, auf Menschen zuzugehen.

Manchmal möchte Nina an ihren Aufgaben schier verzweifeln, und auch ihr Ehemann – ein Überlebender des Konzentrationslagers – ist ihr anfangs keine Stütze.

Doch dann wendet sich langsam das Schicksal.

Die Verletzungen der Menschen heilen, neuer Lebensmut vertreibt die Schatten der Vergangenheit, und Maria wird wie einstens ihre Mutter eine erfolgreiche Sängerin. Die Liebe des jungen Amerikaners Frederic Goll läßt sie schließlich selbst ihren Lebensweg gestalten – und Nina sich mit ihrer Vergangenheit aussöhnen.

Die Unbesiegte ist der dritte und abschließende Roman der großen Nina-Trilogie, mit welcher Utta Danella einfühlsam deutsche Geschichte verarbeitet.

Weit davon entfernt, Schuldzuweisungen und Feindbilder aufzubauen, ist dies ein Roman der Menschlichkeit und Toleranz.

Die Autorin

Utta Danella ist in Berlin geboren und aufgewachsen. Ein in den Nachkriegsjahren begonnenes Studium mußte sie aus Geldmangel abbrechen. Sie arbeitete dann als Journalistin für mehrere Zeitungen. Schon ihr erster Roman *Alle Sterne vom Himmel*, 1956 veröffentlicht, wurde ein Erfolg. Heute liegt ein umfangreiches Romanwerk der beliebten Unterhaltungsautorin vor. Utta Danella lebt seit langem in München und auf Sylt. Viele ihrer Titel sind im Wilhelm Heyne Verlag lieferbar.

UTTA DANELLA

DIE UNBESIEGTE

Roman

WILHELM HEYNE VERLAG
MÜNCHEN

HEYNE ALLGEMEINE REIHE
Nr. 01/9884

Umwelthinweis:
Dieses Buch wurde auf
chlor- und säurefreiem Papier gedruckt.

15. Auflage
3. Auflage dieser Ausgabe

Der Titel erschien bereits in der Allgemeinen Reihe
mit der Band-Nr. 01/7890

Wilhelm Heyne Verlag GmbH & Co. KG, München
Printed in Germany 1997
Umschlagillustration: Marietta Frommberger, München
Umschlaggestaltung: Atelier Ingrid Schütz, München
Satz: (2519) IBV Satz- und Datentechnik GmbH, Berlin
Druck und Bindung: Elsnerdruck, Berlin

ISBN 3-453-09975-3

Es sind nicht alle glücklich,
die da lachen.
Das wahre Glück, mein Freund,
besteht nicht nur im Glücklichsein
vielmehr im Glücklichmachen.

Inhalt

ERSTES BUCH

[illegible] Sergeant [illegible] sich [illegible] aus dem
Hotel, ein Gesicht war [illegible] seine Augen [illegible]
[illegible] Leutnant Goll, [illegible]
[illegible] Er kannte [illegible] bei Davies [illegible] er
[illegible] er gegessen [illegible] Kalamitäten ge-
[illegible] immer wieder [illegible] seine [illegible]
[illegible]

[illegible]
[illegible] Gott [illegible]
[illegible] Gesamtgefüge [illegible]
[illegible] sich [illegible] das [illegible]
[illegible] seinem [illegible]
[illegible]
[illegible] Olaf [illegible]
[illegible] an der [illegible]
[illegible]
[illegible] kennen sie [illegible]
[illegible] einer
[illegible] Zeit [illegible]
[illegible]
[illegible] nicht
[illegible]

[illegible] Als [illegible]
[illegible] war [illegible]
[illegible] von der [illegible]
[illegible] seiner [illegible]
[illegible] ihn zurück [illegible]

München – Juni 1945

Master-Sergeant Davies kam mit großen Schritten aus dem Haus, sein Gesicht war gerötet, seine Augen funkelten wütend. Lieutenant Goll, der im Jeep saß, blickte ihm fragend entgegen. Er kannte diesen Ausdruck bei Davies; so hatte er im Panzer gesessen, wenn sie in ernsthafte Kalamitäten gerieten, mit dieser Miene konnte er aber auch seine Leute anbrüllen, wenn sie seiner Ansicht nach nicht spurten. Eine berserkerhafte Wut konnte diesen im allgemeinen schweigsamen und verträglichen Mann aus Minnesota plötzlich überfallen. »Well, I told them«, knurrte er zwischen den Zähnen hervor. Goll warf einen Blick auf Jackson, der hinter Davies herangetrottet war, doch der zeigte keinerlei Reaktion, er schob sich hinter das Steuer des Jeeps und kaute mit Hingabe an seinem Gummi herum.

»And what's wrong?« fragte Goll.

»It's a shame«, stieß Davies hervor. »That's what it is.« Er stieg nicht in den Jeep, lehnte sich an das Vorderrad und starrte erbittert auf das Haus.

Der Lieutenant verstand. Sie kannten sich noch nicht lange, erst seit der Ardennen-Offensive der Deutschen waren sie zusammen. Aber Zeit war ein irrealer Begriff in einer mörderischen Zeit wie dieser. Was sie gemeinsam erlebt hatten, das Fürchterliche, das Großartige, die Not, das Elend, das Blut und das Sterben um sie herum, dazu Pattons nicht aufzuhaltender Vormarsch, dieser stürmische Siegeszug in das verwüstete Land hinein, hatte sie so aneinander gebunden, daß es keiner Worte bedurfte, um sich zu verständigen.

Davies war ein hervorragender Soldat, ein tapferer Kämpfer im Krieg. Als Besatzungssoldat, als boshafter Unterdrükker, eine Rolle, die anderen gut lag, war er total fehl am Platz. Er hatte genug von der Zerstörung in diesem Land gesehen, vom Elend seiner obdachlosen, heimatlosen Menschen; es widerstrebte ihm zutiefst, in ein Haus zu gehen und Menschen, die noch ein Dach über dem Kopf hatten, auf die Straße zu werfen, Nazi hin – Nazi her. Er hatte zu Hause eine Frau und zwei Kinder, die lebten sicher und gut genährt in ihrem hübschen kleinen Haus, und er wünschte sich nur, daß er bald wieder bei ihnen wäre und von dem, was hier geschah und geschehen war und noch geschehen würde, nichts mehr sehen und hören mußte. Er war weder dumm noch primitiv, ein Mann mit unverdorbenem Charakter.

Sicher war es notwendig gewesen, diesen Kampf auf sich zu nehmen, aber nun war Hitler tot, der Krieg war zu Ende, und nun sollte er auch zu Ende sein. Nicht jeder Mensch in diesem Land konnte ein Verbrecher sein, das hatte er bereits begriffen.

Davies machte keine Anstalten, in den Jeep zu klettern, er blieb stehen, wo er stand, und zündete sich eine Zigarette an.

»You better go and see for yourself, Sir.«

Das gerade wollte Goll durchaus nicht. Es war nicht seine Aufgabe, den Bewohnern eines Hauses die Beschlagnahme anzukündigen, er hatte nur die Requirierungsliste in der Hand. Der Lieutenant seufzte, stieg aus dem Jeep und betrachtete nun seinerseits das Haus. Ihm gefiel es. Doch er hatte nun einmal einen europäisch angekränkelten Geschmack, auch wenn er das Europa seines Vaters und seiner Mutter nur im Krieg kennengelernt hatte.

Hübsches altes Haus, fand er. Ziemlich altmodisch, mit Erkern und Balkons, es sah wohlhabend aus und gemütlich zugleich. Sicher war es innen verwahrlost und schmutzig, die Heizung funktionierte nicht, die sanitären Anlagen waren primitiv, es gab kein warmes Wasser.

Aber all dies hätte Davies nicht in Wut versetzt. Außerdem wußte er inzwischen, daß die Häuser dieser Deutschen, sofern sie noch standen, nicht verwahrlost und schmutzig waren, selbst nach fünfeinhalb Jahren Krieg nicht. Daß manches nicht funktionierte, dafür konnten sie nichts.

Er ließ den Blick über den Garten schweifen, der rechts von dem Haus eine erhebliche Ausdehnung zu haben schien, ein paar schöne alte Bäume standen darin, der Rasen war tiefgrün und gepflegt, rundherum Rosen in leuchtendem Rot, und direkt vor ihm hing über den Zaun ein Busch mit Jasmin, dessen Duft ihn einhüllte. Der Krieg schien spurlos an diesem Haus vorübergegangen zu sein. Die Mauern waren sauber verputzt, ohne Risse und Löcher, die Fenster blitzten in der Sonne.

Ein höchst passendes Haus für Pattons Leute. Was hatte Davies daran auszusetzen?

Er wandte sich zu Davies um, doch der brachte die Zähne nicht mehr auseinander, starrte grimmig vor sich hin und schenkte dem Haus keinen Blick mehr.

Goll war einundzwanzig, Davies dreiundvierzig und sein Untergebener, aber was bedeutete das schon? Außerdem hatte Davies ihm das Leben gerettet, als er, jung und unerfahren, seinen ersten Einsatz hatte.

Während Goll zögernd, unschlüssig, was er eigentlich tun sollte, unter der halb geöffneten Gartenpforte stand, kam eine Frau aus der Tür des Hauses, die Davies offengelassen hatte, als wolle er damit andeuten, daß die Angelegenheit für ihn keinesfalls erledigt sei.

Die Frau blieb neben der Haustür stehen, zu der drei Stufen hinaufführten, und da das Stück Vorgarten, das sie von Goll trennte, nur wenige Schritte ausmachte, konnte er sie genau betrachten.

Sie war schlank, wirkte mädchenhaft und jung, obwohl sie nicht mehr jung war. Ende vierzig etwa, schätzte Goll, ungefähr im Alter seiner Mutter.

Die Frau an der Tür trug ein glattes blaues Leinenkleid, ein ganz einfaches Kleid, doch an ihr wirkte es elegant. Ihr Haar war hellbraun mit einem rötlichen Schimmer, es war locker nach hinten gekämmt und ließ eine klare, faltenlose Stirn frei; sie sah weder verhungert noch elend aus, nur tiefunglücklich. Goll stieß die Gartentür vollends auf und ging auf sie zu. Als sie ihn sah, schien sie zu erstarren, ihre Augen wurden weit vor Schreck, ihr Mund öffnete sich wie zu einem Schrei; nicht nur Schrecken, geradezu Entsetzen drückte ihr Gesicht aus.

Goll blieb stehen. Was war an ihm so entsetzlich, daß die Frau ihn so ansah?

Der Auftrag, der ihn herführte, was sonst? Wie furchtbar, ein Besiegter zu sein! Aber wie peinlich, ein Sieger zu sein.

Er hob die Hand an den Mützenschirm und sagte in seinem gepflegten Deutsch mit dem rollenden R: »Lieutenant Goll. Erlauben Sie, daß ich eintrete?«

Der Blick der Frau hing gebannt an seinem Gesicht, das Entsetzen wich, ein kindliches Staunen trat an seine Stelle. »Bitte«, sagte Nina. Sie trat ins Haus, er folgte ihr. Seltsamerweise wurde er wieder an seine Mutter erinnert. War es die Anmut der Bewegung, die schmalen Hüften, die feinen Fesseln der schlanken Beine?

Dieser Unsinn, den sie uns zu Hause erzählt haben, dachte er. Die deutschen Naziweiber haben blonde Zöpfe um den Kopf, dicke Hintern und breite Hüften.

Sein Vater hatte darüber nur gelacht, und natürlich hatte er recht, wie immer. Sie waren ganz anders, diese Frauen, und sie waren das Erstaunlichste, was er bisher in diesem vernichteten Land gesehen hatte. Auch wenn er sich natürlich, im Gegensatz zu den meisten der Soldaten, streng an das Gebot der Nonfraternization hielt.

Sie kamen in eine große Diele, links im Hintergrund führte eine ziemlich breite Treppe empor, an der linken Seite der Diele war eine hohe geschlossene Tür, doch im Hintergrund, neben der Treppe und auf der rechten Seite, waren die beiden Flügeltüren weit geöffnet, so daß das helle Licht des Sommertages die Diele durchflutete. Nur wenige Möbelstücke standen hier, schöne alte Möbel, und auf einem schmalen Ständer gab eine Vase mit Rosen dem Raum Leben und Farbe.

Sechs Wochen nach Ende des mörderischen Krieges war dieses Haus auch innen ein bemerkenswerter Anblick. Möglicherweise, schoß es Goll durch den Kopf, hatte ein hoher Nazifunktionär darin gewohnt, weil alles so komfortabel und wohlerhalten aussah.

Nina wandte sich zu dem amerikanischen Offizier um.

Die Verzweiflung, die sie empfand, wurde immer noch von dem Staunen über den Anblick des jungen Mannes verdrängt. Er sieht aus wie Nicolas, dachte sie. So muß Nicolas ausgesehen haben, als er sehr jung war. So hätte sein Sohn ausgesehen, wenn er einen gehabt hätte. Und – sie versuchte den Gedanken sofort zu verscheuchen, ihn gar nicht erst zu denken, aber er war schon da, ließ sich nicht mehr zurückschieben – er sieht Vicky ähnlich. Gott im Himmel, er sieht Vicky ähnlich, er könnte ein Bruder von ihr sein.

Ihre Augen füllten sich mit Tränen. Alles konnte sie ertragen, zu allem noch die Beschlagnahme des Hauses, nur nicht den Gedanken an Vicky.

Goll sah die Tränen in ihren Augen und verwünschte sich selbst, daß er ins Haus gekommen war. Das war nicht seine Aufgabe. Dieser verdammte Davies! Go and see for yourself, er würde ihm nachher Bescheid sagen.

»Sie haben es gehört«, sagte er steif. »Ihr Haus ist von der Besatzungsmacht beschlagnahmt.«

»Ja. Ich habe es gehört. Wir müssen es bis morgen mittag geräumt haben, wir dürfen nichts mitnehmen außer Garderobe und Lebensmittel.«

Sie wirkte nun ganz beherrscht, hob ein wenig hochmütig das Kinn. »Es ist ja nicht das erste Haus, mit dem das passiert. Ich habe schon verschiedentlich von Leuten gehört, die man auf diese rüde Weise auf die Straße gesetzt hat. Unseren Nachbarn ist es genauso ergangen, wir haben sie bei uns aufgenommen.«

Goll runzelte unwillig die Stirn. Wie erlaubte sich diese Deutsche mit ihm zu sprechen? Hatte sie noch nicht begriffen, daß sie den Krieg verloren hatte?

»Übrigens ist das nicht mein Haus, es gehört meiner Schwester. Ich habe in der Stadt gewohnt, in München. Wir sind ausgebombt.«

Sie tupfte mit den Fingern die Tränen aus ihren Augenwinkeln, fügte dann kühl hinzu: »Sie verstehen mich? Es scheint, Sie sprechen gut deutsch.«

»Ja«, sagte er, irritiert durch ihre Sicherheit, »das ist in meiner Familie so üblich, wir sprechen englisch, französisch und deutsch.« Kaum ausgesprochen, ärgerte er sich, daß er vor der Deutschen angab.

»Und amerikanisch, nehme ich an«, fügte sie ein wenig süffisant hinzu.

Das artete in eine Konversation aus, dazu war er nicht hier.

»I'm sorry«, sagte er dennoch, und es klang wirklich wie eine Entschuldigung, »aber das Haus ist beschlagnahmt, daran ist nichts zu ändern.«

Nina nickte stumm, wies mit der Hand zu der offenstehenden Tür an der rechten Seite.

»Bitte«, sagte sie wieder.

Wider Willen folgte er ihr auch durch diese Tür.

Als erstes sah er, was wohl auch Davies gesehen und so zornig gemacht hatte: das Kind mit den toten weißen Augen. Das Kind saß auf einem Stuhl, die blicklosen Augen weit geöffnet, sein Gesicht war blaß, von einer geradezu tödlichen Blässe, das kurze Haar sehr dunkel, fast schwarz, und er dachte unwillkürlich: ob es auch dunkle Augen gehabt hat? An der linken Seite der Schläfe hatte das Kind eine tiefe Narbe, die in die Wange hineinreichte.

Es war ein schrecklicher Anblick.

Goll blieb an der Tür stehen und wußte nicht, was er sagen sollte.

Am Fensterbrett, mit dem Rücken zum Garten, lehnte eine junge Frau, ihr Haar war brünett, die Augen von strahlendem Blau, sie machte weder einen unglücklichen noch einen gedemütigten Eindruck, sondern lächelte Goll unbefangen an.

»Lieutenant Goll«, sagte Nina formell mit einer Handbewegung zu dem Amerikaner hin. »Eva Walther. Unsere Nachbarin. Sie wohnte in dem Haus nebenan.« Nun wies ihre Hand zum Fenster hinaus, und Goll konnte über die Breite des Gartens hinweg das Dach des Nachbarhauses sehen, ein rotes Dach über grünen Büschen.

»Right«, sagte Eva, löste sich von dem Fensterbrett und kam in die Mitte des Zimmers. »We have been thrown out a fortnight ago.«

Es klang nicht einmal betrübt, sondern geradezu fröhlich.

»Sie können deutsch mit ihm reden«, sagte Nina.

Eva lächelte immer noch. »Direkt schade. Ich zeige gern,

was ich kann. Der Kollege von Ihnen, Lieutenant, der gerade hier war, hat mich gut verstanden. Ich ihn weniger, das gebe ich zu. Aber immerhin haben wir verstanden, worum es geht.«

»Außerdem wohnt in diesem Haus meine Schwester«, nahm Nina das Gespräch wieder auf. »Wie gesagt, ihr gehört das Haus.«

Sie wies wieder in den Garten hinaus, diesmal in den rückwärtigen Teil, und was Goll dort sah, steigerte seine Verwirrung weiter. In weißen Shorts, ein rotes schmales Tuch über der Brust, lag dort eine Frau in einem Liegestuhl und nahm offenbar ein Sonnenbad. Neben ihr im Gras lag ein Hund, ein Boxer.

Das war also die Besitzerin des Hauses, und sie tat, als ginge sie das alles gar nichts an.

»Und die Dame, die Sie dort unter dem Baum sehen, ist unsere Tante Alice. Sie ist seit drei Wochen hier. Flüchtling aus Schlesien. Seit dem Januar, seit man sie aus Breslau abtransportiert hat, war sie in verschiedenen Flüchtlingslagern. Sie ist zweiundachtzig. Wir waren sehr froh, als wir sie hier im Haus hatten.«

Die alte Dame saß unter einem breitästigen Ahorn, neben ihr stand ein kleiner Tisch, eine Tasse und eine Kanne darauf.

Das Ganze war ein Alptraum. Goll fühlte sich überfordert und nahm sich noch einmal vor, Davies sehr deutlich die Meinung zu sagen.

»Dann wohnt mein Sohn noch in diesem Haus«, fuhr Nina fort. »Er ist da drüben in dem Zimmer, er muß meist liegen. Er ist an der Ostfront schwer verwundet worden.«

Eva und sie verständigten sich mit einem Blick, es war besser, Herbert nicht zu erwähnen, er war noch immer nicht entlassen, lebte immer noch unangemeldet, daher auch ohne Lebensmittelmarken, erst bei Eva, nun bei Marleen und Nina.

Goll blickte an den Frauen vorbei, er zwang sich, kalt und gelassen zu erscheinen. Ein junger Mann aus wohlhabendem und kultiviertem Haus, seine Mutter und sein Vater stammten aus diesem Europa, sein Vater ein Balte, die Mutter Deutsch-Russin. Er war zwar in Amerika geboren, aber das war auch schon alles. Warum mutete man ihm das zu? Er würde versuchen, heute abend den General zu sprechen, er würde ihn bitten, ihn von dieser Aufgabe zu entbinden.

»Das ändert alles nichts«, sagte er kalt. »Es sind wenig Leute in diesem Haus. Das ist selten in dieser Zeit.«

»Ah ja?« sagte Nina. Herausfordernd blickte sie den jungen Sieger an, der aussah wie Nicolas. Wenn sie doch aus dem Haus geworfen wurden, war es sowieso egal, demütigen würde sie sich nicht, bitten nicht. »Ehe ich ausgebombt wurde, hat meine Schwester das Haus allein bewohnt. Mit einem Dienstmädchen. Sie wohnte vorher in Berlin, und sie hat dieses Haus gekauft, um etwas mehr... nun ja, Ruhe zu haben. Vor den Fliegerangriffen, Sie verstehen?« Jetzt war ihr Ton unverhohlen arrogant. »Ihr Mann war Jude. Eines Tages wurde er abtransportiert, niemand weiß, was aus ihm geworden ist.«

»Nun, darüber dürfte wohl jetzt kein Zweifel mehr bestehen«, sagte Goll, »vermutlich wurde er ermordet.«

»Das denken wir auch.«

Sie sah ihn gerade an, wich seinem Blick nicht aus. Sie hatte keinen Menschen ermordet, und sie würde sich immer dagegen wehren, daß man ihr die Morde der Nazis auflud. Daß Marleen sich von Max hatte scheiden lassen, brauchte man ja nicht zu erwähnen. Er hatte es selbst gewollt. Ansonsten konnte man nur hoffen, daß die Amerikaner nicht herausbrachten, wer dieses Haus wirklich gekauft hatte. Aber so schlau waren sie wohl nicht, Alexander Hesse würde bestimmt alle Spuren, die zu ihm führten, verwischt haben.

Goll löste sich aus ihrem Blick.

»Bis morgen mittag also«, sagte er.

Und als er keine Antwort bekam, als die Frauen ihn nur ansahen, empfand er fast so etwas wie Haß. Diese Deutschen! Diese Frauen!

Aber dann sah er wieder nur das blinde Kind und fragte sich, ob es eigentlich hören konnte, ob es verstand, was gesprochen wurde.

»Wissen Sie schon, wo Sie unterkommen?« fragte er und

wußte selbst nicht, wie ihm diese Worte über die Lippen kamen. Wie gut er deutsch spricht, dachte Nina. Und die Art, wie er spricht, kommt mir so vertraut vor. So hat Nicolas auch gesprochen. Ich glaube, jetzt werde ich gleich verrückt. Ob es vielleicht doch so etwas gibt wie Seelenwanderung? Nicolas fiel 1916 in Frankreich. Das ist schon gar nicht mehr wahr.

»Nein«, sagte sie. »Wie sollte ich? Es kommt alles sehr plötzlich.«

»Haben Sie nicht damit gerechnet?«

Wieder tauschten Nina und Eva einen Blick. Natürlich hatten sie damit gerechnet, wer nicht?

»Vielleicht«, sagte Eva freundlich, »sollten Sie dem Lieutenant noch von Ihrem Mann erzählen.«

»Ach, wozu denn?« sagte Nina. Sie ging zu dem kleinen Rokokoschreibtisch, der links vom Fenster stand, nahm sich eine Zigarette aus der Dose und zündete sie an. Sie hatten nicht nur Zigaretten, registrierte Goll, sie nahmen sie aus der Dose, nicht aus der Packung. Was für Leute waren das eigentlich? Sein Ärger mischte sich mit Neugier.

»Ihr Mann«, berichtete Eva, »Dr. Framberg, ist in einem Konzentrationslager. Oder besser muß man wohl sagen, er war in einem KZ. Wir hoffen immer noch, daß er zurückkehrt.«

Goll blickte auf das kleine Mädchen mit den weißen Augen. »Und sie?« fragte er.

»Dresden«, erwiderte Eva lakonisch. »Sie werden davon gehört haben. Das Kind war fünf Tage verschüttet. Mehr wissen wir auch nicht. Sie spricht nicht.«

Das Kind drehte den Kopf zur Seite, und Goll sah, daß seine Lippen zitterten.

Er hatte nur den einen Wunsch, möglichst schnell aus diesem Haus hinauszukommen. Da draußen die Frau im Liegestuhl, ihren Hund neben sich, die alte Dame unter dem Baum, die beiden Frauen hier, die ihm weit überlegen schienen, das blinde Kind, ein verwundeter Sohn, ein Mann im KZ – ob sie das Davies auch alles erzählt hatten? Wohl kaum. So lange war er gar nicht in dem Haus gewesen. Er würde nun gehen. So what – was ging ihn das alles an?

»Sie heißt Maria«, sagte Eva. »Maria Henrietta. Her mother was a famous singer at the Dresden Opera.« Und mit einem erschrockenen Blick auf Nina verbesserte sie sich. »Sie ist eine berühmte Sängerin an der Oper in Dresden. Aber wir wissen nicht...«

»Hören Sie auf!« fuhr Nina sie an, ihr Gesicht war hart geworden. Aber Eva war nicht zu bremsen. All das, was geschehen war, und nun auch noch dies, was dachten sich diese Leute, die über den Ozean gekommen waren? Sie waren keine Nazis gewesen, sie nicht, Herbert nicht, Nina nicht, ihr Mann nicht – hatten die das noch immer nicht kapiert?

Sie ging an Nina vorbei und zog die Schublade des kleinen Schreibtisches auf.

»Hier, Lieutenant, wollen Sie einmal sehen? Victoria Jonkalla. Marias Mutter.« Sie hielt ihm die Bilder unter die Nase, Victoria als Pamina, als Mimi, als Agathe, als Micaela.

Goll warf einen flüchtigen Blick auf die Bilder, dann wandte er den Kopf zur Seite.

»I believe you«, sagte er unfreundlich. »Is she...«

»We don't know it«, sagte Eva, nun auch unfreundlich. »Nina never had a message. Maybe she is dead.« Und ohne weitere Rücksicht auf Nina zu nehmen: »Sie ist tot. Ihr Mann ist tot. Dresden ist kaputt, die Oper ist kaputt.« Und noch einmal: »Sie werden davon gehört haben.«

Wie unverschämt diese Weiber waren! Goll drehte sich abrupt um.

»Bis morgen mittag«, sagte er kalt. Dann ging er.

Davies lehnte wie zuvor am Jeep, vor ihm am Wegrand lagen drei Zigarettenstummel.

»Let's go«, sagte Goll scharf und stieg in den Jeep.

Davies erwiderte nichts und kletterte in das Fahrzeug.

Private Jackson fuhr kauend los.

Goll und Davies vermieden es, einander anzusehen. Welten trennten sie, was Herkunft und Bildung anging, doch sie empfanden beide dasselbe: wie widerlich es sein konnte, ein Sieger zu sein.

Nina und Eva blickten sich an, und dann, gleichzeitig, blickten sie auf das Kind. Eva wäre gern hingegangen und hätte es in die Arme geschlossen. Doch Maria scheute vor jeder Berührung zurück, es war schon ein Fortschritt, daß es gelungen war, sie wenigstens manchmal in ihre Gemeinschaft aufzunehmen, daß sie bei ihnen saß, schweigsam.

»So ein Mist!« sagte Eva. »Wo ich jetzt alle Fenster so schön geputzt habe!« Das hatte sie wirklich in den letzten Tagen getan, sie war immer voller Tatendrang, und seit sie und Herbert vor vierzehn Tagen im Nachbarhaus untergekommen waren, verlangte es sie danach, den ganzen Tag etwas zu tun, entweder im Haus oder im Garten.

»Ich muß etwas trinken«, sagte Nina.

»Das ist eine gute Idee«, rief Eva. »Ich steige mal eben in den Keller. Was Spritziges, Frau Framberg?«

»Was Spritziges, ja. Und bitte, sagen Sie Nina zu mir.«

»Gern«, sagte Eva.

»Und überhaupt«, Nina lächelte ihr zutrauliches Lächeln, das sie schon als junges Mädchen gehabt hatte und das so selten geworden war in ihrem Gesicht, »könnten wir genausogut du sagen; wenn wir nun schon Schicksalsgenossen sind. Wenn auch nur noch für kurze Zeit.«

»Sie sind ... ich meine, Nina, du bist mir nicht böse, daß ich das von deiner Tochter gesagt habe? Von Dresden?«

Ein rascher Blick zu Maria. »Ich dachte mir, das soll der ruhig wissen, dieser blöde amerikanische Schnösel, der von nichts eine Ahnung hat.«

»Ich fand ihn ganz sympathisch«, sagte Nina versonnen. »Er hat mich an jemand erinnert.«

»So? An wen?«

Jetzt war das Lächeln nur noch in ihren Augen. »An den Mann, den ich liebte, als ich jung war. Den ich liebte seit meiner Kindheit. Den ich liebte wie sonst keinen Menschen, weder früher noch später, außer ...« Ihr Blick streifte die Rollenbilder Victorias, die noch auf dem Schreibtisch lagen.

»Er fiel im Ersten Weltkrieg.«

»Aber da warst du ja noch blutjung.«

»Nicht viel jünger als du heute, Eva.«

Nina trat an die Tür, die auf die Terrasse hinausführte.

»Er war der Mann meiner Tante Alice.«

»Oh, dein Onkel also!« rief Eva erstaunt.

»Nun ja, da er die Schwester meiner Mutter geheiratet hatte, war er mein Onkel. Da kommt Herbert aus dem Gebüsch gekrochen.«

»Ist er nicht ein kluges Bürschchen?« fragte Eva stolz. »Er hat die Amis gesehen und hat sich gleich verdrückt.

In grauer Hose und einem kurzärmeligen weißen Hemd, die Hände in den Taschen vergraben, kam Herbert über die Wiese geschlendert, machte eine Verbeugung, als er bei Alice von Wardenburg vorbeikam, hauchte mit den Fingerspitzen Marleen einen Kuß zu, als er den Liegestuhl passierte. Der Boxer stand animiert auf, wackelte mit dem Stummel und trottete Herbert nach.

»Jetzt wird ihm gleich das Lachen vergehen«, vermutete Nina.

»Ach wo, dem doch nicht. Du weißt es ja, er fühlt sich als Sieger in diesem Krieg. Ich denke, daß wir zu seiner Mutter nach Eichstätt gehen werden. Irgendwie werden wir schon hinkommen. Ich hab' ja die beiden Räder mit herübergeschmuggelt. Bloß muß er endlich in ein Entlassungslager, da hilft alles nichts. Er muß ja mal Lebensmittelkarten kriegen. Und überhaupt vorhanden sein.«

»Und ob ich vorhanden bin«, sagte Herbert unter der Tür. »Wie kann ich es den Damen beweisen?«

»Indem du in den Keller gehst und eine Flasche Champagner heraufbringst.«

»Gute Idee! Gibt es was zu feiern?«

»Nicht direkt. Wir wollen nur welchen trinken, solange wir noch welchen haben.«

»O weia, das habe ich mir schon gedacht, als ich den Jeep vor dem Haus halten sah. Müssen wir auch hier raus?«

Nina nickte.

»Scheiße erster Klasse«, kommentierte Herbert, entschuldigte sich nicht bei den Damen für den Ausspruch, hielt sich aber nach einem Blick auf das Kind die Hand vor den Mund.

»Bin gleich wieder da. Wenn wir die Vorräte lichten sollen, bringe ich am besten zwei Flaschen. Madame hat sicher lange genug in der Sonne gebraten und wird uns Gesellschaft leisten.«

»Ihr muß ich es auch sagen«, seufzte Nina, als Herbert aus dem Zimmer war. Denn daß Marleen ungerührt in ihrem Liegestuhl geblieben war, konnte nicht Gleichgültigkeit genannt werden, sie hatte von dem Besuch der Amerikaner gar nichts gemerkt. Seit Dezember 44, seit Nina mit ihrem Sohn Stephan ins Haus gekommen war, hatte Marleen ihr die Führung des Haushalts überlassen. Sie hatte sich auch vorher kaum darum gekümmert, denn Theres, ihr Mädchen, war selbständig und umsichtig gewesen. Doch im April hatte die Theres das Haus verlassen, wenn auch unter Tränen. Sie müsse nun heim zu ihren Eltern, hatte sie gesagt, was jeder verstand.

»Die Amerikaner werden sich freuen, wenn sie euren Keller sehen«, sagte Eva. »Wenn wir nur ein Fahrzeug hätten, damit wir was mitnehmen könnten.«

Dank Marleens Beziehung zu Dr. Alexander Hesse war ihr Weinkeller wohl gefüllt, auch Lebensmittel waren ausreichend vorhanden. Ganz zu schweigen von dem Warenlager an Stoffen, das sich in einem besonderen Raum des Kellers befand, wertvolle Tauschobjekte in dieser Zeit. Die Stoffe stammten noch von Bernauer und Sohn beziehungsweise aus den Konfektionsfirmen in Berlin, der Quelle ihres Wohlstands, mit denen sie zwar nichts mehr verbunden hatte, doch sie gehörten ihnen noch. Die Geschäftsführer der Firmen hatten die Stoffe rechtzeitig aus Berlin verlagert und Max benachrichtigt, wo sie sich befanden. Natürlich hatte jeder seinen Anteil auch beiseite gebracht.

Max wäre von sich aus nie auf so eine Idee gekommen, auch war ihm zu jenem Zeitpunkt jeder Besitz bereits vollkommen gleichgültig. Er hatte Marleen wissen lassen – sie waren schon geschieden –, sie könne über die Stoffe nach Belieben verfügen!

Marleen erzählte Alexander Hesse davon und sagte: »Was soll ich mit dem Kram anfangen? Das liegt irgendwo in der Mark herum. Das sind bestimmt keine Dessins, die ich tragen würde.« Alexander hatte nur gelächelt, er kannte Marleens verwöhnten Geschmack.

»Ich sorge dafür, daß sie nach München transportiert werden, sobald du dort bist. Kann sein, dieser Kram wird eines Tages sehr nützlich für dich sein.«

Dr. Hesse, der seit Jahren seine Begabung in den Dienst der Nationalsozialisten gestellt hatte, zweifelte dennoch seit dem ersten Tag des Krieges nicht daran, wie dieser ausgehen würde. Und eine Vorstellung davon, wie es danach in Deutschland aussehen würde, hatte er auch. Nachdem Marleen auf sein Drängen 1943 nach Solln umgezogen war, einem hübschen stillen Vorort Münchens, kamen die Stoffe bald nachgereist. So etwas konnte Hesse immer noch spielend organisieren.

Mit noch größerem Bedauern dachte Nina an den riesigen Haufen Koks im Heizkeller.

Der Koksvorrat war nicht einmal auf illegale Weise ins Haus gekommen, den hatte man Marleen auf ordentliche deutsche Art im letzten Kriegswinter ins Haus geliefert. Prozentual zu der Menge Koks, die man in den Jahren zuvor bezogen hatte, bekam jeder Haushalt eine entsprechende Lieferung. Und da Marleen es immer gern warm hatte, nie daran dachte, zu sparen, lässig die Türen offenließ, war ihr Verbrauch an Heizmaterial enorm gewesen.

Nina hatte schon im vergangenen Winter, seit sie im Haus war, an Heizung gespart, weitere Lieferungen würden sicherlich ausbleiben. Aber über den nächsten Winter kamen sie gewiß noch, ohne frieren zu müssen. Das war nun auch vorbei, die Amerikaner bekamen den schönen Koks.

Herbert dagegen bemängelte die fehlende Kühlung, denn noch war es Sommer.

Als er aus dem Keller kam, drei Flaschen unter dem Arm, sagte er: »Der Keller ist ja ganz schön kühl, aber für Schampus nicht ausreichend. Sie müßten unbedingt wieder einmal Eis für Ihren Eisschrank geliefert bekommen, Nina.«

»Ist gut«, sagte Nina. »Ich werde unsere Nachfolger daran erinnern.«

Mit einer Art Galgenhumor versuchten sie, mit der Situation fertig zu werden.

Herbert trat auf die Terrasse hinaus, von der drei Stufen in den Garten führten, und wedelte einladend mit der Hand. »Champagnertime, meine Damen«, rief er.

Eva zog ihn energisch am Hosenbund zurück.

»Bist du wahnsinnig? Sollen dich die Amis gleich hier rausholen?«

»Ich fürchte, irgendwann catchen sie mich doch. Wenn wir jetzt heimatlos auf der Straße herumirren... gnädige Frau«, wandte er sich an Nina, »es ist zum Kotzen, wirklich. Ich fand's so gemütlich in diesem Palazzo.«

»Ich auch«, erwiderte Nina trocken.

»Ich frag mal Stephan, ob er ein Glas mittrinkt«, sagte Eva, »mein Gott, für ihn ist das noch viel schlimmer.«

Sie ging über die Diele, klopfte an die verschlossene Tür. Bis Herbert die erste Flasche geöffnet hatte, gekonnt, nur mit einem leisen Blub und ohne einen Tropfen zu verspritzen, trotz ungenügender Kühlung, waren alle im Zimmer versammelt, auch Tante Alice.

»Begabt, nicht?« fragte Herbert, »ich könnte glatt Oberkellner im Adlon werden.«

»Ja, falls es das Adlon noch gäbe«, meinte Nina und nahm ihr Glas.

»Na denn, auf gute Weiterreise.«

»Was ist denn eigentlich los?« fragte Marleen. »Du willst verreisen?«

»Wir alle, liebe Schwester. Hast du nicht gemerkt, daß wir Besuch hatten?«

»Besuch? Nö. Wer war denn da?«

Herbert strich dem Hund über den Kopf. »Conny ist auch nicht gerade der geborene Wachhund. Eigentlich hätte er ja einen Ton von sich geben müssen.«

Als Marleen erfahren hatte, was vorgefallen war und was ihnen bevorstand, machte sie eine höchst erstaunte Miene. »Du meinst, wir müssen aus dem Haus?«

»Bis morgen mittag. So wie wir gehen und stehen.«

»Das ist eine Unverschämtheit«, sagte Marleen empört. Auch jetzt wurde ihre Stimme nicht lauter, so ganz schien sie es nicht zu glauben. Ihre Beine in den kurzen Shorts waren schon gebräunt, ebenso ihre Schultern. Obwohl Tante Alice sie mißbilligend anblickte, war an ihrer Erscheinung nichts auszusetzen; Marleen Nossek, geschiedene Bernauer, war immer noch eine hübsche Frau, es schien, als könnten die Zeit und das Leben ihr nichts anhaben. Allerdings war das Leben mit ihr immer sehr freundlich umgegangen, abgesehen von einigen stürmischen Jahren in ihrer Jugend.

Sie war die hübscheste der Nossek-Töchter gewesen, sie war oberflächlich und egoistisch, doch ein Glückskind. Nina hatte das Leben ihrer Schwester nie ohne leise Neidgefühle betrachten können.

»Ich werde mich beschweren«, verkündete Marleen und trank von ihrem Champagner.

»Das tust du«, sagte Nina spöttisch. »Am besten wendest du dich an Marschall Patton persönlich. Unser netter kleiner Leutnant wird uns wohl kaum helfen können.«

»Wenn ich nur wüßte, wo Alexander steckt.«

Nina lächelte mitleidig. Ein bißchen dumm war Marleen ja schließlich immer gewesen. Wo würde Alexander Hesse stecken – in einem Kriegsverbrecherlager vermutlich. Wo er auch hingehörte. Aber Nina unterdrückte diese Bemerkung. Wer Dr. Alexander Hesse war, was er gewesen war in dem untergegangenen Nazistaat, mußte nicht jeder wissen, Eva und ihr Freund nicht, auch Stephan nicht und auch nicht Tante Alice, die es vermutlich gar nicht interessiert hätte. Seit sie bei ihnen war, schien sie in einem schwebenden Nirgendwo zu leben, sie aß kaum, sie nippte auch jetzt nur an ihrem Glas, äußerte sich nicht zu dem bevorstehenden Desaster. Sie hatte ihre Wohnung in Breslau im Januar 45, bei eisiger Kälte, Hals über Kopf verlassen müssen, sie war herumgestoßen worden, von Lager zu Lager, sie hatte kein eigenes Bett mehr, besaß außer einigen Kleidungsstücken nichts, was ihr gehörte. Es war eine Zeit der Demütigung, und sie hatte nur gehofft, daß sie sterben würde, es ging ihr gesundheitlich sowieso schon lange nicht gut. Aber sie war nicht gestorben, auf allerlei Umwegen war sie nach München gelangt, wo ihre Nichten seit einigen Jahren wohnten.

Sie war sehr liebevoll empfangen worden, Marleen war immer noch eine reiche Frau, sie hatte nichts verloren, und wie sie auch sein mochte, gutmütig und hilfsbereit war sie immer gewesen.

Alice von Wardenburg bekam ein hübsches Zimmer und geriet in eine Welt der Ruhe und Geborgenheit, wie sie in dieser Zeit höchst ungewöhnlich war. Knapp drei Wochen hatte das gedauert.

»Also, mal im Ernst«, meinte Eva, »angenommen, General Patton ist gerade nicht zu sprechen, was werdet ihr tun?«

Ja, was werden wir tun? dachte Nina.

»Mir fällt eigentlich nur das Waldschlössl ein. Draußen bei meiner Freundin, Victoria von Mallwitz. Das ist...« sie machte eine vage Handbewegung, »auf das Gebirge zu. Im Voralpenland, eine sehr hübsche Gegend.«

»Du kannst nicht von mir verlangen, daß ich bei der Mallwitz unterkrieche«, sagte Marleen nicht gerade liebenswürdig. »Die konnte mich noch nie leiden.«

»Ihr kennt euch kaum. Aber bitte, wenn dir etwas Besseres einfällt. Du wohnst jetzt immerhin zwei Jahre hier. Wie viele Bekannte hast du denn, die dich, ich spreche gar nicht von uns, die dich aufnehmen würden?«

»Ich kenne keinen Menschen in Bayern«, sagte Marleen abweisend. »Denkst du, ich biedere mich fremden Leuten an?«

»Stimmt«, sagte Eva freundlich lächelnd. »Wir haben eine ganze Weile nebeneinander gewohnt und haben uns erst kennengelernt, als die Amerikaner einrollten. Komisch, nicht? Mit Conny habe ich allerdings manchmal über den Zaun hinweg schon geflirtet.«

»Sie hatten ja diese gräßlichen Kinder im Haus«, sagte Marleen, ein wenig verbindlicher.

»Gräßlich waren sie, das kann man sagen. Ausgebombte aus dem Ruhrpott, die man mir ins Haus gesetzt hatte, sage und schreibe fünf Kinder hatten die. Und die Alte baumelte immer mit dem Mutterkreuz und tat, als gehöre das Haus ihr.«

»Ein Glück, daß sie so viele Kinder hatten. Und er war auch noch schwer verwundet, da hat der liebe Herr Gauleiter ihnen ein eigenes Häuschen besorgt. Wo gleich?« meinte Herbert.

»Im Gebirge. In Mittenwald, glaube ich.«

»Na, das wird die Mittenwalder freuen. Aber gut, daß sie weg waren, was wäre sonst aus mir geworden?«

Eva und Herbert lächelten sich zu. Seine Rettung blieb für beide das große Ereignis, er hatte überlebt, sie waren zusammen, nichts, was sonst geschah, würde wichtiger sein.

»Wir könnten bei Mama in Eichstätt unterkommen«, sagte er.

»Daran habe ich auch schon gedacht. Wenn sie dich nicht unterwegs schnappen, wirst du dort in ein Entlassungslager gehen, damit man dich endlich wieder herzeigen kann.«

»Sie müssen wissen, gnädige Frau«, wandte sich Herbert an Alice von Wardenburg, »ich bin nicht etwa ein verkappter Kriegsverbrecher, sondern ich habe auf dem Rückzug in Polen einen Nazibonzen krankenhausreif geschlagen, als er vor meinen Augen einen kleinen polnischen Jungen mit einer Reitgerte fast tot geprügelt hat, weil der ein Stück Brot geklaut hatte. Daraufhin haben sie mich erst eingesperrt und dann sollte ich zu einer Strafkompanie. Na ja, ganz auf den Kopf gefallen bin ich von Haus aus nicht, es gelang mir, zu türmen. Dann habe ich auf einem Bauernhof Zivilkleider organisiert, und dann – meine Fresse! Ich meine, Entschuldigung, dann ging's erst richtig los. It was a long way to Tipperary. Es ist mir gelungen, hierher zu kommen, fragen Sie nicht, wie. Und Eva hat mich im Keller versteckt.«

»Ja, und erst waren die Flüchtlinge noch im Haus«, erklärte Eva eifrig. »Fragen Sie ebenfalls nicht, was wir ausgestanden haben.«

»Ich bin nichts als ein lumpiger Deserteur«, fuhr Herbert strahlend fort. »Das erklären Sie mal den Amis.«

»Egal, Entlassungspapiere brauchst du.«

Stephan hatte bisher geschwiegen, jetzt sagte er, zu seiner

Mutter gewandt: »Ich denke, das Waldschlössl ist bis unters Dach mit Flüchtlingen belegt.«

»Ja, das sagte Victoria, als wir uns das letzte Mal sahen. Das war so Anfang März, da war sie mal hier. Aber für uns wird sie Platz haben. Schlimmstenfalls kampieren wir im Stall. Die Frage ist nur, wie wir hinkommen. Überhaupt wenn wir ein bißchen was mitnehmen wollen.«

»Für mich kommt das nicht in Frage«, sagte Marleen giftig.

Nina überhörte es. Marleen sollte ruhig einmal merken, daß sich ihr das Leben nicht immer wie ein gutmütiger Hund zu Füßen legte, so wie es der Boxer inzwischen getan hatte. Nina ging es nur um ihren kranken Sohn und um das blinde Kind. »Du hast dich ja mit Victoria immer gut verstanden, nicht, Stephan?«

»Ich habe sie immer bewundert. Sie ist eine großartige Frau.«

»Es wird uns bei ihr nicht schlecht gehen, wir bekommen sicher ordentlich zu essen, es ist ja ein Gut. Und einen Arzt wird es in einem der Dörfer rundherum schon geben.«

»Ich brauche keinen Arzt«, widersprach Stephan, »mir geht es sehr gut.«

Nina sah ihren Sohn liebevoll an. Dieser labile, oft schwierige Junge, der mehr tot als lebendig aus Rußland zurückgekehrt war, hatte in letzter Zeit eine erstaunliche Wandlung durchgemacht. Sie war sich bewußt, daß Herbert daran großen Anteil hatte. Er hatte sich viel mit Stephan abgegeben, hatte so etwas wie Lebensmut in dieses trostlose Haus gebracht. Sein ständiger Ausspruch: wir haben den Krieg besiegt, wir haben ihn überlebt, hatte auf Stephan seine Wirkung nicht verfehlt.

Es würde schade sein, dachte Nina, Herbert nicht mehr um sich zu haben.

Mit Stephan also würde es besser gehen, als sie noch vor wenigen Wochen erwartet hatte, aber...

»Maria«, sagte sie behutsam, »du erinnerst dich an das Waldschlössl und an...« Nie war es ein Problem gewesen, daß ihre Freundin und ihre Tochter den gleichen Namen trugen. Victoria von Mallwitz war Victoria Jonkallas Patin gewesen, im Juli 1914, als das Kind zur Welt kam, wenige Tage vor Ausbruch des Krieges. Jener Krieg, der Nicolas getötet hatte. Und Kurt Jonkalla, ihren Mann. Und dieser Krieg nun – Nina schob den Gedanken wild beiseite. Vicky war nicht tot. Sie konnte nicht tot sein. Sie nicht. Es war nicht vorstellbar. Victoria Jonkalla, ihr schöne berühmte Tochter, jung, strahlend, voll Lebensfreude. Sie war nicht tot. Eines Tages würde sie wieder bei ihr sein.

»Maria«, sagte Nina noch einmal, ihre Stimme klang heiser. »Du warst doch draußen im Waldschlössl, als du aus Baden kamst. Weißt du noch? Da war die Liserl, die immer so schön mit dir gespielt hat und...«

Jetzt bemerkte sie, was die anderen schon entdeckt hatten. Maria saß nicht mehr auf dem Stuhl, sie tastete sich an der Wand entlang in eine Ecke des Zimmers, stand dort zitternd, die weißen Augen starr.

»Wir müssen fort?« fragte sie im Flüsterton.

»Ja, Liebling, du hast es gehört.«

Nina stand auf, ging zu dem Kind.

»Du kannst dich doch an das Waldschlössl erinnern, nicht wahr? Du warst dort, ehe du...« Ehe du nach Dresden gingst, ehe deine Mami dich holte, das hatte Nina sagen wollen, aber das waren verpönte Worte. Niemals sprach sie das Wort Mami aus, niemals das Wort Dresden.

Doch dann sagte sie etwas viel Schlimmeres, sie sagte:

»Du weißt doch noch, draußen bei Tante Victoria. Wo du Mali bekommen hast.«

Ein leiser hoher Klagelaut kam aus dem Mund des Kindes, dann liefen Tränen aus den weißen Augen über sein Gesicht. Es war das erste Mal, daß sie das Kind weinen sahen, sie standen alle stumm vor Entsetzen.

»Mali!« schluchzte Maria. »Mali!«

Nina begriff sofort. Wie konnte sie nur den Hund erwähnen! Sie wußte ja, was er Maria bedeutet hatte, und sicher war auch er in jener Schreckensnacht ums Leben gekommen.

Sie kniete nieder bei dem Kind, umfing es mit beiden Armen. »Maria! Maria! Weine nicht! Ich bin ja bei dir. Es geschieht dir nichts. Der Krieg ist vorbei. Es fallen keine Bomben mehr. Du bekommst wieder einen Hund. Ganz bestimmt«, so versuchte sie das Kind zu trösten, doch es war kein Trost.

»Mali!« schluchzte Maria, wie im Krampf schüttelte sich der magere kleine Körper in Ninas Armen.

Hilflos blickte Nina zu den anderen auf.

»Ja, Mali, natürlich, die kenne ich auch, Maria«, sagte Stephan. Er zitterte nun auch, Tränen standen in seinen Augen. Es stimmte nicht, was Nina gerade gedacht hatte. Er war immer noch so schwach, so am Rande seines Lebens, daß jede Erregung ihn aus der Fassung brachte. Während seiner Rekonvaleszenz war er längere Zeit bei seiner Schwester in Dresden gewesen, dort erst hatte er Maria kennengelernt, und er hatte das anmutige Kind mit den großen dunklen Augen liebgewonnen.

Herbert legte die Hand auf Ninas Schulter und schob sie sanft zur Seite, ging seinerseits in die Knie.

»Maria«, sagte er ruhig. »Was ist mit Mali geschehen?«

Maria schloß beide Arme vor sich zu einem Kreis, als hielte sie etwas darin.

»Mali!« schluchzte sie. »Sie hat so geweint. Und sie hat geschrien. Und dann... dann war sie auf einmal still. Sie war tot. Und ich war ganz allein.«

Was hatte der Sanitäter gesagt, der Maria Henrietta im April ins Haus brachte? »Sie war in Dresden verschüttet, und man hat sie erst nach fünf Tagen ausgegraben. Unter lauter Toten soll sie gelegen haben. Sie konnte sich an gar nichts erinnern.«

Jetzt erinnerte sie sich an ihren Hund, den sie zärtlich liebte und der offenbar in ihren Armen gestorben war. Nina legte die Hand um ihre Kehle, jene hilflose Geste, die sie von Vicky übernommen hatte. Sie kniete auf dem Boden, Tränen liefen auch über ihr Gesicht.

Warum nur hatte sie von dem Hund gesprochen?

Erinnerte sich Maria also doch? Nicht nur an den Hund, auch an alles andere, was geschehen war? Wußte sie es und hatte es nur in sich verschlossen? Lag auch Victoria in jenem Keller, schreiend, jammernd, dann verstummt?

Konnte sich Maria auch daran erinnern, würde sie darüber sprechen?

O Gott im Himmel, nein, dachte Nina, laß sie es vergessen haben. Es würde besser für sie sein, wenn auch ihr inneres Auge erloschen war. Das sagte sie später zu Herbert, als sie auf einer Terrassenstufe saßen.

Herbert widersprach.

»Der Meinung bin ich nicht. Sie hat überlebt. Und sie muß schließlich weiterleben, trotz allem, was geschehen ist. Der gebrochene Arm ist gut geheilt, ihr Haar ist nachgewachsen, die Narbe verblaßt ein wenig. Und Sie haben gehört, was Dr. Belser gesagt hat, daß es vielleicht möglich sein wird, ihr das Augenlicht wiederzugeben, teilweise wenigstens. Er hat von einer Transplantation gesprochen. Irgendwann wird es ja wieder etwas normaler zugehen, dann muß man den richtigen Arzt finden, und dann muß man es versuchen. Man muß es versuchen, Nina. Und darum darf das Kind nicht wie in einer Höhle leben, immer noch verschüttet. Mit der Zeit muß es gelingen, daß sie über das spricht, was sie erlebt hat. Sonst wird sie seelisch krank, Nina.«

»Ich fürchte, das ist sie schon«, sagte Nina.

Auch ihre Augen waren wie erloschen, sie sah nicht den blühenden Garten vor sich, sie blickte in das Dunkel, in dem alle, alle verschwunden waren, die sie liebte.

Geblieben war das blinde Kind. Am Leben geblieben war auch ihr Sohn.

Sie blickte über die Schulter zurück ins Zimmer. Marleen und Eva waren nicht mehr da. So wie sie Eva kannte, war sie in der Küche und würde für alle etwas zu essen herrichten. Alice von Wardenburg saß regungslos in einem Sessel, ihr Gesicht war unbewegt.

Ob sie an Nicolas dachte?

Nina würde nie im Leben Champagner trinken können, ohne an ihn zu denken. Auf Wardenburg hatten sie immer Champagner getrunken. An guten und an bösen Tagen. Immer kam von Nicolas die Order: Bring uns eine Flasche, Grischa.

Stephan und Maria saßen auf dem blauen Seidensofa, sie

saßen schweigend, eng aneinander geschmiegt, Stephan hatte den Arm um Maria gelegt, ihr Kopf lehnte an seiner Schulter. So eine Szene hatte es noch nie gegeben, seit Maria ins Haus gekommen war.

Nina kämpfte wieder mit den Tränen. Diese beiden verstümmelten Opfer, die der Krieg ihr übriggelassen hatte. Und wie schon manchmal dachte sie: wäre es nicht besser gewesen, wenn auch Maria die Hölle von Dresden nicht überlebt hätte?

Und ohne weiter zu überlegen, sprach sie es aus.

Herbert nickte.

»Ja, vielleicht. Ich kann schon verstehen, daß Sie das denken. Aber sie ist nun einmal da, und wir müssen alles tun, daß sie zu einem normalen Leben findet.«

›Wir‹ hatte er gesagt, dieser fremde Mann, den Nina vor ein paar Wochen noch gar nicht gekannt hatte.

»Ein normales Leben? Das kann ich mir beim besten Willen nicht vorstellen für dieses arme Kind.« Sie legte eine Hand auf sein Knie.

»Ich kann mir ja nicht einmal vorstellen, was wir in diesem Unglückshaus ohne Sie und ohne Eva tun sollen. Wissen Sie eigentlich, Herbert, wieviel Kraft und Mut ihr beide mir gegeben habt, seit ich euch kenne?«

Seine Stirn rötete sich ein wenig, er nahm ihre Hand von seinem Knie und küßte sie.

»Danke, daß Sie das sagen, Nina. Sie hätten auch sagen können: zwei glücklich Verliebte, die auch in dieser Zeit das Leben wunderbar finden, oder vielleicht sollte man sagen, gerade in dieser Zeit, und das auch immer hinausposaunen, wären Ihnen auf die Nerven gefallen. Na ja, und dieses Unglückshaus, wie Sie es nennen, sind Sie ja vorerst los. Ich finde, wir sollten uns als nächstes mal den Kopf zerbrechen, wie Sie da hinauskommen zu ihrer Freundin, in dieses Waldschlössl. Erklären Sie mir noch mal genau, wo es liegt.«

»Also, man müßte von hier aus zunächst über die Isar, falls es noch eine Brücke gibt. Und dann in Richtung Bad Tölz, und dann geht es irgendwo links ab. Das Waldschlössl liegt sehr einsam. Doch das nächste Dorf ist zu Fuß, nun, ich würde sagen, in einer halben Stunde zu erreichen. Wir sind ja mit dem Auto gefahren, draußen hatten sie immer noch ein Auto, es ist ein großer Gutsbetrieb. Wenn ich meine Freundin anrufen könnte, würde sie mich vielleicht holen. Aber bis jetzt war keine Verbindung zu bekommen.«

»Wir könnten es ja noch einmal versuchen. Und irgendein Fahrzeug brauchen Sie, das ist klar. Weder Ihre Tante noch Stephan, noch das Kind können die Landstraße entlang marschieren. Und die schöne Marleen wird es auch nicht wollen. Wo steckt sie eigentlich?«

»Sie hadert mit dem Schicksal, nehme ich an. Sie ist Schicksalsschläge nicht gewöhnt.«

»Aber ihr Mann...«

»Ach Gott, der arme Max«, sagte Nina. »Sie hat ihn geheiratet, weil er sehr reich war. Geliebt hat sie ihn bestimmt nicht. Sie hat ihn immer betrogen.«

»Hm«, machte Herbert. »Wollen wir mal in der Küche nachschauen, ob Eva uns was Anständiges kocht? Ich würde sagen, heute mittag und heute abend müssen wir noch mal richtig schlemmen. Und heute nachmittag, Nina, müssen Sie sich um ein Fahrzeug und um die dazugehörige Fahrgenehmigung kümmern. So leid es mir tut, ich kann Ihnen das nicht abnehmen, ich bin ein Veilchen, das im verborgenen blüht. Was ist denn mit diesem Huber vorn am Bahnhof?«

»Einen Wagen hat man ihm wohl gelassen, für Krankentransporte und so. Aber wo man die Genehmigung herbekommt, weiß ich auch nicht. Von der Polizei? Von den Amerikanern?«

»Das wird der Huber schon wissen.«

Er stand auf, reichte ihr die Hand und zog sie hoch. Wieder einmal hatte er es verstanden, sie auf den Boden der Tatsachen zurückzubringen, die Aufgaben und die Verantwortung, die ihr und nur ihr oblagen, in den Vordergrund zu stellen. Keiner schien sie zu bemerken, als sie durch das Zimmer gingen. Stephan hatte nun auch die Augen geschlossen, so als wolle er damit dem blinden Kind noch näher sein.

Nina preßte die Lippen zusammen. Wie sie ihr Leben haßte, O Gott, wie sie es haßte.

Wenn ich Gift hätte, dachte sie, würde ich es ins Essen tun und würde sie alle zusammen vergiften. Außer Eva und Herbert natürlich. Die würde ich vorher aus dem Haus werfen. Was habe ich gesagt? Er hat mir Kraft und Mut gegeben? Was für ein Unsinn! Ich habe weder Kraft noch Mut, und ich will einfach nicht, mehr. Ich will nicht mehr.

Nina

Tage und Nächte, daraus besteht das Leben, der Tag vergeht, die Nacht, der nächste Tag, die nächste Nacht, und immer so weiter, bis man endlich sterben kann.

Soweit bin ich, daß ich mir den Tod wünsche: Den Krieg überlebt haben, heißt, den Krieg besiegt zu haben, allein durch die Tatsache des Überlebens, das sagt Herbert immer. Es mag gelten für ihn und Eva, sie sind jung, aber ich... ich will einfach nicht mehr. Ich kann nicht mehr. Warum soll ich noch leben?

Wenn ich weg bin, was wird geschehen? Maria kommt in ein Heim für blinde Kinder, so etwas wird es ja wohl noch geben. Und Stephan? Nun, er könnte vielleicht wirklich draußen im Waldschlössl bleiben für den Rest seines Lebens. Es wird sowieso nicht mehr lange dauern, sein armes zerstörtes Leben.

Ich hätte endlich meine Ruhe. Es ist zuviel, was mir aufgebürdet wird. Ich kann die Last nicht mehr tragen.

Habe ich mich nicht tapfer geschlagen? Da war dieser vorige Krieg, ich war in Breslau, Nicolas fiel 1916, Victoria war zwei Jahre alt. Sie war seine Tochter. Vicky hat es nie erfahren, daß Kurt Jonkalla nicht ihr Vater war. Ich hatte immer vor, es ihr zu sagen, wenn sie erwachsen ist, ich habe es nie getan. Sie ist umgekommen, ohne es zu wissen. Jetzt denke ich also doch, daß sie tot ist. Nein, ich denke es nicht. Ich will es nicht denken.

Ich komme mir vor wie Kurtels Mutter, Martha Jonkalla, meine Schwiegermutter. Wir erfuhren nur, Kurt ist vermißt in Rußland. Und sie wartete, wartete all die Jahre, daß er doch noch kommen würde. So wie ich jetzt warte, daß Nachricht von Vicky kommt. Will ich denn, daß sie lebt um jeden Preis? Soll sie ein Krüppel sein? Nein, niemals, dann soll sie lieber tot sein. Verstört im Geist auch sie, blind auch sie, taub durch diese fürchterlichen Bomben, die sie auf die schöne friedliche Stadt warfen. Nein, Vicky, du sollst tot sein, ich bete darum, daß es schnell gegangen ist, daß du nicht leiden mußtest. Es hat keinen Zweck, jetzt noch darum zu beten, es ist zu spät, es geschah vor vier Monaten. Warum haben sie das getan? Wir waren doch besiegt, es war doch alles entschieden.

Keiner, den ich kannte, hat je gedacht, daß Hitler diesen Krieg gewinnen würde. Keiner. Nicht einmal Fritz Langdorn in Neuruppin, den meine große Schwester geheiratet hat. Wann war das doch gleich? Zweiunddreißig oder dreiunddreißig, um die Zeit etwa, Trudel war schon fünfzig, und meines Wissens hatte es niemals einen Mann in ihrem Leben gegeben, keine Liebe, kein Verhältnis, erst recht keine Ehe. Sie hat immer nur für andere gelebt, für uns, ihre Geschwister, für die Eltern, schließlich für meine Kinder. Und dann heiratete sie auf einmal, das war eine Sensation. Fritz Langdorn aus Neuruppin, Fontanes Geburtsort, wie sie immer stolz betonte. Fritz mit seinem Häuschen, seinem Garten, dem vielen Obst und Gemüse darin, sie werden nicht gehungert haben. Jetzt sind wohl die Russen bei ihnen, falls sie noch leben.

Fritz war in dem vorigen Krieg verwundet worden, er war ein anständiger und ehrenhafter Mann, doch, das gewiß. Aber er war ein großer Anhänger der Nazis, allerdings nur bis zu dem Tag, an dem Hitler den Krieg begann. Da war Fritz kein Nazi mehr, da wurde er zum leidenschaftlichen Gegner der Nazis. Er wußte, was Krieg bedeutete, er hatte schon einen mitgemacht.

Ich auch. Nicolas in Frankreich gefallen, Kurtel in Rußland verlorengegangen, dieser liebe, brave Kurtel, so sanft und gut, auf welch elende Weise mag er wohl zugrunde gegangen sein. 1917 kam Stephan zur Welt, er war Kurtels Sohn, sie haben einander nie gesehen. Wir haben gehungert. In diesem Krieg merkwürdigerweise nicht. Aber damals haben wir gehungert. Und gefroren. Dann kam diese schreckliche Inflation, ich weiß nicht, wie ich sie alle durch diese Zeit gebracht habe, die Kinder, Trudel und Ernie. Ich mußte für sie sorgen. Ich weiß nicht, wie ich das geschafft habe, aber ich habe es geschafft.

Und dann kam das Allerschlimmste, dann starb Ernie.

Ernie, mein junger Bruder, geboren mit einem Loch im Herzen, ein Sorgenkind vom Tag seiner Geburt an. Was hat meine arme Mutter mit diesem Kind gelitten, wie habe ich mit ihm gelitten, von allen meinen Geschwistern liebte ich ihn am meisten, nein, das ist nicht wahr, er war überhaupt der einzige, den ich liebte. Musikalisch hochbegabt, ein Künstler, aber ein kranker Mensch. Verdammt zu einem frühen Tod. Ich wollte es nicht wahrhaben, ich kämpfte um sein Leben, es war ein aussichtsloser Kampf. Das Loch in seinem Herzen rettete ihn vor dem Krieg, aber sterben mußte er trotzdem.

Im Oktober 1924 starb er, da war er gerade fünfundzwanzig. Ich konnte und konnte es nicht fassen. Da hatte ich ihn nun glücklich durch die Hungerjahre gebracht, und dann starb er doch.

Vicky war zehn Jahre, sie hatte Onkel Ernie sehr geliebt, sie war so begabt wie er.

Nie mehr in meinem Leben, glaube ich, war ich so verzweifelt. Nur jetzt wieder. Wenn ich sterben würde in dieser Nacht, hätte ich es endlich hinter mir. Wer will mich daran hindern, mein Leben zu beenden. Ich habe noch eine ganz Menge Schlaftabletten, seit Monaten kann ich sowieso nicht mehr von selbst einschlafen. Ich gehe hinaus, in diesen schönen duftenden Garten, ich nehme die Tabletten, ich trinke irgendwas dazu, und morgen früh liege ich tot unter den Büschen. Ich bin fünfzig Jahre alt, das ist alt genug in einer Zeit wie dieser. So viele sind gestorben, die viel jünger waren.

Wenn morgen die Amerikaner kommen und hier einziehen wollen, liegt eine tote Frau im Garten. Man soll mich ruhig liegen lassen, damit die sehen, was sie anrichten.

Es wird ihnen egal sein, ganz egal. Es heißt ja, wir haben viele, viele Menschen auf fürchterliche Art umgebracht. Was ich auch glaube. Sie waren so, diese Ungeheuer. Und die anderen sind an der Front umgekommen, in den Luftschutzkellern, sie sind von Tieffliegern abgeknallt worden, also was soll mein Tod schon bedeuten für die Amerikaner. Dieser hübsche junge Leutnant, der aussieht wie Nicolas, dem wäre es vielleicht unangenehm, aber der kommt sicher nicht mehr ins Haus. Dem war es heute schon unangenehm, das habe ich ihm angemerkt. Die hier kommen werden, mit Bürstenschnitt und dicken Hintern, werden höchstens verächtlich sagen: get that corpse out.

Eine Leiche mehr spielt überhaupt keine Rolle.

Nur für mich. Ich werde es dann endlich hinter mir haben. Ob ich sie wiedersehen werde? Ob es wahr ist, was die Religionen sagen: Gibt es ein Jenseits, im dem man sich wiederbegegnet? Ernie, meine Eltern, Nicolas, Kurtel und...

Ich wünsche mir das nicht, was sollen sie mir dort? Ich habe sie hier gebraucht. Hier. Es wäre besser, wenn alles ausgelöscht wäre, einfach zu Ende. Vorbei.

Es ist ein Augenblick, und alles wird verwehn... das stand in meinem Poesiealbum, das schrieb einer in mein Poesiealbum, als ich zur Schule ging. Das ist eine angenehme Vorstellung. Ach, ich fühle mich befreit. Ich sterbe heute nacht. Ja, es ist ein Gefühl der Freiheit. Ein wunderbares Gefühl. Ich bin geradezu glücklich. Ich werde jenseits des Flusses sein, jenseits des dunklen Stromes, des silbernen Stromes meiner Jugend, wissend oder nicht wissend, begreifend oder nicht begreifend, und ich möchte keinen dort treffen. Nicht einmal Vicky, falls sie dort ist. Freiheit, Ruhe, Vergessen. Ja, das ist es vor allem. Alles vergessen haben, was geschehen ist. Nichts mehr wissen, um nichts mehr weinen.

Wie schön der Garten in der Nacht ist! Über den Bäumen kommt jetzt der Mond herauf.

Als Kind habe ich ihn einmal angedichtet. Ich war sehr stolz auf mein Gedicht, Fräulein von Rehm, meine Lehrerin, die ich so heiß liebte, lächelte gerührt und auch amüsiert, als ich ihr das Gedicht vortrug. Die Klasse kicherte.

Der Mond scheint auf mein Bett... so ähnlich ging es, es fällt mir nicht mehr ein, wie es weiterging. Später habe ich auch Gedichte gemacht, keine schlechten Gedichte, sie wurden veröffentlicht. Auch die paar Romane, die ich schrieb; es kommt mir vor, als sei es hundert Jahre her, daß ich mich eine Schriftstellerin nennen konnte. Richtig daran geglaubt habe ich selber nicht. Denn wie sollte es möglich sein, daß es in meinem unglücklichen Leben so etwas wie Erfolg geben sollte. Aber eine Weile war es dennoch so. Sogar Geld habe ich mit dem Schreiben verdient. Zum erstenmal im Leben konnte ich mir eine schöne Wohnung leisten. Für kurze Zeit natürlich nur.

Heute könnte ich keine Zeile mehr schreiben, das Leben ist zu grauenvoll, darüber kann man nicht mehr schreiben.

Ach, Mond, was für eine Lust, tot zu sein!

Meine Verantwortung? Ich pfeife darauf. Jetzt bin ich soweit, daß ich darauf pfeifen kann. Das Kind in eine Blindenanstalt, Stephan zu Victoria ins Waldschlössl, das geht alles wunderbar. Marleen, Tante Alice? Die können sehr gut ohne mich leben. Ich sollte ein paar Zeilen an Victoria schreiben, damit sie weiß... nein, nicht, warum ich es tue, das weiß sie.

Um ihr mitzuteilen, was ich von ihr erwarte? Das weiß sie auch. Sie wird bestimmt gut für Stephan sorgen. Einer ihrer Söhne ist gefallen, sie kann Stephan als ihren Sohn betrachten. Möglicherweise behält sie sogar Maria bei sich, sie ist viel stärker, viel mutiger als ich. Sie ist auch nicht allein, sie hat einen Mann, sie hat noch einen Sohn, eine Tochter, das Gut, die Leute, die dazugehören, die Tiere, das Haus voller Flüchtlinge – sie wird gar keine Zeit haben, so wie ich trübselig herumzusitzen und über ihr Leben nachzudenken. Wir haben uns immer verstanden, sie wird mich auch jetzt verstehen.

So sicher bin ich dessen nicht. You're a coward, Nina, das wird sie vielleicht sagen.

Seltsam, jetzt stehe ich seit einer Stunde an diesem Fenster und starre in den Garten hinaus und habe nicht einmal an Silvester gedacht. Silvester, mein Mann.

Bei Victoria habe ich ihn kennengelernt, als ich sie das erste Mal im Waldschlössl besuchte. Im Jahr bevor der Krieg begann, haben wir geheiratet. Ich dachte, für mich beginnt ein neues Leben. Habe ich das wirklich gedacht? Ich habe es vielleicht gehofft, aber nicht daran geglaubt.

Ich kann nie behalten, was ich liebe. So war es doch, Nina, das hast du im Grunde gedacht.

Hast es gewußt.

Der Krieg ist seit mehr als einem Monat zu Ende; er ist aus dem Lager nicht zurückgekehrt, also lebt er nicht mehr. Er hat sein Leben aufs Spiel gesetzt, um eine Jüdin zu retten. Das ist gewiß eine ehrenhafte Tat, aber ich habe es ihm damals schon übelgenommen, weil er mich darüber vergaß. Meine zweite Ehe hat ein wenig länger gedauert als meine erste, nicht von der Zeit her, nur von der Dauer des Zusammenseins. Wir hätten gut miteinander leben können, doch dann begann der Krieg. Mein panisches Entsetzen, mein Nichtverstehenkönnen am 1. September des Jahres 1939, seine Bitterkeit, sein ›Es konnte gar nicht anders kommen‹.

Egal, egal, egal. Vergiß es, Nina. Geh jetzt hinauf und hol die Tabletten. Sei ganz leise, damit keiner dich hört. Ob sie alle schlafen in diesem Haus, in der letzten Nacht unter diesem Dach?

Stephan habe ich eine Tablette gegeben, und wenn sein armer Kopf ihn nicht zu sehr plagt, schläft er vielleicht. Ob Maria schläft, weiß ich nie. Für sie ist die Nacht nicht dunkler als der Tag. Ein wenig vielleicht. Der Arzt sagt, sie könne möglicherweise hell und dunkel unterscheiden. Mein Gott, konnte dieses Kind nicht lieber tot sein?!

Marleen? Tante Alice? Schlafen sie?

Eva und Herbert werden schlafen, in dem schönen breiten Bett, in dem der Hesse schlief, wenn er Marleen besuchte. Tante Alice habe ich mein Zimmer überlassen, ich schlafe in dem kleinen Zimmer, in dem die Theres geschlafen hat, als sie noch hier war.

Hier unten wohnt nur Stephan. Das Wohnzimmer und dieses Terrassenzimmer sind leer von Menschen. Der kleine Leutnant hat schon recht. Für diese Zeit ist das Haus gering belegt. Das war Alexander Hesses Werk, er hat Marleen bis zuletzt beschützt, und das wirkt sogar noch über das Kriegsende hinaus. Wie die Amerikaner wohl in diesem Haus schlafen werden?

Ach, egal. Ich jedenfalls werde nun ewig schlafen können. Dies ist die schönste Nacht meines Lebens, weil es die letzte Nacht ist.

Tage und Nächte, Nächte und Tage, daraus besteht das Leben. Nun fällt mir auch ein, wann ich das zum erstenmal dachte. Es war nach Ernies Tod, und Marleen hatte mich eingeladen, damit ich auf andere Gedanken käme. Ich war in Berlin in ihrer großen vornehmen Villa, Luxus rundherum, doch Marleen war selten da, sie hatte gerade einen neuen Liebhaber, und ich saß mit ihrem Mann, dem armen kleinen Juden, der ihr all den Luxus bescherte, allein in dem feinen Haus herum. Es war quälend.

Ich betrank mich abends in meinem Zimmer, und eigentlich wünschte ich mir damals schon, zu sterben. Ja, das weiß ich wieder ganz genau. Ich wollte damals gern sterben, obwohl ich soviel jünger war. Marleens Hund war bei mir, auch ein Boxer. Ich sprach mit ihm, aber er sah an mir vorbei. Tiere mögen keine Menschen, die sich selber aufgeben.

Endlich ist es nun wirklich meine letzte Nacht.

Und ich will keinen, keinen wiedertreffen jenseits des Flusses. Ich bete nicht, schon lange nicht mehr. Aber hör mir zu, du erbarmungsloser Gott, falls es dich gibt: ich will keinen wiedertreffen, keinen.

Ich habe sie hier gebraucht. Dort will ich allein sein. Ich will endlich Ruhe haben. Ich will nicht mehr lieben, nicht mehr fühlen, nicht mehr leiden.

Dann wird Ruh' im Tode sein... das hat Vicky wunderschön gesungen, die Arie der Pamina. Die g-moll-Arie nannte sie es. Eine verdammte Nummer, sagte sie und legte die Hand um ihre Kehle.

Ach Vicky, deine schöne Stimme, und dann immer wieder dein kranker Hals. Hast du nun Ruh' im Tode?

Jetzt fange ich an zu weinen. Warum denn nur? Dazu besteht kein Grund mehr, gleich ist es vorbei. Endlich wird es vorbei sein.

Nina wandte sich mit einer heftigen Bewegung vom Fenster ab, ging durch das dunkle Zimmer, bremste ihren Schwung und öffnete die Tür ganz leise. Wenn Stephan schlief, durfte sie ihn nicht wecken.

In der Diele, am Fuß der Treppe, stand Alice. Die Diele war

nur fahl beleuchtet durch das Windlicht, das Nina immer brennen ließ, falls Stephan in der Nacht aufstand.

Unwillkürlich legte sie die Hand an die Lippen, Alice nickte, kam auf sie zu. Nina trat zurück ins Zimmer, Alice folgte ihr, und Nina schloß ganz leise wieder die Tür.

»Kannst du nicht schlafen?«

»Du hast mir neulich eine Tablette gegeben«, sagte Alice. »Ich bin eigentlich dagegen, Tabletten zu nehmen, aber heute hätte ich gern eine, wenn du so freundlich wärst.«

»Natürlich«, sagte Nina. »Ich wollte auch eine nehmen, aber ich dachte mir, daß ich die letzte Nacht in diesem Haus auch ohne Schlaf verbringen kann.«

»Es tut mir so leid für euch«, sagte Alice, es war noch der gleiche verbindlich-höfliche Ton, den Nina aus ihrer Kindheit kannte.

»Mir tut es, vor allem leid um dich«, erwiderte Nina. »Ich hoffte, du würdest hier...« sie stockte, wußte nicht, was zu sagen war, »nun, ich meine, du würdest hier ein neues Zuhause finden.«

»Ich brauche keines mehr«, sagte Alice.

»Aber – ich dachte, es gefällt dir hier.«

»Gewiß«, sagte Alice höflich. »Ein sehr schönes Haus, sehr angenehm. Aber ich hatte nur ein wirkliches Zuhause, Wardenburg. Nachdem wir Wardenburg verloren hatten...«, sie schüttelte leicht den Kopf, »war es eigentlich ganz gleichgültig, wo ich lebte.«

Als sie Wardenburg verloren hatten – das war ein Menschenleben her. Nina war damals sechzehn Jahre alt.

Der Mondschein reichte nicht aus. Nina zündete eine Kerze an und blickte in das noch immer schöne, regelmäßige Antlitz dieser alten Frau, die die Schwester ihrer Mutter war, die die Frau von Nicolas gewesen war.

»Das ist lange her«, sagte Nina. »Das ist schon gar nicht mehr wahr.«

»Vielleicht nicht für dich«, sagte Alice kühl. »Ich habe Wardenburg nie vergessen.«

»Vergessen? Nein, vergessen habe ich es auch nicht. Das weißt du sehr genau.«

Alice hob spöttisch die Mundwinkel. »Das weiß ich sehr genau.« Sekundenlang blickten sie sich gerade in die Augen, dann senkte Nina den Blick.

»Ich werde morgen alles organisieren«, sagte sie. »Ein Fahrzeug, und wir werden sehen, was wir alles mitnehmen können, und dann fahren wir zu Victoria ins Waldschlössl. Es wird dir gefallen dort. Es ist auch ein Gut. Nicht in Schlesien, sondern in Bayern. Aber es wird dir gefallen, bestimmt.«

Alice machte ein hochmütiges Gesicht. Auch das kannte Nina von früher. Diese Frau war immer stolz gewesen. Wie schwer mußte es ihr fallen, bei fremden Leuten unterzukommen.

Nina hätte gern den Arm um sie gelegt, aber das wagte sie nicht. Zwischen ihr und Alice stand immer noch Nicolas.

»Ich bringe dich hinauf«, sagte sie. »Komm. Und dann hole ich dir die Schlaftablette.«

Wie sich erwies, schliefen auch andere in dieser Nacht nicht. Auf der Treppe trafen sie Herbert. Er kam leise herabgeschlichen, legte ebenfalls den Finger auf die Lippen.

»Was ist?« flüsterte Nina.

»Eva schläft«, flüsterte er zurück, »aber ich... können wir ins Zimmer gehen, damit wir reden können?«

Alice blickte zögernd von einem zum anderen, doch Herbert legte seine Hand unter ihren Ellenbogen und geleitete sie die Treppe hinunter.

Als sie wieder im Terrassenzimmer waren, er sorgfältig die Tür geschlossen hatte, fragte er Alice: »Sie können auch nicht schlafen, gnädige Frau?«

»Ich wollte ihr gerade eine Tablette geben«, sagte Nina.

Er sah, daß Nina vollständig angezogen war, und sagte: »Und Sie, Nina, Sie haben es erst gar nicht versucht, wie ich sehe.«

»Bis jetzt noch nicht.«

»Das ist gut. Dann bleiben Sie noch eine Weile hier und stehen Schmiere.«

»Was haben Sie vor?«

»Ich möchte unsere beiden Räder aus dem Haus bringen, daß wir die wenigstens haben.«

»Sie dürfen jetzt nicht auf die Straße.«

»Curfew, ich weiß. Aber ich kann sie nur in der Nacht verstecken.«

»Verstecken? Wo?«

»Sie kennen das Haus von dem alten Lehrer, dem Oberstudienrat, da vorn an der Ecke. Der ist in Ordnung, Eva kennt ihn, und ich habe mich schon manchmal mit ihm unterhalten. Ich schiebe die Räder, also eins nach dem anderen natürlich, bis zu seinem Haus, rechts an seinem Zaun fehlen ein paar Latten, dort gehen die Räder durch und dann verstecke ich sie in seinem Garten unter den Fliederbüschen.«

»Wenn eine Streife Sie erwischt, werden Sie eingesperrt.«

»Weiß ich auch. Darum ist es gut, daß Sie hier sind, Nina. Sie gehen ans Gartentor, schauen nach rechts und links, lauschen sorgfältig in die Stille der Nacht, ob irgendwo die lieben Schritte unserer Befreier zu hören sind, und falls nicht, dann schiebe ich los.« Er grinste. »Dann warte ich hinter dem Zaun vom Studienrat, und wenn ich von Ihnen nichts höre, komme ich zurück und hole das andere Rad.«

»Wenn Sie nichts von mir hören ... und was wollen Sie von mir hören?«

»Na, irgendeine Warnung. Wenn Sie irgendwas hören oder sehen, dann, na sagen wir mal, piepsen Sie wie ein Vogel im Schlaf.«

Unwillkürlich mußte Nina lachen. »Spielen wir Karl May?«

»So was ähnliches. Nur dürfen Sie nicht wie ein Coyote heulen, das würde auffallen, weil es die hier nicht gibt.«

»Und wenn man Sie schnappt?«

»Dann grüßen Sie Eva schön von mir, und sie soll sich beruhigen, ich werde das auch überleben.«

»Na schön«, sagte Nina, und wieder einmal, ohne daß sie sich im Moment darüber klar wurde, war es Herbert, der ihr Kraft und Mut gab und sie von ihrem Vorhaben ablenkte.

»Soll ich dich erst hinaufbringen«, fragte sie Alice.

Doch Alice schüttelte den Kopf, sie setzte sich in den großen Ohrensessel und machte ein angeregtes Gesicht.

»Ich könnte jetzt erst recht nicht schlafen. Ich muß sehen, wie das ausgeht.«

»Wenn es klappt, und ich komme unverhaftet zurück, trinken wir alle einen großen schönen Cognac. Oder auch zwei.«

Es klappte. Die Sieger fuhren nicht die ganze Nacht auf Streife, und sie hatten Wichtigeres zu tun, es gab so viele hübsche und willige Mädchen in diesem Land, Nonfraternization oder nicht, um die man sich kümmern mußte.

Als Herbert gerade mit dem zweiten Rad verschwunden war, erschien Stephan unter der offenen Haustür und blickte erstaunt auf seine Mutter, die unter dem Gartentor kniete, den Kopf lauschend vorgestreckt. Nina hätte beinahe laut aufgeschrien, als seine Hand ihre Schulter berührte.

»Nina, was ist denn los?«

»Pscht! Kein Wort. Geh sofort ins Haus und mach kein Licht.«

»Aber...«

»Sei still!« fuhr sie ihn an. »Ich erzähl es dir gleich.«

Zu viert waren sie dann im Terrassenzimmer.

»Na?« fragte Herbert stolz. »Wie habe ich das gemacht?«

Er servierte den versprochenen Cognac, und nachdem er ihn heruntergeschluckt hatte, meinte er nachdenklich: »Ob ich vielleicht ein paar von den Flaschen auch noch um die Ecke bringe?«

»Sind Sie wahnsinnig?« rief Nina.

»Nö, warum? Ging doch bestens. Ist der Cognac nicht gut? Echter französischer. Wissen Sie, was der heute wert ist? Die Amis werden sich nichts dabei denken, wenn sie ihn saufen. Muß ein toller Knabe gewesen sein, der Freund Ihrer Frau Schwester. Was der hier alles angesammelt hat – alle Achtung!«

»Ein reicher und vor allem ein einflußreicher Mann. Ich muß gestehen, ich kenne ihn kaum.«

»War er ein dicker Nazi?«

»Nein, ich glaube, gerade das war er nicht. Dazu hat er die wohl zu gut durchschaut. Aber er gehörte... nun, wie soll man das nennen, er gehörte zu ihren nützlichen Handlangern.«

»Verstehe. Ja, das gab es. Es gibt überhaupt nichts, was es nicht gibt. In dieser Zeit. Und vermutlich in jeder Zeit. Wissen Sie«, Herbert ließ sich behaglich in einem Sessel nieder und schenkte sich noch einmal Cognac ein, »ich bin ein historisch denkender Mensch. Die Weltgeschichte war ja wohl immer sehr bewegt, nicht? Ich denke oft darüber nach, was es alles schon gegeben hat, seit Menschen diesen Stern bewohnen. Was sie erlebt haben. Und überlebt haben.«

»Nicht alle«, meinte Nina.

»Gewiß nicht. Aber so als Ganzes gesehen, hat die Menschheit doch überlebt. Sicher viel schlimmere Zeiten als unsere. Dschingis-Khan zum Beispiel. Oder wie die alten Römer die besiegten Germanen im Triumphzug nach Rom schleppten, die schöne Thusnelda vorneweg, sie dann einsperrten und schließlich abmurksten. Oder...«

»Genug«, sagte Nina. »Wenn Sie die Weltgeschichte nach Mord, Totschlag, Raub und Schändung durchgehen wollen, dann sitzen wir morgen früh noch hier.«

»Länger, viel länger, Verehrteste. Damit können wir uns wochenlang beschäftigen. So gesehen sind wir ja noch ganz gut dran. Die Amerikaner sind zwar streng mit uns und lassen uns wissen, daß sie jeden Deutschen für eine Laus halten, aber ich möchte wetten, daß das ein vorübergehender Zustand ist. Ich meine, an sich ist die Situation ja sowieso absurd. Die kommen nach Europa, fühlen sich als die größten Sieger aller Zeiten, wollen uns Zivilisation, Kultur und gutes Benehmen beibringen, holen sich die Mädchen für ein paar Zigaretten ins Bett, machen sich in unseren Häusern breit, sofern sie die nicht vorher in die Luft gejagt haben, und wo sind sie eigentlich hergekommen? Eben aus diesem Europa! Und das ist noch gar nicht so lange her. Sie haben die Indianer massakriert und so gut wie ausgerottet, aber uns wollen sie nun mal zeigen, wie gebildete Leute sich benehmen. Und was folgt daraus? Ich muß noch mal auf die alten Römer zurückgreifen. Vae victis, das galt bei denen schon. Hat sich nichts geändert unter der Sonne.«

Sie schwiegen eine Weile, Herbert hob die Flasche.

»Wer will noch mal? Wer hat noch nicht?«

Sie wollten alle.

»Und dann«, fuhr Herbert fort, »haben die Germanen schließlich Rom erobert und dort das Sagen gehabt. Na, und erst Karl der Große...«

Stephan lachte leise vor sich hin. Nina blickte ihn erstaunt an. Sie konnte sich nicht erinnern, daß er gelacht hatte, seit er wieder bei ihr war.

»Wollen Sie damit sagen, daß wir eines Tages Amerika erobern werden?« fragte er.

»Aber, lieber Freund, das haben wir längst getan. Es sind genug Deutsche hinübergegangen, noch in jüngster Zeit. Deutsche, Franzosen, Engländer, Italiener und was es sonst noch gibt im alten Europa. Sie haben diesen Kontinent erobert und daraus gemacht, was er heute ist.«

»Also auch die Indianer massakriert«, sagte Stephan spöttisch.

»Zweifellos, das waren alles wir. Das taten schon die ersten, die nach Kolumbus kamen. Ist halt so Sitte und Brauch auf dieser Erde.«

Der Mond stand jetzt voll über dem Garten und erhellte den Raum. Die Kerze war erloschen.

»Sie erinnern mich an meinen Geschichtslehrer«, sagte Stephan.

»Na, das freut mich. Ich wollte nämlich mal Geschichte studieren. Daraus wurde nichts, ich mußte Geschichte mitmachen. Wir sind ja so ungefähr eines Alters, Stephan. Schule, Arbeitsdienst, Militärdienst, Krieg. Da sind wir nun, einigermaßen erwachsen, jedoch ohne Ausbildung und ohne Beruf. Ich habe wenigstens vier Semester studieren können, Studienurlaub hieß das, aber was nützt das heute? Jedes Arschloch, das unsere Vorfahren da drüben gezeugt haben, kann uns befehlen, was wir tun und lassen sollen. Damit muß man sich erst einmal abfinden.« Er hob sein Glas: »Zum Wohl. Bitte die Damen um Entschuldigung für meine Ausdrucksweise. Das ist Landserdeutsch. Sie haben es ja wenigstens bis zum Offizier gebracht, Stephan, nicht?«

»Sagen Sie deshalb Sie zu mir?« fragte Stephan.

»Nö, eigentlich nicht. Ich war immer ein miserabler Soldat.

Es fiel mir schwer, Jawoll zu sagen, und es fiel mir schwer, eigenes Denken zu unterlassen, und vor allem war es mir unmöglich, andere Menschen totzuschießen. Es klingt vielleicht albern in unserer Situation, aber ich liebe die Menschen. Irgendwie liebe ich sie. Selbst unsere siegreichen Amis. Sie können ja nichts dafür, daß sie doof sind. Und jeder ist vielleicht auch nicht doof. Das ist das Gemeinsame zwischen uns und ihnen. Uns hat man etwas eingeredet, ihnen hat man etwas eingeredet. Nun gibt es immer Menschen, die können selber denken. Aber beileibe nicht alle. Hier nicht und dort nicht. Nur wenn man sich besieht, was daraus wird, was das Ergebnis ist! Heiliger Bimbam, dann kann einen wirklich tiefste Verzweiflung befallen.«

»Nein, bitte, Herbert«, sagte Nina rasch. »Nicht Sie auch noch.«

»Glauben Sie, liebste Nina, weil ich hier manchmal so den Hanswurst spiele, das zeigt meine wahren Gefühle?«

»Sie sind ein Sieger, Herbert. Vergessen Sie es nicht.«

»Danke, Nina, daß Sie mich erinnert haben.«

Er machte wieder die Runde mit der Flasche, schenkte ihnen ein, auch wenn Alice abwehrend die Hand erhob. Nina fühlte, wie der Cognac ihr in den Kopf stieg, eine leichte Trunkenheit machte sich bemerkbar. Die Tür öffnete sich vorsichtig.

»Ist da wer?« fragte Evas Stimme.

»Fast die ganze Hausgemeinschaft, um mich noch einmal des Sprachgebrauchs unserer verflossenen Herren zu bedienen. Wir feiern hier meine letzte Heldentat und besaufen uns systematisch dabei.«

»Was für eine Heldentat, um Gotteswillen?«

»Ich habe Oberstudienrat Beckmann unsere Räder in den Garten gelegt. Wie Ostereier, weißt du?«

»Das hast du gut gemacht. Warum hast du mich nicht helfen lassen?«

»Nina hat Schmiere gestanden. Klappte alles bestens.«

Eva ging durch das nur vom Mond erleuchtete Zimmer zur offenen Terrassentür.

»In einer Nacht wie dieser...« begann sie.

»Nur weiter«, ermunterte Herbert sie.

»Ja, wenn ich es noch wüßte.«

»In solcher Nacht wie dieser, da linde Luft die Bäume schmeichelnd küßte«, zitierte Nina träumerisch, »erstieg wohl Troilus die Mauern Trojas und seufzte seine Seele zu der Griechen Zelte hin, wo Cressida im Schlummer lag.«

»Bravo«, rief Herbert. »Nun weiß ich, was wir machen. Wir machen ein Theater auf.«

»Ja«, sagte Nina. »Ein Feld-Wald-und-Wiesentheater.«

»Noch schenkt der Sommer uns die Gnade des hellen Lichtes und der warmen Nächte. Ein Tor, wer jetzt schon an des Winters Dunkelheit und Kälte dächte.«

Ehrfürchtiges Schweigen, dann fragte Nina: »Paßt gut. Von wem ist das?«

»Ob Sie's glauben oder nicht, von mir«, sagte Herbert. »Eben gedichtet.«

»Ein armseliger Knittelvers«, meinte Eva, wenig beeindruckt.

»Und was hast du sonst noch zur Seite gebracht?«

Nina lachte. In dieser Nacht? In der Nacht ihres Todes?

Die Nacht ging zu Ende. Im Garten zwitscherte müde ein Vogel. Sie lauschten, schwiegen, es verging eine Weile, dann antwortete ein zweiter, und bald darauf war ein lebhaftes Vogelgespräch im Gang.

»Na, hört euch das an«, sagte Eva. »Sie freuen sich ihres Lebens, als wenn nichts wäre.«

»Für sie ist auch nichts«, sagte Herbert. »Wenn wir in Italien wären, würde in diesem Garten kein Vogel mehr leben.«

»Bis jetzt seid ihr ja noch ganz gut ernährt worden«, sagte Nina.

»Eben. Geradezu friedensmäßig«, sagte Herbert. »Eva hat recht. Ich hätte den Weg zu Studienrats ruhig noch einige Male machen können. Apropos – wie wäre es denn mit ein bißchen was zu essen?«

»Jetzt?« fragte Eva empört. »Weißt du noch, was du alles zum Abendessen verspeist hast?«

»So vage erinnere ich mich. Aber das ist lange her. Und wir haben seitdem eine ganze Flasche Cognac verkassematukkelt.« Er hob die Flasche hoch. »Gerade noch einer ist für dich drin.«

Die Situation war absurd, die Zeit war absurd, und die Menschen reagierten entsprechend. Und da war etwas so Ungeheueres, etwas so Gewaltiges, das alle anderen Gefühle, die der Not, des Elends, der Verzweiflung, der Ausweglosigkeit übertraf: ich lebe.

Nina, die auf dem Boden saß, neben Tante Alices Sessel, legte den wirren Kopf an die Seitenwand des Sessels. Was war es nur mit diesem Leben, warum klammerte man sich so daran?

Sie hatte sich die Freiheit des Todes gewünscht, und nun ergab sie sich dem Zwang des Lebens. Und wenn sie es nun tat, das war ganz klar, tat sie es total und mit ganzer Kraft.

Sie stieß sich mit beiden Händen vom Boden ab und sprang auf. Gelenkig wie ein junges Mädchen.

»Ich mach uns ein paar Stullen zurecht, ja? Und koch Kaffee.«

»Eine fabelhafte Idee«, rief Herbert emphatisch. »Wir können im Morgengrauen Stullen essen, mit was drauf, und wir haben Kaffee. Bohnenkaffee. Wer in diesem zerschlagenen Land hat das noch. Na gut, ein paar werden es haben, aber die meisten nicht. Wir haben es nur noch jetzt und hier und gleich, aber ein Schelm, der die Stunde nicht genießt und nur an morgen denkt.«

Nina stand, ein wenig schwankend zwar, doch ihr Kopf war noch klar.

»Würdest du sagen, Herbert, daß man so denken muß, um zu leben?«

»Wie das Beispiel zeigt, würde ich sagen: Ja. Und Nina, falls wir uns morgen trennen müssen, wollen wir doch diese Nacht nicht vergessen. Hier oder irgendwo oder irgendwann werden wir uns wiedertreffen, und dann wollen wir uns daran erinnern, an diese Nacht, an das, was wir gedacht und gesagt haben. Leben ist kostbar. Man muß es bewahren.«

»Ja«, sagte Nina, sie sagte es laut und überzeugt. Sie dachte nicht mehr daran, daß sie hatte sterben wollen in dieser Nacht. Eva blickte hinaus in den Garten, sie lächelte, die Vögel sangen nun laut und alles übertönend, Morgendämmerung erweckte die Bäume zum Leben.

Alice senkte den Kopf. Für sie galt das nicht mehr.

Stephan sagte: »Ich werde Sie vermissen, Herbert.«

Wie sich die Übernahme des Hauses durch die Amerikaner abspielen würde, darüber hatte sich Nina keine Gedanken gemacht. Aber es erstaunte sie, relativ früh am Tage, es war kurz nach zehn, den jungen Leutnant wieder unter der Tür zu sehen. Hinter ihm der andere breitschultrige Amerikaner.

Nina kniete auf dem Boden der Diele, um sich herum hatte sie kleine Pakete mit Kleidungsstücken gestapelt, gerade eben soviele, wie jeder tragen konnte. Eva und Herbert saßen auf der Treppe und gaben gute Ratschläge, sie hatten ohnedies nur noch das, was sie aus dem Nebenhaus mitgebracht hatten.

Marleen war oben, stand seit einer Stunde ratlos vor ihren wohlgefüllten Schränken. Immerhin hatte es Nina mit gutem Zureden so weit gebracht, daß sie sich bereit erklärte, bei dem Fahrunternehmen Huber vorbeizugehen. Sie kannte Huber, er war bis zum Ende des Krieges immer für sie gefahren, denn Marleen sparte nicht mit seltenen Gegengaben, Kaffee, Zigaretten, auch ein Stoff für Frau Huber war einmal abgefallen, und außerdem ging es dem Huber wie fast allen Männern, mit denen Marleen im Laufe ihres Lebens zusammengetroffen war, sie faszinierte ihn, ihr Aussehen, ihr Auftreten, ihr Charme.

Aber nun waren die Amerikaner schon da. Nina strich sich das Haar aus der Stirn, ihre Stirn war feucht, die schlaflose Nacht machte sich bemerkbar. Auch war es warm an diesem Tag.

Lieutenant Goll blickte auf die kniende Frau, sie war blaß, sie sah müde aus, wirkte nicht so ruhig und überlegen wie am Tag zuvor. Ein jähes Glücksgefühl überkam den Lieutenant, so heftig und überwältigend, wie er es in seinem Leben noch nie verspürt hatte. Die Botschaft, die er zu überbringen hatte, machte seine Kehle trocken.

Sie blickten ihn alle an, wie er da unter der Tür stand, doch er nahm die Gesichter gar nicht richtig wahr. In dem Sessel an der Wand, das mußte wohl der kranke Sohn sein, und da war noch ein anderer junger Mann auf der Treppe. Und wo war die alte Dame? Wo das blinde Kind?

Davies gab ihm von hinten einen sanften Stoß, Goll schritt über die Schwelle, ging wie im Traum auf die Frau zu; die am Boden kniete und zu ihm aufblickte. Er legte mechanisch die Hand an den Mützenschirm, sah durch die offene Tür das blinde Kind auf demselben Stuhl sitzen wie am Tag zuvor. Auf einem blauen Sofa, gerade aufgerichtet, regungslos, saß die alte Dame.

Er mußte zweimal zum Sprechen ansetzen, seine Stimme gehorchte ihm nicht.

»Good morning«, sagte er dann, weil ihm nichts anderes einfiel.

»Schon?« fragte Nina. »Sie haben gesagt – mittags.« Und dann sah sie das Lächeln in seinem jungen Gesicht, und sie sah, wie der andere, der hinter dem Lieutenant stand, über das ganze Gesicht grinste.

Das Herz schlug ihr bis zum Hals. Nicolas...

»Es ist erledigt«, sagte Lieutenant Goll in seinem schönen, klingenden Deutsch. »Sie können bleiben. Das Haus wird nicht beschlagnahmt.«

Nina legte die Hand um ihren Hals, sie spürte ihr Herz darin klopfen und sie dachte: Nicolas, du hast geholfen.

Und dann: Wie schrecklich, wenn er gekommen wäre, dieser junge Mensch, mit dieser Nachricht, die ihn offensichtlich freut, das kann ich ihm anmerken, und ich hätte tot hier gelegen.

Ihm wäre es nicht egal gewesen.

Sie senkte den Kopf, legte die Hand vor die Augen, und Goll sah die Tränen zwischen ihren Fingern. Das machte ihn vollends verlegen und hilflos.

Und wieder einmal mußte er an seinen Vater denken, was er, der berühmte Psychiater und Psychologe, dazu sagen würde. Eins war gewiß, er würde zufrieden sein mit seinem Sohn.

Die anderen schwiegen, selbst Herbert hielt ausnahms-

...ise den Mund, auch Eva hatte das Gefühl, daß sie sich nicht einmischen dürfe. Was hier geschah, ging diese beiden Menschen an, die weinende Nina und den jungen Sieger, der erste, der ihr zu einem Sieg verholfen hatte.

»Bitte...« sagte Frederic Goll, er mußte schlucken, er war selbst den Tränen nahe, denn zum erstenmal in seinem Leben erfuhr er, was für ein unbeschreibliches Glück es bedeutete, einem Menschen etwas Gutes tun zu können.

Davies ging entschlossen an ihm vorbei, trat zu Nina und streckte ihr die Hand hin.

»Come on«, sagte er fröhlich. »Get up! And here...«, er zog aus seiner Jackentasche mehrere Candies, »for the little girl.«

Nina ergriff die warme breite Hand des Siegers, sie kam nur mühsam hoch, ihre Knie zitterten, sie blickte Davies an, dann den Lieutenant.

»Danke«, flüsterte sie. »Danke. Wie... wie haben Sie das denn fertig gebracht?«

Unter Tränen lächelte sie beide Männer an.

»Well...«, sagte Davies, der sie nicht verstanden hatte, er blickte fragend auf den Lieutenant.

»Ich hatte Gelegenheit, gestern mit General Patton zu sprechen«, sagte Goll. »Ich tat es«, er blickte durch die Tür zu Maria hin, »wegen ihr.«

»Danke«, sagte Nina noch einmal. Sie wischte mit den Händen die Tränen von den Wangen, tupfte wie gestern mit den Fingerspitzen in die Augenwinkel, versuchte, sich zu beherrschen.

Herbert setzte zum Sprechen an, doch Eva knuffte ihn in die Seite. Es gab jetzt nichts zu sagen.

»Ich wußte«, sagte Nina leise, »daß mir von Ihnen nichts Böses kommen konnte. Vielmehr, ich hätte es wissen müssen.« Sie schniefte, Stephan stand auf und reichte ihr sein Taschentuch.

»Oberleutnant Jonkalla«, sagte er mit einer kleinen Verbeugung zu dem Amerikaner. »Ich möchte Ihnen auch danken, im Namen aller Bewohner dieses Hauses.«

In diesem Augenblick erschien Marleen oben auf der Treppe, sehr elegant in einem weißen Kostüm, denn natürlich hatte sie sich bei der Auswahl ihrer Garderobe nicht allein auf das Praktische beschränken können.

»Oh!« machte sie und blickte auf die Menschengruppe hinab. Und als keiner etwas sagte, fragte sie unsicher: »Müssen wir schon weg?«

»Nein, Marleen, wir können bleiben«, antwortete Nina, wieder einigermaßen gefaßt. »Dies ist Lieutenant Goll, er hat sich für uns verwendet«, und mit einer Handbewegung zur Treppe hinauf: »Mrs. Nossek, meine Schwester.«

Das Ganze nahm wieder einmal gesellschaftliche Formen an, es ging offenbar in diesem Haus nicht anders. Goll machte eine steife Verbeugung zur Treppe hin, die Schwester interessierte ihn nicht.

Zu Nina sagte er: »Es gilt natürlich nur für jetzt und für uns. Was später sein wird, dafür kann ich keine Garantie geben.«

»Ich verstehe«, sagte Nina.

Ohne sich um die anderen zu kümmern, trat Goll unter die Tür und blickte auf Maria, die so stumm und starr da saß wie am Tag zuvor.

»Ich hoffe, man wird ihr helfen können«, sagte er.

»Ich hoffe es auch«, erwiderte Nina. »Und Sie haben bereits geholfen. Gestern, als Sie fort waren, hat sie zum erstenmal gesprochen und sich an etwas erinnert.«

»Sie meinen, es war ein Schock?«

»Ich weiß nicht, wie man das nennen soll.«

»Was hat sie gesagt?«

Nina zögerte, dann erzählte sie leise, indem sie den Lieutenant von der Tür wegzog, von dem Hund.

Frederic Goll liebte Hunde, Pferde, alle Tiere. Die verendeten Pferde auf den Straßen zu sehen, hatte ihn Nerven genug gekostet. Die Tiere waren zusammen mit den Menschen in den zerbombten Häusern verstorben, das wurde ihm jetzt erst klar. Nie mehr, dachte er, nie mehr. Ich werde...

Er wußte nicht, was er tun würde, er wußte nur, daß er sich bis zum letzten Atemzug, bis zur Selbstaufgabe dafür einsetzen würde, daß es nie mehr Krieg auf dieser Erde geben durfte.

»Ich muß gehen«, sagte er.

Nina und er gingen durch die Diele, in der alle wie erstarrt standen oder saßen, wie Marionetten, an deren Fäden keiner zog, Marleen auf halber Treppe stehend, Eva und Herbert auf den Stufen sitzend, Stephan ebenfalls stehend. Nur Davies lebte, er lachte, zog noch eine Packung Camel aus der Hosentasche und drückte sie Stephan in die Hand.

Im Vorgarten blieb Goll stehen.

»Warum haben Sie das gesagt?«

»Was?«

»Sie wußten, daß Ihnen von mir nichts Böses kommen konnte.«

Nina zögerte. Dann versuchte sie, es ihm zu erklären.

»Als ich Sie gestern sah, da war ich ... ich war ... vielleicht haben Sie es gemerkt, aber es hat mich total aus der Fassung gebracht. Es ist nämlich so, Sie sehen jemandem ähnlich, der mir viel bedeutet hat. Ein Mann, den ich sehr liebte, als ich jung war. Schon als ich ein Kind war. Er hieß Nicolas von Wardenburg, er fiel im Krieg. Nicht in diesem. Im vorigen Krieg. 1916 in Frankreich. Und Sie ... Sie sehen ihm nicht nur ähnlich, Sie sprechen auch wie er.«

»Ich verstehe nicht ...«

»Nein, das können Sie auch nicht verstehen. Ich verstehe es ja selbst nicht. Es war mein Onkel, wissen Sie. Der Mann meiner Tante Alice, die Sie ja gestern gesehen haben. Die alte Dame im Garten. Er war Balte.«

Goll starrte sie sprachlos an.

Nina lachte nervös. »Sie werden gar nicht wissen, was das ist. Er, ich meine Nicolas und Alice, sie hatten ein Gut in Schlesien, da, wo ich herkomme. Aber er war im Baltikum aufgewachsen, weil seine Mutter Baltin war. Wie soll ich Ihnen erklären, was das ist. Jetzt sind da die Russen und ...«

»Ich weiß, wo das ist und was das ist«, sagte Goll langsam.

»Der Ort, aus dem er stammte, hieß Kerst. Schloß Kerst. Da hat er seine Jugend verbracht. Es muß sehr schön dort gewesen sein. Ich kenne es nicht, aber meine Tante Alice war mehrmals dort, sie sagt, es sei ein herrliches Land. Es ist so lange her, aber ... als ich Sie sah und Sie sprechen hörte, das ist es, verstehen Sie, deswegen habe ich das gesagt: Ich hätte wissen müssen, daß mir von Ihnen nichts Böses geschehen könnte. Sie finden mich sicher albern.«

»Schloß Kerst«, wiederholte Goll wie im Traum.

Stumm standen sie voreinander, es gab nichts mehr zu sagen. Davies näherte sich.

»Go ahead«, sagte er respektlos zu Goll. »There's something else to do.«

»Ich verstehe Sie sehr gut«, sagte Frederic Goll. »Und daß ich so spreche, das ist ganz selbstverständlich. Mein Vater ist auch Balte.«

Er verbeugte sich, wandte sich um und folgte Davies.

Nina blickte ihm mit großen Augen nach. Träumte sie? Gab es Wunder auf dieser Erde? War Nicolas in diesem jungen Menschen, diesem Knaben noch, wiedererstanden?

Mein Gott, jetzt fange ich an zu spinnen. Eilig folgte sie den Amerikanern durch den Vorgarten.

Private Jackson war diesmal nicht dabei, Davies schob sich hinter das Steuer des Jeeps. Er fühlte sich fabelhaft.

Hoffentlich würde er bald nach Hause kommen zu Frau und Kindern, von diesem kaputten Deutschland hatte er die Nase voll. Gut, daß wenigstens diese Leute hier ihr Haus behalten konnten. Es war viel größer und feiner als sein Haus in Minnesota, aber das störte ihn nicht. Ein Mensch mußte ein Heim haben, und das durfte ihm keiner wegnehmen. Patton war ein feiner Kerl, das wußte er sowieso, ein Mann, mit dem man reden konnte, auch wenn er der härteste Fighter der ganzen Armee war.

Und dann dachte Davies dasselbe, was der junge Lieutenant gerade gedacht hatte: damned war! Never again. Not for me, not for my children. Hitler is dead, but... Stalin is left. Good old uncle Joe, as they called him. I don't like him nevertheless.

Nina und der Amerikaner gaben sich die Hand.

»Ich danke Ihnen«, sagte sie noch einmal unter dem Gartentor.

Goll neigte stumm den Kopf, hob die Hand an die Mütze.

Irgend etwas Entscheidendes war geschehen in seinem Leben, gestern und heute, er wußte nur nicht, was es war. Wie immer dachte er: Ich muß mit Vater darüber sprechen. Er wandte sich nicht mehr um. Nina blickte dem Jeep nach.

Als sie ins Haus zurückkam, blieb sie unter der Tür stehen. Eva und Herbert tanzten einen Walzer in der Diele nach einer von Herbert gepfiffenen Melodie.

Marleen rief schrill von der Treppe herab: »Wir müssen nicht fort?«

»Bis auf weiteres nicht«, sagte Nina.

Dann sank sie in die Knie und begann wild zu schluchzen.

Cape Cod – September 1945

Lieutenant Goll und Master-Sergeant Davies kehrten bereits im September nach Amerika zurück. Die Sieger wurden relativ schnell abgelöst durch die sogenannte Besatzungstruppe, nicht zum Vorteil der Deutschen, denn die Männer der kämpfenden Truppe waren weitaus umgänglicher und humaner gewesen; sie hatten den Krieg am eigenen Leib erlebt, sie hatten zwar Tod gebracht, aber auch das Sterben mitansehen müssen, und schließlich hatten sie das Elend, die Demütigung der Besiegten miterlebt, und falls einer nicht ganz stumpfsinnig und abgebrüht war, hatte es in ihm einen bleibenden Eindruck hinterlassen.

Die Angehörigen der Besatzung waren, jedenfalls in der ersten Zeit, hart und unzugänglich, oft auch ungerecht gegen die Bevölkerung. Es waren viele Emigranten oder Söhne von Emigranten unter ihnen, die sich als Rächer verstanden, und überhaupt ließ sich leicht mit dem Klischee arbeiten: Alle Deutschen sind Nazis, alle Deutschen sind Verbrecher, jeder ist ein Mörder.

Master-Sergeant Davies war froh, dem zerstörten Land den Rücken kehren zu können, er freute sich auf seine hübsche blonde Frau und seine beiden wohlgenährten Kinder und auf sein ordentliches kleines Haus in Minnesota. Schöne, lange Ferien, dann würde er Dienst machen wie früher auch, die Japse waren nun auch erledigt, so daß man ihn nicht mehr brauchen würde. Vom Krieg hatte er ein für allemal genug. Zwar war ihm nicht ganz geheuer bei dem Gedanken an good old uncle Joe in Moskau und die Ausbreitung seiner Herrschaft über halb Europa, aber sollten die Europäer selber sehen, wie sie damit fertig wurden. Sich auszumalen, wie verhängnisvoll sich die Zweiteilung der Welt auf die Dauer auswirken würde, überstieg seine Intelligenz und seine Fantasie, woraus ihm kein Vorwurf zu machen war, auch Intelligenz und Fantasie der verantwortlichen Politiker versagten da. Ausgenommen ein Mann wie Churchill, der ziemlich deutlich voraussah, was kommen würde. Aber ihn hatte man schon – undankbar, wie Völker sind – nach Hause geschickt.

Master-Sergeant Davies blieben noch fünf Jahre, sich seines Lebens zu freuen. Seine Frau wurde die Witwe eines Mannes, der wieder in einem weit entfernten Land kämpfen und diesmal auch sterben mußte. Korea – sie hatten gar nicht gewußt, daß es dieses Land gab. Ein Bürgerkrieg schien es nur zu sein, der die Vereinigten Staaten nichts anging, der Süden und der Norden des Landes bekämpften sich, aber im Grunde war es wieder der Kampf zwischen Ost und West, der die ganze Welt ergriffen hatte und der sie nicht zur Ruhe kommen lassen würde.

Lieutenant Goll und Master-Sergeant Davies nahmen rasch und formlos voneinander Abschied in New York, jeder war mit seinen Gedanken schon eine Station weiter, aber ganz seltsam, als Davies, die Hand an der Mütze, sagte: »Good luck, Sir«, fiel Goll auf einmal das Haus in dem Vorort von München ein, die blasse Frau, die ihn so fassungslos angestarrt hatte, das blinde Kind – dies war offenbar etwas, was ihn mit Davies verband, das Gefühl der Freude, Menschen in Bedrängnis geholfen zu haben.

Goll hatte nicht nur Freude empfunden, er war geradezu glücklich gewesen an jenem Morgen, und das Gefühl war so stark gewesen, daß er es nicht vergessen hatte. Es war das einzige Mal während des Krieges, seines Krieges, der ja nicht lange gedauert hatte, seiner Nachkriegszeit, die ebenfalls kurz gewesen war, daß er den Feinden etwas Gutes tun konnte.

Feinde? Er empfand nicht so, als er in jenes Haus kam, und jetzt erst recht nicht mehr. Der einzige Feind, den er bekämpfen wollte mit aller Kraft und mit jeder Möglichkeit, über die er verfügte, war der Krieg. Mochte es in der Vergangenheit denkbar gewesen sein, Auseinandersetzungen zwischen den Völkern auf dem Schlachtfeld auszutragen, diese Zeit war ein für allemal vorbei. Das anonyme Töten mit Bomben, Granaten und Raketen und seit neuestem mit Atombomben hatte den Krieg ad absurdum geführt. Er hatte mit eigenen Augen gesehen, wie ein Land aussah, daß auf diese Weise geschlagen wurde, was aus Menschen und Tieren, was aus den Städten wurde, daß wahllos Frauen und Kinder, Alte und Kranke verstümmelt, zerfetzt und vernichtet wurden, daß die Heimstätten der Menschen nur noch Trümmer waren, daß jede Gesittung und jeder Anstand verlorengehen mußten, daß Ehre und Stolz so tief gedemütigt wurden und schließlich am Ende jede Menschenwürde in den Staub getreten war.

Das war kein Kampf mehr, das war pure Vernichtung, und seit Coventry, Rotterdam, Berlin, Dresden und nun noch Hiroshima wußten sie, wie weit diese Vernichtung gehen konnte.

Es würde eine Zäsur geben in der Geschichte der Menschheit, die den Krieg ächtete und unmöglich machte, und diese Erkenntnis zu verbreiten und zu erklären, das würde die wichtigste Aufgabe der Zukunft sein.

Das war es, was Frederic Goll zu seinem Vater sagte, als er wieder daheim in Boston war, nachdem die erste Erregung des Wiedersehens, die Freudentränen seiner Mutter überstanden waren.

»Ich werde nicht Medizin studieren, Vater, sondern Geschichte und Philosophie. Ich möchte viel besser verstehen lernen, wie alles sich entwickelt hat auf dieser Erde, und besonders in Europa, denn unsere Geschichte ist ja leicht übersehbar. Und ich möchte schreiben, weil ich denke, daß ich etwas zu sagen habe. Vielleicht werde ich Journalist. Oder Schriftsteller. Oder...« er zögerte, fügte dann hinzu: »Vielleicht aber auch Politiker.«

»So«, sagte Professor Goll gelassen. »Das kannst du machen, wie du willst. Du wärst nicht der erste, der aus einem Krieg zurückkehrt und darüber reden und schreiben will. Das haben die Männer immer getan, das werden sie auch diesmal tun. Genützt hat es jedoch nie.«

»Wenn es auch diesmal nichts nützt, wird die Menschheit am Ende sein.«

»Die Menschheit, ach ja. Einmal muß sie ja wohl am Ende

sein. Aber ich glaube nicht, daß wir Menschen selbst darüber befinden können. Alles in diesem Kosmos hat Anfang und Ende, und es gehorcht einem Gesetz, das wir nicht kennen.«

»Das mag so sein. Aber mit dieser Erkenntnis kann ich mich nicht zufriedengeben. Noch leben Menschen, und für die, die heute leben und morgen leben werden, möchte ich arbeiten.«

Der Professor nickte. »Das genügt durchaus. Politiker also, das erstaunt mich wirklich. Ich hatte nie den Eindruck, daß du dich für Politik interessierst.«

»Politik und Geschichte sagte ich.«

»Ich habe dich gut verstanden. Die Zusammenhänge begreifen, die Vergangenheit und die Gegenwart einander näherbringen, und so die Zukunft besser machen.« Der Professor lachte leise. »Dies ist immer noch das Land der unbegrenzten Möglichkeiten. Vielleicht wirst du eines Tages – Präsident der Vereinigten Staaten, wenn es dir denn so ernst ist mit dieser Aufgabe. Wir haben schon einen Mann in dieser Stadt, der dieses Ziel für seine Söhne anstrebt, der alte Kennedy. Einer seiner Söhne ist gefallen in diesem Krieg, aber er hat noch drei. Sie stammen aus Irland und sind katholisch, also ist es so gut wie unmöglich, daß einer seiner Jungen Präsident wird. Wir kommen aus dem Baltikum und sind gute Protestanten. Deine Mutter ist Deutsch-Russin und katholisch-orthodox. Das heißt, für die Amerikaner sind wir eigentlich Russen. Aber du bist in Amerika geboren, versuche es immerhin.«

Frederic schüttelte den Kopf.

»Ich dachte nicht daran, Präsident zu werden.«

»Nun, warum nicht. Wenn du an Politik denkst – man muß sich immer hohe Ziele setzen.«

Und dieses Land verführt dazu, dachte Professor Goll. Es schien wirklich so, daß hier alles möglich sei, wenn man es nur ernsthaft genug wollte. Der große Weg vorwärts.

Er hatte auch immer an den Weg zurück gedacht, das Heimweh hatte ihn nie verlassen. Aber es gab keinen Weg zurück, keinen Weg zurück in die Unschuld der Jugend, keinen Weg zurück in die Heimat, keinen Weg zurück zu dem, was Vergangenheit geworden war.

Nun war es endgültig verloren, das weite grüne Land an dem silbernen Meer. Und wenn jene starben, die so wie er die Erinnerung daran noch besaßen, würde es sein, als habe es das baltische Land der Ordensritter nie gegeben.

Geschichte würde es sein, Historie, für die wenigen, die sich dafür interessierten, doch biegbar, polierbar, verbiegbar wie jede Historie.

Er sah seinen Sohn an. »Es befriedigt mich durchaus, daß du Geschichte studieren willst. Durchaus. Es ist zunächst eine sehr gute Idee. Was später aus dir wird, das wird sich finden. Ich bin Arzt, dein Bruder studiert Medizin, ein Historiker in der Familie ist höchst wünschenswert.«

Ariane Goll hatte vor Glück geweint, als sie ihren jüngsten Sohn wieder in die Arme schloß. Sie war eine empfindsame Frau, immer rasch von ihrem Gefühl überwältigt, und daß dieser schreckliche Krieg nun zu Ende war und beide Söhne ihn überlebt hatten, dafür war sie Gott und allen Heiligen dankbar. Noch immer mischte sie in ihre Danksagungen deutsche mit russischen Worten, die amerikanische Sprache genügte ihr nicht, um auszudrücken, was sie empfand.

George Goll, ihr ältester Sohn, war überhaupt nicht eingezogen worden, auch seine freiwillige Meldung war zurückgewiesen worden, er hatte also sein Medizinstudium nicht unterbrechen müssen. Und nun war, ›Gott sei ewiger Dank dafür‹, Frederic heil zurückgekehrt. Darum hatte sie Gott täglich angefleht, er hatte ihre Gebete erhört. Und das dachte Ariane gleichzeitig: Wie viele Mütter, hier in diesem Land wie drüben jenseits des Meeres, hatten vergeblich gebetet. Ihr Mann lächelte weder über ihre Tränen noch über ihre stürmischen Dankesworte. Er hatte genauso viel Angst um das Leben seines Sohnes ausgestanden.

Zwei Söhne hatte er, zwei Söhne hatte sein Vater gehabt. Alexander, sein Bruder, war in der Revolution von 1905 ermordet worden, sie hatten es mitansehen müssen, sein Vater und er. Das war eine Wunde, die nie verheilt war, die auch er, der Psychiater, an sich selbst nicht heilen konnte. Damals hatte er alles verloren, was ihm lieb und eigen war – seinen Bruder, seine Eltern, sein Pferd, seine Heimat. Alles, was bis dahin sein Leben ausgemacht hatte. Nach Jahren der Einsamkeit und Verbitterung, in denen er nichts kannte als seine Arbeit, war er in Amerika ein erfolgreicher Mann geworden, weit entfernt von dem verlorenen Land. Doch nicht weit genug, um zu vergessen. Und dann kam der Krieg. Und dann dieser Gedanke: Das Schicksal seines Vaters würde sich an ihm wiederholen. Zwei Söhne, und nur einer würde überleben.

Das Schicksal war so läppisch.

Doch Frederic war heimgekehrt. Und der Professor erkannte sofort, auf welchem Irrweg er sich befunden hatte: Sein Vater hatte beide Söhne verloren.

Ende September verbrachten sie ein langes Wochenende in ihrem Landhaus auf Cape Cod, kein feudaler Landsitz, nur ein einfaches Holzhaus über den Klippen des Ozeans, wie es viele Bostoner auf dieser Halbinsel besaßen. Michael Goll hatte das Haus gekauft, sobald er es sich leisten konnte, denn der Anblick des Meeres war ihm eine Lebensnotwendigkeit. Es war nicht das östliche Meer seiner Jugend, es war die Küste des Atlantischen Ozeans, doch getrennt, wirklich getrennt, war dieses Meer nicht von jenem, irgendwo würden sich die Wasser mischen.

An diesem Sonntag, Ende September, war die Familie beisammen, auch George war mitgekommen. Am Nachmittag waren sie eine Weile am Strand gelaufen, doch der Wind wehte stürmisch vom Meer herein, also waren sie bald ins Haus gegangen, George hatte das Feuer im Kamin angezündet, und nun blickten sie durch das breite Fenster in die anstürmenden Wogen des Ozeans in der Abenddämmerung.

In dieser Stunde sprach Frederic von dem Haus in München. Seine Kriegserlebnisse hatte er schon berichtet, er war kein verschlossener Mensch, und in diesem Haus war es immer üblich gewesen, sich mitzuteilen, einander alles zu erzählen. Es lag am Vater, der es von Berufs wegen ganz selbstverständlich erwartete, daß man sich aussprach, daß man nichts Wichtiges in sich verschloß, und es lag an der

Herzlichkeit, der immer vorhandenen Anteilnahme der Mutter, daß die beiden Söhne diesem Elternhaus nahegeblieben, sich nie von ihm abgewendet hatten.

Frederic hatte wieder einmal von General Patton erzählt, dessen faszinierende Persönlichkeit in all ihrer Widersprüchlichkeit ihn nach wie vor beschäftigte.

»Ich weiß, wie oft er angeeckt ist. Und wie gut er es versteht, sich Feinde zu machen. Seine Alleingänge während der Kämpfe brachten ihn manchmal nahe an das Kriegsgericht.«

»Soviel ich weiß, hat man ihn ja auch einmal strafversetzt«, sagte sein Vater.

»So etwas Ähnliches, ja. Er maßte sich an, alles besser zu wissen und alles besser zu können, und ließ sich ungern Vorschriften machen. Schon gar nicht von Montgomery oder von Eisenhower. Und die waren schließlich die Oberbefehlshaber. Es ist wohl immer schlecht, wenn zwei Nationen zwei Oberbefehlshaber in Charge haben. Aber so war es nun einmal. Und wenn sich die zwei schon nicht einig waren, so war Patton mit keinem von beiden einig. Er hatte auch meistens recht, er ist nun mal ein Stratege von Gottes Gnaden. Die schwerfälligen Theorien am grünen Tisch sind ihm ein Greuel. Aber er ist ein Mensch, nehmt alles nur in allem. Seine Soldaten lieben ihn, ganz egal, was er von ihnen verlangt, und er verlangt viel. Und ich war ihm so dankbar, daß er mir diese unangenehme Sache abnahm. Ich habe mich so geschämt.«

»Was war das für eine unangenehme Sache, für die du dich geschämt hast?« fragte Ariane.

»Die Häuser zu beschlagnahmen. Die Deutschen aus ihren Häusern zu werfen, sofern sie noch eins hatten, und unsere Offiziere hineinzusetzen. Sie durften nichts mitnehmen, nur gerade, was sie tragen konnten. Viel besaßen sie sowieso nicht mehr. Ich schämte mich deswegen.«

»Mit Recht«, sagte Ariane. »Obwohl du ja nichts dafür konntest.«

Frederic lehnte sich zurück, zündete sich eine Zigarette an und nahm einen Schluck von seinem Whiskey.

»Ja, es ist das alte Lied, hier wie dort. Bei uns und bei ihnen drüben. Befehl ist Befehl. Sie wurden dadurch zu Verbrechern und wir – zu Siegern. Aber es kann nicht die Aufgabe eines Siegers sein, Menschen ihr Heim zu nehmen. Wie gesagt, falls sie noch eins hatten, was durchaus nicht üblich war.«

Sein Vater sagte: »Das ist so alt wie die Geschichte der Menschheit. Der Sieger vertrieb die Besiegten immer von Haus und Hof, schändete die Weiber und tötete die Kinder. Nahm die Männer als Geiseln.«

»Nun, ich hatte geglaubt, in einer modernen Zeit des Fortschritts und der Aufklärung zu leben. Ich konnte mir nicht vorstellen, daß mittelalterliche Gesetze noch gelten«, erwiderte Frederic, seine Stimme klang erregt.

»General Patton befreite dich von dieser Aufgabe?« fragte sein Bruder.

»Ja, stell dir vor, er höchstpersönlich. Ich war nur ein kleiner Lieutenant, aber er begriff, daß ich mich schämte. Und er sagte nicht: Befehl ist Befehl. Ich fuhr noch am Abend zu ihm nach Bad Tölz und ließ mich nicht abweisen. Das war nach der Sache mit dieser Frau, die mich so merkwürdig ansah.«

»Eine Frau?« fragte Ariane.

»Fassungslos blickte sie mich an. Und sie war so zart und so hübsch«, er lachte kurz auf, »sie erinnerte mich an dich, Ma.«

»An mich?« fragte Ariane befremdet. »Eine hübsche junge Deutsche, die es offenbar verstand, intensive Blicke zu versenden, erinnerte dich an mich?«

»Sie war keine hübsche junge Deutsche, die mit Blicken etwas ausrichten wollte. Sie war etwa in deinem Alter, Ma. Und sie war so schlank und zart wie du. Sie hatte große graue Augen, in denen das blanke Entsetzen stand. Am nächsten Tag weinte sie dann. Und sie sagte: Ich wußte, daß mir von Ihnen nichts Böses kommen konnte.«

»Das sagte sie? So mit diesen Worten?« fragte sein Vater.

»Genau mit diesen Worten. Und dann erklärte sie mir, was sie damit meinte. Ach, und dieses Kind! Dieser schreckliche Anblick!«

Frederic legte die Hand über seine Augen, sie schwiegen, blickten ihn mitleidig an.

»Es war blind, dieses Kind.«

»Möchtest du uns diese Geschichte nicht genau, von Anfang bis Ende erzählen?« fragte sein Vater, denn er sah, daß Frederic sich quälte mit dem Erlebten.

»Das Ende? Ich kenne es nicht. Ich wurde kurz darauf versetzt. Ich habe sie nicht wiedergesehen. Vielleicht mußten sie das Haus längst verlassen. Ich konnte ihnen einmal helfen. Aber das gilt nicht für immer.«

Professor Goll klopfte leicht mit der Fingerspitze auf den Tisch.

»Beginne mit dem Anfang, Frederic!«

Als Frederic seine Geschichte beendet hatte, sprang seine Mutter auf, setzte sich auf die Lehne seines Sessels, legte beide Arme um seinen Hals und küßte ihn auf die Wange.

»Das hast du großartig gemacht, dafür muß ich dich umarmen. Und du sagst, sie sah mir ähnlich, diese arme Frau?«

»Nein, das habe ich nicht gesagt. Ich sagte, sie erinnerte mich an dich, weil sie so zart und so anmutig war, so schutzbedürftig wirkte.«

George grinste. »Jedenfalls verstand sie es, den Ritter in dir zu wecken. Das ist die wahre Kunst echter Weiblichkeit. Erwähnte sie wirklich Schloß Kerst?«

»Ja, stellt euch das vor. Ich war wie vor den Kopf geschlagen. Und dieser Nicolas, der ihr Onkel war und dem ich angeblich ähnlich sehen soll – wer soll das denn sein?«

Professor Goll legte den Kopf auf die Seite und betrachtete seinen jüngsten Sohn mit offensichtlichem Erstaunen.

»Sie hatte nicht unrecht, diese Frau in Deutschland. Du siehst Nicolas wirklich ähnlich. Komisch, daß mir das nie aufgefallen ist.«

»For heaven's sake, Vater, wer ist dieser Nicolas?«

»Er ist dein Onkel. Oder besser gesagt, er war dein Onkel. Ich wußte, daß er im vorigen Krieg gefallen ist. Meine Mutter hat es mir nach dem Krieg mitgeteilt.«

»Mein Onkel? Wirklich mein Onkel? Wie ist das denn möglich?«

»Nun, ganz einfach. Seine Mutter war die Schwester meines Vaters.«

»Das hast du mir nie erzählt«, rief Ariane. Sie saß immer noch auf Frederics Sessellehne, den Arm um seine Schulter gelegt.

»Du weißt, daß ich lange Zeit überhaupt nicht gern von Kerst gesprochen habe. Es ist bitter, eine so schöne Heimat, wie ich sie hatte, zu verlieren. Und daß ich meine Eltern im Stich ließ, ist eine Schuld, die immer auf mir lasten wird.«

»Auch heute noch?« fragte Ariane leise.

Er nickte. »Immer.«

Eine Weile blieb es still. Nur das Rauschen des Meeres war zu hören, doch es war kein Frieden mehr im Raum, eine Spannung war entstanden, Ariane spürte sie in Frederics Nacken, dessen Muskeln ganz steif geworden waren.

Professor Goll hob sein leeres Glas.

»Gebt mir auch noch einen Schluck.«

George stand auf und füllte alle vier Gläser mit dem dunklen duftenden Whiskey. Irischer Whiskey, sie tranken keinen Bourbon in diesem Haus.

»Ich weiß noch ganz genau, wann und wo ich Nicolas zum letztenmal gesehen habe. Es war in Zürich, 1906. Ein Jahr nach der Revolution, die soviel Unheil über uns gebracht hatte. Mein Bruder wurde ermordet. Es gab keinen Menschen, den ich mehr liebte als meinen Bruder Alexander. Sie versuchten, das Schloß in Brand zu stecken, sie töteten unsere Tiere. Sie wüteten wie die Barbaren im Kerster Land. Der Zar schickte später Truppen, zu spät. Und wie ich glaube, absichtlich zu spät. Die baltischen Herren sollten gedemütigt werden. Das hat den Haß in mir erweckt. Viel Blut war geflossen, ungerechtes Blut, denn wir hatten keine russischen Verhältnisse im Baltikum. Es war der Anfang von dem, was später kam. Und irgendwie habe ich das, ja, vielleicht nicht erkannt, aber geahnt. Ich ging fort. Ich sehe Nicolas noch vor mir, wir saßen in einem Restaurant in Zürich, am Limmatkai, und ich sagte zu ihm: Ich habe mich vom Baltikum gelöst. Ich werde nie dorthin zurückkehren. Er war entsetzt. Das kannst du deinen Eltern nicht antun, sagte er.«

Michael Goll blickte eine Weile schweigend in die Flammen des Kaminfeuers. Das Feuer auf Kerst, das seine Jugend beendete. Alexander von der Mörderkugel des einstigen Gespielen niedergestreckt, das sterbende Pferd...

»Ich habe es ihnen angetan. Und mein Vater verstand mich. So schwer es ihm fiel, auch den zweiten Sohn zu verlieren. Ich studierte in Zürich, später ging ich nach Wien.«

»Und dieser Nicolas?« fragte Frederic. »Was ist mit ihm?«

»Er lebte schon lange nicht mehr auf Kerst. Von seinem Großvater hatte er ein Gut in Preußen geerbt. In Schlesien. Von seinem Großvater väterlicherseits. Das Ganze ist eine etwas verwickelte Geschichte. Anna Nicolina, die Schwester meines Vaters, lernte einen jungen Mann in Florenz kennen, er war preußischer Offizier gewesen, hatte plötzlich den Dienst quittiert, weil er Maler werden wollte. Worauf ihn sein Vater hinauswarf und enterbte. Eine wirklich dramatische Sache muß das gewesen sein. Nun saß er jedenfalls in Florenz herum und malte und hatte natürlich keine Kopeke. Aber nach allem, was man mir erzählt hat, muß sich das so abgespielt haben, daß Anna Nicolina von ihrer Italienreise zurückkam nach Kerst und in aller Bestimmtheit erklärte, diesen Mann wolle sie heiraten und keinen anderen. Ich kann mir denken, daß die Familie davon nicht sehr begeistert war, aber was läßt sich machen gegen Liebe? Außerdem war man in unserer Familie immer sehr großzügig, und Geld war schließlich genug da, um einen malenden Schwiegersohn zu erhalten. Tja, wie gesagt, ich kenne das nur aus Erzählungen meines Vaters, er liebte seine Schwester sehr. Sie muß ein schönes Mädchen gewesen sein. Sie erkrankte an Leukämie und starb mit Anfang Dreißig oder so.«

»Und dieser Nicolas?« fragte Ariane.

»Er war ihr Sohn. Das einzige Kind von Anna Nicolina und diesem Herrn von Wardenburg. Nicolas wuchs in Kerst auf, es war seine Heimat. Als seine Mutter gestorben war, verschwand sein Vater und kümmerte sich nicht mehr um den Sohn. Später schickte man Nicolas nach St. Petersburg, denn der Tod seiner Mutter hatte ihn ganz schwermütig gemacht. Er kam zu Onkel Konstantin, der am Hof des Zaren einen hohen Posten bekleidete und ein großes Haus in St. Petersburg führte. Nicolas beendete dort die Schule, wurde in die Gesellschaft eingeführt und hatte eine höchst beachtliche Liaison mit einer russischen Fürstin.« Michael legte den Kopf in den Nacken. »Natalia Petrowna, sie muß eine bemerkenswerte Frau gewesen sein. Ich kenne ein Gemälde von ihr.«

»Ja, und dann?« fragte Ariane ungeduldig. »Wieso trafst du ihn in Zürich?«

»Warte, soweit sind wir noch lange nicht. Erst passierte folgendes: Als Nicolas mit der Schule fertig war, tauchte plötzlich sein Vater auf und verlangte von ihm, daß er nicht Dienst in der Armee des Zaren nahm, was das übliche gewesen wäre, sondern in preußische Dienste trete. Das geschah. Nicolas ging nach Berlin, diente dort und erbte später, als relativ junger Mann noch, das Gut von seinem Großvater Wardenburg.«

»Und dann trafst du ihn in Zürich wieder?«

»Keineswegs. Wir sind uns noch oft in Kerst begegnet. Ich sagte ja schon, das Baltikum war seine wirkliche Heimat. Er kam immer wieder zu Besuch und zu längeren Ferien. Alexander und ich, wir waren ja viel jünger als Nicolas, wir stammten aus der zweiten Ehe meines Vaters. Im Sommer zur Zeit der hellen Nächte war Nicolas meist in Kerst. Er war ein charmanter, höchst liebenswerter Mann«, Professor Goll neigte seinen Kopf leicht zu Frederic, »sehr gut aussehend, was der zarten, anmutigen Dame in München offenbar gut im Gedächtnis geblieben ist. Ein wenig leichtlebig war er wohl auch. Ich schwärmte für seine Frau, die ihn manchmal begleitete. Alice von Wardenburg, eine ausnehmend schöne Frau, blond und stolz, etwas kühl, immer von Verehrern umgeben. Als ich sechzehn, siebzehn war, erschien sie mir der Höhepunkt weiblicher Vollkommenheit. Alexander neckte mich immer damit, aber ihm gefiel sie auch.« Der Professor lächelte ein wenig wehmütig. »Ja, Frederic, das muß die alte Dame gewesen sein, die du dort im Haus getroffen hast. Sie lebt also noch. Nicolas, wie gesagt, fiel im Weltkrieg.«

»Die alte Dame unter dem Ahornbaum«, murmelte Frederic.

»Es stimmt, sie sagte, das ist meine Tante Alice. Ein Flüchtling aus Schlesien. Demnach auch meine Tante.«

»Das ist ja ungeheuerlich«, rief Ariane. »Wie schön, mein Junge, daß du ihnen das Haus erhalten konntest. Ich muß dich noch einmal küssen. Stell dir vor, du würdest das alles jetzt erfahren, und sie säßen auf der Straße. Durch deine Schuld.«

»Na ja, direkt seine Schuld wäre es ja nicht gewesen«, sagte der Professor. »Aber immerhin, so ist es besser.«

»Hoffentlich konnten sie wirklich in dem Haus bleiben«, sagte Frederic besorgt. »Wenn ich das alles gewußt hätte, dann hätte ich mich noch einmal darum gekümmert. Wirklich ein sehr schönes Haus.«

»Ja, das hast du gesagt. Komfortabel und gar nicht vom Krieg belästigt.«

Frederic mußte lächeln über die Formulierung seiner Mutter. »Nicht von Bomben zerstört, nicht einmal beschädigt, soweit ich gesehen habe. Sie hatten Blumen da stehen und schöne alte Möbel, und der Garten war wundervoll. Aber, Vater, wer war sie, diese Frau, die sagte, ich sähe Nicolas ähnlich? Sie nannte ihn auch ihren Onkel. Und sie sagte, sie hätte ihn geliebt als junges Mädchen.«

»Du weißt ihren Namen nicht?«

Frederic schüttelte den Kopf.

»Auf dem Requirierungsschein stand ein anderer Name. Das Haus gehörte ihrer Schwester. Sie selbst war in München ausgebombt. Nein, ich kenne ihren Namen nicht.«

»Wenn sie Nicolas ihren Onkel nannte, so kann sie nur aus der Familie von Alice stammen. Nehmen wir an, Alice hatte Geschwister – ja, ich erinnere mich sogar, sie hatte eine Schwester. Ganz klar, dann stammt deine anmutige Dame aus dieser Familie. Alice ist ihre Tante und Nicolas ihr Onkel. Sie war verliebt in ihn als junges Mädchen, was ich verstehen kann, und sie fand, daß du ihm ähnlich siehst. Was ich bestätigen kann.«

»Aber daß ich gerade in dieses Haus kam!« rief Frederic, und es klang fast verzweifelt.

»Aber das war doch gut«, sagte Ariane. »Du konntest ihnen helfen. So etwas ist eine Fügung des Himmels. Und wenn ihr mich zehnmal auslacht, ich glaube daran, das wißt ihr ja.«

»Mein Gott, wie viele Menschen in diesem armen Deutschland hätten so eine Fügung des Himmels gebraucht«, murmelte Frederic.

»Nun, das war eben dein Fall. Sag noch mal! Wie hat sie gesagt?«

»Ich wußte, daß mir von Ihnen nichts Böses kommen konnte.«

»Siehst du! Sie hat das genauso gesehen wie ich. Sie hat Nicolas geliebt, und Nicolas hat sie vielleicht auch liebgehabt, und er hat sie beschützt.«

Professor Goll räusperte sich.

»Ja, ja, ich weiß«, sagte Ariane. »Wir befinden uns hier in einem Haus von Wissenschaftlern. Aber gerade du, mein Freund, hast doch gerade genug mit der Seele des Menschen zu tun. Oder nicht? Mit dem Unbewußten und dem Unterbewußtsein, und wie das alles heißt. Es läßt sich nun einmal nicht alles wissenschaftlich ergründen. Und begründen. Gott ist auch noch da. Und seine Heiligen. Und wer weiß...«

»Beschwöre nun bitte nicht die abgeschiedene Seele von Nicolas«, sagte ihr Mann mit gutmütigem Spott.

»Ich tue es aber. Und du und ich und keiner von euch kann wissen, was da ist und was da sein kann, nicht wahr?«

»Nein«, sagte ihr Mann liebevoll. »Wir wissen es nicht. Wir wissen nur, daß Frederic menschlich gehandelt hat, soweit es ihm möglich war. Und daß es sich offenbar um entfernte Verwandte handelte oder wie man das nennen soll. Wollen wir es damit gut sein lassen. Und hoffen wir, daß sie in ihrem Haus bleiben konnten.«

Ariane war noch nicht zufriedengestellt.

»Aber wer war nun das blinde Kind?«

»Das Kind war in Dresden verschüttet, sagte eine andere Frau, die noch im Haus war. Und seine Mutter soll eine berühmte Sängerin gewesen sein. Sie nannte auch den Namen, aber ich habe ihn vergessen.«

»Sie ist tot?«

»Ich habe es so verstanden.«

»Ach, schrecklich, schrecklich!« Ariane stand auf und schüttelte sich. »Warum nur sind Menschen so töricht? Die paar Jahre Leben, die ihnen geschenkt sind, und dann müssen sie sich umbringen.«

»Nun, in diesem Fall«, sagte George, »ist es ja eindeutig, wer daran schuld war.«

»Na gut, Hitler ist schuld. Aber warum mußten so viele seinetwegen sterben? Warum läßt Gott das zu?«

»Schluß jetzt«, sagte der Professor und stand ebenfalls auf.

»Das ist eine Frage, die wir hier und heute und vermutlich niemals beantworten können. Ich schaue jetzt mal nach dem Hund, ob er sich endlich ausgetobt hat. Sicher ist er naß und dreckig und traut sich nicht ins Haus. Und dann könnten wir eigentlich ans Abendessen denken.«

»Ich habe längst daran gedacht«, sagte Ariane. »Es gibt Piroggen.«

Michael Graf Goll-Fallingäa, jetzt schlicht Dr. Michael Goll, für seine Studenten Professor Goll, trat vor sein Holzhaus, wo ihn an der Ecke der Wind vom Meer her heftig packte. Fast war es schon Sturm, der erste Gruß des Herbstes.

Der Labrador hatte bereits gewartet, er kam, nicht weniger heftig als der Wind, auf ihn zugestürzt und bellte laut vor Freude. Naß war er nicht und dreckig schon gar nicht, aber müde vom Laufen und Spielen mit dem Nachbarhund, nun wollte auch er gern ins Haus.

Michael ergriff mit beiden Händen fest den Hundekopf.

»Na, Buster, war's schön? Das hier ist besser als in der Stadt, wie?«

Eine kurze Weile blieben Herr und Hund noch stehen, und Goll, die Augen vor dem Wind zusammengekniffen, blickte auf das dunkle Meer hinaus, auf die jagenden Wolken, zwischen denen die ersten Sterne blitzten. Das Toben der Brandung erfüllte ihn, wie immer, mit einem rauschhaften Glücksgefühl.

Arianes Worte fielen ihm ein.

Warum sind die Menschen nur so töricht? Die paar Jahre Leben, die ihnen geschenkt sind...

Die paar Jahre? War es nicht viele Jahre her, seit er an dieser Küste gelandet war? Und hatte er nicht in dieser Neuen Welt, die für ihn wahr und wirklich eine neue Welt gewesen war, ein erfülltes und erfolgreiches Leben gefunden? Heute schien die Zeit auf einmal zusammengeschrumpft. Es war nicht zu vermuten gewesen, daß sein Sohn, aus diesem kriegsversehrten Europa heimgekehrt, ihn zurückversetzte in die Jahre seines Beginns. Und nicht nur dorthin, sondern zurück an das Ende, das harte kompromißlose Ende, das vor diesem Beginn lag.

Die Wasser mischten sich, die Wasser trafen sich – dort fern über dem Ozean lag der Ausgangspunkt seines Lebens. Ein gefestigtes, sicheres Leben inmitten der hellen Weite der östlichen Landschaft, inmitten der Felder und Wälder des Gutes, das mehr als zehntausend Hektar Grund umfaßte, hinter den sicheren Mauern von Kerst. Mehr als zwanzig Jahre lang war es seine Welt gewesen, und damals hätte er nicht im Traum daran gedacht, daß es je für ihn eine andere Welt geben würde. Die Torheit der Menschen hatte ihn vertrieben, so wie sie jetzt wieder Millionen heimatlos über die Straßen trieb.

Ariane hatte recht, Frederic hatte recht, es war wirklich zum Verzweifeln mit dieser Menschheit. Ein Mann wie dieser Hitler, ein Mann allein, hatte es fertiggebracht, die schlafende Torheit zu wecken und Not und Tod über Europa zu bringen.

Hatte sie wirklich geschlafen? Auf keinen Fall sehr fest und nicht sehr lange, und dieser unglückselige Mensch war nur eins unter vielen Ungeheuern, die immer wieder aus dem Dunkel hervorbrachen und Elend über die Menschheit brachten. Es hatte ja schon begonnen, damals als er Kerst verließ, das Morden und das Töten, falls es je unterbrochen worden war. Hatte es denn jemals schon ein Jahrhundert ohne Mord und Tod, ein Jahrhundert des Friedens auf dieser Erde gegeben?

Gewiß – jeder Mensch erlebt das Morden und Töten, die

Not und das Elend seiner Lebenszeit, und die Leiden der Vorfahren helfen ihm nicht im geringsten, die eigenen Leiden leichter zu ertragen. Die Bitterkeit, die er empfunden hatte, damals in Zürich, als er das letzte Mal mit Nicolas zusammensaß, war plötzlich so gegenwärtig, so nah, als seien nicht Jahre, als seien nur Tage darüber hinweggegangen.

Ihm fiel sogar ein, was er damals zu seinem Vetter gesagt hatte: Bist du deinem Mörder noch nicht begegnet?

Nicolas begegnete ihm genau zehn Jahre später auf dem Schlachtfeld in Frankreich.

Schlachten, ja, das war das richtige Wort, sie schlachteten einander ab, diese hirnverbrannten Menschen, nur daß jener, der seinen Bruder Alexander getötet hatte, es wollte, während jener, der Nicolas tötete, es tat, weil man es ihm befahl. Das war der Unterschied zwischen Mord und dem erlaubten Töten im Krieg, sterben mußte dieser wie jener, der eine so sinnlos wie der andere. Und immer gräßlicher wurde das Gemetzel, denn seit neuestem glitt der Tod in einer schaurig-schönen Atomwolke dahin und tötete in Sekundenschnelle so viele Menschen auf einmal wie nie zuvor.

Es befand sich in der Tat in einer aussichtslosen Situation, dieses Menschengeschlecht, und es würde für alle vorstellbare Zeit darin verweilen. Kein Fortschritt, keine Aufklärung und schon gar keine Religion hatten jemals daran etwas ändern können.

Das baltische Land, besiedelt und kultiviert von den Ordensrittern, bereits im 12. und 13. Jahrhundert, hatte eine lange Zeit des Friedens erlebt. Des relativen Friedens wäre besser zu sagen, denn natürlich galt es immer, das fruchtbare Land, die Burgen und Schlösser gegen gierige Eroberer zu verteidigen und die Bevölkerung, die sich in den Schutz der Ritter begeben hatte, vor Raub und Mord zu bewahren. Aber es blieb wirklich eine lange Zeit des friedlichen Aufbaus; Einwanderer aus dem Westen kamen gern in dieses grüne friedvolle Land, das seinen Reichtum durch Fleiß und Arbeit mehren konnte.

Iwan der Schreckliche wurde zu einer ernsten Bedrohung, ihm waren die Ordensritter nicht gewachsen, und sie wählten sich als Schutzmacht den schwedischen König. Das war bereits im sechzehnten Jahrhundert. Der Nordische Krieg dauerte über zwanzig Jahre, verwüstete das Land, zerstörte Schlösser und Burgen, die Menschen verelendeten, starben, wurden fast ausgerottet.

Peter der Große schließlich, der erste bedeutende Herrscher auf dem Zarenthron, brachte Frieden ins Land, die baltischen Staaten wurden dem russischen Reich angegliedert, und so war es fortan geblieben. Sehr zum Vorteil des Baltikums, es folgte eine lange Zeit des Friedens, und der jeweilige Herrscher auf dem Zarenthron schätzte die klugen und erfahrenen Herren aus dem Baltikum an seinem Hof.

So sah es noch aus zu Lebzeiten von Michaels Eltern und Großeltern, obwohl schon die erste Unsicherheit begann, der kommende Wandel sich ankündigte. Diesmal kam der Kampf heimtückisch aus dem Inneren, die revolutionären Bewegungen hatten lange gebraucht, bis sie vom Westen in den Osten gelangten, aber um so blutiger würden sich ihre Fäuste hier um den Hals des Volkes krallen.

Bereits nach dem vorigen Krieg war das Baltikum kein Staat im Staate mehr, immerhin aber lebten noch Balten im Land. Jetzt hatte sich die Sowjetunion endgültig das alte Land der Ordensritter einverleibt, und die letzten Balten hatte der deutsche Diktator ›heim ins Reich‹ geholt, wie er das nannte. Heimatlose Vertriebene sie nun auch.

Wäre Alexander Graf Goll-Fallingäa am Leben geblieben, so wäre er heute ein Mann von fünfundsechzig Jahren. Doch vermutlich hätte ihn schon die Revolution des Jahres 1917 von Kerst vertrieben.

Alexander war seinem Mörder früh begegnet, und all der Haß auf diesen Mörder, den Michael damals empfunden hatte, schien auf einmal nichtig geworden. Er meinte zu wissen, daß sein Bruder Kerst niemals freiwillig und kampflos verlassen hätte. Also hätten sie ihn 1917 gewiß getötet. Seine eigenen wilden Gefühle jedoch, als er mit Nicolas in Zürich sprach, waren dennoch nicht vergessen.

Die fassungslosen Worte seines Vetters: Das kannst du deinen Eltern nicht antun.

Und: Was soll aus Kerst werden?

Er hatte darauf geantwortet: Es kann wieder Wildnis werden. Kann werden, was es einst war, ödes, wildes Land an einem fernen nördlichen Meer.

Michael strich sich mit beiden Händen das zerzauste Haar aus der Stirn.

Welche Geister beschwor dieser Tag!

Der Hund stupste ihn mit der Nase an, unterbrach die wirren Gedanken.

»Ja, Buster, gehen wir hinein. Mir ist auch kalt. Wir setzen uns jetzt beide an den Kamin, ich trinke noch einen Whiskey, du wärmst dein kaltes Fell, und dann bekommen wir sicher bald etwas Gutes zu essen.«

Er ging um die Ecke, auf die Tür zu, eilig nun, als wolle er vor der Vergangenheit fliehen, die sich heute so gewalttätig auf ihn gestürzt hatte.

Ein Haus in München, in dem zerstörten Deutschland, und darin eine Frau, die von Nicolas von Wardenburg sprach. Wie konnte so etwas nur möglich sein!

Nicolas! Er sah ihn deutlich vor sich, elegant, lässiger Charme, das gewinnende Lächeln, und wie das Lächeln an jenem Abend aus seinem Gesicht verschwand.

Wie ein Echo war es – das kannst du deinen Eltern nicht antun. Was soll aus Kerst werden?

Auch seine Antwort auf diese letzte Frage fiel ihm wieder ein: Übernimm Kerst. Deine Mutter war meines Vaters Schwester, du kannst Kerst haben. Ich verzichte auf mein Erbe. Ich gebe es dir schriftlich.

Nicolas hatte das Angebot nicht angenommen, so oder so war sein Leben verloren, sein Mörder war schon geboren.

Frederic war allein im Wohnraum, er saß vor dem Kamin, rauchte und blickte nachdenklich in die Flammen. George half seiner Mutter wohl beim Zubereiten des Abendessens, das tat er gern. Buster sprang begeistert auf Frederic zu und legte ihm die Vorderpfoten in den Schoß, er war selig, daß Frederic wieder da war, er hatte ihn sehr vermißt.

Genau wie sein Vater faßte Frederic den Hundekopf mit beiden Händen und blickte dem Tier in die Augen.

»Ja, Buster, old boy, ich bin auch froh, dich wiederzuhaben.«

Vater und Sohn tauschten einen kurzen Blick, sprechen mochte keiner mehr, die Gedanken, die jeden bedrängten, schienen geradezu körperlich im Raum greifbar zu sein.

Der Hund legte sich mit einem zufriedenen Seufzer zwischen die beiden Sessel: nie würde eines Menschen Welt so in Ordnung sein wie die seine.

Goll nahm sein Glas, trank einen Schluck, und ein wenig von dem Frieden, den das Tier ausstrahlte, teilte sich ihm mit. Er registrierte es und mußte lächeln. Ach, großer Meister, Sigmund Freud, verehrter Abgott meiner jungen Jahre, wie ist dem Menschen eigentlich zu helfen?

Soll ich es dir sagen? Mit ganz einfachen Dingen, dies zum Beispiel: eine Tür, die du hinter dir schließen kannst und die den Sturm aussperrt, ein Dach über dem Kopf, das dich schützt, eine Familie, die sich verträgt, ein Tier, das dich mit Liebe anblickt.

So einfach ist das.

Und so viele haben es dennoch nicht.

»Vater«, sagte Frederic nach einer Weile in das tiefe Schweigen hinein, »sollte man nicht...«

Michael verstand sofort, was er meinte.

»Natürlich«, sagte er, »wir werden uns darum kümmern. Du weißt den Namen der Frau nicht, aber wir haben ja immerhin den Namen Alice von Wardenburg. Es wird sicher nicht lange dauern, bis man auf normale Weise Kontakt zu Deutschland aufnehmen kann.«

Ariane steckte den Kopf mit den kurzen dunklen Locken zur Tür herein.

»Essen ist fertig, kommt ihr?«

Ariane von Bollmann hatte Michael Goll in Wien kennengelernt, da war sie zwölf Jahre alt, ein zierliches, elfenhaftes Geschöpf, hübsch, lebendig, eigenwillig. Sie besuchte neben dem Lyzeum eine Ballettschule und träumte davon, die größte Primaballerina aller Zeiten zu werden.

Sie war Deutsch-Russin, junger Nachwuchs der weitverzweigten Bollmann-Familie, deren Mitglieder sowohl in St. Petersburg wie in Moskau und sogar in Kiew zu finden waren, alles wohlhabende bis reiche Leute, denen Geschäfte, Fabriken, Handelsniederlassungen gehörten, alteingesessene Russen, auch wenn sie ihre deutsche Herkunft stolz betonten.

Eingewandert war der erste Bollmann zur Zeit Peter des Großen; er war Brückenbauer, Ingenieur, wie man das heute nannte, und solche Leute holte sich Peter gern an seinen Hof, besonders wenn sie aus dem Westen Europas kamen. Von dorther erhoffte sich Peter Zivilisation, Kultur und vor allem Leistungswillen und Fortschritt für seine Russen. Der erste Bollmann wurde der Stammvater einer fruchtbaren Familie, die sich große Verdienste um das Russische Reich erwarb. Von Katharina wurde sie geadelt.

Leo von Bollmann nun, Arianes Vater, war der erste Künstler in der Familie, ein international gefeierter Pianist, und daß sie endlich einen berühmten Musiker hervorgebracht hatte, erfreute die gesamte Familie vom Norden bis zum Süden, denn musikalisch waren sie immer gewesen, die Bollmanns, schon zur Zeit der großen Katharina besaßen sie ein eigenes Hausorchester.

Leo heiratete erst spät, die Konzertreisen, die ihn durch ganz Europa führten, ließen keine Zeit für die Ehe, und da er ein gutaussehender Mann war, die dunklen Augen entrückt, wenn er spielte, eine schwarze Locke in der Stirn, gab es überall Frauen, die ihm ihr Herz zu Füßen legten. Wovon er auch Gebrauch machte.

Für einige Zeit wieder in Moskau, verliebte er sich dann doch sehr heftig in eine junge Sängerin des Bolschoi-Theaters, ein Coup de foudre par excellence auf beiden Seiten, sie heirateten bald, zum Entzücken der Familie, die eine glanzvolle Hochzeit ausrichtete, dazu kamen sie von allen Himmelsrichtungen angereist; nun gab es zwei Künstler im Hause Bollmann.

Vera von Bollmann gebar ein Jahr nach der Hochzeit einen Sohn, er erhielt den Namen Tristan, denn Vera schwärmte für Richard Wagner.

Tristan teilte das traurige Schicksal seines Namensgebers, er wurde nicht alt, er starb noch viel früher, mit zweieinhalb Jahren, er stürzte aus dem Fenster und brach sich das Genick.

Zu jener Zeit war seine Mutter wieder schwanger, und da sie sich die Schuld am Tod ihres Sohnes gab, war diese Schwangerschaft eine Zeit hoher Dramatik. Sie hatte am Flügel gesessen und Skalen gesungen, denn am Abend hatte sie Vorstellung in der Oper. Das Kindermädchen war gekommen und hatte ihr den kleinen Tristan gebracht, man hatte sie mit einer Besorgung beauftragt, Vera hatte genickt, ohne ihre Übungen zu unterbrechen und mit der Hand auf das Sofa im Musikzimmer gewiesen, wo das Kind hingesetzt wurde. Nur, daß es dort nicht sitzen blieb. Während Vera besorgt ihr hohes A wiederholte, das ihr an diesem Tag gar nicht klar und schön gelingen wollte, war der Kleine vom Sofa gekrabbelt, dann ins nächste Zimmer gestiefelt, laufen konnte er schon ausgezeichnet, und dort auf das Fensterbrett eines offenen Fensters geklettert. Was ihn gelockt hatte, sich weit hinauszubeugen, würde man nie erfahren – war es ein Vogel gewesen, die bunten Blumen drunten im Garten, eine Bewegung in der Ferne – er stürzte.

Veras Verzweiflung war abgrundtief; sie war schuld, nur sie. Statt auf ihr Kind achtzugeben, hatte sie gesungen. Nie mehr, so schwor sie, werde sie wieder einen Ton singen. Dann unternahm sie einen Selbstmordversuch.

Es war zu befürchten, das Kind, das schließlich zur Welt kam, müsse gezeichnet sein vom Schmerz seiner Mutter, doch es war ein gesundes kleines Mädchen; natürlich dachte niemand daran, es Isolde zu nennen, es bekam den Namen Ariane.

Lange vor der Geburt schon war Leo mit seiner traurigen Frau von Moskau nach St. Petersburg umgesiedelt, weil er fand, eine gänzlich neue Umgebung würde hilfreich sein, und Verwandtschaft besaßen die Bollmanns auch in St. Petersburg ausreichend. Das war wichtig, die junge Frau mußte eine liebevolle Umgebung haben, besonders wenn Leo wieder auf Konzertreise ging. Später gewöhnte er sich daran, sie mitzunehmen, und da sie die kleine Ariane am liebsten nicht aus den Augen ließ, kam die auch mit. Das war, soweit es all die begeisterten Damen betraf, die Leo umschwärmten, recht bedauerlich. Aber er liebte seine Frau nach wie vor sehr innig, und das kleine Mädchen war überhaupt sein ganzes Entzücken. Und weil die Kleine gar so anmutig war in Gang und Bewegung, kam sie schon mit sechs Jahren in die berühmte Ballettschule des Marientheaters in St. Petersburg.

Später hielten sich die drei für zwei Jahre in Wien auf, denn neben seinen Konzertverpflichtungen hatte Leo einen Lehrauftrag der Wiener Musikakademie angenommen.

Hier also lernte der Student Graf Goll das Kind Ariane kennen – besser gesagt, er lernte Leo und seine Frau kennen, dies wiederum durch einen Kommilitonen, ebenfalls ein Deutsch-Russe, ebenfalls ein Freudschüler.

Michael, der sehr einsam lebte, fleißig studierte, viel in Konzerte und ins Theater ging, hatte kaum private Bekannte in Wien. Das änderte sich durch die Bollmanns, er kam nun oft in ihr Haus, lernte dort andere Menschen kennen, wurde anderswo auch eingeladen, endlich kam er aus seiner Isolation heraus, was wichtig für ihn war, denn seit dem Tod seines Bruders war er eigentlich keine einzige Stunde froh gewesen. In der kleinen Ariane sah er nichts anderes als ein niedliches kleines Mädchen, das sich besonders anmutig auf der Spitze drehen konnte. Ariane hingegen, mit der Frühreife zwölfjähriger weiblicher Wesen, sah in dem baltischen Grafen die große Liebe ihres Lebens.

Dann gingen die Bollmanns wieder nach St. Petersburg zurück, und Michael studierte noch einige Semester in Berlin. Im Jahr 1913, er hatte alle Examina abgelegt, auch schon promoviert, bestieg er ein Schiff, um in die Vereinigten Staaten zu reisen, das zum Mekka der Freudschen Lehre geworden war. Ein Besuch sollte es sein, nicht mehr, doch der Krieg, der 1914 begann, entschied für ihn, er blieb in Amerika. In Europa wäre er entweder in Deutschland oder in Österreich interniert worden, oder er hätte auf russischer Seite in den Krieg ziehen müssen.

In Boston kam er mit der Harvard-Universität in Verbindung und besuchte zwei Jahre lang alle Kurse der Graduate

School of Medicine, die erst im Jahre 1912 gegründet und der medizinischen Fakultät angegliedert worden war.

So hatte sich Michael Goll noch während des Krieges fest in den Vereinigten Staaten etabliert, so begann seine bemerkenswerte Karriere.

In Boston traf er auch die Bollmanns wieder, denn Leo befand sich gerade auf einer Tournee in Nordamerika, als der Krieg ausbrach.

Als Leo in der Boston Symphonie Hall ein Konzert gab, ließ Michael seine Karte ins Künstlerzimmer bringen.

Ariane war mittlerweile neunzehn, und als sie den baltischen Grafen wiedersah, wurde ihr sofort klar, daß sich an ihren Gefühlen nichts geändert hatte. Ihn davon zu überzeugen, daß er die gleichen Gefühle für sie hegte, war nicht schwer, sie war wirklich jeder Liebe wert. Sie heirateten bereits im Jahr darauf, und er hatte nichts dagegen, daß sie in einer amerikanischen Compagnie tanzte, was sich jedoch bald von selbst erledigte, da sie immer wieder an schmerzhaften Sehnenscheidenentzündungen im Sprunggelenk litt. Eine große Ballerina würde sie nicht werden. Doch sie wurde eine glückliche Frau.

Wenn er in Amerika blieb, wollte er nur in Boston leben, hatte Michael schon sehr bald entschieden. Boston war nun einmal die europäischste Stadt aller amerikanischen Städte, man pflegte hier eine schöne Architektur, den Luxus einer prätentiösen Kultur mit Hingabe, schließlich lebte in Boston und Umgebung die Aristokratie Amerikas.

Im späteren Plymouth, in der Cape Cod Bay, hatten die Pilgerväter nach zweimonatiger Überfahrt auf der berühmten ›Mayflower‹ zuerst den Fuß auf amerikanischen Boden gesetzt, und obwohl sie um ihres Glaubens willen aus England geflohen waren, nannten sie dieses Land Neuengland, und daran hatte sich bis zur Gegenwart nichts geändert.

Die Neuengländer waren stolz auf ihre Historie und bildeten eine sehr in sich geschlossene Gesellschaft, sie fühlten sich immer noch als Engländer, und wenn sie denn schon Amerikaner waren, so waren sie der Adel der Neuen Welt. Hier entstand die erste Universität der Vereinigten Staaten, eben Harvard, und den Ort, an dem sie gegründet wurde, nannten sie Cambridge. Immerhin waren es aber die Bostoner, die den Tee ins Meer kippten, und hier begann Paul Reveres berühmter Ritt, hier begann der Unabhängigkeitskrieg.

Leo und Vera waren also in Amerika geblieben, und nach der Revolution verspürten sie auch keine große Lust, in die Heimat zurückzukehren. Es dauerte eine Weile, bis die Verbindung zur Familie wiederhergestellt war, die Opfer waren nicht allzu groß gewesen. Zwei der jüngeren Familienmitglieder waren im Krieg gefallen, einer durch die Revolution umgekommen, einige waren außer Landes geflüchtet, doch viele geblieben. Und wenn auch ein Großteil des Besitzes enteignet worden war, saßen bald alle verbliebenen Bollmanns wieder in guten Positionen, denn auch die Sowjets brauchten tüchtige Unternehmer, wenn man sie auch nicht mehr als solche bezeichnete.

Auch um der Kinder willen waren Vera und Leo in Boston geblieben, erst recht, nachdem Ariane die zwei Söhne geboren hatte, um die Vera ständig in tausend Ängsten schwebte. Leo gab noch Konzerte, hauptsächlich aber unterrichtete er nun eine Meisterklasse im Boston Conservatory, was ihn nicht hinderte, bereits 1922 den Ozean zu überqueren, um zu sehen, was im guten alten Europa eigentlich los war.

Bei seiner nächsten Reise, zwei Jahre später, begleitete ihn Michael. So erfreulich sich alles entwickelt hatte, eine Last konnte Michael niemand von der Seele nehmen: der Gedanke an seine Eltern.

Schon während der Studienzeit in Wien, später in Berlin, hatte sein kühner Entschluß, ich werde nie ins Baltikum zurückkehren, Risse bekommen.

Das betraf vor allen Dingen seinen Vater Georg, denn seine Mutter besuchte ihn sowohl in Wien als auch in Berlin. Sie war ja so viel jünger als ihr Mann und immer lebhaft und beweglich gewesen.

Sein Vater mochte nicht reisen, er scheute die Unbequemlichkeit, auch litt er zunehmend an Rheuma. Darum, und nur darum, war Michael geneigt, seinen Schwur zu brechen.

Seine Mutter riet ihm davon ab.

»Tu es nicht«, sagte sie. »Und das ist auch die Meinung deines Vaters. Du wirst dich ein zweites Mal nicht losreißen können. Wir wissen ja, daß du Heimweh hast. Du wirst alles neu durchleiden. Und glaube mir, es wird bei uns ein schlimmes Ende nehmen. Auch wenn wir scheinbar Ruhe im Land haben, die Revolution geht weiter. Und seit Rasputin in Rußland regiert, ist ein neuer, nicht durchschaubarer Schrecken dazugekommen. Blick nicht zurück, Mischa! Leb dein Leben!«

Sie war eine energische, sehr modern denkende Frau, fast dreißig Jahre jünger als ihr Mann, und sie hatte Grund genug, an die Zukunft zu denken, an ihre eigene Zukunft. Sie hatte viel Arbeit auf Kerst zu leisten, nachdem Georg immer leidender wurde. Lilli, eine Cousine von Michael, die auf Kerst aufgewachsen war, Spielgefährtin seiner Kindheit, war mit ihren beiden Kindern nach Kerst zurückgekehrt, nachdem ihr Mann von Bolschewisten getötet worden war. Und Elena, eine entfernte Verwandte, sehr jung noch, lebte ebenfalls auf Kerst; sie standen Michaels Mutter zur Seite. Es war das erste Mal in der Geschichte von Kerst, daß dort Frauen regierten.

Seinen Vater sah Michael niemals wieder; er starb 1914, gleich nach Beginn des Krieges, zu seinem Glück konnte man sagen, so blieben ihm Aufruhr, Flucht und Not erspart.

Für die Frauen war es leicht, zu entkommen, ein weißer Offizier half ihnen nach Ausbruch der Revolution, westwärts zu fliehen. Eine Zeitlang blieben sie in Danzig, 1920 kam die Gräfin mit Lilli, den Kindern und Elena nach Berlin. Sie waren nicht ganz mittellos, sie hatten Geld und Schmuck retten können, was natürlich durch die Inflation aufgezehrt wurde. Aber da war Leo schon in Berlin gewesen, da kamen Dollars aus Boston, dann machte Elena, eine sehr aparte junge Frau, eine gute Partie, und wie es nun einmal in dieser Familie üblich war, wurden alle daran beteiligt. Den Flüchtlingen aus Kerst ging es in Berlin nicht allzu schlecht.

1924 sah Michael seine Mutter wieder, sie war Mitte der sechzig und höchst lebendig. Sie hatte eine Riesenwohnung in der Leibnizstraße und führte darin so eine Art Pension, fast alles Dauergäste, die sich bei ihr wie zu Hause fühlten. Das hatte es bei Leos erstem Besuch in Berlin noch nicht gegeben, so wurde Michael mit einer Neuheit konfrontiert.

»Aber Mutter, das geht doch nicht«, sagte er leicht schokkiert, denn Medizinstudium hin und Freud her, er war immer noch, besonders auf europäischem Boden, der Graf Goll-Fallingäa.

Das gehe großartig, belehrte ihn die Gräfin.

»Ich kann nicht den ganzen Tag herumsitzen und nichts tun. Und Arbeit habe ich sowieso kaum, ich habe ausgezeichnetes Personal, das siehst du ja selbst. Vor allem aber bin ich nicht einsam, ich habe immer Leute um mich und interessante Gespräche, denn du wirst sehen, wenn du meine Gäste kennengelernt hast, alles gebildete und kluge Menschen. Und weißt du, deine Dollars sind sehr schön, besonders bis zum Ende der Inflation hätten wir ohne sie gar nicht überleben können, aber ich will nicht total abhängig von dir sein. Auch Elena ist so großzügig, ich könnte jederzeit zu ihr ziehen, ihr Mann ist ganz reizend zu mir, aber ehe ich nicht ganz alt und wacklig bin, tue ich es nicht. Es befriedigt mich, mir selber ein paar Kopeken zu verdienen. Verstehst du das nicht?«

»Gewiß, Mama. Du bist noch lange nicht alt, und es ist sicher gut, wenn du Anregung und Abwechslung hast. Du könntest auch zu uns nach Boston kommen.«

»Könnte ich. Aber bewahr mich der Himmel, Jungchen, nun mußte ich schon von Kerst nach Berlin auswandern, bis nach Amerika, also wirklich, das ist mir zu weit. So jung bin ich auch nicht mehr. Außerdem würde ich bestimmt seekrank.« Die Gräfin Goll-Fallingäa blieb also in Berlin, und es ging ihr dort recht gut. In den folgenden Jahren kreuzte Michael noch zweimal über den Ozean, um seine Mutter zu besuchen, einmal begleitete ihn Ariane, und der kleine George, zehn Jahre alt, war auch dabei.

Als Hitler ›die Macht ergriff‹, wie er das nannte, änderte sich zunächst am Leben in Berlin nichts. Dies Berlin war eine Weltstadt, die, an den Wechsel der Regierungen in der Weimarer Republik gewöhnt, sich von den Nazis anfangs nicht sonderlich beeindrucken ließ.

Doch dann verließ Elena mit ihrem jüdischen Mann, der höchst mißtrauisch in die Zukunft blickte, schon im Jahr darauf, das Deutschland Hitlers, sie kamen in die Staaten, keine armen Emigranten, denn zu jener Zeit war es noch möglich, Geld zu transferieren, und Elenas Mann, ein kluger Kunsthändler, verfügte ohnedies über internationale Verbindungen, er faßte schnell Fuß in New York, die Verhältnisse waren bald geordnet.

Mit Elena besprach Michael ausführlich die Möglichkeiten, wie man seine Mutter veranlassen könne, ebenfalls in die Staaten zu kommen. Elena war skeptisch. Die Gräfin war nun vierundsiebzig und, wie Elena meinte, ziemlich eigensinnig.

»Du hättest sie längst herüberholen sollen.«

»Das war meine Absicht. Aber sie wollte nicht.«

»Sie will auch jetzt nicht. Sie wird Lilli nicht allein lassen.«

»Lilli hat ihre Kinder.«

»Sicher. Und die sind alle gut verheiratet, und jüdisch ist keiner von ihnen, warum sollten sie fortgehen. Lillis Jüngste ist sogar mit einem begeisterten Nazi verheiratet. Es geht ihnen allen gut.«

An Krieg dachten sie damals noch nicht, gewiß nicht in Amerika. Und was man aus Deutschland hörte, klang ganz erfreulich. Die wirtschaftlichen Verhältnisse besserten sich, die Arbeitslosigkeit wurde beseitigt, das deutsche Volk schien recht zufrieden mit seinem Dasein.

1937 sah Michael seine Mutter zum letztenmal. Da hatte Deutschland längst aufgerüstet, die Juden waren Outcasts, denen aber noch keiner ans Leben wollte, die Stadt Berlin barst vor Leben und Betriebsamkeit, hatte ein Angebot an Kultur, an Musik, Oper und Theater, wie es sich vielseitiger nicht denken ließ. Die Pension betrieb die Gräfin nicht mehr, sie lebte mit Lilli in der Grunewaldvilla von Lillis Sohn, und es ging ihr großartig. Kein Gedanke daran, daß sie nach Amerika übersiedeln wollte.

Im Jahr darauf starb sie ganz plötzlich an einem Gehirnschlag; ein rascher Tod, der sie nicht leiden ließ.

Das war bereits nach dem Anschluß Österreichs, nach der Besetzung des Sudetenlandes, und von Krieg sprach man nun manchmal schon. Und Michael dachte bei der Beerdigung seiner Mutter: Vielleicht ganz gut, daß sie gestorben ist. Wer weiß, was geschieht in Europa.

München – September 1945

An einem sonnigen Tag Ende September, als Nina vom Einkaufen kam, sah sie, wie ein großer amerikanischer Wagen vor dem Haus hielt.

Vor Schreck blieb sie stehen.

Was bedeutete das? Wieder Beschlagnahme? Oder – kam vielleicht der junge Mann noch einmal, der sie so an Nicolas erinnert hatte?

Ein amerikanischer Offizier stieg aus, ging um den Wagen herum, öffnete die Tür des Beifahrersitzes, eine Dame stieg aus, und da hatte Nina sie schon erkannt. Sie stieß einen Ruf der Überraschung aus.

Victoria von Mallwitz hatte sie ebenfalls gesehen und hob grüßend die Hand, dann begann sie mit Hilfe des Amerikaners den Wagen auszuräumen, und Nina sah im Näherkommen staunend, was an Kartons und Säcken zum Vorschein kam.

Nina stellte die beiden Einkaufstaschen ab, als sie bei dem Wagen angelangt war, und lächelte unsicher.

»Hallo, Nina, darling!« sagte Victoria in ihrer gelassenen Art, als hätten sie sich vor drei Tagen zum letztenmal gesehen.

Dann stellte sie auch noch vor: »Captain Whitfield – Mrs. Framberg.«

Der Captain neigte den Kopf und lächelte mit prachtvollen Zähnen. Also lächelte Nina auch. Aus dem Augenwinkel sah sie, daß die Haustür sich einen Spalt geöffnet hatte, Eva und Herbert, wer sonst?, beobachteten die Szene vor dem Haus.
»See you later, captain«, sagte Victoria nun. »And thank you for the lift.«

Der Captain verbeugte sich wieder, stieg in seinen Wagen, fuhr samtweich an und schnell davon.

Nina mußte lachen.

»Wie ich sehe, hast du dir bereits einen Kavalier erzogen.«

»Das war bei dem nicht schwer, das hatte seine Mami schon getan. Er ist ein vollendeter Gentleman. Die gibt es übrigens bei den Amerikanern ausreichend, man muß ihnen nur Gelegenheit geben, sich gut zu benehmen. Nina, wie freue ich mich, dich endlich zu sehen. Wie geht es dir?«

»Den Umständen entsprechend, danke.«

Sie umarmten sich, dann schob Victoria die Freundin ein Stück zurück und betrachtete sie prüfend.

»Well, du siehst gut aus. Weder halb verhungert noch tief verzweifelt.«

»Verhungert sind wir nicht. Da wir ja allerhand Leute sind, verfügen wir über eine Anzahl von Lebensmittelkarten. Auch Herbert ist nun entlassen und bekommt seine Karten.«

»Aha. Wer ist Herbert? Na, du wirst mir alles erzählen. Ich habe euch auch was mitgebracht – Kartoffeln, Gemüse, Fleisch und Speck, Äpfel und ein paar Gläser Eingewecktes, ich weiß nicht, was noch. Liserl hat es zusammengestellt.«

»Das ist ja wunderbar. Kartoffeln brauchen wir dringend. Gemüse und Obst gibt es ja sowieso nicht, und das vermisse ich am meisten. Wie kommst du bloß hierher?«

»Hast du ja gesehen. Das ist einer vom Oberkommando, oder wie die das nennen, in Bad Tölz. Charming boy. Sie gehen bei uns auf die Jagd, weißt du. Wir dürfen ja nicht schießen. Aber Ordnung im Wald muß schließlich sein. Wenn das Wild überhandnimmt, zerbeißt es uns die Bäume. Und frißt die Aussaat, ganz zu schweigen von dem Schaden, den es nächstes Jahr anrichtet. Wir bekommen immer reichlich von den Amerikanern, wenn sie auf Jagd waren, mal ein Reh, mal Fasanen oder Hasen. An unsere Jagdzeiten halten sie sich allerdings nicht, sie schießen alles, was ihnen vor die Flinte läuft. Aber ich habe ihnen schon klargemacht, daß das auf die Dauer nicht geht, sie müssen lernen, wann bei uns was geschossen wird.«

Nina lachte. »Das sieht dir ähnlich. Du wirst sie schon an ordentliche deutsche Sitten gewöhnen.«

»So ist es. Dieses Land ist kleiner als Amerika. Bei uns kann man Wild nicht wahllos abknallen, soviel haben wir auch wieder nicht. Komm, tragen wir das Zeug erst mal rein.« Victoria bückte sich, doch Nina schob ihre Hand zurück.

»Laß, das macht Herbert. Er steht schon lange an der Tür, er weiß nämlich immer, wann er gebraucht wird.«

Sie winkte ihm, und Herbert nahm mit einem großen Sprung die drei Stufen, die in den Vorgarten führten.

»Einmal wirst du dir den Fuß brechen«, schimpfte Nina.

»An meinem dreißigsten Geburtstag höre ich damit auf«, versprach Herbert. »Was ist denn das für eine Weihnachtsbescherung? Darf ich raten? Das ist die vielgeliebte Victoria von Mallwitz von ihrem Gut jenseits der Isar.«

Er machte einen tiefen Diener. »Ich nenne mich Herbert Lange, gnädige Frau. Sind Sie mit all den Säcken und Kartons über die Isar gerudert?«

»Ach wo«, klärte Nina auf. »Ein schicker Ami hat sie mit einem schicken Auto direkt vors Haus gefahren. Hast du ihn denn nicht gesehen?«

»Eva. Ihr gefiel er auch. Oder besser gesagt, ihr gefielen beide, der Mann und der Wagen. Sie holte mich, aber da war die ganze Pracht schon verschwunden.«

»John holt mich am Nachmittag wieder ab, da können Sie beide noch besichtigen.«

»Wie ich immer sage«, sagte Herbert und betrachtete sowohl Victoria als auch die auf der Erde verstreute Fracht mit Wohlgefallen, »die wirklichen Sieger in einem Krieg sind meist die Frauen. Wer hätte es je für möglich gehalten, daß die Nonfraternization, mit der sie sich so wichtig machten, so schnell aufgehoben wird. Ging halt nicht. Weil sich keiner an das Fraternisierungsverbot hielt. Warum? Der Frauen wegen. Ich nehme an, John sitzt gern bei einem kühlen bayerischen Bier bei Ihnen unterm Apfelbaum.«

»Mit unserem Bier können wir momentan nicht viel Staat machen. Aber John und seine Freunde schätzen unseren Südtiroler Roten, davon haben wir glücklicherweise noch einen ansehnlichen Vorrat. Und wir haben eine Menge hübscher Mädchen auf dem Gut.«

»Wozu werden die denn gebraucht? Eine Frau wie Sie genügt doch als Attraktion.«

»Können wir nicht hineingehen, ehe die ganze Umgebung sieht, was uns vor das Haus gefahren worden ist?« fragte Nina. »Herbert kann drinnen seine weiteren Komplimente loswerden, und du erzählst mir, woher du um Himmels willen so viele hübsche Mädchen nimmst.«

»Abgesehen von meiner Tochter, sind es genau zehn Flüchtlingsmädchen zwischen sechzehn und zwanzig. Alle bei mir wohlgepflegt und wohlgenährt. Und für die Amerikaner nur zum Anschauen da.«

Herbert lachte. »Dafür möchte ich meine Hand nicht ins Feuer legen.«

Victoria bückte sich nach einem der Pakete. »Gehn wir rein. Ich bin schon sehr gespannt, wie es bei euch aussieht.«

Sie gab sich heiter, auch wenn sie es nicht war. Denn die Frage, diese fürchterliche Frage, mußte sie stellen. Und dann war noch etwas, das Nina wissen mußte.

»Rühren Sie nichts an, gnädige Frau. Überlassen Sie den letzten Teil des Transportes mir.« Herbert warf sich mit Schwung einen der Säcke über den Rücken. »Ah! Fühlt sich an wie Kartoffeln.«

Eva kam aus der Tür.

»Kann ich was tun?« fragte sie.

Herbert rief: »Und ob! Verdien dir deine Kartoffelsuppe.«

Zu Victoria sagte er: »Das ist Eva, mein zukünftiges Weib. Das heißt, wenn sie sich eine angemessene Zeit lang zufriedenstellend benimmt, kann sie das werden.«

Eva gab ihm einen Klaps, und er stolzierte, übertrieben unter dem Kartoffelsack ächzend, ins Haus.

Nina nahm ihre Einkaufstaschen.

»Komm rein, Victoria! Das ist für mich der schönste Tag seit Kriegsende, weil du da bist.« Sie verstummte, überlegte, verbesserte sich dann: »Der zweitschönste.«

Victoria streifte sie mit einem kurzen Blick, zu fragen wagte sie noch nicht. Wenn es Nachricht von Vicky gab, wäre wohl Nina gleich damit herausgeplatzt.

In der Diele umarmten sie sich noch einmal, beide hatten

Tränen in den Augen, als sie eine Weile schweigend so verharrten.

»Es war höchste Zeit, daß ich dich wiedersehe, Nina. What a long way! Und sonst, Nina? Wollen wir gleich das Schlimmste hinter uns bringen?«

»Keine Nachricht von Vicky. Sie ist tot, ich kann nicht länger daran zweifeln. Ich kann nicht mehr hoffen. Keine Nachricht von ihrem Mann, keine Nachricht über die Kinder. Keiner hat überlebt. Schließlich wissen wir ja, wie Maria dort ausgegraben wurde. Sie lag unter lauter Toten, hieß es.«

Nina grub die Zähne in die Unterlippe, sie wollte nicht weinen, sie wollte nicht ihre ganze Verzweiflung zeigen, nun, da Victoria endlich zu einem Besuch gekommen war. Victoria wußte ohnehin, was Nina empfand. Sie wußte ja, wie abgöttisch Nina ihre schöne, berühmte Tochter geliebt hatte, wie tief die Bindung zwischen den beiden gewesen war. Wer hätte Nina besser verstehen können? Victoria hatte ihren ältesten Sohn in diesem Krieg verloren, gefallen in Rußland, Ludwig von Mallwitz, im gleichen Jahr geboren wie Victoria Jonkalla, im Jahr 1914. Kinder des Krieges, beide. Opfer dieses zweiten Krieges, beide.

Als Victoria ihren Sohn zur Welt brachte, war ihr Mann bereits tot. Sie hatte ihn geliebt, und sie war noch so jung. Und sie hatte diesen Sohn geliebt, der jetzt irgendwo in Rußland verscharrt lag, sie wußte nicht, wo, und sie wußte nicht, wie er gestorben war. Genausowenig, wie Nina es von ihrer Tochter wußte. Doch das stimmte ja gar nicht, Nina wußte es, und das war fast noch schlimmer, denn sie mußte diesen qualvollen Tod ihres Kindes immer wieder mitsterben, bis zum Ende ihres eigenen Lebens.

»Damned!« stieß Victoria zwischen den Zähnen hervor. All diese Toten – wofür? Warum? Wer konnte es je begreifen? Und wie sollte ein Mensch damit leben?

Auch Victorias Vater war im ersten Krieg gefallen, und ihre Mutter, die Engländerin war, ging zurück in ihre Heimat, Victoria und der kleine Ludwig sollten sie begleiten. Doch ihr Schwiegervater, Albrecht von Mallwitz, der Victoria zärtlich liebte, holte sie auf das Gut in Bayern. Hier würde sie vom

Elend der Nachkriegszeit nichts spüren, und ihr Sohn sollte schließlich der Erbe des Gutes werden, so argumentierte er.

Victoria versprach nicht, zu bleiben, doch sie blieb. Sie fand auf dem Gut, dem die Herrin fehlte, denn ihre Schwiegermutter war bereits vor Jahren gestorben, eine Aufgabe, die ihr Leben ausfüllte. Später heiratete sie den Bruder ihres Mannes, Joseph von Mallwitz. Es war keine Liebesheirat, jedenfalls nicht von ihrer Seite, doch es wurde eine glückliche Ehe. Sie bekam noch zwei Kinder, Albrecht, der bei der Luftwaffe gedient hatte und sich noch in englischer Gefangenschaft befand, und ihre Tochter Elisabeth.

Zwei von drei Kindern waren ihr geblieben, und so wahnsinnig war das Leben auf dieser Erde, daß sie dafür noch dankbar sein mußte. Wem? Gott?

Seit sie die Nachricht von Ludwigs Tod erhalten hatte, betrat sie keine Kirche mehr. Mit Haß im Herzen konnte man nicht beten.

Und genauso mußte Nina empfinden, sie hatte auf fürchterliche Weise ihre Tochter verloren, und ihr Sohn war nach seiner schweren Verwundung elend und krank. Und dann mußte überdies das blinde Kind im Haus sein, von dem Victoria nur am Telefon gehört hatte, damals im April, als das Telefon noch funktionierte. Ob dieses Kind noch am Leben war?

Victoria hob den Kopf, sah Nina an, ihre Augen waren trüb geworden vor Gram.

»Und – Stephan?« fragte sie.

»Es geht ihm wesentlich besser. Er hat noch immer seine dunklen Stunden, aber er lebt sonst ganz normal mit uns zusammen, er spricht, und er nimmt Anteil. Und er ist – ja, wie soll ich das ausdrücken? Er ist so lieb. Ich hatte ihm gegenüber ein schlechtes Gewissen, ich habe Vicky immer mehr geliebt. Und als er dann so elend in diesem Lazarett lag, kaum mehr ein Schatten eines Menschen, da dachte ich: das ist die Strafe, ich habe ihn nicht genug geliebt, und jetzt verliere ich ihn. Aber nun ist es Vicky, die ich verloren habe.«

Sie schwiegen beide, sahen mit abwesenden Augen zu,

wie Eva und Herbert durch die Tür hinaus und hinein marschierten.

»Stephan war ein schwieriges Kind«, sagte Nina gedankenverloren. »Die Schule war für ihn eine Pein. Und er hat Trudel immer mehr geliebt als mich. Du erinnerst dich an Trudel?«

»Natürlich. Ich weiß doch, was für eine Rolle deine Schwester in eurem Leben spielte. Hast du Nachricht von ihr?«

»Nein. Sie leben ja in der russisch besetzten Zone. Falls sie noch leben, sie und ihr Mann.«

»Ich frage mich manchmal, wie all diese auseinandergerissenen Menschen je wieder zueinander finden sollen. Ich sehe das ja auch bei meinen Flüchtlingen. Das ist bei allem Jammer immer der größte Kummer. Von meinen Flüchtlingsmädchen wissen drei, daß ihre Eltern tot sind. Vier haben keine Ahnung, was aus Eltern und Geschwistern geworden ist. Eine kann nicht mit dem Tod ihres kleinen Bruders fertig werden, der vor ihren Augen von dem Planwagen stürzte und von einem Panzer überrollt wurde. Einem deutschen Panzer noch dazu. Davon redet das Kind ununterbrochen, ich kann es schon gar nicht mehr hören. Es muß ein furchtbarer Anblick gewesen sein. Die Mädchen haben es gut bei mir, sie müssen viel arbeiten, und das hilft ein wenig. Aber am Abend höre ich sie weinen, wenn ich durch die Halle gehe, wo sie ihre Lager haben.«

»Es ist seltsam, nicht? Manchmal kommt es mir vor, als seien wir nur noch von Toten umgeben, wir alle. Es ist unser Pech, daß wir am Leben geblieben sind. Die Toten sind besser dran als wir. Sie mußten ihren Tod sterben, so schrecklich er auch gewesen sein mag, aber dann hatten sie Ruhe. Das Leid bleibt ihnen erspart.«

Victoria fuhr sich mit einer heftigen Handbewegung durch ihr blondes Haar.

»Shut up!« sagte sie heftig. »Ich bin nicht gekommen, damit wir uns als Klageweiber aufführen. Laß uns nur noch von den Lebenden sprechen. Wir waren bei Stephan.«

Inzwischen waren im Kreis um Victoria und Nina die ganzen Schätze aufgebaut worden, wobei sich Herbert um eine gewisse Symmetrie bemüht hatte.

»Kommt mir vor wie Weihnachten«, sagte er. »Soll ich vielleicht die kleine Tanne hinten im Garten abschlagen und dazustellen?«

»Untersteh dich!« sagte Nina, und wie immer war es Herbert gelungen, die Düsternis zu vertreiben.

»Haben wir ein Sprungtuch?« fragte er nun besorgt.

»Ein Sprungtuch? Wozu denn das?« wunderte sich Nina.

»Also die Baronin vom Haus schräg gegenüber hängt fast bis zu den Knien zum Fenster hinaus. Sie kann es nicht fassen, was hier vorgeht.«

»Ich auch nicht«, sagte Nina, und nun lächelte sie.

»Also dann hol ich noch das letzte Säckchen. Bis gleich.«

»Herbert, den du hier erlebst«, sagte Nina, »ist meine größte Hilfe, was Stephan angeht. Herbert ist so lebensbejahend und so fröhlich, das steckt einfach an. Er fühlt sich als Sieger in diesem Krieg, allein deswegen weil er ihn überlebt hat.«

»Womit er ja nicht unrecht hat.«

»Für Stephan ist er ein höchst heilsamer Umgang. Sie sind gleichaltrig, das ist auch schon mal gut. Du weißt, Stephan hat immer einen Freund gebraucht. Er macht ja noch keine großen Spaziergänge, aber wenn er aus dem Haus geht, dann geht er mit Herbert.«

»Wer ist denn eigentlich dieser Wunderknabe?«

»Sie wohnten im Nachbarhaus, und als es beschlagnahmt wurde, haben wir sie aufgenommen. Das heißt, Eva wohnte da, er hatte sich im Keller versteckt, er war desertiert, und wir haben ihn das erste Mal an jenem Tag gesehen, als die Amerikaner einmarschiert sind. Ja, und dann ist Tante Alice noch hier.«

»Wie bitte? Doch nicht Alice von Wardenburg?«

»Auch sie ist jetzt ein armer Flüchtling. Aber noch immer eine Dame von Format.«

Victoria blickte sich um.

»Es sieht gut bei euch aus. Ein schönes Haus ist das.«

»Beinahe hätten sie uns rausgeschmissen, das Haus sollte

beschlagnahmt werden. Daß wir dann doch bleiben konnten – das war für mich der schönste Tag seit Kriegsende. Ich muß dir das nachher ausführlich erzählen.«

»Und – was ist mit dem Kind? Ist es noch hier?«

»Natürlich. Und es ist ein großes Problem. Sie ist nicht nur blind, sie ist psychisch total gestört.«

»Ob sie vielleicht eine Zeitlang zu uns hinauskommen sollte?«

»Es darf keine Veränderung in ihrem Leben mehr geben. Und überhaupt, wenn du so viele Leute da draußen hast, das wäre für das Kind unerträglich.«

»Voilà«, sagte Herbert, »alles in die Scheuer gebracht. Wie ich gesehen habe, ist da ein prachtvoller großer Blumenkohl dabei. Wo gibt es denn noch so was? Und in diesem großen aufrecht stehenden Karton befindet sich ein Holzfaß, und aus dem duftet es gar lieblich – vermute ich richtig, gnädige Frau?«

Victoria nickte. »Selbst eingelegtes Sauerkraut.«

»O Tag des Glückes! Machst du uns Sauerkraut, Eva?«

»Nein, Geliebter, heute gibt es Blumenkohl.«

»Ich habe Rinderbraten mitgebracht«, sagte Nina, »und zwar für alle Marken, ein schönes Stück. Den können wir dazu machen. Und viele Kartoffeln.«

»Laß den Rinderbraten für Sonntag«, schlug Victoria vor. »Zu dem Sauerkraut. Dort in dem kleinen Päckchen sind Koteletts. Wir haben nämlich vorgestern geschlachtet. Deswegen hatte ich es auch eilig, zu euch zu kommen. Das meiste pökeln wir ja ein, aber frische Koteletts sind nicht zu verachten.«

Eva wickelte das Päckchen bereits aus.

»Eins, zwei, drei, vier, mein Gott, acht Stück. Das reicht für uns alle.«

»Also!« rief Herbert. »Ich werde jetzt alles in die Küche bringen, was in die Küche gehört, und Eva macht sich an die Arbeit. Dann bringe ich in den Keller, was in den Keller gehört, und werde mir erlauben, ein sprudelndes Fläschchen mit heraufzubringen. Oder auch zwei. Ein paar gute Sachen haben wir nämlich auch noch.«

»Trinken wir ein Fläschchen«, sagte Victoria. »Und wer wird Fräulein Eva in der Küche helfen?«

»Ich natürlich«, sagte Herbert. »Kartoffeln schälen kann ich meisterhaft.«

»Und während ihr kocht, muß ich unbedingt eine Weile mit Nina allein sprechen.«

»Ich bitte um Vergebung, wir verdrücken uns gleich.«

»Du bist, wie immer, zu vorlaut«, rügte Eva. »Erst der Keller.«

Victoria lächelte auf ihre kühle, immer etwas hochmütige Art. »Wir machen es so: erst einen Begrüßungsschluck. Dann will ich das Kind sehen. Und dann spreche ich mit Nina.«

Nina blickte sie ängstlich an. Was kam nun?

Zu dem Gespräch zwischen Victoria und Nina kam es aber dann doch erst nach dem Essen, und das war gut so, denn sonst hätte es Nina sicher den Appetit verdorben.

Stephan und das blinde Kind waren im Garten, Nina hatte sie hinausgeschickt, ehe sie einkaufen ging.

»Das Wetter ist so schön heute, ihr solltet ein bißchen an die Luft gehen.«

Maria kostete es Überwindung, das Haus, den vertrauten Sessel zu verlassen, aber von Stephan geführt, war sie mit ihm in den Garten gegangen.

Stephan und Maria verstanden sich recht gut, das Kind vertraute ihm, soweit es ihm möglich war, und für ihn war es eine Aufgabe, ihr zu helfen. Er tat instinktiv das richtige, indem er ihr erklärte, wie es um sie herum aussah. Er beschrieb die Möbel, führte sie durch Türen, veranlaßte sie, die Dinge zu berühren. Auch die Bäume im Garten, sie mußte mit der Hand ein Blatt, eine Blume, einen Baumstamm berühren, und er sagte ihr, wie das aussah, was sie anfaßte. »Ich konnte auch eine Zeitlang nicht sehen nach meiner Verwundung, weißt du. Aber nun ist es viel besser geworden. Du wirst auch eines Tages wieder sehen können.«

Maria schüttelte den Kopf.

»Doch. Weil du es willst. Eines Tages wirst du es wollen. Wenn alles wieder besser geworden ist, wird man dich operieren.«

Maria schüttelte immer nur den Kopf.

»Doch, du willst es. Eines Tages willst du.«

»Nein«, sagte Maria.

»Der Himmel ist heute ganz blau. Du weißt noch, wie ein blauer Himmel aussieht?«

Maria schwieg bockig.

»Die Blätter an den Bäumen sind noch grün. Bald werden sie sich färben, dann sind sie gold und rot und braun. Du kennst diese Farben noch, Maria?«

Diesmal nickte Maria.

»Siehst du!« Und da der Ausdruck ihn störte, fuhr er fort: »Du siehst es jetzt mit deinem inneren Auge, Maria. Das kannst du, weil du früher gesehen hast. Wenn du blind geboren wärest, wüßtest du nicht, wovon ich spreche. Aber eines Tages wirst du wieder sehen. Ich will es, Nina will es, und du willst es auch, Maria.«

Solche Gespräche führten sie nur, wenn sie allein waren. Maria spürte es sofort, wenn jemand in der Nähe war, dann verstummte sie.

Auch Alice war an diesem Tag für eine Weile in den Garten gegangen, hatte die beiden mit Blicken verfolgt, war ihnen aber nicht nahe gekommen. Ihr Herz war verhärtet gegen das Kind. Das Kind von Victoria Jonkalla, die die Tochter von Nicolas war. Das blinde Kind seine Enkeltochter.

Alice wußte es. Anfangs hatte sie es nur geahnt, später wußte sie es, denn das Mädchen Victoria wurde Nicolas immer ähnlicher. Sie wunderte sich, daß keiner außer ihr das zu bemerken schien. Aber wer hatte Nicolas so gut gekannt wie sie?

Marleen war zu oberflächlich, Trudel zu dumm, keiner sah die Augen von Nicolas, sein unbekümmertes Lächeln, seinen bezwingenden Charme in dem Kind Victoria, nicht seinen Anspruch an das Leben, seinen Egoismus in der erwachsenen Victoria.

Die lange Zeit, die vergangen war, hatte den Groll in ihrem Herzen nicht erstickt, er war eher gewachsen.

Mein ist die Rache, spricht der Herr – so dachte Alice. Und so war es geschehen. Nicolas' Tochter war tot, begraben unter den Trümmern von Dresden, verbrannt und verglüht. Und ihr Kind war blind.

Nina hatte bezahlen müssen für ihren Betrug, das war nur gerecht.

Alice saß im Gartenzimmer, als Nina mit Victoria hereinkam. »Frau von Wardenburg, wie schön, daß Sie hier sind«, sagte Victoria liebenswürdig. »Sie können sich noch an mich erinnern?«

»Selbstverständlich«, erwiderte Alice kühl.

Die wußte es auch. Hatte es immer gewußt, sie war Ninas Vertraute gewesen.

»Setz dich, Victoria«, sagte Nina, »Herbert bringt uns gleich was zu trinken. Die beiden sind im Garten, ich hole sie.«

Sie war nun nervös, fühlte sich erschöpft, ihr Kopf hämmerte. Das ging ihr jetzt manchmal so, es war, als breche etwas in ihr zusammen, Kopfschmerzen überfielen sie und ein Überdruß an allem, was um sie war. Manchmal hatte sie das Gefühl, sie könne keinen Menschen in ihrem Leben mehr ertragen. Keinen. Und gerade hatte sie sich noch so über den Besuch gefreut.

Auf einmal erschien es ihr eine nicht zu bewältigende Aufgabe, das Leben in diesem Haus zu präsentieren. Verständlich zu machen, wie sie lebten.

»Ja, wir sind froh, daß Tante Alice bei uns ist«, sagte sie mit flacher Stimme. »Und sieht sie nicht fabelhaft aus? Genauso schön wie früher.«

Alice gab keine Antwort, sah Nina nicht an, und Victoria spürte die Feindseligkeit, die von Alice von Wardenburg ausging. Mein Gott, dachte sie, noch immer. Nach dieser langen Zeit. Nach allem, was geschehen ist.

Und Alice dachte: Es ist so lange her, und ich hatte es fast vergessen, und Nicolas ist so lange schon tot. Betrogen hat er mich immer. Warum empfinde ich so anders, seit ich in diesem Hause lebe? Es ist, als sei Nicolas mit mir gekommen. Oder war er schon vorher da?

Nina preßte die Hand gegen die Stirn, als sie in den Garten ging. Diese Kopfschmerzen! Die Leute hier sagten, es käme vom Föhn. Heute war ja wohl Föhn, darum war der Himmel so blau, war es so warm.

Stephan hatte sie gesehen, sie winkte und rief: »Wir haben Besuch.«

Und Stephan freute sich. Er hatte Victoria immer geliebt und bewundert.

Er küßte ihre Hand, sie küßte ihn auf die Wange.

»Daß du endlich gekommen bist! Wir haben so auf dich gewartet, Mutter und ich.«

Victoria betrachtete ihn sachlich.

»Nun, du siehst schon wieder ganz ordentlich aus.« Sie nahm seine Hand, an der zwei Finger fehlten, strich dann leicht über seine Schläfe.

»Hast du noch oft Kopfschmerzen?«

»Sehr oft. Aber wenigstens kann ich wieder einigermaßen laufen.«

»Hauptsache, du bist da.«

Ein flüchtiger Gedanke an Ludwig, ihren Sohn. Wie glücklich wäre sie, wenn er bei ihr wäre, ganz egal, in welchem Zustand. Doch sie verbot sich den Gedanken sofort.

An der Tür, wo Stephan sie losgelassen hatte, stand Maria.

Victoria ging auf sie zu.

»Maria«, sagte sie leise, »kennst du meine Stimme noch? Du warst eine Zeitlang bei mir.«

Sie berührte leicht mit der Hand die Schulter des Kindes, doch Maria wich sofort zurück, in ihrem Gesicht standen Angst und Abwehr.

»Draußen im Waldschlössl, weißt du nicht mehr?«

Und da kam es auch schon.

»Mali«, flüsterte das Kind.

»Ja, richtig. Da wo Mali herkam.«

Nina, die hinter dem Kind stand, legte erschrocken den Finger auf die Lippen und schüttelte den Kopf.

Victoria verstand. Natürlich, Mali war wohl auch tot. Maria weinte diesmal nicht, sie stand stumm und starr, eingehüllt in die Dunkelheit, die voll Qual und Nichtverstehen war.

Stephan ging zu ihr, nahm sie um die Schulter, führte sie zu dem blauen Sofa, auf das sie sich beide setzten, wie so oft.

Eine Weile blieb es still im Zimmer, Victoria blickte Nina an, unterdrückte einen Seufzer. Das war wohl alles noch viel schwerer für Nina, als sie es sich vorgestellt hatte. Dann kam Herbert mit den beiden Flaschen, hinter ihm Eva. »Oh«, sagte Victoria. »Champagner! So etwas haben wir draußen nicht.«

»Ist wohl noch französische Beuteware«, meinte Herbert. »Stammt alles von dem großen Unbekannten, der dieses Haus so umsichtig ausgestattet hat, als müsse es eine jahrelange Belagerung aushalten.«

Nina und Victoria wechselten einen Blick.

Der große Unbekannte, Dr. Alexander Hesse, Marleens Freund und Gönner, besser gesagt, der letzte Mann, der die schöne Marleen Bernauer geliebt hatte. Marleen war immer geliebt worden, am meisten wohl von diesem Mann.

Er hatte eine wichtige Position im Nazi-Staat innegehabt, er war Chemiker. Er besaß eine Fabrik im Ruhrgebiet, aber er war nach Berlin gekommen, um an Görings Vierjahresplan mitzuarbeiten, an der kriegswichtigen Aufgabe, Ersatzstoffe für das rohstoffarme Deutschland zu entwickeln. Er hatte für die Nazis gearbeitet, aber er war nie ein Nazi gewesen. Doch wer würde ihm das heute glauben.

Victoria stellte keine Frage, doch Nina sagte: »Wir wissen nicht, was aus dem großen Unbekannten geworden ist.«

Victoria nickte. Tot, gefangen, in einem Lager, versteckt, geflohen. Alles war möglich.

Nach einer Weile erschien Marleen auf der Bildfläche, und da sie Victoria von Mallwitz nie hatte leiden können, begrüßte sie sie mit überströmender Herzlichkeit.

Nun berichtete Nina die Geschichte von der Beschlagnahme des Hauses und dem glücklichen Ausgang dieser Bedrohung.

Mit einer Kopfbewegung zu dem Kind hin schloß sie: »Ich glaube, wir haben es hauptsächlich ihr zu verdanken.«

»Das war es also, was du den schönsten Tag nach Kriegsende nanntest«, meinte Victoria. »Aber du weißt doch, daß ihr jederzeit hättet zu mir kommen können.«

»Ich weiß. Aber wir sind allerhand Leute.«

»So what! Ich hätte euch auch noch untergebracht.«

Schwierigkeiten mit den Amerikanern hätten sie auf dem Gut nicht gehabt, berichtete Victoria. Joseph von Mallwitz, ein konservativer Bayer, hatte nie etwas mit den Nationalsozialisten im Sinn gehabt, seine Haltung war immer kompromißlos gewesen, dabei so besonnen und in mancher Beziehung schlitzohrig, daß keiner sich an ihn herangewagt hatte. Außerdem führte er einen Musterbetrieb, das Ablieferungssoll war immer korrekt erfüllt worden, die Bauern im Dorf standen zu ihm. So dumm war auch ein Kreisleiter der Nazis nicht gewesen, daß er sich an solch einem Mann die Finger verbrannt hätte. Dazu Victoria, so selbstsicher, so überlegen, zwei Söhne im Feld, einer gefallen – und die Niederlage vor Augen, besser man kümmerte sich nicht weiter um das Waldschlössl.

Das Gut lag so einsam draußen im Alpenvorland, so übersichtlich waren die Verhältnisse, daß auch die Amerikaner schnell informiert waren, mit wem sie es zu tun hatten.

»Wir sind von Anfang an gut mit ihnen ausgekommen«, erzählte Victoria. »Sie waren richtig froh, wenn ihnen mal keine Lügengeschichten aufgetischt wurden. Mit Haltung und Stolz imponiert man ihnen am meisten. Außerdem ist unser Betrieb nach wie vor wichtig, schließlich müssen die Leute auch nach dem Krieg etwas zu essen bekommen. Ich denke, daß wir demnächst ein Auto zugelassen bekommen, Pferde haben wir bereits ausreichend, unsere Maschinen sind in gutem Zustand. Na, und Arbeitskräfte haben wir mehr als genug durch die Flüchtlinge.«

Zuletzt, das wußte Nina, mußte das Gut mit wenigen Kriegsgefangenen als Hilfskräfte auskommen.

»Ich würde das Waldschlössl gern einmal sehen«, sagte Herbert nachdenklich. »Nina hat schon viel davon erzählt. Und nach all dem Elend, das man in der Stadt sieht, diese Trümmer, diese obdachlosen, hungrigen Menschen, ist es tröstlich, daß es noch so etwas wie eine heile Welt gibt.«

»Na ja«, sagte Victoria, »so heil ist die Welt bei uns auch nicht. Ich sprach ja schon von den Flüchtlingen. Aber natürlich, gemessen daran, wie die meisten Menschen heute leben müssen, jedenfalls in den Großstädten, ist es schon eine Oase. Ich bemühe mich jedenfalls, meinen Flüchtlingen das Leben soweit wie möglich zu erleichtern. Diese Menschen haben Furchtbares erlebt. Ich will nicht einzelne Geschichten erzählen, die mir berichtet wurden, aber allein die Tatsache, Heimat, Haus, Wohnung zu verlieren, bei Nacht und eisiger Kälte auf der Straße entlangzuziehen, die toten Alten und die toten Kinder am Wegrand liegen zu lassen, die Tiere verrekken zu sehen, es ist einfach eine Schande für unser Jahrhundert, daß so etwas möglich ist. Wie viele sind elend umgekommen. Erfroren, erschlagen, ertrunken. Doch man soll nie vergessen, wer die Schuld daran trägt, das sage ich ihnen auch. Das alles haben wir Hitler zu verdanken. Er hat Deutschland zerstört. Er begann, die Bosheit auszusäen. ›Das ist der Fluch der bösen Tat, daß sie fortzeugend Böses muß gebären.‹ «

Es blieb still, sie blickten alle etwas betreten in ihre Sektgläser.

»Du hast recht«, sagte Nina dann. »Man darf nie vergessen, wie es begann: mit Jubel und Heilgeschrei.«

»Nicht bei jedem«, widersprach Victoria, »das wollen wir auch festhalten.«

»Ich erinnere mich genau an den Tag, als der Krieg begann«, sagte Nina. »Ich benahm mich wie eine Wahnsinnige. Ich weinte, ich schrie, Silvester mußte mir den Mund zuhalten. Warum bringt denn keiner den Kerl um? schrie ich. Ich hatte nicht daran geglaubt, daß es Krieg geben würde. Silvester hatte es schon lange prophezeit. Er...«

Victoria wollte nicht, daß sie länger von ihrem Mann sprach, dazu würde später Gelegenheit sein. Sie hob ihr Glas, leerte es, sagte: »Einen kleinen Schluck nehme ich noch, schmeckt wirklich gut. Jedenfalls, nun ist er aus, dieser Krieg. Wir haben bitter für die Nazis bezahlt und werden weiter bezahlen müssen. Und wenn ich bei uns draußen so etwas wie ein kleines Stück heile Welt erhalten kann, wenn mir das gelingt, dann kann schließlich auch ich sagen«, sie lächelte Herbert zu, »ich habe den Krieg besiegt.«

Sie tranken ihr zu, wie immer hatte Victoria alle Herzen gewonnen, selbst Alice blickte sie wohlgefällig an, und Marleen hatte ein ganz andächtiges, ernstes Gesicht bekommen.

»Wie gesagt, die Flüchtlinge sind uns eine große Hilfe. Ich habe einen fabelhaften Pferdemann aus Ostpreußen da, ein Geschenk für den Hof. Unsere Pferde sehen inzwischen alle gut aus, und ihr könnt mir glauben, manche kamen mehr tot als lebendig bei uns an. Einen bildschönen Trakehner habe ich, eine hellbraune Stute, mit der möchte ich züchten, sobald ich irgendwo den passenden Hengst auftreibe. Ich habe ausreichend Personal für das Haus, für den Garten, für die Feldarbeit, für den Stall. Sie sind ja so froh, wenn sie arbeiten können. Und unser Beispiel wirkt im Dorf. Die Flüchtlinge in unserer Gegend haben es bestimmt besser als anderswo.«

Eva stand auf.

»Ich könnte Ihnen stundenlang zuhören, Frau von Mallwitz. Es ist wirklich so, wie Herbert sagt: es tut wohl, mal etwas Positives zu hören. Aber jetzt will ich mich doch um das Essen kümmern. Und du kommst mit«, das galt Herbert, der ihr bereitwillig folgte.

Doch es bot sich dennoch keine Gelegenheit für ein Gespräch zwischen Nina und Victoria, denn Stephan war so angeregt, wie ihn keiner bisher erlebt hatte, er wollte noch mehr hören, er wollte Victoria ansehen, weil die Sicherheit und Ruhe, die von ihr ausgingen, eine Wohltat für ihn waren. Später sagte Nina: »Ich schau mal, wie weit sie in der Küche sind. Ich glaube, wir können bald essen. Ich decke dann gleich den Tisch. Weißt du, Victoria, wir essen im Wohnzimmer. Das Zimmer, das eigentlich als Speisezimmer gedacht war, ist jetzt Stephans Zimmer.«

»Ja«, sagte Stephan, »ein Zimmer, das mir ganz allein gehört. Wie lange habe ich davon geträumt.«

Als sie sich zu Tisch gesetzt hatten, fiel Victoria sofort auf, daß Maria fehlte.

Befremdet blickte sie Nina an. »Ißt sie nicht mit uns?«

»Nein. Ich habe ihr bereits in der Küche zu essen gegeben.«

»Aber Nina!« rief Victoria empört. »Wie kannst du nur! Du darfst das Kind doch nicht so isolieren.«

Nina legte Messer und Gabel wieder aus der Hand.

»Sie wollte es so. Es hat keinen Zweck, sie zu etwas zu zwingen. Und überreden kann man sie schon gar nicht.«

»Ich schlage vor«, sagte Herbert, »daß wir uns jetzt den Appetit auf dieses köstliche Essen nicht verderben. Wir werden Frau von Mallwitz später erklären, wie das läuft.«

Er sprach mit einer gewissen Bestimmtheit, ohne die übliche Flachserei. Victoria warf ihm einen erstaunten Blick zu, schwieg.

Nina sah nicht von ihrem Teller auf, es sah aus, als sei ihr der Appetit schon verdorben.

Jedoch Herbert begann ein Gespräch, erzählte von den Nachbarn, von der Freundlichkeit, mit der sie einander begegneten.

»Die Menschen sind viel aufgeschlossener geworden in letzter Zeit. Die Bedrohung durch den Krieg, aber auch die Angst vor dem Regime ist weggefallen, und bei aller Not hat jeder das Gefühl, daß wirklich ein neues Leben begonnen hat. Natürlich ist das bei uns hier draußen anders als in der Stadt. Auch hier ist so etwas wie eine Oase. Die meisten Häuser sind zwar vollgestopft mit Menschen, und nicht immer kommen sie gut miteinander aus, aber sie versuchen es wenigstens. Ein paar Sauertöpfe gibt es auch darunter, das kann wohl nicht anders sein. Ich weiß, daß man uns beneidet. Weil wir mehr oder weniger im Familienkreis geblieben sind. So gesehen ist es geradezu von Vorteil, daß Eva und ich hier aufgenommen wurden, so sind wenigstens noch zwei Menschen im Haus.«

»Stimmt«, meinte Nina, »sonst hätten sie uns sicher noch jemand reingesetzt.«

»Wir sind trotzdem für die heutige Zeit unterbelegt. Aber das kann sich natürlich schnell ändern.«

»Und Ihr Haus«? wandte sich Victoria höflich an Eva.

»Gleich nebenan. Zur Zeit steht es leer. Eine kurze Zeit

wimmelten ein paar Amis darin herum, aber die sind längst verschwunden.«

»Und Sie dürfen nicht wieder einziehen?«

»Nein. Dürfen wir nicht.«

»Mit diesen Ungerechtigkeiten werden wir wohl noch eine Weile leben müssen.«

Eva lächelte. »Ich empfinde es nicht einmal als so ungerecht. Sehen Sie, eigentlich habe ich gar kein Recht darauf, in diesem Haus zu sein. Es gehörte meiner Schwiegermutter. Ich hatte gleich zu Anfang des Krieges geheiratet, sehr überstürzt, wie das in solchen Fällen geschieht. Wir kannten uns kaum. Mein Mann fiel im Frankreich-Feldzug. Meine Schwiegermutter hatte ich nie gesehen, und sie wollte auch nichts von mir wissen. Sie war natürlich dagegen, daß ihr Sohn geheiratet hatte, er war vierundzwanzig, ich neunzehn. Wir hatten uns an der Universität kennengelernt, ich als erstes Semester. Na ja, wie das so geht. Ich schrieb ihr dann, als Heinz tot war, aber ich bekam keine Antwort. Als ich dann ausgebombt wurde in Berlin, das war im März 43, fuhr ich einfach hierher. Ich bin nämlich Waise, ich habe gar keine Familie.«

»Und dann?« fragte Victoria. »Was sagte die Schwiegermama?«

»Ich kam eigentlich nur her, um sie sterben zu sehen. Sie war herzkrank und lebte noch ein halbes Jahr. Und sie war eigentlich ganz froh, daß ich hier war. Tja, so kam ich zu dem Haus. Sie war Witwe, ihr einziger Sohn gefallen. Ich erbte das Haus. Das meine ich, wenn ich sagte, daß ich eigentlich gar kein Recht auf das Haus habe.«

»Und wie kommt nun Herbert in die Geschichte?« fragte Victoria.

»Wir haben uns im Zug kennengelernt«, übernahm Herbert den weiteren Bericht. »In einem gesteckt vollen Zug, der von Berlin am Anhalter Bahnhof abfuhr. Ich hatte Urlaub und wollte meine Mutter in Eichstätt besuchen. Und Eva befand sich eben gerade auf jener Fahrt zur unbekannten Schwiegermama. Wir standen nebeneinander im Gang, manchmal setzte sie sich auf meinen Koffer, sie hatte gar keinen mehr. Und wie es so ist, sie erzählte mir das alles. Und ich verliebte mich in sie. Ehe ich aussteigen mußte, gab sie mir ihre Adresse. Später kam ich dann einfach hierher, als ich nicht wußte, wohin.«

»Eine ganz einfache Geschichte«, meinte Nina, die sie schon kannte. »Eine Geschichte aus unserer Zeit.«

»Eine Liebesgeschichte, wenn ich richtig verstehe«, sagte Victoria.

»Ja«, sagten Eva und Herbert wie aus einem Mund, dann sahen sie sich an und lachten.

»Auch eine Geschichte voller Angst«, fügte Eva hinzu. »Er saß immerhin vier Monate bei mir im Keller, und ich hatte eine fremde Familie im Haus. So echte, in der Wolle gefärbte Nazis. Hätte man Herbert entdeckt, wäre es uns wohl beiden an den Kragen gegangen.«

Nina mußte daran denken, wie sie die beiden kennengelernt hatte: am Tag, als der Krieg zu Ende war, standen sie plötzlich am Zaun. Ein strahlender Mann, ein Sieger, ein glückliches Mädchen.

Als sie mit dem Essen fertig waren, nahm Nina das Thema Maria wieder auf.

»Du wunderst dich, daß Maria nicht mit uns gegessen hat. Es ist nicht immer so, in letzter Zeit ist es uns gelungen, daß sie sich mit an den Tisch setzt. Erst einmal mußt du wissen, daß sie anfangs überhaupt nichts essen wollte. Man mußte sie zwingen dazu, ich habe sie gefüttert wie ein Baby. Und es hat mich viel Selbstbeherrschung gekostet. Ich bin kein geduldiger Mensch, ich habe sie auch manchmal zornig angefahren. Nun mußt du nicht denken, daß wir immer so feierlich an diesem Tisch hier essen, kommt ganz darauf an, was wir haben, ob wir etwas haben. Herbert ist viel unterwegs, seit er entlassen ist. Auch Eva ist in der Stadt.

Herbert hob den Finger.

»Schwarzer Markt. Man muß sich über die Preise informieren und sehen, was man erwischen kann. Wir sind beide recht begabt in dieser Beziehung, Eva und ich.«

»Manchmal essen wir nur schnell etwas in der Küche«, erzählte Nina weiter. »Stephan hat lange Zeit allein in seinem

Zimmer gegessen, es war ihm lieber so. Also bitte«, ihre Stimme klang jetzt leicht gereizt, »verurteile mich nicht, bedenke die komplizierten Verhältnisse in diesem Haus. Auch Marleen hat ihre Launen. Manchmal gehen wir ihr alle auf die Nerven, dann ißt sie auch lieber in ihrem Zimmer.«

»Das kannst du dir sparen, Nina«, protestierte Marleen, »das ist wirklich nicht oft vorgekommen.«

»Bleiben wir bei Maria«, beharrte Victoria.

»Ja, wie gesagt, anfangs war es schwierig, sie überhaupt zum Essen zu bewegen. Sie wollte nicht essen, nicht sprechen, nicht berührt werden, und ich kann dir nicht sagen, ob sie geschlafen hat. Für sie ist es immer Nacht, nicht wahr?« Ninas Stimme zitterte, ihre Augen hatten sich gerötet.

Stephan legte tröstend die Hand auf ihre.

»Und ich dazu in diesem desperaten Zustand«, sagte er. »Es gab immer wieder Stunden, in denen ich nicht mehr leben wollte. Es geht mir ja viel besser, ich gebe es zu. Aber ein Krüppel bin ich doch.«

»Schmarrn«, fuhr ihn Victoria an, denn soviel bayerisch hatte sie immerhin gelernt. »Krüppel! Du bist kein Krüppel. Dir fehlen zwei Finger an der linken Hand, glücklicherweise die linke. Du bist Rechtshänder, soviel ich weiß, nicht?«

Und als Stephan nickte, fuhr sie fort: »Dein Bein ist noch ein wenig steif, aber nicht sehr. Und dein Kopf – nun, das ist gewiß arg. Eine Kopfverletzung ist immer eine böse Sache. Etwas wird zurückbleiben. Aber vielleicht wird es mit der Zeit besser werden. Du sprichst ganz normal, du hast keine Behinderung, wenn du dich bewegst. Das habe ich doch jetzt gesehen. Schau dir andere an, wie sie aus dem Krieg zurückgekommen sind. Wenn sie zurückgekommen sind.«

Nina schaute ängstlich auf ihren Sohn, sie hätte es nie gewagt, so energisch, so deutlich zu ihm zu sprechen.

Aber von Victoria nahm er es hin.

Er sagte: »Ich habe nichts gelernt, ich habe keinen Beruf, ich werde nie einen haben. Ich bin achtundzwanzig Jahre alt und lebe hier vom Geld meiner Mutter und meiner Tante. Ich bin zu nichts, zu gar nichts nütze.«

»Herrgott noch mal!« beteiligte sich Herbert an der Schelte

Victorias. »Du bist ein undankbarer Pinsel, das ist es, wa bist. Ich habe auch noch keinen Beruf. Wir werden schon ei nen finden. Wir sind eine ganze Generation ohne Beruf. Schule, Arbeitsdienst, Barras, Krieg. So geht es vielen. Wohl dem, der eine Mutter und eine Tante hat, die ihn ernähren können. Weißt du, wovon ich lebe? Von Evas kleiner Witwenpension. Und so wie ich hier an diesem Tisch sitze, werde ich ebenfalls von deiner Frau Mama und deiner liebreizenden Frau Tante ernährt. Und heute und morgen und noch einige Tage dazu von dem, was uns heute eine zauberhafte Fee von jenseits der Isar ins Haus gebracht hat. Wollen wir erst mal abwarten, wie es weitergeht. Ich wette, nein, ich bin ganz sicher, eines Tages werden wir sämtliche hier genannten Damen ganz groß einladen können. Ich glaube daran. Ich glaube an mich. Und weißt du, warum? Ich lebe. Andere sind tot. Oder sie sind wirklich Krüppel. Und vielleicht –« er stockte, dann beging er das große Sakrileg – »vielleicht solltest du gelegentlich an deine Schwester denken.«

Tödliches Schweigen um den Tisch.

»Herbert!« sage Eva leise.

Der hatte einen roten Kopf bekommen, auch Stephan war das Blut in die Wangen gestiegen.

Erstaunlicherweise sagte Nina: »Ja, vielleicht solltest du das.«

Victoria sagte: »Und an Ludwig, meinen Sohn. Aber nun Schluß damit. Ich beharre immer noch darauf, mehr über Maria zu hören.« Sie sah Nina an.

»Unter allen Problemen, die wir mit Maria haben, ist Essen eines der größten«, berichtete Nina und zwang sich, kühl und sachlich zu sprechen. »So, wie wir heute gegessen haben, das bedingt, daß man ihr das Fleisch schneidet, die Bissen auf einem Teller bereitlegt. Das verstört sie. Denn fällt ihr etwas vom Löffel, und es landet neben dem Teller oder auf ihrem Rock, dann hört sie sofort auf zu essen.«

»Man sagt doch immer, Blinde seien besonders geschickt.«

»So lange ist sie ja noch nicht blind. Und sie ist ein Kind. Immerhin habe ich es jetzt so weit gebracht, daß sie Suppe aus einer Tasse gut essen kann, auch ein leichtes Gericht wie

Rührei oder Eierkuchen, den man natürlich auch in Stücke zerteilen muß. Deswegen mache ich jetzt meist nach bayerischer Sitte Kaiserschmarrn, das ißt sie sehr gern. Sofern wir Eier haben.«

»Damned«, warf Victoria ein. »Eier! Daran habe ich nicht gedacht. Das nächste Mal!«

»Am liebsten ist ihr eine Stulle, die sie in die Hand nehmen und von der sie abbeißen kann. Falls ich etwas habe, was ich drauftun kann. Aber sie ist schon mit einem Butterbrot zufrieden. Es geht ja auch alles schon etwas besser, nicht?«

»Sie macht es schon sehr gut«, sagte Eva. »Aber heute hatte sie Angst, weil ein Gast da war. Sie weigerte sich, mit am Tisch zu essen.«

»Aber sie kennt mich doch«, sagte Victoria erschüttert.

»Das war in ihrem vorigen Leben.« Nina sah die Freundin an, und Victoria hätte das Gespräch am liebsten abgebrochen, es war eine Qual für Nina, das war deutlich zu sehen. Aber sie mußte dennoch weiter darüber sprechen, vielleicht sogar konnte das eine Hilfe sein.

»Wo ist sie jetzt?«

»In Stephans Zimmer.«

»Und was macht sie da?«

»Nichts. Was soll sie machen? Sie sitzt einfach so da.«

»Nina, es tut mir leid, wenn ich dich quäle, aber so kann es doch nicht weitergehen. Sie muß doch irgendwann wieder in die Schule gehen.«

»Die Schulen haben sowieso vor kurzem erst wieder angefangen. Und wie stellst du dir das vor? Sie soll in eine Schule gehen. Sie kann nicht in eine normale Schule gehen. Sie müßte in eine Blindenanstalt, und dort müßte sie dann auch bleiben. Dann wäre es ganz aus mit ihr. Es ist ja nicht nur, daß sie nicht sehen kann, das ist es nicht allein, sie ist auch psychisch total gestört. Das ist es ja, was mir so große Sorge macht. Sieh mal, ich möchte sie später, falls die Verhältnisse je wieder besser werden, operieren lassen. Aber das hätte keinen Zweck, wenn sie in diesem Zustand ist. Da man ja auch nicht weiß, ob eine Operation gelingt.«

»Was für eine Operation meinst du?«

»Eine Transplantation. Wir haben hier einen sehr netten Hausarzt, der sagt, man hat das schon versucht, mit Kriegsblinden. Es ist natürlich eine zweifelhafte Sache. Aber es wäre für sie wieder eine furchtbare Nervenbelastung. Man muß damit noch warten. Und man müßte den richtigen Arzt haben. Und ich müßte es mir leisten können.«

Victoria wischte diese letzte Bemerkung mit einer Handbewegung vom Tisch. »Und was war nun mit Mali?«

»Soweit wir es verstanden haben, starb Mali in ihren Armen, als sie unter den Trümmern des Hauses begraben lagen.«

Ninas Stimme brach. »Man muß sich das alles vorstellen. Man muß es sich vorstellen.«

Victoria nahm eine Packung Camel aus ihrer Tasche, steckte Nina eine zwischen die Lippen, nahm sich auch eine. Dann warf sie die Packung auf den Tisch. »Bitte sich zu bedienen.« Herbert gab ihnen Feuer.

Aber Nina mußte sich weiter quälen.

»Sie war ja nicht allein. Sie hat eine kleine Schwester gehabt, einen kleinen Bruder. Richard, und...« Sie verstummte.

»Sie müssen ja alle da gelegen haben. Nicht nur Mali weinte und schrie. Nicht nur Mali war dann endlich tot.«

Sie stand auf, schob heftig den Stuhl zurück und lief aus dem Zimmer.

Sie schwiegen eine Weile, dann sagte Victoria: »Das ist ja furchtbar. Ich wollte Nina eine Freude machen mit meinem Besuch. Und jetzt regt sie sich so auf.«

»Ich würde sagen, es ist ganz gut, wenn sie das mal ausspricht«, meinte Herbert. »Das tut sie sonst nicht. Sehen Sie, wir wissen gar nichts über Marias Leben. Über ihre Eltern. Daß sie Geschwister hatte, das hören wir heute zum erstenmal. Im Grunde ist Nina nicht weniger verstört als das Kind.«

»Wie habt ihr das mit dem Hund erfahren?«

»Das war das erste Mal, als Maria sprach. Nachdem die Amerikaner da waren.« Herbert berichtete kurz von jenem Tag, als das Kind zum erstenmal eine seelische Regung zeigte.

»Vorher hätte man meinen können«, schloß er, »sie sei leblos wie eine Puppe.«

»Es geschah demnach, als Nina vom Waldschlössl sprach. Daran erinnert sie sich doch.«

»Ja, so war es.«

»Sie war einige Zeit bei mir draußen, als sie von Wien kam. Genauer gesagt, Baden bei Wien, da hat sie die ersten fünf Jahre ihres Lebens verbracht. Victoria hatte das Kind dort bekommen, sie war damals noch nicht verheiratet, es war eine etwas unliebsame Affäre mit einem jungen Dirigenten, muß ein verrücktes Huhn gewesen sein. Vicky hatte bald die Nase von ihm voll, aber sie bekam das Kind. Eben in Baden bei Wien. Da lebte ein Freund von ihr, ein alter Jude.«

»Cesare Barkoscy«, warf Marleen ein, die bisher kein Wort gesagt hatte. »Wir haben ihn gemeinsam kennengelernt, als wir am Lido waren, Vicky und ich. Das war...«, sie überlegte, »ja, ich weiß, Vicky wurde siebzehn, als wir dort waren. Ich hatte sie mitgenommen in ihren Ferien. Cesare wohnte im selben Hotel, er gab sich viel mit Vicky ab, zeigte ihr Venedig und so. Bei ihm hat sie später das Kind gekriegt. Es sollte keiner wissen. Ich wußte es auch nicht.«

»Nicht einmal ich«, warf Stephan ein.

»Und dann blieb das Kind dort«, sagte Victoria. »Sie hatte keine Verwendung dafür, sie wollte Karriere machen. Aber später, als sie Karriere gemacht hatte und als sie dann noch diesen fabelhaften Mann geheiratet hatte, eben in Dresden, holte sie Maria sofort zu sich. Da war Maria gerade bei mir draußen. Dieser Cesare war inzwischen verhaftet und abtransportiert worden. Das Kind ist wirklich viel herumgestoßen worden.«

»Nach allem, was Nina mir erzählt hat«, sagte Marleen, »hat sie es da in Wien sehr gut gehabt.«

»Sicher. Man hat sie verwöhnt und geliebt. Aber sie war nur mit alten Leuten zusammen. Als sie ins Waldschlössl kam, hatte sie noch nie in ihrem Leben mit einem anderen Kind gespielt. Und sie wollte es auch nicht. Und soll das nun so weitergehen? Soll dieses Kind ewig im Schatten leben? Vielleicht wäre es wirklich besser, das Haus wäre beschlagnahmt worden und Maria wäre bei mir draußen.«

»Aber ich bitte Sie!« sagte Marleen pikiert.

»Nein«, meinte Herbert, »es wäre nicht gut, sie unter viele Menschen zu bringen, hier im Haus sind wir schon fast zu viele. Sie sehen ja, am wohlsten fühlt sie sich, wenn sie neben Stephan sitzen kann. Sie fürchtet die fremden Menschen, die sie nicht sieht, und die vielleicht auch zu laut sind für sie.«

»Aber sie muß sich doch wieder an Menschen gewöhnen. Nina sagt, sie will sie operieren lassen. Gut, falls das möglich ist. Aber muß sie denn nicht wirklich in irgendeine Schule gehen?«

»Dazu hätte ich eine Idee«, sagte Herbert. »Ich habe mich bloß noch nicht getraut, mit Nina darüber zu sprechen.«

»Lassen Sie hören!«

»Hier in unserer Straße, vorn in dem Eckhaus, wohnt ein netter älterer Herr. Ein pensionierter Oberstudienrat. Im Krieg hat er allerdings noch gearbeitet, da fehlten ja die jungen Lehrer, aber jetzt darf er nicht mehr, er war natürlich Parteigenosse. Er hat eine nette freundliche Frau, die beiden leben so still vor sich hin, ihr einziger Sohn ist gefallen. Sie haben auch ein paar Flüchtlinge im Haus, alles ältere Leute. Ich habe mich mit dem Oberstudienrat Beckmann ganz gut angefreundet, seit ich mich wieder sehen lassen kann. Eva kennt ihn ja schon länger.«

»Ja, ich kenne ihn ganz gut. Auch seine Frau. Sie kümmerte sich um meine Schwiegermutter, als es ihr so schlecht ging.«

»Wir machen manchmal einen Schwatz über den Zaun«, fuhr Herbert fort, »ich war auch schon mal bei ihnen im Haus.« Und erklärend für Victoria berichtete er weiter: »Ich hatte nämlich keine Entlassungspapiere und war eigentlich nicht vorhanden. Vor sechs Wochen habe ich mir ein Herz gefaßt und war in München an oberster Stelle bei den Amis. Da war eine sehr gefällige deutsche Sekretärin, mit der habe ich ein bißchen poussiert, und die hat das genial für mich erledigt. Ich mußte nur vorzeigen, daß ich keine SS-Tätowierung habe. Das ging ganz einfach, es ist alles möglich in dieser verrückten Zeit. Die Amerikaner sind sowieso überfordert, die Deutschen schwindeln das Blaue vom Himmel herunter, und auch wenn die Amerikaner das wissen, nützt es ihnen nicht viel. Also ich bin wieder ein ordentlicher Bürger.«

»Der Studienrat«, mahnte Victoria.

»Vielleicht gelingt es uns, Maria an ihn zu gewöhnen. Er könnte sie zunächst einmal unterrichten. Zeit hat er, Geduld sicher auch. Sie ist ja in Dresden schon in die Schule gegangen.«

»Ja, aber wie soll er sie denn unterrichten? Das verlangt ja sicher bestimmte Voraussetzungen, ein blindes Kind zu unterrichten. Blindenschrift oder solche Sachen«, meinte Eva.

»Schreiben und Lesen wird es halt zunächst nicht sein. Aber es gibt doch sonst eine Menge, was ein Mensch lernen kann.«

»Ich zweifle, ob so etwas auf die Dauer erlaubt ist«, sagte Victoria.

»Heute ist alles erlaubt. Genaugenommen ist Maria tot, nicht wahr? Wenn man das Kind in eine Anstalt steckt, wird Nina verrückt. Dann läuft sie Amok. Und Sie sagen, Maria soll zu Ihnen aufs Gut kommen. Was gibt es denn dort für eine Schule?«

»Eine Dorfschule. Und größere Kinder müssen nach Bad Tölz oder nach München fahren.«

Victoria stand auf.

»Das ist alles ungeheuer schwierig. Und jetzt muß ich mit Nina sprechen. Ach, zum Teufel, das fällt mir schwer.«

»Etwas Unangenehmes?« fragte Herbert.

Victoria gab keine Antwort.

»Schauen wir erst nach Maria«, sagte sie statt dessen.

Maria saß allein in Stephans Zimmer, Nina war nicht bei ihr. Victoria legte ihr wieder die Hand auf die Schulter.

»Hat es dir geschmeckt, Maria?«

Das Kind duckte sich, wandte den Kopf zur Seite.

»Sicher doch, nicht, Maria?« sagte Stephan. »War doch gut.« Er setzte sich neben sie, sie lehnte sich ein wenig an ihn.

»Ja«, sagte sie leise.

Victoria verließ das Zimmer. Hier würde sie heute nichts ausrichten können.

Eva und Herbert räumten den Tisch ab und verkündeten, sie würden nun abspülen. Marleen entschwand mit dem Hund in den Garten. Alice saß im Gartenzimmer, still und stumm wie das Kind. Langsam begann Victoria die Atmosphäre im Haus auf die Nerven zu gehen. Was war draußen bei ihr den ganzen Tag über für Leben und Betrieb!

»Wo kann Nina sein?«

»Da sie hier nirgends zu sehen ist, wohl oben in ihrem Zimmer. Treppe rauf, dritte Tür rechts.«

Nina saß auf ihrem Bett, sie hatte geweint.

»Ich hatte gedacht, es freut dich, wenn ich komme«, sagte Victoria, »und nun bist du so unglücklich.«

»Ich bin sehr froh, daß du gekommen bist. Es tut mir gut, mit dir zu sprechen. Und wenn ich weine – ich weine sehr oft in letzter Zeit. Victoria!«

»Ja?«

»Verstehst du, daß es nicht leicht ist mit dem Kind? Als ich damals anrief, es war Mitte April, weißt du es noch? Maria war gerade hier angekommen, und ich erzählte dir, wie sie aussah und wie alles war, sie hatte ja auch noch einen gebrochenen Arm, und die Wunde in ihrem Gesicht war fürchterlich, und ich hab dir doch gesagt, wie entsetzt ich war.«

»Natürlich weiß ich es noch, Nina. Und ich sagte zu Joseph, ich muß sofort zu Nina, aber wir hatten keinen Wagen mehr, und es war ja bei uns auch so ein Durcheinander. Tut mir leid, Nina, daß ich mich nicht längst um dich gekümmert habe.«

»Du hättest auch nichts ändern können. Ich weiß heute so wenig wie damals, wie das weitergehen soll.«

Nina schwieg. Es war so schwer, alles zu erklären, die richtigen Worte zu finden.

»Seit wann wohnst du in diesem kleinen Zimmer?« fragte Victoria.

»Tante Alice hat das Zimmer, das ich vorher bewohnt habe. Jetzt schlafe ich hier. Und Maria«, sie stand auf und stieß die angelehnte Tür zum Nebenraum auf, »hier.«

»Sehr klein.«

»Es war eine Abstellkammer. Anfangs, als ich noch das große Zimmer hatte, schlief sie bei mir. Das war quälend, ich wußte nie, ob sie schlief oder nicht. Ich lauschte auf ihre Atemzüge. Manchmal wimmerte sie ganz leise vor sich hin. Ich dachte, ich werde verrückt.«

»Ach, Nina!«

»Dieses Arrangement ist besser. Das ist eine kleine Kammer, das stimmt, aber Maria findet sich darin zurecht, sie kann alles greifen. Und dann...« Nina öffnete eine Tür, die auf den Gang führte, »gleich gegenüber ist eine Toilette. Das war noch schlimmer als die Sache mit dem Essen.«

Victoria nickte, sie verstand.

»Sie wollte nicht aufs Klo gehen, sie hatte Angst, sich zu beschmutzen. Es war ein Kampf, den wir führten, und davon weiß keiner etwas außer uns beiden. Ich gebe zu, ich bin auch manchmal aus der Rolle gefallen. Sie bekam fürchterliche Verstopfung, und es ist ja nicht so, daß du einfach heute in die Apotheke gehen kannst und ein mildes Abführmittel bekommst. Kannst du verstehen, was mich das für Nerven gekostet hat? Ich sage dir offen, ich habe manchmal gedacht: wenn das Kind nur auch tot wäre!«

»Und nun?« fragte Victoria.

»Wir haben uns in diesem Punkt arrangiert. Marleen hat ihr Badezimmer mit einem eigenen Klo. Stephan, Herbert und Eva haben unten eins. Dies hier ist für Tante Alice, für mich und das Kind. Klopapier gibt es nicht zu kaufen. Daran hat der gute Hesse nicht gedacht, als er das Haus ausstaffierte mit Champagner und Cognac und Wein und Säcken voll Zucker und Mehl, daß er auch tausend Rollen Klopapier dem Vorrat hätte hinzufügen müssen. Ach, zum Teufel, was für eine lächerliche Zeit das ist, das obendrein. Es spielt sich folgendermaßen ab: ich stehe sehr früh auf, ich bin viel zu nervös, um lange zu schlafen. Dafür schläft Tante Alice glücklicherweise lange, das hat sie immer schon getan. Ich lege für Maria ein feuchtes Tuch bereit, damit sie sich sauber machen kann. Denn sie hat nie erlaubt, daß ich das für sie tue. Auch das bereitet ihr Qual, denn sie weiß, daß das Tuch halt schmutzig ist, wenn sie es benützt hat. Es ist ein Trauma für sie. Ich denke mir, daß sie damals, als sie unter den Trümmern lag, ja wohl auch beschmutzt war. Das sind so die elementarsten Schwierigkeiten, mit denen wir zu kämpfen haben.«

Victoria nickte. »Ja, wenn man das alles zu Ende denkt...«

»Du siehst ein, daß man das Kind weder in die Schule schicken noch in eine Anstalt geben kann.«

»Dort werden sie wissen, wie man das handhabt.«

»Denkst du, sie machen das besser als ich? Es wäre für Maria ein tödlicher Schock, dies alles mit fremden Menschen wieder zu erleben. Jetzt klappt es ganz gut. Tagsüber, wenn ich denke, sie müßte vielleicht, tippe ich sie an und frage: wollen wir hinaufgehen? Sie nickt, wir gehen hinauf, ich bleibe vor der Tür, und sie macht ihr Pipi. Siehst du, siehst du«, rief Nina, ihre Stimme klang schrill, »wie das alles ist?«

»I see, Nina, ich bewundere dich.«

»Ach danke. Das nützt mir wenig. Weißt du, daß ich ernsthaft daran gedacht habe, mir das Leben zu nehmen? Nicht nur einmal. Ich dachte mir, du wirst dich schon um Stephan kümmern. Und Maria muß dann eben doch in eine Anstalt. Mir kann es ja dann egal sein.«

»Diesen Gedanken hast du hoffentlich überwunden.«

»Nein. Er hat etwas Verlockendes. Damals, im Juni, als der junge Amerikaner das zweite Mal ins Haus kam, um uns zu sagen, daß wir bleiben dürften, da hatte ich so etwas wie Lebensmut. Aber das hält natürlich nicht lange vor.«

»Aber du denkst auch immer wieder daran, daß sie dich beide brauchen, Stephan und Maria.«

»Ja, natürlich. Maria habe ich jetzt so weit, daß sie sich von mir waschen läßt, so richtig von Kopf bis Fuß. Wir dürfen auch in Marleens Badewanne. Und Marleen hat auch noch anständige Seife, die wir benutzen dürfen. Ich glaube, das macht Maria als einziges wirklich Freude, gewaschen und gebadet zu werden. Sie war immer schon ein sehr sauberes Kind.«

»Ja, ich erinnere mich. Als sie damals bei uns war, kam sie ewig an und wollte sich die Hände waschen.«

»Alles, was hier steht und geht, verdanke ich Marleen. Wir haben uns als Kinder nicht vertragen. Und später habe ich oft über ihren Lebenswandel die Nase gerümpft. Nun, was soll das? Sie war immer ein Glückskind. Und ich war immer auf ihre Hilfe angewiesen. Als ich Mitte der zwanziger Jahre mit den Kindern und Trudel nach Berlin zog, was eine reine Wahnsinnstat war, hätte ich dort nicht existieren können ohne Marleens Hilfe. Ich verdiente erst gar nichts, dann wenig. Dann kam die große Arbeitslosigkeit. Marleen kleidete mich und die Kinder, ich bekam Geld von ihr...«

»Von ihrem Mann, willst du sagen.«

»Ach, der arme Max! Er tat ja nur, was sie wollte. Das Geld gab sie. Er nahm kaum Notiz davon, daß wir auf der Welt waren.«

»Ihr habt nie wieder von ihm gehört?«

»Nein. Und wir wissen ja nun, was alles geschehen ist.«

Victoria sagte ernst: »Wir haben es vorher schon gewußt. Nicht in dem ganzen schrecklichen Ausmaß, aber wir haben es gewußt. Es ist eine Schande, die Deutschland lange Zeit belasten wird. Womit wir beim Thema wären.«

Victoria setzte sich auf den einzigen Stuhl, der im Zimmer stand. Es fiel ihr schwer, Nina mit neuem Kummer zu quälen. Nina hatte verstanden. »Silvester? Ich weiß nicht, was aus ihm geworden ist.«

»Aber ich«, sagte Victoria ruhig.

»Er ist tot?«

Victoria schüttelte den Kopf.

»Er lebt? Ist er bei dir?«

»Er ist nicht bei mir. Und ich weiß auch erst seit kurzem, daß er am Leben ist.«

»Und warum?« flüsterte Nina, »warum weiß ich es nicht? Ich bin – ich bin doch seine Frau.«

Victoria sprach möglichst sachlich, ohne Gefühlsaufwand. »Er lebt, er ist natürlich nicht ganz gesund, und er hat einen Komplex aus dem Lager mitgebracht. Auch er ist, was du öfter schon heute erwähnt hast, verstört.«

»Und wo ist er?«

»In München. Bei Franziska.«

»Sie hat also auch überlebt.«

»Ja. Man hat ihr ein paar Zähne ausgeschlagen und das Nasenbein gebrochen, ihr linker Arm ist halb gelähmt. Die Frauen waren ja wohl noch bestialischer als die Männer in diesen Lagern.«

»Hast du sie gesehen?«

»Nein. Ich nicht. Joseph war bei ihnen. Sie wohnen in dem Haus in der Sendlinger Straße, in dem Franziska unten ihren Laden hatte. Das Haus ist stehengeblieben und einigermaßen heil. Ihre Wohnung in Bogenhausen ist auch zerstört, ihr Mann ist tot.«

»Durch den Bombenangriff?«

»Nein, er starb schon vorher. Du weißt ja, daß er ein Alkoholiker war, an ihm hat Franziska nicht viel verloren.«

»Und Silvester?«

»Er wohnt da bei ihr in der Sendlinger Straße. Es geht ihnen nicht schlecht, sagt Joseph. Als ehemalige Kz-Häftlinge kriegen sie Sonderzuteilungen, sie haben Möbel für die Wohnung bekommen, vorher waren es Büroräume.«

»Und was machen sie da?«

»Nichts. Auch sie müssen erst wieder Menschen werden, verstehst du?«

»Und warum weißt du das? Und ich nicht? Er ist doch mein Mann. Er hat sein Leben riskiert, um eine Jüdin zu retten.«

»Und du warst dagegen.«

»Ich hatte Angst um ihn. Er war doch vorher schon einmal verhaftet worden.«

»Es war nicht vergeblich, was sie taten. Isabella von Braun hat überlebt. Doktor Fels hatte sie in seiner Klinik versteckt. Sie lag dort bis Kriegsende auf seiner Privatstation als angeblich schwer Herzkranke. Das war sehr mutig vom Anderl Fels.«

»Ja. Sicher.«

»Ich sagte dir seinerzeit schon, man kann einen Mann nicht daran hindern, ein Held zu sein...«

»Ja, das hast du gesagt. Und ich weiß, wie die Männer zu Silvester kamen in seine Werkstatt, und wie sie da zusammen saßen und darüber redeten, wie man Hitler umbringen könnte. Das taten sie jahrelang. Und wozu soll das gut sein? Sie haben ihn nicht umgebracht. Sie hatten gar keine Möglichkeit, an ihn heranzukommen. Also wozu das Geschwätz, das sie alle nur gefährdet hat.«

»Immerhin haben sie Isabella gerettet.«

»Ja, ich weiß, sie war auf dem Dachboden in der Sendlinger Straße versteckt, und als man sie holen wollte, war sie fort. Dafür verhafteten sie Silvester und Franziska.«

»Professor Guntram auch. Aber er kam noch vor Kriegsende wieder frei. Er ist ein hochangesehener Mann an der Universität, ein international bekannter Historiker. Man konnte ihm nicht nachweisen, daß er von der Sache gewußt hatte.«

»Also haben sie ihm keine Zähne eingeschlagen.«

»Nein.«

»Was hat man mit Silvester gemacht?«

»Ein paar Zähne fehlen ihm auch...« Victoria schwieg, blickte mitleidig auf Nina, die auf dem Bettrand saß. »Und er hat eine Rückenverletzung, er kann kaum gehen und nicht aufrecht stehen, sagt Joseph.«

»Dann werden wir also einen kaputten und verstörten Menschen mehr im Haus haben«, sagte Nina trocken.

Victoria setzte sich neben Nina auf den Bettrand und legte den Arm um ihre Schultern.

»Ich würde ihn zunächst einmal in der Stadt lassen, in seinem eigenen Interesse«, sagte sie vorsichtig. »Joseph hat erzählt, sie wohnen da ganz kommod, die Wohnung ist groß und irgendeine Hilfsorganisation für entlassene KZ-Häftlinge hat sie ganz wohnlich eingerichtet. Von diesen Leuten werden sie auch versorgt, die kaufen ein, machen Essen und erledigen alles andere.«

»Aber er ist doch mein Mann«, wiederholte Nina, »er müßte doch bei mir sein.«

»Dann müßtest du Franziska auch aufnehmen, er wird sie nicht allein zurücklassen. Und dann mußt du eins bedenken, sie brauchen beide ärztliche Behandlung. Doktor Fels gehört zu Silvesters Freunden, er gehörte ja auch zu dieser Widerstandsgruppe, oder wie man das nennen soll. Auf ihn fiel gar kein Verdacht, man hat ihn nicht einmal verhört. Nur die anderen. Und er hatte, wie ich schon sagte, Isabella in seiner Klinik versteckt. Sie praktiziert bereits wieder in Schwabing.«

»So.«

»Ja. Franziska und Silvester brauchen ihren Arzt. Fels behandelt sie, Isabella auch. Von hier draußen wäre es viel zu umständlich, in die Stadt zu kommen.«

Victoria wußte, warum sie das sagte. Sie wollte Nina darauf vorbereiten, daß Silvester keineswegs in dieses Haus ziehen wollte, in dem Nina derzeit lebte.

»Warum weiß ich das alles nicht?« fragte Nina.

»Ich sage dir ja, wir wissen es auch noch nicht lange. Guntram kam zu uns hinaus, was für ihn ja auch ziemlich mühsam war. Er jedenfalls ist vollkommen unbelastet, wird wieder an der Universität unterrichten, und im Lager ist ihm offenbar auch nicht viel geschehen. Er ging dann nach Niederbayern, wo seine Schwester lebt, und da blieb er, bis der Krieg zu Ende war und auch noch den ganzen Sommer über.«

»Und wann kam er zu euch?«

»Das war vor etwa drei Wochen. Er hatte es von Fels erfahren, daß die beiden da waren und sich verkrochen wie zwei kranke Tiere. Jedenfalls am Anfang. Jetzt sorgen alle dafür, vor allem Isabella, daß sie sich normalisieren.«

»Und ich?« fragte Nina verzagt. »Was soll ich denn nun tun?«

»Ich denke mir«, sagte Victoria ruhig, »du fährst nächster Tage in die Stadt hinein und gehst einfach hin. Die Bahn fährt ja wieder.«

»Ja, die Bahn fährt. Ich soll einfach hingehen?«

»Ich halte es für das beste. Es sei denn, du vergißt, was ich dir erzählt habe.«

»Das kann ich nicht.«

»Nina, ich hielt es für nötig, daß du Bescheid weißt. Und du hast recht, wenn du dich ärgerst. Denn Silvester hätte dich als erste davon verständigen müssen, daß er lebt.«

»Vielleicht weiß er nicht, wo ich bin.«

»Er weiß ja, daß Marleen in Solln wohnt, und er weiß, daß ihr ausgebombt seid, und nun hat es ihm Joseph auch noch gesagt, wo er dich findet.«

»Und er? Wollte er nicht zu mir kommen?«

»Ich sage dir doch, er ist menschenscheu geworden. Er hat Hemmungen. Vielleicht kannst du ihm helfen.«

»Und wer hilft mir?« Nina schrie es fast.

»Niemand. Du mußt dir selber helfen. Aber wie gesagt, du kannst auch vergessen, was ich dir heute erzählt habe. Ich sehe ja, wie schwierig dein Leben zur Zeit ist. Und wenn Silvester verbiestert ist, und das muß er sein, nach allem, was Joseph mir erzählt hat, dann wird es nur eine zusätzliche Schwierigkeit in deinem Leben sein.«

»Kommt schon gar nicht mehr darauf an«, sagte Nina voller Hohn. Sie war maßlos enttäuscht, tief verletzt. Silvester, ihr Silvio, der behauptet hatte, sie zu lieben. Und hatten sie sich nicht geliebt? Sie hatte lange gezögert, diese späte Ehe einzugehen, aber dann waren sie doch recht glücklich gewesen, eine kurze Zeit allerdings nur. Der verdammte Hitler, sein verdammter Krieg hatte auch das zerstört.

»Silvester kann verbiestert sein, das weiß ich«, sagte Victoria, »ich kenne ihn länger als du. Ich habe seine downs miterlebt, zum Beispiel damals, als Marie Sophie sich das Leben nahm. Er ist ein charmanter, lebenskluger Mann, aber leicht zu verletzen, und am schlimmsten ist es, wenn man seine Würde verletzt. Und was denkst du, ist in diesem Lager geschehen? Das muß erst heilen. Er braucht viel Zeit.«

»Er liebt mich eben nicht. Er hat mich nie geliebt.«

»Er hätte dich wohl kaum geheiratet, wenn er dich nicht geliebt hätte. Ich weiß doch, wie gut ihr euch verstanden habt, vom ersten Augenblick an, damals, als du ihn draußen bei mir kennengelernt hast. Nun spiel nicht die Beleidigte, geh zu ihm! Vielleicht wartet er nur darauf. Ich glaube, es wird gar nicht schwer für euch beide sein, den Weg wieder zu finden. Den Weg von dir zu ihm. Oder besser gesagt, von ihm zu dir.«

Aber manche Wege waren verschüttet. Trümmer deckten noch so vieles zu, nicht nur die Toten, auch die Lebenden.

Nina brauchte Tage, um mit dem Aufruhr fertig zu werden, den Victorias Nachricht in ihr angerichtet hatte. Sie war maßlos enttäuscht über Silvesters Verhalten. Sie konnte nicht verstehen, daß er nicht zu ihr gekommen war. Er mußte doch wissen, wie sie gelitten, wie sie gewartet hatte, und wenn er sie liebte, wie er immer behauptet hatte, dann hätte er eigentlich nur den einen Wunsch haben müssen – wieder bei ihr zu sein.

Statt dessen war er bei Franziska, verkroch sich bei ihr wie ein krankes Tier. Er war verletzt, innerlich und äußerlich, und offenbar wollte er keinen sehen und sprechen, auch nicht sie, seine Frau.

Nina wußte nicht, was sie tun sollte. Sie hatte Angst vor diesem Wiedersehen, das er anscheinend nicht wollte. Aber nun, da sie wußte, daß er lebte, mußte sie den ersten Schritt tun. Die anderen merkten ihr an, daß sie unglücklich war, sie war schweigsam, abwesend, gab kaum Antwort, wenn man mit ihr sprach. Es war nicht schwer zu erraten, daß es mit dem Gespräch zusammenhing, das Victoria mit ihr geführt hatte.

Selbst Marleen bemerkte Ninas seltsamen Zustand.

»Was ist denn eigentlich mit dir los? Du läufst mit einer Trauermiene durch die Gegend, daß einem jeder Bissen im Hals steckenbleibt. Was hat dir denn Victoria eigentlich erzählt?«

»Laß mich in Ruhe!«

Endlich, zu Beginn der neuen Woche, entschloß sie sich, nach München hineinzufahren. Das Wetter war immer noch sehr schön, nur ein wenig kühler war es geworden. Nina wählte mit Bedacht ihre Garderobe – ein Kostüm, eine weiße Bluse, ein passendes Hütchen. Sie schminkte sich sogar, auch mit Kosmetika war Marleen reichlich eingedeckt. Ein paar Tropfen Parfüm, ebenfalls aus Marleens großer Flasche.

Marleen betrachtete die Vorbereitungen und schließlich Ninas Aufmachung mit Erstaunen.

»Du siehst blendend aus. Kannst du mir sagen, was du vorhast? Hast du ein Rendezvous?«

Unwillkürlich mußte Nina lachen. »So könnte man es nennen.« Eine elegante, gepflegte Dame war ein recht seltener Anblick in dieser Zeit. Schon im Zug erregte sie Aufsehen; auch in der Stadt drehte man sich nach ihr um.

Ja, schaut nur, dachte sie aufsässig. Man muß sich wehren gegen das Elend. Es gibt sicher noch genug Frauen, die volle Kleiderschränke haben. Wer nicht ausgebombt ist, kein Flüchtling ist, hat alles behalten. Man muß die Fummel anziehen, in Lumpen lebt es sich nicht leichter. Und ich möchte auch einmal wieder etwas Neues haben. Im Keller liegt ein jadegrüner, ganz dünner Wollstoff. Ich werde Marleen sagen, daß ich ihn haben möchte, daß wir ihn nicht gegen Fleisch oder Butter oder Kaffee eintauschen werden. Ich werde mir ein Kleid machen lassen, Marleen hat draußen eine gute Schneiderin. Zu meinem schwarzen Persianer wird das toll aussehen. Den behalte ich auch, der kommt mir nicht auf den schwarzen Markt.

Mit solchen Gedanken, immer langsamer gehend, schritt sie durch die Trümmer der Innenstadt. Was nicht zerstört war, war beschädigt, immerhin standen noch ein paar Häuser, und die Straßen waren sauber aufgeräumt.

Vor dem Rathaus blieb sie stehen und betrachtete es mit Wohlgefallen. Silvester hatte sich immer über den Bau lustig gemacht, ihr hatte er gefallen. Zwischen den Ruinen standen Buden und kleine Behelfsbauten, in denen die merkwürdigsten Dinge verkauft wurden. In den Schaufenstern der Läden, die noch vorhanden waren, konnte man Ware besichtigen, die allerdings nur gegen Bezugsschein erhältlich war.

Aber wie Herbert sagte, gab es auf dem schwarzen Markt alles zu kaufen, was man wollte. Auch einige Lokale gebe es in der Stadt, in denen man, auf Marken natürlich, schon wieder ganz ordentlich zu essen bekomme.

Nina bekam auf einmal große Lust, in solch einem Lokal einzukehren. Müßte hübsch sein, wieder einmal essen zu gehen. Allerdings so ganz allein? Und wo waren die Lokale, die Herbert gemeint hatte?

Sie ging vom Marienplatz westwärts, kam in die Sendlinger Straße und schon gleich darauf zu dem Haus, in dem Franziska ihren Laden gehabt hatte: Antiquitäten, alte Möbel, alter Schmuck. Wie oft hatte sie bei Franziska im Hinterzimmer gesessen, sie hatten Kaffee getrunken, zuvor hatte Silvester sie weggeschickt aus seiner Werkstatt am Oberen Anger, immer dann, wenn seine Freunde kamen und sie ihre geheimen Gespräche führten.

Sie kam zu Franziska, und die sagte: »Sie sind wie Buben, die Indianer spielen.«

Franziska war es, die Silvester schließlich ins Vertrauen zog, in diesem Haus, oben auf dem Dachboden hatten sie Isabella von Braun, die jüdische Ärztin, ihre gute Freundin, versteckt. Das Haus stand noch, nur ein paar Splitter hatte es abgekriegt. Der Laden war auch noch da, geschlossen, das Schaufenster mit Brettern vernagelt.

Nina ging weiter, die Sendlinger Straße entlang, bis zum Sendlinger-Tor-Platz. Hier blieb sie stehen und schaute in die Ruinenlandschaft rundherum. Ihr kam es vor, als hinge immer noch der Geruch nach Brand und Ruß in der Luft. Warum auch nicht? In den geborstenen Mauern, in den Trümmern hatte sich dieser Geruch festgesetzt. Roch es nicht auch nach Leichen? Wie viele Tote mochten wohl noch unter den Trümmern liegen?

Sie zog die Schultern fröstelnd zusammen. Wie schön hatte sie es dagegen draußen, gute Luft und das Grün im Garten. Ihr Herz war erfüllt von Dankbarkeit, daß sie dort sein durfte. Wem hatte sie es zu danken? Marleen.

»Du haben Zigaretten? Kaffee?« fragte eine leise Stimme neben ihr. »Ich kann besorgen Fleisch.«

Nina wandte sich heftig um, ohne den Sprecher anzusehen. Hatte sie es nicht gut? Sie brauchte sich nicht um den schwarzen Markt zu kümmern, das besorgten Herbert und Eva. Geld hatten sie noch genug und Ware zum Tauschen auch. Das alles würde sie Silvester sagen. Wenn er schnell gesund werden wollte, dann mußte er zu ihr kommen.

Rasch, ohne nach rechts und links zu blicken, ging sie den Weg zurück, diesmal zögerte sie nicht vor dem Haus, betrat es durch eine Tür, die lose in den Angeln hing, stieg rasch die knarrende Holztreppe hinauf; im zweiten Stock hatte Victoria gesagt. An der Tür klebten zwei Zettel.

Dr. Framberg stand auf dem einen. F. Wertach auf dem anderen, sogar eine Klingel gab es.

Mit dem behandschuhten Finger drückte Nina fest auf die Klingel, nicht ängstlich, nicht mehr zögernd.

Franziska öffnete, und einen Augenblick starrten sich die beiden Frauen an, dann lachte Franziska.

»Die gnädige Frau! – Darauf haben wir schon gewartet. Und wie elegant! Sakra, sakra, wie aus dem Modejournal geschnitten.« Sie zischte durch die Zahnlücken beim Sprechen, sie trug eine schwarze Männerhose und einen schlampigen Pullover.

»Grüß dich, Franziska«, sagte Nina befangen. Wie verhielt man sich? Sollte sie Franziska umarmen, würden sie beide weinen? Sie streckte Franziska die Hand hin, und Franziska nahm sie ohne Zögern, schüttelte sie kräftig. Sie war niemals zimperlich oder wehleidig gewesen.

»Fein, daß du dich mal sehen läßt«, sagte sie.

Nina unterdrückte eine unfreundliche Antwort. Sie lächelte, vermied es, Franziska auf den Mund zu sehen. Die Nase war wirklich schief. Nur Franziskas dunkle Augen wirkten lebendig wie eh und je.

»Komm rein. Du kommst grad recht. Wir haben eben eine Flasche Wein aufgemacht. Lieferung von unseren amerikanischen Freunden.« Die Tür zu einem Zimmer hatte sie hinter sich offengelassen, ging nun darauf zu und rief: »Wir haben lieben Besuch, Silvester.«

Nach ihr betrat Nina den Raum, der ihnen wohl als Wohnzimmer diente. Sie nahm nichts von der Einrichtung wahr, sah nur den Tisch, auf dem Tisch standen Essensreste und Weingläser, und auf einem Sofa hinter dem Tisch saß Silvester.

Nina blieb mitten im Zimmer stehen, ihr Herz klopfte im Hals, ein jäher Schwindel befiel sie.

Das war Silvio? Oder war er es nicht? Sein dunkles Haar war grau und ganz schütter, das Gesicht voller Falten, voller Bitterkeit.

»Nun, das ist eine Überraschung«, sagte er ruhig, und seine Stimme war wirklich noch seine Stimme. »Entschuldige, daß ich nicht aufstehe. Mein Rücken ist ein wenig lädiert.«

»Silvio!« flüsterte Nina.

Als er den Kosenamen hörte, den sie ihm gegeben hatte, löste sich die Starrheit in seinem Gesicht.

»Komm näher«, sagte er, »setz dich!« Er wies mit der Hand auf den Stuhl, der an der Schmalseite des Tisches stand. Mit steifen Beinen ging Nina die wenigen Schritte, sie war froh, daß sie sich setzen konnte.

Die Hand gab er ihr nicht, sah sie nur an.

»Nina«, sagte er nach einer Weile. »Hübsch, sauber, lieb anzuschaun. Wie immer. Schön, daß es noch Menschen gibt, die sich nicht verändert haben.«

»So lange ist es ja nicht her, daß wir uns nicht gesehen haben«, sagte Nina mit einem kleinen nervösen Lachen. »So schnell kann ich mich ja nicht verändert haben.«

Das war eine dumme Bemerkung, sie bereute sie sofort.

»Zeit kann ein sehr relativer Begriff sein«, gab er zur Antwort. »Kommt darauf an, was man erlebt. Aber ich habe schon gehört, daß es dir gutgeht.«

Sie hörte den Sarkasmus in seiner Stimme, und sie hatte Mühe, ihren Ärger nicht zu zeigen.

»Für heutige Begriffe geht es mir ganz gut, ja. Jedenfalls was die äußeren Umstände betrifft. Aber es hat dich jedenfalls nicht sehr interessiert, das zu erfahren.«

Er legte den Kopf ein wenig schief, sah sie an und schwieg.

»Genaugenommen könnte ich ja tot sein.«

Er nickte. »Ich auch. Jeder von uns müßte das eigentlich sein.«

»Warst du in der Holbeinstraße?« fragte sie.

»Nein. Wozu?«

»Wir haben schließlich dort gewohnt. Hätte ja sein können, du wolltest wissen, was aus unserer Wohnung geworden ist. Und aus mir.«

»Ehe wir nach München kamen«, sagte er so ruhig wie vorher, »waren wir eine Zeitlang in einem Recreation Center, wie die Amerikaner das nennen. Dort hat man mir bereits mitgeteilt, daß ich keine Wohnung mehr habe und daß ich sagen solle, wo ich hinwolle, aufs Land oder nach München zurück.«

»Aha. Und hat man dir auch gesagt, daß deine Frau am Leben ist?«

»Man hat mir gesagt, daß es keine Toten in dem Haus gegeben habe.«

»Und du hast nie den Wunsch gehabt, mich zu sehen?«

»Aber ich sehe dich ja. Hier bist du. Unverändert.«

Franziska hatte ein drittes Glas gebracht, füllte die Gläser, reichte eins Nina.

»Also denn, prost! In der Heimat, in der Heimat, da gibt's ein Wiedersehn.«

Nina trank, es war ein süßer Wein, und sie wunderte sich, denn süße Weine waren Silvester immer ein Greuel gewesen.

»Weißt'«, sagte Franziska, »wir sind noch gar nicht lange in München. Den ganzen Sommer waren wir drinnen im Gebirge. War sehr schön. Hat uns gut getan. Aber dann wollten wir doch nach München zurück. Schön ist es hier nicht mehr. Aber es ist halt München, net? Sobald ich meine Zähne habe, mache ich den Laden unten wieder auf.«

»Oh, wirklich?« staunte Nina bereitwillig. »Was willst du denn da verkaufen?«

»Was ich früher auch verkauft hab. Die Amerikaner sind ganz wild auf Antiquitäten. Und die Leut verkaufen alles, was sie noch haben, um Lebensmittel dafür einzutauschen. Das wird ein gutes Geschäft, wirst' sehen.«

Nina nickte. Franziska war eigentlich wie früher, sie wirkte nicht verbittert, und Zukunftspläne hatte sie auch.

»Ich krieg' die Zähne demnächst«, erzählte sie. »Isabella hat schon einen erstklassigen Zahnarzt für mich aufgetrieben, der muß bloß noch besorgen, was er für meine Goschen braucht.«

»Und sonst?« fragte Nina. »Bist du gesund?«

»Geht so.« Sie hob mit der rechten Hand den linken Arm in die Höhe. »Der ist noch ein bisserl lätschert. Aber Isabella macht Übungen mit mir. Sie meint, das kommt alles wieder in Ordnung.«

»Gott sei Dank«, sagte Nina. Sie stand rasch auf, ging zu

Franziska, beugte sich zu ihr und küßte sie auf die Wange. »Ich freu' mich, daß du alles einigermaßen überstanden hast.«

»No ja, was soll man machen? Ich leb' ja noch, und da muß es halt irgendwie weitergehen.«

Nina blieb neben Franziskas Stuhl stehen und sah Silvester an. »Und du?« fragte sie.

»Danke der Nachfrage. Ich könnte dasselbe antworten.«

»Ich hab' gehört, du hast etwas mit dem Rücken.«

»So könnte man es nennen.«

»Ach, tu nicht so fremd. Von anderen muß ich erfahren, daß du am Leben bist. Ich meine, ich wäre die erste gewesen, der du es hättest mitteilen müssen.«

»Ich habe es niemand mitgeteilt. Nur gab es halt Leute, die sich darum gekümmert haben, was aus mir geworden ist.«

»Aha. Und was waren das für Leute?«

»Der Anderl. Isabella. Guntram. Und noch so ein paar.«

»Die Widerstandsgruppe«, konnte sich Nina nicht verkneifen zu sagen. »Ihnen hast du es ja schließlich auch zu verdanken, was dir passiert ist.«

»So kann man es nennen. Du hast nicht danach gefragt, was aus mir geworden ist.«

»Wie hätte ich das denn tun sollen?«

»Ja, wie?«

Er hatte recht. Nina erkannte es im gleichen Augenblick. Sie hätte irgend etwas unternehmen müssen, sie hätte nach seinem Verbleib fragen müssen – aber wen, wo, wie? Ihr Leben war so randvoll erfüllt mit Schwierigkeiten, diese ersten Nachkriegsmonate hatten eigentlich nur aus dem jeweiligen Tag bestanden, man dachte nicht darüber nach, was morgen kommen würde. Was anderswo geschah.

»Es war alles sehr schwer für mich«, sagte Nina leise.

»Das tut mir leid«, sagte er.

Das klang förmlich und uninteressiert, wieder mit einem Unterton von Sarkasmus. Sie erkannte sofort: Was er aus dem Lager mitgebracht hatte, waren nicht nur körperliche Beschwerden, es war vor allem ein abweisender Hochmut, und dies, das begriff sie auch, war eine Art von Selbstschutz.

Er wollte sich nicht selbst bemitleiden, und er wollte auch von anderen kein Mitleid. Und sprechen über das, was er erlebt hatte, wollte er schon gar nicht. Das war genauso gewesen, als er nach seiner ersten Verhaftung im Jahr 1942 nach sechs Wochen zurückkam: er sprach kein Wort von dem, was er erlebt hatte.

Verwirrt nahm Nina ihr Glas und trank einen großen Schluck. Sie schüttelte sich.

»Wo habt ihr denn den her? Der ist ja süß.«

»Na ja, direkt aussuchen kann man sich ja heute nicht, was für einen Wein man bekommt«, sagte Franziska.

Nina lag es auf der Zunge, zu erwidern: Kommt zu mir, da bekommt ihr einen erstklassigen französischen Wein. Aber sie unterließ diese überflüssige Bemerkung.

»Und wie ist es mit dem Essen? Bekommt ihr denn genug?«

»Freilich. Mehr als genug. Wir haben eh net viel Appetit. Wenn man sich eine Zeitlang das Essen abgewöhnt hat, kann man sich schwer wieder daran gewöhnen. Als uns die Amerikaner da in ihr Sanatorium geholt hatten, was denkst' denn, ich hab' jeden Bissen wieder ausgebrochen. Ich mußte ernährt werden wie ein kleines Kind, mit Brei und so einem Mampf. Silvester ging es auch nicht anders.«

Franziska erzählte dies alles mit lächelnder Miene und ohne große Bewegung. »Isabella hat uns jetzt eine Diät verschrieben, und wir kriegen das auch, was wir brauchen. Na, es schmeckt mir jetzt schon viel besser. Weißt du, was ich am liebsten mag? Peanutbutter. Also da bin ich ganz verrückt drauf, das könnt' ich löffelweise fressen. Kennst' das?«

Nina schüttelte den Kopf.

»Ist so was Amerikanisches. Wart, ich hab noch welche, ich laß dich kosten.«

Franziska verschwand und kam gleich darauf mit einem großen Glas wieder, in dem sich eine hellbraune Masse befand. Sie steckte einen Löffel hinein, brachte ihn gehäuft wieder zum Vorschein und hielt ihn Nina hin.

»Da, versuch mal!«

Also nahm Nina, wenn auch widerstrebend, den Löffel und steckte sich die Masse in den Mund.

»Na?« fragte Franziska, »ist das gut oder net?«

»Doch, sehr gut. Schmeckt nach Erdnüssen.«

»Stimmt, Peanuts sind Erdnüsse auf amerikanisch. Magst' noch einen Löffel?«

Ehe Nina widersprechen konnte, hatte sie den zweiten gefüllten Löffel in der Hand.

Mir wird bestimmt schlecht, dachte sie, das fette Zeug und der süße Wein auf meinen leeren Magen.

»Danke, Franziska. Schmeckt wirklich gut. Ich hab früher schon gern Erdnüsse gegessen.«

»Siehst', ich auch. Silvester mag es nicht. Er sagt, es ist eine kindische Schleckerei. Wir haben halt früher die richtigen Nüsse gehabt, und die Amis machen da so eine Creme draus. Ist sehr bequem zu essen, man braucht die Nüsse nicht erst auszupulen. Die Amerikaner sind ein faules Volk, die wollen möglichst keine Arbeit beim Essen haben.« Franziska plauderte ganz unbeschwert, sie bewies, um wieviel haltbarer Frauen sind, wie leichter sie sich mit Tatsachen abfinden.

Jetzt lachte sie sogar: »Nüsse könnt ich derzeit gar nicht essen, net? Aber ich krieg wieder bildhübsche Zähne, da sorgt Isabella schon dafür. Silvester hat seine schon. Bei mir dauert's ein bissel länger, weil mein Kiefer noch gebrochen war. Das mußte erst heilen.«

»Mein Gott!« flüsterte Nina. Sie sah Silvester an, der schweigend auf seinem Sofa saß und mit undurchsichtiger Miene dem Gespräch lauschte. Oder hörte er gar nicht zu?

Was soll ich nur machen? dachte Nina. Soll ich einfach zu ihm gehen, ihn umarmen und küssen, wartet er darauf? Oder will er es gar nicht?

Sie stand unsicher auf.

»Darf ich mir die Wohnung einmal ansehen?«

»Aber freilich«, antwortete Franziska. »Wart', ich zeig dir alles. Früher war hier ein Anwaltsbüro drin. Weißt' es noch? Woher sollst' es wissen. Der war ein dicker Nazi, und seine Frau, wenn herkam, hat sich aufgeplustert wie eine Truthenne. Aus is' jetzt. Weg sans. Und ich wollt' gern in das

Haus. Wenn ich den Laden wieder aufmach, ist es doch praktisch und bequem bei den heutigen Verkehrsverhältnissen. Oben sind Ausgebombte einquartiert, und unter uns haust der alte Schlederer mit seiner Frau, die kennst' auch, die haben früher zwei Häuser weiter ein Textilgeschäft gehabt. Der Laden ist hin, ihre Wohnung auch, die war im selben Haus. Und dann sind sie einfach hier eingezogen, gleich nach dem Dachstuhlbrand. Der Dachstuhl ist ausgebrannt, man riecht's noch. Riechst' es auch?«

Nina nickte. »Es fällt nicht auf, die ganze Stadt riecht so.«

»Ich merk's gar nimmer.«

Währenddessen führte Franziska sie durch die Wohnung, die bescheiden, aber einigermaßen erträglich eingerichtet war. Sie hatten jeder ein Schlafzimmer, und außer dem Wohnzimmer, in dem sie saßen, gab es noch einen vierten Raum, der leer war und offensichtlich nicht benutzt wurde.

»Brauchen wir nicht«, meinte Franziska. »Macht nur unnötig Arbeit. Was zum Sitzen und Essen und was zum Schlafen, das langt uns. Und wenn ich den Laden wieder hab, bin ich eh meist drunten.«

In Silvesters Schlafzimmer, das spartanisch eingerichtet war, nur ein Bett, ein Stuhl, zwei Haken an der Wand, blieb sie stehen.

»Du brauchst keine Angst zu haben, daß ich deinen Mann verführe. Soweit ist er noch nicht wieder. Fragt sich, ob er überhaupt noch kann. Sie haben Männer mit Vorliebe in diese Gegend getreten.«

Nina blickte Franziska gequält an.

»Du kannst ihn verführen, wenn du willst und wenn du meinst, es tut ihm gut«, sagte sie. »Ich denke, das ist im Moment unsere geringste Sorge.«

»Der Schorsch ist tot«, sagte Franziska drauf. »Hat sich totgesoffen. Hätt' er das früher getan, hättest du den Silvester sowieso nicht bekommen. Er war mein Freund, bis du gekommen bist. Du hast ihn mir weggenommen.«

»Willst du mir jetzt noch einen Vorwurf daraus machen?«

»A naa, woher denn. Ich mein bloß. Is eh nicht mehr wichtig jetzt. Er braucht keine Frau, und ich brauch keinen Mann, jedenfalls zur Zeit nicht. Wann ich wieder einen möcht«, Franziska kicherte albern, »tät ich mir einen jüngeren suchen.«

Die Küche war unaufgeräumt und schmutzig. Leere Weinflaschen, leere Schnapsflaschen standen überall herum. Teller mit Essensresten stapelten sich im Spülbecken.

Mochte Silvester wirklich so leben? Nina wußte doch, was für ein gepflegter, ordentlicher Mann er gewesen war, wie wichtig ihm eine kultivierte Umgebung war. Das Lager, nun gut, aber das war ja nun vorbei.

Ich werde ihn jetzt fragen, ob er nicht zu mir kommen will, beschloß Nina und kehrte ohne weiteres Zögern in das sogenannte Wohnzimmer zurück, wo Silvester, ohne sich gerührt zu haben, auf seinem Platz saß.

Ob das schlimm war mit seinem Rücken? Wenn es wirklich eine böse Verletzung war, gehörte er dann nicht in ein Krankenhaus, Isabella in Ehren. Gehörte er nicht wenigstens in eine schönere Umgebung. Nina trat rasch hinter ihn und legte beide Hände auf seine Schultern, dann beugte sie sich vor und küßte ihn auf die Wange.

»Ich möchte gern wissen, wie es dir wirklich geht.«

»Das siehst du ja.«

»Nein, das sehe ich nicht. Seit ich hier bin, sitzt du auf diesem Sofa. Kannst du nicht mal aufstehen? Ich möchte sehen, ob du dich bewegen kannst. Ob du laufen kannst.«

Er straffte seine Schultern, ihre Hände glitten herab.

»Ich kann aufstehen, und ich kann mich bewegen.«

»Dann tu es«, drängte sie, »ich möchte es sehen.«

»Warum?«

»Mein Gott, Silvester, sei nicht so albern.«

Er schob den Tisch ein Stück zurück, stützte sich darauf und stand langsam auf.

Nina schob den Tisch noch weiter weg, streckte ihm die Hand hin.

»Komm«, sagte sie, »gib mir die Hand. Ich möchte sehen, ob du laufen kannst.«

Er blickte auf ihre Hand herab, dann nahm er sie zögernd, sein Griff war matt, und seine Hand war feucht.

Nina zog ihn hinter dem Tisch hervor, von dem Sofa weg. Es ging ohne weiteres; er ging leicht gebückt, aber er bewegte die Beine ganz normal.

»Na also«, sagte Nina. »Warum sitzt du da wie angeklebt? Denkst du, davon wird es dir besser gehen? Sagt Isabella nicht, daß du dich mehr bewegen solltest? Oder Doktor Fels? Gehst du niemals aus dem Haus?«

»Niemals. Da müßte ich die Treppe hinunter.«

Nina nickte. »Das hab ich mir gedacht. Und wenn du in die Praxis gehst zu Isabella oder zu Doktor Fels?«

»Fels ist zur Zeit selber krank, er liegt mit einem Herzschaden in seiner eigenen Klinik. Und Isabella kommt her, sie hat ein Auto.«

»So. Und wie wäre es, wenn du dich eine Weile in die Klinik von Doktor Fels legen würdest. Beziehungsweise dich dort behandeln läßt, statt hier in dieser Bruchbude herumzusitzen.« Silvester sah sie erstaunt an. Dann lächelte er ein wenig, schließlich kannte er Ninas Temperament.

»Findest du es so schrecklich hier? Ich dächte, für heutige Begriffe lebten wir ganz komfortabel.«

Franziska kam mit einer neuen geöffneten Flasche Wein ins Zimmer.

»Trinken wir noch einen«, rief sie. »Nanu, was macht ihr denn da? Spielt ihr Ringelreihen?« Denn Nina und Silvester standen immer noch Hand in Hand im Zimmer.

Sein Lächeln hatte Nina Mut gemacht.

»Komm zu mir hinaus nach Solln«, sagte sie, ohne Franziska zu beachten. »Du hättest es weitaus komfortabler. Du kannst ein Zimmer im Erdgeschoß haben, da brauchst du keine Treppen zu steigen, es ist eine Terrasse da und davor ein schöner großer Garten. Noch ist alles grün. Es wird zwar Herbst und dann Winter, aber wir haben noch ausreichend Koks im Haus, du wirst nicht frieren. Hier habt ihr nur alte Öfen, wie ich sehe. Ich werde dir gut zu essen geben. Und wir haben einen sehr tüchtigen Hausarzt, ich denke, was Isabella kann, kann der auch.«

Silvester ließ ihre Hand los.

»Du denkst doch nicht im Ernst, daß ich in das Haus von der Nazihure ziehe?«

Nina blickte ihn fassungslos an.

»Sprichst du von meiner Schwester?«

»Allerdings.«

»Wau!« machte Franziska. »So sagen die Amis immer, wenn sie sich über etwas wundern. Streitet nicht. Trinkt lieber.«

Sie füllte die Gläser wieder und reichte Nina eines davon.

»Danke«, sagte Nina, »für mich nicht mehr. Dieser Wein bekommt mir nicht.«

»Habt ihr denn eine bessere Auswahl?«

Nina blickte Silvester gerade in die Augen. Dann trat sie einen Schritt zurück.

»Du sprichst von meiner Schwester Marleen?«

»Von wem sonst? Schließlich weiß ich ja, wie sie zu dem Haus gekommen ist?«

»So? Wie denn? Sie hat es gekauft.«

»Von welchem Geld? Von dem Geld des Juden, den sie vergasen ließ? Oder vom Geld des Nazis, mit dem sie hurte?«

»Du bist ein gebildeter Mann, Silvester. Es paßt nicht zu dir, so zu reden. Auch das, was du erlebt hast, entschuldigt es nicht. Und da wir gerade dabei sind: du hast dir dein Unheil selbst eingebrockt. Ich habe das seinerzeit gesagt, ich sage es jetzt. Aber schön, du hast es so gewollt. Und du hast Isabella von Braun gerettet. Das müßte dich befriedigen und nicht bösartig machen.«

Silvester schwieg, er nahm das Glas von Franziska und trank diesen gräßlichen Wein.

»Du solltest das nicht trinken«, sagte Nina, »das kann dir nicht guttun.«

»Du gibst ganz schön an, meine Liebe«, sagte Franziska.

»Nicht nur Isabella, auch andere Leute waren gefährdet«, fuhr Nina fort. »Du hast Isabella gerettet und kamst dafür ins Lager. Als ich in Not war, war ich allein. Wäre meine Schwester Marleen nicht gewesen, wären wir beide in der Holbeinstraße umgekommen, Stephan und ich. Doch wir sind schon vor dem Angriff zu Marleen gezogen, und es ging uns dort sehr gut, gemessen an dem, wie es anderen Menschen geht. Ich will dich gern bei mir haben. Und ich möchte, daß es dir gutgeht, so gut wie möglich. Und ich bin sicher, daß ich dich gesundpflegen kann. Es geht auch Stephan schon viel besser, er war schwer verwundet, das wirst du ja noch wissen.«

Er gab keine Antwort.

»Mein Angebot bleibt bestehen«, sagte Nina. »Komm zu mir!«

»Und meine Antwort ist dieselbe: ich habe in dem Haus der Nazihure nichts verloren. Schlimm genug, daß sie dort noch wohnen darf, daß man sie nicht hinausgeworfen hat. Daß niemand sich darum gekümmert hat, wie sie zu dem Haus kam.«

Ein maßloser Zorn stieg in Nina auf, der gleiche atemberaubende Zorn, der sie schon als Kind überfiel, wenn sie mit Ungerechtigkeit konfrontiert wurde.

»Ach, willst du dich vielleicht darum kümmern? Das waren ja die Praktiken der Nazis, andere Leute zu denunzieren. Silvester! Was ist aus dir geworden?«

»Was sie aus mir gemacht haben.« Er tastete nach dem Tisch, schob sich wieder dahinter und setzte sich.

»Ach geht, seid friedlich. Trinken wir noch was«, sagte Franziska, die bereits wieder ihr Glas geleert hatte und sichtlich angetrunken war.

»Ich denke, es ist besser, ich gehe jetzt«, sagte Nina. »Ich muß das erst...«, sie griff mit der Hand an die Stirn, der Wein, dieses sinnlose fürchterliche Gespräch, nun überfielen sie wieder die Kopfschmerzen. »Ich meine, ich muß... ach, zum Teufel, Silvio!« Sie setzte sich neben ihn auf das Sofa. »Überleg dir, was ich gesagt habe. Und ich will vergessen, was du gesagt hast.«

»Was ich gesagt habe über deine Schwester? Ich kann es dir gern noch einmal wiederholen.«

Nina stand auf, sie gab keinem die Hand, sie kam sich mißhandelt vor, aber gleichzeitig schnürte der Zorn ihr fast die Kehle zu. Sie blieb vor Franziska stehen, die ein wenig schwankte, schon wieder ein volles Glas in der Hand.

»Denk mal gelegentlich an deinen Mann.«

Franziska kicherte albern. »Nicht gern.«

»Wenn ihr das jeden Tag so macht, dann seid ihr jeden Tag bis zum Abend betrunken.«

»Ich bin nicht betrunken«, sagte Silvester. »Und Franziska werde ich die Flasche gleich wegnehmen.«

»An Dreck wirst du!« schrie Franziska.

Nina ging zur Tür, wandte sich noch einmal um. Ihre und Silvesters Blicke trafen sich.

»Du brauchst die Nazihure nicht von mir zu grüßen«, sagte er, und wirklich, nun hatte auch er das Glas wieder in der Hand.

»Stephan auch nicht?« fragte Nina leise.

Er winkte ab.

Nina ging.

Nina

Er hat nicht nach Vicky gefragt, er hat nicht nach Stephan gefragt. Genauso wenig, wie er nach mir fragt. Von Maria weiß er nichts. Joseph war hier, hat sich das angesehen, hat mit ihnen gesprochen, erzählt hat er nichts. Dann hat er Victoria in Marsch gesetzt.

Die ehrenwerten Freunde. Widerstand im Hinterzimmer. Reden, reden, reden.

Ich will nicht ungerecht sein, ich nicht. Sie haben Isabella gerettet. Jeder Mensch, der gerettet werden konnte vor den Mördern, ist... Herbert würde vermutlich sagen, es ist ein Sieg. So gesehen hat Silvester einen Sieg errungen. Das müßte ihn doch freuen. Lächerlich, was heißt freuen, was soll ihn freuen. Es müßte ihn friedlich stimmen, nun ja, auch freundlich. Er hat einen hohen Preis gezahlt für Isabellas Rettung, aber er ist am Leben. Und ich glaube nicht einmal, daß es ihm so schlecht geht, ich glaube, daß er sich gehenläßt. Er wehrt ab, er weist zurück, er ist bösartig. Er hat nur darauf gewartet, daß er mir das sagen konnte über Marleen. Statt einzusehen, daß ich mein Leben Marleen verdanke, beschimpft er sie.

Schuld bin ich. Warum habe ich ihm so viel erzählt. Über mich, über mein Leben, über Marleens Leben, über Vicky – man soll einem Mann, auch wenn er einen angeblich liebt und auch wenn man ihn geheiratet hat, nicht alles erzählen. Manchmal, später, wenn eine Ehe in die Brüche geht, wird man für das Vertrauen bestraft. Dann werfen sich die Menschen gegenseitig alles an den Kopf, was sie an Nachteiligem voneinander wissen. Das ist nichts Neues.

Mein Leben? Er kennt es. Aber doch nicht alles. Ich habe ihm zwar ausführlich von Nicolas erzählt, aber ich habe ihm nie gesagt, daß er Vickys Vater war. Und ich habe ihm auch nie von meinem Verhältnis zu Peter Thiede erzählt. Oder habe ich doch? Großer Gott, ich weiß es nicht mehr.

Aber es ist keine Schande, ich habe Peter geliebt, und ewig kann eine Frau nicht ohne einen Mann leben. Peter war, nach Nicolas, der Mann, den ich am meisten geliebt habe. So ist das, Herr Dr. Framberg. Das habe ich bestimmt nicht gesagt. Ich wollte gar nicht heiraten. Ich nicht. Er. Ich wollte in Berlin bleiben, ich wollte in der Nähe von Vicky bleiben, ich hatte endlich eine schöne Wohnung, von selbst verdientem Geld, und darauf war ich stolz. Es hat viele, viele Jahre gedauert, bis ich soweit war, und mir ist es lange sehr dreckig gegangen. Aber dann hatte ich plötzlich so etwas wie Erfolg und auch Geld.

Als ich Silvester im Waldschlössl kennenlernte, gefiel er mir gut, es fing so hübsch an mit uns beiden, er zeigte mir München, er küßte mich, und dann kam er mir nach Berlin nachgereist. Liebe also, warum nicht? Auf Heiraten war ich gar nicht verrückt. Ich wollte auch nicht nach München. Von heute aus gesehen war es natürlich ein Glück, daß ich nach München kam. Weil es in Berlin noch viel schlimmer war als hier, und noch ist, und weil, ja, zum Teufel, weil Marleen auch hierher gezogen ist. Auf Veranlassung von Herrn Dr. Hesse. Der Marleen geliebt hat und das Beste für sie wollte, ob er nun ein Nazi war oder nicht. War er nicht, sagt Marleen, dazu war er viel zu klug. Daß es uns jetzt verhältnismäßig gut geht, verdanken wir diesem Mann, lieber Silvester. Und wenn meine Schwester ihn geliebt hat, mehr oder weniger, und sich von ihm verwöhnen ließ, dann geht dich das einen Dreck an, Silvester. Meine Schwester hatte immer Männer, die sie liebten und verwöhnten, deswegen ist sie noch lange keine Hure. Ich, die ich Marleens Leben recht gut kenne und manchmal den Kopf darüber geschüttelt habe, würde solch ein Wort für sie nie gebrauchen. Es gibt Frauen, die so sind wie sie. Hat es immer gegeben, Frauen, die geliebt und verwöhnt werden, weil sie schön sind, weil sie Erotik haben – na, wie soll man das nennen, in Berlin nannten sie es Sex-Appeal. Also Frauen, die Sex-Appeal haben. Ich habe ihn nicht, und ich bin auch nicht schön. Aber ich lasse meine Schwester von keinem Menschen beleidigen, auch nicht von dir, Silvester. Sie kann nichts dafür, daß du im Lager warst. Und ich werde dir etwas sagen, Silvester Framberg, ich habe größere Opfer gebracht in diesem Krieg als du. In jedem Krieg habe ich diese Opfer gebracht, im ersten fiel Nicolas, und Kurt, mein Mann, kehrte aus Rußland nie zurück. Und dann starb Ernie, mein Bruder, den ich über alles in der Welt liebte. Und in diesem Krieg – ja, Silvester, meine Tochter, auch sie liebte ich über alles in der Welt. Ich hätte gern mein Leben gegeben, wenn ich ihr Leben damit hätte retten können. So ist das.

Du mochtest Vicky nicht leiden, du nanntest sie egoistisch, eingebildet und ehrgeizig. Nun gut, wenn ein Künstler Karriere machen will, braucht er diese Eigenschaften. Mich hat Vicky glücklich gemacht, seit sie auf der Welt war. Und ich war stolz auf ihre Karriere. Und sie hat ihrem Bruder geholfen. Und sie hat das Kind geholt. Sie war gut.

Du bist nicht gut zu mir, Silvester. Du hast mich geheiratet und im Stich gelassen. Du hast Isabella gerettet – lieber Gott, ich fange immer wieder von vorn an. Wo bin ich eigentlich? Ich muß einen Zug bekommen, ich muß irgendwie nach Hause kommen.

Diese Braun-Mädchen, das war dein Komplex. Mit Sophie warst du verlobt, und sie hat sich das Leben genommen. Weil sie Jüdin war und weil sie ihre Bilder nicht mehr ausstellen durfte. Isabella war Ärztin und eine gute Ärztin, wie alle sagen. Ich kannte sie kaum. Sie durfte dann nur noch jüdische Patienten behandeln, und dann durfte sie überhaupt nicht mehr praktizieren, und dann habt ihr sie versteckt. Sehr gut, und es muß dich doch befriedigen, daß ihr sie gerettet habt. Aber warum bist du nun feindselig zu mir?

Ich verstehe es nicht. Wir waren doch glücklich miteinander. Wir haben uns doch geliebt.

Ich kann das Wort Liebe nicht mehr hören. Keine Frage, wie ich eigentlich lebe. Und wovon. Keine Frage nach Stephan, mit dem du dich doch gut verstanden hast.

Wie er damals auf Urlaub war, er kam aus Polen, es war im ersten Kriegswinter, er kam Weihnachten nach München, und ihr habt so verständig miteinander geredet, und Stephan bewunderte dich, er hörte dir andächtig zu, wenn du von deinem Studium, von deinem Beruf erzähltest, Stephan hat nie einen Vater gehabt, und er hat sich so gern einem überlegenen Mann angeschlossen, damals sagte er, das wolle er auch, studieren, Kunsthistoriker, das wäre es überhaupt, was er am liebsten werden wollte.

Wenn sich Stephan heute darüber beklagt, daß er keinen Beruf hat, so ist das fast zum Lachen. Er wußte gar nicht, was er werden wollte. Er war nur selig, als er die Schule hinter sich gebracht hatte, die ihm schwer genug gefallen war. Studieren, na ja, aber was denn? Zuerst mußte er ja sowieso das alles tun, was die jungen Männer tun mußten in dieser Zeit. Und beim Militär gefiel es ihm ganz gut, allein schon deswegen, weil sein Freund Benno dort seinen Beruf gefunden hatte und sagte, es sei überhaupt prima. Da fand Stephan es auch prima. Im übrigen war er hauptsächlich mit Mädchen beschäftigt, wie viele es gewesen sein mögen, keine Ahnung. In Frankreich dann hatte er wohl so etwas wie eine richtige Liebe.

Dann kam er plötzlich nach Rußland, und dann war es schon gleich aus mit ihm. Wie er da eigentlich lebend herausgekommen ist, möchte ich gern wissen. Was heißt lebend?

Er war mehr tot als lebendig. Monate lang lag er meist ohne Bewußtsein, und ich erwartete jeden Tag die Nachricht von seinem Tod. Vicky holte ihn nach Dresden, in ein Sanatorium auf dem Weißen Hirsch. Sie sagte, da gebe es gute Luft und fabelhafte Ärzte.

Fabelhaft war Vickys Lieblingswort. Ich war fabelhaft, sagte sie, wenn sie anrief nach einer Premiere. Du mußt unbedingt kommen und mich in dieser Rolle sehen.

Ach, zum Teufel, daran will ich jetzt nicht denken. Wo bin ich bloß? Mir tun die Füße weh. Ich kann nicht stundenlang in diesem stinkenden München herumrennen, ich habe Hunger, ich will nach Hause.

Irgendwann hatte Stephan mal die Idee, Schauspieler zu werden, das fällt mir gerade ein. Das war, glaube ich, noch vor dem Krieg. Er produzierte sich im Kameradenkreis, so war das wohl, und sie fanden ihn – na was denn? Fabelhaft.

Und wie er dann Weihnachten 1939 Urlaub bekam und uns besuchte, war ich so glücklich darüber, daß er sich mit Silvester gut verstand. Und Silvester mochte ihn auch. So was möchte ich auch machen, sagte mein kleiner Stephan, ich möchte Kunsthistoriker werden. Ach lieber Himmel, was für ein Kind er noch war.

Im April 1944 kam Stephan dann überraschend nach München. Er wolle nun bei mir bleiben, sagte er, ich sei so allein. Silvester war vor zwei Monaten verhaftet worden.

Stephan ging es ein wenig besser, er konnte langsam gehen, er konnte auch wieder sehen. Und im Dezember, nachdem in dem Haus, in dem wir wohnten, der Dachstuhl ausgebrannt war, als wir weder Licht noch Gas noch Heizung hatten, sagte Marleen: Kommt doch heraus zu mir. Und das rettete uns das Leben, denn in der Woche darauf traf eine Luftmine das Haus in der Holbeinstraße.

Aber bei Marleen ging es uns gut.

Siehst du, Silvester, das alles hätte ich dir gern erzählt, ausführlich. Wenn du schon nicht erzählen willst, was du erlebt hast, ich will es. Und ich dachte, wenn du also lebst, dem Himmel sei Dank, dann wird es dich doch interessieren, wie es mir ergangen ist.

Hörst du mir eigentlich zu, Silvester?

Mein Gott, ich Spinne. Die Leute sehen mich an. Ich habe laut gesprochen.

Ich fahre jetzt nach Hause, hoffentlich geht ein Zug. Ich lege mich ins Bett, nein, nicht ins Bett, auf die große Couch im Wohnzimmer, ohne Schuhe und im Morgenrock, Eva wird mir was zu essen machen, und ich werde herrlichen Bohnenkaffee trinken.

Und ich werde ihnen nicht erzählen, was ich heute erlebt habe.

Es war ziemlich spät, als Nina nach Hause kam, es war schon dunkel, und sie hatten sich Sorgen gemacht. Sie saßen alle im Wohnzimmer, Marleen und der Hund auf der Couch, Eva strickte, Herbert bastelte an einer Lampe herum, die kaputtgegangen war, Stephan und Maria saßen, wie meist, eng nebeneinander. Sie machten alle ernste, nachdenkliche Gesichter, denn Alice hatte zuvor von Wardenburg gesprochen, wie es da aussah, wie sie da gelebt hatten, was es für sie bedeutete, das Gut zu verlieren. Eine zufällige Bemerkung stand am Anfang, Herbert war während des Krieges eine Zeitlang auf einem oberschlesischen Gut einquartiert gewesen, und dann fing Alice plötzlich an zu reden, erst zögernd, dann, als die Erinnerungen sie überwältigten, geradezu in Ekstase. Das war noch nie vorgekommen, daß Alice soviel sprach, sie geriet ins Schwärmen, ihre Wangen röteten sich, ihre Augen leuchteten, und sie konnten alle auf einmal sehen, wie schön sie einst gewesen sein mußte; sie lauschten ihr gebannt.

»Na ja, jetzt hätten Sie das Gut sowieso verloren«, waren Herberts tröstende Schlußworte, als Alice endlich verstummte. »Und in Breslau war es ja dann auch ganz schön, ich kenne die Stadt, eine wunderschöne Stadt war das. Auch vorbei. Scheißkrieg.«

Daraufhin schwiegen sie, und Eva stellte das Radio an. Sie hörten alle gern die Musik von AFN, dem Sender der Amerikaner. Auch Maria wandte bereits lauschend den Kopf, und Eva, die gut englisch konnte, sang manchmal die Texte mit.

Alice sagte auf einmal: »Wieso hast du eigentlich kein Klavier, Marleen?«

»Es war ein wunderschöner Flügel im Haus, als der Sänger noch hier wohnte. Dem gehörte das Haus vorher, von ihm habe ich es gekauft. Er ging an die Wiener Oper. Und seine Möbel hat er natürlich mitgenommen.« Sie lachte. »Das Klavier! Es war der Wunschtraum meiner Mutter, und irgendwann hatte sie es dann geschafft, wir bekamen das Klavier, ein riesiges altes Möbel. Und nun mußten wir alle Klavier spielen lernen. Trudel gab es gleich wieder auf, sie war ganz unbegabt. Aber ich lernte es einigermaßen, und Nina spielte recht gut. Doch der Künstler in unserer Familie war mein kleiner Bruder Ernst. Er studierte später ja auch Musik in Breslau, und er war dann Korrepetitor an der Breslauer Oper. Aber er war ja so krank. Er hatte ein Loch im Herzen. Er starb, wann war denn das?«

»1924«, sagte Stephan. »Ich kann mich noch gut an Onkel Ernie erinnern. Und Vicky erst! Die ließ ihn nicht aus den Augen, wenn er am Klavier saß und spielte. Das war in Breslau, in Ninas Wohnung«, fügte er erklärend für Eva und Herbert hinzu. »Und es war ein anderes Klavier. Das bei meiner Großmutter, das kenne ich auch noch.«

Plötzlich bemerkte er, daß Maria sich aufgerichtet hatte und den Kopf vorstreckte, den Mund leicht geöffnet, als lausche sie auf etwas.

Stephan nahm ihre Hand.

»Maria hat auch schon sehr gut Klavier gespielt. Wir waren alle sehr stolz auf sie. Nicht, Maria?«

Maria nickte, ein seltsames Leben war in ihr Gesicht gekommen.

»Ja«, sagte sie, und es hörte sich ganz normal an. »Das war sehr schön. Ich habe sehr gern Klavier gespielt.«

Sie blickten alle gebannt auf das Kind; soviel auf einmal und in diesem Tonfall hatte sie noch nie gesprochen.

»Menschenskinder!« rief Herbert. »Das ist überhaupt die Idee des Jahrhunderts. Wir brauchen ein Klavier. Maria muß Klavier spielen. Sie kann es, und sie wird es jetzt erst recht können. Maria, möchtest du ein Klavier?«

»Ja«, sagte das Kind leidenschaftlich. »Ja.«

»Und wo, bitte, nimmst du derzeit ein Klavier her?« fragte Eva.

»Das laß nur meine Sorge sein. Ich habe schon ganz andere Dinger gedreht. Und wenn Maria ein Klavier haben will, dann kriegt sie ein Klavier. Noch besser einen Flügel. Platz haben wir genug in diesem Haus.«

»Du spinnst«, konstatierte Eva, aber auch sie blickte fasziniert auf das Kind.

Maria Henrietta Jonkalla lächelte.

Das hatten sie noch nie gesehen. Stephan bekam Tränen in die Augen, Marleen legte die Finger auf die Lippen und unterdrückte einen Ausruf des Erstaunens, und selbst Alice blickte erstmals mit Anteilnahme, ja mit Rührung auf das blinde Kind. Im Radio sang jetzt einer ›Gonna take a sentimental journey‹, und Herbert drehte den Apparat lauter.

»Paßt gut«, meinte er. »Ein bemerkenswerter Tag. Erst Ihre Erzählung von Wardenburg, gnädige Frau, wirklich, das war hochinteressant. Und nun werden wir ein Klavier auftreiben.«

»Wirklich?« fragte Maria, und es war die Stimme eines aufgeregten, erwartungsvollen Kindes.

»Aber sicher!« sagte Herbert.

»Gonna take a sentimental journey, gonna take my heart at ease, gonna take a sentimental journey to my good old memories«, sang Eva.

»Ihr werdet jetzt alle bei mir Englisch lernen«, sagte sie, als das Lied zu Ende war. »Das muß man einfach können in dieser Zeit.«

»Ein bißchen kann ich ja«, sagte Herbert.

»Genügt nicht. Ihr lernt perfekt englisch, du auch, Maria. Paß mal auf, wie schnell du alles lernst. Das Lied hat dir doch eben gefallen, nicht?«

Maria nickte.

»Und es wird dir noch mehr gefallen, wenn du den Text verstehst. Die haben nämlich oft sehr hübsche Texte, diese amerikanischen Schlager. Neulich habe ich was ganz Tolles gehört, ›When they begin the Beguine‹, oder so ähnlich hieß das, es war auch ein ganz origineller Rhythmus. Ich hab den Text nicht ganz verstanden, hoffentlich spielen sie das bald wieder einmal.«

»Na, schreiben wir doch einfach mal an den AFN. Das freut die bestimmt«, schlug Herbert vor. »Wenn wir uns nun für amerikanische Schlager interessieren, sind wir doch schon bestens umerzogen. Sollen wir wirklich bei dir Englisch lernen?«

»Klar. Schließlich wollte ich mal Lehrerin werden. Ich habe schon fünf Semester studiert.«

»Du wolltest Lehrerin werden?« fragte Stephan erstaunt.

»Klar. Ich hab' Kinder gern. Und ich hätte mich auch gut dafür geeignet. Und vielleicht mache ich auch weiter. Kann passieren, ich gehe eines Tages wieder zur Universität.«

»Was hast du denn studiert?«

»Germanistik, Anglistik und Literaturwissenschaft. Ich war eine fleißige Studentin.«

»Ich wollte mal Kunsthistoriker werden«, sagte Stephan.

Das hatte er ganz vergessen, im Moment war es ihm wieder eingefallen.

»Also, es geht so«, nahm Eva wieder das Wort. »Wir werden jetzt alle etwas arbeiten. Wer will, kann bei mir ordentlich englisch lernen und vielleicht das eine oder andere auch noch, Maria, das geht dich an, und...«

»Mensch, Eva!« schrie Herbert. »Der Beckmann, der Oberstudienrat, die haben einen Flügel. Maria, ich weiß, wo du Klavier spielen kannst. Bis wir ein eigenes Klavier haben, gehen wir drei Häuser weiter. Machst du das, Maria?«

Das Kind zog den Kopf zwischen die Schultern, schwieg.

Eine Weile blieb es totenstill im Zimmer.

»Es ist ganz hier in der Nähe, Maria. Und es sind sehr nette Leute. Soll ich morgen fragen, ob du dort Klavier spielen darfst?«

»Ja«, flüsterte Maria.

Herbert blickte sich triumphierend im Kreis um, alle waren stumm vor Staunen.

»Wir erleben heute ungeheuerliche Dinge«, sagte Herbert dann, und seine Stimme bebte. »Es ist ein besonderer Tag. Und wo ist eigentlich Nina? Es ist schon lange dunkel, es muß doch bald curfew sein. Sie ist schon den ganzen Tag unterwegs. Weiß denn niemand, wo sie ist?«

»Sie hat sich sehr elegant angezogen«, sagte Marleen. »Aber sie hat mir nicht gesagt, was sie vorhat.«

Nicht lange danach kam Nina. Sie klingelte stürmisch an der Haustür, Eva und Herbert liefen hinaus, und Nina küßte beide, das hatte sie noch nie getan, dann lief, nein, stürmte sie geradezu ins Wohnzimmer.

»Da seid ihr ja alle! Ich bin so froh, euch zu sehen.«

»Wir sind auch froh, dich zu sehen«, sagte Eva. »Wir haben uns schon Sorgen gemacht. Wo warst du bloß so lange?«

»Ach, ist ja egal. Ich bin halbtot vor Hunger, ich habe den ganzen Tag nichts gegessen.«

»Dem kann abgeholfen werden«, meinte Herbert. »Was befehlen, Madame? Etwas Kaviar als Vorspeise? Eine Tasse kräftige Hühnerbrühe sodann? Ein saftiges Steak? Oder lieber ein Wiener Schnitzel?«

»Hör auf«, rief Nina, »du bist gemein.«
»Darf's auch eine exzellente Kartoffelsuppe sein?«
»Kartoffelsuppe ist fabelhaft. Und ihr müßt alle hierbleiben, ich will euch sehen. Ich zieh' mich bloß schnell aus und dusche. Ich stinke nach Rauch und Ruß. In München ist es scheußlich.«
»Du warst in München?« staunte Marleen. »Was hast du denn da gemacht?«
»Darüber möchte ich nicht sprechen.«
Aber nachdem sie die Kartoffelsuppe gegessen hatte und dann in die Stulle biß, die Eva ihr zurechtgemacht hatte, erzählte sie ihnen alles. Nur das häßliche Wort, das Silvester für Marleen gebraucht hatte, ließ sie weg.

Nachkriegszeit

Nichts ist so absolut, so unbestechlich wie die Zeit. Doch auch Silvester hatte recht, wenn er sagte, Zeit könne ein sehr relativer Begriff sein.

Vergangen wie eine Chimäre waren die zwölf Jahre des Tausendjährigen Reiches, versunken im Meer der Geschichte die fast sechs Jahre des Krieges, aber schneller als alles andere vergingen die Jahre der sogenannten Nachkriegszeit, die man datieren kann bis zum Juni 1948, bis zur Währungsreform also, oder, politisch gesehen, bis zum Mai 1949, als die Bundesrepublik Deutschland sich konstituierte, das besiegte Volk, jedenfalls die Hälfte davon, wieder einen Staat besaß.

Nina begriff nie, wo eigentlich die Jahre nach dem Krieg geblieben waren, wie ein Sturmwind waren sie vorübergebraust und ließen sie kaum zur Besinnung kommen, aber auch täglich weniger zu Passivität und Resignation.

Der Krieg, sein katastrophales Ende, hatte die Menschen wie ein Wirbelsturm durch Höhen und Tiefen gerissen, hatte sie voneinander getrennt, hatte das Leid des endgültigen Verlustes gebracht, hatte viele der Heimat oder zumindest des eigenen Heims beraubt.

Die Nachkriegszeit brachte materielle Not; Armut, Hunger, Kälte, Arbeitslosigkeit, aber gleichzeitig war eine geistige Lebendigkeit wiedererstanden, denn mehr denn je spielte die Kunst eine große Rolle für die Menschen: Theater, Musik, Bücher wurden verlangt, und das hatte keiner erwarten können, der dieses Volk in den letzten verzweifelten Monaten des Krieges, in der ersten Zeit nach der Niederlage erlebt hatte. Die Sorge um das tägliche Brot, um das Dach über dem Kopf, um die Kohle für den Ofen verhinderte nicht, daß Konzertsäle, Theater, Kabaretts, Kinos, soweit noch vorhanden, bis zum letzten Platz ausverkauft waren. Und was geboten wurde auf Bühne und Podium war von allererster Qualität, denn die Künstler waren da und wollten arbeiten, nichts als arbeiten. Denn auch für sie ging es ums nackte Überleben.

Die Münchener Staatsoper war schon im Oktober 1943 durch Bomben zerstört worden, als Konzertsaal stand einzig der Saal des Deutschen Museums zur Verfügung, den aber die Amerikaner zunächst für Veranstaltungen für ihre Soldaten beanspruchten. Aber die Aula der Universität war erhalten, dort fanden seit Frühjahr 46 Konzerte statt, das Prinzregententheater war stehen geblieben, ein besonders schöner Bau mit guter Akustik, dort konnte man schon im August 45 das erste Konzert hören, und im Herbst brachte man dort die erste Oper nach dem Krieg heraus; ein Ereignis, das alle Not vergessen ließ; die Neuinszenierung des ›Fidelio‹ am 18. November des Jahres 1945 mit erstklassiger Besetzung. Von da an spielte man regelmäßig Oper in diesem Haus, denn es sollte bis zum Jahr 1963 dauern, bis das Nationaltheater, also das richtige Opernhaus Münchens, wiederaufgebaut war und eröffnet wurde.

Im Herbst 45 spielten aber auch schon die Kammerspiele, die stehen geblieben waren, sie begannen mit einem gemischten Programm, halb Kabarett, halb Varieté, dann spielten sie wieder Theater. Das Residenztheater, ebenfalls zerstört, etablierte sich wenig später im Brunnenhof der Residenz, und zusätzlich entstanden im Laufe der Zeit in seltsamen Gegenden und verwegenen Räumen, am Stadtrand, in Ruinen, in Höfen und in Zimmern Theater und Theaterchen, die gut besucht waren, weil sie gutes Theater machten. Vor allem lernte man nun neue Dramen des Auslands kennen, französische, englische und amerikanische Stücke, die neugierig und interessiert besucht wurden.

Die Grenzen hatten sich wieder geöffnet, das Gefangensein der Deutschen war beendet, und auch wenn man sie zunächst als Geschlagene ansah und behandelte, so war dies nur eine vorübergehende Haltung der Sieger. Denn sie begriffen bald: nicht jeder in diesem so bitter bestraften Volk hatte das gleiche gedacht, getan, gefühlt und erlitten. Mochte es auch im ersten Augenschein nach der Niederlage so aussehen, als eine sie das gleiche Schicksal, so war es doch wie immer auf dieser Erde: jeder Mensch hatte sein eigenes Schicksal. Was sie einte – sie hatten überlebt. Der Unterschied lag darin, wie. Gesund oder krank, zerstört am Körper oder in der Seele, ohne Heim und Besitz die einen, mit Haus, Wohnung, Hof und Garten die anderen. Manche satt, die meisten hungrig. Manche reich, die meisten arm. Manche geeignet zum Schiebertum, zu schwarzen Geschäften, die anderen total unfähig dazu. Die einen bereit, die eigene Schuld, die Schuld des Volkes anzuerkennen, die anderen verbittert, trotzig, unbelehrbar. Die einen fähig, das Leben, so wie es sich bot, zu meistern, mit der Kraft und dem Willen aufzubauen, zu arbeiten. Die anderen resigniert, bereit, sich immer tiefer in den Sumpf des Versagens, der Niederlage fallen zu lassen.

Nina gehörte zu jenen, die die Kraft und den Willen aufbrachten, ihr Leben neu zu gestalten, und nicht nur das ihre, auch das Leben derjenigen, die zu ihr gehörten. Wieder einmal, wie so oft in ihrem Dasein, nahm sie den Kampf auf. Und seltsamerweise war es Silvesters Verweigerung, ihr beizustehen, die in ihr eine widerstandsfähige Kraft erweckte, den Mut zur Selbständigkeit, den sie ja in ihrem Leben immer aufgebracht hatte, wenn es von ihr verlangt wurde.

Am Tag nach dem Besuch bei Silvester und Franziska setzte sie sich hin, um einen langen Brief an Victoria von Mallwitz zu schreiben, in dem sie schildern wollte, wie diese Begegnung verlaufen war. Nach einigen vergeblichen Versuchen, ihre Eindrücke, ihre Enttäuschung darzustellen, gab sie es auf. Wozu? Warum? Es ließ sich nicht erklären, was sie empfand. Nicht einmal sachlich beschreiben.

Bestimmt würde Victoria Verständnis aufbringen für Silvesters verändertes Wesen, verständlich durch das Unheil, das ihm widerfahren war. Nina wollte es ja verstehen, aber sie war nicht imstande, die Ungerechtigkeit hinzunehmen, die ihr daraus erwuchs. Sie hatte keine Schuld. Und waren sie sich nicht einig gewesen in der Beurteilung des Regimes, waren sie sich nicht beide klar gewesen über den Ausgang des Krieges? Sie hatten sich doch verstanden, sie hatten eine

Sprache gesprochen. Und nur weil sie bei Marleen lebte, erfuhr sie jetzt diese feindselige Abwehr.

Die einzigen im Haus, mit denen sie darüber sprechen konnte, waren Eva und Herbert, sie waren unvoreingenommen, konnten sich anhören, was Nina erzählte, von früher, von jetzt, ihnen konnte sie auch offenbaren, was für einen Grund Silvester angab, um ein Zusammenleben mit ihr abzulehnen.

»Er kann nicht verlangen, daß ich mit dem maroden Stephan und dem blinden Kind in dieses stinkende Haus ziehe, wenn ich hier nun mal eine bessere Bleibe habe. Das muß er doch einsehen.«

»Wie könnte er«, meinte Herbert. »Er weiß ja nicht, wie wir hier leben. Und wie es scheint, hast du es ihm auch nicht verständlich machen können.«

»Ich bin gar nicht dazu gekommen. Da war eine Wand zwischen uns. Eine Mauer. Er muß doch noch wissen, warum Marleen das Haus gekauft hat. Es gehörte einem Sänger hier von der Oper, der ging nach Wien ins Engagement. Und seine Frau war gestorben, da wollte er das Haus verkaufen.«

»Meine Schwiegermutter hat mir von ihm erzählt«, sagte Eva.

»Ein sehr berühmter Mann, eine gewaltige Stimme hatte er. Sie hat ihn oft auf der Bühne erlebt. Heinrich Ruhland heißt er. Sie war schon halb tot, da schwärmte sie noch von ihm. Manchmal hat er seine Übungen hier im Garten gesungen, da konnte die ganze Nachbarschaft daran teilnehmen.«

»Hesse wollte, daß Marleen aus Berlin verschwand, er sah sehr genau voraus, wie sich der Luftkrieg entwickeln würde. Marleen wollte gar nicht. Ich kann nur in Berlin leben, sagte sie. Und aufs Land wollte sie schon gar nicht und nach Bayern sowieso nicht. Dies hier war dann ein Kompromiß, nahe der Stadt, aber doch ein gutes Stück von ihr entfernt. Das Haus war also da, sie hatte es längst eingerichtet, aber sie dachte nicht daran, es zu beziehen. Als es dann in Berlin ungemütlich wurde, kam sie doch.«

»Und dieser Mann? Der große Unbekannte?« fragte Herbert. »Pardon, ich möchte nicht neugierig sein.«

»Ich kann dir auch nicht viel über ihn erzählen. Ich habe ihn ein einziges Mal in Berlin getroffen. Er hatte sehr viel Arbeit, und wenn er mal Zeit hatte, wollte er Marleen für sich allein haben. Ich kann gar keine Meinung über ihn haben. Jedenfalls hat er Marleen geliebt. Und er war schon ein reicher Mann, ehe die Nazis ihn vereinnahmten. Er muß ein genialer Chemiker gewesen sein.«

»Du sprichst in der Vergangenheit. Ist er denn tot?«

»Keine Ahnung. Auch Marleen weiß das nicht. Wer nun das Haus bezahlt hat, ist doch egal. Marleen hatte Geld genug, sich das Haus zu kaufen. Und wenn er es ihr geschenkt hat, na wenn schon.«

»Wer immer das Haus gekauft hat«, sagte Eva mit ihrem praktischen Sinn, »ich sehe nicht ein, was das mit dir und deinem Mann zu tun hat.«

Zwei Wochen später kam überraschend Victoria. Diesmal nicht in amerikanischer Begleitung, sondern in einem alten Opel.

»Das ist noch nicht unser Wagen«, sagte sie, »er gehört unserem Doktor. Der Pfarrer benutzt ihn, und der Tierarzt auch. Manchmal darf ich damit fahren. Wenn gerade keine eiligen Fälle anstehen.«

»Gut, daß du kommst«, sagte Nina. »Kannst du eine Weile bleiben?«

»Gar nicht. Ich muß so schnell wie möglich zurück. Kann ja doch immer ein Notfall sein. Ich bringe euch bloß was zu essen.«

Immerhin blieb Zeit genug, daß Nina los wurde, was sie bedrückte. Wie erwartet, nahm Victoria es gelassen zur Kenntnis.

»Was hast du denn gedacht? Du kennst Silvester doch. Ich habe dir unlängst schon gesagt: man hat seine Menschenwürde verletzt. Das dauert, bis so was heilt.«

»Aber ich habe sie doch nicht verletzt. Und wo soll das heilen? Dort bei Franziska, in der Bruchbude? Wenn sie sich besaufen?«

»Hier ginge es auch nicht. Was Marleen betrifft, so hat er ja nicht unrecht. Sie ist ohne einen Kratzer durch diese Zeit gekommen, nicht einmal ein seelischer Kratzer wird sich finden lassen. Ich gönne es ihr, du gönnst es ihr, es können nicht schließlich alle Menschen am Boden liegen. Aber betrachte es mit Silvesters Augen. Gleich 33 hat er seinen Posten verloren, er war immerhin Direktor eines Museums. Dann hat er sich so durchlaviert, hat mit Franziska diesen Laden gemacht. Das heißt, sie hat ihn gemacht, er mußte im Hintergrund bleiben. Und dann hat er die Werkstatt gehabt, wo er alte Möbel restaurierte. Das waren lange verlorene Jahre für ihn.«

»Auch dafür kann ich nichts«, beharrte Nina. »Als ich ihn damals bei dir kennenlernte, hatte ich nicht den Eindruck, daß er unglücklich war.«

»Das war 1936. Da dauerte die ganze Malaise gerade erst drei Jahre, und man konnte noch hoffen, daß es eine Änderung geben würde.«

»Das Attentat, ich weiß«, sagte Nina bitter. »Das nicht stattgefundene Attentat auf Hitler, von dem sie ewig redeten.«

»Das war eine Hoffnung für viele. Silvester war schon vorher oft sehr down. Wenn ich bloß daran denke, in welchem Zustand er sich befand, als Sophie sich das Leben genommen hatte. Er war unansprechbar. Und dann kamst du.«

»Sehr richtig. Dann kam ich. Möchte nur wissen, wozu?«

»Er hat sich in dich verliebt. Sehr rasch und sehr stürmisch. Wir waren alle froh darüber.«

»Ich war als eine Art Therapie gedacht, von dir und seinen Freunden, wenn ich richtig verstehe.«

»Warum nicht? Liebe ist immer eine gute Therapie. Ich war von Anfang an dafür, daß ihr heiraten solltet.«

»Ich nicht. Er mochte Vicky nicht. Und er holte mich von Berlin weg. Ich hatte endlich eine richtig schöne Wohnung. Die erste in meinem Leben, von selbst verdientem Geld dazu. Das kannst du nicht begreifen, was das für mich war.«

»Trotzdem war es ein Segen für dich, daß du hier warst und nicht in Berlin geblieben bist. Das mußt du doch zugeben. Steht sie eigentlich noch?«

»Was?«

»Deine Wohnung in Berlin.«

»Keine Ahnung. Zuletzt wohnte Runge drin mit seiner Frau und seinem Kind. Er war ein Kollege von Vicky, am Deutschen Opernhaus engagiert. Als die Theater schließen mußten, ging er fort von Berlin. Wenn die Wohnung noch steht, sind sowieso jetzt andere Leute drin.«

»Hier geht es dir doch auf jeden Fall besser, das mußt du doch zugeben.«

»Ach! Und warum geht es mir besser? Weil ich bei Marleen bin. Wenn ich in der Holbeinstraße geblieben wäre, wäre ich tot. Und Stephan auch. Aber wir waren hier und sind hier, und es geht uns für heutige Verhältnisse großartig. Und ob dieses Haus nun mit jüdischem oder mit nationalsozialistischem Geld bezahlt worden ist, spielt dabei überhaupt keine Rolle.«

»Eines Tages wird Silvester das einsehen. Hab ein wenig Geduld. Ich kenne ihn doch, er ist ein kluger Mann und ein großmütiger Mann. Es wird nicht lange dauern, da ist er wieder er selbst. Und ich weiß, daß er dich aus Liebe geheiratet hat.«

»Franziska hat mir vorgeworfen, ich habe ihn ihr weggenommen.«

Victoria lachte. »Na, das stimmt ja auch.«

»Du findest das wohl noch komisch?«

»Komisch? Komisch ist eigentlich zur Zeit gar nichts. Oder alles, wie man's nimmt.«

Ein großer Trost war Victoria nicht gewesen, und Ninas zwiespältige Gefühle hielten an.

Herbert sagte eines Tages, das war ungefähr vier Wochen nach Ninas Besuch in München: »Ich bin dafür, wir fahren nächste Woche mal in die Stadt hinein.«

»Wer wir?«

»Wir drei, du, Eva und ich. Wir bringen dich zu deinem Mann, und du peilst mal die Lage. Wir warten irgendwo in der Nähe, damit du nicht wieder so allein und verzweifelt durch München irrst. Außerdem brauchen wir Kaffee und Zigaretten, und ich muß mich mal umhören, wie jetzt die Preise sind. Vielleicht rückt deine Schwester mal wieder ein paar Meter Stoff heraus.«

Mit Fleisch und Butter waren sie mittlerweile ganz gut versorgt. Im Nachbarort, in Pullach, wohnte ein Rechtsanwalt, der in vielen Prozessen die umliegende Bauernschaft vertreten hatte, besonders während des Krieges, wenn es um Delikte der Schwarzschlachtung oder Schiebereien ging, auch bei Anklagen wegen ungenügend erfülltem Ablieferungssoll. Zwar sah der Mann selber noch seiner Entnazifizierung entgegen, denn um für die Bauern im Falle eines Verstoßes vor Gericht zu gehen, mußte er notgedrungen ein angesehener Parteigenosse sein. Doch er hatte sich bei seiner Klientel soviel Kredit erworben, daß sich in seinem Haus ein üppiger schwarzer Markt für Fleisch, Butter und Geflügel etabliert hatte. Diese Verbindung verdankte Herbert dem Oberstudienrat Beckmann, der seit vielen Jahren der Schachpartner des Rechtsanwaltes war.

Verbindungen, Beziehungen, Organisieren, Kompensieren, Schieben – wie immer man es nennen wollte, das war im Krieg so gewesen, es war jetzt in verstärktem Maß so, keine drohende Strafe konnte es verhindern: Razzien, Haussuchungen, Verhaftungen sowohl der deutschen Polizei wie der Militärpolizei, die meist gemeinsam auftraten, halfen gar nichts, der elementare Griff nach dem Leben, und das hieß vor allem Essen, Trinken, Wärme, Wohnen, all diese Urnotwendigkeiten des Lebens setzten sich durch, und wenn man ehrlich war, mußte man zugeben: Wie hätten die Menschen in dieser Zeit überleben sollen ohne den schwarzen Markt. Mag der Schieber auch eine verachtete Figur sein, in der Zeit der Not ist er ein Helfer, ein Engel geradezu. Und es ist ein Irrtum, zu glauben, ohne ihn wäre mehr Ware auf dem legalen Markt erschienen. Das gewiß nicht. Und selbst wer auf diese Weise die Basis für späteren Reichtum schuf, sei's drum – auch durch Krieg, auch durch das Sterben und das Leid der Menschen wurden und werden einige, und gar nicht wenige, reich.

Anfang November fuhren sie in die Stadt, es war kühl und windig, es hatte geregnet, und die Stadt wirkte in dem Grau noch trostloser.

Angekommen vor dem Haus in der Sendlinger Straße, sah

Nina als erstes, daß die Bretter von dem Schaufenster entfernt waren, daß eine Scheibe eingesetzt worden war, was man in dieser Zeit nur als Wunder bezeichnen konnte. Und durch das Schaufenster entdeckte sie zwei Menschen, Franziska und ein männliches Wesen, die emsig am Werk waren.

»Da ist sie. Das ist Franziska. Die ist imstande und eröffnet den Laden wirklich.«

»Geh mal rein, wir warten hier«, sagte Eva.

»Nö, kommt mal ruhig mit. Franziska ist ja soweit ganz normal. Wen hat sie denn da?«

Es war ein junger schlanker Bursche mit wilden schwarzen Locken, gekleidet in ein rotes Seidenhemd und knallgrüne Hosen.

»Sieht aus, als hätte sie den bei den Zigeunern aufgelesen«, murmelte Nina.

Der Lockenkopf schleppte eben eine verstaubte Kommode von hinten heran, Franziska, in einem schwarzen Kittel, stand mitten im Laden und dirigierte ihn mit weiträumigen Handbewegungen, eine Zigarette hing ihr im Mundwinkel.

Nina öffnete vorsichtig die Ladentür, sogar der Dreiklang der Glocke ertönte noch, nur etwas heiser.

Franziska fuhr herum.

»Ach, du bist's! Ich dachte schon, der erste Kunde käme.«

»Tag, Franziska«, sagte Nina verlegen. »Störe ich?«

»Woher denn? Komm nur rein.« Dann wandte sie sich wieder zu ihrem Gehilfen um. »No, Paolo, a la destra. Voilà. Bene.« Franziska lachte, nahm die Zigarette aus dem Mund. »Hi, Nina. Nice to see you.«

Nina trat ein, gefolgt von Eva und Herbert.

»Du machst wirklich den Laden wieder auf?«

»Freilich. Du wirst lachen, ich hab' sogar im Keller noch allerhand Ware gefunden. Da ist nicht mal geplündert worden. No, wer klaut schon Antiquitäten, ist ja nix zum Essen.«

»Das sind Freunde von mir«, sagte Nina und machte sie miteinander bekannt.

»Fein, daß ihr gekommen seid. Könnt gleich mal sagen, wie ihr das findet. Sieht doch fast schon wie ein Laden aus, oder? Grad vorhin sind die Glaser weg. Ist das eine Scheibe, wie? Blitzblank. Hoffentlich klaut sie keiner heute nacht.«

Franziska schüttelte allen die Hand, dann sagte sie: »Das ist Paolo, der hilft mir.«

Paolo lachte mit weißen Zähnen und streckte ebenfalls die Hand aus.

»Hübscher Bursche«, meinte Nina und betrachtete den Lockenkopf, der höchstens Anfang Zwanzig war.

»Italiener«, erklärte Franziska. »Echter Faschist. Er war auf dem Weg nach Hause, und am Brenner haben ihn seine eigenen Landsleute verprügelt. Partisanen. Da ist er wieder umgekehrt. Trieb sich dann so in der Gegend herum. Ich hab' ihn nebenan in der Ruine aufgelesen. Der ist doch dekorativ, net? Ich muß auch an weibliche Kundschaft denken.«

»Und so chic angezogen«, sagte Nina.

»In der Uniform kann er ja nicht mehr herumlaufen. Ist eine Bluse von mir, und die Hose stammt noch vom Fasching. Hab' ich im Keller in einem Sack gefunden. Und dann hab' ich es mal durchs Wasser gezogen, und nun hat er's an. Wartet, ich mach' uns Kaffee.«

Das berührte Nina sehr vertraut, das war wie früher. Kaffee trinken im Hinterzimmer des Ladens, wie oft hatten sie das getan. Im Laden hingen ein paar Bilder, ein paar wacklige Möbelstücke waren zu besichtigen, ein recht hübscher Biedermeierstuhl und ein blitzendes silbernes Teeservice.

»Das hat mir schon jemand gebracht, damit ich's verkauf'. Möglichst an einen Ami gegen Zigaretten.«

»Darfst du denn das?« fragte Nina naiv.

»Geh, frag net so blöd. Heut darf man alles. Wirst sehen, wie mir die Leut die Bude einrennen, die noch was zu verkaufen haben. Je älter, um so besser. Die Amis sind ganz wild auf das Zeug.«

Franziska waren keinerlei Beschwerden mehr anzumerken, sie hatte Zähne im Mund, den linken Arm bewegte sie recht lebhaft, nur die Nase war noch schief.

»Mein Arm ist schon fast wieder gut, sixt es?« Zum Beweis

schlenkerte sie ihn durch die Luft. »Die Zähne sind erst ein Provisorium, ich krieg' später bessere.« Sie musterte interessiert Eva und Herbert. »Und wer seid nachher ihr?«

Nina erklärte es, und bald war ein lebhaftes Gespräch im Gang, über Gott und Zeit und Welt und vornehmlich über Franziskas zukünftige Ware.

»Ihr könnt mir alles bringen, Möbel und Bilder und Schmuck und so. Ich verkauf' alles«, war schließlich Franziskas Resümee.

»Wir sind eigentlich in die Stadt gekommen, um zu kaufen, nicht um zu verkaufen«, sagte Herbert. »Wir brauchen Kaffee und Zigaretten.«

»Das könnt ihr alles von mir haben. So einen Nescafé halt. Fünfhundert die Dose. Und Zigaretten hab' ich auch da. Stück fünf Mark. Na, weil ihr's seid, vier.«

Das ging so eine Weile weiter, sie unterhielten sich ausgezeichnet. Nina kam sich albern vor, als sie daran dachte, was sie Eva und Herbert für trübsinnige Geschichten erzählt hatte.

»Ist er oben?« fragte sie schließlich.

»Wer? Ach, Silvester meinst du? Naa, der is nimmer da.«

»Der ist nicht mehr da? Was soll das heißen?«

»Victoria war da. Hast du sie denn nicht geschickt? Sie fand das unmöglich bei uns. Wir waren auch gerade beide blau. Ich dachte, du hättest sie in Marsch gesetzt.«

Nina schüttelte den Kopf. »Hat sie ihn mitgenommen? Ist er im Waldschlössl? Das ist gut.«

»Gut, das findest du, net wahr? Hauptsache, er ist nicht mehr bei mir.« Das Hang ironisch, doch ohne die geringste Feindseligkeit. Franziska schien sich wirklich nicht verändert zu haben.

»Ich habe Victoria nur einmal kurz gesprochen, seit ich hier war«, sagte Nina leicht verärgert. »Sie sagte, sie wollte bei euch vorbeischauen und ...«

»No, das hat sie ja getan. Und sie hat ihn gleich mitgenommen.«

»Also ist er draußen bei ihr.«

»Nein. Wer sagt denn das? Sie hat ihn zu Isabella gebracht.«

»Zu Isabella?«

»Ja. Er braucht Pflege und Ruhe. Und ärztliche Behandlung. Wo hat er die? Bei Isabella.«

Nina nickte. »Natürlich. Victoria ist wie immer die klügste von uns allen.«

»Ist sie. Ich geb' dir die Adresse, falls du sie nicht mehr weißt. Ist die alte. Das Haus ist stehen geblieben, und Isabella hat ihre Praxis genau da, wo sie sie früher hatte.«

»Ich weiß die Adresse noch. Er wohnt bei ihr?«

»Sie hat Platz genug. Ihr setzt man keine fremden Leute rein. Und ihre Praxis läuft schon wieder auf Hochtouren. Sie ist nun mal eine gottbegnadete Ärztin. Schau dir meinen Arm an.«

Wieder schlenkerte Franziska den Arm hoch durch die Luft. »Ich dacht', ich könnt' ihn nie mehr auch nur einen Zentimeter heben.«

»Das ist fabelhaft, ja«, sagte Nina bereitwillig.

»Sie wird auch Silvester kurieren, in dieser und jener Beziehung. Wirst du ihn besuchen?«

»Natürlich.«

»Fein. Grüß schön von mir.«

Ganz schwindlig von Kaffee und Zigaretten standen sie zwei Stunden später wieder auf der Straße, wohlverpackt in einem alten Lumpen die Dose mit dem Nescafé und eine Stange Zigaretten. Auch das Päckchen mit den drei Meter Stoff hatte Eva noch unter dem Arm.

»Den nehmen wir wieder mit«, hatte Herbert entschieden. »Braucht sie für den Laden nicht.« Aber er hatte Franziska versprochen, sofort in seiner ganzen Umgebung auf die Jagd zu gehen nach Antiquitäten oder was man dafür halten könnte.

»Kann ruhig auch ein Kitsch sein«, hatte Franziska gesagt. »Rehe auf der Waldwiese mit Vollmond oder Engel über der Totenbahre oder so was. Haben die Leut sicher noch haufenweis. Und alte Familienbilder zum Beispiel. Da mach' ich dann ein Schild dran, das ist der Graf Itzenplitz oder die Fürstin Denkdochmal. Oder alte Bilder von Königen und Kaisern, so was alles. Das wär's doch.«

»Darf's auch der Hitler sein?«

Franziska überlegte eine Weile und sagte dann: »Ich stell' mir vor, die Amis kaufen den auch. Später mal. Jetzt haben sie ihn wahrscheinlich sowieso überall schon als Souvenir eingesammelt.«

»Und nun?« fragte Herbert, als sie langsam in Richtung Marienplatz gingen, es hatte wieder angefangen sacht zu regnen.

»Nach Schwabing?«

»Nein«, antwortete Nina. »Heute nicht. Dem fühl' ich mich nicht mehr gewachsen. Und wenn er bei Isabella ist – also, da ist er ja wirklich gut aufgehoben. Und außerdem – wie sollen wir denn jetzt nach Schwabing kommen. Es regnet ja. Und die Trambahnen sind so voll.«

»Stimmt alles genau. Wollen wir irgendwo einkehren? Zum Essen ist es allerdings zu spät. Und Muckefuck brauchen wir ja nicht mehr zu trinken, nach dem guten Kaffee.«

»Fahren wir heim, sobald ein Zug geht«, sagte Nina und fühlte sich erleichtert. »Schön, daß ihr da seid. Und jetzt – ich sag' euch was, jetzt kümmere ich mich da nicht mehr drum. Er weiß, wo ich bin, und Isabella weiß es auch, und Post geht ja auch wieder.«

Sie fühlte sich wirklich erleichtert. Befreit von einer Verantwortung, von der sie nicht gewußt hatte, wie sie sie tragen sollte. Sie hatte genug Sorgen.

Sie schob ihren Arm unter Herberts Arm, nahm Evas Hand. »Ihr wißt gar nicht, wie froh ich bin, daß ich euch habe. Ich seh' dich noch am Zaun stehen, Herbert, am Tag als die Amerikaner kamen. Jetzt beginnt das Leben neu, hast du gerufen. Kommen Sie rüber, wir haben noch eine Flasche Schampus. Mensch, Herbert, da warst du ein wildfremder Mann, den ich nie im Leben gesehen hatte. Und jetzt bist du ein Schutzengel in meinem Leben geworden.«

»Na, na, machen Sie halblang, gnädige Frau«, sagte Herbert verlegen.

»Und Eva auch«, beharrte Nina, »sie ist der erste Mensch, mit dem ich wieder mal gelacht habe.«

»Ich denke, das gleicht sich aus«, sagte Eva herzlich und

drückte Ninas Hand, »wir sind bei euch untergekommen und leben nicht schlecht dabei. Daß wir uns zusätzlich gut leiden können, ist natürlich knorke.«

Nina lachte wirklich, als sie den Berliner Ausdruck hörte. »Die Münchner würden sagen, es ist pfundig. Ach ja, Berlin. So in meines Herzens Tiefe wünsche ich mich immer noch zurück.«

»Das vergiß jetzt erst mal«, meinte Herbert. »Sei froh, daß du hier bist. Und das nächste Mal, wenn wir in die Stadt fahren, gehen wir fein essen, ich weiß auch schon, wo. Sammelt mal immer schön Lebensmittelmarken.«

»Ich möchte gern mal ins Theater gehen«, sagte Nina, »oder in ein Konzert.«

»Gibt es alles. Die Kammerspiele haben wieder angefangen. Das Problem ist nur, wie kommen wir nachts nach Hause. Vielleicht könnten wir bei deiner Freundin Franziska übernachten.«

»Das denn doch nicht.« Nina blieb stehen. »Dieser kleine Italiener? Ob der bei ihr wohnt?«

»Sicher doch. Wo sonst? Und da sie jetzt allein ist –«

»Ich trau's ihr zu. Mit allem, was dazugehört. Sie ist ja noch nicht alt.«

»Ich weiß nicht, wie alt sie ist«, meinte Eva, »aber sie wirkt sehr munter. Und sieht gut aus.«

»Trotz allem, was sie erlebt hat, nicht?«

Nina dachte an die Franziska, die sie vor einigen Wochen erlebt hatte – schlampig, ungepflegt, trinkend, ohne Zähne, aber auch schon lebendig und lebensbejahend. Ob Silvester eines Tages...

Sie schob den Gedanken beiseite. Er wollte den Weg zu ihr nicht finden, aber sie suchte ihn auch nicht mehr.

Am 20. November begannen in Nürnberg die Kriegsverbrecherprozesse, in denen die Größen des Dritten Reiches, soweit noch vorhanden, und einige der hohen Militärs vor Gericht gestellt wurden. In langwierigen Protokollen, Anklagereden und Plädoyers wurde das ganze Geschehen der letzten zwölf Jahre ausgebreitet und analysiert, ein Unternehmen, das ein Jahr lang dauerte und mit der Verurteilung vieler dieser Männer endete; Verurteilung zu jahrelanger oder lebenslänglicher Haft, Verurteilung zum Tode, teils durch Erhängen, was wiederum sehr fatal an die Praktiken der Nationalsozialisten erinnerte.

Ein aufwendiges Unternehmen – nur daß die Deutschen, soweit nicht unmittelbar davon betroffen, kaum Interesse dafür aufbrachten. Zwar berichtete das Radio ausführlich, und es stand spaltenlang in den Zeitungen, die immer noch nur zweimal in der Woche erschienen, aber dieses Volk war des Krieges, des Regimes der großen Männer von gestern müde. Die Bewältigung der Gegenwart kostete viel zuviel Mühe, um sich daneben noch mit der Bewältigung der jüngsten Vergangenheit zu beschäftigen. Das mußte einer späteren Generation vorbehalten bleiben.

Außerdem saßen drei der zutiefst schuldig Gewordenen nicht in Nürnberg auf der Anklagebank – Hitler nicht, Goebbels nicht, Himmler nicht. Sie hatten ihrem Leben selbst ein Ende gesetzt, hatten sich der Verantwortung und der Strafe entzogen. Der einzige der obersten Führungsschicht, der geblieben war, Göring, war nun gerade beim Volk einigermaßen beliebt gewesen. Auch er beging Selbstmord, nach dem Urteil.

Die anderen waren zum Teil Männer, die schon vor Hitlers Zeit eine Rolle in Politik und Wirtschaft gespielt hatten und denen man zu Recht vorwerfen konnte, sich dem Diktator nicht verweigert zu haben. Und dasselbe galt für die Generäle. Zweifellos würde es ein Makel auf der deutschen Offiziersehre bleiben, daß sie mit dem braunen Diktator, dem aus dem Chaos der ersten Nachkriegszeit aufgestiegenen Demagogen, paktiert hatten, obwohl sie ihn, die meisten von ihnen, im Grunde verachtet und verabscheut hatten. Sie hatten dem Vaterland nicht gedient, sie hatten es verraten.

Sodann saßen noch einige im Volk höchst unbeliebte Figuren der Naziherrschaft auf der Anklagebank, denen man sowieso nie etwas Gutes gewünscht hatte, denn wenn auch zeitweise betört und verführt, so dumm war dieses Volk nie gewesen, um nicht zu wissen, was vor sich ging und mit wem man es zu tun hatte. Allein die Witze der Nazizeit, die Legion waren, legten davon Zeugnis ab.

Jedoch hatte der Nürnberger Prozeß höchste Bedeutung für die internationale Presse, die sich im zertrümmerten Nürnberg zusammenfand, um weltweit zu berichten, wie man mit Leuten verfuhr, die einen Krieg begonnen und dann auch noch verloren hatten, die Millionen und Millionen von Menschen in den Tod getrieben, zu Krüppeln gemacht, zu Bettlern erniedrigt hatten. Auch die Frage wurde schon diskutiert, weniger von den Deutschen als von den internationalen Prozeßbeobachtern, ob es juristisch vertretbar sei, über Taten zu Gericht zu sitzen und Urteile zu sprechen, die zu dem Zeitpunkt, als sie begangen wurden, nicht Verbrechen waren, sondern Gesetz.

Ob es wenigstens etwas nützen würde? Ob es nie mehr Krieg, nie mehr Mord, nie mehr Haft für Andersdenkende, nie mehr Folter geben würde? Ob in Zukunft alle Völker bereit sein würden, miteinander zu leben anstatt gegeneinander zu kämpfen? Ob jede Regierung in jedem Land bereit und willens war, die andere Meinung, das andere Denken und Reden zu tolerieren? Schon während des Prozesses glaubte eigentlich kein Mensch daran, nicht auf seiten der Sieger, nicht auf seiten der Besiegten. Die Konfrontation war bereits wieder gegeben, nur war sie großräumiger, totaler geworden und wieder einmal historisch nachweisbar: Der Gegensatz zwischen Ost und West, die jahrhundertealte Schaukel, die der Krieg vorübergehend angehalten hatte, war wieder in Bewegung gesetzt. Der Religionskrieg dieses Jahrhunderts, der sich nun auf Ideologien berief, war bereits in vollem Gange. Es sollte sich zum Vorteil des deutschen Volkes, der im westlichen Teil des Landes lebte, auswirken. Doch Frieden war immer noch nicht.

Das große Wort des Evangeliums ›Und Friede auf Erden‹, würde es auf ewig ein Traum bleiben?

In allen Kirchen, soweit sie noch standen, in vielen Heimstätten der Menschen, sofern sie noch welche hatten, wurden die Worte an diesem ersten Weihnachtsfest nach dem Kriege gesprochen, und sicher mit mehr Inbrunst denn je.

Mochte es auch noch so armselig zugehen an dieser ersten Nachkriegsweihnacht, so war es für viele eben doch ein Fest des Friedens, des Glaubens und ein wenig auch schon wieder der Hoffnung.

Das ist das Wundersame im Wesen des Menschen.

Etwas ganz irdisch Wundersames allerdings ereignete sich im Haus von Marleen Nossek.

Zwei Tage vor Weihnachten klingelte es an der Tür. Sie waren alle da, die Haustür nun fest geschlossen, denn die kostbare Wärme mußte im Haus festgehalten werden. Nina hatte auch bestimmt, daß das Gartenzimmer geschlossen und nicht geheizt wurde, und sie waren alle gehalten, sich warm anzuziehen, damit man so sparsam wie möglich mit dem Koks umgehen konnte. Denn daß es in absehbarer Zeit keine Lieferung mehr geben würde, daran war nicht zu zweifeln.

Vor der Tür stand nicht der Weihnachtsmann, aber offenbar zwei von ihm Abgesandte, zwei junge amerikanische Offiziere, die freudig grinsten, nicht viel sagten, eine große Tüte und ein Paket auf den Boden stellten, einen Brief überreichten, ›Merry Christmas‹ wünschten und wieder verschwanden.

»Nanu!« staunte Nina und betrachtete den Brief in ihrer Hand. »Der ist an Tante Alice.«

In der Diele war es auch kalt, also trugen Nina und Herbert, der mit an die Tür gekommen war, die unerwarteten Gaben ins Wohnzimmer, wo alle versammelt waren.

»Ein Brief für dich, Tante Alice.«

»Für mich?«

»Ja, hier steht es. Mrs. Alice von Wardenburg. Und die Adresse stimmt auch.«

»Wer kann mir denn schreiben? Und das da – was ist das?«

»Das wissen wir noch nicht. Vermutlich gehört es dir auch. Sollen wir mal auspacken?«

Alice nickte, und Eva und Nina machten sich sogleich an die Arbeit, wobei sie einen Ruf des Erstaunens nach dem anderen ausstießen.

»Na so was!« sagte Herbert, als die ganze Bescherung auf dem Tisch ausgebreitet lag. »Und ich hab nicht mehr an den Weihnachtsmann geglaubt. Das muß er persönlich sein.«

»Zwei Amerikaner, sagt ihr?« staunte Eva. »Na ja, kann auch gar nicht anders sein. Das ist alles Ware aus dem PX.«

PX – das Märchenland, in dem Amerikaner einkaufen konnten. Manches davon allerdings kam dank des schwarzen Marktes auch unter die Leute. Dies hier aber war ganz legal ins Haus gekommen. Schokolade, Candies, die Nina schon bekannte Peanutbutter, eine große Dose Nescafé, Dosen mit Schokoladensirup, Gläser mit Käse, mit Corned beef, Büchsen mit Gemüse, mit Ananas, mit Marmelade – alles ging von Hand zu Hand, wurde sprachlos betrachtet, kopfschüttelnd weitergereicht, und als schließlich noch drei Paar Nylonstrümpfe den Gabentisch krönten, wußte keiner mehr, was er dazu sagen sollte. Sogar Maria bekam die Dinge in die Hand gedrückt, mußte sie befühlen, und Eva sagte jedesmal dazu, worum es sich handelte.

»Das ist alles für dich«, sagte Nina.

»Wieso für mich?« fragte Alice verwirrt.

»Vielleicht«, mutmaßte Herbert, »eine Gabe für ältere Damen. Entschuldigen Sie, gnädige Frau.«

Alice lächelte verwirrt.

»Wofür entschuldigen Sie sich? Für die ältere Dame? Das bin ich ja nun wohl wirklich. Aber warum soll das alles für mich sein?«

»Weil auf dem Brief dein Name steht«, sagte Nina. »Wo ist denn der Brief eigentlich?«

Der Brief war nicht gleich zu finden, er war unter der ganzen Bescherung verschwunden und wurde erst nach einigem Suchen herausgefischt.

»Hier ist der Brief. Du solltest ihn lesen, Tante Alice.«

»Wo ist denn meine Brille? Lies du ihn, Kind.«

Nina, betroffen von der liebevollen Anrede, blickte in Alices Augen, dann besah sie sorgfältig den Brief, er hatte ein breites Format, mit Maschinenschrift war die Adresse geschrieben. Einen Absender sah sie nicht.

Herbert reichte ihr ein Taschenmesser, Nina schlitzte behutsam, als sei er aus zerbrechlichem Glas, den Umschlag auf, zog den Briefbogen heraus, faltete ihn auseinander, und da sah sie auch den Absender.

Sie stieß einen Schrei aus. »Nein!«

Die anderen blickten sie fragend an, Eva rief: »Nun sag schon!«

»Wißt ihr, von wem das kommt? Unser kleiner Amerikaner. Der Leutnant, der uns beschlagnahmt hat. Das gibt es ja nicht.«

»Ich dachte, der ist gar nicht mehr hier.«

»Ist er auch nicht. Auf dem Briefkopf steht: Frederic L. Goll, Boston, Black Bay, USA.«

»Er heißt Frederic«, sagte sie kindlich.

»Wie Chopin«, nickte Herbert ungeduldig. »Und nun lies endlich den Brief.«

Der Brief war die allergrößte Überraschung.

Die Anrede lautete: Dear Mrs. von Wardenburg, und darunter stand auf deutsch: Liebe Tante Alice!

Alle waren stumm vor Staunen, alle blickten Alice an.

»Er nennt mich... Tante?«

»Das tut er«, rief Nina aufgeregt. »Und hab' ich nicht gleich gesagt, er sieht aus wie Nicolas. Mein Gott!«

Laut las Nina vor:

Ich möchte Sie erinnern an mein zweimaliges Erscheinen in dem Haus, in dem Sie wohnen. Es handelte sich um die Beschlagnahme des Hauses, die sich dann glücklicherweise verhindern ließ.

Damals wußte ich nichts von einer verwandtschaftlichen Beziehung zwischen uns. Ich denke nur daran, wie die Dame, die man Nina nannte, eine Nichte von ihnen, feststellte, daß ich einem Mann namens Nicolas ähnlich sähe. Dies hat mein Vater bestätigt, als ich wieder daheim war.

Mein Vater ist Dr. Michael Goll, er ist gebürtiger Balte, und Sie kennen ihn unter dem Namen Graf Goll-Fallingäa. Er ist auf Kerst aufgewachsen, und er ist der jüngere Sohn meines Großvaters Georg Goll-Fallingäa. Die Schwester meines Großvaters, sie hieß Anna Nicolina, war die Mutter von Nicolas von Wardenburg, Ihrem Mann. Sie sind also wirklich, verehrte Alice von Wardenburg, meine Tante. Sie können sich vorstellen, wie überrascht ich war, als ich das alles von meinem Vater erfuhr. Mein Vater kann sich noch gut an Sie erinnern, er sagt, als junger Mann habe er für Sie geschwärmt, Sie waren eine bildschöne Frau, von allen Männern bewundert.«

Nina blickte auf.

»Na, das ist vielleicht ein Ding.« Sie lächelte Alice an, die rote Flecken auf den Wangen bekommen hatte.

»Eine bildschöne Frau, das weiß ich auch noch. Kannst du dich an den erinnern, Tante Alice?«

»Ich weiß nicht, ja, doch«, sagte Alice verwirrt. »Der Onkel von Nicolas hatte zwei junge Söhne. Er hat sehr spät ein zweites Mal geheiratet.« Sie legte die Hand über die Stirn. »Wie war denn das? Ich glaube, seine erste Frau war bei einem Reitunfall ums Leben gekommen. Ja, so war das. Kerst! Das kann es nicht geben. Mein Gott, das ist, so lange her.«

»Lies mal weiter«, drängte Herbert. »Da hast du wirklich recht gehabt, als du behauptet hast, er sieht deinem Onkel ähnlich.«

Nina las: Leider wußte ich das alles noch nicht, als ich Ihnen begegnete. Ich konnte es nicht wissen, ebensowenig wie Sie. Nun haben wir uns überlegt, mein Vater und ich, wie wir Ihnen das mitteilen können, denn vielleicht interessiert es Sie auch. Die Schwierigkeit bestand darin, daß ich mir die Adresse nicht gemerkt hatte. Nun ergab sich aber folgende Möglichkeit: ein Freund meines Bruders George, ein Offizier der U. S. Air Force, wird demnächst nach Deutschland versetzt, allerdings nach Frankfurt. Ihn habe ich mit der Aufgabe betraut, Ihre Adresse herauszufinden, Ihnen den Brief zuzustellen und, möglichst noch einige Dinge beizupacken, die Ihnen und Ihrer Familie Freude bereiten sollen.

Ich hoffe, es geht Ihnen gesundheitlich gut, ebenso wie ich hoffe, daß Sie einer erneuten Beschlagnahme des Hauses entgangen sind, auch darüber wird sich der Freund meines Bruders informieren. Grüßen Sie alle von mir im Haus, ganz besonders Nina und das kleine Mädchen. Und nehmen Sie herzliche Grüße entgegen von meiner Mutter, meinem Vater, meinem Bruder und von Ihrem Frederic L. Goll.

Eine Weile blieb es still. Alice saß wie erstarrt auf ihrem Stuhl, Marleen staunte mit großen Augen abwechselnd Alice und die Bescherung auf dem Tisch an, selbst Maria saß mit vorgerecktem Kopf und angespannter Miene.

»Das ist 'n dicker Hund«, kommentierte Herbert. »Verwandtschaft in Amerika. Verehrte gnädige Frau«, er wandte sich an Alice, »ich kann nur gratulieren. Und so was muß man pflegen, dann kommt vielleicht öfter mal der Weihnachtsmann. Sie müssen ihm einen schönen langen Brief schreiben.«

»Ich?« fragte Alice, doch gleich darauf nickte sie. »Selbstverständlich, das werde ich tun.«

»Er hat sich bestimmt große Mühe gegeben mit diesem Brief. Ist gar nicht so einfach, die Familienverhältnisse auseinanderzupuzzeln. Wie war das? Sein Vater – nein, sein Großvater war der Bruder von einer Dame... oder noch mal von vorn. Wir müssen das noch mal lesen.«

»Die Mutter meines Mannes, Nicolina von Wardenburg, war eine geborene Gräfin Goll-Fallingäa«, erklärte Alice mit Bestimmtheit. »Und ihr Bruder, er hieß Georg, war der Onkel von Nicolas und ist der Großvater dieses jungen Mannes aus Amerika. Georg kenne ich. Und seine beiden Söhne auch, natürlich. Der ältere wurde später von Revolutionären ermordet. Nicolina starb sehr jung.«

»Von ihr habe ich meinen Namen. Jedenfalls die Hälfte davon«, sagte Nina stolz. »Nicolas war mein Patenonkel. Richtig heiße ich Nicolina Natalia.«

»Das kann nicht wahr sein!« staunte Herbert. »Ich hätte nie gewagt, mich dir so formlos zu nähern, wenn ich das gewußt hätte.«

»Ja«, sagte Alice, und sie sah Nina sehr freundlich, geradezu liebevoll an. »Er war dein Patenonkel. Du warst das vierte Mädchen bei Nosseks. Eins war schon als Baby gestorben, aber Gertrud, die Tochter aus der ersten Ehe deines Vaters, war ja auch da, also waren es vier Mädchen. Dein Vater hoffte auf einen Sohn. Doch meine Schwester Agnes bekam wieder ein Mädchen, das warst du, und du warst ein sehr hübsches Kind. Ich erinnere mich, daß sie sagte, es sei die leichteste Geburt bisher gewesen.«

Alice wurde auf einmal sehr gesprächig. »Sonst hatte sie sehr viel mitgemacht bei jeder Niederkunft, Agnes war so ein zartes, empfindsames Geschöpf. Ich war einige Tage, nachdem du geboren warst, bei euch zu Besuch, um dich zu besichtigen. Dein Vater nahm keine Notiz von dir. Er wollte keine Tochter mehr, er wollte endlich einen Sohn. Als ich wieder draußen war auf Wardenburg, erzählte ich es Nicolas. Er hatte Agnes versprochen, Pate zu sein, wenn ein Sohn geboren würde. Und nun sagte er: das wird ja doch nichts. Ich werde Pate sein bei dem kleinen Mädchen. Dann ließ er Champagner kommen, und wir tranken auf dein Wohl. Grischa brachte den Champagner. Kannst du dich an Grischa erinnern?«

»Aber natürlich«, rief Nina leidenschaftlich. »Wie könnte ich Grischa vergessen? Wie könnte ich auch nur das geringste vergessen, was in Wardenburg geschehen ist.«

»Grischa war unser russischer Diener«, fuhr Alice fort. »Er war ein Geschenk der Fürstin. Und von ihr erhielt Nina den zweiten Teil ihres Namens, von der Fürstin Natalia Petrowna!«

»Das wird ja immer toller«, meinte Herbert. »Jetzt gibt es auch noch fürstliche Verwandtschaft.«

»Keine Verwandtschaft«, lächelte Alice. »Nicolas liebte die Fürstin, als er ein sehr junger Mann war und in St. Petersburg bei seinem Onkel Konstantin lebte. Er liebte sie eigentlich sein ganzes Leben lang. Wenn er plötzlich verreiste, nach St. Petersburg, nach Paris, an die Riviera, geschah es meist, um Natalia Petrowna zu treffen. Sie muß eine sehr schöne Frau gewesen sein, und sie spielte wohl eine große Rolle am Hof des Zaren.«

»Davon weiß ich gar nichts«, sagte Nina befangen.

»Wie solltest du auch. Du warst ein Kind, dann ein junges Mädchen. Du liebtest Nicolas. Man kann sagen, du hast ihn angebetet. Sein Leben war anders, als du es gesehen hast. Du sahst nur eine Seite von ihm.«

Eine Weile blieb es still im Zimmer, Alice und Nina sahen sich an, und alle spürten, daß hier über eine alte, sehr alte Geschichte gesprochen wurde.

Dann lächelte Alice, eine kühle, souveräne Dame, das war sie heute wie damals.

»An jenem Tag sagte Nicolas: Voilà, ich habe einen Namen für sie. Nicolina Natalia. Nun, es wurde im täglichen Gebrauch Nina daraus.« Und plötzlich, ganz unvermutet legte Alice die geöffnete Hand auf den Tisch. »Du warst ein liebenswertes Kind. Wir freuten uns immer, wenn du auf Wardenburg warst.«

Nina stieg das Blut in die Wangen, dann legte sie behutsam ihre Hand in Alices Hand.

»Ich war nie in meinem Leben so glücklich«, sagte sie erstickt, »wie auf Wardenburg.«

Es war richtig feierlich geworden. Eine Versöhnung vollzog sich hier, das begriffen sie alle. Ausgelöst durch einen jungen Mann aus Boston.

Herbert räusperte sich. »Nicolina Natalia, klingt fantastisch. Eine echte russische Fürstin. Ich dachte, das gibt es nur im Roman.«

»Na ja, heute schon«, meinte Eva. »Aber damals gab es sie wohl noch in Lebensgröße.«

»Er heißt Frederic«, sagte Nina versonnen. »Klingt hübsch, nicht? Aber gar nicht baltisch.«

»Sie hatten dort öfter französische Namen«, sagte Alice. »Sie sprachen alle perfekt französisch. Und russisch natürlich. Und estnisch. Es war eine Welt für sich. Ein herrliches Land. Endlose Weite, unendliche Wälder, und dann im Sommer die hellen Nächte, in denen es nicht dunkel wurde. Von Schloß Kerst war es nicht weit zum Meer. Ich war so gern dort. Und sie waren so galant, ich hatte so etwas in unserem Nest nie erlebt. Große Herren waren sie.« Ihre Augen leuchteten, sie war noch immer schön.

»Galant sind sie heute noch, wie der Brief beweist«, sagte Eva.

»Und ich habe gleich gesagt, er sieht Nicolas ähnlich«, wiederholte Nina. »Ich hab's doch gesagt, nicht wahr?«

»Hast du«, bestätigte Herbert. »Und dann laß uns noch mal in Ruhe alles betrachten, was der Weihnachtsmann gebracht hat. Maria, magst du ein Stück Schokolade? Das heißt, wenn die Tante des Mr. Goll es erlaubt.«

Alice lächelte. »Er schreibt, es gehört uns allen.«

Sie blickte von dem Brief auf, denn sie hatte inzwischen ihre Brille gefunden und las nun selbst, was der Neffe aus Amerika geschrieben hatte. »Ich möchte auch gern ein Stück Schokolade.«

Eva schob ihr den Riegel mit der Hershey-Schokolade über den Tisch, und Alice zerriß mit Bedacht das Papier, das die kostbare Gabe umhüllte.

»Ich«, sagte Nina, »hätte gern einen großen Löffel voll Peanutbutter.«

Ein tragisches Ereignis verdüsterte die Weihnachtstage: der Tod General Pattons.

Schon zuvor hatte man Patton, Kommandeur der dritten amerikanischen Armee und zuletzt Oberbefehlshaber in Bayern, abberufen und nach Bad Nauheim versetzt.

Noch immer war dieser eigenwillige Offizier, zweifellos der populärste Heerführer der Amerikaner und bei seinen Soldaten beliebt wie kein anderer, für die höhere Führung ein gewisses Ärgernis. Das war während des Krieges so gewesen, das blieb so. Denn Patton hatte seinen eigenen Kopf und auch seine eigene Meinung, was den Krieg betraf und was die Menschen betraf, für die er nach dem Krieg zuständig war. Er war immer vorn gewesen bei seinen Soldaten, er war niemals ein General am grünen Tisch. Sein Durchbruch in der Normandie, der die deutschen Truppen zum Rückzug zwang, sein erfolgreicher Gegenangriff in den Ardennen im Winter 44 machten ihn zu einem wirklichen Sieger, ein Kämpfer und ein Sieger, der auch vor dem Einsatz des eigenen Lebens nicht zurückschreckte.

Das schrieben die Zeitungen jetzt, nach seinem Tod. Es war nichts als ein läppischer Autounfall, ein Lastwagen rammte das Auto, in dem er saß. Kein passender Tod für diesen Mann. Weswegen sich auch allerhand Gerüchte um diesen Tod rankten, noch lange Zeit, nachdem man ihm in Luxemburg eine glanzvolle Trauerfeier bereitet hatte.

Es mochte den Deutschen nicht viel bedeuten; doch Nina und alle in diesem Haus empfanden Trauer. Für sie war General Patton, auch wenn sie ihn nie gesehen hatten, kein Unbekannter. Durch Frederic Goll war er für sie ein Mensch geworden, den sie kannten und dem sie zu Dank verpflichtet waren.

Das größte Wunder des neuen Jahres war Maria. Sie war blind, scheu und ängstlich, doch sie begann wieder zu leben. Der Arm war gut geheilt, und das Haar, das man ihr ganz kurz geschoren hatte, nachdem man sie in Dresden ausgegraben hatte, war wieder gewachsen und fiel ihr weich und dunkel über die Wangen und verdeckte die Narbe, die immer mehr verblaßte. Sie war ein hübsches Kind gewesen; sie war es wieder, wenn man den Blick in ihre weißen Augen vermied. Doch gerade das war unmöglich. Nina hatte schon im Haus nach einer dunklen Brille gesucht, aber es war nur die Sonnenbrille von Marleen vorhanden, und die war dem Kind zu groß.

»Ich muß drüben auch eine haben«, überlegte Eva, »doch die wird ihr auch über die Nase rutschen.«

»Kommt Zeit, kommt Brille«, ließ sich Herbert vernehmen, und er trieb dann auch eine auf, sie stammte von Bekannten der Beckmanns und gehörte einer inzwischen herangewachsenen Tochter. Sie kostete eine Packung Camel.

Maria brauchte die Brille, sie ging nun aus dem Haus. Sie selbst hätte es nicht bemerkt, wenn man sie anstarrte, doch Nina war der Gedanke zuwider.

Angefangen hatte es mit dem Englischunterricht.

Nein, vorher noch kam Conny.

Der schwarzgestromte Boxer von Marleen hieß Conato von der Hochsteige, Marleen nannte ihn Conny. Den Hund, den sie früher besaß, hatte man vergiftet. Sie wohnte damals noch mit ihrem Mann zusammen, doch sie waren schon vom Kleinen Wannsee nach Dahlem umgezogen, in ein weit bescheideneres Haus. Marleen weinte bitterlich über den Tod des Hundes. Sie hatte, so fand Nina, ihre

Hunde immer mehr geliebt als ihre Männer, womit Nina nicht unrecht hatte.

Nie mehr einen Hund, schwor Marleen. Doch dann kam Conny, jung, verspielt, zärtlich – er tröstete sie über das Exil in einem Münchner Vorort hinweg, sie ging mit ihm spazieren, pflegte ihn mit Sorgfalt und erzog ihn zu einem angenehmen Hausgenossen.

»Direkt schade, daß du alle deine Kinder abgetrieben hast«, sagte Nina einmal, »du hättest eine gute Mutter abgegeben.«

Marleen lachte. »Na, ich weiß nicht. Mit einem Hund hat man weniger Ärger. Und wenn ich Kinder gebraucht habe, hatte ich ja deine. Stell dir vor, ich hätte mit Max Kinder gehabt. In dieser Zeit. Vielen Dank!«

»Warum gerade mit Max?«

»Mit wem denn sonst?« Und sich rasch verbessernd fügte sie, ehrlich, wie sie war, hinzu: »Ich meine, von wem sie auch gewesen wären, sie hätten offiziell Max als Vater gehabt, nicht?«

»Du hast vorher nie daran gedacht, dich scheiden zu lassen?« fragte Nina neugierig.

»Nein«, antwortete Marleen mit Bestimmtheit. »Mir konnte es nirgends besser gehen als bei Max. Wenn die dämlichen Nazis nicht gekommen wären, hätten wir ewig zusammenleben können.«

»Dann frage ich mich, warum du nicht mit Max rechtzeitig emigriert bist. Ihr hattet Geld genug, und das haben doch viele Juden getan.«

»Du weißt ganz genau, daß Max es nicht wollte. Ich habe nie einen Menschen gekannt, der sich so als Deutscher fühlte wie Max. Das weißt du auch.«

»Ja, stimmt«, mußte Nina zugeben.

Max Bernauer ging Deutschland wirklich über alles. Die Spuren davon fanden sich noch jetzt in diesem Haus. Marleen las viel, und meistens Romane, die nicht zu anspruchsvoll sein durften. Aber es standen sehr viele Bücher über deutsche Geschichte im Bücherschrank, die hatten alle Max gehört.

Nachdem Marleen dann von Max getrennt lebte und schließlich von ihm geschieden wurde, war sie abermals umgezogen, sie wohnte in der Budapester Straße in exzellenten Verhältnissen, und ohne Hund.

Alexander Hesse schenkte ihr den jungen Boxer, als sie widerwillig von Berlin nach München ging. Alle im Haus hatten ihn gern, Conny war ein freundlicher Hund, der gern schmuste und die Menschen, von denen ihm nie etwas Böses geschehen war, liebte.

So schmeichelte er sich auch manchmal an Maria heran, die anfangs zurückzuckte, woraufhin Nina den Hund immer möglichst von Marias Seite vertrieb. Sie sollte nicht an Mali erinnert werden. Herbert nannte dies Ninas überflüssige Einmischung in den Lauf der Welt. So war sie immer schon gewesen, es war ihr Temperament, und sie war der Meinung, daß niemand die Dinge und den Lauf der Welt so gut verstand wie sie.

Wie so oft, Herbert hatte recht. Eines Tages, es war im Herbst, beobachtete Nina von der Terrasse aus, wie Conny dicht an Marias Beine geschmiegt saß, die beiden waren allein im Gartenzimmer, und Marias Hand glitt sacht über das weiche Fell des Hundes. Nina wagte nicht, sich zu rühren, beobachtete die Szene gespannt. Aber nichts Besonderes geschah. Maria weinte nicht, der Hund gähnte, dann legte er den Kopf auf ihr Knie, und Maria tastete mit den Händen die Form des Hundekopfes ab. Conny war größer als Mali, und sein Kopf war ganz anders geformt als der der kleinen Jagdhündin. Das hatte Maria nun festgestellt.

Von da an sah man die beiden oft nebeneinander, und Herbert sagte zu Nina nur: »Siehste!«

Dies war also der erste Schritt aus Marias Verbannung heraus. Der zweite waren die Englischstunden, die Eva, wie angekündigt, ab dem Spätherbst der gesamten Familie gab. Denn, so sagte sie, in dieser Zeit sei es absolut notwendig, englisch zu sprechen. Sie könne zwar nicht garantieren, daß man die Amerikaner verstehen werde, aber die würden verstehen, was man zu ihnen sagte.

Marleen hatte abgelehnt, an dem Unterricht teilzunehmen, Alice auch, sie sei zu alt, um noch etwas zu lernen, sagte sie. Aber im Laufe des Winters ergab es sich, daß sie meist im Wohnzimmer saßen; es war der größte Raum und der einzige Raum, in dem Nina gestattete, daß die Heizung voll aufgedreht wurde.

Und so waren Alice und Marleen notgedrungen Teilnehmer an dem Englischunterricht, wenn auch stumm.

Alice Nossek hatte genau wie ihre Schwester Agnes das ›Private Institut für Höhere Töchter‹ von Leontine von Laronge besucht und recht gut französisch gelernt, wie es sich zu jener Zeit für eine höhere Tochter geziemte. Englisch sprachen sie damals nicht in der niederschlesischen kleinen Stadt, die ihre Heimat war.

Magdalene Nossek und Nina Nossek, die nächste Generation, besuchten die ›Rehmsche Privatschule für Mädchen‹, das war schon eine Entwicklungsstufe weiter, denn hier unterrichtete nicht Fräulein von Rehm allein, es gab noch vier andere Lehrerinnen, und der Unterricht war recht vielseitig. Englisch allerdings gehörte nicht zum Lehrplan.

Es gab zu jener Zeit in ihrer Heimatstadt auch schon ein richtiges Lyzeum, das die ältere Schwester von Magdalene und Nina besuchen durfte, Hedwig Nossek, die gar nicht hübsch war, durch einen Unfall ein verkürztes Bein zurückbehalten hatte, weswegen man annahm, daß sie nie einen Mann bekommen würde und auf möglichst schickliche Weise selbst für ihren Unterhalt würde sorgen müssen. Zufällig war aber Hedwig Nossek, oder Hede, wie man sie nannte, das klügste aller Nossek-Kinder, darum ermäßigte man später auch ihr Schulgeld, damit sie die Mittlere Reife machen konnte.

Zu einem Studium reichte das nicht, doch studiert hätte Hede gern, und zwar Chemie, wofür sie sich brennend interessierte. Es war nun zwar möglich geworden, daß Mädchen studierten, doch für Emil Nossek, ihren Vater, war das kein Thema, er wollte nur einen Studenten in der Familie sehen, Willy, seinen heißgeliebten Sohn, der sich allerdings als viel zu dumm erwies, er schaffte nicht einmal das Abitur. Hede ging später von zu Hause weg, bis nach London, wo sie ganz von selbst Englisch lernte und sich den Suffragetten anschloß. Nach einigen Jahren kam sie nach Deutschland zurück, blieb jedoch in Hamburg und nahm dort eine Stellung an. Für ein junges Mädchen ihrer Zeit, das weder hübsch noch wohlhabend war und dazu noch lahmte, entwickelte sie allerhand Initiative und stürzte damit ihre Eltern in tiefste Verwirrung.

Der Krieg, der Erste Weltkrieg, verhalf Hede dann zu einer erstaunlichen Karriere.

Was Hitler eigentlich hätte wissen müssen: auch damals schon fehlte es dem deutschen Volk an Rohstoffen. Und genau wie in diesem letzten Krieg arbeiteten Wissenschaftler fieberhaft daran, Ersatzstoffe zu erfinden. Es fehlte auch an Chemikern, und das Erstaunliche geschah, man begann Mädchen und Frauen in Chemie auszubilden, dazu brauchten sie weder das Abitur noch ein Studium. Im ganzen Land schossen die Chemieschulen für Damen wie Pilze aus der Erde, und wie auch auf vielen anderen Gebieten öffnete der Krieg den Frauen bisher verschlossene Türen. Vom Frauenwahlrecht angefangen bis zu jeder Art von Berufsausbildung, von freier Liebe bis zur Abtreibung war nach dem Krieg die Emanzipation der Frau gewaltig vorangekommen.

Für Hedwig Nossek begann ein neues Leben. Nicht nur arbeitete sie auf dem Gebiet, das sie immer interessiert hatte, und das ganz ohne Studium – diese unscheinbare Nossek-Tochter mit dem verkürzten Bein machte später eine großartige Partie, die sie allein ihrer Persönlichkeit verdankte.

Sie heiratete einen anerkannten Wissenschaftler und wurde an seiner Seite auch bekannt, arbeitete an seinen Forschungen mit, begleitete ihn auf Vortragsreisen, hielt selber Vorträge. Der Mann war Jude, zwar in Deutschland geboren, aber schon nach dem Ersten Weltkrieg ausgewandert und wurde später amerikanischer Staatsbürger.

Es gab also noch mehr Verwandte in Amerika, für Nina und Marleen, sogar eine leibliche Schwester. Doch für Hede existierte die Familie schon lange nicht mehr und sie nicht für die Familie.

Evas Englischstunden wurden für Maria der zweite Schritt

ins Leben. Um ihr die Teilnahme zu ermöglichen, gab Eva gewissermaßen phonetischen Unterricht. Stephan und Herbert, die beide schon in der Schule ein wenig Englisch gelernt hatten, machten sich Notizen, und Nina tat es sowieso eifrig. Aber vor allem ging es darum, daß Maria etwas lernte, und das konnte nur ohne Schreiben und Lesen möglich sein. Also benannte Eva zunächst einmal alle Gegenstände des täglichen Gebrauchs, die Dinge im Haus, im Garten, in der nächsten Umwelt. Sie formte einfache Sätze, erst auf deutsch, dann auf englisch, ließ die Verben und Hilfsverben mündlich konjugieren, und es stellte sich heraus, daß bei dieser Art von Unterricht alle recht mühelos lernten, und Maria war binnen kurzem die beste von allen. Dem Kind hatte geistige Anregung gefehlt, und wie sich nun zeigte, war dies die beste Therapie. Ihr Gedächtnis war erstaunlich, und dank ihrer Musikalität war ihre Aussprache vortrefflich. Das reichlich von Eva gespendete Lob tat ein übriges.

Vor aller Augen veränderte sich das Wesen des Kindes, erst recht als das Klavier dazukam.

Das Klavier war ein prachtvoller Bechsteinflügel, und der stand im Hause des Oberstudienrates Beckmann. Herr Beckmann spielte recht gut, seine Frau spielte noch besser, und am besten hatte der gefallene Sohn gespielt, der an der Musikakademie studiert hatte, um Dirigent zu werden.

Jetzt spielte Maria Henrietta. Ausgestattet mit dem neuen Selbstvertrauen, das der Sprachunterricht ihr vermittelt hatte, war es gar nicht schwer gewesen, sie zu dem Gang in das Haus an der nächsten Ecke, zu dem Haus der Beckmanns, zu bewegen. Nina schwebte zwar in tausend Ängsten, wie dieses ungeheuerliche Unternehmen verlaufen würde, doch Herbert sagte: »Kümmere dich mal gar nicht drum, das machen wir.« Wir, das waren in diesem Fall Herbert und Stephan. Sie nahmen Maria in die Mitte und spazierten ganz unbefangen plaudernd zum Hause Beckmann, wo sie bereits erwartet wurden. Denn selbstverständlich hatte Herbert alles bestens vorbereitet. Zunächst ging es ja nicht um das Klavierspielen, sondern die Idee war, daß Maria von Alfons Beckmann unterrichtet werden sollte.

Maria lernte leicht, bewies immer wieder ihr phänomenales Gedächtnis und nahm begierig alles auf, was man ihr vermittelte.

An den Flügel setzten sie sie allerdings schon am ersten Tag. Nach einem scheuen Zögern glitten ihre Finger vorsichtig über die Tasten, noch ohne einen Ton anzuschlagen. Der Oberstudienrat, seine Frau, Herbert, Stephan, sie standen wie gebannt und blickten auf das Kind. Was würde geschehen?

Herbert hatte Stephans Hand gefaßt und hielt sie fest, denn Stephans Hand zitterte. Und Herbert dachte: Ein Glück, daß Nina nicht dabei ist, sie würde die Spannung nicht aushalten und bestimmt etwas sagen.

Worte waren unnötig, sie konnten das Kind nur stören.

Nach einer Weile schlug Maria vorsichtig einen Ton an, neigte lauschend den Kopf zur Seite, noch einen Ton, noch einen, sie beugte sich vor, griff einen vollen Akkord, und dann begann sie zu spielen. Was sie gelernt hatte in Dresden, ehe die Trümmer sie begruben, es war noch da. Es war nicht erschlagen und nicht erstickt worden, sie konnte nicht sehen, aber sie besaß das absolute Gehör, das hatte sie von ihrem Vater geerbt. Das slowakische Hintertreppengenie hatte Nina ihn genannt.

Herbert stand und blickte wie verzaubert auf das Kind am Flügel. Maria schien die Welt um sich vergessen zu haben, sie spielte versunken, lauschte auf ihr Spiel, ihr Gesicht verklärte sich geradezu dabei.

Könnte Mozart sein, dachte Herbert. Was ihm der Oberstudienrat später bestätigte.

Dann preßte Herbert fest Stephans Hand, sie sahen sich an, sie waren glücklich. Der nächste, und wie es schien, der wichtigste Schritt zu Marias Heilung war getan.

Von nun an ging sie täglich zu Beckmanns. Wie es auf diesem Weg aussah, hatte Herbert ihr genau beschrieben, und bald konnte sie auf Begleitung verzichten. Nina war den Beckmanns unendlich dankbar, denn jetzt erlebte sie, wie alle anderen, die Entwicklung Marias von einem verstörten, hilflosen Wesen zu einem lebendigen, fühlenden Menschen.

Es ging nicht von heute auf morgen, es gab Rückschläge, es gab Enttäuschungen, es gab Peinlichkeiten für das empfindliche Kind, es war eine Entwicklung, die Jahre dauerte.

Schon als der Frühling kam, als dieses erste schreckliche Jahr nach dem Krieg nun doch vorübergegangen war, hatte sich für alle im Haus das Leben verändert.

Nina war nicht mehr so gehetzt, nicht mehr so nervös. Alice von Wardenburg hatte ihre Abwehr, ihre Feindseligkeit abgelegt und sich diesem neuen Dasein zugewandt, und Stephan schließlich war zwar kein gesunder Mensch, doch auch kein verzweifelter Mensch mehr. Marleen brauchte sich nicht zu verändern; sie war immer und zu allen Zeiten sie selbst.

Maria war noch immer ein stilles, zurückhaltendes Kind, aber sie bewegte sich mit Sicherheit im Haus und im Garten, sie hatte viel gelernt und lernte täglich mehr, schneller und aufmerksamer als jedes andere Kind, sie spielte immer besser Klavier, übrigens auch mit Vergnügen die amerikanischen Schlager, die sie im AFN hörte.

Duplizität der Ereignisse – es kam ein zweiter Brief aus Amerika, der ebenfalls eine Überraschung bedeutete. Diesmal war er an Marleen gerichtet.

»An mich?« fragte Marleen erstaunt, als Nina ihr den Brief brachte.

Marleen lag im Bett und las, sie war ein wenig erkältet und hatte beschlossen, nicht aufzustehen, Nina brachte ihr das Frühstück ans Bett, die Heizung war aufgedreht, Conny kam nach einem kurzen Gang durch den Garten und die nächsten Straßen zu ihr und legte sich vor das Bett, nachdem er sich zuvor zufrieden in ihre Hand gekuschelt hatte. Draußen lag Schnee, es war kalt. Marleen fand es höchst gemütlich.

Als sie den Umschlag des Luftpostbriefes betrachtet hatte, riß sie die Augen auf, sie wurde ganz blaß.

»Was ist denn?« fragte Nina.

»Weißt du, von wem der Brief ist? Von Alexander. Das ist seine Schrift.«

»Er kommt aus den USA. Den Absender habe ich weiter nicht angesehen.«

»Es ist kein Absender. Nur so ein paar komische Zeichen.«

Marleen riß den Brief hastig auf, las, stockte, las wieder. Alexanders Schrift war schon immer schwer zu lesen gewesen. Und Briefe hatten sie sich früher nie geschrieben, sie kannte seine Schrift nur von Notizen oder kurzen Vermerken am Telefon.

»Was schreibt er denn? Mein Gott, er lebt«, sagte Nina. »Und er ist in Amerika.«

Marleen sah Nina an, in ihren Augen stand kindliches Staunen. »Ich habe immer gedacht, daß er tot ist.«

»Ja, das habe ich auch gedacht. Wo ist er denn?«

»Er schreibt, er ist... warte mal, ich kann das so schlecht lesen, ja, er schreibt, er war in amerikanischer Gefangenschaft, ist aber... also anscheinend ist er nun frei. Lies doch mal selbst. Das ist eine furchtbare Klaue. Wie ein Arzt.«

Nina nahm den Brief und versuchte ihn zu entziffern.

»Ja, in Kriegsgefangenschaft war er. Wieso denn? Er war doch gar nicht Soldat. Und hier, jetzt verstehe ich es, er arbeitet in einem Labor. Und jetzt kommt eine Adresse, die ist besser lesbar, da hat er sich Mühe gegeben. In Dallas ist er. Wo ist denn das? Und du sollst ihm schreiben, was du brauchst.«

»Was ich brauche?«

»Ja, ›Laß mich wissen, was ich Dir schicken kann. Brauchst du Geld? Lebensmittel? Irgendeine Hilfe? Laß mich vor allen Dingen wissen, ob diese Adresse noch stimmt.‹«

Marleen warf sich im Bett herum, vergrub das Gesicht in den Kissen und weinte. Nina betrachtete sie mit stillem Staunen. Hatte sie Marleen je weinen gesehen? Doch, damals, als sie ihr den Hund vergiftet hatten.

Den Brief in der Hand, setzte sich Nina auf den Bettrand und streichelte sanft Marleens Rücken. Gab es doch etwas, einmal in ihrem Leben, das ihr ans Herz ging? Liebte sie diesen Mann wirklich? Nina versuchte, sich an ihn zu erinnern. Sie hatte ihn ein einziges Mal gesehen, das war... ja, wann war das, es war bereits nach Kriegsbeginn. Anfang 1940 mußte es gewesen sein.

Dann fiel es Nina ein. Es war im März 1940, sie war erst in Görlitz gewesen, wo Vicky ihre letzten Vorstellungen sang, und hatte ihr dann geholfen bei der Rückkehr in die Wohnung am Victoria-Luise-Platz, ganz hatte Vicky ihre Zelte ja dort nie abgebrochen, das Engagement in Görlitz, ihr erstes, betrachtete sie nur als Zwischenspiel. Nun würde sie ihren zweiten Film bei der UFA drehen.

Es war mein letzter Aufenthalt in Berlin, dachte Nina.

Vicky ging ja später nach Dresden, und ich habe sie dort besucht. Ich blieb ziemlich lange in Berlin, ich genoß es, vom Krieg spürte man nichts, und trotz Silvio hatte ich immer Heimweh nach Berlin.

Sie hob noch einmal den Brief und studierte ihn, es ging ein bißchen besser, aber manches Wort blieb unverständlich. Und eine Brille, dachte Nina erbost, brauche ich offenbar nun auch. Hilf, Gott, ich werde alt.

»Also weißt du«, sagte sie, »das ist höchst verwirrend. Wieso war er in Kriegsgefangenschaft? Und wieso arbeitet er jetzt? Kriegsgefangene sind in einem Lager, oder sie werden heimgeschickt. Ich versteh' das alles nicht. Und die Adresse hier, das ist gar nicht seine Adresse. Es heißt: schreibe an, und dann kommt ein Doppelpunkt, und dann kommt ein Name. Simon Rosenberg. Das klingt doch deutsch. Und jüdisch dazu. Das kann kein Mensch verstehen. Tut er Buße in einem jüdischen Lager, gibt es so was? Und das Ganze ist in Dallas, Texas. Habe ich noch nie gehört. Na, komm, hör auf zu weinen.«

Sie klopfte Marleen beruhigend auf den Rücken. »Hauptsache, er lebt, nicht? Und so schlecht kann es ihm gar nicht gehen, wenn er dir seine Hilfe anbietet.«

Marleen setzte sich auf, sie mußte husten, dann putzte sie sich die Nase.

»Ich hab' mich wirklich erkältet«, sagte sie kläglich. »Kenn' ich gar nicht an mir. Weil du ewig an der Heizung sparst.«

»Müssen wir doch. Schau dir den Kokshaufen mal an, wie klein der geworden ist. Jetzt ist Februar, noch knapp einen Monat kommen wir hin, und dann ist noch lange kein Sommer in München. An den nächsten Winter wage ich gar nicht zu denken.«

»Dann wird uns Alexander eben Koks beschaffen«, sagte Marleen mit kindlicher Zuversicht.

Nina mußte laut lachen. »Gott bewahre dir dein kindliches Gemüt. Schreiben wir halt nach Texas, zu essen und zu trinken haben wir einigermaßen, aber Koks brauchen wir. Marleen, ich möchte für mein Leben gern wissen, was er da macht.«

»Ich auch.«

»Ich habe immer gedacht, man liest seinen Namen mal bei irgend so einem Prozeßbericht. Hauptsächlich deswegen habe ich sie so genau studiert.«

»Warum denn? Er ist doch kein Verbrecher. Und er war kein Nazi, das habe ich dir doch immer gesagt.«

»Hast du gesagt. Aber er hat immerhin für die Nazis gearbeitet. Er hat ihnen seinen Verstand und sein Talent zur Verfügung gestellt, nicht? So kann man es ausdrücken.«

Marleen nickte.

»Na ja, bitte, und nimm mal einen Mann wie Schacht, der sitzt in Nürnberg mit auf der Anklagebank. Bei dem war es doch auch nicht anders.«

»Das alles kann sowieso kein Mensch verstehen«, wehrte Marleen ab, die sich jetzt so wenig wie früher für Politik interessierte und die den Krieg nur zur Kenntnis genommen hatte, soweit er ihre Person betraf.

Sie nahm Nina den Brief aus der Hand und vertiefte sich wieder darin, ihre Augen waren gerötet, sie schniefte ein wenig, ob von der Erkältung oder der inneren Bewegung ließ sich nicht unterscheiden. Aber selbst in diesem Zustand, ungeschminkt, mit dem verwirrten Haar, war Marleen Nossek, geschiedene Bernauer immer noch eine hübsch anzuschauende Frau. Ein paar Falten um die Augen, die Wangenpartie ein wenig schlaff, aber kein grauer Faden in ihrem dunklen Haar, keine Falte auf der Stirn. Das Nachthemd war aus rosa Seide, mit Spitze am tiefen Ausschnitt.

»Du könntest dir wenigstens einen Schal ummachen«, tadelte Nina, »wenn du schon erkältet bist. Und hast du kein wärmeres Nachthemd?«

»Ach, ist ja egal«, sagte Marleen. »Ich bin sowieso krank. Das heißt wirklich Rosenberg.«

»Ist nicht egal. Du mußt schnell gesund werden. Und ein

bißchen auf dich schauen. Vielleicht kriegst du deinen Alexander wieder.«

Marleen blickte von dem Brief auf und starrte an die Zimmerdecke. Sie schien darüber nachzudenken, was Nina gesagt hatte. Ob sie ihn wirklich wiederhaben wollte? Nina war nicht sicher. Marleens Gefühlsleben, ihre Männeraffären waren nie durchschaubar gewesen. Nur soviel stand fest, sie hatte ihre Männer oft gewechselt, sie hatte keinen lange behalten. Außer Max, aber mit dem war sie nur verheiratet, sonst nichts.

»Geh mal da drüben an die oberste Schublade«, sagte Marleen, »da liegen Schals. Und dort auf der Kommode steht Cognac. Schenk uns mal was ein. Irgendwie, weißt du, versteh' ich das nicht.«

»Mir geht es auch so. Aber ich kann es sowieso nicht verstehen«, sagte Nina, während sie den Schal holte und dann zwei Gläser mit Cognac füllte. Es war immer noch französischer, es war nur recht und billig, daß man im Gedanken an Alexander davon trank.

»Du kennst ihn ja besser. Ich hab' ihn ein einziges Mal gesehen, er legte wenig Wert auf deine Familie.«

»Ach, er hatte so wenig Zeit. Er war froh, wenn er mal eine Stunde für mich hatte. Wann war denn das?«

»Es ist mir gerade eingefallen, wann das war. Im März 40, als Vicky ihren zweiten Film drehte. Ich war in Berlin, und einmal traf ich ihn bei dir.«

Gar nicht Marleens Typ, hatte Nina damals gedacht, denn Marleen bevorzugte große, blonde, breitschultrige Männer, sportliche Typen, doch Alexander war nur mittelgroß, gedrungen, ein dunkler Kopf mit schwermütigen dunklen Augen. Kein schöner Mann, doch eine Persönlichkeit.

»Er schien sich nicht viel aus mir zu machen«, sagte Nina. »Er war so abwesend.«

»Na ja, der Krieg. Er sah ja von Anfang an, daß es böse ausgehen würde. Gleich als der Krieg begonnen hatte, fing er damit an, ich müßte ein Haus in Bayern haben.«

»Hat er dieses Haus gekauft?« fragte Nina und nippte an ihrem Cognac.

»Ja. Aber es ging natürlich auf meinen Namen. Und dann hat er so nach und nach alles herschaffen lassen, was wir hier haben«. Marleen schüttelte den Kopf und wand sich den Schal um ihren schlanken Hals. »Ich sagte zu ihm, du spinnst ja. Und einmal sagte er, gut, daß deine Schwester den Mann in München geheiratet hat. Also, es ist schon komisch, aber es ist, als hätte er alles vorausgesehen.«

»Klug war er wohl. Wir können nur in Dankbarkeit an ihn denken.«

Nina hob ihr Glas. »Auf das Wohl von deinem Alexander. Es freut mich, daß er am Leben ist.«

»Mich auch.«

Nina holte die Flasche und füllte die Gläschen wieder.

»Damals in Berlin, also da merkte man von Krieg noch gar nichts. Ich war einmal mit Peter und Vicky bei Kempinski zum Essen, das war wie immer. Peter habe ich damals auch zum letztenmal gesehen. In natura, meine ich. Im Film habe ich ihn noch oft gesehen.«

»Ach ja, Peter Thiede, deine große Liebe.«

»Meine zweite große Liebe«, verbesserte Nina.

Alexander Hesse war nicht nur klug, er war auch clever. Er hatte vorausgesehen, wie es mit Hitler und seinem Krieg zu Ende gehen würde. Und er hatte nicht nur für Marleen gesorgt, sondern auch für sich selbst.

Er hatte sein Studium beendet, ehe der erste Krieg begann, war Leutnant der Reserve, wurde eingezogen, aber schon bald für die Arbeit in einem chemischen Werk freigestellt, denn mit seinen Forschungen hatte er sich damals schon einen gewissen Namen gemacht. Während des Krieges heiratete er die Tochter eines Fabrikbesitzers im Ruhrgebiet, seine beiden Söhne wurden vor 1918 geboren. Aus seiner Frau machte er sich nicht allzuviel, sie war spröde, nicht besonders hübsch; außer den Kindern verband ihn nichts mit ihr. Doch er verstand sich gut mit seinem Schwiegervater, zusammen brachten sie die Fabrik ohne Einbuße über die schlechten Nachkriegsjahre, und Alexander bewies ein besonderes Geschick im Umgang mit den Franzosen während der Ruhrbesetzung. In den zwanziger Jahren verbrachte er zweimal eine längere Zeit in den USA, er sah sich dort gründlich um, knüpfte Verbindungen, und er hatte, was keiner wußte, weder seine Frau noch Marleen, in gewisser Weise Verwandte in den Staaten. Als er Marleen endlich erobert hatte, das war bereits 1936, also während der Nazizeit, war es gescheiter, über seine amerikanischen Verbindungen nicht zu sprechen. Marleen kannte er schon eine Weile, sie hatte sich nicht für ihn interessiert, er war wirklich nicht ihr Typ. Doch seine ausdauernde Werbung führte zum Ziel. Und sie blieben zusammen. Er liebte sie, die erste und einzige Frau seines Lebens, die er liebte, und er war so geartet, daß seine Liebe eine Frau binden konnte, sogar die flatterhafte Marleen.

1934 schon war er nach Berlin berufen worden in Görings Stab, zur Mitarbeit an führender Stelle des Vierjahresplans. Er erfüllte damals seine Aufgabe mit Bravour, aber den Krieg gewinnen konnte er später so wenig wie die vielen anderen tüchtigen Wissenschaftler, die für Hitlers Kriegswirtschaft arbeiteten.

Da er am Ausgang des Krieges nicht zweifelte, hatte Alexander Hesse sich überlegt, wie er den Folgen seiner Tätigkeit am besten entgehen konnte. Der Ausweg, den er fand, war, wie gesagt, clever.

Er setzte auf die Wehrmacht, er machte zweimal eine Reserveübung mit, obwohl das kein Mensch von ihm verlangt hätte. So brachte er es schließlich zum Rang eines Hauptmannes und verließ Berlin, ehe sich der Ring darum schloß, in Wehrmachtsuniform, meldete sich bei seinem Regiment, das im Westen stand, und dort ließ er sich, bei erster Gelegenheit, gefangennehmen. Als Offizier, nicht als Mitarbeiter in einem der Forschungsstäbe des Regimes.

Im Durcheinander des Kriegsendes ging das gut, damit hatte er gerechnet. Die Amerikaner, die gar nicht gewußt hatten, wer er war, wurden erst auf ihn aufmerksam, als die Russen ihn anforderten. Daraufhin verschiffte man ihn schleunigst in die Staaten, wo er zunächst in einem Kriegsgefangenenlager für Offiziere verschwand; so hatte er es sich vorgestellt, so hatte es geklappt.

Die erste Karte, die er ausgespielt hatte, war sein Offiziersrang, in dem man ihn angetroffen hatte. Die zweite Karte: sein Ruf als exorbitanter Chemiker, denn sowohl die Russen wie die Amerikaner waren erpicht darauf, kompetente Wissenschaftler in die Hand zu kriegen, Nazi oder nicht Nazi.

Die dritte Karte: seine jüdische Verwandtschaft in Amerika. Und dies war das große Geheimnis seines Lebens, das er vor jedem bewahrt hatte.

Alexander Hesse war Halbjude. Seine Mutter hatte als junges Mädchen im damaligen Posen den Sohn eines jüdischen Kaufmanns geheiratet, eine recht wohlhabende Familie, die den Sohn wegen dieser Heirat zunächst verstieß, doch nachdem das Kind geboren war, bekamen die jungen Leute, die recht armselig lebten, eine kleine Zuwendung der Eltern des jungen Mannes, und ihm wurde schließlich auch gestattet, wenn auch auf bescheidenem Posten, im Geschäft wieder mitzuarbeiten. Ins Haus durfte die christliche Schwiegertochter nicht kommen, ihr kleiner Sohn auch nicht.

Alexanders Mutter, Amelie, die Tochter ehrbarer Handwerker, war darüber nicht betrübt, sondern erbost. Für ihre Zeit war sie eine höchst selbständige Frau, stolz dazu, aufgeschlossen, durchaus zu eigenem Denken fähig. Schon zwei Jahre nach der Heirat starb ihr Mann an einer Blutvergiftung, Amelie verließ die kleine Wohnung, in der sie mit ihm gelebt hatte, und kehrte mit dem Kind zu ihren Eltern zurück, von den jüdischen Schwiegereltern wollte sie nichts wissen. Als sie wieder heiratete, war der kleine Alexander anderthalb Jahre alt, und Karl Hesse, sein Stiefvater wurde für ihn zu seinem richtigen Vater. Einen anderen hatte er nie gekannt.

Karl Hesse war Geselle in der Werkstatt von Amelies Eltern gewesen, noch jung, ein warmherziger Mensch, in seinem Beruf sehr tüchtig.

Auf Amelies Wunsch verließen sie Posen, sie gingen nach Breslau, dort wuchs Alexander auf, und er hätte nie gewußt, daß Hesse, der ihn adoptiert hatte, nicht sein Vater war, wenn es ihm seine Mutter nicht gesagt hätte, und zwar an dem Tag, als er von seinem Einjährig-Freiwilligen Jahr zurückkehrte, Amelie platzte vor Stolz. Ihr Sohn, den die eigenen Großeltern in Posen nicht hatten anerkennen wollen, nur weil seine Mutter keine Jüdin war, hatte die Schule bis zum Abitur besucht, hatte es bis zum Leutnant gebracht und würde nun die Universität in Breslau besuchen, er würde studieren, er würde promovieren, denn sie wußte, wie klug er war.

Auf Alexander machte die Eröffnung seiner Mutter weiter keinen großen Eindruck, Hesse war sein Vater gewesen in all den Jahren, er blieb sein Vater. Er hatte vor allem sein Studium, seine Laufbahn im Sinn, er war voller Tatkraft, voller Willen und von großer Begabung für den Beruf eines Chemikers.

Viel später erst, nach dem Krieg, er war schon verheiratet, Posen inzwischen polnisch geworden, ging er daran, nach der Familie seines wirklichen Vaters zu forschen. Das war nicht besonders schwer, die Großeltern waren tot, es gab jüngere Verwandte, Cousinen und Cousins, die sich dunkel erinnerten, daß es mal eine unerwünschte Heirat gegeben hatte. Heute war man nicht mehr so kleinlich, die Rosenbergs, soweit noch in Posen, empfingen ihn ohne Feindschaft. Interessant fand er, daß ein Onkel von ihm, also ein Bruder seines wirklichen Vaters, mit seiner ganzen Familie nach Amerika ausgewandert war. Diese Adresse nahm er mit. Und als er seine erste Reise in die USA machte, besuchte er diesen Zweig der Familie, und dort wurde er äußerst freundlich aufgenommen, denn Besuch aus Europa war willkommen, und da von der zurückgelassenen Familie keiner kam, nahm man den unbekannten Neffen und Vetter mit Freuden auf.

Soweit, so gut. Doch als dann die Nazis kamen, lebte Alexander in der ständigen Angst, sie könnten etwas über seine Herkunft, über seinen wirklichen Vater erfahren. Es begann mit der Geburtsurkunde, die er fälschen ließ, aber wo ruhten die Papiere über die Adoption, welche Merkmale an ihm wiesen auf seine jüdische Abkunft?

Keiner wußte davon. Er verbarg dieses Geheimnis vor jedem Menschen. Und es war ihm gelungen, nicht nur unbeschadet, sondern auf hohem Posten die Nazizeit zu überleben.

Jetzt, in Amerika, machte er Gebrauch von seinem Geheimnis. Die Verwandten in Texas bezeugten die Wahrheit seiner Aussage. Seine hohe Position im Dritten Reich bezeichnete er als eine Flucht nach vorn. An seiner Qualifikation bestand ohnedies kein Zweifel.

Von alldem wußte Marleen nichts, als sie an diesem Februarmorgen des Jahres 46 in ihrem hübschen rosa Nachthemd, nun einen Schal um den Hals gewickelt, in ihrem Bett saß, die Hand auf Connys Kopf.

»Ich versteh' das alles nicht«, sagte sie zum sechstenmal. »Du?«

»Nein, ich auch nicht«, wiederholte Nina geduldig.

»Ob er wohl wiederkommt?«

»Sicher nicht so bald. Er wird erst mal abwarten, wie sich hier alles weiter entwickelt. Sieht ja so aus, als ob er dort einen windgeschützten Winkel erwischt hätte. Seine Fabrik steht nicht mehr?«

»Nein, die ist zerbombt. Und einer seiner Söhne ist gefallen.«

»Seine Frau?«

Marleen hob die Schultern. »Die hat er auch irgendwo aufs Land verfrachtet. Also wird sie wohl überlebt haben. Und Geld ist bestimmt genug da.«

»Geld, ja«, sagte Nina, nachdem sie eine Weile geschwiegen hatten. »Wie stehen wir denn mit Geld?«

»Ich hab' genug für alle.«

»Ich habe auch noch etwas auf meinem Konto. Aber Herbert meint, es wird irgendwann wieder so was geben wie nach dem letzten Krieg, so eine Geldentwertung.«

»Aber das wäre ja schrecklich.«

»Das wäre es. Dann müssen wir Geld verdienen.«

»Wir?« Es klang entsetzt.

Nina lachte. »Nun, zumindest ich.«

»Womit denn?«

»Das weiß ich auch noch nicht. Ich hab' das nach dem letzten Krieg schon versucht und war nicht sehr erfolgreich.«

»Und warum kannst du nicht wieder Bücher schreiben?«

Nina lächelte mitleidig. »Wie stellst du dir das vor? Man

hat mich längst vergessen. Und in der Reichschrifttumkammer war ich auch.«

»Das waren schließlich alle.«

»Erklär das mal den Amis.«

»Also ich fand deine Bücher sehr hübsch. Siehst du«, sie hob das Buch, das auf ihrem Nachttisch lag. »Ich lese gerade wieder eins. Richtig nett zu lesen. So amüsant.«

»Wer will das heute?«

»Gerade heute.«

»Papier gibt es sowieso nicht. Und schließlich und endlich, ich bin älter geworden.«

»Na und?« fragte Marleen erstaunt. »Das mag ja für eine Bardame von Nachteil sein. Aber für eine Schriftstellerin? Je älter man wird, um so mehr erlebt man. Das kann doch nur von Vorteil sein.«

Nina lachte. »Recht hast du. Und jetzt muß ich hinunter und was zu essen machen. Eva und Herbert sind in der Stadt. Sie wollen sich an der Universität einschreiben.«

»Ja, das haben sie gesagt. Und Maria ist wieder da an der Ecke bei dem Lehrer?«

»Ja. Sie geht gern dorthin.«

»Ist sie allein gegangen?«

»Nein. Stephan hat sie begleitet. Es ist sehr glatt heute draußen.«

Marleen zog die Decke hoch. »Gut, daß ich nicht hinaus muß. Gib mir noch einen Cognac. Ist das schön, wenn der Mensch ein Bett hat.«

»Das kannst du wohl sagen. Und dann denke mal darüber nach, was du deinem Alexander antworten wirst, ihm verdankst du es schließlich.«

»Ich weiß schon, was ich ihm schreiben werde«, sagte Marleen und dehnte sich schläfrig. »Momentan bin ich ganz gut versorgt, aber irgendwann werde ich Geld brauchen.« Sie blickte zu Nina auf. »Nicht für mich. Für uns alle.«

Nina lächelte, als sie die Treppe hinunterging. Was für ein Leben! War es nicht unbeschreiblich verrückt? Wie hatte sie ihre Schwester Lene verabscheut, als sie zwölf, dreizehn, vierzehn war. Die Szene mit dem Tagebuch, das Lene ihr gestohlen und dem Vater gezeigt hatte.

Vor Wut habe ich es dann in den Küchenofen geschmissen, dachte Nina. Was für ein verrücktes, verrücktes Leben. Ob ich es doch noch einmal mit dem Schreiben versuche?

Sie trat vor die Tür, es war weiß und glatt und kalt, von Maria und Stephan noch nichts zu sehen.

Im Wohnzimmer saß Alice allein und legte eine Patience.

»Was soll ich denn heute kochen?« fragte Nina.

Das war noch immer die wichtigste Frage von allen.

Nina

Ich habe Silvester wiedergesehen. Der Gedanke an ihn war wie ein ständig bohrender Schmerz, und je mehr Zeit verging, desto verwirrter waren meine Gefühle, und schließlich fühlte ich mich irgendwie schuldig, obwohl ich nicht weiß, worin diese Schuld besteht, die er mir auflasten will.

Ich hatte ihm doch nichts getan. Und die Tatsache allein, daß ich bei meiner Schwester wohnte, und nicht nur ich, sondern noch zwei kranke Menschen, für die ich sorgen mußte, konnte doch nicht so schwerwiegend sein, daß er überhaupt nicht mehr nach mir fragte.

Ich fühlte mich ungerecht behandelt, schuldig zugleich, und es waren lästige, belastende Gefühle. Ich sprach mit keinem über meinen Mann, und die anderen respektierten es, sie sprachen auch nicht von ihm. Sie kannten ihn nicht, ausgenommen Stephan, und seine Begegnung mit Silvester lag mehr als sechs Jahre zurück und bedeutete Stephan nichts mehr, war untergegangen in dem Grauen, das er erlebt hatte.

Das war es, was meinen Gefühlen Ärger beimischte: Begriff denn Silvester nicht, daß andere Menschen auch gelitten hatten in dieser Zeit? Daß andere auch verletzt waren an Körper und Seele? Und daß ich es war, die bei dem tiefen Schmerz, der mich getroffen hatte, zwei dieser Menschen um mich hatte. Denn das würde er ja inzwischen wissen, er und seine fabelhaften Freunde, von denen auch keiner nach mir fragte.

Und so kam auch noch ein gewisser Trotz dazu, der mich veranlaßte, Silvester aus meinen Gedanken zu verdrängen.

Wie zu erwarten, duldete Victoria auf die Dauer diesen Zustand nicht. Sie beschloß, die verfahrene Situation in Ordnung zu bringen, denn sie haßt unklare Verhältnisse.

So geht das nicht weiter, hatte sie bei ihrem letzten Besuch gesagt, ihr benehmt euch idiotisch, alle beide. Warum kannst du denn nicht einfach mal hingehen?

Ich schüttelte nur den Kopf.

Nun hat sie also ein Treffen vereinbart, ganz formell, und sie kam mit, sie dachte wohl, in ihrem Beisein würde sich alles ganz leicht klären lassen.

Wir fuhren mit dem Auto, sie hat nun wieder eins, und sie bekommt Benzin von ihren amerikanischen Freunden. Sonst fahren ja die meisten Autos heute, wenn welche fahren, mit diesen ulkigen Holzöfen hintendrauf, die Holzgas produzieren.

Die Fahrt durch die Stadt, durch die Stadt nach Schwabing, machte mir richtig Spaß. Seit Jahren fuhr ich das erste Mal wieder in einem Auto. Ich würde auch wieder gern einmal selbst fahren, fragt sich nur, ob ich es noch kann. Damals, bei Fred Fiebig, habe ich es schnell gelernt, aber ein eigenes Auto habe ich nie besessen, das brauchte man in Berlin auch nicht mit seinen U-Bahnen und S-Bahnen, man kam ja blitzschnell überallhin. Und Taxen gab es auch genug. Nachdem ich Silvester geheiratet hatte und in München wohnte, ließ er mich nur höchst ungern seinen Wagen fahren, ein ziemlich altersschwacher Adler, und er meinte, er könne besser damit umgehen. Und dann wurde sowieso das Benzin knapp, und dann war Krieg und Schluß mit dem Autofahren.

Wir hielten gegenüber von dem Haus, in dem Isabella wohnte, es war wirklich dasselbe Haus, ein schöner alter Jugendstilbau, ein paar Kratzer an der Fassade, ein paar Löcher von Brandbomben, das war alles, sonst sah das Haus geradezu prachtvoll aus.

Victoria wies nach oben und sagte: Siehst du das große Fenster? Das war das Atelier vom Sopherl.

Pflichtschuldigst blickte ich hinauf, das große Fenster ist ein großes Loch, wenn einer dort wieder malen will, muß er erst Glas für das Fenster auftreiben, denn hinter Brettern kann man nicht malen.

Wenn Silvester jetzt in diesem Haus wohnt, ob er dann oft an dieses Sopherl denkt, die sich das Leben nahm, um ihn vor der Ehe mit einer Jüdin zu bewahren?

Ich stellte diese Frage Victoria, die damit beschäftigt war, die Mitbringsel aus dem Wagen zu kramen.

Sicher wird er an sie denken, sagte sie gleichmütig, es hängen ja noch genug Bilder von ihr herum.

Ich verstehe das ja nicht, sagte ich eigensinnig, wenn er später Isabella gerettet hat, warum hat er denn Sopherl nicht gerettet, wenn er sie doch geliebt hat?

Er wollte ja mit ihr in die Toskana gehen, entgegnete Victoria geduldig, seinen Posten war er sowieso los, war ja egal, wo er lebte, nicht? Aber mit ihr war nichts anzufangen, sie war depressiv, immer schon. Eine schwierige Person. Kein Vergleich mit Isabella, die vernünftig und sachlich ist. Und gescheit. Und tüchtig dazu.

Ich nicke. Das weiß ich alles schon, Isabella ist überhaupt der Höhepunkt der Schöpfung, das haben sie immer alle gesagt. Und warum ist es nur gut, daß er sie gerettet hat. Ich stehe und starre immer noch hinauf zu dem riesigen leeren Fensterloch. Er hatte halt immer Pech mit seinen Frauen. Die erste, die er heiraten wollte, starb unter einer Lawine, es geschah bei einer gemeinsamen Skitour, und er gab sich die Schuld daran. Die zweite war eine depressive jüdische Malerin, die sich das Leben nahm, anstatt fernerhin friedlich in der Toskana oder sonstwo ihre Bilder zu malen. Und dann geriet er ausgerechnet an mich, und das war auch ein Mißgriff. Warum eigentlich? Er sagte, daß er mich liebe und holte mich aus Berlin nach München.

Los, nun komm schon, sagt Victoria, steh nicht da und starr Löcher in die Luft. Hier, nimm das mal. Ich weiß schon, daß du nicht gern hergekommen bist, aber es geht einfach nicht so weiter mit euch. Ich will, daß das in Ordnung kommt. Dafür werde ich schon sorgen.

In mir regt sich Widerspruch. Sie wird dafür sorgen! Bin ich ein unmündiges Kind? Victoria mit all ihrer Tüchtigkeit kann einem manchmal auf die Nerven gehen. Ich weiß gar nicht, ob ich ihn wiederhaben will. Wo denn? Hier unter den Augen der gescheiten Isabella und den Bildern der depressiven Sophie? Ich denke nicht daran. Das kann kein Mensch von mir verlangen. Nicht mal Victoria von Mallwitz.

Ich weiß ja nicht einmal, ob ich ihn noch liebe. Liebe – so ein Quatsch. Was heißt das schon? Ich kann gar nicht mehr lieben, ich bin ausgebrannt. Ich bin eine Ruine, so ist das. Ich bin gar nicht mehr zu irgendeiner Art von Liebe fähig. Drei Menschen waren es, die ich geliebt habe: Nicolas, meinen Bruder Ernie, meine schöne Tochter.

Sie sind tot.

Liebe ich Maria? Nein, ich sorge für sie. Und Stephan? Doch, ihn liebe ich, aber auf eine andere Art.

Kann ich das Victoria erklären? Kann ich nicht. Will ich auch gar nicht.

Schweigend gehen wir über die Straße, neben der Haustür das Schild: Dr. Isabella Braun, praktische Ärztin.

Im Treppenhaus treffen wir die Hausmeisterin, es ist dieselbe wie damals, und sie erkennt mich sogar wieder.

Es kommt mir immer vor, als sei das hundert Jahre her, aber soviel Zeit ist ja nicht vergangen, seit ich in diesem Haus war, ein einziges Mal nur.

Silvester war zum erstenmal verhaftet worden, und ich weiß heute nicht mehr, was ich mir davon versprach, zu Isabella zu gehen, die ich kaum kannte. Ich war nicht ihre Patientin, ich war nicht mit ihr befreundet, wie Silvester und sein Kreis. Sie war nicht mehr da. Andere Leute wohnten nun dort.

Schon wieder jemand, der nach der Judensau fragt, die gibt's hier nicht mehr, schrie die Frau, die mir die Tür aufgemacht hatte.

Mir wurde ganz schwindlig, so hatte noch nie ein Mensch mit mir gesprochen. Unten traf ich die Hausmeisterin, sie war sehr freundlich, nahm mich mit in ihre Wohnung und sagte, daß sie auch nicht wisse, wo die Frau Doktor wäre. Einfach verschwunden sei sie, und dann hatte man die Wohnung geräumt und andere Leute eingewiesen. Greisliche Leut, nannte sie die Hausmeisterin. Heute lacht sie mich an.

Jetza is' wieder da, unsere Frau Doktor. Des hat uns gfreit, mein Mann und mi.

Victoria greift in einen der Beutel.

Das ist für euch, sagt sie, bissel ein Speck, eine Butter und ein Bauernbrot. Das backen wir selber.

Vergelt's Gott, sagt die Hausmeisterin, das Brot is eh' so knapp, satt wird man nie.

Dann steigen wir die Treppe hinauf in den ersten Stock.

Die Tür ist nur angelehnt, es ist Sprechstunde, die Patienten sitzen nicht nur im Wartezimmer, auch im Gang, es sind viele, und ich denke, daß Isabella hart arbeiten muß. Aber das hat sie wohl immer getan. Für ihre Patienten hat sie früher gelebt, lebt sie jetzt wieder.

Victoria geht zielbewußt an den Leuten vorbei, dann wird es ruhiger in dem Gang, eine kleine Biegung, und unter einer geöffneten Tür steht Silvester. Er hat wohl das Auto vom Fenster aus gesehen und uns auch.

Er trägt einen ordentlichen grauen Anzug, er sieht viel besser aus, er küßt Victoria die Hand, dann mir. Dann küßt er uns beide auf die Wange.

Also!

Was machen wir nun? Wir machen Konversation, sitzen in einer Ecke um einen runden Tisch herum. Wie geht es dir? Danke, ganz gut. Zeitentsprechend halt. Und was treibst du immer so? Ach na ja, und so in der Art. Wir sind alle drei freundlich und nett, wir lächeln, Silvester erzählt, daß sein Rücken nun schon besser sei, und manchmal geht er schon im Englischen Garten spazieren, sind ja nur ein paar Schritte, nur wenn es gefroren hat, fühlt er sich unsicher, Isabella hat ihm einen Stock verordnet, den nimmt er mit.

Ein alter Mann, der an einem Stock geht, das ist aus mir geworden, sagt er, aber er lächelt dabei, es ist sein liebenswertes Lächeln mit Fältchen in den Augenwinkeln, ich kenne es noch.

Ein Dienstmädchen bringt Tee und Gebäck. Wir trinken also Tee, knabbern an den harten Plätzchen herum, Victoria redet, sie redet viel, wohl um eine gelöste Atmosphäre zu schaffen. Sie erzählt vom Waldschlössl, von seinen Bewohnern, von ihren Flüchtlingen, sie sagt immer ›meine Flüchtlinge‹, von den Pferden, von den Kühen und was sie sonst noch zu verwalten hat. Albrecht, ihr Sohn, ist auch aus der Gefangenschaft entlassen, er erholt sich bei seiner englischen Großmama. Wir hören zu, wir nicken, wir machen Oh! und Aha! und trinken Tee.

Ich fühle mich wirklich entspannter, lehne mich in meinem Sessel zurück und betrachte in Ruhe meinen Mann.

Mein Mann. Für mich ist und bleibt es ein fremder Begriff. Ich habe nie einen richtigen Ehemann gehabt. Mit Kurt Jonkalla war ich zwar verheiratet, aber ganz für voll in der Rolle des Ehemanns habe ich ihn nie genommen, er war der Kurtel, ein Freund meiner Kindheit. Daß ich nur Nicolas liebte, dafür konnte er nichts. Daß ich ihn trotzdem geheiratet hatte, war eine Gemeinheit. Ich sehe es ein, ich gebe es zu. Doch Kurtel war sehr glücklich mit mir, und vielleicht hätte es später noch etwas werden können mit unserer Ehe; wir waren knapp dreiviertel Jahr verheiratet, da begann der Krieg, und aus Rußland kam er nie zurück, mein erster Mann.

Als ich Silvester Framberg kennenlernte, war ich immerhin schon dreiundvierzig Jahre alt, er wollte mich heiraten, ich wollte nicht so recht, ich dachte mir, das geht sowieso nicht gut, das ist für mich nicht bestimmt. Im Frühjahr 38 haben wir dann geheiratet. Und eine Weile war es wirklich eine Ehe, und es gefiel mir.

Da sitzt er nun, nett und umgänglich, sein Blick ist ohne Abwehr, ohne Haß – Haß war es wohl auch bei unserer letzten Begegnung nicht, es ist schwer zu beschreiben, was es war, ich habe es ja auch nicht verstanden.

Heute sagt er: Ich möchte mich bei dir entschuldigen.

Ich lächle und sage: Es ist schon gut. Ich habe deine Gefühle ja verstanden.

Das ist doch alles Lüge, ein lächerliches Theater. Dann muß ich beinahe lachen, denn ich denke an den Brief von Alexander Hesse. Der lebt, und zwar in Amerika. Was würde Silvester sagen, wenn ich ihm das erzähle? Würde er weiterhin so freundlich-gütig auf mich blicken?

Ich habe es nicht einmal Victoria erzählt, es ist ein Geheimnis zwischen Marleen und mir. Keiner weiß davon.

Ich merke: Silvester weiß inzwischen Bescheid über mein Leben, weiß von Maria, von Stephan und sagt: Du hast es nicht leicht, wie ich gehört habe.

‚Ich antworte nicht darauf, aber ich merke, wie mein Gesicht vor Hochmut erstarrt.

Nicht leicht. Begreift er nicht, was Vickys Tod für mich bedeutet?

In diesem Augenblick hasse ich ihn.

Dann will er noch wissen, wie ich finanziell hinkomme, ob ich Geld brauche. In dieser Beziehung betrachtet er sich offenbar noch als mein Mann.

Ich schweige; Victoria schaut mich besorgt an, sie kennt mich; doch ehe ich etwas Bissiges erwidern kann, kommt Isabella herein.

Sie kommt auf einen Sprung nur, sagt sie, sie hat einen weißen Kittel an, sie ist hager und groß, ihr tief gefurchtes Gesicht ist schön in seiner gemeißelten Magerheit, ihr dunkles Haar ist fast weiß geworden.

Sie lächelt mich freundlich an, ist ganz unbefangen, trinkt im Stehen eine Tasse Tee, der Tee ist kalt geworden, mit ihren Gedanken ist sie in ihrem Sprechzimmer.

Wird es dir nicht zuviel Arbeit? fragt Victoria, doch Isabella schüttelt den Kopf und lächelt. Nein, sagt sie, darum lebe ich ja noch.

Dann geht sie wieder.

Silvester kommt auf meine finanzielle Lage nicht zurück, aber sicher wird er mit Victoria darüber sprechen, wenn er sie das nächste Mal trifft. Falls er Geld hat, wird er dann auf mein Konto etwas überweisen. Ich habe, auch nachdem ich ihn geheiratet hatte, mein eigenes Konto behalten. Es war für mich eine Sensation gewesen, ein Bankkonto zu haben, und ich hatte es, seit mein erstes Buch erschienen war. Ich habe keine Ahnung, wie seine finanzielle Lage ist. Darüber spricht er nicht. Als er verhaftet wurde, war jedenfalls nicht viel Geld da, woher auch? Und wie ist es jetzt? Lebt er von Isabella? Von Zuwendungen seiner Freunde, die alle recht wohlhabend sind? Oder bekommt er als ehemaliger KZler von irgendwoher Geld? Von den Amerikanern? Vom Staat? Von was für einem Staat? Ich weiß das nicht, er erzählt es mir auch nicht. Victoria weiß es bestimmt, sie weiß alles über sein Leben, und wenn ich sie frage, wird sie es mir erzählen.

So vergeht eine Stunde und noch eine halbe, und mir fällt nichts mehr ein, worüber ich reden könnte. Von mir und meinem Leben in Marleens Haus will Silvester offensichtlich nichts wissen, er stellt keine Fragen. Wie es in mir aussieht, müßte er sich eigentlich denken können.

Das Gespräch wird quälend, Victoria gibt schließlich auf. Sobald das Wetter schön wird, wenn es Frühling wird, sagt sie, dann kommt ihr beide zu mir hinaus. Du brauchst Erholung, frische Luft und Sonne, Silvester. Ihr werdet schön zusammen spazierengehen, und vielleicht, sie lacht ein wenig, werdet ihr auch wieder zusammen ausreiten. Ich habe schöne Pferde draußen.

Reiten? Ich? Mit meinem Rücken? sagt Silvester.

Vielleicht tut es deinem Rücken gerade gut, sagt sie, reiten ist gesund.

Jetzt ist auch sie verlogen. Sie weiß, daß sich das Vergangene nicht zurückholen läßt. Wie sie weiß, daß ich bei ihr keine Ferien machen kann; wer sorgt für Maria und Stephan? Sicher, Eva und Herbert täten es schon. Aber nicht so wie ich. Außerdem wollen sie ja anfangen zu studieren, wenn die Universität wieder aufmacht.

Und wenn ich mir alles vorstellen kann, ich kann mir nicht vorstellen, daß ich mit Silvester im Wald spazierengehe. Geschweige denn reite.

In dem Zimmer hier hängen jedenfalls keine depressiven Bilder, das habe ich gesehen.

Und dann können wir endlich gehen.

Er verabschiedet sich im Zimmer von uns.

Die vielen Leute da draußen, murmelt er.

Während wir die Treppe hinuntergehen, denke ich darüber nach, wie es am Abend sein wird. Einmal wird Isabella ja fertig sein mit ihren Patienten, sie wird müde sein, abgespannt, sie werden zu Abend essen, was machen sie dann? Reden, lesen, Radio hören. Heute reden sie vielleicht über mich. Victoria sagt nichts, bis wir wieder im Auto sitzen. Du benimmst dich komisch, sagt sie, und es klingt ärgerlich. So, sage ich. Und nach einer Weile, als nichts mehr kommt, füge ich hinzu: war doch friedlich. Was erwartest du denn? Er will nicht zu mir kommen, das ist eine Tatsache. Und ich kann nicht mit Stephan und Maria noch zusätzlich in diese Wohnung ziehen, in der es von Patienten wimmelt. Oder wie stellst du dir das vor?

Nein, natürlich nicht, gibt sie zu.

Also was erwartest du von mir?

Ich möchte, daß es zwischen euch wieder so wird wie früher, sagt sie.

So wie früher wird es nie mehr werden, das weißt du ganz genau. Vielleicht irgendwie anders. Heute ging es doch schon ganz gut. Man muß Geduld haben.

Sie wirft mir einen schrägen Blick zu.

Das klingt seltsam aus deinem Mund, sagt sie.

Wieso? Man muß Geduld haben mit Silvester, das hast du selbst einmal gesagt. Seine Menschenwürde ist verletzt. Aber man muß auch Geduld haben mit mir. Es ist ja nicht so, daß ich ein glücklicher Mensch bin.

Sie legt mir im Fahren eine Hand aufs Knie.

Ich weiß, sagt sie leise. Ich hab halt nur gedacht – na ja. Wollen wir noch auf einen Sprung zu Franziska?

Franziska ist eine Wohltat, eine Erholung nach diesem Nachmittag. Ihr Laden ist vollgepackt, da steht und liegt und hängt ein unbeschreiblicher Kram herum, und dazwischen kann man ein paar wirklich hübsche Stücke entdecken. Es sind sogar Kunden da, zwei Amerikaner, die kindlich entzückt an einer Spieldose drehen, die ›O du fröhliche, o du selige‹ spielt. Eine alte Frau ist da, die gerade ein ziemlich großes Bild auspackt, und mir bleibt die Spucke weg, als ich sehe, was es ist: Friedrich der Große, hoch zu Roß.

Und das in Bayern.

Ich habe noch mehr, flüstert die alte Frau. Auch Napoleon. Und Kaiser Wilhelm. Und Ludwig den Zweiten. Und die Kaiserkrönung in Versailles. Mein Mann hat das gesammelt, wissen Sie.

Na, ist ja ganz nett, sagt Franziska, während ihre Augen vor Wonne glitzern. Ich nehme es in Kommission.

Ich bringe die anderen auch noch, sagt die alte Frau, ich konnte nur nicht alle auf einmal tragen.

Der schwarze Lockenkopf ist auch da, er poliert eifrig an einem schwärzlichen Samowar herum.

Setzt euch hinter, sagt Franziska, ich mach gleich Kaffee.

Nicht nötig, sagt Victoria, wir kommen gerade von Silvester, wir haben Tee getrunken.

Geh, ihr wart dort? Und? fragt Franziska neugierig und sieht mich an.

Es war sehr nett bei ihm, sage ich. Er schaut schon wieder gut aus.

Ah geh, sagt sie noch mal, dann wendet sie sich den beiden Amerikanern zu und spricht mit einem bayerisch gefärbten Englisch auf sie ein, stellt noch einen Maßkrug mit Zinndeckel neben die Spieldose, und dann holt sie mit geheimnisvoller Miene und bewegten Gebärden einen wunderschönen ziselierten Dolch aus einer Schublade und legt ihn auf den Tisch.

Na, was sagts? Das ist venezianische Arbeit. Venice, you see. It belonged to Casanova.

Sie winkt Paolo, der kommt und redet in rasendem Italienisch auf die verdutzten Amis ein, die kein Wort verstehen, aber tief beeindruckt sind.

Ich wundere mich, daß sie so was überhaupt haben darf wie diesen Dolch, das ist schließlich eine Waffe. Aber natürlich, wenn er Casanova gehört hat.

Die Amerikaner kaufen alles, die Spieldose, den Bierkrug und den Dolch. Sie zahlen mit Zigaretten.

Sixt es, strahlt Franziska, nachdem die beiden mit ihren Schätzen den Laden verlassen haben.

Ich fühle mich entspannt und gelöst. Auch Victoria lächelt. Die alte Frau mit dem Preußenkönig auf dem Schimmel steht immer noch da, sie sieht so armselig und hungrig aus.

Bekommt sie gar nichts? frage ich.

Ich nehm's in Kommission, habe ich gesagt. Na, weil ihr da seid.

Sie reißt die Stange Zigaretten auf und gibt der Alten eine Packung.

Aber die raucht doch sicher nicht, sage ich.

Geh, sei net so blöd. Das ist bares Geld. Sie wird schon wissen, was sie damit macht.

Die Alte nickt und geht schnell, als hätte sie Angst, man könne ihr den Schatz wieder entreißen. Friedrich der Große für eine Packung Camel.

Morgen bringe ich Napoleon, ruft sie an der Tür.

Wollts' wirklich keinen Kaffee? fragt Franziska.

Also trinken wir noch mit ihr Kaffee. Der Tee war sowieso ein bißchen dünn.

Es ist schon dunkel, als wir aus der Stadt hinausfahren. Ich bin todmüde und starre blicklos durch die Windschutzscheibe in den tiefhängenden Himmel. Es wird wieder regnen oder schneien. Wenn der Winter nur erst vorbei wäre.

Ich bilde mir ein, wenn es Frühling wird, wenn die Erde sich erwärmt, wird das ganze Leben leichter sein. Nachkriegszeit und Winter, das ist schwer zu ertragen. Ich muß dann nicht mehr jedes Stück Koks im Keller zählen, er ist sowieso bald zu Ende.

Irgendwann, im Laufe des Sommers, werde ich anfangen, mir den Kopf zu zerbrechen, womit wir im nächsten Winter heizen werden. Aber vielleicht bin ich dann schon tot, dann brauche ich mich nicht mehr darum zu kümmern.

Der Gedanke hat noch immer, und immer wieder, etwas Verlockendes. Es wäre wie eine Reise in ein fremdes schönes Land, in dem es grün ist und warm ist und...

Ach, hör bloß auf, Nina, du widerst mich an. Du bist viel zu feige, und du hast überhaupt keinen Grund, dich über dein Leben zu beklagen. Maria spielt Klavier und lernt jetzt die Geschichte der alten Griechen, das fasziniert sie sehr, sie bringt es fertig, davon zu erzählen, höchst anschaulich, als sei sie dabeigewesen.

Neulich beim Abendessen fing sie von Plato an und seiner Politeia, ich wußte gar nicht, was das ist. Ich sah Marleen und Alice an, daß sie es auch nicht wußten, doch Eva und Herbert gaben Kluges von sich, also stellte ich keine Frage. Dann kam Maria auf Demosthenes und seine Reden, da wußte ich Bescheid, das war der mit den Kieselsteinen im Mund. Inzwischen sind sie bei Alexander dem Großen, für den schwärmt Maria geradezu.

Der macht das ganz geschickt, dieser Oberstudienrat. Je weiter entfernt Geschichte ist, um so problemloser. Alexander hat zwar auch Krieg geführt, Eroberungskriege, und wie, aber das ist lange her. Und ein böses Ende nahm es schließlich mit ihm auch. Wenn man Maria so sieht und ihr zuhört, da kann man nur staunen, wie sie sich in den letzten zwei, drei Monaten verwandelt hat.

Woran denkst du, unterbricht Victoria das Schweigen, wir sind schon gleich in Solln.

An Alexander den Großen, antworte ich.

Wie? Sie lacht.

Ich erzähle ihr von Maria, und sie nickt befriedigt.

Gute Idee, das mit dem Unterricht, sagt sie.

Ich kann kaum die Augen offenhalten, und Kopfschmerzen habe ich auch schon wieder.

Ich bin furchtbar müde, sage ich.

Das ist der Beginn der Frühjahrsmüdigkeit, antwortet Victoria sachlich. Ganz verständlich. Und sehr einseitig ist die Ernährung ja auch. Dir fehlen Vitamine. Weiß du, was ich mir gedacht habe? Ihr habt doch diesen schönen großen Garten. Du könntest doch im Frühling anfangen zu säen. Gemüse und Kräuter.

Davon haben wir schon gesprochen, Eva und ich. Herbert sagt, er wird umgraben. Werkzeug können wir uns leihen, das hat er schon organisiert.

Na prima. Ich bringe euch Saat und junge Pflanzen. Es lohnt sich wirklich, wenn ihr den Garten nützt. Und es wird dir Spaß machen, wenn etwas wächst, das wirst du sehen.

Ich muß so gähnen, daß mir die Tränen in die Augen treten. Victoria lacht.

War ein anstrengender Tag, arme Nina. Gehst du heute mal zeitig schlafen.

Heute muß ich noch Strümpfe stopfen. Maria hat kein einziges Paar ganze Strümpfe mehr und ich auch nicht. Und am allernötigsten brauche ich Schuhe für Maria, sie ist gewachsen, und die abgelatschten Treter, mit denen sie hier ankam, die sie ihr beim Roten Kreuz gegeben hatten, passen nicht mehr.

Victoria ist von der Hauptstraße abgebogen und fährt nun langsam durch die ruhigen Villenstraßen von Solln. Hinter den Fenstern der hübschen Häuser ist Licht. Ist das nicht schon viel? Als ich herauszog mit Stephan, waren die Fenster noch dunkel. Allerdings gibt es jetzt manchmal auch kein Licht, dann ist Stromsperre. Damit läßt sich leben, denn es fallen keine Bomben. Wir haben genügend Kerzen im Haus, daran hat Hesse auch gedacht, sogar eine Petroleumlampe, nur kein Petroleum. Aber Herbert ist schon auf der Suche danach, bestimmt wird er demnächst welches auftreiben. Und nun werden die Tage länger, bald ist es März. Im März, so hat man uns verkündet, beginnt die Entnazifizierung, was immer das sein soll.

Von uns kann das keinen etwas angehen. Höchstens mich, die ich im Dritten Reich Bücher geschrieben habe, die veröffentlicht wurden. Einen Roman hat man im Völkischen Beobachter abgedruckt, mit großem Erfolg. Und drei meiner Stoffe sind verfilmt worden. Es waren keine großen Filme, Unterhaltung, nichts, für das Herr Dr. Goebbels mir die Hand geschüttelt hätte. Bin ich nun also ›betroffen‹ oder nicht? Da ich nie wieder schreiben werde, kann es mir egal sein. Und denen, die sich jetzt wichtig tun werden, auch. So, da sind wir, sagt Victoria, sei nicht böse, wenn ich nicht mehr mit hineinkomme, es ist schon spät.

Nein, fahr nur, du hast noch einen weiten Weg. Und ich danke dir. Und es tut mir leid, wenn ich es nicht richtig gemacht habe.

Das kommt schon in Ordnung, sagt sie.

Ich steige aus, und sie fährt weg.

In Ordnung? In wessen Ordnung? In Gottes Ordnung? Der Menschen Ordnung? Der Amerikaner, der Russen Ordnung? Der Nazi Ordnung kann es ja nicht mehr sein, wenigstens etwas. Aber sonst sehe ich nirgends eine Ordnung.

Ich stehe vor der Haustür, mir ist kalt, und es beginnt zu regnen. Gott, bin ich müde. Und ich habe alles so satt. Es gibt überhaupt keine Ordnung mehr, schon lange nicht mehr, wenn es sie überhaupt in meinem Leben je gegeben hat.

Über ein Jahr, daß Vicky tot ist. Fast ein Jahr, seit Maria hier eintraf.

Scheißordnung würde Herbert sagen.

Und ich habe alles falsch gemacht. Mit Silvester habe ich alles falsch gemacht. Im Oktober, als ich ihn das erste Mal wiedersah, hätte ich ihn in die Arme nehmen und sagen müssen: Wie gut, daß du wieder da bist. Warum habe ich es heute nicht getan? Weil ich erwartet habe, daß er es tut? Warum habe ich es nicht getan?

Konnte er es nicht tun, nicht sagen: arme Nina, arme, arme Nina? Dann hätte ich geweint in seinen Armen. Das wäre besser gewesen als der ganze Unsinn, den wir geredet haben.

Dann war plötzlich einer da, der Nina in die Arme nahm, der sie verstand, in dessen Armen sie weinen konnte und der mit ihr weinte.

Ende März las sie in der Zeitung, daß wieder ein kleines Theater aufgemacht hatte, und sie las den Namen Peter Thiede. Peter! Er hatte überlebt, er war hier, er spielte Theater. Verzaubert wie ein Kind vor dem Christbaum saß Nina vor der kurzen Zeitungsmeldung.

Sie sprach zu keinem davon, überlegte tagelang, was sie tun sollte. Ihm schreiben an die Adresse des Theaters? Einfach hingehen? In eine Vorstellung? Das war schwierig, abends kam sie nicht mehr nach Hause.

Oder lieber gar nichts tun? Sich nur darüber freuen, daß er lebte? Es war so lange her, und er würde sie längst vergessen haben. Und alt war sie inzwischen auch geworden. Sie betrachtete sich lange im Spiegel: blaß, schmal im Gesicht, die Augen umschattet, ohne Glanz.

»Findest du, daß ich sehr alt aussehe?« fragte sie Marleen.

»Du? Nicht die Spur. Du siehst immer noch sehr hübsch aus. Ein paar Pfund mehr könntest du haben, das wäre für dein Gesicht besser. Und dann solltest du dich ruhig ein wenig zurechtmachen, ich habe ja noch genug von dem Zeug.«

Am nächsten Tag, nachdem Maria in die Schule gegangen

war – so nannten sie das jetzt – klopfte sie bei Marleen und fragte: »Darf ich mal in deine Töpfe greifen?«

»Bitte sehr«, Marleen wies zu ihrem Toilettentisch, Nina setzte sich davor, verrieb ein wenig Leichner-Schminke in ihrem Gesicht; ein wenig Rouge auf die Wangen, Puder darüber. Marleen betrachtete sie prüfend.

»Nimm noch etwas Wimperntusche«, riet sie.

Sie fragte nicht, wozu, warum. Das war angenehm. Denn Nina wußte selbst nicht, was sie vorhatte. Sie würde in die Stadt fahren, durch die Gegend streifen, schauen, ob sie das Theater fand. Es nur einmal ansehen, von außen.

Vielleicht hing ein Programmzettel da. Oder ein Bild von ihm. Treffen wollte sie ihn gar nicht, wozu auch?

Eva würde sich um das Mittagessen kümmern. Herbert fuhr mit ihr in die Stadt. Sie trug das graublaue Kostüm, obwohl es eigentlich noch ein wenig kühl dafür war.

»Großartig siehst du aus«, sagte er, als sie im Zug saßen.

»Findest du?«

»Was hast du denn vor?«

Nina lachte. »Früher hätte man gesagt: einen Stadtbummel machen.«

»Gute Idee. Vielleicht sehen wir uns später bei Franziska. Ich hab' den Schmuck für sie dabei.«

Herbert klopfte auf seine Tasche, ein schöner alter Goldschmuck, Kette, Ohrringe und Armband, hatte ihm neulich eine Dame aus der Umgebung anvertraut. Alter Familienschmuck, hatte sie gesagt, aber der nütze ihr jetzt wenig, sie brauche etwas zu essen.

Sie alle hatten den Schmuck bewundert, er war wirklich schön.

»Ein Jammer«, hatte Eva gesagt. »Zu denken, daß dann so eine blöde Amikuh damit herumläuft.«

»Na, vielleicht schenkt er ihn auch einem deutschen Fräulein.«

»Die wird sich bestimmt mehr für Kaffee oder Zigaretten interessieren. Und was zu essen.«

Nina fand das Theater, fand ein Plakat davor und ein Bild von Peter Thiede, ein Rollenfoto aus einem seiner Filme: der intensive Blick, das charmant-leichtsinnige Lächeln um seine Lippen. Er sah genauso aus wie früher.

»Nebbich«, sagte sie laut. »Es ist ja auch ein Bild von früher.«

Sehen wir uns heute abend?

Das war das Zauberwort gewesen, auf das sie immer gewartet hatte. In der Silvesternacht des Jahres 1928 hatte er sie das erste Mal mitgenommen in seine Pension. Als das neue Jahr begann, hatte sie die erste Nacht mit ihm verbracht. Ein Silvesterabenteuer, was sonst? Sie gab sich als moderne, vernünftige Frau, eine Fortsetzung würde es nicht geben.

Doch ab und zu in den nächsten Wochen, während der Vorstellung, in den Kulissen kam seine Frage: Sehen wir uns heute abend? Sie war mit Felix Bodmann befreundet, dem das kleine Theater gehörte, Peter spielte die Hauptrolle auf der Bühne, sie arbeitete im Büro. Doch Felix wurde auf einmal unwichtig, obwohl sie ihm doch so dankbar gewesen war: weil sie bei ihm Arbeit gefunden hatte, weil er sie liebte, weil sie nicht mehr so allein und verlassen war in der großen Stadt Berlin.

Allein und verlassen war sie gar nicht, sie hatte Trudel, sie hatte die Kinder, aber sie war eine Frau, die endlich wieder einmal geliebt werden wollte. Felix also, und es machte ihr nichts aus, daß er verheiratet war. Sie teilte seine Sorgen um die Existenz des Theaters, zählte wie er jeden Abend die Zahl der Besucher, die in dem kleinen Parkett saßen.

In der Silvesternacht war Felix früh gegangen, seine Frau, natürlich. Schließlich finanzierte sie das Theater. Aber Nina war verärgert. Und dann Peter, der mit ihr auf der Bühne tanzte, als sie alle, das ganze kleine Ensemble, nach der Vorstellung feierten. Feiern was? Wieder so ein verdammtes neues Jahr mit neuen Schwierigkeiten.

Doch da war nun Peter, dieser junge, begabte Schauspieler. Sie hätte nie gedacht, daß er sie beachtete. Natürlich waren sie eine verschworene Gemeinschaft an dem kleinen, ständig von der Pleite bedrohten Theater, aber Nina war viel zu scheu in dem ungewohnten Milieu, und sie wußte auch, wie gut Peter den Frauen gefiel.

Dann die Silvesternacht. Sie ging einfach mit ihm. Vielleicht kam es daher, daß er sie ein wenig an Nicolas erinnerte; so verschieden er von Herkunft und Lebensweise auch sein mochte, es war sein Charme, sein leichter Ton, sein Lächeln, seine Zärtlichkeit, die sie an Nicolas denken ließen.

Es ist nichts, redete sie sich ein. Eine Laune von ihm, ein Abenteuer in der Silvesternacht. Bloß keine Liebe, nie wieder. Und dennoch wartete sie auf seine Frage: Sehen wir uns heute abend?

Nicht viel später machte das Theater zu, sie waren alle arbeitslos, Felix ging mit seiner Frau nach Amerika, doch Nina und Peter blieben zusammen, sie hatten keine Arbeit, kein Geld, aber Liebe war es nun doch.

Eine Weile werde ich dich behalten, hatte er gesagt.

Ein Ausspruch, der Nina kränkte und den sie nie vergaß.

Dann machte er sehr rasch Karriere beim Film. Sie sah und hörte lange nichts mehr von ihm. Plötzlich rief er wieder an, und sie sagte sich, das klang sehr vernünftig: Nein, nie wieder, nicht noch einmal; ich habe ihn vergessen.

Aber sie schlief wieder mit ihm; und das war gut, denn Peter brachte sie dazu, endlich zu tun, wovon sie stets gesprochen hatte: zu schreiben. Geschichten, einen Roman, einen Filmstoff; daß sie schließlich Erfolg mit diesen Versuchen hatte, war sein Verdienst.

Nina stand da und starrte in sein lächelndes Gesicht.

Für eine Weile werde ich dich behalten.

Nina drehte sich abrupt um. Das mußte in einem anderen Leben gewesen sein.

Immerhin, er war da, er lebte, er spielte Theater, also war er gesund. Das war schon viel in dieser Zeit. Nun konnte sie gehen.

Sie ging langsam um das Haus herum, hinten war es zerstört, doch seitwärts und vorn, wo der Eingang zu einem Lokal war, sah es ganz manierlich aus.

Zögernd betrat sie die Kneipe, an der Tür war ein Pfeil – ›Zum Theater‹ stand da. Also mußte man zum Theater durch das Lokal. So was gab es heute, so was war normal.

Sie raffte den dicken Stoff zur Seite, der hinter der Eingangstür wohl als Schutz gegen die Kälte angebracht war, hörte laute Stimmen, Lachen, und dann sah sie ihn. Es war eine einfache Kneipe, zwei Tische, die zusammengeschoben waren. Die Schauspieler.

Er saß da, halb von ihr abgewandt, sie redeten, schienen vergnügt zu sein.

Seine Kollegen, dachte Nina. Die Blonde neben ihm, wie jung, wie hübsch, sicher seine Freundin. Ich gehe wieder.

Sie stand da und rührte sich nicht, immer noch den rauhen Stoff des Vorhangs zusammengekrampft in einer Hand.

Einer blickte zu ihr hin, dann noch einer, und dann wandte auch er den Kopf.

Er zögerte keine Sekunde, sprang auf, kam auf sie zu, blieb vor ihr stehen.

»Ninababy!«

Ohne ein weiteres Wort nahm er sie in die Arme und küßte sie auf den Mund.

Er hat mich sofort erkannt. So schrecklich alt kann ich gar nicht geworden sein.

Er bog den Kopf zurück, betrachtete sie, nahm sein Taschentuch und wischte ihr Marleens verschmierten Lippenstift vorsichtig aus dem Gesicht.

»Du kannst dich später neu anmalen«, sagte er, und es war der alte, so wohlbekannte zärtliche Ton. Dann schloß er sie ganz fest in die Arme und küßte sie, lange und zärtlich.

Nina schloß die Augen. Ein Schluchzen saß in ihrer Kehle. Jahre und Jahre waren vergangen. Peter Thiede, der große UFA-Star, er war wie immer.

Jetzt blickten alle zu ihnen her, einige applaudierten, dann ließ Peter sie los, lachte, legte den Arm um ihre Schultern und führte sie an den Tisch, blieb vor den anderen stehen.

»Wißt ihr, was das ist?« fragte er. »Das ist ein Wiedersehen!«

»Ja, das sind die Wiedersehen in dieser Zeit«, sagte ein massiger, grauhaariger Mann mit tönender Stimme und stand auf. »Mit das Schönste, was es heutzutage gibt. Gnädige Frau!«

Er verneigte sich, und Nina streckte ihm schüchtern die Hand entgegen, die er nahm und feierlich küßte.

»Das ist Ulrich Santner«, sagte Peter, und Nina erwiderte: »Du brauchst ihn mir nicht vorzustellen. Ich habe ihn oft genug in Berlin auf der Bühne gesehen.«

Santner nickte zufrieden. Auch von den anderen kannte Nina drei, vom Theater oder vom Film der jüngsten Vergangenheit.

»Und dies ist Nina Jonkalla«, sagte Peter schließlich, und eine von den Damen rief: »Oh! Die berühmte Schriftstellerin!«

Nina schluckte und öffnete die Augen weit. Gab es das? Erinnerte sich jemand an sie?

Die nächsten Stunden vergingen wie im Rausch. Sie bekamen eine Suppe zu essen, die Wirtin war so fröhlich wie ihre Gäste, der Wirt saß schließlich mit am Tisch. Und sie redeten und redeten, sie lachten, sie lebten. Lebten. Natürlich sprachen sie von ihrem Stück, Nina kannte es nicht, es war von einem amerikanischen Autor; dann sprachen sie von dem nächsten Stück, das sie machen würden, aber noch lief dieses großartig, sie waren jeden Abend ausverkauft, und dann sprachen sie von den Rollen, die sie früher gespielt hatten, in Berlin und anderswo, ehe die Theater schließen mußten, damit die Künstler an der Front oder in den Fabriken den Krieg gewinnen halfen.

Der Krieg war vorbei, und sie spielten wieder. Das war das einzige, das etwas für sie bedeutete.

Später mußte Nina das Theater besichtigen, es lag hinter dem Lokal, es war klein, aber es gab eine richtige Bühne. Nur dahinter sah es übel aus, das Haus hatte keine Rückfront mehr, und die Garderoben, es waren nur zwei, befanden sich in kleinen zugigen Holzbuden.

»Macht nichts«, tönte Santner mit seinem sonoren Organ. »Hauptsache, wir spielen. Was glaubt ihr, wie die Neuberin durch die Lande gezogen ist. Geradezu fürstlich hier.«

»Du tust geradeso, als seist du dabei gewesen«, sagte die schlanke Brünette mittleren Alters, es war Katharina Linz, Nina hatte sie auch oft auf der Bühne gesehen. »Ach, wenn ich an meine Garderobe in Berlin denke. Und die wundervollen Blumenarrangements, die Göring mir immer schickte.«

Darüber lachten sie wieder alle sehr, und einer meinte: »Dessen würde ich mich heute nicht mehr rühmen.«

»Warum nicht?« widersprach Katharina Linz. »Es war mein Leben. Mein Erfolg. Meine Rollen. Gott, wenn ich an meine Widerspenstige denke. War ich nicht gut?«

»Du warst umwerfend«, gab Santner zu. »Edgar war dein Petrucchio. Man wunderte sich jedesmal, daß das Theater noch stand, wenn ihr fertig wart mit eurer großen Szene.«

So ging es weiter; Nina hörte zu, und während der ganzen Zeit hielt Peter ihre Hand. Er war dünn, fast mager, und das waren sie alle, und wenn sie nicht von ihren Rollen sprachen, redeten sie vom Essen und wo und wie etwas zu organisieren sei.

Was das anging, war die wichtigste Person die hübsche Blonde, wie Nina bald herausfand. Sie hatte einen amerikanischen Freund, den alle priesen und dessen Vorzüge offenherzig besprochen wurden.

»Ein anständiger Boy«, ließ sich Santner vernehmen, »sei froh, daß du den hast. Und sei ihm ja treu.«

»Wir brauchen ihn nämlich«, erklärte Peter. »Er ernährt uns. Und er war sehr hilfreich beim Transport der Kulissen und Requisiten; die mußten wir anderswo zusammenbasteln, hier ist kein Platz.«

Die Blonde, sie hieß Ingrid, lächelte melancholisch.

»Ich bin ihm ja treu. Ist mir sowieso egal, wer es ist.«

Plötzlich hatte sie die Augen voller Tränen.

Santner nahm ihre Hand.

»Henry ist wirklich ein netter Junge«, sagte er tröstend.

»Und so verliebt in dich.« Zu Nina gewandt fügte er hinzu: »Er ist da bei dem Theateroffizier beschäftigt. Wir mußten uns ja vor- und rückwärts verhören lassen, bis wir die Spielerlaubnis bekamen. Und er war gleich verrückt auf Ingrid. Diese Verbindung ist wahnsinnig wichtig für uns. Das weißt du doch, Ingrid, Schatz.«

»Natürlich weiß ich es. Und ich tue ja auch alles für euch. Entschuldigt mich!« Sie sprang auf und lief aus dem Raum.

Alle sahen ihr nach.

»Jetzt weint sie wieder stundenlang«, sagte Katharina.

»Mein Gott, wenn sie es nur nicht wüßte. Wenn man ihr wenigstens gesagt hätte, er sei gefallen.«

Nina erfuhr die Geschichte.

Der Mann, den Ingrid liebte und mit dem sie kurze Zeit verheiratet gewesen war, wurde kurz vor Ende des Krieges wegen Feigheit vor dem Feind aufgehängt.

»Am Straßenrand«, sagte ein Mann namens Nollinger, von dem Nina inzwischen wußte, daß er der Regisseur war.

»Im Osten«, berichtete er. »Was heißt im Osten, es war bereits kurz vor Berlin. Er war Oberleutnant, und er hatte seine kleine Truppe, die bis auf ein paar Mann zusammengeschossen war, zurückgezogen. Und er weigerte sich, sie wieder gegen die Russen zu führen. Da hat ihn irgend so ein verrückter Heldenklau am Wegrand aufhängen lassen. Man muß sich das vorstellen, drei Wochen vor Ende des Krieges.«

»Wie furchtbar!« murmelte Nina. »Und wieso weiß sie das?«

»Das ist ja das Dumme. Ein Freund von ihrem Mann, ein junger Leutnant, lag in einem Lazarett in der Mark, und da ist sie hingetrampt, weil sie so lange keine Nachricht hatte. Der Junge hat es ihr erzählt. Schluchzend. Bald darauf ist er dann auch gestorben.«

»Er wäre besser vorher gestorben«, sagte Katharina hart. »Sie kann damit nicht fertig werden. Was ich verstehen kann. Er muß ein feiner Kerl gewesen sein, ein guter Offizier. Und er hat den ganzen Krieg mitgemacht, und dann muß man sich dieses Ende vorstellen. Diese Gemeinheit! Diese Bestien!«

Sie schwiegen eine Weile, dann fuhr Katharina fort: »Ein sehr gut aussehender Mann. Ich habe ihr übrigens jetzt sein Bild weggenommen. Sie kommt von der Bühne, und da steht sein Bild an den Spiegel gelehnt, und schon weint sie wieder. Ich habe ihr gesagt, Kindchen, habe ich gesagt, das geht nicht. Die Schminke ist so knapp, einmal geschminkt muß es über die ganze Vorstellung halten.«

»Und? Hat sie das Bild hergegeben?« fragte Santner.

»Ich sage doch, ich habe es genommen. Du kriegst es später wieder, habe ich gesagt. Später, wenn... ja, und da wußte ich auch nicht weiter. Konnte ich sagen, später, wenn du vergessen hast?«

»Sie wird es nie vergessen können«, sagte ein anderer.

»Sie ist jung«, widersprach Santner. »Und hübsch. Und begabt. Es wird wieder einen Mann geben, den sie lieben kann. Es muß nicht gerade der kleine Amerikaner sein, mit dem sie jetzt schläft. Aus Verzweiflung, würde ich sagen. Nicht nur, um uns zu helfen.«

»Es ist eine Rolle, die sie spielt«, sagte Katharina ernst. »Eine zeitgemäße Rolle. Und sie tut es nicht nur uns zuliebe.«

Nina hatte erstaunt zugehört. Gab es eigentlich gar keine glücklichen Menschen mehr in diesem Land?

»Die beste Medizin für Ingrid wird die Arbeit sein. Nicht irgendein Mann. Sie spielt diesmal eine kleine Rolle, aber sie ist begabt. Sie muß aus dieser Verzweiflung finden. Die Ungerechtigkeit, oder was du die Gemeinheit nanntest, Katie, damit ist so schwer fertig zu werden. Laßt sie eine große Rolle spielen, dann wird es ihr besser gehen. So, Schluß damit. Holt mal die Schnapsbuddel. Ist zwar nur ein mieser Fusel, aber jetzt brauchen wir ihn.«

»Ich muß gehen«, sagte Nina, nachdem sie zwei Schnäpse getrunken hatte.

»Was denn? Wie denn?« fragte Santner. »Kommen Sie heute abend nicht in die Vorstellung?«

»Das geht leider nicht. Ich würde furchtbar gern. Ich möchte nichts lieber, als endlich wieder einmal ins Theater gehen. Aber ich wohne außerhalb und komme nicht mehr nach Hause.«

»Das ist kein Problem. Wir kampieren sowieso alle auf die ulkigste Weise. Einige von uns schlafen hier in der Kneipe, da drüben, sehen Sie, auf diesen Bänken an der Wand. Es wird sich schon ein Lager für Sie finden. Oder, Peter?«

Peter lächelte. »Nina ist verheiratet«, sagte er.

»Ach ja? Na dann, wenn du meinst, sie muß am Abend brav zu Hause sein.« Santner blickte von Nina zu Peter, von Peter zu Nina.

»Wann sagst du, habt ihr euch zum letztenmal gesehen?«

»Nina, wann?« fragte Peter.

»Im März 1940«, antwortete sie prompt. »Als...« Sie verschluckte den Rest.

Als Vicky nach Berlin kam, um ihren zweiten Film zu drehen, hatte sie sagen wollen.

»Stimmt genau«, Peter nickte. »Ich weiß es wieder. Vicky und ich brachten dich an die Bahn. Du bist nach München gefahren«, er faßte Ninas Hand fester, »und ich dachte, ich beneide diesen Mann in München.«

Nina senkte den Kopf; jetzt kämpfte sie mit den Tränen. Er weiß es nicht. Er weiß gar nichts.

Alle blickten sie gespannt an. Dann räusperte sich Santner und machte eine weitausholende Geste.

»1940. Das ist eine kleine Weile her. Wie kannst du so bestimmt sagen, nach all dem, was geschehen ist, die Dame ist verheiratet?«

»Nina?« fragte Peter erschrocken.

»Mein Mann lebt.«

Vicky ist tot. Vicky, mit der zusammen du mich an die Bahn gebracht hast.

Kurz darauf verabschiedete sie sich. Da sagte Katharina liebenswürdig: »Aber wir bestehen darauf, daß Sie sich baldigst eine Vorstellung ansehen. Wir sind gut. Und ein ehrbares Nachtlager wird sich finden lassen, mit dem der Herr Gemahl zufrieden ist. Ich wohne bei Freunden hier, gar nicht mal so übel, da läßt sich etwas machen.«

»Danke«, sagte Nina.

Peter begleitete sie. Es war Nachmittag, fast schon ein Frühlingstag, die Sonne schien.

Eine Weile gingen sie schweigend nebeneinander her, er hatte den Arm unter ihren geschoben. Nina betrachtete ihn von der Seite. Er war wirklich sehr dünn, sein Gesicht, dieses schöne lächelnde Gesicht, hatte jetzt scharfe Züge; um den Mund, um die Augen waren Falten, die sie nicht kannte. Er war zwei Jahre jünger als sie. Plötzlich blieb er stehen und drehte sie zu sich.

»Das klang seltsam, wie du das gesagt hast: mein Mann lebt. Ist er krank? Verwundet?«

»Er lebt«, sagte Nina, sie beherrschte sich nur noch mühsam. »Er lebt. Aber nicht mit mir zusammen. Noch nicht. Oder vielleicht auch nie wieder, das weiß ich nicht. Er war im KZ. Ja, er ist krank. Natürlich. Und er ist verwundet in seiner Seele. Oder wie du das nennen willst. Im Moment will er nichts von mir wissen. Aber Peter, das ist es nicht. Du weißt ja nicht...«

Er faßte sie fest an beiden Armen.

»Was weiß ich nicht, Nina? Dein Sohn?«

Sie schüttelte den Kopf, und schon liefen Tränen über ihre Wangen.

»Vicky«, flüsterte sie.

»Um Gottes willen, was ist mit Vicky?«

»Sie ist tot. Peter. Sie ist tot.«

Er hielt sie im Arm, sie weinte an seiner Wange und spürte die Tränen, die aus seinen Augen kamen.

Menschen, die vorübergingen, sahen sie an, nicht allzu neugierig; es gab noch immer soviel Anlaß zu weinen. Sie gingen langsam die Maximilianstraße hinunter, kamen an der Ruine der Oper vorbei und blickten über den verwüsteten Platz.

»Das war eine schöne Stadt«, sagte Peter. »Und Dresden, das war überhaupt die schönste Stadt, die ich je gesehen habe. Erzähl weiter.«

Alles konnte sie ihm erzählen. Er war ein Freund. Seit so vielen Jahren. Mit Verliebtheit hatte es angefangen, ein Abenteuer in einer Silvesternacht. Daraus war Liebe geworden. Und nun war es beides: Liebe und Freundschaft.

»Die schöne Victoria Jonkalla«, sagte er. »Ich weiß noch genau, wie wir unseren ersten Film zusammen drehten. Damals ging ihre Verlobung mit dem Fliegerhauptmann auseinander. Er verlangte, daß sie mit dem Beruf aufhörte. Kein Theater, kein Film; und dann erzählte sie ihm auch noch von ihrem Kind. Dann könne er sie nicht heiraten, sagte der Held. Dann läßt du es bleiben, sagte sie. Und ich tröstete sie. Aber da war nicht viel zu trösten; sie war sich immer selbst genug. Eine sehr selbstbewußte, sehr moderne Frau, das war sie. Und nun ist dieses Kind blind. Nina, meine arme Nina.« Er nahm sie wieder in die Arme, und Nina stand regungslos, in allem Kummer fühlte sie sich erleichtert.

›Da sprang der eiserne Ring von seinem Herzen‹, ging es ihr durch den Kopf; es gibt doch ein Märchen, da heißt es so.

»Es ist gut, daß du da bist«, sagte sie.

»Wir werden uns jetzt oft sehen. Und natürlich kannst du bei mir nächtigen. Ich wohne wieder einmal in einer kleinen, miesen Pension, wie ganz am Anfang. Weißt du noch, Ninababy? Nur war das damals in Berlin feudal dagegen. Jetzt habe ich so eine Art Notunterkunft, durch die der Wind pfeift. Aber ich bin ja auch erst seit vier Wochen hier, ich werde schon etwas Besseres auftreiben. Und dann kommst du zu mir. Wann immer du willst. Es wird alles so sein wie früher.«

»Wie früher?«

Nichts würde sein wie früher.

»Du hast mir noch gar nichts von dir erzählt«, sagte sie. »Wie bist du aus Berlin herausgekommen?«

»Ich war schon lange nicht mehr in Berlin. Meine Wohnung war sowieso hin. Weißt du noch, wie stolz ich war, als ich sie endlich hatte?«

Nina nickte.

»Wir haben einen Film gedreht. Erst in Wien, am Rosenhügel, dann Außenaufnahmen. Goebbels tat ja bis zum Schluß so, als sei alles ganz normal. Also drehten wir Filme. Ich mußte froh sein, wenn ich dabei beschäftigt war, da wurde ich nicht eingezogen, mußte nicht in die Fabrik. Deshalb war ich vor Kriegsende und auch noch danach im Salzkammergut. Ein Filmstar hat es gut, nicht? Es finden sich überall ein paar Verehrerinnen, die für ihn sorgen. Und jetzt bin ich hier. Und hab ein Engagement. Es wimmelt von Schauspielern in München.«

Sie waren bei Franziskas Laden angelangt, und Nina sah durch das Schaufenster, daß Herbert da war.

»Ich komme nicht mit hinein«, sagte Peter. »Ich möchte jetzt keine fremden Menschen kennenlernen. Ich muß erst mit dem fertig werden, was du mir erzählt hast. Wann sehe ich dich wieder?«

»Nächste Woche, vielleicht. Soll ich einfach wieder dorthin kommen?«

»Ja, Ninababy. Wenn ich nicht da bin, bin ich hinten im Theater. Oder die Wirtin sagt dir, wo du mich findest oder wann ich komme. Ich werde immer Nachricht für dich hinterlassen.«

Lebte er allein? Hatte er keine Frau, keine Freundin?

Es war so unwichtig. Frauen hatten sein Leben immer begleitet, manchmal war er verheiratet, dann wieder geschieden, das spielte alles keine Rolle mehr.

»Du hast direkt hier vor der Tür, auf offener Straße, einen fremden Mann geküßt«, sagte Herbert, als Nina in den Laden kam. »Ich muß mich wundern, aber schon sehr.«

»Das war kein fremder Mann«, sagte Nina.

Sie trat vor den Spiegel mit dem wuchtigen Goldrahmen, der seit neuestem zu Franziskas Angebot gehörte. Von Marleens Schminke, Wimperntusche und Lippenstift war nicht mehr viel zu sehen. Die letzten Spuren beseitigte sie mit Spucke. Und dann war es, trotz allem, was geschehen war, das Gesicht der jungen Nina.

Du hast ein Traumgesicht, hatte Nicolas einmal zu ihr gesagt. Damals träumte sie von ihm. Die Zeit der Träume war vergangen; es gab nichts mehr, wovon man träumen konnte. Oder war es das einzige, was blieb?

Wie Nina gehofft hatte: Frühling und Sommer erleichterten das Leben wesentlich, auch wenn die Lebensmittelrationen noch geringer wurden. Aber sie mußten nicht hungern dank der Schätze im Keller, dank Marleens Vermögen und schließlich dank Herberts Talent auf dem schwarzen Markt. Den Garten hatten sie zum Teil in Gemüsebeete verwandelt, wie die meisten ihrer Nachbarn auch, und gespannt warteten sie auf die Ernte.

Solln war ein Ort ganz eigener Prägung. Entstanden aus einem Dorf, um die Kirche herum immer noch eine ländliche Gemeinde; doch in den vergangenen Jahrzehnten waren viele hübsche Villen entstanden, hatte sich eine gutbürgerliche Gesellschaft angesiedelt; höhere Beamte, Offiziere der alten Armee, aber auch Künstler und Wissenschaftler hatten hier Häuser gebaut oder gekauft; es gab viel Raum, große Gärten, alte Bäume und ruhige kleine Straßen. Die Verbindung zur Stadt war schwierig geworden, da man seit Beginn des Krieges kaum mehr ein privates Auto fahren durfte. Gemessen am Leben in der Stadt war es idyllisch; nicht so feudal wie in Harlaching, Geiselgasteig oder Grünwald, dort gab es prachtvolle Häuser, daher war dort die Beschlagnahme durch die Amerikaner am häufigsten gewesen. Man lebte in Solln sehr zurückgezogen, der Krieg und die Nöte der Nachkriegszeit brachten die Menschen einander näher.

Auch Marleens Haus war nicht mehr so isoliert; da war Eva, sehr beliebt wegen ihres natürlichen Wesens, und ebenso Herbert, der so viele gute Tips wußte, was die Beschaffung von Lebensmitteln anging; seine lebensfrohe Art schuf ihm rasch Freunde. Was aber die Menschen im Umkreis am meisten bewegte, war das blinde Kind, das sie nun kannten. Zuvor hatte man kaum etwas von seiner Existenz gewußt, keiner hatte es zu Gesicht bekommen. Aber da Maria sich nun außerhalb des Hauses bewegte, anfangs nur auf der kurzen Strecke zum Haus der Beckmanns, später in Begleitung Stephans auch einmal ein Stück weiter, wurde sie allenthalben beachtet; ihr erhobenes Gesicht, ihr tastender Schritt, ihr scheues Zurückweichen vor jeder Begegnung mit Fremden erweckten Anteilnahme und Mitleid. Und da sie stets zusammen auftraten, kannte man auch den ernsten, gutaussehenden Mann, in dessen Gesicht, in dessen Bewegungen immer noch die Spuren der durchgestandenen Leiden zu finden waren. Diese beiden, das blinde Kind, der schweigsame Mann, die immer dicht nebeneinander gingen, wenn nicht Hand in Hand, wurden im Ort bekannte Erscheinungen.

Dank Frau Beckmann wußte man sowieso alles über sie. Was in Dresden geschehen war; wie die Monate nach dem Krieg verlaufen waren; wie erstaunlich das Kind sich in letzter Zeit entwickelt hatte. Frau Beckmann hatte sehr viele Bekannte rundherum, und ein verschlossener Typ war sie ohnedies nicht. Bei Herrn Beckmann lernte Maria eifrig, von Frau Beckmann wurde sie mütterlich betreut, und, was Maria nicht wissen konnte, sie half dieser Frau aus dem dunklen Schacht jahrelanger Trauer ins Leben zurück. Der einzige Sohn der Beckmanns war bereits 1941 gefallen, und die Leere ihres Lebens war für die herzenswarme und lebhafte Frau unerträglich gewesen. Nun war Maria da, die sie verwöhnen konnte, der sie vieles erzählte und beibrachte, und auch Stephan wurde so etwas wie ein Ersatzsohn für sie, denn meist verbrachte er die Unterrichtsstunden gemeinsam mit Maria. Das interessierte ihn zunehmend. Er habe in seiner ganzen Schulzeit nicht soviel gelernt, sagte er einmal, wie in der Studierstube des Oberstudienrates. Wie er ehrlich zugab, habe das an ihm gelegen, er war ungern in die Schule gegangen. Jetzt rekapitulierte er früher vermitteltes Wissen und gewann neues dazu, denn die Gegenwart des aufmerksamen jungen Mannes war für Herrn Beckmann ein Anreiz, sein großes und vielseitiges Wissen auch zu seiner eigenen Freude auszubreiten.

So erfuhr die Umwelt dann auch, was sich in der Studierstube über dem weiträumigen Garten zutrug, und Frau Beckmann konnte Marias rasche Auffassungsgabe, ihr phänomenales Gedächtnis und vor allem ihr Klavierspiel nicht genug loben. Das blinde Kind gewann eine gewisse Berühmtheit: irgend jemand kam vorbei und brachte ein Glas selbstgemachter Marmelade, einen Korb voll Kirschen oder Johannisbeeren oder Pflaumen, sogar ein selbstgebackener Kuchen kam in das Haus Nossek, und das bedeutete viel in dieser Hungerzeit, in der jeder daran dachte, selber satt zu werden.

Die merkwürdigste Begebenheit jedoch ereignete sich Ende Juli an einem sehr warmen Tag, als eine alte Dame im Garten erschien und höflich, doch mit großer Bestimmtheit darum ersuchte, in Marias Hand zu lesen.

Nina war nicht da. Marleen befand sich in ihrem Zimmer und verfaßte einen Brief an Hesse, der inzwischen mehrmals geschrieben hatte, glücklicherweise jetzt mit der Schreibmaschine. Die anderen waren im Garten, ohne Herbert, der irgendwo wieder einer verlockenden Spur nachging. Alice und Stephan saßen unter dem Ahorn, Maria lehnte am Stamm des Baumes, das tat sie gern, sie spürte den Baum im Rücken, ihre Hände streichelten sacht seine Rinde, und sie hörte seinen Gesang. Eva kniete zwischen den Beeten und zupfte Unkraut.

Die Haustür war offen, und die fremde Frau kam durch das Gartenzimmer über die Terrasse, von Conny freundlich bewedelt, stracks auf sie zu und verkündete ohne Umschweife ihr Anliegen.

»Hast du gehört, Maria?« fragte Eva, leicht unangenehm berührt, und musterte die Fremde mißtrauisch. Für solchen Hokuspokus hatte Eva absolut nichts übrig, und am liebsten hätte sie gesagt: Lassen Sie den Quatsch! Machen Sie das Kind nicht verrückt! Doch die Fremde wirkte sehr seriös, war gut gekleidet, und ihr streng geschnittenes Gesicht unter dem grauen Haar ähnelte in keiner Weise dem einer Zigeunerin. Auch Stephan zog die Brauen zusammen und schaute besorgt auf Maria, die sich von dem Baum nicht gelöst hatte, nur den Kopf lauschend zur Seite neigte.

Die Fremde merkte die Abwehr. Sie blickte der Reihe nach alle an und sagte ruhig: »Ich habe von Maria gehört. Ich wohne in Pullach und bin heute herüberspaziert, um Maria zu treffen. Verzeihen Sie mein unangemeldetes Eindringen.«

Eva sah Maria an, und wie so oft erschrak sie fast über die anmutige Schönheit des Kindes.

Maria war gewachsen in letzter Zeit, sie war groß für ihr Alter, schlank, aber nicht mehr so mager wie im vergangenen Jahr. Ihr dunkles Haar fiel weich und leicht gelockt auf ihre Schultern, ihr Gesicht war blaß wie immer, doch sehr schön, wenn – ja, wenn man nicht ihre Augen anblickte.

Eva stand da, die erdbeschmutzten Hände von sich gestreckt, und wußte nicht, was sie tun sollte.

»Hast du das gehört, Maria?« wiederholte sie.

»Ja«, antwortete Maria. »Was bedeutet das?«

Sie sprach wie eine Erwachsene, ihre Stimme klang voll und weich.

»Ich möchte in deine Hände sehen«, sagte die fremde Dame, »weil ich etwas über dich wissen möchte.«

Sie sagte nicht: über deine Zukunft. Eva atmete auf.

Die Dame wandte sich nun an Alice und stellte sich vor. »Mein Name ist Antonia Mojewski. Ich bin ein Flüchtling wie Sie, Frau von Wardenburg.«

»Woher kennen Sie mich?« fragte Alice.

Die Dame lächelte. »Kennen Sie mich nicht mehr?«

Alice schüttelte den Kopf, aber man sah an ihrem Blick, daß sie etwas suchte.

»Ihre Stimme...« murmelte sie.

»Sehr richtig. An der Stimme kann man einen Menschen nach langer Zeit wiedererkennen, auch wenn sein Äußeres sich verändert hat. Wir haben beide während des Weltkriegs in Breslau beim Roten Kreuz gearbeitet. Wir hatten oft Nachtdienst auf dem Bahnhof. Wir haben dort nie ein persönliches Gespräch geführt. Aber einmal, in einer solchen Nacht, sprachen Sie zu mir. Ihr Mann war kurz zuvor gefallen, doch das erwähnten Sie kaum. Sie sprachen von Gut Wardenburg, wo Sie früher mit Ihrem Mann gelebt hatten und wo Sie sehr glücklich waren, das sagten Sie. Sie erzählten mir von dem Gut. Sie sprachen nicht von Ihrem Mann, nur von dem Gut, von dem Gutshaus, von den Menschen, von den Tieren, besonders von den Pferden, Sie beschworen ein verlorenes Paradies herauf, mit einer Inbrunst und mit einem Schmerz, wie ich sie selten bei einem Menschen erlebt habe. Ich verstand damals schon, in den Augen und in den Händen der Menschen zu lesen. Aber ich bat nicht um Ihre Hand, denn ich wußte, daß es ein auf immer verlorenes Paradies für Sie sein würde. Dann kam ein Zug an, wir mußten auf den Bahnsteig, um den Soldaten Verpflegung zu bringen. Später haben wir nie wieder miteinander gesprochen.«

»Ich erinnere mich«, sagte Alice leise. »Es muß im Sommer 1916 gewesen sein. Ich hatte wenige Tage zuvor die Nachricht von seinem Tod erhalten. Das ist dreißig Jahre her.«

»Fast auf den Tag«, sagte die Fremde.

Die anderen hatten sprachlos diesem Dialog gelauscht. Eva wischte unwirsch ihre Finger am Kittel ab. Das paßte ihr nicht, das war ihr zu gespenstisch.

»Also wirklich...« begann sie, und als die beiden alten Damen und Stephan sie fragend ansahen, fuhr sie fort und lachte unsicher: »Das ist ja ein merkwürdiger Zufall. Ich meine, daß Sie sich kennen.«

»Zufall?« fragte Frau Mojewski, »ach, wissen Sie, es ist kein Zufall, wenn Wege sich kreuzen. Es liegt eine gewisse Bestimmung darin.«

»Kann ja sein, aber...«

Doch weiter kam Eva nicht, Stephan, gefangengenommen von dem Aussehen der fremden Frau, von ihrer Art zu sprechen, fragte höflich: »Wollen Sie sich nicht setzen?«

»Danke«, sagte Frau Mojewski und setzte sich an den kleinen runden Tisch, um den drei Stühle standen, auch die Kaffeetassen standen noch hier, denn sie hatten zuvor Kaffee getrunken.

»Darf ich Ihnen etwas anbieten?« fragte Stephan.

»Danke«, sagte Frau Mojewski. »Vielleicht ein Glas Wasser, ehe ich wieder gehe. Ich bin dankbar, wenn ich mich ein wenig setzen darf. Ich werde Sie nicht lange aufhalten.«

Stephan wies Eva mit einem fragenden Blick auf den dritten, freien Stuhl hin, doch die schüttelte widerborstig den Kopf. Wie schützend hatte sie die Hand auf Marias Schulter gelegt, und nur widerwillig blieb sie hier.

Es war so schwierig gewesen, Marias Verstörtheit nach und nach ein wenig abzubauen, und schwierig war es immer noch, mit ihr umzugehen; der geringste Zwischenfall, ein heruntergestoßenes Glas, eine unerwartete Berührung, ein ungeschickter Griff, ließen Maria zurückweichen in ihr dunkles Niemandsland, in dem keiner sie erreichen konnte.

»Willst du mir deine Hände geben, Maria?« fragte Antonia Mojewski. Maria lauschte der Stimme, legte den Kopf auf die Seite. Zögernd hob sie die Hände, die Innenflächen nach unten gekehrt.

Antonia beugte sich vor, ergriff sanft Marias Hände, zog das Kind zu sich heran und drehte dann ihre Hände um.

Lange sagte sie nichts, auch die anderen verharrten schweigend, Eva konstatierte mit einem gewissen Ärger, daß sie wie gebannt auf Marias Handflächen und auf das Gesicht der fremden Frau starrte.

Dann strich Antonia weich mit ihrer Hand über Marias Hände. »Du bist eine große Künstlerin, Maria. Das Schicksal hat dir ein schweres Los auferlegt, du hast in sehr jungen Jahren großes Leid erfahren. Du wirst seinen Schatten niemals abschütteln können. Aber du wirst das Leid verwandeln in Demut und Dankbarkeit, denn es wird dir mehr gegeben werden als dir genommen wurde. Doch du darfst dich niemals der Gnade entziehen, die dein Talent dir schenkt. Dann wirst du eine sehr berühmte Künstlerin werden.«

Sie umschloß mit ihren Händen Marias Hände, hielt sie so einen Augenblick, ließ sie dann los.

Schweigen. Maria trat einen Schritt zurück, Eva legte wieder den Arm um sie.

Was für ein Blech, dachte Eva wütend. Das wußten wir alles vorher schon. Sogar, daß Maria eine große Künstlerin ist, sogar das wußten wir, verehrte Dame.

Sie war nahe daran, damit herauszuplatzen, aber als erwarte sie das, blickte Antonia zu Eva auf und lächelte leicht. Dann stand sie auf und sagte: »Nun werde ich wieder gehen.«

Stephan erhob sich.

»Nicht doch eine kleine Erfrischung, gnädige Frau?«

»Wirklich nicht, danke. Ein Glas Wasser, wie gesagt, das wäre mir sehr angenehm.« Sie sprach leicht, höflich, reichte Alice die Hand.

»Ich wünsche Ihnen alles Gute, Frau von Wardenburg.«

»Danke«, erwiderte Alice verwirrt. »Danke.«

Stephan wollte die Fremde begleiten, doch Eva sagte energisch: »Bleib hier. Bleib bei Maria.« Denn Maria stand regungslos, mit einem seltsam abwesenden Ausdruck im Gesicht; ganz verloren, unendlich einsam sah sie aus.

»Ich werde Frau... eh...«

»Mojewski«, sagte die Fremde freundlich zu Eva.

»Also, ich werde Frau Mojewski hinausbegleiten und ihr das gewünschte Glas Wasser kredenzen.«

Sie ging zielbewußt auf das Haus zu, Frau Mojewski folgte ihr, nachdem sie Stephan zugelächelt hatte.

Nachdem sie das Wasser getrunken hatte, sagte Frau Mojewski zu Eva, sie standen jetzt in der Diele: »Sie mißbilligen meinen Auftritt.« Es war keine Frage.

»Ach, wissen Sie... ich glaube an so etwas nicht.«

»Was meinen Sie mit so etwas? Haben Sie schon einmal Ihre Hände betrachtet, was darin alles geschrieben steht? Und in jedes Menschen Hand steht eine andere Schrift. Ist dies nicht ein ungeheurer Reichtum der Schöpfung?«

»Na, was auch immer in jedes Menschen Hand steht«, sagte Eva trotzig, »den Krieg haben sie alle mitmachen müssen. Oder nicht?«

»Jeder auf seine Weise. Und jeder auf eine andere Weise.«

»Na ja, natürlich, das schon«, gab Eva zu und dachte an ihr Leben und an Herberts Leben und an die vielen anderen, die tot waren. »Es ist nur – wissen Sie, es ist schwierig, Maria mit ihrem Dasein zu versöhnen. Oder, nein, das ist dumm gesagt. Es ist schwierig, ihr das Leben überhaupt zu ermöglichen. Und ich wollte nicht, daß sie irritiert wird.«

»Glauben Sie, daß dies geschehen ist?«

»Ich – weiß nicht. Sie werden zugeben, es war eine seltsame Begegnung für das Kind.«

»Am besten, Sie unterhalten sich nachher mit ihr darüber, ganz unbefangen. Erklären ihr das mit der Schrift in der Hand. Die sie ja nicht sehen kann.«

»Ja, das wäre es, was ich natürlich am liebsten gewußt hätte«, platzte Eva heraus.

»Und das wäre?«

»Ob sie immer blind bleiben wird?«

Antonia Mojewski lächelte.

»Das ist eine sehr große und sehr schwierige Frage. Und wenn Sie nicht daran glauben, daß ich einiges aus den Händen herauslesen kann, dann werden Sie mir auch nicht glauben, wenn ich Ihnen versichere: Sie wird eines Tages wieder sehen. Aber es wird noch lange dauern. Und es wird einige Hindernisse geben.«

Eva senkte den Kopf.

»Ach so«, sagte sie leise, »das haben Sie also auch gesehen. Dann bin ich froh, daß Sie es nicht gesagt haben.«

Antonia Mojewski nickte.

»Ich hielt es auch für besser, davon nicht zu sprechen. Nun gehe ich. Danke für das Wasser. Leben Sie wohl!«

Eva mußte dem heftigen Impuls widerstehen, ihre Hände auszustrecken und zu bitten: »Schauen Sie doch auch mal hinein.« Aber das wäre doch wohl zu lächerlich gewesen, nach allem, was sie gesagt hatte.

Unter der Tür blieb Antonia Mojewski noch einmal stehen.

»Übrigens – Sie werden ein gesundes und schönes Kind bekommen.«

»Ich?« rief Eva entsetzt.

»Sie sind schwanger. Wußten Sie das nicht?«

Und damit entschwand die alte Dame sofort aus Evas Blikken, denn der wurde auf einmal ganz schwindlig.

Als sie schließlich zum Gartentor lief, sah sie die Fremde schon ein ganzes Stück entfernt die kleine Straße entlanggehen, dann bog sie um die Ecke.

»Na so was!« murmelte Eva. Sie zweifelte keine Sekunde an der Weissagung. »Mir war ja schon ein paarmal so komisch.«

Sie blieb in der Diele stehen, fuhr sich durchs Haar, ging dann zum Spiegel und blickte hinein.

»Eigentlich wollte ich studieren«, erklärte sie ihrem Spiegelbild. Was würde Herbert dazu sagen? Und wie sollte man das finanzieren? Sie hatten vorgehabt, nicht so bald zu heiraten, damit Eva ihre kleine Witwenpension weiter beziehen konnte. Ein Kind in dieser Zeit! Wo es sowieso nichts zu essen gab und keine Kohlen im nächsten Winter und ... und ... überhaupt. Sie strich sich mit den Händen über die schmalen Hüften, den flachen Bauch.

Verdammt noch mal! Wütend wandte sie sich von dem Spiegel ab. Er hatte immer so aufgepaßt. Aber sie wußte genau, wann das passiert war. Es war gerade erst drei Wochen her.

Wissen konnte man noch gar nichts. Auch die alte Frau nicht. Und abtreiben konnte sie immer noch, das war kein Problem. ›Ein gesundes und schönes Kind.‹ Konnte man das eigentlich so ohne weiteres...?

Sie warf den Kopf in den Nacken und lachte. Sie wußte nicht, warum sie lachte. Aus Verzweiflung oder aus Lust am Leben.

Marleen kam die Treppe herunter.

»So vergnügt, Eva? Ihr habt Besuch, habe ich gesehen.«

»Schon wieder weg.«

»Wer war's denn?«

»Eine Art Pythia.«

»Eine was?«

»Eine Irre«, sagte Eva hart. »Sie kennt Ihre Tante Alice von früher aus Breslau, und sie hat Maria aus der Hand gelesen und ihr prophezeit, daß sie eine große Künstlerin wird, und mir hat sie angekündigt, daß ich ein Kind bekomme.«

»Nein?« rief Marleen. »Das alles war hier los? Und ihr holt mich nicht?«

»Es war ein sehr kurzer Besuch. Aber sehr inhaltsreich.«

»Kriegen Sie wirklich ein Kind?«

»Keine Ahnung. Na ja, vielleicht... ach, verdammt!«

Nina kam in dieser Nacht nicht nach Hause, sie hörte die Geschichte erst am nächsten Tag.

»Total meschugge«, sagte sie, »sie hat wirklich gesagt, Maria wird wieder sehen können?«

»Es wird noch lange dauern, hat sie gesagt. Und sie hat es nur zu mir gesagt.«

»Kriegst du wirklich ein Kind?«

»Herbert hat mich das gestern abend auch schon gefragt. Ausgerechnet er. Aber keine Bange, ich laß mich auskratzen.«

»Du?« Nina lächelte. »Gewiß nicht.«

Es kam jetzt wirklich manchmal vor, daß Nina am Abend nicht nach Hause kam, sondern in der Stadt übernachtete. Es kostete sie Überwindung, es war ihr peinlich. Andererseits – was für ein unerwartetes Wunder war es, in den Armen eines Mannes zu sein, geliebt zu werden und zu spüren, daß sie noch ganz und wirklich lebte. Trotz allem.

Angefangen hatte es mit dem ersten Theaterbesuch, und Nina hatte lange darüber nachgedacht, wie sie ihrer Familie klarmachen sollte, daß sie in der darauffolgenden Nacht nicht nach Hause kommen konnte. »Ich kann bei Frau Linz schlafen, auf einer Matratze«, erklärte sie weitschweifig. »Das geht bei ihr, sie hat öfter mal Gäste, sagt sie. Ich möchte eben so furchtbar gern mal ins Theater gehen, und ich...«

Dieses Unternehmen fand weder so große Beachtung, noch erweckte es soviel Befremden, wie sie vermutet hatte.

Eva sagte: »Nun geh schon in dein Theater, hat doch kein Mensch was dagegen. Wir schaffen das alles prima ohne dich.«

Nina war in den vergangenen Wochen noch einige Male in der Stadt gewesen, hatte jedesmal Peter getroffen, und die Gespräche mit ihm ließen sie das Leben viel leichter ertragen. War es nicht immer so gewesen? Und war es nicht ganz selbstverständlich, daß sie wieder zusammenfanden?

Aufgeregt wie ein Kind saß sie in dem kleinen Theater und entzückte sich an der Vorstellung des amüsanten Stücks, als sei sie noch nie im Theater gewesen. Sie waren alle gut und in bester Spiellaune, und das Publikum war ebenso begeistert und entzückt wie Nina.

Nach der Vorstellung war sie in den beiden wackligen Garderoben, und während sich die Schauspieler abschminkten, redete und lachte alles durcheinander, die Euphorie nach einer gelungenen Vorstellung, wie bekannt war das auf einmal wieder. »Wenigstens braucht ihr hier nicht Angst zu haben, vor einem halbleeren Haus zu spielen«, sagte sie zu Peter.

»Nee, müssen wir wirklich nicht. Wir sind jeden Abend ausverkauft, und alle anderen Theater sind es auch, alle Kabaretts, alle Konzerte, das Prinzregententheater sowieso. Aber das war ja während des Krieges in Berlin auch nicht anders.« Er wischte sich mit einem nicht gerade sauberen Tuch die Schminke aus dem Gesicht; Abschminktücher gab es nicht.

»Aber ich weiß schon, woran du denkst«, fuhr er fort. »Damals bei Felix. Als wir nie wußten, ob mehr als drei Leute ins Theater kommen würden.«

»Ja überhaupt, als wir dieses blöde Heimkehrerstück spielten. Weißt du noch? Anschließend machten wir Shaws ›Helden‹, und da war das Theater gut besucht. Du warst ein bezaubernder Bluntschli.«

»Na Kunststück«, sagte Peter mit einem schiefen Grinsen, »da war ich zwanzig Jahre jünger.«

Santner, der dicht daneben saß, hatte zugehört.

»So, den Bluntschli hat er gespielt? Kann ich mir gut vorstellen. Was hat er denn noch gespielt? Ich kenne dich nur vom Film, du Beau.«

»Einmal habe ich noch bei Hilpert gespielt, das war alles. Sonst nur Film.«

»Er wollte immer gern den Hamlet spielen«, erklärte Nina eifrig.

Santner lachte laut.

»Warum lachst du?« fragte Peter beleidigt. »Denkst du, ich hätte es nicht gekonnt?«

»Aber sicher doch, warum nicht. Den wollen wir alle spielen, irgendwann, und ich habe ihn auch gespielt. In der Provinz noch, ehe ich nach Berlin kam. War sicher nicht schlecht. Ist auch 'ne Weile her.«

»Ich wollte eben nicht in die Provinz, das war es. Das heißt, ganz am Anfang war ich's für ein Jahr. Aber dann mußte es Berlin sein, na, und da war ich eben die meiste Zeit arbeitslos. Bis der Film kam.«

»Da hast du ja auch gut hingepaßt mit deinem Aussehen.«

»Er war ein sehr seltener Typ für den Film. Ein gutaussehender Mann mit Charme und ein wenig leichter Lebensart. Das gab es nicht so häufig im deutschen Film«, sagte Nina.

Sie sah Santners spöttischen Blick im Spiegel und errötete.

»Das hat doch Goebbels sogar mal zu dir gesagt. Nicht, Peter?«

»So was in der Art.«

Er lachte nicht dabei, und Nina sah nun sein Gesicht im Spiegel, mager, mit Falten darin, blaß unter der nackten Lampe.

»Na ja, sowohl dies wie das ist ja nun endgültig vorbei«, sagte Peter, und es klang Resignation in seiner Stimme.

»O nein«, widersprach Nina heftig, »du wirst noch wunderbare Rollen spielen.«

»Schnaps?« fragte Santner und zog die Flasche unter dem Tisch hervor. »Sie sollten seine Agentin werden, Nina.«

Diesmal traf sein Spott sie ohne den Umweg über den Spiegel, aber sie erwiderte seinen Blick tapfer.

»Ich habe immer an ihn geglaubt, und ich fand immer, daß er ein guter Schauspieler ist.«

Santner nickte, Peter lächelte, und Nina nahm verwirrt das Gläschen, das Santner ihr reichte, trank und schüttelte sich.

»Pui, Jases! Was für ein gräßliches Zeug.«

»Kartoffelschnaps. Haben Sie was Besseres?«

Die anderen waren auch dazu gekommen, die Flasche machte die Runde, und Nina beschloß, eine Flasche Cognac aus Marleens Keller zu entwenden. Ein paar Flaschen waren noch da, und sie hatten sich sowieso angewöhnt, etwas sparsamer mit dem edlen Stoff umzugehen.

Sie lungerten alle noch eine Weile in der Garderobe herum, es war nun Mai und nicht mehr so kalt darin. Nur Ingrid war bereits von ihrem Amerikaner abgeholt worden.

»Er paßt sehr gut auf sie auf«, meinte Katharina Linz. »Was Wunder, sie kriegt viele Briefe aus dem Publikum.«

»Ja, und ein Angebot der Kammerspiele liegt auch vor«, berichtete Santner.

Das erregte großes Aufsehen.

»Von Engel? Woher weißt du das?«

»Sie hat es mir erzählt. Und es wundert mich nicht, ich habe euch gleich gesagt, die Kleine hat Talent. Und sie ist jung und hübsch. Vielleicht wird sie einmal die Ophelia spielen.«

»Wäre für sie gar nicht empfehlenswert«, meinte Katharina. »Was machen wir jetzt?«

Das war eine rein rhetorische Frage, denn sie saßen so gut wie jeden Abend draußen im Lokal, tranken ein dünnes Bier und aßen eine Kleinigkeit, die Wirtin sorgte immer dafür, daß sie ihnen etwas vorsetzen konnte.

»Und was wird mit Nina?« fragte Katharina. »Nächtigt sie bei mir?«

»Ach, weißt du«, meinte Peter, »es ist ein so schöner Frühlingsabend, vielleicht bringe ich sie nach Hause.«

Katharina lächelte, Nina wollte widersprechen, doch sie schwieg. Er wußte nicht, wie weit der Weg war, aber sie wußte es.

»Die Sache ist doch ganz einfach«, sagte Santner. »Wenn Nina wieder einmal kommt, falls wir ihr gefallen haben heute abend, werden wir Ingrid sagen, daß ihr Ami sie nach Hause fährt.«

»Das ist eine großartige Idee«, sagte Peter lächelnd. »Schade, daß du nicht heute schon darauf gekommen bist.«

»Sehr schade«, sagte Santner mit ernster Miene. »Aber dann wäre sie jetzt schon weg, nicht?«

»Eben.«

Eine Weile saßen sie noch mit den anderen draußen in der Kneipe, dann verabschiedeten sie sich und gingen in den warmen Frühlingsabend hinaus.

Peter nahm ihre Hand.

»Du kommst mit mir«, sagte er, und Nina nickte.

»Sehen wir uns nach der Vorstellung?«

Das alte Zauberwort. Wie lange war das her?

Er wohnte wirklich sehr primitiv, ein altes Haus im Lehel, die Fenster noch immer mit Brettern vernagelt, das Zimmer klein, ein Bett, ein Stuhl, ein kleiner Tisch und ein wackliger Schrank.

»Ach, Peter«, sagte sie, als sie angelangt waren.

»Gefällt dir nicht«, meinte er. »Habe ich mir fast gedacht.«

Er nahm sie in die Arme, sie legte ihre Wange an seine und seufzte.

»Es gefällt mir, weil du hier bist. Aber...«

»Was, aber?«

Ich bin schon so alt, hatte sie sagen wollen. Ich kann dir nicht mehr gefallen.

Doch sie sagte es nicht.

Ihr Körper war schlank und hatte sich kaum verändert, und als sie neben ihm lag, war es wie früher. Seine Zärtlichkeit, seine behutsame Art, sich ihr zu nähern, und dann seine Leidenschaft, die so wunderbar war wie eh und je. Die Jahre, die vergangen waren, schien es nicht gegeben zu haben, sie liebten sich auf dem schmalen, knarrenden Bett mit einer Hingabe, die Nina alles vergessen ließ.

Dann lagen sie still nebeneinander, Peter zündete zwei Zigaretten an, und er hatte sogar eine Flasche Wein bereit.

»Eine Weile werde ich dich behalten«, sagte sie, als sie den ersten Schluck getrunken hatte.

»Diesen Ausspruch hast du mir nie verziehen.«

»Ich habe ihn mir gemerkt, ja. Und habe mir immer Mühe gegeben, eine vernünftige Frau zu sein.«

»Ach, Ninababy!« Er küßte sie liebevoll. »Du bist genau, wie du immer warst. Du erinnerst dich hoffentlich auch noch an etwas anderes, was ich gesagt habe?«

»Was meinst du?«

»Ich habe gesagt, du bist eine Frau, die zur Liebe fähig ist. Die die Liebe selbst ist. Weißt du das auch noch?«

»Ja, ich weiß es, das hast du gesagt. Du willst sagen...«

»Was?«

»Ach, nichts.«

»Du willst sagen, es gilt auch heute noch?«

»Es ist so lange her.«

»So lange gar nicht. Es kommt uns nur so vor, weil wir so viel erlebt haben.«

»Und weil so viel Zeit darüber vergangen ist. Ich kann dir nicht mehr gefallen.«

Er lachte. »Das mußte ja kommen. Ich bin auch nicht jünger geworden und das, was wir beide immer so gut verstanden haben, das ist ja noch da. Oder willst du dich beschweren?«

Sie nahm seinen Kopf in beide Hände und küßte ihn, so zärtlich, so innig, wie sie es früher kaum vermocht hätte.

»Weißt du, ich habe Angst gehabt. Es ist so lange her, seit...«

»Seit?«

»Seit ein Mann mich geliebt hat, wollte ich sagen.«

»Und dein Mann?«

»Er kam Anfang 1944 ins Lager. Und vorher war er auch schon so... wie soll ich sagen, so belastet mit seinen Sorgen. Die Liebe, oder besser gesagt ich, spielte keine sehr große Rolle mehr in seinem Leben. Weißt du«, sie stützte sich auf einen Ellenbogen und blickte in sein lächelndes Gesicht, »weißt du, ich dachte, ich kann das gar nicht mehr.«

»Dasselbe habe ich auch gedacht.«

»Du?«

Er lachte. »Ob du es glaubst oder nicht, ich habe auch schon lange keine Frau mehr geliebt.«

»Peter! Das kann nicht wahr sein. Du?«

»Ich weiß, du hast mich immer für einen Allesfresser in der Liebe gehalten. Ich habe schon damals versucht, dir das auszureden. Ich habe seit zwei Jahren mit keiner Frau mehr geschlafen.«

Nina war sprachlos. Sie starrte ihn an, als habe sie ihn noch nie gesehen.

»Jetzt habe ich dich aber mal richtig schockiert, Ninababy. Mein ganzer Ruf ist hin.«

»Das kann nicht wahr sein. Wo die Frauen immer so verrückt auf dich waren.«

»Aber ich nicht auf jede. Das war für mich sehr aufregend heute abend. Hätte sein können, ich kann es auch nicht mehr. Was hättest du dann gesagt?«

»Ich kann das nicht glauben.«

»Paß auf, ich werde es dir erklären. Von meiner letzten Freundin habe ich mich 1943 getrennt. Da war meine Wohnung kaputt. Du erinnerst dich an meine Wohnung?«

»Natürlich. Sie war so entzückend.«

»Richtig. Aber dann war sie hin.«

»Und dann?«

»Dann wohnte ich eine Zeitlang bei Sylvie.«

»Ach ja, die hast du doch geliebt, oder nicht?«

»Ich weiß, du warst immer eifersüchtig auf sie.«

»Damals in Salzburg ...«

»Stimmt. Es war in Salzburg, und es war im Jahr 31. Kannst du nachrechnen, Ninababy? Sylvie war beim Film schon gut angekommen, sie war ein Star, kann man sagen. Sie wollte mich Reinhardt vorstellen. Und das tat sie auch.«

»Und ich mußte allein nach Berlin zurückfahren.«

»Sylvie war sehr glücklich verheiratet. Vorher schon und auch, als wir uns in Salzburg trafen, und auch, als ich in Berlin in ihre Wohnung zog. Gut, wir hatten mal was miteinander, das war lange vorher, in der berühmten Provinz, von der Santner heute schwärmte. Wir waren – wo war das gleich? –, ach ja, in Zwickau waren wir zusammen engagiert. Dann kam nichts mehr, Sylvie war gut verheiratet, und ich hatte dich.«

»Für eine Weile.«

»Right, würden unsere Befreier sagen. Sylvie lebte mit ihrem Mann sehr gut, und ich hoffe, sie tut es heute noch. Sie hat zwei Kinder.«

»Nein? Wirklich?«

»Wirklich. Ich wohnte dann bei ihr und dem Mann und den Kindern, sehr reizende Kinder übrigens, und dann brachte ihr Mann sie vor den Bomben in Sicherheit nach Schlesien.«

»Ausgerechnet nach Schlesien.«

»Nun, das war damals eine Gegend, in der keine Bomben fielen.«

»Wie in Dresden.«

Er küßte sie. »Ja, genauso. Ich weiß nicht, was aus ihr geworden ist. Ich blieb dann bei ihrem Mann, sie hatten ein hübsches Haus in Zehlendorf. Die Theater schlossen, der totale Krieg wurde immer totaler, und ich mußte froh sein, daß immer noch Filme gedreht wurden. Erst drehten wir in Berlin, dann in Wien. Schließlich machten wir hauptsächlich Außenaufnahmen; und dann hatten wir keinen Film mehr in der Kamera, aber wir taten so, als ob wir drehten. Das war zuletzt im Salzkammergut, in St. Gilgen.«

»Aber du hast gesagt, es seien Verehrerinnen dagewesen, die sich um dich gekümmert haben.«

»Und ob sie das getan haben. Gott schütze sie! Es war auf einem Bauernhof dort in der Gegend, wir waren alle da untergekommen, und sie taten für uns, was sie konnten. Es waren eine Mutter und zwei Töchter in dem Haus, ich hätte mit keiner etwas anfangen können, und wenn, dann höchstens mit der Mutter, die Töchter waren erst fünfzehn und siebzehn. Also ließ ich es ganz bleiben. Ich hatte auch keine besondere Lust dazu.«

»Und deine Filmpartnerin?«

»Das war zuletzt Evelyn König. Du erinnerst dich an sie?«

»Na ja, so ein bißchen. Irgendein Nachwuchs von Goebbels Gnaden.«

»Richtig. Die war gewiß nicht mein Typ. Also!«

»Und dann?«

»Dann schmissen uns die Amerikaner hinaus. Ich kam nach München.«

»Ach nein?«

»Ja, das war im Sommer 45. Und ich wollte nur eines, ich wollte nach Berlin. Du weißt, Berlin war immer der Magnet für mich.«

»Und kamst du nach Berlin?«

»Natürlich nicht. Das war unmöglich. Ich trampte eine Weile kreuz und quer, und dann lag ich da.«

»Was heißt das, du lagst da?«

»Ich wurde krank, Nina. Mein Herz machte nicht mehr mit.«

»Dein Herz?« Nina richtete sich kerzengerade im Bett auf. »Was ist mit deinem Herzen?«

»Nun, es ist nicht mehr so gesund, weißt du. Ich hatte eine schwere Zeit in meiner Jugend und in meinen Anfangsjahren, dann kam die Zeit der Arbeitslosigkeit und schließlich der Film, da haben wir ja auch nicht gerade sehr vernünftig gelebt. Wir haben viel getrunken, wenig geschlafen...«

»Ich hab' ja gleich gesagt, du sollst diesen gräßlichen Schnaps nicht trinken«, rief sie.

»Irgendwann lag ich auf der Nase. Das war in Oberfranken, als ich auf dem Weg nach Berlin war. Ich kam dort in ein Krankenhaus, na, du kannst dir schon denken, wie es war, zeitgemäß halt. Dort lag ich ziemlich lange. Und dann blieb ich in der Gegend und erholte mich. Und dann kam ich nach München. Und nie gab es eine Frau, Ninababy. Du bist wieder die erste, und du bist wieder die Richtige.«

Sie schlief in dieser Nacht in seinem Arm, so wie früher auch, die Jahre waren versunken. Wie viele Jahre, als sie das erste Mal so bei ihm lag. Fast zwanzig Jahre waren es. Für eine Weile werde ich dich behalten.

Als Folge dieser Nacht entwickelte Peter Thiede eine erstaunliche Initiative, das war Nina zu verdanken. Denn bisher hatte er sich nur so treiben lassen.

Schon im Monat darauf fand er eine bessere Bleibe, in einem schönen alten Haus in der Widenmayerstraße. Es war eine riesige Zehnzimmerwohnung, sie gehörte zwei Schwestern, die die Räume vermieteten, um Einquartierung zu vermeiden.

Eine schöne Wohnung, mit guten Möbeln ausgestattet, und als Nina das erste Mal hinkam, sagte sie: »Aber das geht doch nicht. Hier.«

»Das ist alles sehr schön und gepflegt«, sagte Peter, »und wir haben sogar ein Hausmädchen, aber sonst sind die Damen sehr freizügig. Sie sind zwar aus guter Familie, aber jede von ihnen ist mit einem amerikanischen Offizier befreundet, was natürlich diesem Haushalt sehr nützlich ist. Sie bleiben dadurch auch im gewohnten Milieu, beide waren mit Offizieren verheiratet, die eine sogar mit einem General. Der hat Stalingrad nicht überlebt. Der andere Herr ist noch in Gefangenschaft.«

»Und wenn er heimkommt?«

»Wird man leben, wird man sehen. Jetzt muß man zuerst einmal leben. Und du wirst sehen, es sind sehr attraktive Frauen.«

»Und dich bewundern sie natürlich?«

»Was heißt bewundern. So bewundernswert bin ich nicht mehr. Aber sie kennen mich jedenfalls vom Film und haben mich gern aufgenommen. Es wohnt noch ein Schauspieler hier, Claus Hergarth, falls du dich an den noch erinnerst.«

»Klar. Hat er nicht mal bei Gründgens gespielt?«

»Hat er. Später ging er nach Hamburg, und als es dort mulmig wurde, entschwand er nach Paris. Da muß er eine ganz lustige Zeit verbracht haben, hat auch gefilmt und was weiß ich. Er blieb sogar, bis die Amerikaner einmarschierten, entschwand dann nach Südfrankreich, wo seine Pariser Freundin ein Haus besaß. Aber die Franzosen waren ja ziemlich unfreundlich gegen Damen, die mit Deutschen liiert waren, also schickte ihn Madame fort. Vorübergehend, wie er sagt, denn sie liebt ihn.«

»Ist ja eine tolle Geschichte. Und was macht er jetzt?«

»Zur Zeit ein bißchen Cabaret, und natürlich möchte er auch an die Kammerspiele, doch wer möchte das nicht? Da stehen sie gewissermaßen Schlange.«

»Der wohnt allein hier?«

»Sieht so aus.«

»Und was spiele ich hier für eine Rolle?«

»Du bist meine Frau.«

»Was bin ich?«

»Ich habe gesagt, meine Frau ist mit unserer Tochter in der Nähe von München auf das Land evakuiert worden. Sie wohnt da sehr nett und will dort bleiben, weil die Kleine etwas kränklich ist. Aber ab und zu sieht sie hier mal nach dem Rechten, sie ist sehr eifersüchtig.«

»Hast du das wirklich gesagt?« fragte Nina entsetzt.

»Ganz wirklich, Ninababy.«

»Du bist ein elender Schwindler.«

Aber so sehr war sie schon wieder von seiner leichten Lebensart gefangengenommen, daß sie lachend die Arme um seinen Hals schlang und nicht gegen die Schwindelei protestierte. Im Laufe des Sommers kam Nina also nun öfter in die Stadt, sie ging ins Theater oder auch nicht, im Juli hörten sie auf mit dem Stück, begannen aber gleich etwas Neues zu probieren, und Nina machte es Spaß, bei den Proben dabeizusein.

Die Bewohner der Widenmayerstraße kannte sie mit der Zeit alle, und die kannten Nina. Da war außer dem Schauspieler noch ein angehender Ingenieur, er war während des Krieges bei den Funkern und hatte jetzt sein Studium wieder aufgenommen. Sodann ein älterer Rechtsanwalt aus Hannover, der bei einem Luftangriff nicht nur sein Haus, sondern auch seine Frau und die beiden Töchter verloren hatte. Ein hagerer, tieftrauriger Mensch, der wenig sprach. Sie wußten lange nichts von seinem Schicksal, aber eines Nachts, als sie alle zusammensaßen, erzählte er davon. Er weinte. Und Nina weinte auch.

Die beiden Amerikaner waren dabei, der eine verstand ein wenig deutsch, der andere gar nicht, aber sie verstanden immerhin, worum es ging. Der eine machte ein grimmiges Gesicht, der andere sah gequält aus. Jetzt, hier in diesem Lande lebend, als Sieger, als Befreier, täglich mit diesen Menschen konfrontiert, die man geschlagen hatte, war so vieles für einen halbwegs gebildeten und kultivierten Amerikaner schwer zu verstehen und zu ertragen.

»It was Hitler, was'nt it?« sagte der mit der grimmigen Miene schließlich.

»Ich war nie sein Anhänger«, sagte der Anwalt, und zu einer der Damen gewandt: »Vielleicht können Sie Ihrem Bekannten erklären, daß ich zu der Zeit, als meine Familie ums Leben kam, verhaftet war, weil man mich im Zusammenhang mit dem 20. Juli verdächtigte. Meine Haltung war bekannt.«

Die hübsche blonde Frau lächelte, sie sagte: »Ich will es ihm gern erklären, aber schauen Sie, Herr Doktor, es traf nun einmal Gerechte und Ungerechte. Ist das nicht immer so? In jedem Krieg? Ich weiß nicht, wie mein Mann ums Leben gekommen ist, ich werde es wohl nie erfahren. Ich weiß nur, was er sagte, als er zum letztenmal hier war. Das war lange vor Stalingrad, es war noch während des Vormarschs in Rußland. Er sagte: Im Krieg zu fallen, ist die letzte Ehre, die uns bleibt. Ich möchte lieber draußen bleiben als in einem siegreichen Hitlerstaat leben.«

Nina erklärte nicht, warum sie geweint hatte, keiner wußte hier Näheres über sie, das war besser so. Über ihre Tochter reden konnte sie nicht, höchstens mit Peter.

Aber nicht immer ging es so trist zu. Meist waren Nina und Peter sowieso für sich. Saßen sie aber mit den anderen zusammen, waren es oft sehr vergnügte Abende, sie hatten zu essen und zu trinken; aber Nina sagte zu Peter eines Abends, als sie wieder in ihrem Zimmer waren: »Irgendwie verstehe ich Carla und Annette nicht. Das paßt doch nicht, sie und die beiden Amis. Müssen sie das denn tun? Die Männer sind verheiratet, wie du ja mitbekommen hast. Und nun sitzen sie hier als Eroberer und halten sich zwei Frauen aus guter Gesellschaft als Geliebte. Mir gefällt das nicht. Warum tun sie das?«

»Wer? Die Amis oder die Mädchen?«

»Mädchen! Es sind erwachsene Frauen. Haben die denn keine Kinder?«

»Doch, Annette hat einen Sohn, der ist bei ihrer Mutter im Allgäu. Sicher ist er dort besser aufgehoben als in der Stadt.«

»Wenn sie das Kind bei sich hätte, müßte sie ein anderes Leben führen.«

»Müßte sie wohl, ja. Aber was willst du? Eine Frau braucht einen Mann.«

»Kann sie keinen deutschen Mann finden?«

Peter lachte. »Ninababy, sei nicht so streng. Mit unseren Männern ist zur Zeit nicht viel los. Viel zu hungrig, um gute Liebhaber zu sein, das siehst du ja an mir.«

»Du wirst ja gut gefüttert von allen Seiten. Nein, also wirklich, ich finde es nicht richtig. So die kleinen Mädchen, die Fräuleins, wie man sie nennt, die sich mit Amis herumtreiben, na ja, schön, das ist nun mal nicht anders. Aber diese beiden – nein, es paßt nicht zusammen.«

»Würdest du unter keinen Umständen ein Verhältnis mit einem Amerikaner anfangen?«

»Nein, nie«, erwiderte Nina entschieden. Dann zögerte sie, überlegte. »Es kommt natürlich darauf an...«

»Worauf kommt es an?«

»Was für ein Mann er ist. Ich kenne ja nicht viele Amerikaner, das sind die ersten, mit denen ich zusammensitze und mit denen ich rede. Nein, mit keinem von den beiden möchte ich ein Verhältnis haben, auch wenn sie mich mit Schokolade überschütten würden.«

»Aber wenn dir einer als Mann gefiele?«

»Als Mann und vor allem als Mensch. Aber es liegen doch Welten zwischen ihnen und uns. Sie sind hier, urteilen und verurteilen und haben im Grunde doch keine Ahnung, wie es wirklich war. Und sie sind so schrecklich satt und zufrieden, die beiden hier auch. Das ist mir einfach zuwider.«

»Ja, sie haben nun mal den Krieg gewonnen, und genug zu essen haben sie auch.«

»Ich kenne einen einzigen Amerikaner; aber der war ganz anders. Ich hab' doch mal erwähnt, daß sie uns das Haus beschlagnahmen wollten, nicht? Ich muß dir mal die ganze Geschichte erzählen. Aber der war halt kein richtiger Amerikaner. Der war ein halber Balte. Ein Neffe von Tante Alice. Verwandt mit Nicolas.«

»Das gibt's ja nicht.«

Peter fand, es sei eine schöne Geschichte. Und dieser Amerikaner, der kein richtiger Amerikaner war, hätte ihr also gefallen können.

»Nicht so, wie du denkst. Er war blutjung. Aber ich werde ihn nie vergessen. Ich sehe ihn noch da stehen, als er am nächsten Tag kam und sagte, daß das Haus nicht beschlagnahmt würde. Er freute sich so darüber. Na, und dann der Brief! Das war vielleicht ein Wunder.«

Dank der Schwestern jedoch bekam Nina manchmal ein Paar Nylonstrümpfe und das eine oder andere Döschen oder Gläschen aus dem PX. Und Zigaretten waren immer genug im Haus, keiner fragte, ob er davon nehmen durfte.

Von dem Rechtsanwalt wußte keiner, was er eigentlich den ganzen Tag tat. Er lief viel in der Stadt herum, sonst saß er in seinem Zimmer und las, denn es gab viele Bücher im Haus, und keine schlechten. Manchmal war er betrunken, was man verstehen konnte.

»Wovon lebt er eigentlich?« fragte Nina.

»Weiß ich es? Viele Menschen leben ja heute in einem Nirgendwo.«

»Aber er muß doch hier Miete zahlen, und er muß doch essen. Und ganz gut angezogen ist er auch. Wenn alles kaputt war in seinem Haus, muß er sich doch neue Sachen beschafft haben.«

»Willst du ihn auch noch betreuen? Er wird halt schwarz gekauft haben.«

»Dann muß er Geld haben.«

»Kann ja sein, er hat noch was. Vielleicht kriegt er auch was, weil die Nazis ihn eingesperrt hatten.«

Von dem jungen Paar, das noch in der Wohnung lebte, er aus Bremen, sie aus Frankfurt an der Oder, wußte man sehr gut, was sie taten. Sie hatten große Pläne für die Zukunft, und inzwischen beherrschten sie souverän den schwarzen Markt.

Nina hatte sich angewöhnt, gelegentlich Silvester zu besuchen, und nun, in dieser ausgeglichenen Stimmung, die Peters Gegenwart ihr verschaffte, ging es viel leichter.

Natürlich wußte Silvester nichts von Peter, sie erzählte ihm nichts davon, obwohl anzunehmen war, daß es ihm gleichgültig sein würde. Aber sie unterhielten sich jetzt ganz unbefangen, wenn sie bei ihm saß, allerdings nie über das Leben in Solln und nie über seine Zeit im Lager. Silvester nahm inzwischen wieder Anteil am Leben, und er war gut informiert, nicht nur über das, was sich in der amerikanischen Zone ereignete, sondern auch in den übrigen Teilen Deutschlands. Da war die Entnazifizierung in allen vier Besatzungszonen nun in vollem Gang, und der berüchtigte Fragebogen mit seinen 131 teils sinnlosen Fragen war in aller Mund.

»Ohne ihn ausgefüllt zu haben, kann keiner mehr in diesem Land arbeiten«, erklärte ihr Silvester.

»Ich finde das idiotisch«, entschied Nina.

»Du mußt ihn auch ausfüllen.«

»Einen Dreck muß ich. Ich bin schließlich mit dir verheiratet, und es ist ja wohl erwiesen, daß du ein Gegner des Regimes warst. Noch bin ich mit dir verheiratet.«

»Willst du dich scheiden lassen?«

»Nun, vielleicht du, nachdem du keine Verwendung mehr für mich hast.«

Er fand solche Bemerkungen von ihr gar nicht komisch, und sie schämte sich danach, wenn sie daran dachte, daß sie ihn im Grunde ja betrog. Aber konnte man einen Mann betrügen, der seine Frau einfach beiseite schob?

Dafür, dachte Nina bissig, müßte man einen eigenen Fragebogen einrichten – was ist Liebe, was ist Treue, und was ist Betrug?

Durch Zeitungen und Rundfunk und auch wohl durch Gespräche mit seinen Freunden wußte Silvester über alles Bescheid, über den Kontrollrat, über die Demontage, über die Konferenz der siegreichen Außenminister und die Reparationen, auch was in der Ostzone geschah, so die Aufstellung der Volkspolizei bereits im Juni des Jahres 1946 und die zunehmende Konfrontation zwischen Amerikanern und Russen.

»Der nächste Krieg ist schon in Sicht«, meinte er düster.

Nina sagte wenig dazu, sie ließ ihn reden, froh, daß er überhaupt redete. Sie wußte nicht allzuviel von diesen Dingen, ihr Leben war so ausgefüllt, denn genaugenommen war es ein Doppelleben, das sie führte, und das nahm alle ihre Kräfte in Anspruch.

Sie sagte nicht mehr, daß er zu ihr kommen sollte, und er regte auch kein gemeinsames Leben an.

Gesundheitlich ging es ihm besser, er begann ein Buch zu schreiben über die Eingriffe der Nazis in die Kunst, das Unrecht, das entstanden war, als der Begriff ›Entartete Kunst‹ geprägt wurde.

Nina, die inzwischen die Bilder der Sophie von Braun kannte, dachte bei sich, daß er ja Anregung genug fand, wenn er diese Bilder betrachtete, die sie scheußlich fand. Aber sie hütete sich, das auszusprechen. Viel verstand sie ja auch nicht von Malerei. Das hinwiederum hatte Alexander Hesse verstanden, und mit ihm wäre Silvester wohl in diesem Punkt sehr schnell einig geworden. Wir sind alle schizophren in diesem Land, dachte sie. Ob das jemals wieder anders wird?

Isabella sah sie manchmal, sie war immer freundlich, auch Professor Guntram traf sie einmal bei Silvester, der ihr Komplimente machte, aber keiner fragte danach, wie das eigentlich mit ihnen weitergehen sollte. Und so, wie die Dinge jetzt lagen, war Nina froh darüber. Wie befreit eilte sie jedesmal davon; sie wußte nicht, was sie über sie dachten und sagten, und es war ihr auch egal.

Professor Guntram sagte: »Sie sieht ganz reizend aus, deine Frau, Silvester. Sie wird immer jünger und hübscher. Solltest du nicht wieder mit ihr zusammenleben?«

»Wo?« fragte Silvester nur.

Davon wußte Nina nichts. Sie lebte auf dünnem Eis, aber war es nicht ihr Leben lang so gewesen?

Ein schlechtes Gewissen hatte sie eigentlich nur, was Maria betraf, wenn sie immer mal wieder für einen Tag, eine Nacht aus Solln verschwand. Und sie genierte sich vor Alice und vor Stephan und erfand die wildesten Ausreden.

»Laß das doch«, sagte Marleen eines Tages. »Du bist ein erwachsener Mensch. Es ist doch gut, wenn du ein wenig Freude haben kannst. Maria und Stephan sind voll beschäftigt, das siehst du doch. Es spielt überhaupt keine Rolle, wenn du mal einen Tag nicht da bist.« Marleen seufzte. »Ich beneide dich.«

Denn wenn auch Nina nie darüber sprach, wo sie war und was sie tat, Marleen wußte es sehr genau. Den anderen erzählte sie, sie sei bei Silvester.

Das war eine böse Lüge, die sie belastete und manchmal auch ihr Zusammensein mit Peter verdunkelte.

Einmal, als sie sich wieder angeklagt hatte, sagte er:

»Wird es denn nie anders werden mit dir? Damals, als wir uns kennenlernten, sagtest du, über Nacht könntest du nicht wegbleiben. Da war Trudel, da waren die Kinder. Und später, als deine Kinder schon größer waren, sagtest du dasselbe. Genaugenommen bist du Großmutter, Nina...«

»Du bist gemein.«

»Na, es ist doch so. Und nun genierst du dich immer noch vor deinem Sohn und vor deiner Tante und vor deinem Enkelkind. Du bist ein freier Mensch, Nina.«

»Das denkst du nur, das war ich nie.«

Der Sommer verging wie im Flug. Im Herbst konnten Eva und Herbert ihr Haus wieder beziehen, und kurz darauf heirateten sie, denn Eva bekam wirklich ein Kind, und abgetrieben hatte sie nicht.

Zuvor aber erschien noch der Kammersänger Ruhland auf der Bildfläche.

Kammersänger Heinrich Ruhland, der Vorbesitzer von Marleens Haus, kam an einem Nachmittag im September zu Besuch. Diese erste Begegnung sollte nicht die letzte sein.

Ehe sie den berühmten Mann kennenlernten, wußten sie schon eine Menge über ihn, und zwar durch Frau Beckmann, die für ihn schwärmte.

Er war lange Jahre Mitglied des Nationaltheaters, der Münchner Oper, gewesen, und Frau Beckmann hatte gesagt: »Mei, wenn Sie ihn als Lohengrin gehört hätten! Wenn er mit seinem Schwan über die Scheide kam, schön wie ein Gott, bekam ich jedesmal eine Gänsehaut.«

»Ähnlich muß es gewesen sein«, bestätigte Herr Beckmann. »Wenn er dann ohne Schwan wieder abzog, mußte ich sie festhalten, sonst wäre sie ihm nachgeschwommen.«

»Und sein Tannhäuser! Bis zum Schluß ein Wunder. Meist zittert man ja vor der Romerzählung, ob der Sänger es noch schafft. Aber er! Die Stimme war kraftvoll und herrlich wie zu Beginn.«

Im Jahr 39 war die Frau des Kammersängers an Krebs gestorben, das war einer der Gründe, warum er das Haus nicht mehr mochte und es verkaufen wollte. Kam hinzu, daß er sich mit dem damaligen Intendanten nicht vertrug und daß es einige vielbesprochene Zusammenstöße mit dem Gauleiter gegeben hatte. Den Einladungen des festfreudigen Herrn folgte er längst nicht mehr, wo es möglich war, ging er ihm aus dem Weg. Traf er jedoch aus offiziellem Anlaß oder bei einer Premiere mit ihm zusammen, machte er keinen Hehl aus seiner Abneigung. Dies alles zusammen bewirkte, daß er kaum noch in München sang, sondern meist an der Wiener Staatsoper auftrat.

Daher kam es wohl, daß Nina ihn nie gehört hatte. Obwohl er, wie Frau Beckmann wußte, auch oft in Berlin und Dresden gastiert hatte.

Sicher hatte Vicky ihn gekannt, wenn sie auch Wagner noch nicht gesungen hatte. Mit der ihr eigenen Selbstsicherheit hatte sie jedoch angekündigt: »So in fünf, sechs Jahren singe ich die Elsa und später dann auch die Elisabeth.« Marleen hatte den Kammersänger kennengelernt, als sie das

Haus bei ihrem zweiten Aufenthalt in München, begleitet von Alexander Hesse, gründlich besichtigte. Zwar waren die Verhandlungen durch einen Makler geführt worden, aber an jenem Tag war Ruhland zugegen, weil er, wie er sagte, gern wissen wolle, wer nach ihm sein liebes altes Haus bewohnen werde. Marleen fand seine Zustimmung, und sie sagte, er sei ein sehr gut aussehender Mann und sehr galant.

Der Anruf kam am späten Vormittag, Heinrich Ruhland war am Telefon und fragte, ob es wohl genehm sei, wenn er am Nachmittag auf einen Sprung vorbeischaue. Er sei momentan in Solln, wohne bei seiner Kollegin Agnes Meroth, und ein wenig plage ihn die Neugier, wie sich denn die Nachfolger in seinem früheren Haus fühlten.

Nina, die am Telefon war, erwiderte: »Ganz fabelhaft, Herr Kammersänger. Wir freuen uns sehr, wenn Sie kommen.«

Das sagte sie zwar, ein wenig bange war ihr jedoch vor dieser Begegnung. Am Ende hatte er von Vicky gehört, und noch immer war es ihr unmöglich, über Vicky zu sprechen.

Wie sie vieles über ihn gehört hatten, so wußte Ruhland recht gut Bescheid über die Bewohner seines früheren Hauses. Mit seiner Kollegin Agnes Meroth war er gut befreundet, sie hatten in den vergangenen Jahren Kontakt gehalten, sie hatte auch in Wien gesungen, ehe die Theater schließen mußten. Sie waren ein erfolgreiches Paar auf der Bühne gewesen, nicht nur stimmlich paßten sie gut zusammen, beide waren gute Schauspieler, was nicht für jeden Sänger gilt, und so steigerten sie sich gegenseitig in ihren Partien zu außerordentlichen Leistungen. Das Publikum dankte es ihnen, sie wurden bewundert und geliebt. Heinrich Ruhland, der Tenor, wurde natürlich von den Damen immer noch ein wenig mehr geliebt.

Die Kammersängerin Meroth wohnte einige Straßen weiter, auch in einem hübschen alten Haus mit großem Garten, sie sang noch gelegentlich einige Partien im Prinzregententheater, doch zog sie sich mehr und mehr von der Bühne zurück. Sie war glücklich verheiratet mit einem Professor der Literaturgeschichte, nun seit einigen Jahren emeritiert, und hatte zwei erwachsene Söhne, die beide den Krieg überlebt hatten. Die Rosenzucht im Garten der Meroths war weithin berühmt.

Nina, nachdem sie den Anruf erhalten hatte, informierte Marleen und ging eine Weile später zu den Beckmanns, um ihnen die Neuigkeit mitzuteilen. Sie geriet mitten in eine Geographiestunde. Der Oberstudienrat hatte in geduldiger Arbeit, aus mühselig zusammengestohlener Pappe, Modelle der einzelnen Erdteile geformt, ziemlich große sogar, damit genügend Platz blieb für Ländergrenzen, für die Erhebungen der Gebirge, die Mulden der Seen und für die Stecknadelköpfe, die die wichtigsten Städte markierten.

Als Nina kam, tastete Maria gerade über die Gebilde von Nord- und Südamerika, und Herr Beckmann erzählte vom Bau des Panamakanals.

»Wir sehen erstmal die beiden Erdteile gleichzeitig an«, erklärte er Nina, »das erleichtert das Verständnis für ihre Lage und ihre Größe und für die Verschiedenheit der Bevölkerung.«

Nina beugte sich über die beiden Erdteile, die auf dem großen Eichentisch im Eßzimmer aufgebaut waren, und sagte hingerissen: »Aber das ist ja phantastisch! Was haben Sie sich bloß für eine Arbeit gemacht, Herr Beckmann.«

Denn der Oberstudienrat hatte nicht nur maßstabgerecht diese Pappmodelle gebastelt, er hatte sie auch noch angemalt, grün, gelb, braun und blau, wie in einem Atlas. Die Farben wären zwar für Maria nicht notwendig gewesen, doch der Oberstudienrat hatte die Modelle zu seiner eigenen Zufriedenheit mit Farbe versehen. Zusätzlich stand noch ein Globus dabei, damit sich Maria von der Kugelform der Erde eine Vorstellung machen konnte.

Nina tippte mit dem Zeigefinger vorsichtig auf einen Stecknadelkopf.

»Das muß Boston sein«, sagte sie.

»Sehr richtig. Und hier«, der Finger des Oberstudienrates fuhr einen Millimeter südwärts, »liegt Plymouth, das habe ich auch ein wenig angebuckelt, denn immerhin ist dies der Ort in der Cape Cod Bay, wo die Engländer, die mit der ›Mayflower‹ gesegelt waren, erstmals ihren Fuß auf amerikanischen Boden setzten. Um schließlich Amerikaner zu werden. Wie war das doch gleich mit dem Unabhängigkeitskrieg, Maria?«

»1775 bis 1783«, kam es prompt von Maria.

»Und wie hieß der erste Präsident der Vereinigten Staaten von Amerika?«

»George Washington.«

Herr Beckmann lächelte voll Stolz und meinte: »Sehen Sie, Frau Nina, das ist eine ganz moderne Art von Unterricht, den wir hier haben, wir mixen Geographie und Geschichte gelegentlich zusammen.«

»Ihr seid wirklich tüchtig«, sagte Nina. »Daß du dir das alles merken kannst, Maria. Ich hätte das nicht gewußt, als ich so alt war wie du.«

Sie legte dem Kind die Hand auf die Schulter, und Maria berührte mit einer flüchtigen Liebkosung Ninas Hand mit der Wange. Das geschah zum erstenmal, und Nina registrierte es, wie sie jede neue Regung, jeden kleinsten Entwicklungsschritt Marias beachtete, um verständnisvoll und sensibel auf das Kind eingehen zu können. War es möglich, daß Maria nun doch so etwas wie Zuneigung, wie Liebe empfinden konnte?

Sie mußte sich zusammennehmen, um Maria nicht in die Arme zu schließen, aber das wäre falsch gewesen, man durfte nichts tun, was sie erschreckte, was sie zurückweichen ließ, und man durfte vor allen Dingen kein großes Aufheben von jeder Regung, von jedem kleinen Schritt vorwärts machen. So weit hatte Nina ihre eigene Rolle begriffen.

»Also wirklich«, sagte Nina und überblickte wieder die schöne Neue Welt, »das ist wirklich ganz unglaublich, was ihr hier habt.«

»Wir fangen mit Amerika an, das ist ja heutzutage ganz passend. Australien habe ich schon auf Lager, das war nicht so schwer. Zur Zeit arbeite ich an Europa und Asien, das wird ein Riesentrumm. Meine Frau schimpft schon, weil ich den ganzen Keller damit verstelle. Übrigens, Stephan, könnten Sie mir dabei nicht ein wenig helfen?«

»Aber selbstverständlich, gern«, sagte Stephan.

»Das Trumm ist so groß«, erklärte Herr Beckmann, »ich hab's mir auf zwei Holzböcken aufgenagelt und muß nun immer drumherum rennen, von der Biskaya zum Chinesischen Meer. Das ist ein weiter Weg.«

Nina lachte. »Was täten wir nur ohne Sie!«

»Ich wüßte etwas, was Sie für mich tun könnten. Suchen Sie mal drüben bei sich nach Stecknadeln. Meine Frau hat inzwischen alle vor mir weggeschlossen. Ich brauche aber noch viele.«

»Soviel ich weiß, erzielt man auf dem schwarzen Markt gute Preise damit«, sagte Nina. »Aber hier sind sie wirklich wichtiger, das sehe ich ein.«

Noch einmal tippte sie mit dem Finger auf Boston. Seit im vergangenen Monat die Aktion der CARE-Pakete angelaufen war, hatten sie schon zwei bekommen, eins für Alice, eins für Maria. Stephan, der wußte, was sie dachte, lächelte ihr zu.

»Boston«, sagte er, »ja. Die von der ›Mayflower‹ sind leichter hingekommen, als wir es könnten. Für uns ist es unerreichbar.«

»Also das denke ich ganz und gar nicht«, widersprach Herr Beckmann. »Ich bin ziemlich sicher, daß Sie Ihren ... na, was ist er denn? Cousin oder so was ähnliches, eines Tages besuchen werden.«

»Er wird uns besuchen«, sagte Nina. »Das hat er in seinem letzten Brief geschrieben. Er möchte uns gern alle wiedersehen, oder, wie er schreibt, jetzt richtig kennenlernen, und damit möchte er nicht zu lange warten. Das meint er wohl vor allem wegen Tante Alice. Er studiert jetzt, schreibt er. Apropos Besuch – deswegen bin ich gekommen. Wo ist Ihre Frau, Herr Beckmann?«

»In der Küche, nehme ich an. Sie brät irgendwas mit Mais und Haferflocken, Frau Moser hat ihr das Rezept gegeben. Wird sicher schrecklich sein.«

Nina lachte. »Ich habe gestern einen Kartoffelkuchen gebacken, war gar nicht mal schlecht. Und heute gibt es bei uns Kartoffelstückchen in einer Bechamelsauce. Mit einer Art Bechamelsauce, sagen wir mal. Aber mit viel, viel Schnittlauch. Der wächst großartig bei uns im Garten.«

Frau Beckmann war von dem angekündigten Besuch des Kammersängers erwartungsgemäß beeindruckt.

»So was aber auch!« sagte sie. »Meinen Sie, ich könnt' mal so ganz zufällig vorbeikommen?«

»Das meine ich nicht, Irmgard«, sagte der Oberstudienrat streng. »Das wäre aufdringlich.«

»Ich sag' doch zufällig. Angenommen, es schmeckt dir heute mittag, könnte ich Frau Nina das Rezept bringen.«

»Es schmeckt mir bestimmt nicht, das weiß ich jetzt schon.«

»Mei, so ein Mann! Da plagt man sich und plagt sich, und er sagt vorher schon: es schmeckt mir nicht.«

»Kommen Sie ruhig vorbei, Frau Beckmann«, ermunterte Nina sie. »So, wie Sie ihn mir geschildert haben, freut er sich bestimmt, Sie wiederzusehen.«

»Man weiß so gar nichts darüber, wie er heute lebt. Ich weiß nicht mal, wo er lebt. Er ist einfach wie vom Erdboden verschwunden.«

»Das ist ein Schmarrn«, ihr Mann schüttelte nachdrücklich den Kopf. »Du hörst doch gerade, daß er lebt. Wie und wo geht dich nichts an.«

»Die Meroth weiß es. Aber von der erfährt man ja nix. Und noch schlimmer ist ihre Haushälterin, die kriegt den Mund schon gar nicht auf.«

Der Kammersänger kam zehn Minuten nach vier. Er war wirklich eine eindrucksvolle Erscheinung, groß, kräftig, mit leuchtend blauen Augen in dem großflächigen Gesicht unter eisgrauem Haar. Eine wirkungsvolle Bühnenerscheinung, dachte Nina.

Er küßte Marleen die Hand, die sich für den Besuch besonders hübsch gemacht hatte, er küßte Nina die Hand, schaute sich erwartungsvoll um und meinte dann: »Sehr kommod haben Sie es hier.«

Er betrachtete die Bilder, die alle von Alexander Hesse stammten oder von ihm ausgesucht waren, und sie nötigten dem Kammersänger ein anerkennendes Nicken ab.

»Kompliment, gnädige Frau«, sagte er zu Marleen. »Sie sind eine Kennerin.«

Marleen quittierte dies mit dankendem Lächeln.

Dann ging er in den Garten und amüsierte sich über die Gemüsebeete. Anschließend wurde im Gartenzimmer Kaffee serviert und der Rest von Ninas Kartoffelkuchen, den der Kammersänger aber verschmähte. Höflich sagte er: »Ich muß auf meine Taille achten.«

Nina lachte daraufhin. »So etwas hört man heute selten.«

»Nun also, das weiß ich. Aber mir geht's nicht schlecht. Ich leb' wie im Paradies. Unberufen!« Er klopfte auf die Tischplatte. Dann sprach er eine Weile über Agnes Meroth, die liebe Kollegin, bei der er zur Zeit wohnte.

»Für ein paar Tage nur. Ich wollte München wiedersehen. Nun also, ich hab's schon bereut. Was ist aus dieser Stadt geworden! Ein Jammer. Ein Jammer.«

Dann betrauerte er ausführlich die zerbombte Oper, erzählte von den letzten Partien, die er hier gesungen hatte, nahm einen kleinen Cognac an, und dazwischen blickte er sich immer wieder suchend um.

Marleen und Nina waren allein mit ihm. Alice hatte es vorgezogen, in ihrem Zimmer zu bleiben, Stephan und Maria waren wieder zu Beckmanns gegangen, Maria wollte Klavier spielen und Stephan gleich anfangen, an dem Modell von Europa und Asien mitzuarbeiten.

Conny, dem der Gast gefiel, hatte sich dicht an das Kammersängerknie gesetzt und ließ sich kraulen.

»Ein hübscher Bursche. Wir haben auch zwei Hunde draußen.«

»In Ihrem Paradies?« fragte Nina.

»Eben dort. Ich werd's Ihnen gleich schildern. Nur eine Frage noch« – er blickte Nina mit seinen großen blauen Augen an, räusperte sich, stellte aber dann entschieden die Frage, die ihn offenbar beschäftigte: »Victoria Jonkalla ist Ihre Tochter?«

Er sagte ist, nicht war, und das war sehr taktvoll von ihm, es erleichterte Nina die Antwort.

»Ja. Kennen Sie – meine Tochter?«

»Nun also, wir sind uns in Dresden begegnet. Ich hab da mal den Pedro gesungen. Und sie war die Nuri. Schöne

Stimme. Ja, und dann war ich bei ihr zu Haus eingeladen, in dem Cunningham-Palais, das war ja höchst beachtlich!«

Nina schwieg und nickte.

»Nun also«, der Kammersänger fuhr sich durch die graue Mähne. »Meine Kollegin hat mir von dem Kind erzählt, von Victorias Tochter.«

Ein flüchtiger Ärger flog Nina an. So taktvoll war er auch wieder nicht. Erwartete er, daß sie Maria vorführte wie eine Zirkusnummer?

»Sie ist nicht da. Sie ist bei Beckmanns, vorn an der Ecke. Die kennen Sie ja sicher noch.«

»Gewiß, gewiß«, rief der Kammersänger etwas zu lebhaft. »Entschuldigen Sie, gnädige Frau, daß ich nach dem Kind gefragt habe. Aber man hat mir erstaunliche Dinge berichtet.«

»Über Maria?«

»Sie ist ja eine Art lokaler Berühmtheit hier. Sie soll außerordentlich intelligent sein. Und hochmusikalisch.«

Agnes Meroth, beziehungsweise ihre Haushälterin, waren zwar in der Weitergabe von Nachrichten zurückhaltend, aber offensichtlich nicht in deren Aufnahme.

»Sie ist blind«, sagte Nina kühl.

»Auch das hat mir meine Kollegin erzählt.«

»Ich kenne Frau Meroth nicht.«

»Nun also, die Quelle ist wohl Frau Beckmann. Sie hat immer schon ganz gern geratscht, ich erinnere mich daran. Aber nie im bösen, nein, das nicht. Sie erzählt wahre Wundergeschichten von der Kleinen.«

»Frau Beckmann übertreibt«, sagte Nina abweisend. »Was soll es für Wundergeschichten über ein blindes Kind geben. Für mich gäbe es nur ein Wunder.«

Heinrich Ruhland nickte, er hatte verstanden. »Daß sie geheilt würde.«

Nun erschien als rettender Engel, ehe das Gespräch zu düster wurde, Frau Beckmann auf der Bildfläche, wirklich mit dem Rezept in der Hand.

»Oh!« rief sie und mimte Überraschung. »Herr Kammersänger! Das kann nicht wahr sein! Wo kommen Sie denn her?«

Ruhland grinste und schloß Frau Beckmann umständlich in die Arme, worauf diese rote, heiße Wangen bekam.

»Meine gute Frau Beckmann!« röhrte er mit vollem Organ.

Das Rezept war auf den Boden gefallen, Nina hob es auf.

»Nun? Hat es ihm geschmeckt?«

»Gar nicht. Er hat hintennach ein Marmeladenbrot gegessen.«

»Eine Tasse Kaffee? Mein Kuchen ist auch nicht besonders. Ich muß demnächst mal bei Franziska vorbeischauen, damit wir wieder was zu essen kriegen. Seit Herbert ewig in der Universität rumhängt, gehen uns seine Einkäufe ab.«

»Habt ihr wenig zu essen?« fragte Ruhland naiv.

Dabei lächelte er Marleen an, die mit den Augen kokettierte.

»Was für eine Frage!« meinte Nina.

»Nun also, mir geht es ausgezeichnet«, erklärte der Kammersänger zufrieden, »und nicht nur was die Menage betrifft.«

»In Ihrem Paradies«, sagte Nina noch einmal, es klang ein wenig süffisant.

»Dürfen wir denn erfahren, lieber Herr Kammersänger, wo Sie sich aufhalten?« fragte Frau Beckmann.

Und dann erfuhren sie es also. Er hielt sich in Oberbayern auf. Im Chiemgau. In einem alten Schloß.

Als er seinerzeit das Haus verkaufte, war ihm klar, daß er an diesen Ort nicht zurückkehren würde. Genauso klar war es für ihn, wie der Krieg eines Tages enden würde. Wo konnte man dann noch einigermaßen als Mensch leben, hatte Heinrich Ruhland sich gefragt, und die Antwort bereitete ihm keine Schwierigkeiten: in Oberbayern, auf dem Lande.

Marleen hörte mit Erstaunen zu und meinte versonnen: »Das hat Alexander auch gesagt.«

»Kluge Leute haben das wohl gesagt«, nickte Ruhland. »Ich erinnere mich an den Herrn in Ihrer Begleitung. Er ist nicht hier?«

Die Frage verwirrte Marleen, da ja außer Nina keiner von dem Verbleib Hesses wußte.

»Nein«, sagte sie. »Aber es geht ihm gut.«

Ruhland fragte nicht weiter, es blieb offen, ob er wußte, damals gewußt hatte, wer Alexander Hesse war.

Dann erzählte er von Schloß Langenbruck, wo er jetzt lebte, und das Erstaunlichste daran war, daß er dort aufgewachsen war.

»Der Baron von Moratti ist mein Jugendfreund und ein Musikkenner und Musikliebhaber. Er spielt nicht nur Klavier, er bläst auch wunderschön die Klarinette.«

Reich war der Baron nicht, der Unterhalt des Schlosses, der dazugehörige Park, das notwendige Personal hatten viel Geld gekostet, kosteten es noch immer. Seine Frau hatte ihn verlassen, Kinder hatte er nicht.

»Nun also! Da habe ich mir damals gedacht, es wäre doch gar nicht von Übel, wenn man für die nähere und fernere Zukunft ein Obdach hätte, das erstens möglichst weit ab vom Krieg liegt, zweitens in einer schönen Gegend und drittens meinem Sinn für eine dekorative Umgebung entspricht. Man lebt dort immer ein bisserl wie im Theater. Das Schloß ist ein alter Bau mit einem wunderschönen Innenhof. Es hat geradezu einen italienischen Reiz. Nun, die Vorfahren meines Freundes stammen ja auch aus Italien. Die Szenerie ist so etwa wie im Troubadour. Und die Landschaft rundherum ist zum Singen schön.«

Ruhland hatte das Geld, das er für sein Haus bekommen hatte, in notwendige Restaurationen für das Schloß gesteckt, noch ein bisserl mehr, wie er sagte, und hatte dort nun Wohnrecht auf Lebenszeit. Zu alledem war der Baron froh, ihn zur Gesellschaft zu haben, weil er sonst arg allein gewesen wäre.

»Sie leben dort allein mit dem Baron?« gurrte Marleen. »Ein Mann wie Sie, der an Leben, an Betrieb und auch an... nun, an Verehrerinnen gewöhnt ist?«

»Die hab' ich da draußen auch«, erwiderte der Kammersänger eitel. »Und allein sind wir keineswegs. In einem Teil des Schlosses hat man noch während des Krieges ein Lazarett untergebracht. Glücklicherweise waren es zumeist Rekonvaleszenten, und davon haben wir noch eine ganze

Menge, die sich recht wohlfühlen. Ein paar Musiker sind auch darunter, wir haben ein kleines Orchester zusammengestellt und haben diesen Sommer im Schloßhof Konzerte gegeben. Das war etwas für die Amerikaner, die sind mit großer Begeisterung gekommen, bis von Salzburg her, und nicht mit leeren Händen. Flüchtlinge haben wir selbstverständlich auch aufgenommen, die sich allesamt nützlich machen, und von den umliegenden Bauern werden wir ausreichend mit Lebensmitteln versorgt. Es ist nicht langweilig und es ist friedlich. Ich bin dort, seit die Theater geschlossen haben, und gemessen an dem, was alles in meinem armen Vaterland geschehen ist, kann ich es nur ein Paradies nennen.«

Sie schwiegen beeindruckt. So etwas gab es halt auch, gab es vermutlich überall in Deutschland, hier oder dort, und wenn man Glück hatte, konnte man in solch einem Paradies leben.

»Schwierigkeiten mit den Amerikanern hatten wir gar nicht, der Baron ist bekannt als Gegner der Nazis, das weiß dortzulande jeder, er ist ja auch so gut wie niemals mehr in die Stadt gekommen, seit die hier regierten. Na, und draußen, da haben ihn die Leute sowieso respektiert, auch die Nazis, die dort irgendwelche Ämter hatten.«

Nina mußte unwillkürlich an Joseph von Mallwitz denken. So ähnlich hatte sich das im Waldschlössl und drumherum auch abgespielt. Diese Bayern waren schon eine Rasse für sich.

Unwillkürlich mußte sie lachen.

»Was amüsiert Sie, gnädige Frau?«

Nina sprach aus, was sie eben gedacht hatte.

»Ich denke, ich kann ihnen da zustimmen. Es ist die alte katholische Tradition in diesem Land, ein tief verwurzelter Konservativismus, der seine eigenen Regeln hat.«

»Um so unverständlicher wird es mir immer bleiben, daß es gerade hier mit dem Nationalsozialismus angefangen hat.«

»Nun also, das ist nicht so verwunderlich. Konservative, genau wie Liberale, sind natürlich duldsam. Das, was man allgemein die Münchner Gemütlichkeit nennt, das erregt sich nicht so rasch. Und dann beruhigt sich das auch wieder.

Wäre der Hitler in Bayern geblieben, hätte er sich gewiß nicht so erfolgreich ausbreiten können.«

Nina lächelte: »Ich denke, über diesen Punkt werden sich noch Generationen von Historikern streiten. Berlin war im Grunde auch kein guter Nährboden für ihn. Wenn auch nicht konservativ, so doch liberal und vor allem weltstädtisch. So ganz für voll hat man ihn dort auch nie genommen. Am Anfang stand ja wohl die politische und wirtschaftliche Situation, das war der beste Nährboden für ihn.«

»Es war nur die Fortsetzung des vergangenen Krieges, die wir erlebt haben. Der Versailler Vertrag war ein eiterndes Geschwür, das eines Tages aufbrechen und einen dreckigen Satan herausspeien mußte.«

Das war ein derart plastisches Bild, daß sie alle eine Weile darüber nachdenken mußten.

Ich muß mir das merken, dachte Nina, ich muß es Silvester erzählen.

»Übrigens«, sagte der Kammersänger, »so ein ganz echter Bayer bin ich nicht. Daher wohl also meine Bewunderung für das Bayernland und seine Bewohner. Was echte Bayern sind, die granteln lieber über sich selbst. Meine Mutter war Bayerin, und sie war das Kindermädchen beim Ferdl Moratti. Mein Vater ist Mecklenburger, er kam als Kutscher auf das Schloß. Dort hat er meine Mutter kennengelernt, und dort bin ich geboren. Sie sehen also, mein Leben rundet sich, wenn ich dort nun mein Alter verbringe.«

Das erstaunte sie sehr, und Frau Beckmann flüsterte: »Aber Herr Kammersänger, wie können Sie von Alter sprechen.«

»Tu' ich ja nicht. Ich mein' halt, mit der Zeit wird's ja kommen.«

»Und der Baron...?« fragte Nina.

»Sehr richtig, gnädige Frau. Er war drei Jahre alt, als ich geboren wurde. Man kann sagen, wir kennen uns ein Leben lang.«

»Aber wie kamen Sie dazu, Sänger zu werden?« fragte Marleen.

»Nun also, wie ich schon sagte, es ist eine musische Familie, Musik wurde dort im Haus immer gemacht. Ich sang im Kirchenchor, später sogar Soli, immer noch mit Knabenstimme, versteht sich, der Pfarrer und der Lehrer förderten mein Interesse, der Baron und die Baronin sowieso, und als ich dann zum Tenor mutierte, fanden sie meine Stimme noch schöner und meinten, ich müsse Gesang studieren. Es war eigentlich ein ganz leichter Weg.«

Heinrich Ruhland faltete die Hände über seinem Bauch, denn so etwas wie einen Bauch hatte er auch heute noch, und blickte zufrieden durch die Terrassentür in seinen ehemaligen Garten. Die Blicke der Damen hingen mit Bewunderung an ihm, das störte ihn nicht, daran war er gewöhnt.

»Sie müssen mich einmal besuchen, da herinnen«, sagte er. »Ist nur ein bisserl schwierig hinzukommen derzeit. Mich fährt jetzt, wenn ich wohin will, der Bürgermeister von unserer Kreisstadt. Der ist zwar Kommunist, aber ein ganz umgänglicher Mann. Und Musik hat er auch gern.«

Frau Beckmann druckste eine Weile herum, dann platzte sie mit der Frage heraus, die ihr am Herzen lag: »Und wie geht es Ihrem Sohn?«

»Der Rico ist jetzt sechzehn«, antwortete Ruhland ohne Zögern. »Sie wissen, was für ein wilder Bub er war.«

»Und ob ich das weiß«, sagte Frau Beckmann. »Unsere Fensterscheiben haben auch mal daran glauben müssen.«

»Ja, ja, er hat allerhand Unfug angestellt. Ich hatte ja wenig Zeit für ihn, und meine Frau war viel zu gutmütig. Ich habe ihn dann in ein Internat gesteckt, und da ist er immer noch. Gott sei Dank war er jung genug, der Krieg hat ihn nicht mehr erwischt.«

Er blieb eine Stunde, machte noch einen Rundgang durch den Garten und betrachtete liebevoll die ihm wohlbekannten Bäume. Marleen begleitete ihn, sichtlich animiert von diesem Besucher.

»Der Rico war ein verflixter Lausbub«, erzählte Frau Beckmann indessen Nina. »Ein bildhübscher Bub, doch seine Mutter hat ihn zu sehr verwöhnt. Sie war ja auch viel allein, und der Herr Kammersänger, der war halt immer umschwärmt. Sie verstehen? Die Frauen sind ihm nur so nachgelaufen, und da war ja auch mal dies oder das. Er hat seine Frau sehr geliebt, das schon, aber wie das halt so ist bei einem berühmten Tenor, net wahr. Und der Bub war ihr ein und alles. Mei, was der hier alles angestellt hat, das ist kaum zu glauben. Richtig heißt er Enrico. Weil sein Vater so den Enrico Caruso bewundert hat.«

Später gingen sie alle zu Beckmanns, sogar Marleen, die damit zum erstenmal das Haus der Nachbarn betrat.

Sie trafen Maria am Klavier, die gerade ein Nocturne von Chopin versuchte, aber mittendrin stockte und nicht weiter wußte.

»Das ist meine Schuld«, sagte Frau Beckmann, »ich hab's ihr vorgespielt, aber ich kann's auch nicht richtig. Und ich kann die Noten nicht finden.«

Ruhland ging zum Flügel, tippte Maria an und sagte, ganz nonchalant, mit der größten Selbstverständlichkeit: »Laß mich mal.«

Er hatte das Nocturne im Kopf und spielte es fehlerlos.

»Ich glaub', wir haben die Noten draußen«, sagte er dann. »Ich schick' sie euch.«

Maria stand starr neben ihm, aber ihr Gesicht war angeregt, sie hatte genau zugehört.

»Hast du auch schon mal gesungen, Maria Henrietta?« fragte er.

Maria schüttelte den Kopf.

»Ich kenn' dich«, sagte er gelassen, »ich hab' dich schon mal gesehen, als du ein ganz kleines Mädchen warst. In Dresden, weißt du.«

Alle hielten den Atem an, doch Ruhland sprach mit derselben Ruhe weiter. »Deine Mutter hat sehr schön gesungen, eigentlich müßtest du auch singen können. Hör mal zu.« Und leise, aber noch immer mit unvergleichlichem Timbre begann er das Wiegenlied von Brahms zu singen.

»Guten Abend, gut Nacht, mit Rosen bedacht'...«

Maria hatte das Gesicht ihm nun zugewandt, und als er geendet hatte, rief sie ganz aufgeregt: »Das kenne ich.«

»Das habe ich mir gedacht. Wollen wir es mal zusammen versuchen?«

Zweimal sangen sie es zusammen, das dritte Mal sang Maria allein, klar, rein, ohne Fehler.

Nina lehnte ihren Kopf an Stephan, der leise ins Zimmer gekommen war und hinter ihr stand, sie kämpfte mit den Tränen. Wie oft hatte sie das Lied von Vicky gehört.

Ruhland ließ erst gar keine gerührte Stimmung aufkommen.

»Weißt du was, Maria? Wenn du ein bisserl älter bist, werde ich dir Gesangstunden geben. Ich glaube, du wirst eine sehr schöne Stimme haben. Und musikalisch bist du auch. Möchtest du singen lernen?«

»Ja, oh ja«, flüsterte Maria.

Nein, oh nein, dachte Nina. Das kann ich nicht noch einmal erleben, gerade das nicht.

Und das war es, was sie dem Kammersänger sagte, als er sich von ihr verabschiedete.

Er nahm ihre Hand, hielt sie einen Augenblick fest.

»Es geht nicht um Sie, gnädige Frau. Es geht um Maria. Sie muß einen Lebensinhalt haben, nicht wahr? Und ich könnte mir keinen besseren für sie vorstellen.«

»Mein Gott, Sie haben sie heute das erste Mal gesehen.«

»Nun also, man sagt, Tenöre seien dumm, nicht wahr? Aber ich war eigentlich auch immer mit meinem Kopf oberhalb der Kehle ganz zufrieden. Denken Sie darüber nach. Eine Blinde kann in Kirchen singen, im Rundfunk, möglicherweise sogar im Konzertsaal; warum soll nicht auch ein blinder Mensch glücklich werden? Und was kann einen Menschen glücklicher machen als Musik? Und am glücklichsten macht die eigene Stimme, wenn man sie beherrscht. Begabung ist da. Die Hauptsache ist Fleiß und Arbeit. Das wissen Sie wohl noch von Ihrer Tochter?«

»Und ob ich das weiß. Oh, mein Gott«, nun liefen Tränen über Ninas Gesicht. »Ich könnte es nicht noch einmal ertragen.«

Alle anderen hatten sich schon verabschiedet, sie standen vor dem Haus der Beckmanns, Frau Beckmann unter der Tür, Herr Beckmann an der Gartenpforte, Marleen, Stephan und Maria waren schon auf dem Weg nach Hause, blieben nun stehen und warteten auf Nina. Frau Beckmann riß erstaunt die Augen auf, als der Kammersänger Ninas Gesicht zwischen seine beiden großen Hände nahm und sie zärtlich auf die Stirn küßte.

»Weinen Sie nicht, Nina Jonkalla. Denken Sie darüber nach. Wir werden später wieder darüber sprechen.«

Dann winkte er den Beckmanns noch einmal zu und ging.

Nina blieb stehen und starrte ihm nach, ohne ihn zu sehen. Sie sah auch die Beckmanns nicht, die nicht wußten, was da geschehen war und was sie tun sollten. Es hing wohl mit Marias Mutter zusammen, mußten sie sich denken.

Stephan, der zurückgekommen war, als er Nina da so verloren stehen sah, faßte sie am Arm.

»Was hast du?«

Nina schüttelte den Kopf.

»Ich kann das nicht, Stephan. Das nicht.«

»Was meinst du? Was kannst du nicht?«

Aber sie schüttelte nur immer wieder den Kopf, sie erzählte keinem Menschen, was Heinrich Ruhland zu ihr gesagt hatte.

Doch, einem erzählte sie es, Peter.

Sie fuhr schon am nächsten Tag in die Stadt, und ehe sie Peter im Theater traf, besuchte sie Silvester. Das geschah jetzt öfter und war zunehmend unproblematischer geworden. Sie rief jedesmal vorher an, fragte, ob ihr Besuch genehm sei, das war er immer, und dann fuhr sie vom Bahnhof aus mit der überfüllten Tram nach Schwabing.

Silvester Framberg hatte sich erholt und mehr und mehr zu sich selbst zurückgefunden. Er verließ das Haus zu kleinen Spaziergängen, meist im Englischen Garten oder durch Schwabings verwüstete Straßen, in die Stadt fuhr er nie, die Trambahnen, auf denen die Menschen auf den Trittbrettern hingen, scheute er. So kam er auch selten zu Franziska, höchstens wenn Isabella Zeit hatte, fuhren sie mit dem Auto abends zu einem Besuch. Doch Franziska war so beschäftigt und hatte meist im Laden oder in der Wohnung eine Menge seltsamer Menschen – dubiose Typen nannte sie Silvester –

sitzen, so daß ein vernünftiges Gespräch nicht möglich war. Es wurde viel getrunken, viel geraucht, es wurden die wildesten Geschäfte abgeschlossen, und Silvester, auch Isabella, kamen sich fremd und überflüssig dabei vor. Isabella lebte für ihre Arbeit und für Silvester, das füllte ihr Leben aus, einige der alten Freunde kamen manchmal, man sprach kaum mehr von der Vergangenheit, man beschäftigte sich nun mit der Gegenwart, der Zukunft und vor allen Dingen wieder einmal mit Politik.

Bayern hatte als erstes Land im besiegten Deutschland eine Art Regierung erhalten, die jedoch sehr von dem Wohlwollen und den manchmal unerforschlichen Ratschlüssen der Militärregierung abhing. Im Januar dieses Jahres hatten die ersten Wahlen stattgefunden, und außerdem ereignete sich soviel im viergeteilten Deutschland, in Europa, in der Welt, daß ständig Gesprächsstoff vorhanden war. Allein, daß man wieder wußte, was in der Welt geschah, war noch immer ein Ereignis.

Silvester las jede Zeitung, die erschien, sogar eine amerikanische Zeitung kam regelmäßig ins Haus, er hörte Radio, er war auf das beste orientiert. Er las viel, Isabellas Bibliothek war zwar damals beschlagnahmt worden nach ihrem Verschwinden, aber die Bücher waren aufbewahrt und wiedergefunden worden, Isabella hatte sie zurückbekommen. Und schließlich und endlich schrieb Silvester langsam aber stetig an seinem Buch, in dem er sich mit der Bildenden Kunst und der Architektur dieses Jahrhunderts befaßte, und zwar mit jenen Werken, die von den Nazis als ›Entartete Kunst‹ verdammt worden waren.

Wenn Nina jetzt kam, spürte sie, daß er sich freute, sie zu sehen, und sie sprachen in zunehmendem Maße unbefangen miteinander.

Nina kam sogar gern am Mittwoch, an dem die Praxis geschlossen war, nachdem Isabellas Freunde energisch dafür gesorgt hatten. Es sei kein Sinn darin zu sehen, hatte Professor Guntram gesagt, daß man sich so große Mühe gegeben habe, ihr Leben zu retten, damit sie es jetzt mutwillig verkürze, indem sie sich totarbeite. Mittwochnachmittag also keine Praxis mehr, und Nina, die das nicht gewußt hatte, kam so erstmals zu einer Teestunde zu dritt und hatte dabei gemerkt, wieviel umgänglicher Silvester war in Gegenwart der Ärztin. Und mit Isabella zu sprechen, war geradezu eine Labsal, das erfuhr Nina nun auch. Ihr konnte man alles erzählen, auch über Maria und das Leben draußen im Haus, und Nina tat es zum erstenmal so ausführlich in Silvesters Gegenwart, denn seit jenem ersten Zusammentreffen, noch bei Franziska, hatte sie es vermieden, von Maria, von Stephan oder gar von Marleen zu sprechen. In Isabellas Gegenwart ging das mühelos, sie war interessiert, sie stellte Fragen, vornehmlich nach Maria, nach der Entwicklung des Kindes, aber sie fragte auch nach Stephan, nach Alice und nach Marleen.

Im Grunde mußte sich Silvester von ihr beschämt fühlen, und in gewisser Weise war das auch der Fall, nun zeigte auch er sich aufgeschlossen und wollte mehr über Ninas Leben wissen. Er wußte bald so gut wie alles darüber, außer ihren Begegnungen mit Peter.

Nina hatte darüber nachgedacht, ob er, bei seinem eifrigen Zeitunglesen, nicht auf Peters Namen gestoßen war; Peter hatte bei der letzten Premiere sehr gute Kritiken bekommen. Aber möglicherweise wußte Silvester gar nicht mehr, was für eine Rolle Peter Thiede in Ninas Leben gespielt hatte, zumal sie mit den Berichten über ihr Verhältnis zu Peter ohnedies sehr zurückhaltend gewesen war. Gott sei Dank, dachte sie jetzt.

Möglicherweise hätte Silvester als Verfolgter des Naziregimes eine Wohnung zugewiesen bekommen, wo und in welchem Zustand auch immer, aber er bemühte sich nicht darum, und das war nur vernünftig, wie Nina einsah. Er war bei Isabella am besten aufgehoben, und sie hätten sowieso nicht mit Maria und Stephan in eine fremde Wohnung ziehen können, vor allem wegen Maria nicht, denn niemand war wichtiger in Marias Leben als der Oberstudienrat Beckmann.

Auch diesmal war es ein Mittwoch, als Nina nach Schwabing kam, sie hatte Franziska kurz besucht, war dann durch den Englischen Garten gegangen. Sie wußte, daß Silvester nach dem Mittagessen eine Stunde schlief, und möglicherweise tat das Isabella an dem freien Nachmittag auch. Es blieb, wie immer, bei der Teestunde.

Diesmal konnte Nina von dem Besuch des Kammersängers erzählen, das war einmal etwas Neues, sie tat es ausführlich und mit Humor. Nur die letzten Worte, die zwischen ihr und Ruhland gewechselt worden waren, verschwieg sie.

Beide, Isabella und Silvester, hatten Ruhland oft in der Oper gehört und bestätigten das enthusiastische Urteil von Frau Beckmann.

»Ach, und Sopherl erst«, sagte Silvester, »die war jedesmal halb ohnmächtig, wenn er sang.«

»Ja«, meinte Isabella kühl, »sie konnte sich ungeheuer alterieren.«

»Ihr ging es wie deiner Frau Beckmann mit dem Lohengrin«, fuhr Silvester angeregt fort. »Ruhland war auch wirklich ein Traum von einem Lohengrin, im Aussehen und mit der Stimme sowieso. Seine Gralserzählung, sein Abschied – ganz, ganz groß.«

»Nun also!« sagte Nina. »Schade, daß ich ihn nicht gehört habe.«

»Will er denn nicht mehr singen?«

»Davon hat er nichts gesagt. Es gefällt ihm offenbar sehr gut in seinem Paradies da draußen. Und Musik machen sie da auch.«

»Das wird für ihn das wichtigste sein«, sagte Isabella. »Ruhm und Anerkennung hat er genug gefunden. Wenn er dort neben dem angenehmen Leben auch noch Musik hat, wird ihm nichts fehlen.«

Es stellte sich heraus, daß Silvester sogar den Baron Moratti kannte.

»Er kam oft zu uns ins Museum«, erzählte er. »Und ich war auch mal draußen in seinem Schloß. Da hat er unwahrscheinliche Schätze. Ich sehe ihn direkt vor mir. Ein kleiner schmaler Herr mit leiser Stimme und zarten Händen. Ein wenig degeneriert vielleicht, so könnte man das nennen. Es gab damals einen Skandal – wie war denn das, mit seiner Frau? Weißt du es nicht mehr, Isabella?«

»Werd' ich das nicht wissen«, sagte Isabella. »Ob das ein Skandal war! Er hatte sich das lange überlegt mit dem Heiraten, er war immer ein wenig scheu Frauen gegenüber. Und dann war es prompt eine Mesalliance. Ich kannte die Jilla ganz gut, es war eine Freundin vom Sopherl.«

»Richtig«, Silvester wurde ganz lebhaft, »sie malte auch.«

»Na ja, was man so malen nennt. Jedenfalls trieb sie sich in Schwabinger Künstlerkreisen herum, Geld hatte sie nie, aber immer eine Menge Verehrer. Hübsch war sie, aber extravagant. Dann reizte sie es wohl, die Baronin zu spielen. Im Schloß da draußen auf dem Land war es ihr bald zu langweilig, und Geld hatte der Moratti sowieso nicht. Sie kam nach München zurück, das muß so Ende der zwanziger Jahre gewesen sein. Sie hatte dann ein Verhältnis mit einem Bankier, der natürlich verheiratet war, und das ergab den Skandal. Sie wollte ihn zur Scheidung zwingen und machte ihn und sich und seine Frau dazu unmöglich. Er dachte nicht daran, sich scheiden zulassen. Außerdem war sie ja auch noch nicht geschieden und ist es vermutlich bis heute nicht.«

»Nein?« fragte Nina erstaunt.

»Baron Moratti ist katholisch, ich glaube nicht, daß er sich scheiden lassen würde. Für ihn käme nur eine Annullierung der Ehe durch den Papst in Frage. Aber da er sicher nicht mehr heiraten wollte, nach dieser Erfahrung, war es ihm wurscht.«

»Und was ist aus der Baronin Moratti geworden?« wollte Nina wissen.

»Keine Ahnung. Sie verschwand dann aus München – Sie müßten mal Ruhland fragen, wenn Sie ihn wiedersehen.«

Nach der Teestunde mit Isabella und Silvester ging Nina ins Theater und konnte kaum erwarten, daß die Vorstellung zu Ende ging, weil sie darauf brannte, Peter das alles zu erzählen.

Und ihm sagte sie auch, was Ruhland über Maria gesagt hatte. Das war in der Nacht, sie lag in seinem Arm und genoß es, auch wenn ihre Gedanken immer etwas ruhelos danach fragten, wie es zu Hause ohne sie gehen würde. Jedesmal nahm sie sich vor, nie mehr in der Stadt zu übernachten, sie schämte sich vor allen Dingen vor Stephan und glaubte, ihre Pflichten gegenüber Maria zu vernachlässigen. Wenn sie sich anklagte, seufzte Peter und wandte die Augen zur Decke.

»Ob du noch einmal in deinem Leben ein erwachsener, selbständiger Mensch werden wirst? Damals konntest du über Nacht nicht wegbleiben wegen Trudel und den Kindern, später wegen der nun schon reichlich erwachsenen Kinder, und so ist es heute immer noch.«

»Ja, so ist es nun einmal«, sagte Nina. »Ich bin kein freier Mensch. Und es ist mir peinlich, wenn sie denken...«

Peter küßte sie. »Geschenkt. Ich weiß es.«

In dieser Nacht nun ihr Bericht über das, was sie gestern gehört und erfahren und was heute von Isabella und Silvester dazugekommen war.

»Extraordinaire«, sagte Peter. »Lauter interessante Leute. Und der Herr Kammersänger hat es dir angetan, ich höre es schon. Ohne daß er dir etwas vorgesungen hat.«

»Aber er hat ja gesungen.«

»Richtig. Guten Abend, gut' Nacht. Ich bin eifersüchtig, daß du es weißt.«

»Schön«, meinte Nina und streckte sich wohlig an seinem Körper. Noch immer, wie damals, wie ganz zu Anfang, war es ein wunderbares Gefühl, seinen Körper zu fühlen. Bevor sie sich liebten, doch auch danach.

»Du bist zu dünn, Peter. Du mußt mehr essen.«

»Leicht gesagt, Ninababy. Mir fehlt das Geld für Schwarzmarktkäufe, und zum Tauschen habe ich auch nichts.«

»Aber hier, bei dir...«

»Ich mag nicht bei den Schwestern schnorren.«

»Wo hier immerzu die Zigaretten herumliegen. Die kannst du doch zum Tauschen benützen.«

»Ich muß mich über dich wundern, Nina.«

»Ach, komm mir nicht mit Moral, das paßt nicht in unsere Zeit.«

»Heute nicht und gestern nicht. Erst kommt das Fressen. Dann kommt die Moral.«

»Ach ja, der Brecht. Ich weiß noch, wie sie die Dreigroschenoper in Berlin uraufgeführt haben. Felix war so begeistert. So etwas möchte ich mal in meinem Theater machen, sagte er.«

»In den Kammerspielen machen sie sie jetzt wieder.«

»Nein, wirklich? Oh, Peter! Und du spielst nicht mit?«

Ein Schatten flog über sein Gesicht.

»Für mich bleibt nur so ein bißchen Boulevard, mehr wird es nicht mehr werden.«

Früher hätte sie gesagt: du wirst bestimmt noch den Hamlet spielen. Das konnte man nun nicht mehr sagen, dazu war es wohl zu spät.

»Ich weiß schon, warum ich dir zu dünn bin«, sagte Peter, »weil dir der Herr Kammersänger jetzt besser gefällt. Der ist sicher gut gepolstert.«

»Ist er auch.«

»Aber was er gesagt hat über Maria, also weißt du, das finde ich gar nicht dumm.«

»Das kann man doch heute noch gar nicht sagen, ob sie singen kann. Sie ist ein Kind.«

»Na gut, wird sie nicht so schön singen wie Vicky. Aber zu ihrer eigenen Befriedigung wäre es doch gut. Es würde ihr Leben ausfüllen. Wie hat er gesagt? Es würde sie glücklich machen.«

»Auch das kann man jetzt nicht wissen. Man kann überhaupt nicht wissen, wie es kommen wird. Das haben wir ja nun wohl gelernt.«

»Ich glaube nicht, daß dies eine so neue Erfahrung für das Menschengeschlecht ist. Aber nun sprechen wir mal von dir, Ninababy.«

»Nein. Ich will nicht.«

»Aber ich. Warum schreibst du nicht wieder?«

Nina richtete sich im Bett auf und lachte bitter.

»Das kannst du mich nicht im Ernst fragen.«

»Das frage ich dich in vollem Ernst.«

»Ich kann es nicht mehr. Und ich hätte auch gar keine Zeit dazu.«

»Die Zeit hättest du schon. Maria und Stephan sind beschäftigt. Dein Mann beansprucht deine Zeit kaum.«

»Und du?« fragte sie leise.

»Nun, ich bin doch wirklich bescheiden. Ich bin dankbar, wenn du alle zwei Wochen mal hier erscheinst. Und ob du im Winter dazu Lust haben wirst, muß man abwarten.«

Er sah alt aus und traurig. Warum war er so mutlos? Das war er nie gewesen, und sie hatte ihn in schweren Zeiten gekannt. Sie fuhr wieder mit der Hand über seinen Körper. Er war so mager.

Ich muß ihm etwas zu essen besorgen. Ich muß Victoria anrufen, sie wird mir etwas bringen, sie war sowieso lange nicht da.

»Wenn man schreiben kann, dann kann man es. Das verlernt man nicht«, sagte er.

»Das erinnert mich an einen ganz bestimmten Abend.«

»So, an welchen?«

»Weißt du es nicht?«

»Vielleicht.«

»Du hattest dich lange Zeit nicht um mich gekümmert. Und dann riefst du plötzlich an. Wir gingen zu Horcher essen und dann in deine Wohnung. Und ich dumme Gans fiel wieder auf dich rein.«

»Hast du es bereut?«

»Ach, Peter! Ich wollte dich viel lieber hassen als lieben.«

»Haß ist ein lästiges Gefühl. Und es macht häßlich.«

»Und damals – ich weiß es noch genau, ich arbeitete bei Fred Fiebig in der Fahrschule, da riefst du plötzlich an. War das vor den Nazis?«

»Aber nein, sie waren schon da. Ich hatte gerade ›Weiße Nächte‹ abgedreht.«

»Stimmt. Und du hattest die schöne neue Wohnung am Olivaer Platz!«

»Und da warst du dann an jenem Abend.«

»Ja. Ich war bei dir. Und im Bett sagtest du auf einmal: Ninababy, du wolltest doch mal ein Theaterstück schreiben. Was ist daraus geworden?«

»Und dann?«

»Wir haben darüber geredet. Und dann habe ich wirklich zu schreiben versucht.«

»Mit Erfolg.«

»Mit ein bißchen Erfolg.«

»Warum schreibst du nicht, Ninababy?«

»Das ist vorbei.«

»Das glaube ich nicht. Als ich dir heute abend zugehört habe, deine Erzählung von dem Kammersänger und von dem Baron und von dem Schloß, das du nicht einmal gesehen hast, und dann noch, was Isabella und Silvester berichtet haben, also das war direkt schon ein Roman.«

»Vierundvierzig, kurz ehe unser Haus in die Luft flog, hatte ich einen Roman in Arbeit. Ich nahm das Manuskript immer mit in den Luftschutzkeller und ließ es nicht aus der Hand. Und natürlich nahm ich es mit, als wir zu Marleen hinauszogen. Auch die Schreibmaschine.«

»Siehst du! Das ist schon einmal viel wert, heutzutage eine Schreibmaschine zu besitzen. Und was ist aus dem Manuskript geworden?«

»Nichts. Ich habe nicht weiter geschrieben. Dresden, dann Maria. Ich weiß nicht, wo das Manuskript geblieben ist.«

»Was war es denn?«

»Eine Ehegeschichte.«

»Vielleicht solltest du lieber etwas Neues anfangen. Zu einem neuen Leben gehört ein neuer Stoff.«

»Nichts werde ich mehr anfangen. Kein neues Buch und kein neues Leben. Es ist alles vorbei.«

»Was für ein Unsinn! Und das aus deinem Mund. Du steckst doch schon mittendrin in einem neuen Leben. Auch wenn du einen alten Liebhaber im Bett hast.«

Er neigte sich über sie und küßte sie. Ihr Gesicht war nackt und ohne Schminke, und er dachte verwundert: wie wenig sie sich verändert hat. Sie hat soviel Schlimmes erlebt, aber da sind nur ein paar kleine Falten in ihrem Gesicht, sie hat immer noch diese verträumten Augen und diesen sehnsüchtigen Mund.

Später, nachdem Nina im Bad gewesen war, huschte sie leise den langen Gang entlang, lauschte, es war drei Uhr in der Nacht, ganz still in der Wohnung. Nicht ganz. Aus dem Schlafzimmer von einer der Schwestern kam leises Lachen.

Die andere, das hatte Peter erzählt, war mit ihrem amerikanischen Freund in Berchtesgaden.

Ohne Zögern ging Nina in das Wohnzimmer und in den angrenzenden Salon. Gäste waren, wie fast immer, an diesem Abend da gewesen, Gläser standen herum, leere Flaschen, Aschenbecher voll Kippen. Ein paar angerissene Zigarettenpackungen. Und was war das? Schokolade, eine Schale mit Keksen. Sicher nicht gut für die Zähne, aber gut zum Einschlafen für einen leeren Magen. Und dann entdeckte sie noch, hinter dem Plattenspieler, zwei Packungen Pall Mall.

Ohne Skrupel steckte Nina alles in die Taschen von Peters zerschlissenem Bademantel. Vielleicht war er nicht sehr geschickt in diesen Dingen, aber die Wirtin in seinem Lokal im Theater, die wußte bestimmt, wie man das in etwas Nahrhaftes umsetzte.

DIE JAHRE DAZWISCHEN

[illegible]

Eine gewisse Regelmäßigkeit kam in Ninas Leben, was jedoch nicht gleichbedeutend sein konnte mit einem ordentlichen Leben oder etwa gar einem gesicherten Leben. Das hatte sie höchst selten in ihrem Dasein erfahren, sie hatte immer kämpfen müssen, und sie war eine versierte Kämpferin geworden, abgesehen von den Stunden der Mutlosigkeit, die sie immer wieder durchzustehen hatte. Mit der Zeit war auch Maria kein allzu großes Problem mehr, ihr Leben verlief in geregelten Bahnen, nicht zuletzt dank Stephan, der sie begleitete, wo immer sie hin ging, und das war eines Tages auch das Pfarrhaus.

Victoria Jonkalla hatte ihre Tochter damals in Baden bei Wien katholisch taufen lassen; sie tat es Cesare Barkoscy zuliebe, der sie aufgenommen hatte und in dessen Haus sie das unerwünschte Kind zur Welt brachte. Cesare hatte einen jüdischen Vater gehabt, jedoch eine katholische Mutter, die er sehr geliebt und schon als Achtjähriger verloren hatte.

Maria Henrietta Jonkalla war also Katholikin, und die Verbindung zum Pfarrhaus stellte, wie konnte es anders sein, Frau Beckmann her. Nun war es immer noch schwierig, Maria mit unbekannten Menschen zusammenzubringen, jede fremde Stimme versetzte sie in Angst, sie zog den Kopf zwischen die Schultern, verstummte, erstarrte.

Pfarrer Golling war darauf vorbereitet, und so fand die erste Begegnung zwischen ihm und Maria im Hause Beckmann statt. Er war ein kleiner, zeitgemäß magerer Mann mittleren Alters mit einer ruhigen, wohlklingenden Stimme, was für Maria wichtig war. Er hörte ihrem Klavierspiel zu, lobte sie dafür und fragte dann, ob sie nicht auch einmal gern die Orgel hören wolle.

Doch, das wollte Maria gern, der Klang der Orgel war ihr sowohl von Baden wie von Dresden her vertraut, und auch in der kurzen Zeit, die sie im Waldschlössl weilte, hatte Liserl sie manchmal mit in die Kirche genommen.

Also spazierten Maria und Stephan nun zur Kirche, das war schon ein wesentlich weiterer Weg, zunächst nur, um dem Organisten beim Üben zuzuhören, nach einiger Zeit besuchten sie auch die Messe und die Gottesdienste an den Feiertagen. Sie wurden ins Pfarrhaus eingeladen, und ganz behutsam, ohne sich aufzudrängen, begann Pfarrer Golling mit dem Religionsunterricht, nachdem er Ninas Erlaubnis eingeholt hatte. Stephan war, wie immer, zugegen; einige Jahre später konvertierte er.

Nun wurde Maria im Ort noch bekannter als zuvor, die Leute sagten: »Grüß Gott, Maria«, wenn sie sie trafen, der Kaufmann hatte einen Apfel für sie, der Bäcker ein Stück Kuchen, und der Ofen, den sie im Winter so dringend brauchten, stammte auch von einem Freund Marias. Ninas zweites Problemkind, ihr Sohn Stephan, litt nach wie vor gelegentlich unter Depressionen, und nicht nur, wenn die Kopfschmerzen ihn quälten, sondern auch dann, wenn er sich über die Nutzlosigkeit seines Lebens beklagte, über den Beruf, den er nicht besaß, das Geld, das er nicht verdiente.

Einmal sagte Nina ziemlich wütend: »Ach, hör auf herumzujammern. Du warst nie besonders tüchtig. Ich erinnere dich an deine kläglichen Leistungen in der Schule. Und als du mit der Schule fertig warst, hattest du nicht die geringste Vorstellung, was aus dir werden sollte. Du verkrochst dich bei Tante Trudel in Neuruppin, und sie verwöhnte dich nach Strich und Faden. Später hattest du nichts als Mädchen im Kopf, und sonst wolltest du möglichst immer nur tun, was dein Freund Benno tat.«

Stephan war nicht im mindesten beleidigt. »Na, das tat ich denn ja auch«, sagte er. »Nur ist Benno tot und ich nicht.«

»Eben. Und für Benno wäre es heute kein Zuckerlecken, er war ein begeisterter Nazi und seine ganze Sippe dazu.«

»Benno hat mir das Leben gerettet.«

»Woher willst du das wissen?«

»Ich weiß es eben...«

»Na gut, und wenn es so ist, dann kann ich ihm nur dankbar sein. Wie dringend ich dich brauche, Stephan, das weißt du doch selbst. Was wäre aus Maria geworden ohne dich? Was würde sie tun, täglich und stündlich? Findest du nichts daß dies eine Aufgabe ist, die das Schicksal dir zugewiesen hat? Daß zwei Menschen, beide Opfer des Krieges, imstande sind, sich gegenseitig zu helfen. Und mir hilfst du schließlich auch.«

Mit der Zeit fanden sich im Pfarrhaus für Stephan nützliche Aufgaben. Er nahm dem Pfarrer, der in dieser Notzeit mehr als genug zu tun hatte, manchen Gang ab, er besuchte einsame alte Menschen, machte Besorgungen für sie, er kümmerte sich um Kranke und Kriegsversehrte, und so kam es, daß auch Stephan im näheren und weiteren Umkreis bekannt wurde, man brachte ihm Sympathie entgegen, und dies wiederum bedeutete ihm Trost und Befriedigung.

Doch dann mußte Nina den Kampf um Marias Freiheit führen, und da war es nur gut, daß so viele Leute das Kind kannten, daß so viele Zeugnis ablegen konnten, der Pfarrer, die Beckmanns und nicht zuletzt Heinrich Ruhland und Isabella von Braun.

Nina jedoch sagte, außer sich vor Zorn, sie würde das Kind lieber töten als es in eine Blindenanstalt zu geben.

»Ich habe sie wieder zu einem Menschen gemacht. Man hat sie mir mehr tot als lebendig ins Haus gebracht, und niemand hat sich damals darum gekümmert, ob sie lebte und wie sie lebte. Es war weiß Gott keine Aufgabe, die ich mir gewünscht habe. Sie war nicht nur blind, sie war vernichtet. Sie ist ein Kriegsopfer, ein Kind, um das sich keiner gekümmert hat außer mir.«

So ihr großer Ausbruch im Verlauf der Auseinandersetzung mit der Behörde.

Der Staat würde sich hinfort um das Kind kümmern, erwiderte man ihr, und die Blindenanstalt würde sie keinen Pfennig kosten.

»Der Staat?« fragte Nina höhnisch zurück. »Was für ein Staat? Ein Staat, der uns verhungern und erfrieren läßt? Der nur die überleben läßt, die soviel Geld oder Besitz haben, um sich des Schwarzen Marktes zu bedienen? Es ist ja alles da, nicht wahr? Man bekommt es nur nicht auf regulärem Weg.«

Der harte Winter 46 auf 47 hatte die Not der Menschen ins Unerträgliche gesteigert, die Rationen waren immer geringer geworden, die Wohnungen waren kalt. Alte, Schwache, Kranke und auch viele Kinder überlebten diesen Winter nicht.

Da es keinen Koks gab, war die Heizung im Hause Nossek stillgelegt. Aber eines Tages war ein wildfremder Mann gekommen, hatte geklingelt, auf einer Handkarre hatte er einen altersschwachen, aber, wie sich erwies, noch funktionstüchtigen Dauerbrandofen.

»Das blinde Mädchen soll nicht frieren«, hatte er nur gesagt, den Ofen vom Karren gehoben und war eilig von dannen gezogen. Für Stephans Zimmer organisierte Herbert einen kleinen Kanonenofen, und Marleen bekam von ihrem alten Verehrer, dem Mietwagenunternehmer vom Bahnhof, einen kleinen weißen Kachelofen, über dessen Herkunft Herr Huber verschmitztes Schweigen bewahrte.

Es gab eine knappe Zuteilung an Kohle, man suchte sich Holz im Wald. Herbert klaute zusätzlich Kohle am Bahnhof.

Nina schlief nun in dem Zimmer, in dem Eva und Herbert gewohnt hatten, und Maria war in Ninas bisheriges kleines Zimmer umgezogen, in dem sie sich gut zurechtfand. Diese Zimmer waren eiskalt, Alice hatte gesagt, es mache ihr nichts aus, in einem kalten Zimmer zu schlafen. Doch sie erkältete sich im Laufe des Winters schwer, der Husten quälte sie fast zum Ersticken, und Nina quartierte sie auf die Couch im Wohnzimmer um.

Erkältet waren sie alle hin und wieder, nur Maria nicht, die kerngesund war und gar nicht empfindlich. Marleens Schneiderin hatte ihr aus einem warmen Stoff eine lange Hose gemacht, feste Schuhe brachte Victoria von Mallwitz, Pullover für alle strickte am laufenden Band Eva, die ungeduldig ihre Schwangerschaft über sich ergehen ließ. Die Wolle wiederum kam von Isabella, zu deren dankbarsten Patienten einige der Juden aus der Möhlstraße gehörten.

Die Möhlstraße im Stadtteil Bogenhausen war zu einem Schwarzmarktzentrum ganz besonderer Art geworden. In den schönen alten Villen soweit sie noch standen, waren fast nur Juden untergebracht, teils Entlassene aus den Lagern, teils Versprengte aus den Ostgebieten. Hier gab es so ziemlich alles zu kaufen, was ein Mensch zum Leben brauchte, vorausgesetzt, er konnte es bezahlen. Die deutsche Polizei hielt sich fern, auch die Amerikaner mischten sich nicht ein.

Frau Doktor Braun mußte nichts bezahlen, der erste erfolgreich behandelte Patient zog andere nach sich, und sie brachten Isabella ins Haus, was sie gern haben wollte.

Silvester sagte vorwurfsvoll: »Das ist nicht anständig. Du nimmst es anderen Menschen weg.«

Isabella lachte nur. Sie war, schon durch ihren Beruf bedingt, Pragmatikerin.

»Haben wir Krieg gehabt oder nicht? Haben wir ihn verloren oder nicht?« Und ihr größter Trumpf »Warst du im Lager oder nicht?« Er schwieg, und sie fügte hinzu: »Es gibt Situationen, da geht es nicht um Anständigkeit, da geht es ums Überleben. Das hast du gelernt, und ich auch. Ich habe auf dem verdammten Dachboden genug gefroren. Nun nicht mehr.«

Und Isabella nahm nicht nur für sich und Silvester, der leicht reden konnte, denn er hungerte und fror bei ihr nicht, sie sorgte genauso für Nina und Ninas Familie.

Isabella von Braun, die verfolgte Jüdin, fühlte sich nach wie vor als Deutsche, besser gesagt, als Bayerin.

»Meine Familie«, so erklärte sie einmal Nina, »ist in diesem Land immer glücklich gewesen. Wenn es Sie interessiert, erzähle ich Ihnen einmal die Geschichte der Brauns. Sie ist eng mit Bayern verbunden. Böses getan hat man uns hier nie. Zuletzt – na ja, die Nazis, die haben nicht nur Juden umgebracht. Menschen sind, wie sie immer waren, verführbar, manipulierbar, töricht. Und auch gütig, hilfsbereit, opferwillig. Ich habe alle Sorten kennengelernt, aber eigentlich mehr Gute als Böse. Schuld? – ›Ihr laßt den Armen schuldig werden, dann überlaßt ihr ihn der Pein‹, das sagt Goethe. Hat sich nichts geändert. Und es gibt nichts Dümmeres als dieses

Wort von der Kollektivschuld. So etwas gibt es nicht. Auch wenn es immer so war, daß viele büßen mußten für die Schuld weniger.«

Die Verhältnisse im Hause Nossek, gemessen an anderen, waren erträglich. Zusätzlich kamen die CARE-Pakete aus Boston, und eines Tages das erste und nicht das letzte von einer gewissen Peggy Rosenberg aus Dallas in Texas, adressiert an Marleen.

»Wer mag das denn sein?« wunderte sich Stephan.

»Wir wissen nicht, wer das ist. Aber wir können uns denken, wer veranlaßt, daß sie geschickt werden«, sagte Nina und erzählte ihm von Hesses Briefen.

»Der lebt und ist frei? Ich denke, der war so ein dicker Nazi?«

»Ich weiß nichts über ihn. Aber er lebt und ist in Amerika. Ob frei oder gefangen, weiß ich auch nicht.«

Nina war sogar in der Lage, immer noch etwas für den Haushalt der Beckmanns abzuzweigen, denn es lag ihr viel daran, den Oberstudienrat und seine Frau gesund und am Leben zu erhalten. Zu den Hosen und dem dicken Pullover wurde Maria eine alte Pelzjacke von Marleen angezogen, und so stapfte sie unverdrossen durch den tiefen Schnee und lernte mehr als jedes andere Kind in dieser Zeit. Auch den Englischunterricht erteilte Eva nach wie vor.

Herbert kam oft die ganze Woche nicht nach Hause, er studierte fleißig und arbeitete nebenbei in den Nachtstunden in der Druckerei einer Zeitung.

»Wenn ich mich schon vermehre«, hatte er verlauten lassen, »muß ich mich daran gewöhnen, ein paar Piepen zu verdienen.«

Der Weg in die Stadt und nachts wieder heraus wäre zu umständlich, wenn nicht gar unmöglich gewesen. Anfangs nächtigte er bei Franziska auf einem Matratzenlager, aber bei Franziska kam man kaum zum Schlafen, ihre Bekannten vermehrten sich wie die Heuschrecken, so drückte es Herbert aus, nächtelang wurde gefeiert.

An der Universität traf er einen ehemaligen Kameraden wieder, auch ein Eichstätter Junge, der höchst komfortabel bei seiner Tante in der Kaulbachstraße logierte. Die wohnte in einem fast unbeschädigten Haus, war eine ehemalige Schauspielerin, in München immer noch sehr beliebt, was dem Haushalt zugute kam. Hier konnte Herbert übernachten, auch tagsüber arbeiten, und zur Universität waren es nur ein paar Schritte.

»Ich bin ein Glückskind«, verkündete Herbert strahlend, nachdem er dieses Quartier gefunden hatte. »Ich hab's euch immer gesagt: der geborene Sieger.«

»Und ich der geborene Verlierer«, maulte Eva. »Ich muß hier allein rumsitzen und ein Kind kriegen.«

Sie blieb nicht allein. Noch ehe sie im April ihr Kind zur Welt brachte, hatte sie eine Mitbewohnerin, Almut Herrmann, eine geprüfte Blindenlehrerin, bei der Maria nun auch schreiben und lesen lernte.

Dies war das Werk des Kammersängers.

Von allen fremden Menschen, mit denen Maria zusammengetroffen war, hatte keiner sie so fasziniert wie Heinrich Ruhland. Es war verständlich; er hatte ganz normal mit ihr gesprochen, er hatte mit ihr gesungen und gesagt, daß sie später bei ihm singen lernen sollte. Das vergaß sie nicht.

Er kam noch einmal zu Besuch, ehe der harte Winter einsetzte, und brachte viele Noten mit, auch Bände mit Kinderliedern – ›Fuchs, du hast die Gans gestohlen‹, ›Der Mai ist gekommen‹, ›Weißt du, wieviel Sternlein stehen‹ – und natürlich auch das Wiegenlied von Brahms. Er beauftragte die beglückte Frau Beckmann, all diese Lieder mit Maria zu spielen und zu singen. »Aber kommen Sie nicht auf die Idee, ihr Gesangsunterricht zu geben«, fügte er drohend hinzu. »Nur ihr das vorspielen und vorsingen, und dann soll sie es nachsingen. Wie man es mit einem Kind macht.«

Als er brieflich von Frau Beckmann erfuhr, was für Schwierigkeiten Nina mit den Behörden hatte, trieb er die Blindenlehrerin auf.

Das war nicht einmal schwierig; der kommunistische Bürgermeister der Kreisstadt bewunderte sowohl den Kammersänger als auch den Baron Moratti und konnte sich nichts Schöneres vorstellen, als aufs Schloß eingeladen zu werden, zu einem Abendessen oder gar zu einem Konzert.

Der ganze Landkreis wimmle von Flüchtlingen, meinte er, warum solle nicht eine Blindenlehrerin darunter sein.

Er fand sie in einem Bauernhaus in der Nähe des Chiemsees, sie kam aus Breslau, das war natürlich eine spezielle Pointe, sie war Anfang Vierzig, energisch, tüchtig, heiter, hatte sich aber in der fremden Umwelt sehr einsam gefühlt. Es konnte ihr gar nichts Besseres geschehen, als bei Eva zu wohnen und im Nebenhaus das blinde Kind zu unterrichten.

Nina sagte zu Herbert, das war am Tag nach der Taufe seines Sohnes Sebastian: »Langsam geht es mir schon wie dir. Ich komme mir vor wie eine Siegerin.«

Sie blickte zufrieden auf den Kreis der Gäste, die bei Eva um den Tisch saßen, der an diesem Tag reichlich gedeckt war. Es war im Juni, man hatte vorsorglich mit der Taufe gewartet, bis es wärmer war.

Der Pfarrer saß mit am Tisch, die Beckmanns natürlich, auch Herberts Mutter, die man aus Eichstätt geholt hatte, der Kammersänger war dabei, er hatte in der Kirche das Ave Maria gesungen und sang später im Haus ›Schlafe, mein Prinzchen, schlaf ein...‹

Isabella von Braun war da und – Peter Thiede, den Isabella mit herausgebracht hatte, denn er war inzwischen Isabellas Patient. Nur Silvester Framberg war nicht da.

Nina war darüber keineswegs erbittert. Ihr Verhältnis zu Silvester hatte sich auf eine friedliche, wenn auch ein wenig unpersönliche Weise eingespielt, ihr war es recht so.

Als der Pfarrer sich verabschiedete, betrachtete er noch einmal das schlafende Baby.

»Das Leben geht weiter«, sagte er zu Eva. »Ein Gemeinplatz, ich weiß. Aber ein Gemeinplatz ist meist deswegen einer, weil er den Tatsachen entspricht. Warten wir ab, wie das Leben auf dieser Erde aussehen wird, wenn Ihr Sohn erwachsen ist.«

»Ich hoffe, er muß keinen Krieg erleben«, erwiderte Eva. »Sonst kann er machen, was er will.«

Denn die wachsende Spannung zwischen den Vereinigten

Staaten und der Sowjetunion war zu einer ständigen Bedrohung geworden, die Angst vor einem neuen Krieg verließ die gepeinigte Menschheit nicht.

Auch Isabella stand eine Weile später vor dem Körbchen, in dem das Kind schlief, dann blickte sie auf ihre Uhr.

»Nichts da«, sagte Nina energisch und nahm sie am Arm. »Wir haben die Taufe extra auf Mittwoch gelegt, damit du Zeit hast. Schau mal, das Wetter ist so schön. Wir machen jetzt einen Rundgang durch den Garten, dann trinken wir Kaffee, und du fährst mit Peter hinein, wenn er zu seiner Vorstellung muß.«

Also gingen sie durch den Garten, besser gesagt, durch die Gärten, denn Herbert hatte zwischen den Büschen ein Stück Zaun entfernt, so daß sie von einem Haus ins andere kamen, ohne die Straße zu betreten.

Und wieder blühten die Rosen, zwei Jahre waren vergangen, seit man sie aus dem Haus werfen wollte, ein Jahr würde es dauern bis zur Währungsreform, aber das wußten sie nicht.

Nina erklärte eifrig, was sie schon an Gemüse und Kräutern ausgesät hatte, und was sie noch zu pflanzen gedachte.

»Besonders stolz war ich auf unsere Tomaten im vergangenen Jahr. Jeder hat gesagt, so gute Tomaten hat er noch nie gegessen.«

»Ich erinnere mich«, meinte Isabella. »Du hast mir auch welche mitgebracht.«

»Dieses Jahr werden es viel mehr sein. Ich habe jetzt Übung als Gärtnerin.«

Peter Thiede ging neben ihnen, er sah nun wieder besser aus, und das war Isabellas Werk.

Im vergangenen bösen Winter, es war im Februar, hatte Nina ihn zu Isabella in die Sprechstunde geschleppt, trotz seines Widerspruchs.

»Entweder du tust, was ich sage, oder du siehst mich nie wieder«, drohte sie.

»Und dein Mann?«

»Du sollst nicht zu ihm gehen, sondern zu einer Ärztin meines Vertrauens.«

»Ich bin nicht krank.«

»Doch, bist du. Und du bist ein alter Freund von mir. Ich kenne dich viel länger als Herrn Dr. Framberg. Daß wir miteinander schlafen, brauchen wir ja keinem auf die Nase zu binden.«

Sie machte sich ernsthaft Sorgen um Peter, er war immer dünner geworden, der Anzug schlotterte um seinen Körper, dann bekam er eine schwere Grippe, die er nicht auskurierte, weil er die Kollegen nicht im Stich lassen wollte. Danach klagte er über Herzschmerzen.

»Ich war ja schon beim Arzt«, wehrte er ab, und Nina sagte:

»Ich weiß es. Der hat dir aber nicht geholfen. Isabella ist besser.«

Und für sich dachte sie, daß Isabella schließlich mit Doktor Fels, dem bekannten Herzspezialisten, befreundet war.

Doch so schlimm stand es um Peter nicht, es waren nervöse Beschwerden, Überarbeitung, der Krieg, Unterernährung.

Isabella kurierte die Folgen der Grippe aus, verbot ihm das Rauchen und verschrieb eine Krankenzuteilung. Außerdem schlug sie vor, er solle Urlaub machen.

Peter lächelte sie an.

»Urlaub? Heutzutage? Wie? Wo? Wovon?«

Isabella lächelte auch.

»Ich weiß, wo. Und teuer wird es auch nicht sein.«

Nun stand dieser Urlaub kurz bevor. In drei Wochen würde das Stück auslaufen, eine andere Truppe würde für zwei Monate in ihrem Theater spielen, und Peter würde sich vier Wochen lang im Waldschlössl aufhalten, faulenzen, spazierengehen, sich gut füttern lassen und, so Victoria: »Bißchen beschäftigen werden wir ihn auch.«

Isabella hatte das arrangiert, bei ihr hatte Peter auch Victoria von Mallwitz wiedergesehen, die er ja schon von früher her kannte, wenn auch nur flüchtig.

»Es ist mir eine Ehre und ein Vergnügen, so einen berühmten Mann zu beherbergen«, sagte Victoria. »Zehn Pfund mindestens müssen Sie zunehmen, dann sind Sie wieder so schön wie früher und können einen neuen Film drehen. Meine Tochter ist schon ganz aufgeregt. Sie hat bereits als Zwölfjährige für Sie geschwärmt.«

»Und Sie, gnädige Frau? Haben Sie auch einen meiner Filme gesehen?«

»Einen? Viele. Jedenfalls in den ersten Jahren. Später wurde es ja für uns immer schwieriger, in die Stadt zu kommen. Ob Sie's glauben oder nicht, bei uns auf dem Dorf gibt es kein Kino. Manchmal kam ein Wanderkino, das spielte im Saal beim Moserwirt. War jedesmal gesteckt voll.«

»Für mich war Ihr schönster Film ›Tödliche Träume‹«, sagte erstaunlicherweise Isabella. »Das muß so Ende der dreißiger Jahre gewesen sein. Mit dieser wunderschönen blonden Frau.«

»Das war Sylvia. Sylvia Gahlen. Ja, ich habe gern mit ihr gespielt. Sie ist eine gute Schauspielerin. Den Film haben wir 1937 gedreht. Sylvia bekam daraufhin ein Angebot aus Hollywood.«

»Und ist sie hinübergegangen?«

»Leider nicht. Sie war sehr glücklich verheiratet. Nicht wahr, Nina, du erinnerst dich auch noch an Sylvia?«

Er lächelte Nina zu, ein wenig spöttisch, denn Nina war immer eifersüchtig auf Sylvia gewesen.

Nina nickte. Und ob sie sich an Sylvia Gahlen erinnerte! Neben ihr war sie sich wie eine graue Maus vorgekommen.

»Nein, Sylvia wollte nicht nach Amerika«, erzählte Peter weiter. »Sie hatte damals schon ein Kind und bekam später ein zweites. Und wie wir alle liebte sie Berlin. Ich wüßte gern, was aus ihr geworden ist. Ich habe nichts von ihr gehört, in keiner Zeitung von ihr gelesen. Ihr Mann hatte sie mit den Kindern nach Schlesien verfrachtet, ins Riesengebirge. Damit sie vor den Luftangriffen verschont blieben.«

Sie nickten. Es gab immer noch so viele Menschen, über deren Schicksal man nichts wußte.

»Ich weiß noch, wann ich sie das erste Mal sah«, sagte Nina in das Schweigen hinein. »Es war bei Felix, in unserem kleinen Theater, das ständig vor der Pleite stand. Und dann war es soweit. Felix hatte uns am Tage zuvor mitgeteilt, daß er das

Theater schließen müsse. Wir waren am Boden zerstört, denn nun waren wir alle arbeitslos.«

»Stimmt genau«, sagte Peter. »Wir waren tief deprimiert.«

»Du nicht. Sylvia kam, kurz bevor die Vorstellung begann, und du warst höchst begeistert, sie zu sehen.« Der Vorwurf in ihrer Stimme war nicht zu überhören.

»Warum sollte ich nicht? Wir hatten in der Provinz zusammen Theater gemacht, und bei ihr war es dann schnell bergauf gegangen. Sie hatte bei Reinhardt gespielt und schon zwei Filme gemacht. Sie war drin, und ich war draußen.«

Ja, dachte Nina, und dann bist du mit ihr fortgegangen, und ich hatte gehofft, du würdest bei mir bleiben. Und zwei Jahre später, in Salzburg, da mußte ich allein nach Berlin zurückfahren, und du bist bei ihr geblieben.

Sie blickte nachdenklich zu Silvester hinüber, der schweigsam in seinem Sessel saß und sich an dem Gespräch bisher nicht beteiligt hatte.

Wußte Silvester das eigentlich, hatte sie je davon erzählt?

»Ich möchte zurück nach Berlin«, sagte Peter.

»O nein!« rief Nina. »Doch jetzt nicht.«

»Ich habe mich immer in Berlin wohlgefühlt.«

»Es muß nur noch ein Trümmerhaufen sein«, sagte Isabella.

»Ja, das ist es wohl. Aber für mich war es die schönste Stadt der Welt.«

»Warum?« fragte Silvester. Es war das erste Mal, daß er das Wort direkt an Peter richtete.

Der lächelte. »Weil die Berliner eben so sind, wie sie sind.«

Die armen Berliner! Der jahrelange Luftkrieg, das Bombardement der Russen, der Einmarsch der sowjetischen Armee und alles, was darauf folgte – es war nicht das Ende ihrer Leidenszeit.

Die Währungsreform, am 18. Juni 1948 verkündet, am 20. Juni in Kraft getreten, änderte mit einem Schlag das Leben in den westlich besetzten Zonen; die D-Mark war geboren, und sie erwies sich als ein lebenskräftiges Kind.

Eine Einigung der westlichen Besatzungsmächte mit dem Osten war nicht zustande gekommen, die Sowjets verboten den Besitz der neuen D-Mark für ganz Berlin, zogen dann zwar mit einer eigenen Währungsreform nach, die jedoch nicht im entferntesten die gleiche Wirkung hatte. Und Berlin wurde von der übrigen Welt abgeschnitten, mit aller Radikalität: Alle Verbindungen auf der Straße, auf der Schiene, in der Luft, im Wasser wurden gesperrt. So wollte man Berlin endgültig in die Knie zwingen, wollte demonstrieren, wie die verlorene Insel, die diese Stadt darstellte, nun für immer vereinnahmt werden konnte.

Es gab nichts zu essen für die Berliner; die Betriebe lagen still, weil der Strom gesperrt wurde, der aus dem Osten kam; Arbeitslosigkeit, Kälte in den Wintermonaten, Not, Elend, Hunger, das mußten die Berliner über ein Jahr lang ertragen, und in der übrigen Welt wuchs die Kriegsfurcht zum drohenden Gespenst.

Doch das Leid der Berliner hatte eine unerwartete Folge: es machte die Amerikaner zu ihren Freunden. Schon bald nach Beginn der Blockade flogen die ersten amerikanischen Transportmaschinen Lebensmittel in die Stadt. Luftbrücke nannte sich dies einmalige Hilfswerk menschlicher Nächstenliebe, sie war das Werk des amerikanischen Militärgouverneurs, General Lucius D. Clay, der sich damit nicht nur die Liebe der Berliner, sondern des ganzen deutschen Volkes verdient hatte. Denn auch für das übrige Deutschland waren die Amerikaner auf einmal keine Feinde mehr, das war Berlin zu verdanken.

Über ein Jahr lang, Tag für Tag, Nacht für Nacht, flogen die amerikanischen Maschinen in die unglückselige Stadt, sie konnten die Berliner nicht satt machen, ihre Wohnungen nicht erwärmen, die Betriebe nicht in Gang halten, aber sie sorgten dafür, daß die Berliner nicht verhungerten und nicht verzweifelten. Und ihr sprichwörtlicher Humor war, selbst in dieser Zeit, nicht umzubringen. ›Rosinenbomber‹ wurden die dröhnenden Vögel, die in Tempelhof landeten und dort wieder aufstiegen, liebevoll genannt.

Der Irrsinn, die Schizophrenie menschlichen Handelns auf dieser Erde wurde wieder einmal mit Nachdruck manifestiert: Jahrelang hatte diese Stadt vor amerikanischen Flugzeugen gezittert, hatte das ferne und dann näherkommende Geräusch der anfliegenden Maschinen mit ihrer todbringenden Bombenlast die Menschen angstbebend in die Keller getrieben. Und nun, drei Jahre später, war das Dröhnen der anfliegenden Maschinen Musik in den Ohren der Menschen.

Zu jener Zeit war Peter nicht mehr in München, er war nach Berlin gefahren, ehe die Blockade begann, und konnte nicht mehr zurück.

»Das ist furchtbar«, sagte Nina zu Isabella. »Jetzt haben wir ihn glücklich ein bißchen aufgepäppelt, und nun verhungert er uns dort.«

Barlog hatte ihm ein Engagement angeboten, da war kein Halten mehr gewesen.

»Du hast ihn sehr gern, nicht wahr?« fragte Isabella.

Nina nickte.

»Silvester hat gesagt: sie liebt ihn mehr als mich.«

»Liebe! Was heißt Liebe! Ich kann gar nicht mehr lieben. Aber das mit Peter, das ist eine lange Geschichte. Das sind viele, viele Jahre. Damals, als ich ihn kennenlernte, ging es mir sehr dreckig. Die Kinder waren noch so jung, und ich mußte alles allein schaffen. Das versteht Silvester nicht. Peter war mein einziger Freund, mein Trost in dieser Zeit. Wir waren ja immer wieder getrennt, er lebte sein erfolgreiches Leben sehr gut ohne mich. Aber trotzdem – als ich Silvester kennenlernte, ging es mir gut, da hatte auch ich Erfolg. Und verdiente Geld. Und dann ist noch etwas anderes...«

»Ja? Was?«

»Vicky. Peter hat sie sehr liebgehabt, und er weiß, was es für mich bedeutet, daß... ich glaube, Silvester hat das nie verstanden. Will es gar nicht verstehen.«

»Du tust ihm unrecht. Er leidet unter eurer Entfremdung.«

»Ach ja?«

Im Sommer des Jahres 48 erhielt Nina einen Brief ihres früheren Verlegers. Der Brief kam nicht aus Berlin, sondern aus einer niedersächsischen Kleinstadt, war an Nina Jonkalla gerichtet und an die Adresse der Holbeinstraße. Er hatte einige Umwege machen müssen, dieser Brief, und als Nina ihn las, war es wie ein Märchen aus vergangener Zeit.

›Ich sitze hier auf dem Dorf zwischen Kühen und Schafen‹, schrieb der Verleger, ›träume von den Büchern, die ich gemacht habe, und von denen, die ich machen werde. Das kann man nun wieder, und ich hoffe, liebe Nina, es werden auch Bücher von Ihnen dabei sein. Fangen Sie immerhin schon an zu schreiben, aber keine traurigen Geschichten über Krieg und Tod und Not, über Heimkehrer und ausweglose Situationen. Schreiben Sie über Menschen, die den Mut zum Leben haben, vergessen Sie nicht Ihren Humor und Ihren ganz speziellen Charme, über die Liebe zu schreiben. Wir haben uns aus Berlin gerettet, meine Frau und ich, auch Frau Schwarzer ist hier, meine tüchtige Sekretärin, an die Sie sich gewiß noch erinnern, und Herr Momhart, mein ebenso tüchtiger Buchhalter. Er stellt schon Kalkulationen auf, wie man wieder Bücher machen kann, denn das wollen wir unbedingt. Erst kürzlich habe ich Ihre Geschichte dieser Schauspielerehe wieder gelesen ›Wir sind geschiedene Leute.‹ Ein wahrhaft zauberhaftes Buch, liebe Nina, auch heute noch und heute erst recht.

Ich weiß nicht einmal, ob Sie am Leben sind, wo Sie sind. Ich schicke diesen Brief an die Adresse in München, die Frau Schwarzer noch im Kopf hat.

Es gibt auch einen anderen Grund, warum ich Ihnen schreibe. Schon mehrmals hat eine Frau Ballinghoff aus Berlin an mich geschrieben und sich nach Ihrem Aufenthalt erkundigt. Ich konnte der Dame nicht dienen. Für den Fall, daß Sie wissen, um wen es sich handelt, füge ich die Adresse bei. Und bitte geben Sie mir bald Bescheid, wo Sie sind und wie es Ihnen geht. Ich weiß nur, daß Sie damals nach München geheiratet und mich nach dieser Heirat sträflich vernachlässigt haben. Nicht nur mich, auch Ihre Arbeit. Das habe ich sehr bedauert!‹

In einer Nachschrift hieß es dann: ›Der Brief ist zurückgekommen, das Haus, in dem Sie gewohnt haben, existiert offenbar nicht mehr. Aber ich schicke ihn noch einmal ab, und vertraue auf die Findigkeit der Post.‹

Dieser Brief hatte eine doppelte Wirkung auf Nina. Sie freute sich darüber, daß ihr Verleger sich an sie erinnerte und was er über ihre Bücher schrieb. Und sie empfand tiefe Niedergeschlagenheit, denn schreiben würde sie nie wieder. Wenn Peter noch dagewesen wäre! Er hatte sie damals ermutigt, anzufangen, er würde sie jetzt ermutigen, neu zu beginnen. Aber er hatte sie verlassen, wieder einmal, und ohne ihn war ihr Leben arm und glanzlos, sie empfand es in der ersten Zeit, nachdem er München verlassen hafte, unerträglich, ohne ihn zu sein.

Wer die Frau Ballinghoff in Berlin war, wußte sie nicht. Der Name sagte ihr nichts.

Stephan hätte es gewußt, er kannte Lou Ballinghoff, die Freundin seiner Schwester Victoria, von seinem Aufenthalt auf Weißen Hirsch her.

Aber Stephan war nicht da. In diesem Sommer war er es, der Ferien machte, zusammen mit Maria.

Ende Juni war der Kammersänger Ruhland wieder einmal nach München gekommen, hatte sich die blasse Maria betrachtet, den blassen Stephan, hatte sich die Lieder angehört, die Maria mittlerweile singen, die Stücke, die sie auf dem Klavier spielen konnte, viel mehr waren es nicht geworden, denn das Talent von Frau Beckmann hatte seine Grenzen. Maria war nun elf Jahre alt, sie wußte viel und sie war ein bemerkenswert hübsches, aber sehr stilles Kind.

»Nun also!« sagte der Kammersänger Ruhland. »Ihr habt es zwar ganz nett hier, aber nun muß Maria auch einmal etwas anderes kennenlernen. Sie könnte ruhig noch ein wenig besser Klavier spielen, aber vor allem sollte sie schwimmen lernen.«

»Schwimmen? Ich?«

»Warum nicht? Du willst doch singen lernen. Wir müssen deine Lungen weiten und deinen Körper kräftiger machen. Ich schwimme sehr gern. Wir werden zusammen im Chiemsee schwimmen. Vom Schloß aus ist es etwa zwanzig Minuten mit dem Wagen. Außerdem haben wir ganz in der Nähe einen hübschen kleinen See, dort werden wir anfangen.«

»Ich kann doch nicht schwimmen«, sagte Maria.

»Erklär mir, warum nicht? Im Wasser sind keine Balken, und wenn wir beide ins Wasser gehen und geradeaus losschwimmen und geradeaus wieder zurück, kann gar nichts schiefgehen. »Hier«, er griff fest um ihren Arm, »da ist keine Kraft drin. Du hast überhaupt keine Muskeln. Wie willst du jemals singen mit einem so schwachen Körper? Wir werden auch Atemübungen machen, und du wirst auf der Wiese turnen. Mit Rico. Er kann nicht viel, aber das kann er.«

Maria schwieg, sie war sprachlos vor Erstaunen, aber wie immer in Gegenwart des Kammersängers weder befangen noch ängstlich. Und genauso wie er sie damals, als er zum erstenmal da war, gefragte hatte: möchtest du nicht singen lernen? fragte er jetzt: möchtest du nicht schwimmen lernen?

Und genau wie damals antwortete Maria: Ja, oh ja.

Nina saß dabei und hörte staunend zu. Und so klug war sie inzwischen, daß sie sich nicht einmischte.

»Stephan kommt mit«, bestimmte der Kammersänger, »Maria braucht ihn, und er braucht mal andere Kulissen. Sie können doch schwimmen, Stephan?«

Stephan lachte unsicher. »Doch, natürlich.«

»Und wann sind Sie das letzte Mal geschwommen?«

»Das ist lange her. Das war... ja, es war in Frankreich. Während des Krieges.«

»Das ist zu lange her. Es wird Ihnen auch guttun, kräftiger zu werden. Ihr werdet euch nicht langweilen. Mein Sohn ist da, der Rico, der bringt Leben in die Bude. Von Maria kann er allerhand lernen, denn er ist leider ziemlich dumm, das teure Internat hat nicht viel genützt.«

Daraufhin lachte Maria.

Das war noch immer ein seltenes Ereignis, Nina sah und hörte es mit Verwunderung.

»Nun also! Soweit wäre alles klar«, sagte der Kammersänger befriedigt. »Sie sind natürlich auch herzlich eingeladen, Nina.«

»Vielen Dank. Aber ich muß arbeiten. Wir haben nämlich kein Geld mehr.«

»Das haben wir alle nicht mehr. Die Währungsreform hat uns ganz schön aufs Trockene gesetzt. Wenn ich denke, wieviel Geld ich verdient habe – na, der Teufel hat es geholt. Ein paar Liederabende habe ich inzwischen gegeben, und im

Prinzregententheater habe ich noch ein paarmal den Tristan gesungen. Aber vor allen Dingen sind wir nun draußen dabei, unsere Landwirtschaft zu aktivieren. Der Baron hat zwar viel von dem Ackerland verpachtet und, noch schlimmer, verkauft, aber wir züchten wieder Vieh, und auf dem Land, das uns noch gehört, da sitzt ein tüchtiger Pommer, der arbeitet für drei. Und wir haben uns ein Gewächshaus zugelegt, was heißt eins, es sind nun schon drei, war nur immer noch schwierig mit dem Glas, aber unser kommunistischer Bürgermeister, der sich glücklicherweise bis heute halten konnte, hat uns sehr geholfen. Die nächsten Wahlen werden ihn wohl kippen. Nun also, Kommunisten in öffentlichen Ämtern, das werden bald tempi passati sein. Aber um unseren da draußen wird es schade sein. Der beste Kommunist, der mir je begegnet ist.«

»Und was wächst in den Gewächshäusern?« fragte Nina interessiert.

»Salat, jede denkbare Art von Gemüse, und zwar in bester Qualität, denn wir wollen das ja nicht alles selber essen, sondern verkaufen. Blumen haben wir auch. Ja, lachen Sie nur, Nina, die Leute werden auch wieder Blumen kaufen. Und also, unter uns gemurmelt, schlau, wie ich bin, habe ich auch noch ein Konto in der Schweiz. Wait and see, wie unsere amerikanischen Freunde sagen, ich rühr' da nicht dran, zur Zeit brauche ich es nicht. Vielleicht später, man wird sehen.«

So machte Maria also ihre erste Urlaubsreise, begleitet von Stephan und von Almut Herrmann, die dabei ein wenig überschnappte, da sie sich als Schloßbewohnerin ganz in ihrem Element fühlte. Und außerdem bewunderte sie Heinrich Ruhland hemmungslos, himmelte ihn an wie ein Backfisch, wenn er am Flügel saß und Schubertlieder sang. Was Heinrich Ruhland nicht störte, an die hingebungsvollen Blicke der Frauen war er ein Leben lang gewöhnt.

Nina arbeitete. Denn wenn auch für Marleen eine Dollarüberweisung aus Amerika gekommen war, ging es nicht an, daß sie stets und ständig nur von ihrer Schwester lebte.

Das erste Mal hatte sie bereits im Frühjahr gearbeitet, drinnen in der Stadt im Theater. Die Dame, die an der Kasse saß und Karten verkaufte, mußte ihre Mutter im Rheinland besuchen, davon war lange die Rede gewesen, das ließ sich nicht länger aufschieben, denn die Mutter war krank. Schweren Herzens verließ die Kassendame München und ihre Schauspieler, so bald wie möglich werde sie zurückkommen, versicherte sie. Es dauerte dann immerhin acht Wochen, bis sie kam, das Reisen war immer noch beschwerlich. Die Mutter war gestorben, was Nina ganz besonders bedauerte, denn sie hatte im stillen gehofft, sie könne den Posten behalten.

Zuerst hatte sie zwar gesagt: aber das kann ich doch nicht, als Peter vorschlug, sie solle die Vertretung an der Kasse übernehmen. Sie konnte es sehr gut. Und vor allem war es herrlich, nun fast den ganzen Tag im Theater zu sein, jeden Abend die Vorstellung zu sehen und jede Nacht bei Peter zu schlafen.

Oder zumindest viele Nächte. Einige Male übernachtete sie auch bei Isabella, um den Schein zu wahren. Sonst, so erzählte sie, laufe sie gleich los, wenn die Vorstellung begonnen hatte, dann bekam sie noch den Abendzug.

»Ziemlich anstrengendes Leben, nicht«, meinte Isabella, mit leichtem Spott in der Stimme.

»Mir gefällt es«, erwiderte Nina.

Peter war von dem Ensemble, das Nina am Anfang kennengelernt hatte, als einziger noch an diesem Theater. Die hübsche blonde Ingrid war an die Kammerspiele engagiert worden, und ebenso Kurt Santner. Auch das war ein Grund, warum es Peter nach Berlin trieb; er wollte nicht an einem kleinen Boulevardtheater hängenbleiben, wobei sowieso bei jeder Neueinstudierung die Schauspieler wechselten. Daß man zusammenblieb, war nur in der ersten Nachkriegszeit so gewesen, wer länger blieb, mußte damit rechnen, in die Chargen abzusinken. Es gab durchaus nicht in jedem Stück eine gute Charakterrolle, und als jugendlicher Liebhaber war Peter mittlerweile zu alt.

Nina verstand das sehr gut, und sie wußte, daß sie ihn nicht überreden durfte, an diesem Theater zu bleiben. Aber doch wenigstens in München, Peter, hatte sie gesagt. Und er darauf: Ich habe bisher kein Angebot bekommen.

Spielte er nun in Berlin bei Barlog? Hungerte er? Welche Frau hielt er im Arm?

Nina verbot sich diese albernen Gedanken. Es war nur zu wünschen, daß eine Frau da war, die für ihn sorgte. Vielleicht war Sylvia Gahlen wieder in Berlin, ihr Mann war ja ein tüchtiger Anwalt, denen würde es sicher nicht so schlecht gehen.

Peter hatte in seinem Brief, den Nina kurz nach seiner Ankunft in Berlin erhielt, nichts von Sylvia geschrieben. Doch er hatte ihr mitgeteilt, daß das Haus am Viktoria-Luise-Platz, in dem sie gewohnt hatte, nur noch zum Teil bestehe, es sei bis zum ersten Stock ausgebrannt.

Na, sicher, dachte Nina, im zweiten Stock habe ich ja gewohnt, wäre komisch, wenn für mich noch etwas geblieben wäre.

Dann kam kein Brief mehr aus Berlin.

Im Juni hatte Nina eine neue Arbeit gefunden, diesmal vermittelt durch Pfarrer Golling.

Unter den Flüchtlingen, die nun auch zu seiner Gemeinde gehörten, befand sich ein Ehepaar mit einem vierundzwanzigjährigen Sohn aus dem Sudetenland. Es war ihnen gelungen, rechtzeitig die Tschechoslowakei zu verlassen, ehe der Haß gegen die Deutschen, der sich in den Jahren der Besetzung angestaut hatte, die furchtbaren Opfer forderte, die das Kriegsende in diesem Teil Europas so blutig werden ließ.

Der Sohn, der gerade zu jener Zeit bei seinen Eltern eine Woche Heimaturlaub verbrachte, er hatte zuvor in einem Lazarett gelegen mit einer Infektion, benutzte das allgemeine Durcheinander, mit den Eltern zu fliehen, statt an die sich auflösende Front zurückzukehren. Er hatte Glück, er wurde nicht erwischt, er hatte den Krieg überlebt.

Ein Opfer jedoch in letzter Stunde war seine Mutter geworden. Mit ihrem vollgeladenen Karren, auf denen sie ihr kostbarstes Gut, ihr Handwerkszeug, mit sich schleppten, waren sie auf ihrem verworrenen Fluchtweg über Sachsen ins fränkische Land gekommen. Da der Sohn sich ja verstecken mußte, damit nicht ein sogenannter Heldenklau ihn noch erwischte, zogen sie meist in der Nacht weiter, oder – wenn am Tage, dann durch Wälder, auf jeden Fall durch ein Gelände, das zuvor erforscht worden war, und diese Aufgabe übernahm meist die Frau, sie war behende und gewandt, besaß scharfe Augen und Ohren. Auch oblag es ihr, auf Bauernhöfen nach Eßbarem zu fahnden, darum zu betteln, es gegebenenfalls zu stehlen.

Eines Tages, als sie über eine Wiese lief, wurde sie von amerikanischen Tieffliegern beschossen und schwer verletzt. Vater und Sohn schleppten die bewußtlose Frau später in den Wald zurück, glaubten zuerst, sie sei tot, doch sie atmete noch und nun mußte der Mann, der Sohn blieb weiterhin im Wald versteckt, nach einem Arzt suchen. Bis die Frau endlich behandelt wurde, war sie fast verblutet. Ihr rechter Arm war total zerschmettert und mußte amputiert werden.

Warum Amerikaner diese Angriffe auf einzelne Menschen flogen, zu einem Zeitpunkt, als sie den Krieg mehr als gewonnen hatten, war und blieb unverständlich. Das schlimmste an einem Krieg ist es, daß er die Bestialität an sich erzeugt, als Selbstzweck.

Die Frau überlebte. Aber sie war und blieb schwach, kränklich, und konnte sich mit dem linken Arm nur schwer behelfen.

Ihr Mann und ihr Sohn umsorgten sie mit rührender Liebe, doch hatten sie kaum das Nötigste zu essen, keine Unterkunft, und sie wurden von der Umwelt so feindselig behandelt, wie es den meisten der Flüchtlinge erging. Verhältnisse wie im Waldschlössl waren ja eine große Ausnahme.

Anfangs hausten sie unter primitivsten Verhältnissen in einem Holzschuppen am Waldrand, weit entfernt vom Ort. Das hatte man Pfarrer Golling berichtet, er suchte eine Bleibe für sie, und es gelang ihm, ein Zimmer in einem Haus am Ortsrand zu finden, gerade ehe der harte Winter begann. In diesem Haus ging es dem Josef Czapek, seiner Frau Anna und ihrem Sohn Karel nicht gut, sie wurden eben gerade geduldet und bekamen kein freundliches Wort zu hören.

Aber Vater und Sohn begannen ihr Leben selbst in die Hand zu nehmen, die sorgsam gehüteten Werkzeuge, von zu Hause mitgenommen, und ihre Kunst ermöglichten es, daß sie schon vor der Währungsreform ein erstaunlich gutes Einkommen hatten, erst recht danach.

Sie waren Glasbläser, und sie waren Künstler hohen Grades. Einen Teil des benötigten Rohstoffes hatten sie mitgebracht, Quarzsand, Kieselsäure und Bruchglas ließ sich reichlich finden. Sie erbauten mit eigenen Händen, wieder ein Stück vom Ort entfernt, in Richtung München, einen stabilen Behelfsbau, in dem der Ziegelofen stand, sie produzierten unermüdlich, und sie verkauften ihre Produkte so gut, daß sie zwei Helfer anstellen konnten, ebenfalls Glasbläser, einer aus dem Sudetenland, der andere aus dem Erzgebirge, die sie einfach per Annonce durch die Zeitung gesucht hatten.

Sie stellten Gebrauchsartikel her, die jeder in dieser Zeit dringend benötigte, jedoch auch Vasen, Schalen, Gläser von bemerkenswerter Schönheit, und diese Ware, die keiner Bewirtschaftung unterworfen war, die man ohne Bezugsschein kaufen konnte, in einer Zeit, in der es fast nichts zu kaufen gab, war sehr begehrt.

Die Czapeks hatten bald Kunden nicht nur in München, sondern auch in nahegelegenen Orten und vor allem im Gebirge, beispielsweise am Tegernsee, wo noch eine heile Welt und vermögende Leute zu finden waren. Ein ganzes Fenster eines Geschäftes in Bad Wiessee war mit edlen Glaskompositionen der Czapeks dekoriert, und ständig mußte der Ladeninhaber nachbestellen, nicht nur die Amerikaner, auch die Einheimischen und die zumeist wohlhabenden Leute, die sich rechtzeitig hier ein Haus gekauft oder gebaut hatten, kauften die Glaswaren.

Und so war es in Garmisch, in Bad Reichenhall, in Berchtesgaden, um nur einige der Orte zu nennen, in denen Czapek, Vater und Sohn, ihre Kunden hatten.

Sie hätten sehr zufrieden sein können, ja glücklich, wenn nicht die Krankheit der Frau und Mutter ihr Leben verdüstert hätte. Der Aufbau, den sie leisteten ganz aus eigener Kraft, war beachtlich, und es würden nicht einmal zehn Jahre vergehen, bis sie eine große Glasfabrik ihr eigen nennen konnten, ein echtes Beispiel der kommenden Wirtschaftswunderzeit, die ja nicht durch ein Wunder entstand, sondern durch das Können und den Fleiß und den Willen der Menschen, die es erarbeiteten.

Doch bis dahin war noch ein langer Weg; immerhin benötigten die Czapeks auch zu dieser Zeit eine Hilfskraft für die Korrespondenz, um Rechnungen zu schreiben, Angebote zu entwerfen, kurz und gut: sie benötigten eine Sekretärin.

Dies war Ninas erster Job nach der Währungsreform, und sie mußte sich ziemlich anstrengen, um zu begreifen, worum es hier ging, und sich in dieses fremde Metier einarbeiten.

Die Verbindung war über Pfarrer Golling durch Stephan hergestellt worden.

Stephan hatte die Czapeks manchmal im Auftrag des Pfarrers besucht, besonders die kranke Frau, und hatte staunend miterlebt, mit welch rapider Schnelligkeit sich zwei Menschen eine Existenz aufbauen und erfolgreich werden konnten.

Er hatte zu Hause davon erzählt, und Marleen hatte gesagt: »Ein paar neue Gläser könnten wir mal brauchen, ist ja doch verschiedenes kaputtgegangen im Laufe der Jahre.«

Als Nina zum erstenmal Stephan in die Werkstatt begleitete, brachte sie nicht nur Gläser mit, sondern auch eine wunderschöne lichtgrüne Glasschale, in die man Obst oder Blumen füllen konnte, die man aber auch ganz einfach als Dekorationsstück für sich allein wirken lassen konnte.

So kam es zur Bekanntschaft mit den Czapeks, Nina brachte der kranken Frau Bücher mit, denn sie las sehr gern, es kam, man konnte sagen, fast zu einer Art Freundschaft, und es kam am Ende zu einer Tätigkeit für Nina, die sie nicht nur befriedigte, sondern ihr auch, nach der Währungsreform, das dringend benötigte kleine Einkommen verschaffte.

Silvester hatte kopfschüttelnd gesagt: »Aber das ist lächerlich, warum willst du denn arbeiten? Ich kann doch für dich sorgen.«

»Das ist gut zu wissen«, sagte Nina lächelnd. »Aber es ist für mich ganz befriedigend, wenn ich mir selbst Geld verdienen kann.«

»Ich denke, du willst wieder schreiben?«

»Ich weiß nicht. Vielleicht will ich. Ich weiß nur nicht, ob ich kann.«

Und Isabella meinte: »Ich finde es sehr vernünftig, wenn Nina arbeitet. Das kann ihr nur guttun.«

Von dem Brief ihres Verlegers hatte sie Isabella und Silvester erzählt, sie mußte einfach darüber sprechen.

Marleen hatte nur gesagt: »Ist doch prima. Dann schreib halt wieder mal was.«

Als ob das so einfach ginge, so aus dem Handgelenk und mit all der Bürde, die sie tragen mußte.

In Schwabing fand sie mehr Einfühlungsvermögen.

Isabella sagte: »Ich kenne deine Bücher nicht. Du könntest mir ja mal eines davon mitbringen, damit ich es lese.«

»Ach«, sagte Nina, »das ist nichts für dich. Dazu bist du viel zu klug.«

Silvester müßte daraufhin lachen. »Spiel nicht die Bescheidene. Es sind sehr hübsche Bücher, lesbar und flott geschrieben. Und wenn Herr Wismar wieder mit dir arbeiten will, so sollte das ein Ansporn sein, Nina.«

»Mir fällt überhaupt nichts mehr ein. Und ich habe auch gar keine Zeit. Und dann – Geschichten über Menschen, die den Mut zum Leben haben, das gibt es ja gar nicht mehr.«

»Das ist Unsinn«, meinte Isabella. »Die Welt ist rundherum erfüllt von solchen Menschen. Gerade heute. Ich bin ein Beispiel dafür. Silvester ist es. Und du selber, du bist das allerbeste Beispiel.«

»Ich? Da kann ich nur lachen.«

»Und was ist mit deinen Glasbläsern? Sind die nicht bewundernswert?«

»Und die arme kranke Frau? Und mein Leben? Vicky? Die blinde Maria? Silvester, der mich nicht mehr leiden kann? Wo soll ich denn heitere lebensbejahende Geschichten hernehmen?«

Ihre Wort versetzten Silvester in Erregung, er wurde geradezu zornig.

Er stand auf, trat dicht vor sie hin.

»Meine Gefühle für dich haben sich nicht geändert, Nina. Nur bin ich ein alter, vergrämter Mann geworden, der dir nicht zumuten kann, daß du wieder mit ihm zusammenlebst. Und ich kann nicht von dir erwarten...«

Isabella unterbrach ihn, und nun war sie zornig.

»Erstens bist du nicht alt, und krank bist du auch nicht mehr, und vergrämt brauchst du schon gar nicht zu sein. Und zweitens, was du erlebt hast, haben viele erlebt, und sie haben Schlimmeres erlebt. Du könntest langsam damit aufhören, dich selbst zu bemitleiden.«

»Aber das tue ich nicht.«

»Ich bin gewissermaßen schuld, daß dein Leben verdorben ist. So hört sich das an, nicht wahr? Meinetwegen bist du ins Lager gekommen, und nun hast du dich entschlossen, dein restliches Leben lang einen Lagerkomplex zu haben. Weißt du, wie ich das finde? Ungerecht gegen das Schicksal, feige für dich selbst, und eine Belastung für mich, denn du lastest mir eine ewige Schuld auf.«

»Aber Isabella! Mein Gott! Wie kannst du so etwas sagen?«

»Um dir einmal vor Augen zu führen, wie dein Verhalten auf mich wirkt.«

Nina schwieg, hörte sich das erstaunliche Gespräch an. Silvester war ganz weiß im Gesicht geworden.

»Ich habe mir alle Mühe gegeben, dich wieder gesund zu machen«, fuhr Isabella unbeirrt fort. »Und dir geht es wirklich nicht schlecht. Du kannst dich bewegen, du kannst laufen, du kannst arbeiten. Und wenn du vergrämt bist, wie du es nennst, so ist es nichts als Trotz. Und kindisch ist es obendrein. Seht, was das Schicksal mir angetan hat, seht, wie ich leide. Damit kannst du dich natürlich für den Rest deines Lebens einrichten, aber du kannst nicht erwarten, daß eine hübsche und so lebendige Frau wie Nina mit dir zusammenleben möchte. Ich selber würde ihr davon abraten. In ihrem eigenen Interesse.«

Daraufhin entstand ein langes und tiefes Schweigen. Silvester hatte sich an die Wand gelehnt, er war blaß, und er sah sehr unglücklich aus.

Er tat Nina leid. Isabella schien das erste Mal so mit ihm gesprochen zu haben, und es kam ihr vor, als hätte sie das lange schon vorgehabt. Es war wohl der letzte Teil ihrer Therapie. Isabella war wieder ganz gelassen, schenkte sich noch einmal Tee ein und zündete sich eine Zigarette an.

»Sprechen wir einmal von den Jahren«, fuhr Isabella nach einer Weile fort, als die beiden anderen immer noch schwiegen.

»Du bist, soviel ich weiß, jetzt zweiundsechzig. Das ist für einen geistigen Menschen kein Alter. Du warst etwas mehr als ein Jahr von diesen zweiundsechzig Jahren im KZ. Das ist im Vergleich zu anderen, die zehn oder mehr Jahre darin waren, nicht sehr viel. Manche von diesen Männern arbeiten inzwischen wieder, in Parteien, in der Politik, in der Wissenschaft. Wir sprechen jetzt von denen, die überlebt haben. Du hast dich, seitdem du draußen bist, verkrochen. Erst bei Franziska, dann bei mir. Dir ist es dabei nicht schlecht gegangen, oder? Vom Elend der Nachkriegszeit hast du wenig verspürt. Franziska ist ein gutes Beispiel. Ihr hat man übler mitgespielt als dir, und wie schnell hat sie wieder das bekommen, was dieser Verleger schreibt: Mut zum Leben. Sie lebt auf ihre Weise, na schön, das hat sie immer getan. Und ich? Dank der Hilfe meiner Freunde, dank deiner und Franziskas Hilfe ist mir das Lager und der unvermeidliche Tod darin erspart geblieben. Dafür muß ich dankbar sein – dir, Franziska, meinen Freunden, dem Schicksal, Gott – und ich bin es. Ich bin es und werde es sein, jeden Tag, der mir noch zu leben vergönnt ist. Ich arbeite, und das mit Begeisterung. Dankbar auch dafür, daß ich es noch kann und daß ich es wieder darf. Ich bin ein wenig älter als du, aber ich komme mir vor, als sei ich zwanzig Jahre jünger.«

Mit einer geradezu theatralischen Handbewegung wies sie auf die gegenüberliegende Wand, an der eins von Sopherls verzerrten, depressiven Bildern hing.

»Meine Schwester hat sich das Leben genommen, und du weißt sehr genau, was das für mich bedeutet hat. Es war ganz und gar sinnlos, es war ein lächerlicher Tod. Sie hätte mit dir oder allein ins Ausland gehen können, sie hätte von mir genügend Geld bekommen, um zu leben, wo sie wollte und wie sie wollte. Ich habe meine Schwester sehr geliebt, ich habe sie verwöhnt, ich habe ihr jede Schwierigkeit aus dem Weg geräumt. Sie war der einzige Mensch, der mir geblieben war nach dem Tod meiner Eltern. Sie hat es mir auf diese Weise gedankt. Es gibt keinen Menschen mehr, der zu mir gehört, der mich liebt, den ich lieben kann. Weißt du, daß ich sie verachte für das, was sie getan hat? Weil sie es mir angetan hat.«

Nina schlug das Herz im Hals, sie wagte kein Wort zu sagen. War das die ruhige, überlegene Isabella, die sie kannte? Was für Worte kamen aus ihrem Mund! Wie einsam sie war! Wie unglücklich auch sie!

Ohne daß sie wußte, was sie tat, sprang Nina auf, ging zu Isabellas Sessel, sank dort auf die Knie, barg ihren Kopf in Isabellas Schoß.

»Isabella«, schluchzte sie, »sprich nicht so! Ich kann es nicht hören. Du bist nicht allein. Ich liebe dich. Alle lieben dich.«

Es war wirklich eine hochdramatische Szene, die sich ganz unerwartet entwickelt hatte, doch Isabella war ihr gewachsen, sie hatte Sinn für Dramatik.

Sie strich über Ninas Haar und sagte, zu Silvester gewendet: »Weißt du, wen ich bewundere? Wer mir imponiert? Sie. Hier. Deine Frau. Ich kenne ihr Leben ja nun ganz gut. Sie hat es immer schwer gehabt, es ist ihr viel aufgebürdet worden. Doch sie ist tapfer und sie hat Lebensmut. Und du wärst dazu bestimmt, ihr zu helfen, ihr zur Seite zu stehen. Statt dessen nennst du dich selbstquälerisch einen vergrämten alten Mann. Mach nur so weiter. Nina kann ohne dich leben. Und sie wird auch wieder schreiben. Ich werde sie von jetzt an jedesmal fragen: Hast du schon angefangen, Nina?«

Isabella legte ihre Hände um Ninas Gesicht, hob es hoch, neigte sich und küßte sie auf die Stirn.

»Sie wird von jetzt an meine kleine Schwester sein. Sie wird nicht verzagen, und ich werde ihr Mut machen. Falls das überhaupt nötig ist. Und nun laß endlich die Wand los,

Silvester, und gieß uns einen Cognac ein. Steht da drüben in der Vitrine.«

Beide Hände noch immer um Ninas Gesicht gelegt, fügte sie lächelnd hinzu: »Wir haben nämlich einen vorzüglichen Hennessy im Haus, einer meiner Freunde aus der Möhlstraße hat ihn mir gebracht. Er hat ihn mir geschenkt.« Sie küßte Nina noch einmal.

»Und nun steh auf. Wir werden jetzt einmal ganz vernünftig miteinander reden.«

Silvester füllte drei Gläser mit dem Cognac und schüttelte unausgesetzt den Kopf.

»So habe ich dich noch nie erlebt«, sagte er.

»Es wurde Zeit, daß dir einer die Wahrheit sagt.«

»Und es ist wahr, daß ich dich mit einer Schuld belaste?«

»Das tust du doch. Ich bin schuld an dem, was dir widerfahren ist.«

»Das darfst du doch nicht sagen.«

»Ich sage es aber.«

»Ich habe meinen Posten gleich verloren, nachdem die Nazis an die Macht kamen.«

»Es ist vielen Menschen so gegangen, daß sie für ihre Meinung einstehen und bezahlen mußten. Immerhin hast du die folgenden Jahre unbehelligt gelebt. Nicht in dem Beruf, der dir angemessen war, aber auch nicht als Ausgestoßener.«

»Nein, das war er wirklich nicht«, sagte Nina, die sich wieder gefaßt hatte. »Als ich ihn kennenlernte, wirkte er auf mich als ein starker und selbständiger Mensch. Ein Mensch mit Lebensmut, um das Wort noch einmal zu gebrauchen. Mein Gott, er tat so, als ob er mich liebe. Und er wollte mich heiraten.«

»Ich habe dich geliebt, Nina«, sagte Silvester. »Du warst für mich... ja, wie ein neues Leben.«

»Das ich dann zerstört habe«, sagte Isabella.

»Die Zeit hat uns zerstört. Die Nazis. Der Krieg«, sagte Nina.

»Das ist alles vorbei. Die Nazis, der Krieg – und die Zeit ist weitergegangen. Sie hat uns älter gemacht. Aber auf keinen Fall dümmer. Du wirst schreiben, Nina, du wirst es jedenfalls versuchen. Silvester wird sein Buch beenden, und dann wird er sich wieder dem Leben stellen. Und wir werden Maria operieren lassen.«

»Wirklich?« fragte Nina.

»Ja. Man muß es versuchen. Sie ist soweit stabilisiert, daß man es in zwei Jahren etwa versuchen kann. Du willst es doch?«

»Natürlich will ich es. Ich habe nur Angst davor.«

Der Versuch mißlang. Maria wurde operiert, als sie fünfzehn war. Zwar glückte die Transplantation, sie konnte einige Tage lang sehen, dann trübte sich die neue Hornhaut, das Transplantat wurde vom Körper nicht angenommen.

Das war wieder eine schwere Zeit für Nina. Und danach sah es aus, als finge alles von vorn an. Maria verstummte, erstarrte, erlosch.

Anders war es diesmal, da sie kein Kind mehr war, kein hilfloses Objekt, sondern ein denkender, ein kluger, ein höchst sensibel empfindender Mensch. Lange Zeit führte überhaupt kein Weg zu ihr. Sie rührte kein Klavier mehr an, sie las nicht, sie lernte nicht, sie sprach nicht einmal mehr mit den Menschen, die sie kannte, die um sie waren.

Keiner fand Zugang zu ihr, weder Nina noch Stephan, nicht mehr die Beckmanns, nicht Pfarrer Golling, nicht einmal Heinrich Ruhland und Rico.

Nina schrieb alles ausführlich nach Boston, und dann kam Professor Goll nach München.

Inzwischen gab es die Bundesrepublik Deutschland, ein neuer demokratischer Staat, basierend auf dem Grundgesetz, das im Mai 1949 in Kraft getreten war. Professor Theodor Heuss war der Bundespräsident, Dr. Konrad Adenauer der Bundeskanzler dieses neuen Staates, der allerdings nur die drei ehemaligen westlichen Besatzungszonen umfaßte, die sowjetisch besetzte Zone, die Ostzone, wie es im Volksmund hieß, war ein Staat für sich geworden, und die seit der Berliner Blockade sichtbar gewordenen Gegensätze zwischen West und Ost waren mittlerweile festgefahren, waren zu feindlichen Fronten erstarrt. Dafür gab es auch einen Namen: Man nannte das den ›Kalten Krieg‹. Eine verhängnisvolle Wortschöpfung, denn sie konnte das Wort Krieg nicht entbehren. Daß er kalt war, dieser Krieg, bedeutete, daß man sich nicht mit Waffen umzubringen brauchte, das körperliche Leben der Andersgesinnten nicht auslöschen mußte. Das war aber auch schon alles – Feindschaft, Gefahr, Angst blieben bestehen, ein friedliches Zusammenkommen selbst engster Familienmitglieder war nicht möglich, die Vernichtung menschlichen Glückes war nach wie vor nicht geächtet. Die Welt war in zwei Teile gespalten, und dies sollte für lange Zeit anhalten, Generationen würden heranwachsen, die das Bild der Erde gar nicht anders kannten.

In der Bundesrepublik Deutschland war ein gewaltiger Aufbau in Gang gekommen, und das im wörtlichsten Sinne, Häuser, Geschäfte, Fabriken, Betriebe wurden aufgebaut, die Wirtschaft belebte sich, entwickelte sich, und zwar in so rapidem Tempo, daß die übrige Welt nur mit Staunen zusehen konnte, was diese vernichteten Deutschen leisten wollten und – konnten. In der Geschichte sind zwei Namen für immer mit diesem Aufbau, dem Wiederaufbau, wie man es nannte, verbunden:

Ludwig Erhard, der Wirtschaftsminister der jungen Bundesrepublik, der nach seinem Amtsantritt eiligst die Bewirtschaftung aufhob und so freie Bahn für freie Menschen schuf, die arbeiten und Erfolg haben wollten.

Und George C. Marshall, der als amerikanischer Außenminister bereits im Jahr 1947 in seiner berühmten Rede vor der Harvard-Universität an die Völker Europas appellierte, ein gemeinsames Wiederaufbauprogramm in Angriff zu nehmen, wobei sie mit der Hilfe der Vereinigten Staaten rechnen dürften.

Dies war der Beginn, der erste Schritt zu jenem großartigen Unternehmen, das als Marshallplan in die Geschichte einging, verkündet zu einer Zeit, da sich Deutschland noch in tiefstem Elend befand.

So zeigte sich sehr früh, daß die westlichen Mächte, vor allem die USA, aus den Fehlern gelernt hatten, die man nach dem Ersten Weltkrieg begangen hatte. Der Versailler Vertrag von 1919, der von dem besiegten Volk riesige Reparationszahlungen verlangte, hatte nur Not über die Deutschen gebracht, zahlungsunfähig waren sie nach einiger Zeit ohnedies, er schnürte der Weimarer Republik den Hals zu und bereitete den Boden für den Nationalsozialismus. Gelernt hatte man auch, daß ein Elendsvolk in der Mitte Europas das Elend unwiderruflich auf die anderen Völker übertragen mußte, das war wie ein Seuchenherd, den man nicht eingrenzen und nicht wirksam bekämpfen konnte.

Offenbar war es doch einmal in der Geschichte möglich, aus den Fehlern der Vergangenheit zu lernen.

Der Morgenthauplan, dieses Monstrum der ersten Nachkriegszeit, der vorsah, Deutschland zu einem Agrarland rückzuentwickeln und seinen Bürgern nur ein Existenzminimum zu erlauben, war sehr schnell gestorben. Die Demontage, die in deutschen Fabriken zwar anlief und auch einige Jahre lang fortgeführt wurde, war nicht mit letzter Rigorosität durchgeführt worden, ausgenommen in der Ostzone, hatte jedoch die paradoxe Folge, daß sich deutsche Betriebe bei dem schnellen Wiederaufbau mit modernsten Maschinen einrichten konnten.

Großen Anteil an dem sagenhaften Erfolg des Wiederaufbaus hatte die gelungene Währungsreform. Keiner hatte wissen können, wie es ausgehen würde, wenn jeder Mensch in diesem Volk an einem bestimmten Tag nicht mehr als vierzig Mark in seinem Besitz haben durfte. Wenn gleichzeitig alle Vermögen, alle Werte, alle Versicherungen auf zehn oder gar 6,5 Prozent abgewertet sein würden.

Nun, alle Werte waren es gewiß nicht. Wert an Grundbesitz, an Immobilien blieb bestehen, auch wenn sich zunächst damit nichts anfangen ließ. Der größte Wert jedoch war die Ware, die versteckte, die gehortete Ware, eben jene Gebrauchsgüter, die man zuvor nur über den Schwarzen Markt beziehen konnte. Sie fand sich sofort nach der Währungsreform und nach Aufhebung der Zwangswirtschaft auf dem Markt. Die Menschen, die die Währungsreform als Erwachsene erlebten, und erst recht ihre Kinder, wuchsen in einen nie erwarteten und nie erlebten

Wohlstand hinein, der kennzeichnend blieb für die Ära Adenauer.

Gerecht? Ungerecht? Ungerechtigkeit gab es wie immer auf dieser Erde reichlich. Die Alten, die Kranken, die im Krieg Versehrten hatten keinen Anteil an Wiederaufbau und dem darauffolgenden Wohlstand. Für die blieben die vierzig Mark nur vierzig Mark, sie vermehrten sich nicht. Ersparnisse waren verloren. Wer alt war, konnte neue nicht mehr schaffen. Auch die tiefste Verzweiflung, auch der Selbstmord gehören in jene glorreiche Zeit des Wiederaufbaus, bestätigt wurde wieder einmal Bert Brechts unsterbliches Wort: Die im Dunklen sieht man nicht.

Professor Michael Goll war in Begleitung seines Sohnes Frederic bereits 1949 das erste Mal nach Deutschland gekommen. Er wollte mit eigenen Augen sehen, was aus Europa geworden war, ob sich in dem alten vom Schicksal geschlagenen Kontinent noch eine Spur seiner früheren Größe finden ließ. Sie waren zuerst in Frankreich; Paris, das im Krieg nicht zerstört, nicht einmal beschädigt worden war, zeigte sich in gewohntem Glanz, jedenfalls nach außen hin. Politisch war es ein schwer zerrüttetes Land, belastet zusätzlich mit den Unruhen in seinen Kolonien. Sie besuchten Berlin, dessen Anblick Professor Goll erschütterte. Die Stadt war noch nicht, wie zwölf Jahre später, durch eine Mauer getrennt, aber unsichtbar war diese Mauer doch da, die Zerrissenheit der Stadt war deutlich spürbar. Im Westen regte sich zwar schon bemerkbar Leben und Auftrieb, von einem Wiederaufbau der Stadt aber konnte nicht die Rede sein, und noch trostloser sah es im Osten aus. Das einzige, was an das Berlin von einst erinnerte, war das kulturelle Leben, das in beiden Teilen der Stadt höchst lebendig und interessant war.

Dann reiste Professor Goll nach Wien, wo er auch einige Studienjahre verbracht hatte, doch Österreich war ein viergeteiltes Land, Wien eine viergeteilte Stadt, die strahlende Königin an der Donau wirkte müde und traurig.

»Ich kann nicht sagen«, bemerkte Professor Goll, als er eines Morgens mit seinem Sohn beim Frühstück saß, »daß diese Reise mich fröhlich stimmt. Ich wollte dir mein Europa zeigen, mein Wien, mein Berlin – es ist nicht mehr da. Es war in den zwanziger Jahren schon deprimierend, doch dieser zweite Krieg hat Europa den Rest gegeben.«

An eine Reise in seine Heimat im Baltikum war nicht zu denken, doch das wollte Michael Goll gar nicht. Die Erinnerung an seine schöne Kindheit wollte er sich nicht zerstören lassen, die Erinnerung an seinen Abschied von der Heimat war schlimm genug.

Blieb München. An sich bestand kein Grund, München zu besuchen. Aber dies betraf nun Frederics ganz spezielle Erinnerung, und da war die alte Dame, die Michael als Jüngling gekannt hatte. Alles in allem war der Aufenthalt in München, der nur wenige Tage dauerte, der beste Teil der ganzen Reise.

Zerstört war diese Stadt auch, doch seltsamerweise lebte sie, sie lebte auf eine sehr aktive Weise, sie schien sich heftig freizustrampeln von den Fesseln des Elends, was besonders sichtbar dadurch wurde, da sie gerade zur Zeit des ersten Oktoberfestes nach dem Krieg nach München kamen.

Die Stadt lachte – trotz der Trümmer. Und die Menschen lachten auch.

Vater und Sohn hatten ausführlich besprochen, wie man zu Alice von Wardenburg und ihrer Familie Verbindung aufnehmen sollte. Daß sie irgendwann im Herbst in Deutschland sein würden, hatten sie zuvor brieflich mitgeteilt, ohne einen genauen Zeitpunkt zu nennen, da sie ihn selbst nicht kannten. Nun angelangt, war es ein Problem, wie man einander begegnen sollte.

Der Professor schlug vor, daß man sich mit Alice von Wardenburg und ihrer Nichte Nina im Hotel treffen solle, zu einem Abendessen vielleicht.

Frederic war dagegen.

»Wir wissen nicht, in welchem Zustand sich Alice befindet. Sie muß ja nun schon sehr alt sein. Vielleicht macht es ihr Beschwerden, in die Stadt zu gelangen. Außerdem würde ich so gern das Haus wiedersehen. Und das Kind.«

Also gab es einen Telefonanruf und ein Gespräch mit

Marleen, Nina war nicht da, sie kam erst immer am Abend von den Czapeks zurück.

Marleen, die von dem angekündigten Besuch wußte, sagte liebenswürdig: »Kommen Sie doch einfach morgen nachmittag zum Tee. Nina wird sich bestimmt freimachen können.«

Das Ganze verlief höchst undramatisch und war, wie Professor Goll danach sagte, die Reise wert gewesen.

Am bewegtesten war Frederic, als er das Haus wiedersah – als er aus dem Wagen stieg, die Gartenpforte sah, die Haustür und dann Nina unter der Haustür. Es war genau wie damals, nur kam er diesmal nicht als Feind, sondern als Freund.

Wie im Traum nahm er Ninas Hand, die sie ihm entgegenstreckte, stand in der Diele, auch hier sah es aus wie damals, er sah sich selbst da stehen in seiner Uniform, die Unglücksbotschaft verkündend.

Michael Goll blickte erstaunt seinen Sohn an, der stumm war, kein Wort hervorbrachte und dem anzusehen war, wie dieses Wiedersehen ihn überwältigte.

Ich bin mir gar nicht klar darüber, dachte Professor Goll, wie weich dieser Junge ist, wie verwundbar und wie empfindsam. Dann küßte er Nina die Hand und sagte: »Ich kenne das alles hier so gut, als sei ich schon hier gewesen.«

Nina war unbefangen und heiter, und das erste, was Frederic zu ihr sagte, war: »Sie haben sich gar nicht verändert.«

Nina lächelte und dachte, wie oft sie diesen Satz eigentlich schon gehört hatte.

Sie hatte sich zuvor lange im Spiegel betrachtet, ein wenig zurechtgemacht, ein hübsches Kleid angezogen, dann wieder den Spiegel befragt. War sie sehr alt geworden?

Es schien, sie hatte keine Zeit dazu, alt zu werden.

Das Leben, ihr Leben, hatte sie immer so im Trab gehalten, daß sie dem Altwerden einfach davonlief.

Sie gingen ins Gartenzimmer, hier befand sich Alice, sie war nun fünfundachtzig, doch gerade aufgerichtet, schlank und hoheitsvoll saß sie in ihrem Sessel. Sie war alt, aber von einer immer noch bemerkenswerten Schönheit, die unzerstörbar schien. Nur ihr Gehör hatte nachgelassen, man mußte ziemlich laut mit ihr sprechen. Ihr Geist war noch klar, und Erinnerungen, die weit zurücklagen, wie jene an die baltischen Sommer, waren noch vorhanden, Michael konnte mit ihr darüber sprechen. Dann kam Marleen, elegant gekleidet, an ihrer Seite Conny, der sich über den Besuch höchst erfreut zeigte. Man konnte also über den Hund sprechen hier, oder Frederic erzählte von den beiden Hunden in Boston, es waren inzwischen zwei, Buster hatte einen Sohn gezeugt. Dann kam das Mädchen, brachte den Tee, die Karaffe mit dem Rum und einen wieder friedensmäßig hergestellten Kuchen.

Ja, eine Haushaltshilfe gab es wieder im Haus, darauf hatte Marleen bestanden. Nina war schließlich den ganzen Tag nicht da, und irgendeiner mußte sich um die Arbeit im Haushalt kümmern und mußte kochen. Marleen hatte dies alles nie getan, und sie hatte nicht die Absicht, in ihren späten Jahren damit anzufangen.

Frederic schien es lange, noch als er Tee trank, den Kuchen höflich versuchte, sich am Gespräch beteiligte, oder viel mehr kaum beteiligte, als erlebe er das alles im Traum. Sein Vater musterte ihn einige Male von der Seite. Da schien etwas zurückgeblieben von Frederic in diesem Haus, damals. Fand er es wieder? Oder suchte er es?

Dann stand Frederic auf, trat an die offene Tür, die in den Garten führte, es war ein warmer Tag Ende September, er schaute hinaus und sagte wie in Trance: »Tante Alice, Sie saßen damals da draußen unter dem Ahornbaum. Und Sie, Marleen, lagen in einem Liegestuhl, der Hund lag neben Ihnen, und Sie taten, als ginge Sie das alles gar nichts an.«

»Nun, ich wußte ja noch nichts davon«, meinte Marleen.

»Und Nina stand vor mir«, fuhr Frederic fort, »sie blickte mich so fassungslos an, als sei ich ein Geist aus einer anderen Welt. Und das war ich ja auch für sie, wie ich später erfuhr. Und ich haßte mich so.«

Professor Goll räusperte sich. Geisterbeschwörungen dieser Art schätzte er gar nicht.

Nina stand auf, trat neben Frederic und legte die Hand auf seinen Arm.

»Du warst großartig, Frederic. Ich habe immer mit Dankbarkeit an dich gedacht. Das haben wir alle getan. Es wäre schlimm gewesen, wenn wir das Haus hätten verlassen müssen, in jener Zeit. Aber du warst wirklich prima. Und natürlich, ich gebe es zu«, sie lachte ein wenig verlegen, »ich habe es auf Nicolas geschoben, der dich gewissermaßen – na, wie nennt man so was? Der mit dir gekommen war.«

Das letzte hatte sie leiser gesagt, Alice mußte es nicht hören. Der Professor räusperte sich wieder und war bereit, in dieses makabre Gespräch einzugreifen, doch da lachte Nina schon, wandte sich zum Zimmer zurück.

»Ich habe in meinem Leben noch nie solche Gedanken gehabt, Professor. Ich bin eigentlich ein sehr nüchterner Mensch. Aber es gibt halt manchmal so seltsame Augenblicke. Wie damals mit dem Rilke auf dem Buchenhügel!«

»Und was ist das?« fragte Professor Goll.

»Ach, das werde ich jetzt nicht erzählen, das ist ein Erlebnis aus meiner Jugend.«

Im Garten blühten wie damals Rosen, Frederic sah das rote Dach des Nachbarhauses.

»Die energische junge Dame, sie wohnt jetzt wieder da drüben?«

»Ja. Sie ist verheiratet und sie hat ein Kind. Und ihr Mann, den du damals kurz gesehen hast, hat gerade sein erstes Staatsexamen gemacht.«

Frederic blickte noch einmal suchend über den Garten hin.

»Und wo ist sie?«

Nina wußte sofort, wen er meinte.

»Maria hat noch Unterricht. Aber sie wird bald kommen. Mit Stephan.«

Das war drei Jahre vor Marias Operation. Sie war zwölf, schlank und hübsch, sie trug eine dunkle Brille, und wer von ihrem Leiden nicht wußte, hätte es kaum bemerkt, so sicher bewegte sie sich. Und sie redete auch ohne Scheu, längst waren fremde Menschen kein Horror mehr für sie. Professor Goll betrachtete sie mit Interesse. Was für ein bezauberndes Kind!

Am nächsten Abend, Nina hatte eine Einladung zum Abendessen im Hotel gern angenommen, fragte er: »Wird man nichts unternehmen mit ihren Augen?«

»Doch. Ich habe es vor. Aber ich gebe zu, ich habe Angst davor. Wir alle haben Angst davor. Sie ist jetzt so sicher und so ausgeglichen. Und sie lernt so fleißig. Das hat lange gedauert, bis wir dahin gekommen sind. Wenn ich mir vorstelle, daß ich sie in eine Klinik bringen muß – aber natürlich muß es sein, ich denke immer daran.«

»Man sollte nicht zu lange damit warten.«

»Die Zustände bei uns sind ja erst seit kurzem wieder halbwegs erträglich. Und ich habe Angst, daß es mißlingt.«

»Wir könnten Maria mitnehmen nach Boston«, schlug der Professor vor. »Zweifellos ist man bei uns in der Entwicklung solcher Operationen etwas weiter.«

Nina schüttelte den Kopf. »Das ist unmöglich. Maria unter fremden Menschen, ganz allein in einer fremden Welt, das würde sie sehr verstören.«

»Sie könnten mitkommen, Nina.«

Und wer soll das bezahlen? dachte Nina, aber sie sprach es nicht aus. Natürlich würde sie ein Gast sein, und Maria auch. Aber sie hätte auch Angst vor der fremden Welt. Sie war noch nie im Ausland gewesen.

Er würde Erkundigungen einziehen bei Kollegen, versprach Professor Goll.

»Ich komme wieder«, sagte Frederic zum Abschied. Zuvor hatte er von seinen Studien erzählt und daß er sich dafür entschieden habe, in den diplomatischen Dienst zu gehen. Diese Entscheidung war erst vor kurzer Zeit gefallen und hatte die Zustimmung seiner Familie gefunden.

Zu Beginn des Jahres 1950 starb Alice von Wardenburg. Es kam nicht plötzlich, sie starb langsam, lange und sehr bewußt. Erst war es nur wieder eine schwere Grippe gewesen, von der sie sich nicht erholen konnte, und dann wurde sie immer schmaler, immer stiller, verlor die stolze Haltung, sank förmlich in sich zusammen.

Und dann weigerte sie sich, zu essen. Alles gute Zureden

half nichts, die beste Fleischbrühe, die Nina ihr anbot, ließ sie stehen.

»Aber du mußt doch etwas essen, Tante Alice«, beschwor Nina sie, »du bist so schwach.«

»Das ist gut, Kind. Es ist nun Zeit.«

Dr. Belser, der Hausarzt der Familie, der sie alle gut kannte, kam regelmäßig, und Nina sagte verzweifelt: »Was soll ich nur tun? Sie ißt einfach nicht. Sie müssen etwas unternehmen, Herr Doktor.«

»Ihr Herz ist sehr schwach. Ich wundere mich offengestanden seit Jahren schon, daß es überhaupt noch schlägt.«

»Sie war immer irgendwie krank, seit sie Wardenburg verlassen mußte. Ich habe nie richtig begriffen, was ihr eigentlich fehlte. Dann im Krieg, ich meine im ersten Krieg, da war sie beim Roten Kreuz tätig, da schien es ihr ganz gut zu gehen. Und all die vielen Jahre dann – ich gebe zu, ich habe mich gar nicht um sie gekümmert. Sie muß sehr einsam gewesen sein.«

»Aber sie hat doch jetzt, in den letzten Jahren, hier ein gutes Leben gehabt«, sagte der Arzt. »Sie war nicht mehr einsam. Sie hatte Familie um sich, und ihr habt gut für sie gesorgt. Nun will sie sterben.«

»Das dürfen Sie nicht sagen. Man muß doch etwas tun.«

»Ich kann ihr kein neues Herz geben. Und ich kann sie nicht zum Essen zwingen. Und wenn ich es könnte, täte ich es nicht.«

Nina blickte den Arzt verwundert an, sie standen in der Diele, waren von oben gekommen, wo Alice im Bett lag, denn seit drei Tagen wollte sie auch nicht mehr aufstehen.

»Vielleicht wenn man sie in eine Klinik bringen würde ...«

»Ich glaube nicht, daß Sie ihr damit etwas Gutes tun würden, Frau Framberg. Es ist die Aufgabe eines Arztes, Menschenleben zu retten, kranke Menschen gesund zu machen, Menschen am Leben zu erhalten. Aber es ist nicht seine Aufgabe, einem Menschen das Leben aufzuzwingen. Es gibt einen Punkt, an dem ein Mensch sehr bewußt seinem Tod begegnet, ihm entgegengeht. Es ist nicht allein eine Frage des Alters, dieser Punkt kann auch schon in jüngeren Jahren erreicht werden. Wenn ein Mensch denkt: es ist genug, dann kann man ihn nicht mehr aufhalten. Man soll es auch gar nicht. Es ist ein Geschenk, wenn man sich mit dem eigenen Tod versöhnen kann.«

Nina stand regungslos, sie mußte daran denken, wie oft sie sich schon den Tod gewünscht hatte. Wie eine Erlösung war es ihr vorgekommen, der Qual des Lebens zu entfliehen. Oder hatte sie es nicht wirklich gewollt?

»Sicher kann man einiges tun mit Spritzen, mit aufbauenden Mitteln, schließlich auch mit künstlicher Ernährung. Man würde es in einer Klinik sicher versuchen. Wollen Sie es?«

Nina schüttelte den Kopf. »Nein. Sie haben recht. Sie ist so friedlich. Man soll diesen Frieden nicht stören.«

»Es ist genug – es gibt eine Kantate von Johann Sebastian Bach, die so benannt ist. Daran muß ich immer denken, wenn ich einen Fall wie diesen vor Augen habe. Es ist gar nicht so selten. Viele Menschen sind gestorben in unserer Zeit, Millionen und Millionen, die nicht sterben wollten. Aber selbst im Krieg, ich war ja auch lange draußen, wie Sie wissen, habe ich bei Schwerverletzten diesen Frieden gefunden, an einem gewissen Punkt das Zugehen auf den Tod, die Versöhnung mit ihm.«

»Als ob er ein Freund wäre«, sagte Nina, und das Lied fiel ihr ein, das Vicky oft gesungen hatte, ›Der Tod und das Mädchen‹ von Schubert – ›bin Freund und komme nicht zu strafen...‹

In diesen letzten Wochen hatte Nina viele Gespräche mit Alice gehabt. Sie saß abends bei ihr im Zimmer, zuletzt an ihrem Bett, denn Alice konnte auch nicht mehr schlafen, aber so lange sie noch sprechen konnte, tat es ihr wohl, wenn Nina zuhörte. Denn worüber wollte sie sprechen? Über Wardenburg. Und wer sonst konnte ihr zuhören, sie verstehen, mit ihr darüber sprechen? Nina.

Das Gutshaus, wie sie es damals neu eingerichtet hatte nach ihrer Heirat.

»Es war ganz einfach, ganz ländlich. Ich wollte es vornehm haben. Ich kaufte Teppiche und englische Möbel. Seidene

Tapeten mußten es sein. Da warst du noch nicht geboren, Nina, als ich Wardenburg ausstaffierte.«

»Ich weiß noch genau, wie es aussah. Es waren herrliche Zimmer. Bei uns zu Hause fand ich alles armselig dagegen.«

»Ich gab sehr viel Geld aus. Damals wußte ich noch nicht, daß wir kein Geld hatten. Nicolas lachte nur dazu, er dachte nicht daran, mir diese Verschwendung zu verbieten. Er war von Kerst her Reichtum gewohnt. Rechnen konnte er nie. Champagner mußte sein, er fuhr nach Paris oder an die Riviera, anfangs nahm er mich mit nach Berlin, wir wohnten im Bristol, immer in einer Suite, ich konnte einkaufen, was ich wollte. Nach Kerst durfte ich auch mitkommen.«

»Er muß dich sehr geliebt haben, Tante Alice.«

Alice schüttelte den Kopf.

»Geliebt hat er mich nie. Geliebt hat er immer nur sich selber. Vielleicht die Fürstin. Vielleicht diese Frau in Berlin. Ein wenig vielleicht dich.«

Nina stand auf und trat ans Fenster und blickte hinaus ins Dunkle. Ganz dunkel war es nicht mehr, es hatte begonnen zu schneien.

»Der erste Schnee«, sagte Nina. Das war im November gewesen. »Willst du nicht schlafen?«

»Ich werde es versuchen. Gib mir so eine Tablette.«

Das Problem für Nina bestand darin, wenn nun Schnee lag, wie sie zu den Czapeks kam. Bis jetzt war sie mit Herberts Rad gefahren. Nun mußte sie wieder laufen. Das war schon im vergangenen Winter so gewesen. Es war nicht sehr weit, aber ein Weg von einer dreiviertel Stunde war es doch. Und abends, wenn sie heimkehrte, war es dunkel.

Doch die Czapeks hatten nun ein Auto, und Karel, der sich kürzlich verlobt hatte, sagte: »Ich werde Sie dann abends schnell nach Hause fahren, Frau Framberg.«

Die nächtlichen Gespräche mit Alice wurden zur Gewohnheit, sie kosteten Nina den Schlaf, aber sie wußte, was sie für Alice bedeuteten.

»Der Verwalter verließ uns. Warte, wie hieß er? Lemke hieß er. Siehst du, das weiß ich noch. Er hatte es satt, sich abzumühen, und der Gutsbesitzer und seine Frau warfen das

Geld zum Fenster hinaus. Es dauerte lange, bis wir wieder einen guten Mann bekamen. Dein Vater besorgte ihn uns. Wie hieß der denn nur?«

»Das weiß ich. Er hieß Köhler. Er hatte irgendeine Kopfverletzung und war immer sehr unfreundlich.«

»Stimmt, Köhler hieß er. Da, wo er früher war, hatte es gebrannt, und ein Balken war ihm auf den Kopf gefallen. Unsere Leute mochten ihn nicht, er war hart. Aber tüchtig. Und seine Frau war tüchtig. Und ich wußte inzwischen, wie es um Wardenburg stand, ich sparte, ich arbeitete mit. Ja. Aber es war zu spät.«

In einer anderen Nacht war Paule dran, der Sohn der Mamsell, erst so fleißig, so anstellig, ein Bewunderer seiner schönen jungen Herrin, und dann lief er fort mit der Zigeunerin aus der Hütte am Fluß.

Darüber wußte Nina gut Bescheid, da konnte sie mitreden, auch was aus den beiden geworden war und daß der uneheliche Sohn der Mamsell später der Besitzer von Wardenburg wurde.

Doch davon wollte Alice nichts hören, da schaltete sie ab. »So?« sagte sie wegwerfend. »Davon ist mir nichts bekannt.« Sie hatte es bestimmt gewußt, aber aus ihrem Leben verdrängt.

Mein Gott, wie wird es sein, wenn ich alt bin, dachte Nina. Werde ich dann auch vergessen haben, daß Karoline Gadinski, die dicke Karoline, wie ich sie nannte, die Besitzerin von Wardenburg wurde, nachdem Nicolas es verlor. Daß Wardenburg dem Gadinski schon lange gehörte, weil Nicolas tief an ihn verschuldet war. Wie ich sie haßte, die dicke Karoline! Werde ich das irgendwann vergessen haben?

Sie konnte Wardenburg nicht lange behalten, und was wird heute aus ihr geworden sein. Sie muß so alt sein wie ich. Nein, etwas älter, und ein Flüchtling ist sie jetzt auch. Vier Kinder hatte sie. Und Martha, meine Schwiegermutter, Kurtls Mutter, Gott gebe, daß sie tot ist, daß sie nicht auf die Flucht gehen mußte. Sie wäre sicher hierher gekommen, sie wußte ja, daß ich hier bin, daß Marleen hier ist. Vielleicht ist sie nicht geflüchtet, und die Russen haben sie erschlagen.

Oder sie ist verhungert. Oder sie hat – nein, Selbstmord hat sie bestimmt nicht begangen, sie nicht.

Nein, wohl taten Nina diese Nächte mit Alice nicht, todeserschöpft sank sie ins Bett und konnte nicht schlafen, weil die Erinnerungen so schrecklich lebendig waren. Manchmal gab sie die Schlaftablette Alice früh, oder auch zwei davon, damit sie sich wegstehlen konnte von ihrem Bett, ehe sie selbst im Sessel einschlief, was auch schon vorgekommen war.

Erstmals hörte Nina von dem Sohn, den Nicolas gehabt hatte. »Die Frau lebte in Berlin. Ich wußte lange nichts davon, ich konnte es mir nur denken, daß eine Frau der Grund war, wenn er so oft nach Berlin fuhr. Allein. Dann hat er es mir erzählt. Sie sind beide gestorben, die Frau und das Kind. An der Schwindsucht. Er konnte froh sein, daß er sich nicht angesteckt hatte. Ja, seine Kinder blieben nicht am Leben.«

Nina ballte die Hände zu Fäusten. Von Vicky wollte sie nicht sprechen.

Aber dann fragte sie doch: »Du hast es gewußt?«

»Erst später. Vicky sah ihm sehr ähnlich.«

»Komisch. Das ist mir nie aufgefallen.«

Erst als Frederic Goll vor ihr stand, da war es ihr wie Schuppen von den Augen gefallen.

»Du hast ihn immer geliebt.«

»Ja«, sagte Nina. »Aber an so etwas hatte ich nicht gedacht.«

»Du warst ein Kind.«

Eines Tages war sie kein Kind mehr. Sie war schon verlobt mit dem armen Kurtel. Und sie wollte ihn nur deswegen heiraten, weil er eine Stellung in Breslau hatte und weil sie durch die Heirat mit ihm nach Breslau kommen würde, wo Nicolas wohnte, seit Wardenburg verloren war. Nur das hatte sie gedacht, sonst nichts.

Und dann war sie in Breslau, um eine Wohnung auszusuchen, denn der glückliche Kurtel wollte so bald wie möglich heiraten. Nina wollte ihn nicht heiraten. Sie war eine Maus in der Falle. Breslau ja, Nicolas in der Nähe, ja. Aber eine Ehe?

»Er war eifersüchtig«, sagte Alice in ihre Gedanken hinein. »Er wollte dich keinem gönnen.«

Alice war damals nicht da, der Arzt hatte sie zu einer Kur geschickt. Und Nicolas hatte endlich Kurtel Jonkalla kennengelernt, sie waren abends zum Essen gegangen, und nachdem sie Kurtel nach Hause gebracht hatten, fuhren sie in die Wohnung. Kurz darauf kam Nicolas in ihr Zimmer.

Er sagte: »Alles bekommt er nicht von dir, dein netter junger Mann.«

Einige Tage später sagte er, sie lagen im Bett: »Nichts ist so gewissenlos wie eine Frau, die von Berechnung oder von Liebe getrieben wird.«

Und Nina antwortete: »In diesem Fall von Liebe.«

Sie hörte seine Stimme, wenn sie daran dachte. Sie war neunzehn Jahre alt.

Die Gespräche mit Alice zerfaserten, wiederholten sich, wurden schließlich unsinnig, je schwächer sie wurde.

Als sie an ihrem Grab standen, dachte Nina: Wirst du ihn finden, dort, wo du jetzt bist? Gehört er dort dir? Wird er mir auch gehören? Irgendwann?

Und wie schon einmal: Nein. Nein. Ich will dieses Jenseits nicht, in dem man sich wiederbegegnet. Das Leben ist hier. Und dann soll nichts mehr sein. Es muß wunderbar sein, dieses Nichts.

Zu dieser Zeit sah Nina elend aus, sie war sehr dünn geworden, obwohl es wieder genug zu essen gab, sie war nervös, schlaflos und reizbar, der Körper gab schließlich nach, er war vernünftiger. Nina wurde krank. Es begann mit einer Erkältung, Dr. Belser stellte Kreislaufstörungen fest, auch bei ihr nun einen leichten Myocardschaden. Nina hörte es mit einer gewissen Befriedigung. Krank sein war schön. Nicht durch den Schnee zur Arbeit stapfen, im Bett liegen, Marleens besorgte Miene, Stephans zärtliche Worte, und endlich einmal Ruhe haben.

Sie trank die Brühe, die man ihr ans Bett stellte; sterben wollte sie keineswegs, und als es ihr langsam besser ging, verflochten sich in ihrem Kopf die Gedanken. Nicht die von gestern, die von morgen. Sie dachte über das Buch nach, das sie schreiben würde.

Victoria von Mallwitz kam und sagte: »Du siehst ziemlich

mickrig aus. Jetzt gibt es genug zu essen, und du bist klapperdürr. Dieses Jahr wirst du bei mir Ferien machen, das ist hiermit beschlossene Sache.«

Dieses Jahr, das Jahr 1950, war weit davon entfernt, Nina ein ruhiges Leben zu bescheren. Doch die Ferien im Waldschlössl fanden wirklich statt, drei Wochen lang blieb Nina draußen auf dem Land, und zwei Wochen davon war Silvester ebenfalls da. Dies war schon lange Victorias Plan gewesen, und er gelang erstaunlich gut.

Maria war mit Stephan zur gleichen Zeit wieder auf Schloß Langenbruck, wurde nun wirklich eine perfekte Schwimmerin, und trainierte mit Rico ihre Muskeln beim Turnen.

Mit Rico verstand sie sich gut, er war vergnügt, manchmal übermütig, hatte ein freches Mundwerk und brachte Maria zum Lachen. Und er machte ihr Komplimente, nicht wie es Maria gewöhnt war, über ihr profundes Wissen, sondern über ihr Aussehen.

»Du bist eine süße Puppe«, so zum Beispiel hörte sich das an. »Wirst du mich später heiraten?«

Darüber mußte Maria lachen, es konnte gar nicht anders sein. Sie sagte: »Du wirst kein blindes Mädchen heiraten.«

»Na, why not. Ich werde immer gut auf dich aufpassen, und du kannst mir nicht davonlaufen. Und wir machen flotte Musik zusammen.«

Ein wenig vom Talent seines Vaters hatte Rico geerbt, doch er dachte nicht im Traum daran, ein ernsthaftes Musikstudium zu absolvieren, er machte Jazzmusik. Er spielte verrückte Synkopen auf dem Klavier, er konnte großartig mit der Gitarre umgehen, und am liebsten hieb er auf dem Schlagzeug herum, das zum Mißfallen seines Vaters und des Barons auf dem Schloß Einzug gehalten hatte.

»Maria, mach mal! He babariba, he babariba! Na los!«

»Ich schmeiß dich raus mitsamt deinem Teufelslärm«, drohte der Kammersänger. »Verdirb mir Marias musikalische Ohren nicht.«

»Na, wenn man zu etwas musikalische Ohren braucht, dann dazu.«

Maria lernte also einige amerikanische Schlager, die sie zum größten Teil schon aus dem Rundfunk kannte.

Und sie lernte bei Rico eine Brücke machen, auf dem Kopf zu stehen und dann sogar einen Salto im Gras.

»Du brauchst keine Angst zu haben, ich stütze dich. Na, fabelhaft. Du könntest zum Zirkus gehen.«

Stephan hingegen fand ein ihn interessierendes Betätigungsfeld in den Gewächshäusern. Die besorgte mit größter Kompetenz ein Bulgare, der früher in Sofia eine große Gärtnerei besessen hatte. Gemüse, Salat und Blumen gediehen vortrefflich bei ihm, und als nächstes plante er eine Orchideenzucht.

»Gibt schöne Frauen auf der Welt, schöne Frauen brauchen Orchideen.«

Außerdem besaß Boris eine wunderschöne Baßstimme, er sang bei der Arbeit, er sang am Abend im Schloßpark, und er sang auch, weil Ruhland es so wollte, bei den Konzerten, die regelmäßig auf Langenbruck stattfanden.

»Und wann werde ich singen?« fragte Maria nach solch einem Abend.

»In drei Jahren fangen wir an«, sagte Ruhland. »Dann kommst du ganz zu mir, und dann werden wir systematisch arbeiten, Rico schicken wir tingeln, damit er nicht stört mit seinem Gegröle. Er wird nie den Tristan singen, weil er faul ist.«

»Will ich ja gar nicht«, warf Rico ein. »Aber ich werde mindestens soviel Geld verdienen wie du mit deinem Tristan. Wer geht denn heute noch in die Oper? Die ist doch tot.«

»Du wirst dich wundern, mein Sohn, wie lebendig die ist. Und bleibt.«

»Ich möchte auch Lieder singen«, sagte Maria.

»Natürlich. Das ist überhaupt das wichtigste. Ein Sänger, der keine Lieder singen kann, ist nur ein halber Sänger. Ach was, ein viertel Sänger. Was darf's denn sein heute abend?«

»Die Winterreise«, rief Almut Herrmann, die natürlich auch wieder dabei war.

»Mitten im Sommer?« Ruhland schüttelte den Kopf.

»Dann die Schöne Müllerin.«

»Brahms«, sagte Maria.

»Hugo Wolf«, wünschte sich der Baron.

So verliefen die Tage auf Langenbruck, noch fern war die Zeit von Marias erneuter Verdüsterung.

Nicht so musikalisch, aber höchst harmonisch vergingen die Tage im Waldschlössl.

Victorias Flüchtlinge, soweit noch vorhanden, waren voll in das Leben des Gutes integriert. Von den jungen Mädchen, die nach Kriegsende hier gelandet waren, hatten zwei ihre Familie wiedergefunden, drei waren nach München gezogen, wovon zwei inzwischen mit Amerikanern liiert waren, aber ernsthaft, wie Victoria betonte.

»Was ist das? Ernsthaft?« fragte Nina spöttisch ihre moralgesinnte Freundin.

»Sie werden ihre Amis heiraten. Sie haben mir ihre Freunde gebracht, das sind seriöse Burschen.«

»Na, wie schön«, meinte Nina. »Hoffentlich gefällt es den Girls in Amerika.«

Denn inzwischen waren schon einige der Amibräute aus Amerika zurückgekehrt, wie man erfahren hatte. Nicht jeder Amerikaner, der hier einen stattlichen Posten bekleidete, fand in Amerika Arbeit und Auskommen, und meistens wollten die amerikanischen Familien nicht allzuviel von den deutschen Mädchen wissen, die als eine Art Beutegut mitgebracht wurden.

Nina kam gerade zurecht, um die Hochzeit des jüngsten Flüchtlingsmädchens mitzuerleben. Es war eine hübsche blonde Ostpreußin, mittlerweile neunzehn Jahre alt, und sie heiratete einen angesehenen Bauernsohn aus dem Dorf.

Victoria richtete die Hochzeit aus, eine richtige langwährende Bauernhochzeit, an der fast das ganze Dorf und natürlich alle Bewohner des Waldschlössls teilnahmen.

Eine bayerische Sommernacht, sie tanzten im Hof, auf der Tenne, in der Halle des Gutes, und sie lachten und waren fröhlich.

»Es ist die Kleine, die anfangs nur geweint hat, weil sie ihren Bruder auf so schreckliche Weise verloren hat«, erzählte Victoria, die mit Nina und ihrem Mann zufrieden das fröhliche Treiben betrachtete. »Erinnerst du dich? Ich habe es dir damals erzählt. Es war...«

»Schon gut«, unterbrach Nina sie. »Das war der Panzer. Sprechen wir nicht mehr davon.«

»Right. Sie ist ein fleißiges Mädchen. Sie wird eine gute Bäuerin abgeben. Schwanger ist sie auch schon.«

Nina lachte. »Na, das ist wohl alter bayerischer Brauch. Mein Gott, Victoria, es ist nur fünf Jahre her.«

Nina ging viel spazieren, sie lag in der Sonne und aß mit gutem Appetit, ihre Wangen rundeten sich wieder, und als sie einmal mit Victoria zum Baden an den Starnberger See fuhr, strich sie besorgt über ihre Hüften.

»Wenn ich so weiter futtere, paßt mir mein Badeanzug nicht mehr.«

»Du bist nicht der Typ, der dick wird. Genauso wenig wie ich. Aber ein paar Pfund mehr sind unserer Schönheit nützlich. Falten wollen wir schließlich nicht haben.«

Victorias Kinder waren nicht im Haus. Albrecht, ihr Sohn, der bei der Luftwaffe gedient hatte, konnte die Fliegerei nicht lassen. Er wollte Pilot werden und machte zur Zeit die entsprechende Ausbildung bei der zivilen Luftfahrt.

Und das Liserl, Elisabeth, wie sie wirklich hieß, war zur Zeit in England bei der Großmama.

»Mama verkehrt nach wie vor in besten Kreisen«, seufzte Victoria. »Was mach' ich, wenn das Liserl eine Lady wird? Was wird dann aus dem Hof?«

Ein wenig Angst hatte Nina gehabt, wie es mit Silvester gehen würde, aber es ging großartig. Er war freundlich, gelassen, verständig wie früher.

Als sie am Tag nach seiner Ankunft auf einem Wiesenweg durch die Felder gingen, die Ernte hatte bereits begonnen, die Luft war erfüllt vom Geruch des reifen Getreides, sagte Nina: »Hier sind wir schon einmal gegangen.«

»Hier sind wir nicht gegangen, hier sind wir geritten.«

»Stimmt. Das ist jetzt sage und schreibe – nein, ich kann es nicht ausrechnen.«

»Aber ich. Es ist vierzehn Jahre her, Nina. Du kamst im Herbst 1936, nachdem in Berlin die glorreichen Olympischen

Spiele zu Ende gegangen waren. Du warst eine bekannte Schriftstellerin, und ich hatte große Scheu, mich der prominenten Dame aus Berlin zu nähern.«

»Das hattest du keineswegs. Du gingst ziemlich forsch auf die Dame los. Zwar hast du sie sehr prüfend betrachtet, aber du ließest ihr kaum Zeit, zu überlegen, auf was sie sich da einließ.«

»Du hast es dir immerhin noch zwei Jahre lang überlegt.«

»Anderthalb.«

In dieser Art plänkelten sie, und es war zweifellos ein neuer Ton nach den Jahren hilflosen Verstummens.

Auch Silvester tat der Aufenthalt auf dem Land gut, seine Schultern strafften sich wieder, sein Gesicht bräunte, er lieh sich den Wagen von Victoria, und sie fuhren zum Schwimmen an den See.

Und dann sagte er es.

»Herrgott! Ich lebe noch. Ich habe es überlebt, Nina.«

Sie saßen bei Ambach am Ufer des Starnberger Sees, Nina lehnte ihr Gesicht an seine sonnenwarme Schulter.

»Du hast lange gebraucht, bis du es begriffen hast.«

»Zu lange, nicht wahr? Zu lange für dich.«

»Ach, ich! Du weißt ja, wie mein Leben in den letzten Jahren war. Es hätte mir gut getan, deine Hilfe zu haben. Dieses, nun ja, was ich gerade tue, eine Schulter, an die man sich lehnen kann. Ich habe es mir immer gewünscht, aber es war mir wohl nicht bestimmt.«

»Verzeih mir, Nina. Ich bin ein Versager, wie alle Männer.«

Sie widersprach nicht. Sie sagte: »Männer sind seltsame Wesen. Und sie sind wirklich schwach. Ich glaube, die Frauen sind das stärkere Geschlecht. Schau dich doch um, Isabella, Franziska, Victoria –«

»Und du.«

»Ja, und ich. Mein ganzes Leben war ein Kampf. Und ich hatte es oft so satt. Ich war des Kampfes müde, und immer wieder für jemand sorgen, und immer wieder sich dem neuen Tag stellen, und immer wieder – oh, ich habe es so oft satt gehabt, Silvester. Ich wünschte mir, zu sterben. Nicht erst jetzt, auch viel früher schon.«

»Aber du hast dich immer wieder dem Kampf gestellt, Nina. Und du bist nie besiegt worden.«

Nina lachte, richtete sich auf, schlang die Arme um ihre Knie. »Wie kannst du so etwas sagen! Ich bin tausendmal besiegt worden. Ich habe verloren, was ich liebte. Das fing mit Wardenburg und Nicolas an, das war Ernie, das war –« sie verstummte. »Alles, was ich liebte, verließ mich. Auch du.«

»Nein«, er zog sie heftig an sich, »nein, Nina. Wenn du willst, wenn du mich noch willst –«

»Ach, sei still. Was sollen wir jetzt noch mit dem kümmerlichen Rest anfangen?«

Doch heute war Silvester der Starke, der Mutige.

»Also jetzt werden die kümmerlichen Reste noch ein tüchtiges Stück schwimmen. Du ahnst nicht, wie gut mir das Schwimmen tut. Wenn ich denke, daß es eine Zeit gab, da ich nicht vom Bett aus zum Stuhl gehen konnte, und ich dachte, es würde immer so bleiben, nein, Nina, das verstehst du halt nicht, wie es war. Aber jetzt, Nina, meine geliebte, schöne Nina, willst du nicht wieder ein wenig auch an mich denken?«

Er nahm sie in die Arme, blickte sie an, und Nina war versucht zu sagen: denken? Was soll das? Wir sind zu alt. Zu alt. Da ist nichts mehr.

Was aber würde sonst sein? Der Gedanke an Peter war naheliegend, doch der war wieder einmal aus ihrem Leben verschwunden, er spielte in Berlin, höchst erfolgreich, wie sie in den Zeitungen gelesen hatte, und zur Zeit drehte er wieder einen Film. Und ein anderer Mann? Ein neuer Mann? Das konnte es nicht mehr geben, nicht für ihre Generation. Aber sie hatte ja einen Mann. Diesen hier.

»Gehen wir schwimmen«, sagte sie.

»Gib mir erst eine Antwort, Nina. Ist in deinem Leben kein Platz mehr für mich?«

»Eine großartige Frage. Was für eine Art von Leben stellst du dir vor? Ich lebe bei Marleen, und dort muß ich bleiben wegen Maria. Ich bin nicht frei, Silvester. Ich bin gefangen, mehr denn je in meinem Leben. Oder willst du zu mir sagen, was du zu deinem Sopherl gesagt hast? Laß uns in die Toskana gehen, den Himmel betrachten und Bücher schreiben.«

»Warst du schon einmal in der Toskana?«

»Ich? Ich bin nirgendwo gewesen. Meine größte Reise, die ich je gemacht habe, führte nach Salzburg.«

»Ich will auch nicht in die Toskana. Ich bleibe hier. Das Leben in diesem Land wird zunehmend interessant. Ja, ich sehe es so. Ich möchte hier bleiben. Ich möchte sehen, wie es weitergeht. Und das Buch ist fertig, und ich habe auch schon einen Verleger dafür.«

»Nein! Wirklich? Silvester!«

Sie sprang mit einem Satz auf die Füße, beweglich wie ein junges Mädchen, streckte ihm die Hände hin.

»Laß uns schwimmen. Und dann gehen wir Renken essen, und du wirst mir alles erzählen.«

Das Wasser war kühl und frisch, der Himmel hoch, sie schwammen beide weit hinaus in dem sauberen klaren See, der noch nicht vom Wohlstand verunreinigt war. Die zweite Hälfte dieses verdammten Jahrhunderts hatte begonnen, und es würde das beste Jahrzehnt dieses Jahrhunderts sein. Auch für sie, die nicht mehr jung waren.

»Und nun werde ich dir erzählen, was ich schreiben werde«, sagte sie, als sie bei der Vroni saßen und in Butter gebratene Renken verspeisten. »Ja, ich werde wieder schreiben, ich werde mich auch dieser Herausforderung noch einmal stellen. Aber ich schreibe etwas anderes, nicht das, was sich Herr Wismar vorstellt, eine hübsche heitere Geschichte über fröhliche, lebensmutige Menschen.«

»Sondern?«

»Sondern das, was ich ganz zu Anfang schreiben wollte. Damals in Berlin. Das war Ende der zwanziger Jahre. Da hatte ich noch nie ernsthaft etwas geschrieben, und eines Nachts setzte ich mich hin und wollte die Geschichte von Nicolas schreiben. Nur – ich konnte das nicht. Ich war unerfahren mit dem Schreiben. Ich wußte auch zu wenig von ihm, und ich machte es viel zu persönlich. ›Der Herr von Wardenburg‹ wollte ich das Epos nennen, und ich blieb sehr schnell stecken und kam nicht weiter. Es war wieder einmal eine schwierige Zeit, Felix hatte sein Theater zugemacht, ich hatte keine Arbeit – na ja, wie das eben so war.«

»Und wie stellst du es dir jetzt vor?«

»Weiträumiger. Nicht nur Nicolas und Wardenburg und was ein verliebtes Mädchen darin gesehen hatte. Ich werde von einem Gut in Niederschlesien schreiben. Und von der kleinen Stadt in der Nähe. Und von den Menschen, die dort lebten. Ich weiß noch genug davon. Meine nächtlichen Gespräche mit Tante Alice haben mich darauf gebracht. Ich verstehe jetzt vieles besser und kann es auch aus dem Abstand der Jahre heraus besser fassen, verstehst du? Meine persönlichen Gefühle spielen keine Rolle mehr. Ein Mann wie Nicolas, deswegen muß das kein Abziehbild sein, nur in der Art etwa. Auch seine Herkunft aus dem Baltikum, das ist wichtig. Es muß nicht genau sein Leben sein, wirklich nicht, ich hab ja meine Fantasie. Ich möchte vor allem auch das schlesische Land darstellen, seine Menschen. Das halte ich heute für wichtig, weil es so verloren für uns ist. Und wie ich manchmal fürchte, auch verloren bleiben wird.«

»Das ist ein großer Stoff, Nina.«

»Ja, ich weiß. Nicht so ein Romänchen, das ich in ein paar Monaten runterschreibe. Ich werde Jahre dafür brauchen. Wie findest du das?«

»Gut. Ich bin sehr dafür, wenn du wieder schreibst, daß du dich an einem großen Stoff versuchst. Ich bin der Meinung, du kannst es.«

»Danke, daß du das sagst. Ich habe noch zu keinem davon gesprochen, ich werde auch nicht davon sprechen. Aber es formt sich in meinem Kopf, und wenn ich manchmal mit dir darüber sprechen kann, dann wäre es eine große Hilfe.«

Er nahm ihre Hand und küßte sie.

»Du kannst auf mich zählen, Nina. Wir wollen uns nicht mehr trennen. Die Welt ist immer noch und immer wieder voller Sturm.«

Im vergangenen Jahr hatte Mao Tse-tung den langen Marsch beendet, China war zur Volksrepublik geworden, ein riesiges kommunistisches Land, befreundet mit der Sowjetunion, und in diesem Jahr, vor kurzem erst, hatte der Koreakrieg begonnen. Die Teilung der Erde, die immer deutlicher sichtbar wurde. Die dieser Welt nicht den Frieden brachte, den die Menschen so heiß ersehnten. Alle Menschen, hier wie dort. Doch das Morden, das Schlachten, das Sterben ging weiter.

Aber so schnell kam Nina nicht zum Schreiben. Sie war kaum vom Waldschlössl zurück, da kam doppelter Besuch ins Haus, fast gleichzeitig.

Beide Ereignisse waren angekündigt, traten nicht überraschend ein, für Hektik sorgten sie dennoch.

Dr. Alexander Hesse kam aus Amerika, und die Gräfin Ballinghoff kam aus Berlin.

Marleen war keineswegs begeistert, nachdem Hesse ihr geschrieben hatte, daß er im Spätsommer in Deutschland sein werde.

»Ob er denn hierbleiben will?«

»Das weiß ich doch nicht«, sagte Nina. »Was ist denn eigentlich aus seiner Fabrik im Ruhrgebiet geworden?«

»Die war kaputt. Und eine Frau hat er schließlich auch. Er muß ja nicht unbedingt bei mir bleiben. Oder?«

»Ich denke, du liebst ihn.«

»Liebe! Red nicht so dämlich mit mir. Wir haben uns viele Jahre gekannt, aber wann waren wir schon zusammen. Er hat ja nie Zeit gehabt, es waren immer nur Stunden. Ein einziges Mal haben wir zwei Wochen Urlaub zusammen gemacht, am Wörther See. Das war im Sommer, kurz ehe der Krieg begann. Er mußte ja immer sehr vorsichtig sein, solange ich mit Max verheiratet war.«

»Warum eigentlich, wenn er doch so ein großes Tier war.«

»Eben drum. Er hatte immer Angst vor der Gestapo. Er sagte immer, man dürfe ihnen keine Angriffsfläche bieten. Na, gewußt haben die das sicher. Als ich dann geschieden war, sind wir halt mal zusammen verreist. Nina, das ist mehr als zehn Jahre her.«

Nach kurzer Überlegung fügte Marleen hinzu: »Ich kann ihm ja gar nicht mehr gefallen.«

»Er wird auch nicht jünger geworden sein. Und du siehst fabelhaft aus für dein Alter.«

»Wenn du meinst. Wir sind ja alle ganz haltbar, wir Nossek-Frauen, das hast du an Alice gesehen.«

»Nur unsere arme Mutter nicht, die war früh verbraucht. Die vielen Geburten und das mühselige Leben. Und Vater.«

»Du konntest ihn nie leiden.«

»Ich habe ihn gehaßt, als ich ein Kind war.«

»Ich bin ganz gut mit ihm ausgekommen.«

»Du hast nichts an dich herankommen lassen, das war es. Du bist als Kind schon sehr egoistisch gewesen.«

»Eben«, bestätigte Marleen zufrieden.

Alexander Hesse war nicht jünger geworden, aber er sah eigentlich noch genauso aus wie früher. Ein gutaussehender Mann war er nie gewesen, nie ein fröhlicher Mensch, ständig mit Arbeit überlastet. Er war bereits über fünfzig, als er Marleen kennenlernte, ein reicher, ein erfolgreicher Mann, und das war er nicht durch die Nazis geworden, das war er vorher schon gewesen. Er hatte eine Frau und zwei studierende Söhne, und Frauen hatten in seinem Leben keine große Rolle gespielt. Doch als er die kapriziöse Marleen kennengelernt hatte, überfiel ihn zum erstenmal in seinem Leben die Liebe, denn Liebe war es bei ihm wirklich.

Er war nicht Marleens Typ, sie hatte immer große blonde Männer für ihre Seitensprünge bevorzugt, und Hesse war klein, gedrungen, dunkle Augen unter schweren Lidern, doch die Intensität, die Hartnäckigkeit, mit der er sie umwarb, siegte. Er verwöhnte Marleen, überschüttete sie mit Geschenken, aber das war sie ohnehin gewöhnt, es war schwer zu sagen, was sie an diesem Mann faszinierte, daß sie erstmals in ihrem Leben bei einem Mann blieb, ihm treu war. Nachdem Marleen geschieden war, wurde das Verhältnis zu Hesse unproblematischer, denn er fürchtete wirklich, trotz seiner hohen Position oder gerade deswegen, die Spitzel der Gestapo. Kam ja noch sein persönliches Geheimnis dazu, der jüdische Vater, von dem jedoch keiner erfuhr, auch Marleen nicht. Sie ganz gewiß nicht, denn in neue Gefahr wollte er sie nicht bringen.

An eine Scheidung seinerseits war nicht zu denken, seine Frau hätte nie zugestimmt, und er wollte auch in keiner Weise Aufsehen erregen.

Als er vor Marleen stand, mußte er die Lippen zusammenpressen, um nicht zu weinen. Geweint hatte er beim Tod seiner Mutter, geweint hatte er, als er die Nachricht erhielt, daß sein ältester Sohn gefallen war...

»Das ist sechs Jahre her, Kindchen«, sagte er.

»Nicht ganz«, Marleen lächelte nervös. »Du warst November 44 mal kurz hier.«

»Das weißt du noch?« Er hielt ihre Hand, die sie ihm hingestreckt, die er geküßt hatte, und betrachtete sie genau und noch immer mit den Augen der Liebe.

»Du bist so schön wie immer.«

»Danke«, sagte Marleen. »Es ist nett, daß du das sagst. Wo du gerade aus Amerika kommst, da gibt es sicher viel schönere Frauen.«

»Für mich warst du immer die schönste und wirst es bleiben.«

Das rührte Marleen nun doch und gab ihr die gewohnte Selbstsicherheit zurück.

»Ich hatte Angst, ich gefalle dir nicht mehr.«

»Du wirst mich nicht mehr mögen«, sagte er. »Ich bin ein alter Mann geworden.«

»Find ich gar nicht. Außerdem sind wir alle nicht jünger geworden«, wiederholte sie Ninas Ausspruch.

»Hauptsache, du hast alles gut überstanden. War nicht schlecht, dich nach Bayern zu verfrachten, wie?«

»Es war goldrichtig. Wir sind gut durch den ganzen Schlamassel gekommen. Das Haus hier war die reine Schatzkammer.«

»Hat es also eine Weile gereicht. Wie ich sehe, hast du auch deinen Schmuck nicht verkaufen müssen.«

Marleen trug das Brillantcollier im Ausschnitt ihres roten Kleides, sie trug den großen Brillantring, nur zwei Stücke der vielen wertvollen Geschenke, die er ihr gemacht hatte.

»Darf ich dich umarmen?«

Marleen war nun ganz und gar Herrin der Situation.

»Ich warte darauf.«

Er schloß sie in die Arme, und sie spürte, wie er zitterte. Dann beugte er sich zu Conny hinab, um die Tränen zu verbergen, die in seinen Augen standen.

»Na, der kennt mich wohl nicht mehr.«

»Wie sollte er! Er war ja noch ganz klein.«

Das war ihr Wiedersehen, bei dem sie allein waren, aber abends saßen sie alle zusammen, es gab hervorragend zu essen, Nina hatte selbst gekocht; es gab guten französischen Rotwein, den hatte Hesse immer gern getrunken.

Marleen und Nina erzählten abwechselnd, was sie in den vergangenen Jahren erlebt haben.

»Sie sehen«, sagte Nina, »es war nicht nur für Marleen gut, auch für meinen Sohn und mich, daß dieses Haus in Bayern da war.«

Sie war zunächst befangen, sie hatte diesen Mann ein einziges Mal im Leben gesehen, kurz nur, und sie fragte sich, wie er es aufnehmen würde, daß Marleen nicht mehr allein in diesem Haus lebte. Aber daß dies in den zurückliegenden Jahren sowieso nicht möglich gewesen wäre, würde er wohl wissen. Bevor er kam, hatte sie mit Marleen darüber gesprochen; würde er bleiben? Sicher wollte er dann mit Marleen allein sein, ohne großen Familienanhang.

Hesse wohnte im Hotel. Niemals wäre er einfach gekommen und hätte sich bei Marleen einquartiert. Wußte er denn, ob sie ihn noch um sich haben wollte? Ob es nicht einen anderen Mann in ihrem Leben gab?

Er hatte alles der Reihe nach erledigt. Zuerst war er bei seiner Frau gewesen, auch für sie hatte er gesorgt, sie wohnte in einem Vorort von Düsseldorf und war ebenfalls gut über die schlechte Zeit gekommen. Sein Sohn, der einzige nun, wohnte teils bei ihr, teils bei seinem Freund. Mit einer Enttäuschung hatte es begonnen, denn der Sohn nannte seinen Vater einen alten Nazi, mit dem er nichts zu tun haben wollte. Am Wiederaufbau der Fabrik war er nicht interessiert, das begonnene Studium hatte er nicht beendet, er trat zur Zeit in einem Kabarett auf, außerdem war er homosexuell.

»Er ist ein Künstler«, sagte seine Frau.

»Aha«, machte Hesse.

»Solche wie mich habt ihr vergast«, sagte Hesse junior bösartig.

Alexander Hesse sah sich eine Vorstellung des Kabaretts an, sie war mittelmäßig, kaute, wie Hesse das nannte, auf altem Mist herum. Den Freund seines Sohnes, der dort Klavier spielte, lernte er ebenfalls kennen.

Seltsam war das. Wie in den zwanziger Jahren, dachte Hesse. Die zwölf Jahre der Nazizeit schienen spurlos geblieben, man machte weiter, wo man 1933 aufgehört hatte.

»Du verachtest mich«, sagte der Sohn hochfahrend. »Aber das beruht auf Gegenseitigkeit.«

Das war kein guter Empfang auf deutschem Boden, und darum hatte Hesse mit einigem Bangen der Wiederbegegnung mit Marleen entgegengesehen.

Aber in München war alles gut, Marleen war für ihn so wundervoll wie immer, und Nina, die er jetzt erstmals richtig kennenlernte, gefiel ihm außerordentlich. Eine patente Frau, fand er. Er begriff, was der Tod ihrer Tochter für sie bedeutete, Vicky hatte er ganz gut gekannt, sie war immer gern zu Marleen gekommen. Er sah Stephan, er sah Maria, und er begriff auch, was Nina geleistet hatte. Nun arbeitete sie auch noch. Das imponierte ihm.

Er sagte es ihr, am zweiten Abend, den sie zusammen verbrachten. Nina lachte ein wenig verlegen. »Das war in meinem ganzen Leben so. Aber es wäre mir viel, viel schlechter gegangen, wenn wir nicht bei Marleen untergekommen wären. Eigentlich wären wir dann tot, Stephan und ich. Wir haben es Ihnen zu verdanken, daß wir leben.«

Sie haßte sich selbst für die demütigen Worte, aber entsprachen sie nicht der Wahrheit? Marleen war es immer gewesen, ihr ganzes Leben lang, die auf der Sonnenseite lebte. Und ich, dachte Nina, ich bin das Kind im Schatten.

Sie wies sich sofort selbst zurecht. So war es nicht, so war es nie gewesen. Und wenn sie an das Buch dachte, das sie schreiben wollte, das sie schreiben würde, das sich immer drängender in ihren Gedanken formte, überkam sie ein stürmisches Glücksgefühl.

Hesse blickte sie an, ihr klares Gesicht, die graugrünen Augen, in denen keine Müdigkeit wohnte, die Kraft, die von ihr ausging. Sie gefiel ihm ganz außerordentlich.

Ihr Sohn war anders, aber das kam wohl daher, daß er so lange krank gewesen war. Und noch immer kein gesunder Mensch war, vielleicht nie mehr sein würde. Von Stephans schwerer Verwundung wußte er, das hatte ihm Marleen seinerzeit erzählt. Stephan war aufgeschlossen, er fragte interessiert nach Amerika und wollte auf einmal wissen, was Hesse dort eigentlich getan hatte.

Gleich darauf rötete sich seine Stirn, und er sagte: »Entschuldigen Sie bitte, das geht mich nichts an.«

»Nun, ich verstehe, was Sie denken. Ich habe in erstrangiger Position für das Naziregime gearbeitet. Niemand hat mich dazu gezwungen, das werde ich niemals vorschieben. Mich hat die Aufgabe gereizt, und ich habe versucht zu leisten, was ich leisten konnte. Ich hatte das Werk. Wie Sie vielleicht wissen, habe ich dort eingeheiratet, ich stamme aus kleinen Verhältnissen. Aber ich habe großartig mit meinem Schwiegervater zusammengearbeitet. Ich konnte bleiben, wo ich war, es ging mir nicht schlecht. Aber wie gesagt, die Aufgabe, die man mir gestellt hat, reizte mich. Wissenschaftler sind seltsame Menschen. Und ich war in erster Linie Chemiker und dann erst Unternehmer. Nun gut, mit und ohne meine Arbeit wurde der Krieg verloren, und daß es so sein würde, daran habe ich nie gezweifelt. Marleen wird Ihnen das bestätigen.«

Es ging eine Faszination von diesem Mann aus, die sich schwer beschreiben ließ.

Nina dachte: Also ich kann verstehen, warum Marleen bei ihm geblieben ist. Wie hat sie es nur fertiggebracht, solch einen Mann zu erobern.

Denn sie kannte einige der früheren Verhältnisse ihrer Schwester, die waren nicht der Rede wert gewesen.

»Wie man mir inzwischen erzählte«, fuhr Hesse fort, »hat man erwartet, mich als Kriegsverbrecher angeklagt zu sehen.

Das war nicht der Fall. Die Amerikaner wußten sehr gut, welche Kapazitäten sie für sich beanspruchen wollten, denn hier gab es einen sehr starken Wettbewerb zwischen Amerikanern und Russen. Verzeihen Sie, daß ich mich als Kapazität bezeichne. Aber ich bin nicht der einzige Wissenschaftler, den sie für sich beansprucht haben. Anfangs war ich in Kriegsgefangenschaft, aber sehr bald habe ich gearbeitet. Diesmal auf sehr friedlichem Gebiet. Ich war an einem Projekt beteiligt, das die künstliche Herstellung von Vitaminen erforschte, und das ist eine Sache mit großer Zukunft. Tja. Ich habe eine Erfindung gemacht auf diesem Gebiet, ich habe ein Patent darauf, das man wohl, wäre es in Deutschland ausgestellt gewesen, einkassiert hätte. Es war für mich eine interessante Zeit und eine fruchtbare Arbeit. Die Adresse in Texas, die ihr kennt, die hat damit nichts zu tun. Das sind Freunde, die für mich die Verbindung herstellten.«

Verwandte waren es, von der Seite seines jüdischen Vaters her, die er schon vor dem Krieg kennengelernt hatte. Aber es war überflüssig, davon zu sprechen.

»Meine Arbeit in Amerika hat mir Freunde gewonnen, hat mir Freiheit gegeben und finanzielle Sicherheit.«

Sie hatten voll Spannung zugehört, und Marleen sagte kindlich: »Das finde ich toll.«

»Und was werden Sie nun tun?« fragte Nina.

»Das weiß ich noch nicht. Ich werde Marleen fragen, ob sie mit mir in Amerika leben möchte.«

»Ich?« fragte Marleen entsetzt.

»Wir könnten nach Kalifornien gehen. Ich garantiere dir ein angenehmes Leben. Ein Leben, das besser ist, als es hier auf lange Zeit sein wird.«

Marleen blickte Nina an. War ihr Leben nicht bequem und angenehm gewesen? Na schön, sie hatten im Winter gefroren, und sie hatten nicht immer das zu essen, was sie gern gehabt hätten. Aber sonst?

»Du wirst mit hinüberkommen und es dir ansehen«, sagte Hesse zu Marleen. »Wir können auch in Deutschland leben. Oder in der Schweiz. Ganz wie es dir beliebt, Kindchen.«

Maria hatte den Kopf auf die Seite gelegt und lauschte der

fremden Stimme. Sie versuchte, sich den Mann vorzustellen. Es war Schwermut in ihm, ein dunkler Mollton.

»Wenn Sie hierbleiben wollen«, sagte Nina, »und ich glaube, Marleen würde lieber hierbleiben, dann ziehen wir aus. Wir könnten zunächst im Nebenhaus wohnen, da haben wir Freunde.«

Hesse hob abwehrend die Hand. »Das eilt nicht. Jetzt eilt gar nichts mehr. Ich wohne sehr gut im Bayerischen Hof. Wir werden alles in Ruhe besprechen. Es ist ruhig und friedlich hier bei euch, und ich genieße das.«

Dies währte drei Tage und war wirklich harmonisch. Dann kam die Gräfin Ballinghoff.

Franz Wismar, der Verleger, hatte offenbar Ninas Adresse an Lou Ballinghoff weitergegeben, denn vor einem halben Jahr etwa war ein Brief gekommen, sehr höflich, sehr kurz, darin wurde die Bitte ausgesprochen, möglichst bald mit Nina zusammentreffen zu können. Der Brief kam aus Westberlin, der Absender nannte einen anderen Namen, und an diese Adresse solle Nina bitte antworten.

Nina legte den Brief beiseite und beantwortete ihn nicht. Von Stephan erfuhr sie, daß es sich um eine Freundin ihrer Tochter handelte, und schon darum verspürte Nina nicht die geringste Lust, die Verbindung aufzunehmen.

Sie bemühte sich, nicht mehr an Vicky zu denken. Und über sie sprechen wollte sie schon gar nicht. Und wie sollte man denn zusammentreffen? Um nach Berlin zu reisen, brauchte man einen Interzonenpaß, und wenn man den schließlich erkämpft hatte, war es immer noch ein strapaziöses Unternehmen.

Doch nun war wieder ein Schreiben gekommen, in dem Lou Ballinghoff mitteilte, daß sie versuchen würde, in nächster Zeit nach München zu kommen, und sich erlauben würde vorzusprechen. »Was will die Frau von mir?« fragte Nina widerwillig. Sie beantwortete auch diesen Brief nicht.

»Wer ist denn das überhaupt? Was soll ich mit ihr?«

»Eine sehr sympathische Dame«, sagte Stephan. »Vicky hat sich gut mit ihr verstanden. Maria wird sie auch noch kennen, die Gräfin hat ihr Klavierstunden gegeben. Sie spielte sehr gut Klavier, und Geige spielte sie auch. Sie hat Vicky oft begleitet.«

»Ist sie wirklich eine Gräfin?«

»Warum denn nicht?« sagte Stephan. »Ihr Mann war ein hoher Offizier, der in Rußland gefallen ist. Ich glaube, so war das. Als ich in Dresden war, arbeitete sie in einem Sanatorium auf dem Weißen Hirsch. Als Krankenschwester oder sowas. Nicht in dem Sanatorium, in dem ich war, in einem anderen. Ich habe sie bei Vicky kennengelernt.«

»Na schön, aber was habe ich damit zu tun«, sagte Nina.

Louise Ballinghoff kam an einem Nachmittag im Spätsommer, und sie kam unangemeldet. Das entsprach gewiß nicht ihren Gepflogenheiten, aber der Name Nossek war ihr nicht bekannt, und da Nina ihr nicht geschrieben hatte, wußte sie nichts als die Adresse.

Es war keiner im Haus außer Betty, dem Mädchen. Marleen und Hesse waren in die Stadt gefahren. Nina war bei den Czapeks, und Maria war mit Almut und Stephan bei den Beckmanns. Der Unterricht hatte erst kürzlich wieder begonnen, seit die drei von Langenbruck zurückgekommen waren.

»Ich möchte bitte Frau Jonkalla sprechen.«

»Die gibt's hier nicht«, sagte Betty.

»Nina Jonkalla? Aber ich denke, sie wohnt hier.«

»Meinen S' die Frau Framberg?«

Lou erinnerte sich, daß Vickys Mutter noch einmal geheiratet hatte. Hieß sie Framberg? Waren vielleicht darum ihre Briefe nicht angekommen?

Sie standen in der Diele, Lou hatte das Taxi weggeschickt, mit dem sie gekommen war, es war eine weite und teure Fahrt gewesen, und Mutlosigkeit überkam sie. Was tat sie eigentlich hier? Betty war ratlos, aber schließlich kam sie auf die Idee, Eva zu Hilfe zu rufen, mit der sie kurz zuvor noch im Garten gesprochen hatte.

»Kommen S' mit«, sagte sie und ging mit dem Besuch durch das Gartenzimmer hinaus, durch den Garten zum Zaun, und da war glücklicherweise Eva noch, sie saß im Liegestuhl und spielte mit ihrem Sohn, das heißt, Sebastian spielte mit Conny, und Eva sah lachend zu, wie die beiden im Gras herumkugelten. Nachdem Betty ihre Botschaft losgeworden war, kamen sie alle drei durch das Loch im Zaun.

»Ich bin eine Freundin von Frau Framberg«, sagte Eva. »Kann ich ihr etwas ausrichten?«

Von den Briefen hatte Nina nichts erzählt, und Eva hatte keine Ahnung, wer die Besucherin war.

»Ich bin Lou Ballinghoff. Sie haben nie von mir gehört?«

»Nein.«

»Frau Jonkalla, ich meine, Frau Framberg hat es nicht erwähnt, daß ich ihr geschrieben habe?«

»Nein.«

»Ich muß Frau Framberg unbedingt sprechen.«

»Sie sehen ja, sie ist nicht da. Sie kommt erst gegen Abend.«

»Ich komme direkt aus Berlin.«

»Ach so«, sagte Eva gleichgültig.

»Es ist keine Bagatelle von Berlin nach München zu kommen. Es war eine mühselige Reise. Außerdem wohne ich in Ostberlin, das hat die Sache noch schwieriger gemacht.«

»Ja, natürlich, das kann ich mir denken.« Doch nun war die Reise von Berlin in Evas Kopf gelandet, und sie fügte hinzu: »Darf ich Ihnen etwas anbieten? Tee, Kaffee, etwas Kaltes?«

»Das ist sehr freundlich, danke. Ich möchte Ihnen keine Mühe machen. Aber ich kann nicht einfach wieder fortgehen, ohne Vickys Mutter gesprochen zu haben.«

Eva horchte auf.

»Wie wär's mit einer Tasse Tee?«

»Ja, danke. Gern.«

»Betty, sind Sie so gut?«

Betty trabte ins Haus, Eva und Lou folgten langsam, Sebastian tobte mit Conny über den Rasen, der Hund bellte, der Junge quietschte vor Vergnügen.

Als sie im Gartenzimmer angelangt waren, fragte Eva: »Dürfen Sie denn das überhaupt? Ich meine, einfach hierher reisen?«

»Ich bin mit falschen Papieren gefahren. Paß und Interzonenpaß sind in Westberlin ausgestellt und lauten auf den Namen einer Verwandten in Westberlin.«

»Sie haben aber Mut«, meinte Eva. Sie betrachtete das schmale Gesicht unter der hohen Stirn, in dem Leid und Entbehrung ihre Spuren hinterlassen hatten. Die Frau hatte eingefallene Wangen und schöne braune Augen. Sie war unvorstellbar mager. Dann fielen Eva die schönen Hände der Besucherin auf.

»Sie kannten Ninas Tochter?«

»Wir waren befreundet und haben viel zusammen musiziert. In ihrem herrlichen Haus auf der Brühlschen Terrasse. Ich arbeitete nach dem Tod meines Mannes als Krankenschwester. In Dresden lebte man ja ganz friedlich, und vollends im Palais Cunningham, da war man wie auf einem anderen Stern. Wenn ich heute daran denke, das tue ich manchmal, so zum Trost, dann kommt es mir vor, als müsse es in einem anderen Leben gewesen sein.«

»Nina hat nie davon gesprochen.«

»Sie war meines Wissens auch nur einmal da, das Reisen war ja zunehmend beschwerlich im Krieg. Victoria war sehr glücklich mit Richard Cunningham. Denn abgesehen von dem luxuriösen Rahmen, den er ihr bot, gab es auch sonst keinen Schatten in ihrem Leben. Richard liebte sie über alles und las ihr jeden Wunsch von den Augen ab, wie man so sagt.«

»Nina hat nie über ihre Tochter gesprochen, oder über diese Ehe. Da sie nie eine Nachricht bekam, nur dann erfuhr, daß das Haus zerstört war, in dem ihre Tochter gelebt hatte, mußte man annehmen, sie sei tot.«

»Ja, Victoria Jonkalla ist tot. Ich habe gesehen, was von ihr übriggeblieben ist.«

Eva schrie auf. »Nein!«

Dies war also die erste authentische Nachricht über den Tod von Ninas Tochter. War diese Frau deswegen hier? Jetzt, nach so vielen Jahren?

»Es war nicht mehr viel zu sehen von ihr«, sagte Lou, »ich erkannte nur die Fetzen des Mantels, den sie getragen hatte an jenem Abend. Und in der Nähe lag ihre Hand mit dem

Ehering und dem kleinen Rubinring, den Richard ihr zu Michaelas Taufe geschenkt hatte.«

Kaltes Grauen kroch über Evas Rücken, sie griff nach Sebastian, der ins Zimmer kam, und zog ihn an sich. Die kalte unbeteiligte Stimme der Frau kam dazu, es war schlimmer, als wenn sie anteilnehmend berichtet hätte. Was um Gotteswillen mochte diese Frau erlebt haben? An jenem Abend, wie sie gesagt hatte, in den folgenden Tagen und Nächten.

»An jenem Abend«, wiederholte Eva beklommen.

»Sie war bei mir, als der Alarm kam. Ich wollte sie zurückhalten, aber sie lachte nur und sagte: In Dresden passiert doch nichts. Und dann lief sie los, und gleich darauf fielen die ersten Bomben. Sie ist auf der Straße ums Leben gekommen. Wäre sie bei mir geblieben – unser Haus ist auch eingestürzt, aber wir kamen noch in den Keller und der hat gehalten. Jedenfalls in dieser ersten Nacht.«

Betty brachte Tee und Gebäck und Eva, die das Gefühl hatte, sie würde die Teekanne nicht halten können, sagte: »Bitte, gießen Sie ein, Betty. Und dann nehmen Sie den Hund mit hinaus.«

Eine Weile blieb es still, Eva zündete sich mit zitternden Händen eine Zigarette an, bot dann Lou die Dose an.

»Entschuldigen Sie, nehmen Sie auch eine? Aber vielleicht sollten Sie erst etwas essen. Dieses Gebäck hier – ich kann Ihnen auch etwas anderes zurechtmachen lassen.«

»Danke, nein. Ich kann jetzt nicht essen. Eine Zigarette nehme ich gern.«

Sebastian reagierte auf die veränderte Atmosphäre, er saß still neben seiner Mutter auf dem blauen Sofa, rutschte dann hinunter und betrachtete die fremde Frau aus der Nähe, sehr aufmerksam, ohne ein Wort zu sagen.

»Das wollen Sie alles Nina erzählen?« fragte Eva schließlich. »Bitte! Tun Sie es nicht.«

»Wäre Victoria zu Hause geblieben, wäre sie auch tot. Im Palais Cunningham hat keiner überlebt. Davon habe ich mich am nächsten Tag überzeugt.«

Eva blickte nachdenklich vor sich hin. Das also auch noch. Von Maria wußte diese Frau nichts.

»Warum sind Sie gekommen? Es ist so furchtbar. Ich würde es Nina gern ersparen, dies alles wieder aufzurühren. Es ist so schwer für sie, das mit Vicky. Keiner von uns spricht davon.«

»Ich verstehe«, sagte Lou. »Sie kennen Frau Jonkalla schon lange?«

»Seit Kriegsende. Ich weiß, was sie durchgemacht hat, sie hat so viel ertragen müssen. Jetzt arbeitet sie, und darüber sind wir alle ganz froh, es lenkt sie ab und...«

»Ich verstehe«, sagte Lou noch einmal. Sie legte die Hand auf Sebastians Schulter, der sich vor sie hingestellt hatte und sie eingehend musterte.

»Wie heißt du denn?«

»Sebastian Lange«, kam es prompt.

»Und du bist, laß mich raten, vier Jahre? Oder noch nicht ganz?«

»Doch. Bald ganz.«

»Na, es fehlt noch ein ganzes Stück«, sagte Eva, erleichtert von der Intervention ihres Sohnes. »Er ist drei Jahre und fünf Monate.«

»Dann ist er groß für sein Alter.«

»Ja. Groß und reichlich frech.«

»Sie sind also der Meinung, ich sollte am besten hier wieder verschwinden, ohne Frau Jonkalla, ich meine Frau Framberg, gesprochen zu haben.«

»Ehrlich gestanden, ja.«

»Wir kennen uns nicht, ich sagte es schon. Aber Victoria hat mir viel von ihrer Mutter erzählt. Ich weiß, daß sie eine bekannte Schriftstellerin war, daß sie wieder geheiratet hatte und in München wohnte. Ausgerechnet in München, sagte Victoria, so eine leidenschaftliche Berlinerin wie meine Mutter. Und ich sagte darauf: Du wohnst ja jetzt auch in Dresden. Gott sei Dank, sagte sie, hier ist wenigstens Ruhe in der Nacht. Außerdem kann ich gar nicht so eine besessene Berlinerin sein wie Nina, sie ist schließlich aus Schlesien eingewandert, das sind noch immer die besten Berliner. Ich bin ja dort schon aufgewachsen.« Lou stockte, seufzte, fuhr dann fort: »Ich erzähle das nur, um begreiflich zu machen, daß wir oft über Nina gesprochen haben. Den Namen Framberg hatte ich allerdings vergessen. Das heißt, ich weiß nicht einmal, ob Victoria ihn je erwähnt hat. Sie mochte wohl den neuen Mann ihrer Mutter nicht besonders. Sie war ein sehr besitzergreifender Mensch, und ich glaube, sie war eifersüchtig. Nina hatte ihr immer allein gehört. Einmal sagte sie: So ein Mist, daß sie den geheiratet hat, sie könnte so schön bei uns hier leben, wie im Paradies. Ja, so lebten sie wirklich, das stimmt.«

Eva hörte sich das alles an. Ihr kam es vor, als sei das Wesentliche noch nicht gesagt.

»Ninas Mann wurde dann verhaftet, und Stephan fuhr zu ihr nach München. Ja, und dann wurden sie ausgebombt, und es hieß, sie seien aufs Land gezogen, da wohnte seit einiger Zeit Ninas Schwester. Das alles habe ich behalten. Oder sagen wir besser, wiedergefunden, denn eine Zeitlang hatte auch ich vieles vergessen.«

»Und wie kommt es, daß Sie jetzt...«

»Ich habe mich seit Jahren darum bemüht, Nina zu finden. Diese Adresse hier habe ich nun endlich von Franz Wismar bekommen. Der Name ist Ihnen bekannt?«

»Ja, natürlich.«

»Dann habe ich geschrieben, aber keine Antwort bekommen. Nun bin ich hier.«

»Ich verstehe das alles nicht.«

»Aber ich habe jetzt etwas verstanden. Nina möchte verschont werden, von dem, was geschehen ist. Darum ist sie auf meine Briefe nicht eingegangen.«

»Was heißt, möchte verschont werden«, sagte Eva ein wenig ärgerlich. »Wir haben ja schon darüber gesprochen, was es für sie bedeutet, daß sie ihre Tochter verloren hat. Ich kannte sie nicht, aber Sie haben ja gerade selber erzählt, wie eng verbunden sie waren. Ich halte es in Ninas Interesse für besser, wenn nicht mehr über Vicky gesprochen wird. Nie mehr!«

»Ich sagte ja, daß ich es verstehe. Victoria Jonkalla hatte drei Kinder, das wissen Sie sicher auch.«

»Das weiß ich.« Sie war nahe daran, von Maria zu sprechen, schwieg, wartete ab.

»Wird von diesen Kindern auch nicht mehr gesprochen?«

»Wie meinen Sie das?«

»Im Palais kamen Richard Cunningham ums Leben, Maria Henrietta und der kleine Richard, der erst vor kurzem geboren worden war.«

»Ja und?« Eva war jetzt alarmiert, da kam etwas aus dem Dunkel auf sie zu, das sie noch nicht begriff.

»Michaela Cunningham lebt. Sie war bei mir. Victoria hatte sie mir gebracht an jenem Abend, als der Angriff kam. Das Kind fieberte, und es sah nach Scharlach aus. Das Palais Cunningham war voller Flüchtlinge, auch viele Kinder darunter, und Victoria fürchtete eine Ansteckung.« Die Gräfin lachte kurz und trocken. »Nun ja, ein ganzes Haus voll scharlachkranker Kinder wäre von heute aus betrachtet nicht das Schlimmste gewesen, was passieren konnte.«

»Und dieses Kind – es ist am Leben?«

»Sie bekam Scharlach, sehr schwer sogar, das Kindermädchen, das mitgekommen war, bekam ebenfalls Scharlach und schließlich ich auch noch. Da waren wir bereits aus Dresden geflüchtet. Ich packte das kranke Kind in einen Handwagen, den ich irgendwo gestohlen hatte, und Evi und ich flüchteten ins Elbsandsteingebirge. Evi war das Kindermädchen. Bei ihren Eltern in einem kleinen Nest im Erzgebirge landeten wir schließlich nach mühevollen Umwegen. Wie gesagt, alle krank. Es gibt ein Stück in meinem Leben, an das ich mich nicht erinnere. Ich war wochenlang so krank, daß man erwartete, ich würde sterben. Als ich wieder zu sehen, zu hören, zu denken begann, waren die Russen da.«

»Mein Gott«, sagte Eva, sie schlug die Hände vors Gesicht. »Dieses Kind lebt?«

»Michaela lebt, sie ist jetzt genau sieben Jahre alt.«

»Wo um Himmels willen lebt sie?«

»Bei mir. Sie war all die Jahre bei mir.«

»Und – und jetzt?«

»Ich dachte, Victorias Mutter müsse das wissen.«

»Nach so vielen Jahren? Warum haben Sie das nicht früher mitgeteilt?«

»Wie denn? Wohin? Durch Ninas früheren Verleger habe

ich endlich die Adresse erfahren. Aber konnte ich einfach in einem Brief schreiben, so und so ist das? Konnte ich das? Ich wußte ja nicht, was aus Nina geworden war. Und ich – Michaela und ich, wir haben eine lange Odyssee hinter uns.«

»Das Kind ist – gesund?«

»Gesund, hübsch und auch einigermaßen gut ernährt, was nicht immer einfach war. Sie kommt jetzt in Ostberlin in die Schule. Und ich – ich muß doch nun endlich wissen, ob sie dort bleiben soll.«

»Das ist ja der nackte Wahnsinn«, rief Eva, und dann hörte sie, wie draußen die Tür aufging, hörte Stimmen; Almut, Stephan, Maria, sie redeten über das, was sie eben von Herrn Beckmann neu gelernt hatten, das war immer so, wenn sie nach Hause kamen.

Gleich würden die drei hier hereinkommen, Betty würde Milch für Maria bringen, Tee für Almut und Stephan, und Kuchen oder Marmeladenbrote, in einer Stunde etwa würde Nina nach Hause kommen, und wo waren eigentlich Marleen und ihr Freund? Eva schob Sebastian beiseite, der an ihrem Knie lehnte, sprang auf, rannte zur Tür, riß sie auf und rief: »Geht inzwischen ins Wohnzimmer, ich habe Besuch.«

Sie sah Almuts erstauntes Gesicht, Stephan nickte freundlich, Maria kniete auf dem Boden und streichelte Conny, der sie wie immer begeistert begrüßte.

»Bitte«, wandte sich Eva zu Lou, sie stand mit dem Rücken zur Tür, »es ist so – also, es gibt in diesem Haus auch eine Überraschung für *Sie*.«

»Für mich?« Lou wurde blaß. »Wie meinen Sie das?«

»Maria Henrietta ist hier. Sie lebt. Aber sie ist blind.«

Es dauerte eine Weile, bis Lou sich gefaßt hatte.

Dann ging Eva ins Wohnzimmer und holte Stephan.

»Mein Gott, wie sollen wir das Mutter beibringen«, sagte er, als er alles erfahren hatte.

»Ich will Maria sehen«, sagte Lou.

»Ich hole sie«, sagte Stephan ruhig.

Stephan ging ins Wohnzimmer, nahm Maria an der Hand. »Komm mal mit«, sagte er, »es ist Besuch gekommen.«

»Ja, das habe ich schon gehört.«

»Vielleicht ist es jemand, den du kennst.«

Lou wurde totenblaß, als Stephan mit Maria hereinkam, sie preßte die Hand auf den Mund und starrte das Kind an.

Maria, so hübsch, so groß, eine dunkle Brille über den Augen. Eva nahm ihren Sohn bei der Hand und führte ihn zur Tür. »Lauf mal zu Betty und frag sie, ob sie nichts für dich zu essen hat.«

Almut Herrmann stand in der Diele und versuchte einen Blick auf diesen geheimnisvollen Besuch zu erhaschen.

Langsam fand Eva zu sich selbst zurück.

»Bitte, Frau Herrmann, würden Sie sich um Sebastian kümmern? Vielleicht kann Betty ihm ein paar Pfannkuchen backen. Und Sie haben ja auch noch keinen Tee gehabt.«

»Doch, doch, Betty hat uns schon versorgt.«

»Danke, Frau Herrmann. Sebastian, benimm dich anständig.«

Die Begegnung zwischen Lou und Maria war verhältnismäßig undramatisch verlaufen, jedenfalls soweit es Maria betraf. »Maria, kennst du mich noch?« fragte Lou Ballinghoff, nachdem sie wieder sprechen konnte.

Maria legte den Kopf auf die Seite, lauschte der Stimme und sagte dann gelassen: »Tante Lou!«

Und gleich darauf, Lou zitterte immer noch, fragte Maria: »Wirst du mir wieder Klavierstunden geben?«

Eva und Stephan blickten sich an. Maria erinnerte sich an Lous Stimme, an die Klavierstunden, erinnerte sie sich auch an eine kleine Schwester, an einen ganz kleinen Bruder? Was war in ihrem Gedächtnis noch vorhanden, wovon sie niemals sprach? Das Haus in Dresden, ihre schöne Mutter, der liebevolle Stiefvater? Oder war es nur Mali, der Hund, an den sie sich erinnerte? Niemals hatte ein Mensch mit ihr von der Vergangenheit gesprochen.

Seltsam, dachte Eva, das Leben Marias beginnt mit acht Jahren, das denken wir jedenfalls. Dann hört sie eine Stimme, und sie weiß sofort, wer es ist.

Vor Nina kamen Marleen und Dr. Hesse nach Hause. Sie kamen herein, Marleen, sehr chic in einem lindgrünen Kleid, sie war gut gelaunt, schlenkerte ein paar Päckchen und rief:

»Nein, in der Stadt ist es noch immer ziemlich trist. Aber wir haben sehr gut gegessen. Und wißt ihr was? Wir haben beschlossen, für einige Zeit ins Gebirge zu fahren, und zwar haben wir gedacht... Oh, ihr habt Besuch?«

»Ja«, sagte Stephan, »das ist eine alte Freundin von Maria aus Dresden. Gräfin Ballinghoff. Sie kommt aus Berlin. Wo wohnen Sie eigentlich hier, Gräfin?«

»In einer Pension, nicht sehr komfortabel. Ich bin gestern abend spät angekommen und war froh, daß ich überhaupt eine Unterkunft fand.«

Erstmals hatte Eva vernommen, daß sie es mit einer Gräfin zu tun hatte, denn Lou hatte bisher von dem Titel keinen Gebrauch gemacht, vermutlich hatte sie sich das abgewöhnt. Da, wo sie herkam, konnte es nur von Nachteil sein.

»Also, ich würde folgendes vorschlagen«, sagte Eva hastig, unterbrach sich dann: »Entschuldige, Stephan, ich habe dich nicht ausreden lassen, du wolltest sicher... darf ich bekannt machen, das ist Marleen Nossek, die Schwester von Nina. Dr. Hesse. Was ich sagen wollte, ich würde vorschlagen...«, sie unterbrach sich wieder. »Entschuldige, Marleen, ich habe hier so eine Art von Hausfrauenpflichten übernommen. Du warst nicht da, Nina ist nicht da, und die Gräfin kam ganz überraschend, und ich...«

»Danke, Eva«, sagte Marleen etwas erstaunt. »Du warst schon oft hier die Hausfrau. Ihr habt Tee getrunken? War denn auch etwas zum Essen da?«

»Ja, ja, es war alles da.«

Eva zündete sich mit fahrigen Händen eine Zigarette an, die Tür zur Diele war geöffnet, alles ruhig, also war Sebastian wohl in der Küche gelandet.

Eva schloß die Tür mit Nachdruck, wandte sich dann ins Zimmer zurück.

»Sie wollten etwas vorschlagen«, sagte Hesse ruhig, dem die Spannung nicht entging, die den Raum erfüllte.

»Ja, das wollte ich«, sagte Eva mit nervösem Lachen. »Aber eigentlich weiß ich selber nicht, was. Wir könnten... ich meine, wir müssen etwas besprechen, ehe Nina kommt. Wollt ihr nicht auch Tee trinken?«

»Wie wär's denn mit einem kleinen Whisky?« schlug Hesse vor. »Was halten Sie davon, Gräfin?«

Lou lachte. »Ach, Whisky. Ich weiß gar nicht, daß es so etwas noch gibt auf der Welt.«

»Sie kommt aus Ostberlin«, erklärte Eva.

»Dann werden wir einen schönen doppelten Whisky trinken«, meinte Hesse. Der Whisky war eine Neuerung im Haus, er hatte ihn eingeführt, es gab ihn erst seit zwei Tagen.

Es war mittlerweile halb sechs, Nina würde bald kommen, aber wer zuerst kam, war Herbert. Er besaß inzwischen ein Motorrad und ließ sich nun wieder öfter zu Hause sehen. »Keiner da bei Langes«, sagte er, als er hereinkam. »Dachte ich mir doch, daß ich den Rest der Familie hier finde.« »Oh, Herbert!« rief Eva überschwänglich, »wie froh bin ich, daß du kommst.«

Herbert bemerkte die Aufregung und fragte: »Ist was mit Sebastian?«

»Ach wo, dem geht's gut. Komm, setz dich, wir trinken gerade einen kleinen Whisky.«

»Ich sehe es.« Mit einer Verbeugung zu Lou hin: »Gestatten, Lange.«

»Ach, entschuldige, ich bin ganz durcheinander. Gräfin Ballinghoff. Sie kommt aus Berlin.«

Ich benehme mich wie eine Idiotin, dachte Eva, pausenlos entschuldige ich mich und bringe keinen vernünftigen Satz zustande. Was mach' ich bloß mit Nina?

Herbert blickte fragend von einem zum anderen, die alle stumm dasaßen. Irgend etwas war hier los, nur konnte es ihm offenbar keiner erklären.

Maria rettete die Situation.

Sie sagte plötzlich: »Ich möchte Tante Lou gern etwas vorspielen.«

»Du kannst doch nicht schon wieder zu Beckmanns gehen, es ist gleich sechs und...« Stephan stockte, er hatte Evas Blick aufgefangen.

»Warum denn nicht?« rief Eva. »Das ist eine gute Idee, Maria. Es wird bestimmt gut für dich sein, endlich mal wieder einen sachverständigen Zuhörer zu haben. Beckmanns macht das nichts aus. Und Sie, Gräfin, macht es Ihnen etwas aus, mit Maria zu gehen, es ist gleich nebenan.«

Evas Stimme klang hoch und leicht hysterisch, und Herbert hatte begriffen, daß etwas vorgefallen war, das Eva aus der Fassung gebracht hatte. Marleen und Dr. Hesse war nichts anzumerken, sie schienen ebenso ahnungslos zu sein wie er. Auch Lou hatte begriffen; man wollte sich besprechen, ohne daß sie zugegen war.

»Nein«, sagte sie, und ihre Stimme klang müde, »ich gehe sehr gern mit Maria zu einem Klavier.«

»Und Sie werden ihr nichts erzählen, von – Sie wissen schon«, flüsterte Eva unter der Tür.

Lou schüttelte den Kopf. Sie war zutiefst verwirrt. Was hatte sie eigentlich erwartet? Freude? Sie war ein Störenfried, ein unwillkommener Störenfried, jedenfalls in den Augen dieser Freundin von Nina Jonkalla.

Es wäre besser gewesen, nicht nach München zu fahren. Aber konnte sie denn für immer verschweigen, daß Michaela lebte? Durfte sie dieses Kind nur für sich behalten?

In all den Jahren hatte sie ein schlechtes Gewissen gehabt. Sie hatte nur für Michaela gelebt, hatte für sie gesorgt, hatte viele Kompromisse machen müssen, um das Leben für das Kind erträglich zu gestalten. Das erste Jahr dort auf dem Dorf bei Evis Eltern, in einer nicht gerade freundlichen Umgebung, war schwierig genug gewesen. Und es hatte lange gedauert, bis sie sich von der Krankheit erholt hatte, es gab wenig zu essen, sie bekam immer wieder Schwächeanfälle, kippte einfach um, ihr Kreislauf versagte.

Evis Eltern waren abweisend, sie hatten selbst nichts zu essen und wenig Platz im Haus, sie wollten die fremde Frau und das Kind loswerden.

Dann hatte Evi sich mit einem jungen Mann angefreundet, sie kam nächtelang nicht nach Hause, ihr Vater verprügelte sie, es war eine unerfreuliche Atmosphäre. Und Michaela war ungezogen, ein schlecht beaufsichtigtes Kind, das zu wenig Anregung hatte. Lou kehrte mit Michaela nach Dresden zurück, floh aber schon nach wenigen

Tagen, der Anblick der toten Stadt war nicht zu ertragen, sie fand auch keine Bleibe.

Sie hatte kein Geld, keine Wohnung, keine Heimat, nichts mehr, nur Michaela, die versorgt werden mußte.

Sie hatte sich Kinder gewünscht, und nie ein Kind bekommen.

Nun auf einmal hatte sie ein Kind, und es war zweifellos eine Belastung in ihrem unsteten Leben, das sie über ein Jahr lang von Ort zu Ort trieb, immer auf der Suche nach einer Arbeit.

Schon 1941 war ihr Mann in Rußland gefallen, und seitdem war Lou Ballinghoff sehr allein gewesen. Als sie Victoria und Richard Cunningham kennenlernte, bekam sie so etwas wie eine Familie, jede freie Stunde verbrachte sie bei ihnen, und vor allem war es Maria Henrietta, die sie zärtlich liebte.

Alle waren tot, Michaela war ihr geblieben.

Sie kam nach Ostberlin, kurz ehe die Blockade begann, das setzte ihrer ruhelosen Wanderung ein Ende. Und dort fand sie erstaunlicherweise bald eine Arbeit, die sie befriedigte. Erst spielte sie Klavier an einer Ballettschule, und von dort kam sie an die Oper, wo sie das gleiche tat. Nun wurde ihr Leben etwas ruhiger, sie bekam ein Zimmer zugewiesen, sie bekam Lebensmittelmarken, sie verdiente nicht viel, aber immerhin so viel, daß sie das Kind einigermaßen ordentlich ernähren konnte. Sie versuchte, Michaela in der Kindergruppe des Balletts unterzubringen, aber Michaela gab sich nicht viel Mühe, eine Tänzerin würde wohl aus ihr nicht werden. Sie war ziemlich wild, manchmal ungebärdig, und Lous Problem bestand zunächst darin, jemanden zu finden, der das Kind beaufsichtigte, während sie arbeitete. Das war Hanni Cramer, eine Garderobiere des Theaters, eine ältere Frau schon, aber mit viel Geduld und Verständnis für Kinder. Aber natürlich hatte Hanni Cramer auch im Theater zu tun, und so saß oder lag Michaela oft abends spät, während der Vorstellung, in der Garderobe einer Sängerin oder Tänzerin, wurde verwöhnt und verhätschelt, was sich nicht gerade vorteilhaft für ihre Erziehung auswirkte. Je älter Michaela wurde, desto schwieriger wurde es, für sie zu sorgen. Sie war reif für ihr Alter, vorlaut und hatte schnell begriffen, wie leicht es war, ihren Kopf durchzusetzen.

Zweifellos wäre Lous Leben leichter gewesen ohne das Kind. Aber sie liebte es, sie fühlte sich verantwortlich, nur daß die Aufgabe, für ein heranwachsendes Kind zu sorgen, ihre Kräfte überstieg. Es ging ihr schlecht. Sie war unterernährt, nervös bis zum Kollaps.

Konnte, durfte sie dieses Kind für sich behalten?

In Berlin hatte ein Cousin von ihr gelebt, sie fand ihn nach einigem Suchen wieder, er war mit seiner Frau in Westberlin, Lou wagte die Fahrt mit der S-Bahn, sie fand freundliche Aufnahme, Hilfe, Zuspruch. Aber sie wagte es nicht, im Westen zu bleiben. In Berlin herrschte noch lange nach der Blockade Arbeitslosigkeit, und sie hatte immerhin einen Job, der sie am Leben erhielt.

Von der Frau ihres Cousins, die in ihrem Alter war, blond und mit braunen Augen wie sie, hatte sie den Paß, auf ihren Namen war der Interzonenpaß ausgestellt.

Das war alles nicht von heute auf morgen gegangen, das mußte lange bedacht, lange vorbereitet werden, und sie hatte auf der Fahrt durch die Zone viel Angst ausgestanden. Wenn sie in einem Zuchthaus der Ostzone landete, was geschah dann mit Michaela?

Doch der Gedanke an Nina Jonkalla, an Victorias Mutter, hatte sie dazu bewogen, das Risiko auf sich zu nehmen. Hatte Nina nicht ein Recht darauf, zu erfahren, daß ihre Enkeltochter lebte, daß ein Mensch, der zu ihr gehörte, dem Inferno entkommen war? Daß nicht alle umgekommen waren?

Nun war Maria Henrietta hier.

Sie war blind. Warum? Seit wann? Wie war sie hierhergekommen? Was war mit ihr geschehen? Wie war sie aus dem zertrümmerten Haus entkommen?

Lou hielt Marias Hand fest in ihrer, sie ging neben ihr die kleine Straße entlang zu dem Klavier, das man als Ausweg offeriert hatte. Lou begriff sehr wohl, warum man sie aus dem Haus haben wollte. Man wollte sich besprechen, ohne daß sie zugegen war. Sie war todmüde, am Abend zuvor war sie angekommen, sie hatte kaum geschlafen in der schmutzigen kleinen Pension, sie machte sich Sorgen um Michaela, die bei der Garderobiere war und vermutlich tat, was sie wollte. Sie trieb sich neuerdings viel zu sehr auf der Straße herum. Es war ein Fehler gewesen, nach München zu fahren. Kein Mensch hatte Michaela vermißt, kein Mensch wollte sie haben.

Almut Herrmann, die von Eva als Begleitung beordert war, sprach kein Wort. Sie hatte eigentlich genug von Beckmanns an diesem Tag, und sie war unsicher dieser fremden Frau gegenüber, die ebenfalls schwieg und nur starr vor sich hinblickte.

Im Gartenzimmer war es zunächst still, Eva nahm mit zitternder Hand ihr Glas und leerte es auf einen Zug, dann rief sie: »Mein Gott!« und griff sich mit beiden Händen an den Kopf.

»Was ist denn eigentlich los, zum Donnerwetter noch mal?« fragte Herbert. »Kann ich das endlich erfahren? Wo ist Sebastian?«

»Bei Betty in der Küche. Sie backt ihm Pfannkuchen.«

»Jetzt?«

»Na, warum nicht jetzt?« fragte Eva gereizt zurück. »Das ist sein Abendessen. Was soll daran verkehrt sein?«

Herbert betrachtete seine Frau mit einer Falte auf der Stirn, dann sah er die anderen an.

»Vielleicht kann ich endlich erfahren, was hier passiert ist. Hängt es mit dieser Gräfin zusammen?«

Hesse sagte: »Wir wissen es auch nicht. Wir sind gerade erst aus der Stadt gekommen, Marleen und ich.«

Alexander Hesse und Herbert Lange hatten sich am Tag zuvor kennengelernt, man hatte zusammen zu Abend gegessen, und Herbert fand diesen Mann, diesen geheimnisvollen Unbekannten, wie er ihn früher genannt hatte, höchst interessant, und besonders das, was er zu erzählen hatte. Darum hatte er an diesem Abend auf ein Seminar verzichtet und war herausgefahren in der Hoffnung auf ein weiteres Gespräch.

Und nun dieses Chaos hier!

»Also!« sagte er streng zu seiner Frau.

»Ich kann euch alles erzählen«, sagte Stephan, »es ist gar

nichts Schlimmes passiert. Es ist im Gegenteil eine erfreuliche Neuigkeit. Das Problem ist nur, wie wir es Nina beibringen. Ich berichte ganz schnell, denn wir müssen dann überlegen, was wir ihr sagen. Sie wird nämlich jeden Augenblick kommen.«

Er berichtete kurz und sachlich, und er war kaum fertig damit, da kam Nina.

Sie war erhitzt und müde, es war ein warmer Tag gewesen, und es hatte viel Arbeit gegeben, denn die Firma Czapek wuchs rapide. Sie steckte den Kopf zur Tür herein.

»Fein, daß ihr alle da seid. Ich geh' mich bloß schnell duschen.«

Zuvor hatten sie beschlossen, ihr nichts von Michaela zu sagen. Nur, daß die Gräfin Ballinghoff überraschend gekommen sei, man würde sie zum Abendessen einladen müssen, sie sei wirklich eine sympathische Dame.

Vorher würde Stephan zu Beckmanns gehen und die Gräfin informieren. Sie konnte von Gott und der Welt erzählen, von den Russen, von Ostberlin, von Bert Brecht, von ihrer Reise, aber sie durfte nicht von Dresden sprechen und nicht von Michaela. Noch nicht.

»Das kriegen wir schon hin«, sagte Herbert. »Man muß das strategisch vorbereiten. Nina darf keinen Schock bekommen.« Und Marleen sagte, was Nina so oft gesagt hatte in den vergangenen Jahren: »Gott, bin ich froh, daß Sie da sind, Herbert.«

Nina

Als sie mir endlich alles gesagt hatten, es war am Samstagabend, und sie saßen um mich herum wie eine Schar von Psychiatern, die es mit einem besonders schweren Fall zu tun haben, also nachdem sie mir den ganzen Fall tropfenweise beigebracht hatten, bekam ich weder einen hysterischen Anfall noch brach ich in großmütterliche Tränen aus, ich dachte nur, wie schön es sein müsse, wenn ein Mensch ganz für sich allein leben kann, und das ein Leben lang.

Aber so war das ja bei mir nie, schon als Kind hatte ich ewig nichts als Familie um mich, und dann habe ich blöderweise auch noch Kinder gekriegt, und was daraus werden kann, das erlebe ich täglich aufs neue. Zwei habe ich klugerweise abgetrieben, und die beiden, die ich zur Welt brachte, haben mich in Fesseln gelegt und unfrei gemacht, ein ganzes Leben lang. Peter hat schon recht, wenn er sagt, ob ich denn nie ein freier Mensch sein werde, der kommen und gehen kann, wann er will und wohin er will.

Vicky, die ich liebte und auf die ich so stolz war, ist von einer Bombe zerfetzt worden, nun weiß ich es also ganz genau, eines von ihren Kindern habe ich hier, und es hat mich fünf Jahre lang an den Rand meiner letzten Kraft gebracht, dieses Kind zu versorgen, zu behandeln, es zu einem einigermaßen lebensfähigen Menschen zu machen. Soll ich vielleicht jetzt noch ein Kind großziehen? Ich denke nicht daran. Ich werde im Oktober siebenundfünfzig Jahre alt, und wenn ich etwas noch will, dann will ich versuchen – versuchen! –, noch einmal in meinem Leben ein Buch zu schreiben.

Sie saßen also alle um mich herum, Stephan hielt meine Hand, und ich hätte seine Hand am liebsten fortgeschleudert. Ich brauche ihre Anteilnahme nicht, ihr Mitleid nicht, ich habe von ihnen die Nase voll. Ich habe mir sowieso gedacht, daß etwas im Busch ist, nachdem diese Frau hier aufgetaucht war, und sie sollen bloß nicht denken, daß ich in den letzten drei Tagen ihre bedeutungsvollen Mienen übersehen habe.

Maria war an diesem Abend vorsorglich ins Nebenhaus zu Almut Herrmann und Sebastian verfrachtet worden, denn ihr wollte man zunächst von der kleinen Schwester nichts sagen, beziehungsweise wollten sie erst mal abwarten, wie ich das alles aufnehme. Besonders komisch ist es ja, daß ausgerechnet jetzt der Hesse auch da ist, dem das nun wirklich schnurzegal sein kann und dem wir vermutlich auf die Nerven gehen. Er wollte zu Marleen, und das Umfeld von Marleen braucht ihn nicht zu interessieren. Dafür habe ich volles Verständnis. Dabei ist er sehr nett und höflich, hört sich alles an, aber was er sich denkt, kann ich mir wiederum auch denken.

Da ich mich überhaupt nicht äußere, an ihnen vorbei an die Wand starre, wo ein Bild hängt, das ich mag, ein Kandinsky aus der frühen Zeit, wie Hesse gestern erklärte, sind sie natürlich verwirrt. Meine Miene ist undurchschaubar, ich trinke den dritten Whisky, und wenn sie jetzt nicht aufhören, mich anzustarren, schmeiße ich ihnen das Glas ins Gesicht. Fast muß ich lachen. Man kann ein Glas nur einem Menschen ins Gesicht schmeißen, also brauche ich mindestens sechs Gläser. Da ich also nichts sage, räuspert sich Herbert schließlich und beginnt zu reden. Daß man natürlich in Ruhe alles bedenken müsse, und wenn er die Gräfin richtig verstanden habe, so würde sie ja wohl doch gern in den Westen kommen, und für die kleine Michaela wäre es selbstverständlich auch das beste, und sie könnten zunächst bei ihnen wohnen, er habe das mit Eva schon besprochen, Platz hätten sie genug, Almut sei schließlich auch da, die sich um alles kümmern könne, viel zu tun hätte sie sowieso nicht mehr, lesen und schreiben könne Maria inzwischen allerbestens.

Ich muß die bissige Bemerkung unterdrücken, daß Frau Herrmann kaum gebraucht würde, denn blind sei ja wohl das andere Kind nicht. Übrigens wohnt die Gräfin Ballinghoff sowieso seit gestern bei den Langes, aber wie sie gesagt hat, will sie möglichst bald, bestimmt nächste Woche, zurückfahren, sie macht sich Sorgen um das Kind, von dem sie bisher nie – nie eine Stunde! – getrennt gewesen sei.

Was natürlich Quatsch ist, denn wenn sie in einem Theater arbeitet, wird sie das Kind ja wohl nicht mit sich herumschleppen. Abgesehen davon ist es mir so was von egal. Egaler geht es gar nicht. Soll sie das Kind doch behalten, wenn sie es gern hat, wie sie sagt. Im Osten oder im Westen, ist mir auch egal. Und wenn sie auch noch Verwandte in Westberlin hat, ist ja alles bestens. Mein Bedarf am Dasein einer Großmutter ist gedeckt. Danke. Ein und für allemal.

Ich nehme mir noch einen Whisky, ein wenig benusselt bin ich schon, am besten nehme ich die ganze Flasche mit und ziehe mich zurück. Jetzt schlafe ich in Alices Zimmer. Gott, hat die es gut. Ob ich noch länger in diesem Haus bleiben werde, bezweifle ich. Ich werde mir in München eine Bleibe suchen, ganz egal, wie die aussieht, und da ziehe ich mich mit meiner Schreibmaschine zurück, ohne Angabe der Adresse. So mache ich das.

Herbert gehen die Worte aus, das ist ein ganz seltenes Ereignis. Ist ihm noch nie passiert.

Ich stehe auf, schaue lächelnd über alle hinweg, sage freundlich, ich würde mich gern zurückziehen, ich hätte noch zu arbeiten (was das sein soll, erkläre ich nicht, geht auch keinen was an), dann nehme ich die Flasche beim Hals, sage höflicherweise, ihr habt ja noch eine, und verschwinde. Und wenn einer es wagt, mir nachzukommen, dann kriegt er die Flasche an den Kopf.

So war das gestern, Sonnabend. Samstag, wie sie hier in Bayern sagen. Heute am Sonntag habe ich mir eine Tasse Kaffee in mein Zimmer geholt, essen mochte ich nichts, dann bin ich spazierengegangen und habe mir jede Begleitung verbeten. Es ist regnerisch, aber das macht mir nichts aus, ich habe einen alten Regenmantel von Marleen angezogen, ich laufe bis zum Wald und in den Wald hinein, mein Kopf ist leer, ich denke gar nichts.

Betty kocht ganz gut, sie wird sich um das Mittagessen kümmern, und Marleen kann ja auch mal ihre Nase in die Küche stecken. Maria wird mich nicht vermissen, die ist so selig, daß Tante Lou da ist, sie redet ununterbrochen, so viel habe ich sie noch nie reden hören. Sicher sind sie wieder bei den Beckmanns, da sind sie bisher jeden Tag gewesen, sie spielen dort abwechselnd Klavier, und da die Geige von dem jungen Beckmann auch noch da ist, spielt die Frau Gräfin auch noch auf der Geige, und ich frage mich bloß, wann die Beckmanns endlich alle rausschmeißen.

Maria ist also glücklich, das ist ja sehr schön. Und ich gäbe etwas darum, wenn ich immer weiter- und weiterlaufen könnte und nie mehr zurückkehren müßte.

Ich schlage einen Bogen um Pullach, komme an die Isar, und dann an die Isartalbahn, und da habe ich eine großartige Idee.

Zwei Stunden später bin ich bei Isabella und Silvester. Ich bin müde und naß und sehe bestimmt schrecklich aus, mehr als schrecklich, ich muß aussehen wie tot, denn sie sind beide ganz erschrocken, als sie mich sehen, und fragen mich, aber ich setze mich nur hin und fange an zu weinen.

Isabella zieht mir den nassen Mantel aus und die schmutzigen Schuhe, Silvester nimmt mich in die Arme und hält mich ganz fest, und dann erzähle ich ihnen alles. Und dazwischen weine ich immerzu, und hinterher weine ich auch noch und kann einfach nicht aufhören.

Isabella gibt mir ein Beruhigungsmittel, packt mich auf die Couch und legt mir kalte Kompressen auf die Stirn. Dann geht sie und ruft in Solln an, daß ich bei ihnen bin.

Silvester sitzt neben mir und hält meine Hand.

Ich kann das nicht ertragen, sage ich viel später, ich flüstere es nur. Sie verstehen mich. Sie kommen mir nicht mit dummen Trostworten, Isabella sagt: es gibt eine Grenze der Belastbarkeit. Am liebsten würde ich dich fortschicken, Nina, ganz weit fort.

Genau das, was ich auch gedacht habe.

Das schlimmste ist das Bild von Vicky, die auf der Straße von einer Bombe zerfetzt wurde, nicht weit entfernt von einem Haus, in dem sie überlebt hätte.

Konnten sie nicht erst zu mir kommen, deine Schwester oder dein Sohn? Erst mir alles erzählen? sagt Silvester.

Zu dir? sage ich. Du willst doch von ihnen nichts wissen. Am Abend sprechen wir dann darüber, was nun werden soll. Silvester sagt ganz ruhig: ich habe mir das schon überlegt. Natürlich muß das Kind herkommen, und ich bin dagegen, daß die Gräfin Ballinghoff diese gefährliche Reise noch einmal unternimmt. Sie bleibt am besten gleich hier. Ich werde Michaela holen.

Bist du verrückt, schreie ich, und meine Stimme kippt über vor Erregung.

Mir wird keiner etwas tun, sagt er, auch die Russen nicht. Ich bin KZ-Häftling gewesen, ich bin bekannt als Gegner der Nazis. Wenn einer das mühelos schaffen kann, dann ich.

Ich blicke Isabella an und erwarte, daß sie widersprechen wird, aber sie lächelt nur. Sie sieht Silvester an und lächelt. Wie stellst du dir das denn vor, sage ich, das ist ein ganz fremdes Kind. Warum denkst du, daß es einfach mit dir geht? Und überhaupt, wie kommt man denn da rüber?

In Berlin geht das ganz einfach. Mit der S-Bahn. Sonst ist es gefährlich, irgendwo über die grüne Grenze zu gehen, wenn auch viele Leute es tun, du hörst es ja immer wieder. Aber in Berlin setzt man sich in die S-Bahn. Diese Lou ist ja auch öfter hin und her gefahren, wie sie erzählt hat. Und ihre Verwandten in Berlin, mit denen müßte man natürlich zunächst Kontakt aufnehmen.

Du bist verrückt, wiederhole ich. Sie hat doch irgendwelche Sachen da drüben, irgendwo wohnt sie doch. Vielleicht hat sie Möbel und Kleider und was weiß ich, 'n Klavier sicher auch. Das ist alles nicht so wichtig, sagt Silvester.

Und verdammt noch mal, schreie ich, wo sollen sie hier denn wohnen? Auch noch bei Marleen? Das geht nicht mehr. Ich werde auch ausziehen, und Stephan und Maria auch. Der von dir so verabscheute Naziverbrecher ist da, und er liebt Marleen immer noch, und sie wollen zusammenbleiben. Geld hat er auch. Also! Er wird keineswegs die ganze Mischpoke von Marleen im Haus haben wollen.

Gewisse Rechte habe ich mir erworben, sagt Silvester. Ich werde mich um ein Haus oder eine Wohnung bemühen. Der Anderl Fels hat die besten Beziehungen. Und der Münchinger kandidiert für den Landtag. Das sind meine Freunde. Einmal werde ich davon Gebrauch machen.

Ich sehe wieder Isabella an, sie sitzt stumm da und nickt. Ja und dann? frage ich. Willst du mit mir und meiner ganzen Mischpoke zusammenwohnen? Und wo bleibt die Ballinghoff? Und was ist mit den Beckmanns? Die brauche ich nämlich. Und dann fange ich wieder an zu weinen.

Isabella entscheidet, daß ich nicht nach Hause fahren, sondern bei ihr übernachten soll. Sie ruft noch mal in Solln an.

Und in deiner Glasfirma werden wir morgen früh anrufen und sagen, daß du nicht kommen kannst, du fühlst dich nicht wohl.

Du wirst überhaupt aufhören, dort zu arbeiten, sagt Silvester. Ich werde für dich sorgen, und du wirst dein Buch schreiben. Isabellas Haushälterin deckt den Abendbrottisch, ich sage, daß ich sowieso nichts essen kann, aber dann esse ich doch, ich habe den ganzen Tag nichts gegessen und gestern abend habe ich mich betrunken. Ich habe Hunger. Erst gibt es eine kräftige Bouillon mit Grießnockerln, die schmeckt mir herrlich, dann lädt mir Isabella eine Riesenportion Rührei auf den Teller, und Silvester macht mir ein Schinkenbrot zurecht. Wir trinken eine Flasche Wein, dann noch eine. Ich fühle nichts, irgend etwas in mir hat nachgegeben.

Ich möchte endlich sterben, sage ich.

Du wirst es abwarten können, sagt Isabella.

Sie war kühl zu mir, die Gräfin. Sie merkte, daß ich sie und ihre Botschaft nicht gerade mit Begeisterung aufgenommen habe. Es ging mir vor allem darum, Sie wissen zu lassen, daß Michaela lebt, hat sie gesagt. Wenn Sie mir auf meinen Brief geantwortet hätten, wäre meine Reise überflüssig gewesen, ich hätte es Ihnen brieflich mitgeteilt.

Das war gestern abend. Später sind wir in den Garten gegangen, es war schon fast dunkel, aber die Rosen dufteten wundervoll.

Wie schön Sie es hier haben, sagte sie. Michaela und ich, wir wohnen in einem dunklen Hinterzimmer.

Ich denke an Maria. Für die ist das eins, ein dunkles Hinterzimmer oder ein Garten voller Rosen. Und ich frage mich, ob die Gegenwart einer Schwester, die *sehen* kann und mit der Unbefangenheit eines Kindes darüber spricht, für Maria nicht eine Quälerei sein wird.

Das erzähle ich den beiden, Isabella gibt keinen Kommentar dazu, doch sie sagt also nun Schluß mit deinen Aschenbrödelgeschichten und mit Silvesters Wildwestfantasien.

Die Ballinghoff soll zurückfahren. Wenn sie hergekommen ist, wird sie auch wieder hinkommen. Falls sie weiter in ihrem Theater in Ostberlin arbeiten will, dann soll sie es tun. Es ist bestimmt nicht von großer Bedeutung, ob das Kind zunächst in Ostberlin in die Schule geht, Volksschule ist Volksschule, so groß wird der Unterschied nicht sein.

Wenn aber, fährt Isabella fort, die Gräfin Ballinghoff in den Westen will, so kann sie das sehr leicht ohne eure Hilfe bewerkstelligen, sie ist ja offenbar eine ganz patente Person. Meines Wissens muß man erst in ein Lager, wenn man offiziell in den Westen überwechseln will.

Ja natürlich, sagt Silvester, in ein Aufnahmelager.

Na also, was soll denn dann der Unsinn, du fährst rüber und holst das Kind. Das muß ordentlich regulär vor sich gehen, sonst haben sie hier dann Ärger. Und wenn die Gräfin Ballinghoff in den letzten fünf Jahren mit allem fertig geworden ist, wird sie das auch noch schaffen. Zumal sie ja Verwandte im Westen hat, die ihr sicher behilflich sein werden.

Silvester und ich hören ihr andächtig zu, Isabella ist wie immer die klügste von allen.

Und selbstverständlich muß gut überlegt werden, wie sie untergebracht werden. In München ist kein Zuzug zu bekommen, also müßte einer von uns sie aufnehmen. Ich kann es nicht und will es nicht. Marleen und ihrem Freund ist es nicht zuzumuten, Eva und Herbert, na schön, aber das ist vermutlich auch kein Dauerzustand. Und Silvester hat ja die Wohnung noch nicht, von der er gesprochen hat, und irgendwie eingerichtet müßte sie ja auch werden, und ob er wirklich eine ganze Familie um sich haben möchte, das bezweifle ich.

Ich betrachte Silvesters Miene und bezweifle es auch.

Es sei denn, fährt Isabella fort, du möchtest unbedingt das Kind deiner Tochter bei dir haben, Nina.

Gewiß nicht, sage ich. Ein Kind genügt mir. Ich wüßte auch gar nicht, wie ich das finanzieren soll.

Dann warten wir das in Ruhe ab. Vielleicht verbessern sich die Beziehungen zur Ostzone bald einmal, dann wird das sowieso leichter.

Darauf kannst du lange warten, sagt Silvester.

Dann läßt Isabella für mich ein Bad einlaufen, sie gibt mir eine Zahnbürste, sie macht ein Bett auf der Couch zurecht.

Nicht mehr nachdenken, sagt sie, schlafen.

Ich liege da und starre an die Decke. Gar nicht daran zu denken, daß ich schlafen kann. Warum hat sie mir keine Schlaftablette gegeben, ich bin daran gewöhnt.

Dann kommt Silvester, er bringt die Tablette und ein Glas Wasser. Dann nimmt er meine Hände und zieht mich sanft hoch. Du schläfst heute bei mir, sagt er.

Ich habe bei ihm geschlafen, in seinem Arm. Ich fühlte mich geborgen und habe nicht an morgen und übermorgen gedacht. Das werde ich überhaupt nicht mehr tun, das sollen die anderen jetzt für mich tun.

ZWEITES BUCH

Die Stimme

Frederic Goll stand an die Wand gelehnt neben dem weit geöffneten Fenster, er konnte den ganzen Raum überblicken, der im Halbdunkel lag, nur die Kerzen auf den Kandelabern zu beiden Seiten der hohen Türen brannten. Auf dem Flügel stand eine Lampe, sie beleuchtete die Noten, Ruhlands Gesicht und seine Hände auf den Tasten, die nach dem letzten Takt einen Augenblick in der Schwebe blieben, dann langsam seitwärts niedersanken. Ruhland hatte den Kopf leicht zurückgeneigt, die Augen geschlossen. Es war still im Raum; es schien, niemand wage zu atmen.

Frederic war den Tränen nahe. Wie sie das gesungen hatte! Das klang kaum wie eine Menschenstimme, schien von jenseits zu kommen.

›... mir ist, als ob ich längst gestorben bin und ziehe selig mit durch ew'ge Räume, und ziehe selig mit durch ew'ge Räume!‹ In einem einzigen großen Bogen war die letzte Phrase gekommen, zartestes Piano, doch jeder Ton klar, jedes Wort zu verstehen. Ihr Gesicht sah man nicht, es lag im Schatten, man sah nur die hohe, schmale Gestalt im weißen Kleid, das dunkle Haar, das wie ein Schleier ihr Gesicht verhüllte, denn sie hatte den Kopf gesenkt nach dem letzten verklingenden Ton.

Frederic sah nur sie, alle übrigen Menschen im Raum waren für ihn nicht vorhanden. Daß ein menschliches Wesen so singen konnte! Einer hatte diese Lieder komponiert, viel tausendmal waren sie seitdem gesungen worden, aber nun schien es, als seien sie einzig und allein für diese Stimme geschrieben worden.

Mußte sie deshalb blind sein? War das der Preis, den sie bezahlen mußte, um mit dieser Engelsstimme zu singen?

Rico hatte den Platz neben seinem Vater, dem er die Noten umgeblättert hatte, verlassen; er trat zu Maria, umarmte sie, küßte sie auf die Wange, redete leise auf sie ein. Frederic drehte sich schnell um und starrte hinaus in den dunklen Park; das Gras und das Laub der Bäume waren noch feucht, es hatte am Nachmittag geregnet, und der Park schien voll Glück zu atmen. Über den Bäumen stand der Mond. Jenseits des Parkes, ein gutes Stück entfernt noch, lag der See, und über dem See drüben, beglänzt vom Mond, standen die Berge. Das konnte man von hier aus nicht sehen, doch Frederic wußte genau, welches Bild die Mondnacht bot. Wenn er hinaufsteigen würde zum Turm, dann würde er dies alles sehen.

Er. Niemals sie.

Er wollte nicht sehen, was sie nicht sah. Lieber wollte er hinausgehen in die feuchte Kühle des Parks, nur die Bäume um sich, die duftenden Blumen, darüber der Mond. Und ihre Stimme im Ohr.

Vor zwei Tagen hatte er Kairo verlassen, nachdem er dort noch Nassers große Tage miterlebt hatte: Nehru war auf Staatsbesuch in Ägypten gewesen.

Frederics Tätigkeit an der Botschaft in Ägypten war beendet; sein neuer Posten würde Paris sein.

Er wandte sich wieder um. Maria stand noch in der Bucht des Flügels, und Rico hatte rechts und links von ihr die Hände aufgestützt.

Was für ein aufdringlicher Bursche das war!

Der Hund schien das auch zu empfinden. Er hatte seinen Platz an der Tür verlassen und drängte seinen Kopf zwischen Rico und Maria, um ihr Knie zu berühren.

Es waren nicht viele Menschen da, nur geladene Gäste. Als Frederic sah, daß Ruhland aufstand, trat er rasch einen Schritt in den Saal hinein.

»Darf ich eine Bitte aussprechen?« fragte er.

Alle sahen zu ihm hin.

»Nur zu«, sagte Ruhland, »für weitgereiste Leute haben wir immer ein offenes Ohr.«

»Es ist eine so wunderbare Nacht. Sie wissen nicht, wie ich es genieße, hier zu sein.«

»Nun also, eine schöne Nacht«, bestätigte Ruhland. »Und wo bleibt die Bitte?«

»Ich weiß, es war ein Brahmsabend. Aber wenn ich hinaussehe...« Ruhland trat neben ihn an das hohe Fenster. »Ich weiß, was Sie wollen, Mr. Goll.« Ruhland tat einen tiefen Atemzug. »Was für eine Nacht! Sie haben recht. Ich sage ja immer, es ist eine einmalige Kulisse hier. Ferdl, schau, dein Park. Er inszeniert sich selber wieder einmal außer jeder Konkurrenz. Setzen Sie sich bitte wieder, meine Herrschaften! Eine einzige Zugabe. Diesmal Schumann.«

Er lächelte Frederic an. »Habe ich es erraten, Mr. Goll?«

»Durchaus.«

»Mondnacht«, rief Rico und kramte schon nach den Noten. Sein Vater war wieder am Flügel, die Gäste setzten sich. Nina ging zu Frederic, blickte hinaus in den Park, dann sah sie Frederic an. Er wußte, was sie dachte. Sie dachte dasselbe wie er: Maria würde die ›Mondnacht‹ von Robert Schumann singen; aber sie konnte nicht den Park sehen, nicht die Bäume, nicht den Mond.

Frederic nahm Ninas Hand und ließ sie nicht los, solange Maria sang.

›Es war, als hätt' der Himmel die Erde still geküßt, daß sie im Blütenschimmer von ihm nur träumen müßt.‹

Das paßte gut zu dem Brahmslied; die letzten Worte ähnelten sich fast: ›...und meine Seele spannte weit ihre Flügel aus, flog durch die stillen Lande, als flöge sie nach Haus.‹

Stille. Dann stand Ruhland auf, senkte den Deckel über die Tasten, fuhr sich mit der Hand durch die dichte weiße Mähne.

»Nun also« sagte er. »Das wär's für heute. Etwas mehr Licht bitte.«

Der alte Diener mit den weißen Handschuhen, der an der Tür stand, löste sich nur mit Mühe aus dem Bann, der alle gefangen hielt. Endlich ging der Kronleuchter an.

Ruhland trat zu Maria, schob Rico beiseite, führte sie zu dem Sessel, der seitlich rechts vom Flügel stand.

»Das war sehr gut, Maria«, sagte er leise.

Zwei weitere Diener kamen in den Saal, mit Tabletts, auf denen Gläser mit Champagner standen, sie gingen herum und boten an, leise erhob sich ein Gespräch, einige Leute traten zu Maria, sprachen sie an. Es war schwer, die richtigen Worte zu finden, hier und jetzt. Zu ihr.

Sie hatte die dunkle Brille aufgesetzt, sie lächelte, sie neigte den Kopf, sie sagte leise: danke.

»God bless her«, murmelte Frederic, dann ließ er Ninas Hand los.

»Es ist schön, dich wieder einmal hier zu haben, Frederic«, sagte Nina. »Mit Kairo bist du also fertig.«

»Ja, Gott sei Dank. Es war heiß. Heiß und laut und voller Staub. Erst die Wahlen, dann der Staatsbesuch. Ich genieße die Luft hier. Es gibt auch schöne Mondnächte am Nil. Oder in der Wüste. Durchaus. Aber hier zu atmen, das ist wie ein Geschenk der Götter.«

»Du wirst mir morgen erzählen, wie es war. Heute kommen wir wohl nicht mehr dazu. Ruhland plant eine Überraschung.«

»Eine Überraschung?«

»Na, was auch immer, er führt etwas im Schilde, ich kenne ihn gut genug. Er hat bestimmt, daß wir alle dieses Wochenende hier sein müßten, nur Familie, hat er gesagt, nur Freunde des Hauses. Aber ich sehe doch einige, die nicht in diese Kategorie fallen. Der da drüben, der jetzt bei Ruhland steht, gehört nicht zur Familie. Jedenfalls kenne ich ihn nicht. Aber ich kenne den, der mit Silvester spricht. Der ist vom Bayerischen Rundfunk. Ich war ein paarmal mit im Funkhaus, als Silvester die Vortragsreihe hielt. Der gehörte zwar nicht zum Nachtstudio, aber ich habe ihn in der Kantine einige Male gesehen. Wetten, daß der mit Musik zu tun hat?«

»Was denkst du?«

»Ich denke, daß Ruhland etwas vorhat. Ist es wahr, was Eva mir vorhin erzählt hat? Deine Eltern kommen?«

»Ja. Ich muß schon in einer Woche meinen Dienst in Paris antreten. Es verlohnt sich nicht, für zwei oder drei Tage nach Boston zu fliegen. Da kommen sie her. Mein Vater wollte gern einmal dieses Schloß sehen. Und Ariane kennt es auch nicht. Und ein paar Tage Paris würden ihr auch Spaß machen, sagte sie am Telefon.«

Ruhland stand jetzt neben Marias Sessel, hob die Hand, räusperte sich, alles schwieg, und mit seiner vollen tragenden Stimme kam er nun mit dem heraus, was Nina eine Überraschung genannt hatte. »Liebe Freunde«, sagte er, »ich habe Sie alle hierher gebeten in dieser schönen Mondnacht, wie unser amerikanischer Gast sie nannte, um Ihnen etwas mitzuteilen. Und um Ihre Unterstützung zu bitten. Ich konnte nicht ahnen, daß der Mond mitspielen würde, heute nachmittag, als Sie ankamen, hat es noch geregnet. Aber nun ist sie da, Frau Luna, und ich betrachte es als gutes Omen. Nun also! Hier sitzt Maria Jonkalla, ihr habt sie singen gehört, und an euren Gesichtern sehe ich, welchen Eindruck es gemacht hat. Was ich jetzt sage, geschieht gegen Marias Wunsch und Willen. Darum brauche ich eure Unterstützung. Seit vier Jahren schule ich Marias Stimme, und was daraus geworden ist, war soeben zu hören. Ich bin ein alter Hase in diesem Beruf. Ich habe alle Stimmen gehört, die gut und noch besser waren. Aber Besseres als Marias Stimme habe ich nie gehört. Sie brachte die Voraussetzungen mit, ich habe mein Wissen und meine Erfahrung dazu getan. Sie war eine fleißige und aufmerksame Schülerin. Und sie hat in diesem Raum und auch in unserem großen Saal schon vor größerem Publikum gesungen. Und nun frage ich: Soll diese Stimme nirgendwo sonst gehört werden als in diesem Haus?«

Er legte eine wirkungsvolle Pause ein, Proteste wurden laut, Maria jedoch sank ängstlich in ihrem Sessel zusammen.

»Ich habe mit Maria dies alles zwar besprochen«, fuhr Ruhland fort, »doch wir sind uns noch nicht einig geworden. Es ist ihr genug, daß sie singen kann. Mir ist es nicht genug. Ich möchte, daß alle Menschen sie hören, die zu hören verstehen.«

Zustimmendes Murmeln rundherum, und Nina flüsterte: »Na, was habe ich gesagt?«

Ruhland machte es spannend. Wieder eine Pause, dann lächelte er, legte die Hand auf Marias Schulter.

»Nun also! Anschließend darf ich euch alle hinüberbitten

in den venezianischen Salon. Stephan hat dort ein Buffet vorbereitet, kalt und warm, das mir sehr verlockend erscheint, nachdem ich einen kurzen Blick darauf geworfen habe. Vorher möchte ich euch mit zwei unserer Gäste bekannt machen, die zum erstenmal hier sind. Das ist Dr. Bongarth vom Bayerischen Rundfunk, und hier, mein langjähriger Freund, Rolf Herminger, von der weltbekannten Schallplattenfirma Polyhymnia. Beide Herren sind heute hier, um Maria zu hören. Sie haben sie gehört. Was ich mir wünsche, sind Engagements für Maria sowohl da wie dort. Wir sprechen heute abend nicht über Pläne, nicht über Verträge, auch nicht über Geld. Nur soviel: Wenn zwei Menschen so hart gearbeitet haben wie Maria und ich und wenn als Ergebnis eine solche Stimme erklingt, dann sollte diese Stimme nicht nur gehört werden, wie ich sagte, sie sollte auch Geld verdienen. Maria wird viel Geld verdienen, daran zweifle ich nicht. Und das ist ihr gutes Recht. Doch es wird eine schwere Aufgabe sein, sie zu überreden, an die Öffentlichkeit zu gehen. Dazu erbitte ich eure Hilfe. Nun also, das wär's. Gehn wir essen.«

Ruhland ergriff energisch Marias Hand und zog sie hoch, aber da war Rico schon wieder da, schob seinen Arm unter Marias Arm und führte sie zur Tür. Der Hund ging an ihrer linken Seite, wie immer sie sacht berührend. Frederic sah ihnen nach.

»Sie wird viel Geld verdienen«, sagte er zu Nina. »Und eine tüchtige Werbung wird es gehörig ausschlachten, daß sie blind ist.«

»Ja«, sagte Nina. »Das fürchte ich auch. Aber das ist wohl nicht zu vermeiden.«

»Es war sehr geschickt, was Ruhland gesagt hat. Die Stimme muß gehört werden. Durchaus. Und warum soll sie nicht Geld damit verdienen und er schließlich auch. Er wird sie managen.«

»Das wird wohl Rico tun. Er will sie heiraten.«

»Was will er?«

»Er will Maria heiraten.«

»Das kannst du nicht im Ernst sagen?«

»Nun, es ist naheliegend. Sie kennt ihn jetzt seit so vielen Jahren. Seit sie damals von Boston zurückkam, lebt sie hier auf Langenbruck. Und Rico war zuletzt immer da. Sie hat ihn ja auch vorher gekannt, schon als Kind. Erst Stephan und ich, dann Ruhland und Rico, das waren die Menschen, zu denen sie gehörte. Und wenn sie wirklich öffentlich auftreten soll, braucht sie jemand, der neben ihr ist, nicht wahr?«

»Rundfunk und ein Plattenstudio sind keine Öffentlichkeit«, sagte Frederic abweisend.

»Aber jemand muß sie auch dorthin begleiten. Ich kann das nicht. Außerdem weiß ich, daß Ruhland auch an Konzerte denkt. An Liederabende. An Oratorien. Na komm, laß uns essen.«

»Nein«, sagte Frederic schroff. »Danke. Ich möchte jetzt nichts essen. Ich gehe in den Park.«

»Maria wird dich vermissen. Sie freut sich doch, daß du da bist.«

»Ich kann es nicht ertragen, Nina, daß sie für immer und für alle Zeit nur ein hilfloses Objekt sein soll. Gute Nacht, Nina.«

Damit wandte er sich, öffnete die Tür, die ins Freie führte, ging die Stufen hinab in den Park und verschwand im Dunkel.

Nachdenklich verließ Nina den Saal und ging den Gang entlang zum sogenannten venezianischen Salon. Das Venezianische an dem rechteckigen Raum bestand eigentlich darin, daß an den Wänden nur Bilder mit Motiven aus Venedig hingen, die der Baron Moratti in seiner Jugend selbst gemalt hatte: San Marco, der Campanile, Canal Grande mit Gondel, Canal Grande mit Palazzo, Rialto, Maria della Salute und so fort. Keine Meisterwerke, aber, wie Silvester sagte, hübsch anzusehen.

Wo keine Bilder hingen, standen schöne alte Schränke, in denen Glaswaren aus Murano ausgestellt waren, was Nina immer an ihre frühere Tätigkeit bei den Czapeks erinnerte. Und sonst war der Raum nur mit hochlehnigen Stühlen und zwei langgestreckten Tischen eingerichtet. An diesem

Abend jedoch, wie immer wenn Gäste da waren, hatte Stephan einige kleine runde Tische aufstellen lassen. Stehparties waren in Schloß Langenbruck verpönt.

Nina zögerte an der Tür, immer noch unsicher, was sie tun sollte, Frederic nachgehen oder ihn allein lassen. Er war so glücklich und gelöst gewesen, während Maria sang, offenbar hatte er gar nicht gemerkt, daß er ihre Hand festhielt. Nun jedoch schien er verärgert zu sein. Weil sie das von Rico erzählt hatte?

Nicht daß der Gedanke an diese Heirat Nina besonders zusagte, es war ein ungleiches Paar. Einer aber mußte den Platz an Marias Seite einnehmen, erst recht später, wenn sie auftreten sollte. Ruhland hatte es sich in den Kopf gesetzt, und er würde nicht aufgeben. Er hatte diese Stimme ausgebildet, und sie sollte gehört werden, damit hatte er recht, Nina sah es ein. Und nur Rico konnte Marias Begleiter und Manager sein, er verfügte über Durchsetzungsvermögen und Geschäftssinn, und er kannte sich aus in der Musikwelt, wenn auch seine Szene eine andere gewesen war. Die Band, mit der er aufgetreten war und auch erfolgreiche Plattenaufnahmen gemacht hatte, hatte er verlassen, seit über einem Jahr war er meist in Langenbruck und widmete sich nur noch Maria. Kümmerte sich auch darum, daß sie nicht nur arbeitete, er ging mit ihr spazieren, er ging mit ihr zum Schwimmen, und er tanzte viel mit ihr, was sie erstaunlich gern tat und auch gut konnte. Außerdem behauptete er, Maria zu lieben.

Seine Liebesaffären zuvor waren zahlreich gewesen, von Ehe war nie die Rede.

Als Nina das letzte Mal in Langenbruck war, vor drei Wochen, hatte er mit ihr gesprochen, wie er sich das vorstellte.

»Ich werde jeden ihrer Schritte begleiten. Meine Augen werden ihre Augen sein. Ich weiß, mein Vater hält nicht viel von mir, aber ich werde ihm beweisen, wie ernst es mir ist. Kein Mensch wird Maria etwas Übles tun, wenn ich bei ihr bin.«

»Und deine... deine andere Musik?«

»Passé. Ich verstehe auch genug von ernsthafter Musik,

von der E-Musik, wie wir das nennen. Schon durch meinen Vater. Ich werde die besten Verträge für Maria aushandeln.«

»Was für Verträge?« hatte Nina gefragt.

»Warte erst mal ab.«

Heute abend hatte sie erfahren, wie Ruhland sich das dachte. Und Rico war offenbar in diese Pläne eingeweiht.

Eine Karriere also für Maria Jonkalla. Das würde beginnen, Schritt für Schritt, würde zum Erfolg führen, und sicher hatte Frederic nicht unrecht, wenn er sagte, ihr Blindsein würde eine gute Reklame abgeben.

Nina blieb an der Tür stehen, abwesend, in Gedanken versunken. Würde es gut sein für das arme Kind? Dahin und dorthin geführt zu werden, dann zu singen, dann zurückgeführt werden in ein Heim, ob es nun das Schloß oder sonstwo war, immer an Ricos Hand, seine Stimme, seine Anweisungen, seine – nun ja, Liebe. Kann ich wirklich daran glauben, daß es so sein wird? dachte Nina. Rico ist Ende Zwanzig und ein verdammt hübscher Bursche. Kann so etwas gutgehen? Aber wir sind alle zu alt, keiner von uns kann diese Aufgabe in ihrem Leben übernehmen.

Frederics Worte klangen ihr noch im Ohr.

Ich kann es nicht ertragen, daß sie für immer und alle Zeit nur ein hilfloses Objekt sein soll.

Damit hatte er gewiß recht. Aber was sonst sollte man tun? Ninas Objekt, Stephans Objekt, Ruhlands Objekt, Ricos Objekt. Eine große Künstlerin, aber nie ein freier Mensch.

Nina strich sich mit der Hand über die Stirn. Sie würde später nach Frederic schauen.

Sie überflog den venezianischen Salon mit raschen Blikken, Gruppen hatten sich gebildet, man speiste, die Diener gingen mit den Weinflaschen von Tisch zu Tisch, Stephan kam vom Buffet mit einem Teller, der war sicher für den Baron bestimmt.

Er sah sie an der Tür stehen und schlug einen kleinen Bogen. »Willst du denn nichts essen, Nina?«

»Doch, gleich.«

»Setz dich, ich bringe dir dann gleich was.«

»Danke, ich hole es mir selber. Das sieht aber gut aus.«

»Die ersten Steinpilze, Boris und ich haben sie gestern gesucht.«

»Garantiert nicht giftig?«

»Garantiert nicht.«

Nina sah ihm nach, wie er in seinem eleganten dunklen Anzug durch den Raum ging, halblaut einem der Diener eine Anweisung gab, dann dem Baron den Teller brachte.

Stephan als Majordomus auf diesem Schloß, verantwortlich für die Haushaltsführung, die Bücher, den Gärtnereibetrieb und für das Wohlergehen aller, die hier lebten, und Stephan, hochzufrieden mit diesem Leben. Sehr seltsam, was die Begegnung mit dem Kammersänger Ruhland in ihrer aller Leben bewirkt hatte!

Der Baron saß mit Agnes Meroth und ihrem Mann zusammen, Ruhland an einem anderen Tisch mit den Herren vom Funk und der Plattenfirma, ein anderer, jüngerer Mann war auch noch dabei, der eben gerade mit großer Geste etwas erklärte.

Vermutlich der zukünftige Werbemensch, dachte Nina leicht amüsiert. Ganz hinten, an der Ecke des großen Tisches, entdeckte sie Silvester, Hesse und Herbert in ein offensichtlich sehr eifriges Gespräch vertieft; keiner schien sie zu vermissen, keiner warf einen Blick zur Tür.

Marleen saß zusammen mit Eva und einer unbekannten Dame, noch einige Leute waren da, die Nina nicht kannte, wohl Nachbarn und Freunde des Hauses, und richtig, da war ja auch Ruhlands spezieller Freund, der kommunistische Bürgermeister, der längst kein Bürgermeister mehr war, aber einen florierenden Handel mit Landmaschinen betrieb.

Schade, daß Victoria von Mallwitz nicht gekommen war. Nina hatte noch am Vormittag mit ihr telefoniert, aber Victoria hatte gesagt: »Ganz unmöglich. Wir haben mit der Ernte angefangen, und Elisabeth muß sich noch ein wenig schonen.«

»Und dein Schwiegersohn?« fragte Nina.

»Ach, der! Der muß noch viel lernen.«

Das Liserl hatte soeben ihr drittes Kind bekommen, ihr Mann war zwar promovierter Botaniker, verstand aber nach Victorias Meinung von der Landwirtschaft nicht das geringste. Joseph von Mallwitz war vor drei Jahren gestorben. Seitdem führten Victoria und ihre Tochter, falls die nicht gerade im Wochenbett lag, das Gut allein. Victoria jedenfalls war der Meinung, keiner verstehe das besser als sie und eventuell das Liserl.

Nina warf einen flüchtigen Blick zum Buffet. Eigentlich hatte sie gar keinen Appetit. Und der Gedanke an Frederic, allein da draußen in dem dunklen Park, ließ ihr keine Ruhe. Und wo war Maria? Sie war nicht zu sehen, der Hund nicht, und Rico auch nicht.

Nina seufzte. Sie beschloß, zunächst den Baron zu begrüßen; dazu war sie heute noch nicht gekommen.

Er stand auf, als er sie kommen sah, ein wenig mühselig, er war alt geworden, aber er küßte schwungvoll Ninas Hand und sagte: »Es war wieder einmal hinreißend, meine Liebe. Dieses Kind singt, es singt wie eine Göttin.«

»Ja«, stimmte Agnes Meroth zu, »ich bin alt genug und lange genug weg vom Fenster, daß ich sagen kann, sie singt mindestens so gut wie ich.«

Alle lachten, Stephan schob Nina einen Stuhl zurecht, und kurz darauf brachte er ihr einen Teller vom Buffet.

»Ja, ja, ja«, sagte der Baron. »Es ist eine große Ehre für mich, zwei so berühmte Frauen bei mir sitzen zu sehen.«

»Sie können doch kaum mich damit meinen, Baron«, sagte Nina.

»Aber gewiß, meine Liebe. Ihr Roman ist ganz wundervoll. Meine Augen, die tun es nicht mehr so recht, aber Stephan liest ihn mir und Maria vor. Immer wenn er ein Stündchen Zeit hat, und wenn Maria Zeit hat, sitzen wir in der Bibliothek, immer dort, niemals draußen, man muß Ruhe um sich haben, wenn man ein gutes Buch genießen will.«

»Stephan liest Ihnen mein Buch vor? Davon hat er mir nichts erzählt.«

»Nun, wir haben Sie ja auch eine ganze Weile nicht gesehen bei uns. Ja, er liest uns vor. Wir sind schon auf Seite 305. Stephan liest sehr gut. Er muß nur, wie gesagt, Zeit haben, er ist ja ein vielbeschäftigter Mann. Bei dieser Gelegenheit möchte ich Ihnen wieder einmal sagen, wie froh ich bin, Stephan hier zu haben. Er kümmert sich um alles. Einfach um alles. Wissen Sie, was er als Neuestes plant? Er legt eine Rosenzucht an. Rosen waren immer schwierig hier. Im Winter kann es ja ziemlich rauh sein. Aber Stephan hat jetzt den richtigen Fachmann gefunden.«

»Mich natürlich«, sagte Agnes Meroth. »Und meinen Mann. Wir sind bewährte Rosenzüchter. Wir haben einen Platz ausgesucht, wo die Rosen Schutz haben, aber auch genügend Sonne.«

Nina hörte artig, wenn auch ein wenig abwesend zu. Wo war Maria? Wo blieb Frederic?

Sie entschuldigte sich nach einer Weile, ging zu dem Tisch, an dem Eva und Marleen saßen. Marleen blickte ein wenig gelangweilt um sich, sah aber höchst dekorativ aus in einem Kleid aus crèmefarbener Seide. Seit sie älter war, bevorzugte sie helle Farben. Wie immer war sie perfekt zurechtgemacht, kein graues Haar in ihrer Frisur.

Nina tat es ihr nach und färbte ihr Haar ebenfalls. Die Zeit für graue Haare kam noch rechtzeitig genug.

»Was reden die eigentlich da hinten stundenlang?« fragte Marleen, die es noch immer nicht vertragen konnte, wenn die Männer sich nicht ihr widmeten.

Nina blickte zu dem Tisch am Ende des Raumes, wo Silvester, Hesse und Herbert die Welt um sich vergessen hatten.

»Ich weiß es zwar nicht, aber ich kann es mir denken. Seit dein Mann sich am Verlag beteiligt hat, schmiedet Silvester große Pläne. Er möchte Bildbände machen.«

»Bildbände?«

»Große prächtige Bildbände über berühmte Kunstwerke der Welt. Er meint, der Trend ginge nach Bildern. Bald würden die Leute sowieso nur noch fernsehen und nicht mehr lesen, und wenn sie Bücher kaufen, wollen sie Bilder sehen. Was nicht ausschließt, daß er ausführliche Texte dazu macht. So etwas ist natürlich teuer in der Herstellung, bisher konnten sie nicht daran denken, aber mit Alexanders Finanzspritze sieht die Sache anders aus. Silvester ist jedenfalls ganz besessen von diesem Gedanken.«

Marleen und Alexander Hesse hatten vor einem Jahr geheiratet, nachdem seine Frau gestorben war.

Silvester, der sich mit zwei Büchern einen guten Namen gemacht hatte, war vor fünf Jahren als Teilhaber in den bekannten Münchner Verlag eingetreten, für den er schon während der Nazizeit, damals allerdings im verborgenen, gearbeitet hatte. Ninas Buch war bei Franz Wismar erschienen, der inzwischen aus der niedersächsischen Kleinstadt nach Darmstadt umgesiedelt war und in den letzten Jahren mit Erfolg seinen Verlag wieder etabliert hatte.

Auf Ninas Buch hatte er lange warten müssen, ihr Roman ›Der silberne Strom‹ war im vergangenen Herbst erschienen, und es war wirklich die Geschichte von Wardenburg und ihrer niederschlesischen Heimat; sie hatte viele Jahre daran gearbeitet, in diesem Frühling war die zweite Auflage erschienen. Über die Filmrechte wurde momentan verhandelt, und Peter Thiede hatte ihr geschrieben: Schade, daß ich schon so alt bin, ich hätte gern deinen Nicolas gespielt.

»Kannst du Herbert dort nicht loseisen?« fragte Eva. »Wir wollten nicht zu spät zurückfahren. Ich bin unruhig, wenn die Kinder so lange allein sind.«

Für Dr. Herbert Lange war das Thema, über das an jenem Tisch gesprochen wurde, interessant. Er hatte kürzlich zusammen mit einem Partner eine Kanzlei eröffnet, und er wollte sich, unter anderem, für Urheberrecht spezialisieren.

»Michaela ist ja inzwischen alt genug, um auf die Kinder aufzupassen.«

»Das denkst du«, sagte Eva. »Sie hat die verrücktesten Ideen. Das letzte Mal, als wir nach Hause kamen, hatten sie das ganze Wohnzimmer in ein Indianerzelt verwandelt, Sebastian schwang einen Tomahawk, und Claudia hatten sie an den Marterpfahl gebunden. Es war immerhin halb elf abends. Wir waren nur mal im Theater.«

»Michaela könnte wirklich langsam vernünftiger werden«, meine Nina.

»Das habe ich ihr auch gesagt. Sie liest nur Wildwest- und Abenteuergeschichten, niemals ein ernsthaftes Buch. Sie ist ja auch glücklich sitzengeblieben.«

»Ja, und Lou war sehr wütend darüber.«

Durch die Tür im Hintergrund sah Nina Rico hereinkommen, dann Maria mit dem Schäferhund. Nach ihnen kam Lou. Wo war sie eigentlich den ganzen Abend gewesen?

Nina stand auf und ging ihnen entgegen.

»Wo wart ihr denn? Was hast du, Maria?«

Maria sah müde aus, sie hatte unnatürlich gerötete Wangen im blassen Gesicht.

»Maria fühlt sich nicht so wohl«, sagte Lou. »Sie hatte sich ein bißchen hingelegt.«

Nina legte rasch ihre Hand auf Marias Stirn, sie war heiß.

»Du hast Fieber, Kind.«

Maria bog unwillig den Kopf zurück.

»Es ist nichts«, sagte sie und lauschte in das Stimmengewirr des Raumes hinein.

»Es sind so viele Leute hier«, murmelte sie gequält. »Warum kann ich denn nicht...«

Lou sagte: »Ich war dagegen, daß sie noch einmal hereinkommt. Aber Rico meint, sie müsse sich unbedingt blicken lassen. Und etwas essen sollte sie auch.«

»Ich will nichts essen«, sagte Maria abweisend. »Ich will auch keine Leute mehr haben.«

»Sei nicht albern«, sagte Rico. »Das ist ein großer Abend für Vater. Und für dich. Nimm dich zusammen, Maria.«

Sie wandte den Kopf zur Seite, ihr Hals, ihr Kinn waren angespannt, ihre Hand lag auf dem Kopf des Hundes.

»Ich will nicht«, wiederholte sie eigensinnig.

Die drei Männer, die in der Nähe saßen und ihr Gespräch unterbrochen hatten, mischten sich ein.

Hesse stand auf und trat zu ihnen.

»So laßt sie doch in Ruhe«, sagte er ärgerlich. »Sie hat genug geleistet heute abend.«

»Sie muß sich daran gewöhnen, daß man auch nach einem Konzert mit seinem Publikum spricht«, sagte Rico.

»Sie muß gar nichts«, sagte Hesse scharf. »Komm, setz

dich einen Moment zu uns, Maria. Hier hast du deine Ruhe. So, so, Posa, schöner Posa, braver Posa«, er strich behutsam über den schmalen Hundekopf. Der Hund hielt still, seine Rute bewegte sich nicht. Er hatte es nicht gern, wenn andere Menschen ihn anfaßten. Er war für Maria da, er liebte Maria. Er mochte Ruhland ganz gern, und sonst war es nur noch Stephan, der ihn liebkosen durfte. Von Stephan bekam er auch sein Futter. Alle übrigen Menschen betrachtete er als lästiges Zubehör.

Sein voller Name lautete Marquis von Posa, der stammte von Ruhland, denn ein so treuer Freund wie einstens der Marquis Posa dem Don Carlos, so ein Freund war der Hund für Maria. Hesse führte sie zu einem Stuhl.

»Komm, setz dich. Wir sind hier ganz unter uns, Silvester ist hier und Herbert. Wir sitzen weit entfernt von den anderen, und hinter dir ist gleich die Tür. Wenn du willst, kannst du jederzeit verschwinden. Willst du nicht doch einen kleinen Bissen essen?«

Maria schüttelte den Kopf.

»Sie hat Fieber«, sagte Nina.

Sie sprachen nicht von dem Konzert, nicht von Marias Gesang. Sie wußten, daß sie es nicht mochte, wenn danach darüber gesprochen wurde.

»Ich hol dir ein Glas Wein, Maria«, schlug Rico vor. »Rotwein?«

»Ich will keinen Wein.«

»Einen Saft?«

»Ich will gar nichts.«

Nina und Lou setzten sich auch, Rico sagte: »Ich geh mal zu Vater. Mal hören, was die da reden.«

»Herbert«, sagte Nina, »Eva meint, ihr solltet nicht zu spät nach Hause fahren.«

»Ja, ja, ich weiß«, erwiderte Herbert ungeduldig. »Sie treibt immer. Ich kann nie in Ruhe wo sitzen und mich unterhalten. Immer und ewig hat sie sich mit den Kindern.«

In der Ehe von Eva und Herbert kriselte es in letzter Zeit, das war Nina bereits aufgefallen. Eva war unzufrieden mit ihrem Hausfrauen- und Mutterdasein, und Herbert sah sie selten. Er war mit so vielen Dingen beschäftigt, am wenigsten mit seiner Familie. Praktisch war Eva auch lange Zeit die Erziehung von Michaela aufgebürdet worden, nachdem sich Lou meistens im Schloß aufhielt. Michaela war ein ungebärdiges, vorlautes Mädchen, faul in der Schule, nichts als Dummheiten im Kopf.

Nina hatte sich schon oft gedacht: Wie kommt Eva eigentlich dazu, sich ständig um Michaela zu kümmern? Einmal hatte sie mit Lou darüber gesprochen und vorgeschlagen, Michaela in ein Internat zu geben, doch davon wollte Lou nichts wissen. Im Schloß war Michaela nicht so gern gesehen, sie war verknallt in Rico, wie sie das nannte, und zeigte es zu offensichtlich.

Nina hätte gern ein paar Worte mit Maria allein gesprochen. Doch sie war nicht mehr Marias Vertraute.

Stephan kam und fragte: »Kann ich irgend etwas für irgend jemand tun?«

»Ja«, sagte Nina, »du könntest mir ein Glas von dem Frankenwein bringen, wenn du so lieb bist.«

»Dann trinken wir doch alle noch ein Glas«, schlug Herbert vor. »Am besten bringst du gleich eine Flasche, Stephan. Oder noch besser zwei.«

»Ich denke, du willst noch nach Hause fahren?« fragte Nina.

»Na und? Die Stunde fahre ich mit geschlossenen Augen.«

Nina lachte nervös. Das waren so Sätze, noch immer waren das unmögliche Sätze. Wenigstens hatte er nicht gesagt: fahre ich blind.

»Gib nur nicht so an«, sagte sie.

»Ist Frederic hier?« fragte Maria.

»Nein. Er wollte im Park spazierengehen. Das ist jetzt eine Stunde her, und er ist immer noch nicht da. Gleich nach der ›Mondnacht‹ ist er hinausgegangen. Er war richtig erschüttert, weißt du. Hoffentlich erkältet er sich nicht, es ist sicher kühl draußen. Und er kommt gerade aus Ägypten.« Maria entspannte sich ein wenig.

»Ach ja, er war in Ägypten. Wo es die Pyramiden gibt.«

Mit den Händen formte sie das Dreieck einer Pyramide. »Herr Beckmann hat mir einmal ein Modell davon gemacht. Aber was eine Sphinx ist, das hat er mir nur erklärt. Er sagte, das sei zu schwer, das könne er nicht nachmachen.«

Nina, erleichtert, daß Maria sprach, meinte: »Na, das müßte Silvester eigentlich fertigbringen, ein Modell von einer Sphinx aufzutreiben. Oder?« Sie blickte ihn fragend an, und Silvester sagte: »Sicher, das wird sich machen lassen. Aber die Form allein tut es in diesem Fall nicht. Die Hauptsache ist die Wirkung, die das geheimnisvolle Ding da in der Wüste hat.«

»Du hast es gesehen?« fragte Maria.

»Ja. Ich war Ende der zwanziger Jahre mal in Ägypten. Das hat mich sehr beeindruckt.«

Stephan und ein Diener kamen mit dem Wein und neuen Gläsern. Stephan füllte Marias Glas und gab es ihr in die Hand. »Danke«, sagte sie und trank, erst einen kleinen Schluck, dann leerte sie fast das ganze Glas.

Nina war versucht, sie noch einmal zu fragen, ob sie nichts essen wolle. Aber sie schwieg. Und sie hätte gern Marias Hand gefaßt, aber sie unterließ auch das. Maria hatte Fieber, das sah sie auch so. Eine Erkältung? Dann hätte sie kaum so singen können. Sie hatte das noch nie bei Maria nach einem Konzert beobachtet. Was tat Ruhland ihr an? Worüber hatte Rico mit ihr geredet? Sie blickte Lou an und fand den Ausdruck in ihrem Gesicht, den sie kannte. Also doch! Es war etwas geredet worden, was Maria verletzte oder ärgerte. Und Lou ärgerte es auch. Lou würde es ihr später erzählen.

Dann sah sie, wie Ruhland und die Herren an seinem Tisch sich erhoben, nachdem Rico eine Weile mit ihnen geredet hatte. »Maria«, sagte sie schnell, »es kommen jetzt Leute zu dir. Wenn du niemand mehr sprechen willst, dann bringe ich dich hinaus.«

»Nein, laß nur«, sagte Maria. »Ich weiß schon, was sie sagen werden. Und Rico hat mir gesagt, was ich tun muß. Nur lächeln und danke sagen. Alles andere besorgt er.« Ihre Hand lag auf dem Kopf des Hundes. »Und bitte sorge dafür, daß sie auf meine andere Seite kommen. Nicht da, wo Posa ist. Und gib mir noch ein Glas Wein.«

Sie saß jetzt gerade aufgerichtet, den Kopf ein wenig vorgestreckt, ihre Lippen zitterten.

Stephan, der hinter ihr stand, füllte ihr Glas und gab es ihr in die Hand. Dann ging er den Männern entgegen und geleitete sie auf Marias rechte Seite.

Marias linke Hand krampfte sich um den Kopf des Hundes, und Marquis Posa zog die Lefzen hoch.

Was für eine Quälerei! dachte Nina. Was für eine Quälerei! Erst Vicky und jetzt sie. Du holde Kunst... zum Teufel damit!

Frederic

Frederic ging tiefer in den Park hinein, das Gras war noch naß, feuchte Zweige streiften sein Gesicht, es war kühl, und nach einiger Zeit fröstelte es ihn. Doch er konnte sich nicht entschließen umzukehren.

Warum war er nur hierhergekommen? Es wäre viel vernünftiger gewesen, gleich nach Paris zu fliegen, ein paar ruhige Tage zu verbringen und auf Ariane und seinen Vater zu warten. Statt dessen hatte er vorgeschlagen, sich in München zu treffen, hatte Ariane eingeredet, sie müsse unbedingt nach Langenbruck kommen, um Maria wiederzusehen.

Wiederzusehen! Um Maria zu hören, hätte er sagen müssen. Aber auch er hatte sie heute zum erstenmal gehört, nein, er hatte nicht gewußt, was ihn hier erwarten würde. Ein einziges Mal war er bisher auf dem Schloß gewesen, damals, als er Maria aus Boston zurückbrachte und sie schließlich hier ablieferte. Ablieferte wie ein Paket, ein hilfloses Objekt, wie er zuvor zu Nina gesagt hatte. Und das, nachdem sie ein halbes Jahr lang zu seinem Leben gehört hatte. Warum hatte er sie überhaupt zurückgebracht nach Deutschland? Sie hatte sich wohl gefühlt in Boston, sie war gesund geworden.

Erst Stephan und ich, dann Ruhland und Rico, das waren die Menschen, zu denen sie gehörte, hatte Nina gesagt.

Warum sagte sie das? Sein Vater, Ariane, sein Bruder, er selbst, die beiden Hunde, alle waren für Maria dagewesen, als sie damals, wiederum verstört und starr, keiner Regung fähig, nach Amerika kam. Sein Vater hatte Maria die Kraft zum Weiterleben gegeben, er allein.

Und ich war ihr Freund, mir hat sie vertraut, von Anfang an, es begann, als ich ihre Hand hielt auf dem Flug und später... Und nun hatte dieser Rico ihm Maria weggenommen.

Frederic ärgerte sich über seine unkontrollierten Gedanken. Weggenommen! Er selbst degradierte Maria zu einem hilflosen Objekt. Sie gehörte ihm nicht, keiner konnte sie ihm wegnehmen. Sie war eine große Künstlerin, und sie würde eine große Karriere machen, blind oder nicht. Heinrich Ruhland und sein Sohn Rico würden dafür sorgen, daß sie berühmt wurde. Und reich. Die moderne Technik erlaubte es, eine Stimme von dieser Vollkommenheit weltweit den Menschen bekannt zu machen, ohne daß Maria je eine Bühne oder ein Konzertpodium betrat. Aber sie würden sie auch aufs Konzertpodium bringen. Frederic sah das Bild vor sich wie eine Vision – das Podium, der Konzertflügel, und Rico, der Maria hereinführte und zu ihrem Platz am Flügel brachte, der Empfangsapplaus, Maria neigte den Kopf, Rico verbeugte sich mit seinem strahlenden Lächeln, küßte Maria die Hand, zog sich zurück.

So ihr Auftritt, so ihr Abgang. Und es konnte genausogut ein Orchester sein, vor das er sie hinstellte, ein Dirigent, der mit ihr kam, anfangs beunruhigt, weil sie nicht sehen konnte, wenn er ihr das Zeichen zum Einsatz gab. Aber ihr Einsatz kam todsicher, das hatte Ruhland perfekt mit ihr vorbereitet. So würde es sein, hierzulande und anderswo. Und zweifellos würde es den Erfolg noch vergrößern, daß dieses schlanke, schöne Geschöpf mit der göttlichen Stimme blind war. Wie wunderbar ließ sich in den Zeitungen darüber berichten, Rico würde die Interviews geben, und daß er es verstehen würde, ausreichend Sahne darüber zu gießen, daran konnte kein Zweifel bestehen. Er, ihr Mann, der liebende, aufopferungsvolle Begleiter. Was für eine Story!

Der seltsame Schmerz, die Traurigkeit, die Frederic in den Park getrieben hatten, waren in Zorn umgeschlagen, eine Regung, die ihm im Grunde fremd war.

Er war vom Weg abgekommen, es war dunkel, das Mondlicht drang nur schwach durch die dichtbelaubten Baumkronen. Er wußte nicht, wo er war, ob er vielleicht im Kreis gegangen war. Die Lichter vom Schloß waren nicht mehr zu sehen, nichts war zu hören als das saugende Geräusch, das seine Schritte auf dem nassen Boden machten, einmal piepte ein Vogel, den er im Schlaf gestört hatte.

Er hatte keine Ahnung, wie groß der Park war, ob er etwa übergangslos in den Wald führte, dann war der Rückweg noch schwerer zu finden. Nun, irgendwo landen würde er, dies waren nicht die Rocky Mountains und nicht die Dschungel Afrikas. Er befand sich im Chiemgau.

Er erinnerte sich, wie Patton einmal gesagt hatte: »Was für ein schönes Land, dieses Bayern.«

Selbst damals, so kurz nach dem Krieg, hatte der General es so gesehen. Und wie hätte ihm heute wohl das Konzert in einem Schloß gefallen?

Auf einmal lichteten sich die Bäume, und Frederic gelangte an die Mauer, die den Schloßpark umgab, er ging keineswegs übergangslos in den Wald hinein.

Frederic fand einen herausstehenden Stein und zog sich an der Mauer hoch, der Anzug war sowieso verdorben, die Schuhe naß. Auf die Mauerkrone gestützt, blickte er hinaus auf die mondhellen Wiesen, in deren Mitte ein kleiner Weiher silbern glänzte und das Mondlicht widerspiegelte.

Er stand und starrte in die helle Dunkelheit, und trotz allem, was er erlebt hatte, die Beendigung seines Studiums, die Spezialausbildung für den diplomatischen Dienst, sein erster Posten in Ägypten, waren seine Gedanken nun erfüllt von der Erinnerung an die letzte Begegnung mit Maria. Als er damals mit seinem Vater nach München kam, fand er überdies eine total verzweifelte Nina vor.

»Ich bin schuld! Ich allein. Sie haben mir gesagt, es ist ein Versuch, man kann nicht wissen, wie es ausgeht. Es ist zu lange her, haben sie gesagt. Ich hätte es früher tun müssen. Es ist meine Schuld, nur meine Schuld.«

Die Operation, am Horizont schwebend wie ein mögliches Wunder, von dem man immer wieder einmal sprach, beschwörend, hoffend, glaubend. Auch zu Maria. Bis auch sie hoffte und glaubte.

Als sie wieder im Dunkel versank, war es schlimmer als je zuvor. Sie war kein Kind mehr, sie verstand nun alles, verstand es viel zu gut, denn Jahre um Jahre hatte man ihren Verstand geschult. Sie war fünfzehn, aber da sie nie eine normale Kindheit, nie eine unbekümmerte Jugend gehabt hatte, wirkte sie älter und reifer. Sie reagierte wie ein Mensch, dem man alles genommen hatte, wenn auch gerade dies nicht der Fall war. Man hatte ihr nichts genommen außer der Hoffnung und dem Glauben an ein neues Leben.

Auf diesen Punkt brachte es Professor Goll sogleich und sagte: »Es ist der größte Verlust, den ein Mensch erleiden kann.«

»Es ist wie damals, als man sie mir gebracht hatte, nachdem sie in Dresden ausgegraben worden war«, sagte Nina. »Nein, eigentlich ist es noch schlimmer. Alles, was wir getan haben, alles, was sie sich erobert hat, ist wie ausgelöscht. Als ob man einen Schwamm nimmt und von einer Tafel alles wegwischt, was dort geschrieben steht. Sie ist nicht nur blind, sie ist nun auch taub und stumm und wie ein Stück Holz.«

Wie ein lebloser Schatten hockte Maria in ihrem Zimmer, sie war nur noch ein Strich, sie wollte nicht essen, sie sprach mit keinem.

»Sie hat gesagt, sie will nun sterben. Sie wird es machen wie Tante Alice«, berichtete Nina. »Mein Gott, wäre sie doch damals in Dresden tot gewesen. Ich kann nicht noch einmal von vorn anfangen. Nein, nein, nein...« und in ihrer Stimme schrillte Hysterie. »Ich kann es nicht.«

Zu dieser Zeit lebte Silvester wieder mit Nina zusammen, und zwar in Marleens Haus in Solln. Eine Zeitlang war alles sehr gutgegangen, Silvester arbeitete, und Nina hatte begonnen, ihr Buch zu schreiben. Davon konnte nun keine Rede mehr sein. Keiner wußte, wie Nina und Maria zu helfen war, Silvester, Isabella, Victoria, die Langes, Lou, mit der sich Maria besonders gut verstanden hatte, sie alle standen hilflos diesem neuen Unglück gegenüber.

Marleen war nicht da, Alexander Hesse hatte ein kleines Haus in Ronco, oberhalb des Lago Maggiore, gekauft, dort hielten sie sich jetzt oft wochenlang auf.

Nachdem sich Professor Goll ohne Kommentar einige Tage lang die Situation betrachtet hatte, sagte er ruhig: »Wir nehmen Maria mit.«

»Aber das geht doch nicht«, schrie Nina.

»Das geht sehr gut. Es ist mein Beruf, psychisch kranken Menschen zu helfen. Und da ich mich weitgehend zur Ruhe gesetzt habe, es gibt nur noch ein paar alte treue Patienten und einige meiner früheren Schüler, für die ich da bin, habe ich genügend Zeit für Maria. Ich will versuchen, ob ich ihr das Leben wiedergeben kann, ihr Leben, so wie sie es bisher gewöhnt war. Und außerdem muß man dich jetzt von Maria trennen, sonst wirst du ernsthaft krank, Nina. Sieben Jahre sind genug. Du mußt jetzt wenigstens eine Zeitlang dein eigenes Leben haben. Du hast dich tapfer geschlagen. Aber ich möchte nicht, daß du nach alldem dann doch besiegt am Boden liegst.«

Er sah Silvester an, der bei diesem Gespräch zugegen war, und Silvester nickte.

»Es wird Ihre Aufgabe sein, Dr. Framberg, Nina zu helfen. Verreisen Sie eine Weile, führen Sie sie aus, kaufen Sie ihr hübsche neue Kleider, und dann soll sie weiter an ihrem Buch schreiben. Das wird die beste Therapie sein.«

Wirklich erholte sich Nina, nachdem sie den Schock von Marias plötzlicher Abreise überwunden hatte. Es war ein ganz unbekanntes Gefühl von Freiheit, endlich einmal keine Verantwortung tragen zu müssen. Sie verreisten nicht, sie blieben in dem Sollner Haus mit seinem schönen Garten, in dem kein Gemüse und keine Kräuter mehr wuchsen, sondern wieder Blumen.

Zu dieser Zeit lebte Stephan fast schon ständig auf Langenbruck. Das hatte sich ganz von selbst ergeben, als Resultat der Sommerferien, die er mit Maria dort verbracht hatte. Und zwar beginnend mit den Gewächshäusern von Boris, für die sich Stephan von Anfang an interessiert hatte. Der Verwalter, wenn man ihn so nennen wollte, Franz Mösslinger, war alt geworden, genau wie sein Herr, der Baron Moratti, er hatte Arthrose in den Beinen und ein angegriffenes Herz und fühlte sich der Aufgabe, sich um alle Belange des Schlosses und des dazugehörenden Geländes zu kümmern, um die Wirtschaft, um die Angestellten und was eben alles dazugehörte, nicht mehr gewachsen.

Verwalter war nicht ganz der richtige Ausdruck. Mösslinger war auf dem Schloß aufgewachsen, genau wie Heinrich Ruhland, sein Vater war der Diener des alten Barons gewesen. Der Erste Weltkrieg brachte Franz Mösslinger in die große weite Welt, erst auf den Balkan, dann nach Frankreich, wo es ihm ausnehmend gut gefiel, denn der Schützengraben blieb ihm erspart; er war Ordonnanz im Casino. Auch als er in Gefangenschaft geriet, hatte er Glück. Das große Landgut im Süden Frankreichs, wo er zunächst auf dem Feld arbeitete, wurde ihm zu einer neuen Heimat. Er blieb nicht lange auf dem Feld; er hatte Manieren und sprach gut Französisch, und so wurde er bald Diener im Herrenhaus, alle waren mit ihm zufrieden, er war zufrieden mit seiner Stellung, es hätte alles bleiben können, wie es war, wenn, ja wenn Franz sich nicht in die Tochter des Hauses verliebt hätte. Wahnsinnig verliebt, und das junge Mädchen erwiderte seine Liebe. Das blieb lange Zeit verborgen, Liebende sind ja geschickte Lügner, aber schließlich kam die Affäre doch ans Licht, und wenn man den François, wie er hier genannt wurde, auch schätzte, was nicht ging, das ging nicht. Die junge Dame wurde sofort zu Verwandten nach Paris verfrachtet und bald darauf verheiratet.

Franz kehrte mit gebrochenem Herzen nach Langenbruck zurück und wurde dort mit Freuden wieder aufgenommen, und da blieb er denn auch und wuchs mit der Zeit in alle Aufgaben und in die Verantwortung hinein, die ein so großer Besitz mit sich brachte. Geheiratet hatte er nie.

Doch nun war er alt, und Stephan, von ihm angelernt, trat an seine Stelle. Eine unerwartete Wendung in Stephans Leben und, wie Nina fand, eine glückliche Fügung, denn Stephan gefiel das Leben und die Arbeit auf dem Schloß. Das ging nicht von heute auf morgen, es ergab sich so.

Maria nahm gar nicht richtig wahr, was mit ihr geschah, sie wollte es auch nicht wissen, sie ging aus dem Haus wie eine Marionette, geführt von Frederic, sie nahm nicht Abschied, wie man es vor einer großen Reise tut, sie ließ sich von Nina auf die Wange küssen, überhörte jedoch Ninas besorgte Worte. »Mein Gott, Kind«, flüsterte Nina, die Augen voller Tränen, und sah dem Taxi nach. Denn der Professor hatte verboten, daß sie mit nach Riem kam.

»Je beiläufiger die Abreise vor sich geht, desto besser«, hatte er gesagt, und soweit es Maria betraf, ging das vorzüglich. Sie war auch ganz ruhig, als Frederic sie die Gangway hinaufführte, sie saß regungslos auf ihrem Platz, und Frederic wußte noch genau, was er gedacht hatte: was tun wir ihr an! Wie fürchterlich muß die Maschine in ihren Ohren dröhnen! Sie muß es spüren, daß wir die Erde verlassen, mehr denn je ist sie im Nirgendwo, im Nichts, ein hilfloses Objekt, mit dem jeder machen kann, was er will.

Damals hatte er das zum erstenmal gedacht.

Er nahm vorsichtig Marias Hand, sie entzog sie ihm nicht. »Ich bin bei dir. Du brauchst keine Angst zu haben«, sagte er.

Maria erwiderte: »Ich habe keine Angst. Wovor sollte ich Angst haben?« In ihrer Stimme klang leiser Spott, fast ein wenig Überheblichkeit.

Eine Weile später sagte sie: »Sie hat mich fortgeschickt. Sie wird froh sein, mich endlich los zu sein.«

»Nina hat dich nicht fortgeschickt. Wir haben dich mitgenommen. Nina ist sehr unglücklich, das hast du doch gemerkt, Maria. Sie kann nichts dafür, daß die Operation mißglückt ist, das mußt du einsehen.«

Maria nickte.

»Man wird es später noch einmal versuchen.«

»Nie wieder«, sagte Maria hart.

»Die Wissenschaft macht Fortschritte, weißt du.«

Maria schwieg.

»Vater denkt, daß eine neue Umgebung dich ablenken wird.«

Und wieder Spott in ihrer Stimme: »Ablenken? Wovon? Jede Umgebung ist für mich die gleiche.«

Etwas Neues hatte sich ihrem Wesen hinzugefügt: Trotz, Kälte, und eben dieser Spott.

Frederic kannte sie zu wenig, um es zu beachten. Er

blickte seinen Vater an, der nichts gesagt hatte, seit sie in der Luft waren, nur das eine Wort, das er immer sagte, wenn die Maschine abhob: airborn. Er liebte dieses Wort.

Seitdem saß er still da, in sich versunken, abwesend.

Dann auf einmal Marias erstaunliche Frage: »Ist unter uns das Meer?«

»Noch nicht«, antwortete Frederic, »aber bald.«

»Ich habe mir immer gewünscht, das Meer zu sehen. Ich habe nie das Meer gesehen.«

Professor Goll erwachte wie aus einem Traum. »Du wirst das Meer hören, Maria.«

Die sanfte Stimme der Stewardeß, Maria verstand die englischen Worte und schüttelte den Kopf.

»Aber ja, Maria«, sagte der Professor. »Wir werden einen kleinen Schluck Champagner trinken und etwas Gutes essen. Es wird dir sonst zu langweilig.«

Die Stewardeß servierte mundgerechte Bissen, und Maria nahm sie von Frederic.

An diese Szene mußte Frederic denken im nächtlichen Park, noch immer oben auf die Mauer gestützt. Dann bröckelte der Stein ab, auf den er sich stützte, er rutschte herunter und schürfte sich dabei die Hand auf.

Ihm war, als höre er das Dröhnen der Maschine, das ihm so laut vorgekommen war wie nie zuvor, weil er es mit ihren Ohren hören wollte. Eine Weile hielt er die Augen geschlossen, um nicht zu sehen wie sie, nur zu hören; aber er wußte ja, wie es um ihn aussah. Das ernste strenge Gesicht seines Vaters, die Gesichter der anderen Passagiere, die er kaum wahrgenommen hatte, die er aber jetzt deutlich vor sich sah, das Lächeln der Stewardeß. Er hielt wieder Marias Hand, er wußte selbst nicht warum. Sie habe keine Angst, hatte sie gesagt. Aber er, er hatte Angst. Und er dachte wieder: was tun wir ihr an?

Und jetzt im Park derselbe Gedanke, nicht mehr im Zorn, sondern verzagt, erbittert.

Was tun sie ihr an?

Er saugte das Blut von seinem Handballen, nahm sein Taschentuch und wischte sich die Hände ab.

Sie hatte immer gefragt: sind meine Hände sauber? Meine Nägel? Fragte sie jetzt Rico?

Vier Jahre lebte sie nun in diesem Schloß, dessen Räume, dessen Park sie nie gesehen hatte. Vier Jahre lang stand sie neben dem Flügel – Übungen, Exercisen, Scalen, Lieder, Arien.

»Noch einmal, Maria. Das war nichts. Ganz gerade einsetzen. Abstützen. Hör zu, Maria, ich singe es dir vor. Gib acht, Maria, noch einmal.«

Ruhlands Stimme, bannend, tyrannisch, unerbittlich – so mußte es gewesen sein.

Frederic verstand genug von einer künstlerischen Ausbildung, um es sich vorzustellen.

Ruhlands Wille, seine Kraft, sein Ehrgeiz schufen Marias Stimme. Sie war sein willenloses Objekt gewesen, und er wußte, wie er damit umging. Niemals hätte ein sehender, zum selbständigen Handeln fähiger Mensch sich so preisgegeben, sich selbst so aufgeben können, um nichts mehr zu sein als eine Stimme.

Sie habe ein riesiges Repertoire, hatte Ruhland am Nachmittag gesagt.

»Und alles nur in ihrem Kopf gespeichert, sie hat nie eine Note gesehen von dem, was sie singt.«

Er hatte nicht nur ihre Stimme ausgebildet, er hatte all diese Lieder und Arien mit ihr einstudiert. Note für Note, Phrase für Phrase.

Was für eine ungeheure Leistung. Nicht nur von Maria, auch von Ruhland, das mußte man zugeben. Marias Leben war nur noch die Stimme. Marias Stimme war Ruhlands Erfolg. Würde Ricos Erfolg sein. Und dazu wollte er noch die ganze Maria in Besitz nehmen.

Frederic schlug mit der geballten Faust an die Mauer. Er hatte vergessen, wie die Stimme ihn bewegt und erschüttert hatte, plötzlich sah er in ihr nur noch Marias Feind, der sie versklavte, sie an ihre Eroberer auslieferte.

Wozu das alles? Erfolg? Ruhm? Geld?

Ihr blasses Gesicht vor einem dunklen Nirgendwo.

Das strahlende Siegerlächeln der beiden Ruhlands.

Frederic schlug wieder an die Mauer.

Was für irrwitzige Gedanken! Was ging es ihn an?

Er würde jetzt den Weg zum Schloß zurück finden, versuchen, an das vordere Portal zu kommen und ungesehen in sein Zimmer zu gelangen. Morgen in der Früh am besten gleich abreisen. Er konnte mit Vater und Ariane in München im Hotel sprechen und ihnen die Fahrt zum Schloß ausreden. Fahren wir lieber gleich nach Paris?

Er konnte sich jedes Wort sparen, das wußte er genau, sein Vater wollte Maria wiedersehen, wollte sehen, wie sie sich entwickelt hatte, seit sie wieder in Europa war. Und Ariane, die sich so liebevoll um Maria bemüht hatte, wollte das alles auch. Und dann wollten sie Maria hören, ganz klar.

Damals, noch während des Fluges, hatte Professor Goll gesagt: »Ich habe mir noch nicht überlegt, was wir tun werden, aber Marias Frage nach dem Meer hat mir den richtigen Gedanken eingegeben. Wir werden nach Cape Cod gehen, Ariane, Maria und ich, das Haus ist klein und leicht zu begreifen, es kommen keine fremden Menschen, Tag und Nacht hört sie das Meer. Es wird bald Sommer, dann wird sie Sonne und Wind und die salzige Luft vom Meer spüren.«

»Ariane und du?« fragte Frederic. »Und ich?«

»Du studierst, soviel ich weiß, mein Sohn. Du wirst uns manchmal besuchen.«

Als Professor Goll das erste Mal mit Maria um die Hausecke bog, und der Sturm sie packte, warf sie den Kopf zurück und lachte.

»Ich möchte hinein in das Meer.«

»Später, Maria, es ist noch zu kalt.«

»Ich weiß, wo wir sind. Wo die Leute von der ›Mayflower‹ landeten. Und immer weiter und weiter nach Osten ist Europa. Wenn ich hier in das Meer hineingehe und immer weiter und weiter, komme ich nach Europa.«

»Kaum«, sagte der Professor trocken, »es treibt dich zurück an die Klippen, tot und ertrunken.«

»Das wäre doch schön.«

»Wie man's nimmt. Eine Wasserleiche ist durchaus kein schöner Anblick.«

Marias Behandlung gestaltete sich viel leichter als der Professor erwartet hatte. Sie in eine neue Umgebung hineinzustoßen, die ihre volle Aufmerksamkeit erforderte, ob sie wollte oder nicht, war der erste wichtige Schritt. Sie mußte sich zurechtfinden in neuen Räumen, in einem anderen Bett, mußte nach Dingen greifen, die sie nicht kannte, mußte die Stimmen erkennen, mußte Freundschaft schließen mit den Hunden.

Ariane war nicht deprimiert und unglücklich wie Nina in letzter Zeit, sie war heiter, gesprächig und voller Einfälle.

Sie beschrieb Maria alles, was um sie war, erklärte Land und Leute, den kleinen Garten vor dem Haus, was die Hunde taten, auch was sie kochen würde und wie sie es zubereitete.

»Du hast eine süße Figur, Maria. Du bist so anmutig in der Bewegung.«

»Ich?«

»Ja. Ich bilde mir ein, du müßtest gut tanzen können, Maria.«

»Ich?« wiederholte Maria.

»Ich war früher Tänzerin. Soll ich dir davon erzählen?«

Ariane erzählte. Manchmal nahm sie Marias Hand und machte Tanzschritte mit ihr oder stellte ihre Beine in die Ballettpositionen.

»Ja, so ist es gut, Maria. Und nun geh nach unten, das rechte Bein noch ein wenig mehr nach außen, so, ganz weich, ganz langsam. Wunderbar machst du das.«

Der Professor fand die beiden in der ersten, zweiten oder dritten Position, er fand Marias Bein waagerecht in die Luft gestreckt oder ihren Körper zur Brücke gebogen, makellos und geschmeidig.

»Sie wäre eine großartige Tänzerin geworden«, rief Ariane begeistert, »sie hat Musik in den Gliedern.«

»Sie wird nicht tanzen, sie wird singen.«

»Na ja, ist ja auch ganz schön.«

»Ich singe nicht«, darauf Maria knapp.

»Es ist ja auch noch zu früh«, sagte der Professor ebenso knapp.

»Ich werde nie wieder singen«, das klang trotzig.

»Was heißt, du wirst nie wieder singen. Du kannst es ja noch gar nicht, ich denke, du sollst es erst lernen. Wie heißt er gleich, dein berühmter Kammersänger?«

»Ich weiß es nicht«, war Marias Antwort.

Es befand sich kein Klavier im Haus, aber ein Plattenspieler, und Ariane legte zu ihren Übungen Platten auf, wenn sie nicht einfach dazu summte oder sang.

»Du sollst hier weder singen noch tanzen«, sagte der Professor, »du sollst mit mir reden.«

Marias widerspenstiges Schweigen wurde sehr schnell beendet in der neuen Umgebung. Sie mußte zuhören, sie mußte reden, und sie sträubte sich nicht lange dagegen, ihre Intelligenz ließ sich nun einmal nicht unterdrücken.

Nach guter alter Freudscher Manier sprach der Professor zunächst gar nicht von gestern und vorgestern, er wollte vor allem wissen, was Maria noch aus ihrer frühen Kindheit wußte. Bei Nina war das Thema tabu gewesen – Marias Kindheit, Dresden, ihre Mutter –, der Professor fragte ungeniert danach.

Maria wußte noch erstaunlich viel. Sie beschrieb Victoria Jonkalla, ihre Mutter, mit großer Genauigkeit, ihr Gesicht, ihr Haar, ihre Stimme, ihre strahlende Sicherheit.

»Mami war wie Sonnenschein«, sagte sie einmal. »Ich kann die Sonne nicht mehr sehen, aber ich weiß noch, wie ihr Licht durch die Fenster kam. Da hing ein wunderschönes Bild von Mami. Er hatte es malen lassen.«

»Wer?«

»Papi. Ihr Mann.«

»Er war der Mann von deiner Mami, aber er war nicht dein Papi?«

»Nein. Aber ich durfte Papi zu ihm sagen. Er hatte das gern.«

»Du hast ihn liebgehabt?«

»Ja. Ich habe ihn sehr liebgehabt. Er war...«

»Wie war er?«

»Gut. Er war gut. Und er hatte mich lieb. Und Mami hatte er sehr lieb. Ich liebe dich über alles in der Welt, sagte er zu ihr. Dann lachte sie. So.« Maria warf den Kopf in den Nakken und lachte mit geöffnetem Mund.

»Sie war also eine glückliche Frau, nicht wahr?«

»Ja. Eine sehr glückliche Frau.«

Sie konnte das Haus beschreiben, in dem sie gewohnt hatte, das Personal, die Schule, in die sie gegangen war.

Mit seinen behutsamen Fragen holte Goll ihre Kindheit ans Licht. Sie kamen sogar bis nach Baden, zu dem Haus, in dem Maria die ersten fünf Jahre ihres Lebens verbracht hatte. Sie beschrieb den Garten, das große Zimmer, Cesare in seinem Rollstuhl.

»Er konnte nicht laufen?«

»Nein. Er saß immer in dem Stuhl. Wenn er...«

Sie stockte.

»Ja?«

»Er wurde ins Bett gelegt. Oder wenn er... ja, wenn er gebadet wurde...«

»Dann mußte ihn jemand aus dem Stuhl heben. Wer war das?«

Das fiel ihr nicht gleich ein. Aber an Anna erinnerte sie sich sehr gut. Anna kochte, besorgte das Haus, kümmerte sich um die kleine Maria.

»Er war ihr Mann.«

»Wie sah das Zimmer aus?«

»Es war dunkel...«

»War die Tapete dunkel?«

»Ja. Ja, die Tapete war dunkel. Ich glaube braun. Und die Bäume im Garten waren sehr groß. Es war sehr schattig. Dadurch wurde das Zimmer so dunkel.«

»Im Sommer.«

»Ja, im Sommer. An den Winter kann ich mich gar nicht erinnern.«

»Bist du nie mit einem Schlitten gefahren?«

»Nein.«

»Hast du mit anderen Kindern gespielt?«

»Nein. Es gab keine anderen Kinder.«

»Du warst also immer allein mit dem Mann im Rollstuhl, und mit Anna und ihrem Mann.«

»Er hieß Anton«, fiel ihr ein.

»Verstehst du, wie wichtig es ist, davon zu sprechen? Viele Dinge versinken im Laufe eines Lebens. Aber gerade das, was man als Kind erlebt hat, behält man sehr gut. Und man muß manchmal davon sprechen, damit man es nicht vergißt. Es war in Baden. In Baden bei Wien. Warst du auch einmal in Wien?«

»Nein.«

»Es war also immer das Haus, der Garten und diese drei Leute. Hat dich denn deine schöne Mami nicht manchmal besucht?«

Maria hob die Schultern.

»Ich erinnere mich nicht.«

»Und wie ging es weiter?«

»Dann waren sie auf einmal weg, der Mann im Rollstuhl und Anton. Als ich aufwachte, war nur noch Anna da, und sie weinte furchtbar. Sie haben ihn abgeholt, sagte sie. Und dann gingen wir auch fort, ganz schnell. Ich konnte nicht einmal meinen Kakao austrinken, so schnell ging es.«

Eine behütete, aber einsame Kindheit, erkannte der Professor. Keine anderen Kinder, keine Spielgefährten. Er kam zu dem selben Schluß wie Victoria von Mallwitz, als Maria nach der überstürzten Flucht bei ihr im Waldschlössl landete: Dieses Kind ist vollkommen lebensfremd aufgewachsen. Es fürchtet sich vor anderen Kindern.

Nina hatte die kopflose Anna und das verängstigte Kind in Graz abgeholt, wo sie auf ihrer Flucht gestrandet waren. Und als sie die beiden in München hatte, wurde Silvester verhaftet.

An das Waldschlössl erinnerte sich Maria ganz gut, und Mali, die kleine Hündin, die geboren wurde, während sie dort war und die sie später nach Dresden mitnehmen durfte, als die Mami sie zu sich nahm, war und blieb die wichtigste Person in dieser Zeit.

Über Mali zu sprechen, war immer noch schwierig, Maria weinte zum erstenmal während ihres Aufenthaltes in Amerika. Das war just an einem Tag, an dem Frederic wieder einmal von Boston herauskam, und er kam oft. Er fand Maria in Tränen, und er machte seinem Vater Vorwürfe, daß er nach der Hündin gefragt hatte.

»Ich hätte dir das auch erzählen können«, sagte er. »Das war 1945, als ich zu ihnen ins Haus kam. Da sprach sie das erste Mal, und sie sprach von dem Hund.«

»Zu dir?«

»Nein. Zu Nina. Nachdem ich gegangen war. Aber Nina erzählte es mir am nächsten Tag.«

Frederic nahm Maria zärtlich in die Arme.

»Vergiß Mali. Vater hat nicht recht. Manches soll man auch vergessen. Du hattest Conny in München, und hier hast du Buster und Buggy. Buster ist schon ziemlich alt, weißt du. Aber er ist doch lieb, nicht?«

»Ja.«

»Komm, wir nehmen die Hunde mit und gehen ans Meer. Es ist ganz windstill heute. Wir ziehen die Schuhe aus und stecken die Füße in den Ozean.«

»Und du erzählst mir, was du studiert hast?«

»Ja. Ich erzähle dir von Napoleon, das war ein toller Bursche.«

»So einer wie Hitler?«

Das ließ Frederic erst einmal verstummen. Er mußte überlegen. »Einerseits, andererseits«, sagte er. »Das läßt sich nicht vergleichen. Obwohl, geschichtlich gesehen, eine gewisse Parallele besteht.«

Erst mal kam ihm so richtig zu Bewußtsein, daß Maria von dem Untergang Deutschlands, von der anschließenden Verfemung und Verdammung durch die übrige Welt, nichts mitbekommen hatte. Wer hätte zu ihr von den Verbrechen der Deutschen, von den Morden der Nazis, wer von Entnazifizierung oder vom Nürnberger Prozeß sprechen sollen? Das war spurlos an ihr vorübergegangen, so wie die Nazizeit selber, die sie nur als Kind erlebt hatte, immer abseits von den Ereignissen. Daß man den alten Mann abgeholt hatte, wie sie es nannte, weil er Halbjude war und international unübersichtliche Verbindungen besaß, das wußte sie nicht, das hatte ihr keiner erklärt, falls es überhaupt einer von denen, die um sie gewesen waren in den letzten Jahren, richtig begriffen hatte. Es hatte irgend etwas mit Italien zu tun, hatte Nina einmal erzählt, mit dem faschistischen Regime, zu dem Cesare Barkoszy offenbar beste Verbindungen gehabt hatte. Nachdem Mussolini an Macht verlor, schützte keiner mehr Cesare in seinem Rollstuhl.

»Ich weiß, wer Napoleon war«, sagte Maria an diesem Tag zu Frederic. »Herr Beckmann hat mir von ihm erzählt. Es war nach der Französischen Revolution, und er wurde Kaiser. Herr Beckmann hat gesagt, es sei absurd, erst eine Revolution zu machen, und den König und die Königin und den Adel umzubringen, und dann, ein paar Jahre später, einen Kaiser zu haben, der viel strenger regierte und immerzu Krieg führte. Herr Beckmann sagte, so etwas bringen nur die Franzosen fertig, die sind ganz anders als wir.«

»Was meinst du mit wir?«

»Na, uns. Deutschland. Ich bin doch Deutsche.«

Für sie war kein Makel damit verbunden. Und zu dieser Zeit, Anfang der fünfziger Jahre, hatte Deutschland bereits wieder an Ansehen und Geltung in der Welt gewonnen.

Übrigens starb der Oberstudienrat Beckmann, während Maria in Amerika war, er hatte einen leichten, schmerzlosen Tod, um den man ihn beneiden konnte, er lag eines Morgens friedlich und tot in seinem Bett.

Maria sollte ihn nicht wiedersehen, besser gesagt, nicht wiedertreffen, als sie zurückkam. Die Rolle, die er in ihrem Leben gespielt hatte, war nicht mit Gold zu bezahlen, war mehr als eine Million Dollar wert, wie man in Amerika gesagt hätte.

Auch Almut Herrmann traf sie nicht mehr an. Sie hatte eine Anstellung in einer privaten Blindenanstalt gefunden.

Für Frau Beckmann war der plötzliche Tod ihres Mannes verständlicherweise ein großer Schmerz, nun war sie ganz allein. Aber sie blieb nicht allein, Lou Ballinghoff und Michaela Cunningham, nunmehr seit einem Jahr in der Bundesrepublik lebend, hatten bisher bei den Langes gewohnt. Nun zogen sie zu Frau Beckmann, es war nur um die Ecke, eng verbunden blieben die Bewohner der drei Häuser auf jeden Fall.

Die Lösung befriedigte allgemein; Herbert war mit seinem Studium beschäftigt, denn er hatte beschlossen, es in kürzest möglicher Zeit zu bewältigen. Und Eva erwartete ihr zweites Kind. Die lebhafte Michaela im Haus war störend bei Herberts Arbeit. Frau Beckmann hingegen war gut unterhalten, denn Michaelas Temperament sorgte für Aufregung. Und Lou, unterernährt und nervös, mußte gehegt und gepflegt und gefüttert werden. Das war eine neue Lebensaufgabe für Frau Beckmann, der sie sich mit Hingabe widmete.

Bisher hatte sich Lou viel mit Maria abgegeben, sie hatten zusammen musiziert, doch die Operation beendete abrupt diese Harmonie. Michaela konnte in dieser Hinsicht kein Ersatz für Lou sein, sie hatte nicht das geringste Interesse an Musik. Sie genoß die neue Freiheit auf ihre Weise, am liebsten tobte sie im Freien herum, und als Spielgefährten hatte sie nur Buben. Was alle verwirrt hatte, war die Beziehung zwischen Maria und Michaela. Es gab sie nicht, und sie stellte sich auch während dieser relativ kurzen Zeit, die sie in großer Nähe verbrachten, nicht ein. Michaela wich der Blinden scheu aus, und die Tatsache, auf einmal wieder eine kleine Schwester zu haben, machte auf Maria nicht den geringsten Eindruck.

Im Schloßhof parkten noch die Autos, alle schienen noch da zu sein, stellte Frederic fest, als er an das vordere Portal gelangte. Es war weit geöffnet, und wie immer, wenn Gäste im Haus waren, saß Charly, selbstverständlich eigentlich Karl geheißen, hinter seinem Tisch im Vestibül. Das hatte Stephan so angeordnet; der Eingang durfte nie unbewacht bleiben, auch wenn die Leute auf dem bayerischen Land zumeist ehrlich und anständig waren. Doch die Banden der Nachkriegszeit, die umherstreiften und einbrachen, waren nicht vergessen.

Charly, aus dem Dorf stammend, war von Stephan angestellt worden und erwies sich als Gewinn. Er war stolz darauf, im Schloß zu arbeiten, bewunderte beide Ruhlands, betete Maria an und merkte sich die Namen aller Schloßbesucher in Windeseile. Er stand auf, als Frederic unter dem Eingang erschien, die beiden Hunde, die ins Schloß gehörten und die bei ihm gelegen hatten, erhoben sich.

»Oh, Mr. Goll«, rief er, »what happened to you? Sie sind ja ganz naß. Und was ist mit Ihrer Hand? Are you hurt?«

Er lernte Englisch von Maria und benutzte es so oft wie möglich.

»It's nothing«, tat Frederic ihm den Gefallen. »Just a scratch.« Doch Charly wollte etwas unternehmen. Er überlegte eine Weile, was Pflaster heißen könnte, er wußte es nicht und entschloß sich für deutsch.

»Ich werde Ihnen ein Pflaster besorgen«, sagte er eifrig. »Just wait a moment.«

»Thank you«, sagte Frederic und lächelte.

Charly brachte nicht nur das Pflaster, sondern auch ein Fläschchen mit Jod.

»It will burn«, sagte er warnend. »But it's better to... ich meine, es ist besser, die Wunde zu desinfizieren.«

»Thank you«, sagte Frederic wieder, nachdem die Behandlung beendet war.

»You will change und go to the party?« forschte Charly.

»No. I won't. Good night, Charly.«

Zum Frühstück war am nächsten Morgen sowohl im Speisezimmer als auch auf der Terrasse gedeckt. Da es ein strahlend blauer Tag war, entschloß sich Frederic für die Terrasse, wo er Nina und Lou vorfand, in ein Gespräch vertieft, das sie beendeten, als er kam.

»Störe ich?« fragte er mit gewohnter Höflichkeit.

»Niemals«, sagte Nina. »Kaffee oder Tee? Aber zuerst einen Orangensaft, ja?«

Der Diener stand schon bereit, der Orangensaft kam sofort, dann der Tee, der aus einer großen Kanne eingeschenkt wurde.

»Hast du gut geschlafen? Ein herrlicher Tag heute«, begann Nina das Morgengespräch.

»Ihr seid allein?« wunderte sich Frederic. »Wo sind die anderen?«

»Silvester hat schon gefrühstückt, und Stephan hat ihn in die Gewächshäuser geschleppt, damit er dort alles besichtigt. Sie sind Stephans ganzer Stolz; sie bringen ja auch guten Gewinn. Marleen und Alexander frühstücken immer erst später. Und die meisten sind gestern noch nach Hause gefahren.«

»Und Maria? Hat sie auch schon gefrühstückt?«

»Sie kommt nicht herunter. Sie trinkt eine Tasse Kaffee in ihrem Zimmer, und wenn wir Glück haben, ißt sie auch einen Bissen dazu.«

Es klang resigniert.

Eine Weile blieb es still. Lou rauchte und blickte in das Grün der Bäume. Nina paßte auf, daß Frederic alles bekam, was ein amerikanischer Mann zum Frühstück brauchte – Eier und Schinken, Toast, Marmelade. Und es befriedigte sie zu sehen, wie es ihm schmeckte.

»Ich habe euer Gespräch unterbrochen«, sagte Frederic schließlich, nur um überhaupt etwas zu sagen.

»Es war nichts Besonderes. Worüber wir immer sprechen. Die Sorgen mit den Kindern.«

»Was für Kinder?« fragte Frederic, obwohl er ganz genau wußte, wer gemeint war.

»Nun erst einmal Michaela, die sitzengeblieben ist und eine Klasse wiederholen muß.«

»Was nicht sein müßte«, sagte Lou, »denn dumm ist sie nicht. Nur faul. Und sie hat nichts als Unfug im Kopf.«

»Na ja«, meinte Frederic nachsichtig, »in dem Alter!«

»In dem Alter waren wir alle mal. Ich wette, Sie sind nicht sitzengeblieben, Frederic.«

Er lachte. »Nein. Ich nicht, und mein Bruder auch nicht. Allein, sich Vaters Miene vorzustellen, hat es verhindert. Und Ariane kann auch verdammt energisch werden.«

»Michaela hat hier den Himmel auf Erden. Sie wird von allen Seiten verwöhnt und gehätschelt und gepätschelt. Sie ist alt genug, um zu begreifen, wie glücklich sich ihr Leben gewandelt hat.«

»Wie alt ist sie denn jetzt?« fragte Frederic, mäßig interessiert an Michaela.

»Sie wird im nächsten Monat vierzehn.«

»Das ist ein dummes Alter. Sie hat noch Zeit genug, vernünftig zu werden.«

»Aber...« begann Lou, doch Nina unterbrach sie, sie kannte das Klagelied über Michaela schon: »Sie hat zuviel Freiheit. Lou läßt sie laufen, wohin sie will. Frau Beckmann erst recht, und ich denke nicht daran, mich um Michaelas Erziehung zu kümmern. Die einzige, die ihr mal den Kopf zurechtsetzt, ist Eva. Das hört sie sich mit Vergnügen an. Wenn sie sich nicht irgendwo in der Gegend herumtreibt, ist sie bei Eva. Die Kinder sind ihr ganzes Entzücken.«

»Neulich hat Michaela erklärt, sie möchte Kinderärztin werden«, erzählte Lou. »Ich habe ihr gesagt, daß sie dazu das Abitur haben muß. Und dann studieren.«

»Warten wir das Abitur ab«, sagte Nina. »Falls sie sich je dazu aufschwingen kann. Noch eine Tasse Tee, Frederic?« Sie winkte dem Diener, der wartend unter der Tür stand.

»Feudalismus ist eine angenehme Lebensart«, sagte Frederic. Nina nickte. »Ich habe das als Kind schon gedacht. Wenn ich auf Wardenburg war, bei Nicolas und Alice. Wir hatten zwar bloß einen Diener, den Grischa, das war ein Russe. Aber der war mindestens drei Diener wert. Hier in Bayern ist alles viel feudaler als bei uns in Schlesien.«

»Ich habe dein Buch gelesen«, sagte Frederic. »Ich verstehe dich und Tante Alice jetzt viel besser.«

»Nein? Du hast es wirklich gelesen?«

»Aber selbstverständlich. Ich muß dich etwas fragen, Nina.«

»Ja?«

»Findest du immer noch, daß ich Nicolas ähnlich sehe?«

»Aber ganz gewiß. Mehr denn je. Je älter du wirst, desto ähnlicher wirst du ihm. Nur habe ich mich inzwischen daran gewöhnt und falle nicht jedesmal in Ohnmacht, wenn ich dich sehe.«

»Du bist damals auch nicht in Ohnmacht gefallen.«

»Aber beinahe.«

Sie lachten sich an. Es hatte nicht sehr viele Begegnungen in ihrem Leben gegeben, aber immer waren sie von Bedeutung, voll nachhaltigem Eindruck gewesen. Wie nahe sie einander noch kommen würden, wie schwerwiegend jede Stunde, jede Minute sein würde, die sie miteinander verbrachten, konnten sie noch nicht ahnen.

Damals, das war im Juni 1945 gewesen.

Heute, das war im Juli 1957.

Zwölf Jahre waren vergangen. Nina rechnete es im Geist nach und kam zu einem überraschenden Ergebnis. Zwölf Jahre, dieselbe Zeitspanne, genau soviel Zeit, wie das Tausendjährige Reich Hitlers gedauert hatte.

Das kann nicht möglich sein, dachte sie. Diese letzten zwölf Jahre sind viel schneller vergangen.

Maria kam auf die Terrasse, an ihrer Seite der Marquis von Posa, hinter ihr Rico Ruhland.

»Hei, Leute«, rief Rico. »What a wonderful morning! Habt ihr alle gut geschlafen?«

Er schob Maria den Sessel zurecht, winkte dann dem Diener, bekam ebenfalls Orangensaft, dann Kaffee.

»Hast du schon gefrühstückt, Maria?« fragte Nina.

Maria nickte: »Ja.«

»Und was? Wenn ich fragen darf?«

Maria zog unwillig die Brauen hoch und gab keine Antwort.

»Zu wenig«, sagte Rico, »wie immer zu wenig. Ich kann mir den Mund fransig reden, daß sie mehr essen soll. Der einzige, der mal Erfolg hat, ist Stephan, er stellt sich einfach neben sie und geht nicht weg, bis sie aufißt, was er ihr vorgelegt hat. Aber heute hat er wohl keine Zeit.«

»Ich dachte immer«, sagte Frederic, denn er meinte, etwas sagen zu müssen, damit sie merkte, daß er da war, »Sängerinnen müssen dick sein.«

Maria wandte den Kopf in seine Richtung, nicht überrascht, sie hatte wohl seine Gegenwart gefühlt. Sie lächelte.

»Nicht gerade dick«, sagte Rico, »das würde zu Marias Image nicht passen. Aber ein bißchen zulegen könnte sie schon, es wäre der Stimme nur dienlich. Vater sagt das auch.«

»Ich habe ein Stück von dem Hefezopf gegessen, den Zenzi gebacken hat«, sagte Maria in Ninas Richtung.

»Ein halbes Stück«, berichtigte Rico. »Die andere Hälfte lag auf ihrem Teller.«

Er war also in ihrem Zimmer, konstatierte Frederic, und der Ärger vom Abend zuvor, nein, die Wut, stieg wieder in ihm hoch. Was maßte sich dieser aufgeblasene Jüngling an, der da, durchaus gut genährt und braun gebrannt, in einem kurzärmeligen Hemd, die dunklen Locken zerzaust, neben Maria saß und nun auch bei dem Hefezopf angelangt war.

»Ich verstehe das gar nicht«, sagte Frederic. »Als du bei uns warst, hast du immer ordentlich gefrühstückt. Du hast so gern Cornflakes mit Milch gegessen. Das müßte es hier doch inzwischen auch geben.«

Maria wandte belästigt den Kopf zur Seite, und auch Nina begann das Gespräch auf die Nerven zu gehen.

»Milch gibt es gerade genug hier auf dem Land«, sagte sie, »und Cornflakes kann ich aus München mitbringen.«

»Kriegen wir in Wasserburg auch«, beschied sie Rico, »so amerikanisiert sind wir lange. Ich wußte nur nicht, daß sich Maria aus dem Hühnerfutter was macht.«

Lou hatte sich ein wenig von den anderen abgewendet, ihr Blick ging über die Büsche und den Rasen, der vor ihnen lag. Dazu pfiff sie leise die Rosenarie aus dem ›Figaro‹.

»Ja, ja«, sagte Rico, »die Susanne haben wir jetzt voll drauf. Wie mir die Plattenfirma gestern abend erzählte, plant man, in Zukunft komplette Opern aufzunehmen. Maria, das wird für dich das Geschäft deines Lebens. Übrigens, Herrschaften, klappt es mit dem Rundfunk auch. Kommende Woche fahre ich nach München, und dann reden wir ernsthaft darüber. Und wißt ihr, was ich dann vorhabe? Ich fliege nach Berlin. Dort müssen wir auftreten. Mehr oder weniger stammt Maria ja aus Berlin. Wir können von Victoria Jonkalla sprechen, ihrer Ausbildung in Berlin, vielleicht treiben wir ihre Gesangslehrerin noch auf, wie hieß sie doch gleich, und dann natürlich Dresden und ...«

»Nein!«

Es war ein lauter Schrei, und er kam von Nina.

Ihre Augen funkelten zornig.

»Das wirst du ganz gewiß nicht tun. Ich verbiete es.«

»Aber Nina!« sagte Rico ehrlich bestürzt. »Das mußt du doch verstehen! Ich bin Marias Manager. Eine Karriere baut man nicht ohne Trommelwirbel und Paukenschlag auf. Das tangiert dich doch nicht. Das mache alles ich.«

»Warum?« fragte Frederic ruhig.

»Um Maria berühmt zu machen.«

»Muß sie denn berühmt sein?«

»Lieber Mr. Goll, Sie haben sie gestern gehört, nicht wahr? Wir sind ja nicht taub hier auf Langenbruck. Wir haben hier eine Jahrhundertstimme ausgebildet.«

»Wer wir?«

»Ach, kommen Sie mir nicht linksrum. Mein Vater, klar. Aber mein Anteil daran war auch nicht gering. Und was ich daraus mache, das werdet ihr sehen. Maria wird so viel Geld verdienen, daß euch allen die Augen übergehen.«

Sie schwiegen, peinlich berührt. Maria hatte den Kopf gesenkt, ihre Hand streichelte den Kopf des Hundes.

»Maria!« sagte Frederic. »Willst du denn das? Soviel Geld verdienen?«

Maria hob den Kopf, wandte das Gesicht in seine Richtung. »Ich habe noch nie Geld verdient«, sagte sie, »ich habe jeden Menschen, der mich kennt, bisher nur Geld gekostet. Nina, Marleen, deinen Vater, deine Mutter. Herrn Ruhland, Rico. Alle haben mir zu essen gegeben, alle haben mich angezogen, alle haben mir ein Bett gegeben. Und der Arzt hat Geld gekostet, und der Flug hat Geld gekostet, alles, alles hat immer nur Geld gekostet. Und was Gesangstunden kosten, solche Gesangstunden von einem so berühmten Mann wie Heinrich Ruhland, das weiß ich auch. Soll es mein Leben lang so bleiben? Soll ich nie eigenes Geld verdienen? Soll ich immer nur von der Gnade, von der Barmherzigkeit der anderen leben?«

Ihre Stimme war lauter geworden, erregt. »Soll ich immer von Almosen leben? Weil es einer Blinden so geziemt?«

»Mein Gott, Kind! Almosen!« sagte Nina schockiert. »Wie kommst du zu so einem Ausdruck?«

»Sie hat recht«, sagte Rico, wischte sich den Mund ab und zündete eine Zigarette an. »Es mag Blinde geben, die von Almosen leben müssen. Sie nicht; ich habe ihr das gestern nach dem Konzert deutlich gesagt.«

Er blickte Frederic herausfordernd an, denn er spürte den Widerstand, der von Frederic kam.

Hatte er nicht recht? Doch, Frederic mußte es zugeben. Seine Bedenken waren lächerlich. Und seine Aversion gegen die Ruhlands erst recht.

Vor vier Jahren, von Boston kommend, hatte er selbst sie nach einem kurzen Zwischenaufenthalt in München hier herausgebracht. In ein bequemes, in ein wahrhaft luxuriöses Leben, zu Menschen, die es gut mit ihr meinten, zu einem Mann, der seine Kraft und sein Können einsetzte, um eine Sängerin aus ihr zu machen. Das war gelungen, und daß nun, für all den Fleiß, der aufgebracht worden war, für alle Arbeit, die er und Maria geleistet hatten, ein Erfolg daraus werden mußte, war nicht mehr als recht und billig. Und Erfolg bedeutete Geld.

Sie wollte es auch. Sie hatte es eben gesagt.

Heinrich Ruhland hatte seinen Teil geleistet und würde ihn weiter leisten. Aber Rico Ruhland war ebenfalls nicht zu entbehren.

Frederic stand auf, blickte in die Augen des Hundes, der ihn aufmerksam beobachtete.

»Was hast du denn vor?« fragte Nina.

»Oh, ein wenig spazierengehen. Wann fahrt ihr zurück nach München?«

»Später, am Nachmittag. Wir haben gedacht, wir könnten heute mal an den Chiemsee zum Schwimmen fahren, es ist so schönes Wetter. Komm doch mit! Maria, du auch.«

»Maria hat Gesangstunde«, sagte Rico.

»Ach, hör auf«, meinte Nina unwillig. »Nach gestern abend kann sie ja wohl mal einen Tag blau machen. Heute ist Sonntag. Ein ordentliches Stück schwimmen kann ihr nur guttun. Und dann essen wir in der ›Post‹ in Seebruck zu Mittag. Und zwar ausführlich.«

Rico überlegte mit zusammengezogenen Brauen. »Na

schön«, sagte er dann gnädig. »Fahren wir zum Chiemsee. Ich werde Vater Bescheid sagen.«

Er verschwand im Haus, Nina sah ihm nach. Nun verstand sie, warum Maria am Abend zuvor so verstört war.

Sie stand ebenfalls auf und berührte Maria leicht an der Schulter, was der Hund wachsam betrachtete.

»Komm, Kind, wir holen deinen Badeanzug.« Sie legte vorsichtig die Fingerspitzen auf den Kopf des Hundes. »Herr Marquis, Sie schwimmen doch auch gern, nicht wahr?«

»Er läßt mich nicht allein ins Wasser«, sagte Maria.

Das Schwimmen im See war herrlich, das Wasser warm und wie schmiegsame Seide. Maria schwamm ruhig und sicher, Posa links von ihr, Rico rechts.

Am späten Nachmittag trennten sie sich, die drei fuhren ins Schloß, Nina, Lou, Silvester und Frederic zurück nach München.

»Warum bist du nicht ein paar Tage draußen geblieben?« fragte Nina. »Deine Eltern kommen erst übermorgen, und ich hätte sie hinausgefahren.«

Frederic schüttelte den Kopf. »Nein«, sagte er, sonst nichts.

»Warum nicht?« beharrte Nina. »Maria hätte sich gefreut.«

»Das glaube ich nicht.«

»Du hast ihr nichts von Ägypten erzählt.«

»Das wird sie kaum interessieren, Nina.«

»Und sie hätte für dich gesungen.«

»Wozu? Ich werde sie hören, wenn sie berühmt ist.«

»Du bist schlecht gelaunt«, stellte Nina fest.

»Stimmt«, sagte Silvester. »Das ist mir auch schon aufgefallen.«

Daraufhin schwiegen sie alle.

Silvester wollte Frederic ins Hotel fahren, doch Nina widersprach.

»Was soll er denn den ganzen Abend allein im Hotel herumsitzen? Du kommst noch mit zu uns, Frederic, oder magst du uns auch nicht mehr?«

»Nina«, sagte Silvester, »sei nicht so aufdringlich. Vielleicht will Frederic mal einen Schwabingbummel machen und ein nettes Mädchen kennenlernen.«

»Will er nicht. Schwabing – auch schon was! Er will mit uns reden. Es ist ein wunderbarer Abend, wir können draußen zu Abend essen.«

»Schon wieder essen«, wehrte Frederic ab. »Der Schweinsbraten war sehr reichlich.«

»Das ist schon eine Weile her. Und wir essen ja auch nur eine Stulle und trinken ein Weißbier dazu. So! Kommst du mit?«

Frederic, der vorn neben Silvester saß, wandte den Kopf und lächelte Nina an.

»Ja, ich komme gern mit zu euch, Nina. Das weißt du.«

»Die Mädchen in Schwabing sind wirklich nicht so wichtig. Fahr nicht so schnell, Silvio, es ist soviel Verkehr.«

»Apropos, Mädchen...« sagte Silvester. »Du bist noch nicht verlobt, Frederic? Soviel ich weiß, heiraten Amerikaner doch sehr jung. Und im diplomatischen Dienst braucht ein Mann eine Frau. Sie hat wohl auch immer allerhand Aufgaben auf dem jeweiligen Posten zu erfüllen.«

»Meine Posten sind bis jetzt nicht so wichtig, daß eine Frau zum Repräsentieren notwendig wäre«, erwiderte Frederic. »Im Gegenteil, die Ehefrauen der höheren Chargen haben es ganz gern, einen einsamen Junggesellen zu betreuen und in die Gesellschaft einzuführen.«

»Siehst du«, meinte Nina, »das sind schon einmal interessante Erfahrungen, die du da gemacht hast.«

Dann waren sie in Solln angelangt, und Lou, die müde aussah, sagte: »Ihr entschuldigt mich. Ich gehe nach Hause.«

»Michaela ist sowieso nicht da«, sagte Nina, »wenn sie nicht bei Eva ist, treibt sie sich sonstwo herum.«

»Manchmal kannst du auch ein wenig taktlos sein, meine liebe Nina«, sagte Silvester, als sie kurz darauf das Haus betraten.

»Wieso? Wie meinst du das?«

»Nun, deine Bemerkung über Michaela hat Lou bestimmt geärgert.«

»Komm, wir haben erst heute morgen lang und breit über Michaela gesprochen. Lou ist der Aufgabe nicht gewachsen, das Kind zu erziehen. Wir sind alle zu alt dafür, Lou und Frau Beckmann mal bestimmt. Und wie kommt Eva denn dazu? Sie hat selber Kinder. Michaela treibt sich pausenlos herum. Und den letzten Spaß, den sie sich geleistet hat, kennst du noch nicht. Sie hat Frau Beckmann Geld gestohlen. Und Frau Beckmann hat nicht viel, wie du weißt.«

»Sie hat gestohlen? Das ist mir neu.«

»Natürlich ist dir das neu. Lou geht ja damit nicht hausieren. Sie hat es mir heute beim Frühstück erzählt.«

Sie waren im Gartenzimmer angelangt, und Nina öffnete weit die Tür zum Garten. »Herrlich! Mach es dir bequem, Frederic. Hier ist ein Sessel, draußen ist der Ahorn, und wie du siehst, besitzen wir seit neuestem eine Hollywoodschaukel, die hat Marleen angeschafft. Und zieh die Jacke aus. Ich mach uns gleich einen kühlen Drink.«

Silvester hielt sie zurück.

»Sie hat gestohlen, sagst du?«

»Ja. Du hörst es doch. Zehn Mark oder so. Die Beckmannsche Haushaltskasse befindet sich in einer Küchenschublade und ist jedermann zugänglich.«

»Und woher will man wissen, daß es Michaela war?«

»Silvio, deinen Gerechtigkeitssinn in allen Ehren, aber du kannst sicher sein, daß Lou das Kind nicht ohne Beweis beschuldigen würde. Michaela hat es auch ohne weiteres zugegeben.«

»Und wofür hat sie das Geld gebraucht?«

»Wofür brauchen Kinder Geld? Für Eis, fürs Kino, irgendsowas. Und sie hat ziemlich frech erklärt, sie hätte viel zuwenig Taschengeld.«

Frederic, dem das Gespräch peinlich war, hatte sein Jakkett ausgezogen und spazierte in den Garten hinaus, auf den Ahorn zu, der noch größer geworden war, und wie immer, wenn er den Baum erblickte, sah er Alice dort sitzen. So wie sie damals da gesessen hatte, als er zum erstenmal ins Haus kam.

Silvester, der ähnliche Gefühle wie Frederic zu haben schien, sagte vorwurfsvoll zu Nina: »Du mußt ja nicht gerade über Michaelas Verfehlungen reden, wenn Frederic dabei ist.«

Nina schlug die Augen zum Himmel.

»Ach, komm wieder runter. Verfehlung! Sie hat geklaut. Und statt ihr eine zu kleben, hat Lou geweint. Was soll ich bloß mit dem Kind machen, hat sie mich gefragt, und ich habe ihr geraten, sie besser zu beaufsichtigen und strenger mit ihr zu sein. Und am besten wäre es, sie käme in ein Internat. Weil, wie ich schon sagte, wir alle zu alt sind, um sie richtig zu erziehen. Sie hat zuviel Freiheit, und du weißt ja selber, wie charmant sie sein kann, wenn sie etwas erreichen will.«

»Und wer soll das Internat bezahlen?«

»Vermutlich ich. Sie ist ja nun mal meine Enkeltochter, nicht wahr? Und da du mich ernährst und wir hier mietfrei wohnen, kann ich mir von meinem Honorar so eine Extravaganz leisten. Zumal ich die Absicht habe, wieder ein Buch zu schreiben.«

»Nein, Nina, wirklich?«

»Wirklich. Herr Wismar drängt sehr nachdrücklich. Und Lust habe ich eigentlich auch. Und eine Idee auch schon.«

»Erzähl mal!«

»Nein, Silvio, nicht jetzt. Aber du wirst staunen. Ich erzähle es dir heute abend im Bett. Nun laß uns erst noch von Michaela reden, und dann müssen wir Frederic wieder aufbügeln.«

»Er kommt mir irgendwie bedrückt vor.«

»Du sagst es. Und ich glaube, ich weiß auch, warum.«

»Warum?«

»Eins nach dem anderen, Geliebter. Erst Lou. Natürlich ist das nicht so schlimm mit dem Geld, aber man darf es Michaela nicht durchgehen lassen. Ich werde mit ihr sprechen, sehr ernsthaft, aber ohne ein Drama daraus zu machen. Man muß ihr die Situation mal deutlich vor Augen führen, nicht? Es ist ein Wunder, daß sie am Leben ist, werde ich ihr sagen. Und sie möge bedenken, was Lou alles für sie getan hat. Und tut. Und wenn sie sich hinfort anständig aufführt, wird sie von mir ein Taschengeld bekommen. Aber außerdem werde ich mal die Sache mit dem Internat mit ihr erörtern. Ganz gleichberechtigt, nicht wahr? Ich werde sie fragen, was sie davon hält. Sie ist weder scheu noch ängstlich, sie müßte kein Elternhaus aufgeben, und mit Gleichaltrigen ist sie ja sowieso gern zusammen. Ich sehe da keine Schwierigkeiten. Das wären noch zwei, drei Jahre bis zur Mittleren Reife, und wenn sie sich zusammenreißt, ein paar Jahre mehr zum Abitur. Kann man mehr für das Kind tun?«

»So wie du es betrachtest, klingt es ganz vernünftig.«

Nina lachte. »Es ist meist vernünftig, wenn ich etwas betrachte. Noch einen Schritt weiter betrachtet, sieht es nämlich so aus: Marleen und Hesse werden nicht ständig im Tessin wohnen wollen, es ist ein Haus für die Ferien, sonst nichts. Und jetzt im Sommer ist es sowieso ziemlich heiß dort, sagt Marleen. Du und ich, wir werden uns nach einer Wohnung umsehen. Ist immer noch ziemlich schwierig, aber ich denke, daß wir das schaffen werden.«

»Sind sie deswegen heute nicht mit hereingekommen?«

»Ach wo, sie sind gern im Schloß, und der Baron schwärmt sowieso für Marleen. Platz haben sie dort gerade genug. Und nun muß ich mich mal um Frederic kümmern. Der Arme hat immer noch nichts zu trinken. Sieh mal, jetzt sitzt er wirklich unter dem Ahornbaum. Ist er nicht ein Schatz?«

»Ja, ein liebenswerter Mensch. Aber was bedrückt ihn eigentlich?«

»Maria. Und die ganze Situation.«

»Maria?«

»Er hat sie sehr gern. Und es gefällt ihm nicht, daß man sie jetzt so... so... na, wie soll ich sagen, so in ein neues und sicher auch hartes Leben hineinstoßen will.«

Silvester nickte. »Mir gefällt es auch nicht.«

»Ja, ich mache mir auch Sorgen, wie sie damit fertig werden soll. Rico ist sicher der richtige Mann dafür. Aber er ist so robust, und ich fürchte, auch ziemlich unsensibel. Diese Ehe zwischen den beiden – also ich weiß nicht.«

»Ich bin dagegen, das habe ich dir schon gesagt. Er redet nur immer davon, was Maria für Geld verdienen wird.«

»Womit wir beim Thema wären. Er liebt sie, sagt er. Na, was der so Liebe nennt. Und Maria? Was stellt sie sich denn unter Liebe vor? Rico nimmt sie in die Arme, preßt sie fest an sich und küßt sie.«

»Das tut er?«

»Ja, ich habe es zufällig gestern beobachtet. Es muß nicht das erste Mal gewesen sein, denn sie hielt still und wehrte sich nicht. Aber sie war wie eine leblose Puppe.«

»Ob es... ob es schon weiter geht zwischen den beiden?«

»Silvio, ich weiß es nicht. Ich kann sie nicht fragen. Und ich werde mich hüten, ihn zu fragen, er käme mir wahrscheinlich dumm. Aber eigentlich glaube ich es nicht. Maria ist keine Frau. Sie ist auch kein Mädchen. Sie ist ein Neutrum.«

»Ob du dich nicht täuschst? Wenn man sie singen hört...«

»Ja, wenn man sie singen hört. Trotzdem. Sie singt wunderschön. Aber es ist kein Leben darin, keine Leidenschaft. Vergiß nicht, daß ich eine singende Tochter hatte. Zugegeben, Marias Stimme ist viel edler, sie ist traumhaft schön. Sie ist wie ein Instrument. Und sie hat auch niemals Schwierigkeiten mit ihrem Hals, das war es ja, was Vicky so genervt hat. Aber wenn Vicky sang, wenn ihre Stimmbänder in Ordnung waren, dann klang das so strahlend, so...«

Nina brach ab. Vickys Stimme war lange verstummt.

»Geh raus zu Frederic. Ich mix euch was. Martini?«

»Für mich lieber ein Bier.«

Nina mußte lachen, als sie in der Küche war. Der arme Silvio! Was sie ihm in Minutenschnelle da alles aufgehalst hatte!

Die Probleme von Michaela, Lou, von Maria, und dazu noch der Vorschlag, eine Wohnung zu suchen.

Dabei war sie gar nicht so sicher, ob Marleen und Hesse wieder nach Solln zurückkehren wollten. Alexander Hesse hatte den alten Traum, am Tegernsee zu wohnen, noch nicht aufgegeben. Marleen hatte ihr das am Tag zuvor erzählt.

»An den Tegernsee wollte er mich ja damals von Berlin aus schon verfrachten«, hatte Marleen gesagt. »Wir fahren demnächst mal hin und schauen uns da um.«

»Und dein Haus in Solln?«

»Wir könnten es verkaufen. Von mir aus können wir es auch behalten, aber Alexander will da nicht wohnen. Ihm ist das alles zu familiär.«

»Verständlich. Wir ziehen selbstverständlich aus.«

»Ach, nicht wegen euch. Das ganze Drumherum.«

»Wir könnten dann wenigstens Miete zahlen.«

»Darüber können wir ja mal reden.«

Gespräche über Geld und Besitz waren mit Marleen unproblematisch, das war immer so gewesen und war zweifellos eine ihrer besten Eigenschaften.

Es geht uns verdammt gut, dachte Nina, während sie für sich und Frederic Martinis mixte. Wenn ich an die Zeit nach dem Krieg denke, nur zwölf Jahre ist es her. Mir ist es nie im Leben so gutgegangen. Und wenn ich es jetzt noch zustande bringe, ein neues Buch zu schreiben...

Eine Weile stand sie gedankenverloren in der Küche und bastelte an dem geplanten Stoff herum. So etwas wie das Schicksal der Czapeks schwebte ihr vor, die inzwischen eine große Fabrik im Allgäu besaßen und sehr wohlhabend waren; Karel hatte schon zwei Söhne.

Man müßte natürlich, überlegte Nina, von vorn anfangen. Wie die Nazis das Sudetenland besetzten. Irgendein Nest da, der Glasbläser, seine Frau, die Gesellen, und wie begeistert sie den Einmarsch der Deutschen begrüßt haben. Haben sie wohl. Ein Jahr später war Krieg.

Sie schreckte auf, nippte an ihrem Martini.

Gestern abend schien Frederic glücklich und gelöst, heute dagegen verstimmt und bedrückt.

Sie hatte gesagt, sie wisse, warum, und sie wußte es auch. Er hatte Maria gern, und nachdem Nina von Ricos Absichten erzählt hatte, war Frederics Stimmung umgeschlagen.

Wenn man es einmal musikalisch betrachtet, dachte Nina, ergibt es keine Harmonie. Es ist jedoch, im Hinblick auf Marias Zukunft, eine nützliche Verbindung. Und was weiß Maria schon von Liebe. Immerhin behauptet Rico, sie zu lieben.

Nina seufzte und stellte die Gläser auf ein Tablett. Irgend etwas in ihr hatte sich auch empört, als sie Maria gestern in Ricos Armen gesehen hatte. Willenlos, hilflos, ausgeliefert. Ein hilfloses Objekt, da hatte Frederic den richtigen Ausdruck gefunden. Sie mochte noch so schön singen, sie würde nie ein freier, ein selbständiger Mensch sein.

Sie sprachen aber dann, unter dem Ahorn sitzend, nicht von Maria, sondern von Frederic.

Zunächst erzählte er von Ägypten, seinen Erlebnissen dort, und dann sagte er: »Ich möchte damit aufhören.«

»Womit?« fragte Silvester.

»Ich möchte den diplomatischen Dienst wieder aufgeben. Das ist nichts für mich.«

»Nein!« rief Nina. »Aber Frederic! Warum denn? Ich stelle mir das riesig interessant vor.«

»Sicher. Das ist es auch.«

»Du kommst in der ganzen Welt herum, lernst die tollsten Leute kennen und erfährst immer aus erster Quelle, was in der Weltgeschichte los ist.«

Frederic lächelte. »Ja, so kann man es sehen. Durchaus. Aber Diplomatie im zwanzigsten Jahrhundert ist nicht mehr Diplomatie des neunzehnten Jahrhunderts. Die erste Quelle ist es gewiß nicht mehr. Heute wird Politik woanders gemacht. Na, und was die tollen Leute betrifft, es sind immer dieselben. Und auf diese Weise in der ganzen Welt herumzukommen, das ist es gerade, was mir nicht gefällt.«

»Das mußt du mir erklären.«

Silvester jedoch nickte. »Ich glaube, ich begreife, was Frederic meint.«

»Es ist so, Nina«, sagte Frederic, »man muß sich hochdienen. Ganz klar, wie in jedem Beruf. Hier sieht das so aus: Dies war mein erster Posten in Ägypten, jetzt komme ich nach Paris, natürlich auch noch ganz am unteren Ende, und dort werde ich bestimmt nicht lange bleiben, Paris ist nur mal so ein kleines Bonbon für Anfänger. Wenn ich Kulturattaché werde, kommt erst einmal irgendeine kleine Bananenrepublik in Frage. Bis ich Attaché in einem einigermaßen bedeutenden Staat werden kann, vergeht eine Weile. Und während dieser Zeit wandere ich also von Südamerika nach Afrika und von dort nach Vorder-, Mittel- oder Hinterasien. Eine Frau brauche ich dazu auch, das hat Silvester ganz richtig gesehen. Wenn alles klappt, wird man später Gesandter und schließlich Botschafter, und die Sache fängt von vorn an. Bis man Botschafter in einem großen Staat wird, ist man meist schon ein reifer Herr. Immer vorausgesetzt, man hat sich bewährt, und alles ist karrieremäßig richtig gelaufen.«

»Hm«, machte Nina. »Und dieses Leben reizt dich nicht?«

»Nein. Es reizt mich durchaus nicht. Ich habe das vorher nicht bedacht, doch inzwischen ist mir klargeworden, es ist ein Leben auf einer vorgeschriebenen Bahn, und trotz aller tollen Leute und interessanten Ereignisse ist es kein Leben für mich.«

»Und was dann?« fragte Silvester.

»Ich hätte Medizin studieren sollen. Wie mein Bruder. Aber als ich damals aus dem Krieg zurückkam, hatte ich nur eines im Sinn: den Frieden auf dieser Welt. Und ich wollte die Menschen darüber aufklären, was sie falsch gemacht hätten und wie sie es besser machen sollten.«

Er lachte. »Es klingt anmaßend, ich weiß. Aber ich war jung, und das waren eben meine Gefühle. Mein Vater sagte damals schon: so empfindet jeder, der aus einem Krieg zurückkehrt. Und ich hatte so viele kranke und verletzte und sterbende Menschen gesehen, daß ein Medizinstudium mich abschreckte.«

»Aber du hast doch so viel studiert inzwischen«, sagte Nina. »Damit kannst du doch sicher etwas anfangen.«

»Das ist es. Ich möchte auf diesem Weg weitergehen. Und ich bin sehr froh, daß mein Vater jetzt kommt. Ich werde nicht hier, aber in Paris mit ihm darüber sprechen.«

»Demnach hast du schon Pläne«, sagte Silvester.

»Pläne wäre zuviel gesagt. Vorstellungen.«

»Wird dein Vater nicht sehr enttäuscht sein?« fragte Nina.

»Nein. Mein Vater versteht mich immer. Und Ariane versteht mich auch. Sie hat schon mal gesagt, sie findet es schrecklich, daß ich dann immer so weit weg sein werde.«

»Ja«, sagte Nina, »da kann ich sie verstehen. Mal in Tokio und dann vielleicht in Bolivien, dann wieder in Jerusalem oder sogar in Australien, das ist schon alles sehr weit weg.«

»Ich werde älter, hat Ariane gesagt, und ich werde alt, und ich habe keinen Sohn, keine Enkelkinder, und kann höchstens stolz darauf sein, daß mein Sohn ein Herr Botschafter ist. Pfeif ich drauf.«

»Hat sie recht«, meinte Nina.

»Mein Bruder hat inzwischen geheiratet, wie ihr wißt, und einen Sohn hat er auch schon, also insofern ist Ariane versorgt.«

»Aber es geht um dich«, sagte Silvester. »Und wenn du der Meinung bist, dieses Leben, das du begonnen hast, ist nicht das richtige Leben für dich, solltest du es ändern.«

»Ja. Ich habe es mir, wie gesagt, vorher nicht so richtig klargemacht.«

»Und was hast du für Vorstellungen?«

Frederic lachte ein wenig verlegen.

»Es fällt mir schwer, das einzugestehen, aber zunächst möchte ich noch weiterstudieren. Auch wenn ich eigentlich nun zu alt dazu bin. Geschichte war es, was mich am meisten interessiert hat, und das ist heute noch so. Und das knüpft wieder an meine Gedanken an, die ich unmittelbar nach dem Krieg hatte. Was alles geschah auf dieser Welt, wie alles kam, warum es so kam und was die Menschheit daraus lernen kann. Und darum ist es vor allem die europäische Geschichte, die mich interessiert. Wir haben sie selbstverständlich ausführlich behandelt in Harvard, aber ich denke, daß ich noch einiges dazulernen kann. Kurz und gut, ich würde gern ein paar Semester an der Sorbonne studieren und ein paar Semester in Deutschland, am liebsten in Berlin an der Freien Universität. Da ich beide Sprachen ganz gut kann, würde mir das keine Schwierigkeiten machen.«

»Was wird dann daraus? Studieren ist noch kein Beruf.«

»Wenn ich selbst genug weiß, könnte ich mein Wissen weitergeben.«

»Na klar, ich hab's«, rief Nina. »Du wirst Professor in Harvard.«

Frederic nahm ihre Hand und küßte sie.

»Ob es gerade Harvard sein wird, weiß ich nicht. Aber ich werde promovieren und die Laufbahn eines Hochschullehrers anstreben.«

Es war schon spät am Abend, die Stullen, wie Nina es immer noch nannte, hatten sie gegessen, das Bier getrunken, sie waren vom Garten hereingegangen ins Haus, und Frederic wirkte nicht mehr bedrückt. Es schien so, als sei es eine Erleichterung für ihn, daß er über sein Problem hatte sprechen können. Nina erriet hellsichtig: »Das war ungefähr eine Generalprobe heute abend für das Gespräch mit deinem Vater.«

»Ja. Du hast es erkannt. Ich habe noch zu keinem Menschen davon gesprochen. Zu wem auch? Es war in meinem Kopf noch unklar. Aber jetzt ist es mir klargeworden. Und ganz sicher möchte ich später Bücher schreiben über bestimmte Epochen europäischer Geschichte. Da gibt es so unendlich viel. Und nicht zuletzt die Geschichte meiner Vorfahren. Das Baltikum, die Kultivierung des Landes durch die Ordensritter, das Verhältnis zu Rußland, das manchmal freundschaftlich war, manchmal feindselig, und schließlich die Eingliederung des Baltikums in das Russische Reich, mit allen Privilegien, die den Balten blieben. Es ist ein ganz spezielles und höchst interessantes Kapitel europäischer Geschichte. Mein Vater hat davon erzählt. Und als ich dein Buch gelesen habe, Nina, bin ich wieder darauf gekommen.«

»Nein? Durch mein Buch? Silvio, was sagst du?«

»Wenn du von deinem Nicolas erzählst, dann erzählst du ja auch von seiner Jugend im Baltikum.«

»Leider weiß ich nicht viel darüber.«

»Wir werden alles genau erforschen.«

Der Abend endete harmonisch. Nina hatte inzwischen Lou angerufen, sie wollte nicht mehr kommen, immerhin aber war Michaela zu Hause. Daß die Langes in der Nacht zuvor wohlbehalten heimgekommen waren und auch die Kinder unbeschadet vorgefunden hatten, war über den Zaun mitgeteilt worden. Frederic wollte auf keinen Fall von Silvester ins Hotel gefahren werden, er werde sich ein Taxi nehmen, sagte er.

»Eigentlich könntest du auch bei uns wohnen«, sagte Nina. »Wir haben Platz genug, wenn wir allein sind.«

»Es ist besser, ich bin im Hotel, wenn meine Eltern kommen. Und dann fahren wir ja sowieso nach Langenbruck.«

»Es hat mir wohlgetan, mit euch zu sprechen«, sagte Frederic zum Abschied. »Und wenn ich in Langenbruck bin, werde ich einmal in Ruhe mit Maria reden. Oder besser noch, Vater wird es tun. Wenn er dabei ist, wird es uns vielleicht gelingen, diesen Rico auf Abstand zu halten.«

»Deinem Vater gelingt es sicher«, sagte Nina. »Und was meinst du, soll er mit Maria besprechen?«

»Ob sie das Leben so haben will, das man für sie plant.«

»Du hast ja gehört, daß sie es will. Soll ich immer von Almosen leben? Weil es einer Blinden so geziemt?« wiederholte Nina die Worte Marias. »Wo sie bloß diese blödsinnigen Ausdrücke herhat?«

»Klingt nach Herrn Beckmann«, meinte Silvester.

»Sicher wird sie für deine Eltern singen«, sagte Nina. »Dann beantworten sich alle Fragen von allein.«

»Alle?« fragte Frederic. »Auch, daß sie diesen Burschen heiraten soll?«

»Was heißt soll? Kein Mensch zwingt sie dazu. Aber er wird alles arrangieren und er...«

»Ja, ja«, unterbrach Frederic ungeduldig, »ich habe das alles gehört und verstanden. Einen Impresario kann man engagieren. Es muß nicht ausgerechnet dieser sein, und heiraten muß man ihn schon gar nicht. Wenn ihr wollt, finde ich in Amerika einen höchst kompetenten Mann für sie. So etwas gibt es.« Nina und Silvester tauschten einen Blick.

»Das sind ja ganz neue Perspektiven«, murmelte Nina.

»Und überhaupt finde ich«, fuhr Frederic fort, »sollte Maria ein bißchen Urlaub machen. Nach allem, was ich gehört habe, arbeitet sie zu viel. Sie ist blaß und schmal und sieht sehr mitgenommen aus. Als sie bei uns in Boston war, hat sie mir viel besser gefallen. Am besten nehmen meine Eltern sie gleich mit.«

Nina lachte. »Du hältst mich heute abend wirklich in Atem, Frederic.«

»Hast du nicht gesehen, wie gut ihr das Schwimmen getan hat? Und noch besser bekommt ihr das Meer. Sie liebt das Meer. Ich möchte es einmal sehen, hat sie damals gesagt, aber wenigstens kann ich es jetzt hören. Ja, sie soll mit meinen Eltern nach Boston fliegen und ein paar Wochen auf Cape Cod bleiben. Dann werdet ihr sehen, daß sie zugenommen hat und rote Wangen kriegt. Schade, daß ich nicht mit kann.«

»Hm«, meinte Nina mit leichtem Spott. »Am besten quittierst du den Dienst gleich.«

Frederic küßte Nina, als sie ihn zum Gartentor brachte, und sie legte beide Arme um seinen Hals.

Ach, Nicolas, dachte sie, es ist so schön, daß du immer noch da bist.

Als sie wieder im Haus war, sagte Silvester: »Es hört sich so an, als sei er in Maria verliebt.«

»So hört es sich an, ja. Aber das ist Unsinn. Er hat sie seit vier Jahren nicht gesehen. Wie kann er da in sie verliebt sein. Er fühlt sich irgendwie verantwortlich. Und er mag Rico nicht.«

»Den er gestern zum erstenmal gesehen hat.«

»Wie findest du das mit seinen Berufsplänen?«

»Nun ja, erstaunlich. Aber er ist alt genug, um zu wissen, was er will.«

»Ach, ich weiß nicht. Ich sehe ihn noch immer vor mir, wie er damals hier in der Diele stand. Für mich ist er überhaupt nicht älter geworden.«

»Du hast demnach mütterliche Gefühle ihm gegenüber.«
»Das denn doch nicht. Ein bißchen andere schon. Silvio?«
»Ja?«
»Bist du dafür, daß Maria mit den Golls nach Amerika fliegt?«
»Nein, gewiß nicht. Es ginge schon wegen des Marquis nicht.«
»Da hast du recht. Sie würde sich nie von dem Hund trennen. Und wenn man ihn mitnehmen will, muß man ihn in eine Kiste packen oder so was. Das würde sie nicht ertragen.«
»Ich habe eine bessere Idee, was den Urlaub und das Meer betrifft.«
»Du?«
»Ja, ich. Darüber habe ich nämlich schon nachgedacht. Ich möchte das Meer auch gern einmal wiedersehen. Das letzte Mal, als ich das Meer gesehen habe, das war... laß mich nachrechnen. Das läßt sich gar nicht mehr nachrechnen, das war vor 33. Da war ich erst in Venedig und dann an der Adria. Und einmal war ich auf Capri, das war Ende der zwanziger Jahre.«
»Und in Ägypten warst du auch, wie du erzählt hast.«
»Da habe ich eine Seereise gemacht, ja.«
»Du willst nach Italien?«
»Nein, ich möchte nach Norden. Ich habe nie in meinem Leben die Ostsee gesehen und nie die Nordsee. Du?«
»Ich? Ich habe gar nichts gesehen in meinem Leben.«
»Dann wird es höchste Zeit. Wir fahren nach Sylt.«
»Wohin?«
»Auf die Insel Sylt. Davon hat mir der Münchinger neulich mit solch einer Begeisterung erzählt, daß er gar nicht mehr aufhören konnte. Da gibt es einen breiten Strand und ein großes wildes Meer.«
»Das ist doch dort, wo sie alle nackt baden.«
»Auch das. Nicht alle. Du kannst, aber du mußt nicht.«
»Da willst du hin?«
»Da will ich hin. Ehe ich noch älter werde, will ich die Nordsee erleben. Und Maria nehmen wir mit.«

»Aber...«

»Maria kommt mit und der Marquis natürlich auch. Wir fahren mit dem Wagen. Schön gemütlich durch Deutschland. Auch das möchte ich gern.«

»Und die anderen?«

»Welche anderen?«

»Na, Lou und Michaela. Und Rico.«

»Ich habe gesagt, wir fahren mit dem Wagen und nicht mit einem Omnibus. Du, Maria, der Marquis Posa und ich. Schluß. Wenn wir dann noch ein paar Koffer haben, ist der Wagen sowieso voll.«

»Rico hat selber einen Wagen.«

»Er soll sich um die Geschäfte kümmern. Sonst holen wir uns einen Impresario aus Amerika. Das gibt es, hast du ja gehört. Und nun gehen wir ins Bett. Du wolltest mir noch von deinem neuen Roman erzählen.«

»Heute noch? Das kann ich nicht. Dazu bin ich viel zu aufgeregt. Wir verreisen? Wann denn?«

»So bald wie möglich. Nächste Woche.«

»Ach, Silvio. Du bist fabelhaft«, rief Nina, und diesmal umarmte sie ihren Mann, ganz ohne mütterliche Gefühle und ohne an Nicolas zu denken.

Michaela

So schnell, wie Silvester es sich gedacht hatte, ging es mit der Reise denn doch nicht, einige Vorbereitungen gehörten dazu.

Zunächst wurde der Brauereibesitzer Münchinger befragt, Silvesters Jugendfreund, der die Insel Sylt kannte.

Sie trafen sich an einem Abend bei Isabella, wie es üblich geworden war, in ihrem alten Freundeskreis, der jedoch im Lauf der Zeit kleiner geworden war. Der Anderl Fels lebte nicht mehr, und Professor Guntram war im vergangenen Frühjahr gestorben.

»Wenn ihr so weitermacht«, hatte Isabella nach der Beerdigung traurig gesagt, »bleib' ausgerechnet ich allein übrig.«

»Das halt' ich für möglich«, hatte der Münchinger darauf erwidert, »du bist aus haltbarem Stoff gemacht.«

»An die Nordsee?« fragte Franziska entsetzt, als sie von Silvesters Plan hörte und schüttelte sich. »Geh, du spinnst. Da ist es viel zu kalt. Warum fahrst net nach Italien? Meer hast da auch.«

»Nein«, sagte Isabella, »sie sollen an die Nordsee fahren. Das ist ein prachtvolles Meer. Ich war mit meinen Eltern da, als ich ein Kind war. Auf der Insel Norderney waren wir, und mir hat's so gut gefallen. Leider waren wir nur einmal dort, das Klima bekam meiner Mutter nicht. Schad', daß ich nicht jünger bin, ich käm' glatt mit.«

»Na, das ist überhaupt die Idee«, sagte Silvester. »Du fährst mit, das würde Nina freuen.«

Isabella lächelte. »Nein, nein, damit fang' ich nicht mehr an. Ich fahr' im September wieder nach Badgastein, das tut meinen müden Knochen gut.«

Die Kur in Badgastein leistete sich Isabella seit drei Jahren, denn ein wenig mußte sie nun mit ihren Kräften haushalten; sie hatte die Praxis noch nicht aufgegeben und bewältigte immer noch ein beachtliches Arbeitspensum.

Münchinger meinte, sie müßten unbedingt nach Kampen, dort sei die Buhne 16, der vielgerühmte Nacktbadestrand. Ein wenig schockiert erwiderte Silvester, dies sei nun wirklich nicht der Grund der Reise, es ginge ihm darum, endlich die Nordsee kennenzulernen. Und Maria sollte das Meer hören.

»Weiß eh«, grinste der Münchinger, »ich sag's halt bloß. Die Kleine sieht's ja net. Aber für dich wär's eine ganz nette Zugabe, oder?«

»Was sind die Männer bloß für Deppen«, sagte Franziska kopfschüttelnd. »In eurem Alter! Das ist ja bloß noch Theorie.«

»Ich hab' ja nicht gesagt, daß es dort unanständig zugeht«, verteidigte sich der Münchinger. »Ist halt hübsch anzusehen. In manchen Fällen.«

»Bist am End' da auch nackt umeinander gehatscht?« erkundigte sich Franziska.

»Freilich«, sagte der Münchinger trotzig. »Ist dort so der Brauch.«

»Na, das muß ein Anblick gewesen sein! Bei deiner Wampen.«

»Die ist in der Badehose genau so sichtbar«, sagte der Münchinger logisch.

Er hatte in Westerland im Hotel Miramar gewohnt, das liege direkt am Strand und sei ein sehr schönes Hotel, erzählte er dann. Es gebe noch viele andere rundherum, und in Kampen könne man selbstverständlich auch wohnen.

»Läßt dir halt ein paar Prospekte schicken«, schlug er Silvester vor.

Daraufhin stellte sich heraus, daß für den Monat August sowieso kein Quartier mehr zu bekommen war, erst Anfang September war es möglich, in der Art unterzukommen, wie Nina es wünschte: drei Zimmer, möglichst nebeneinander gelegen, denn man konnte Maria in einer fremden Umgebung nicht sich selbst überlassen.

Mittlerweile hatten die Ruhlands und Maria von dem geplanten Unternehmen Kenntnis erhalten.

»An die Nordsee?« fragte Rico entsetzt. »Da wird sie sich erkälten.«

»Schmarrn«, sagte sein Vater. »An der Nordsee erkältet sich kein Mensch. Da fährt man hin, um eine Erkältung auszukurieren. Seeluft wird Maria guttun. Du hast in nächster Zeit genug zu tun, und ich auch. Ich werde nach Wien fahren. Ich war noch nicht wieder dort, seit Österreich den Staatsvertrag hat. Interessiert mich sehr, wie es jetzt dort ausschaut. Und eine Menge guter Freunde habe ich da schließlich auch noch.«

Silvester sagte später zu Nina. »Es ist sehr gut für Maria, mal eine Weile aus der täglichen Mühle herauszukommen. Sie soll sich erholen und überhaupt nicht singen. Ich versteh' zwar nicht sehr viel von diesem Beruf, aber ich weiß, daß eine Stimme immer eine gewisse Zeit des Ausruhens braucht. Das habe ich von kompetenter Seite.«

»So? Warst du auch einmal mit einer Sängerin befreundet?«

»Leider nicht. Ich habe sie immer bloß als Publikum bewundert. Diese Weisheit stammt von Agnes Meroth. Weißt du, was sie gesagt hat? Sie hat gesagt, der Ruhland strapaziert die Kleine ein bisserl viel. Sie ist jung, die Stimme ist jung. Man darf sie nicht überanstrengen.«

»Das hat sie gesagt?«

»Genau das. Und nicht nur das. Sie hat außerdem gesagt, der Heinrich ist ein ehrgeiziger Hund. Das war er immer schon. Er könnt' ja genau wie ich an der Musikhochschule unterrichten, dann verteilt sich das Interesse eines Lehrers auf mehrere Schüler. Aber er hat sich mit voller Wucht auf Maria gestürzt, nur auf sie allein. Es ist der Mühe wert, gewiß, aber sie war eigentlich noch zu jung, als er mit dem Unterricht angefangen hat. Und sie ist jetzt noch zu jung, um all diese Partien zu singen, die er mit ihr einstudiert. Schön, sie arbeitet mit großer Intensität. Aber da sie alles nur nach dem Gehör und aus dem Gedächtnis lernen kann, ist es auch geistig eine große Anstrengung. Ich bin der Meinung, er überfordert sie.«

»Das finde ich ja hochinteressant«, sagte Nina. »Du wirst

lachen, ich habe mir das auch schon gedacht. Schließlich hatte ich eine Tochter, die Gesang studiert hat. Und die Losch-Lindenberg, das war Vickys Lehrerin, hat immer gesagt, eine Stimme muß man langsam aufbauen.«

»Siehst du!«

»Wann hast du denn mit der Meroth darüber gesprochen?«

»Unlängst an dem Abend, als Maria die Brahmslieder sang.«

»Das hast du mir gar nicht erzählt.«

»Nein. Aber ich habe daraufhin die Sache mit der Reise überlegt. Ich hab nur befürchtet, der Ruhland wird Sperenzchen machen. Hat er glücklicherweise nicht.«

»Was hat denn die Meroth noch gesagt?«

»Maria singt einmalig schön, hat sie gesagt, das muß jeder zugeben, der etwas davon versteht. Aber eine Stimme muß Zeit haben, um zu reifen. Genau wie der Mensch, der dazu gehört. Händel und Bach, hat sie gesagt, auch Lieder, gut und schön. Aber nun studiert er eine Opernpartie nach der anderen mit ihr ein, das ist einfach zu früh, das überfordert sie in jeder Beziehung. Der gute Heinrich kann's nicht abwarten, als strahlender Gottvater mit dieser Stimme an die Öffentlichkeit zu treten. Es wird auch ihm neuen Ruhm bringen.«

»Und Rico dazu.«

»Richtig. Das erwähnte sie am Rande auch noch, ziemlich skeptisch. Er wird sie ausbeuten, sagte sie.«

»Na, weißt du. Und das erzählst du mir nicht.«

»Ich tu's ja gerade. Was sie am meisten geärgert hat, war die Isolde.«

»Isolde?«

»Ja. Ruhland hat ihr offenbar vorgeprahlt, in drei Jahren würde Maria die Isolde singen. Dazu kann ich nur lachen, sagte die Meroth. Als ich zum erstenmal die Isolde sang, war ich fünfunddreißig. Das ist früh genug. Wenn man das früher macht, singt man mit vierzig gar nichts mehr.«

»Das finde ich ja toll. Ich meine, daß du mit ihr darüber gesprochen hast. Zu mir hat sie kein Wort davon gesagt.«

»Vielleicht findet sie, daß du eine ehrgeizige Sängermutter bist und daß man mit mir vernünftiger reden kann.«

»Das wird's wohl sein«, erwiderte Nina spöttisch. Sie war ein wenig eifersüchtig. Ausgerechnet Silvester, der sich so lange um Maria überhaupt nicht gekümmert hatte, wurde nun als sachverständiger Experte hinzugezogen.

»Frauen sprechen halt immer noch viel lieber mit Männern als mit Frauen«, murmelte sie nach einer Weile vor sich hin.

»Hast du was gesagt?« fragte Silvester lächelnd.

»Nö. Nur mit mir selber raun' ich.«

»Den ›Ring‹ würde ich gern mal wieder hören. In der nächsten Spielzeit werden wir wieder öfter in die Oper gehen. Zu schade, daß unsere Oper zerstört ist. Es war so ein unvergleichlich schönes Haus.«

»Ich kenne es. Ich hatte die Ehre und das Vergnügen, daß du mich einige Male dorthin eingeladen hast.«

»Öftrige Male. Aber es soll ja wieder aufgebaut werden, wie es heißt.«

»Ich finde das Prinzregententheater auch sehr schön. Eine wunderbare Akustik. Und man kann von jedem Platz aus gut sehen. Komisch, von der Isolde hat Vicky nie gesprochen. Die Elsa, die Elisabeth, das waren ihre Fernziele.«

»Das Evchen in den ›Meistersingern‹, nicht?«

»Das sei eine fade Partie, fand sie.«

»Na, allein das Quintett ist doch ein Höhepunkt in Wagners Musik.«

»Vielleicht hing es auch damit zusammen, daß die ›Meistersinger‹ während der Nazizeit so eine Art Nationaloper waren. So richtig deutsch, und der Text paßte auch fein in die Ideologie, und dann noch Nürnberg dazu. Hitler latschte ewig in die ›Meistersinger‹. Das ergab eine gewisse Aversion.«

Auch Professor Goll, der sich mit Ariane drei Tage auf Langenbruck aufgehalten hatte, hatte seinen Segen zu der Reise gegeben.

»Maria liebt das Meer. Sie stand und lauschte auf die Brandung, und wenn es stürmisch war und das Meer tobte, war sie ganz hingerissen. Einmal sagte sie: Wenn ich es höre, ist es mir, als ob ich es sehen könnte.«

Goll und Ariane, beeinflußt von Frederic, hatten sich kritisch in Langenbruck umgesehen, konnten aber Frederics Bedenken nicht teilen.

Das Schloß und der Park zeigten sich unter einem weißblauen bayerischen Himmel von der besten Seite, der Kammersänger Heinrich Ruhland bezauberte die Gäste mit seinem Charme und seiner Bonhomie, Ariane fand ihn unwiderstehlich europäisch. Der Baron war seinerseits von den Amerikanern entzückt, und Rico war die Liebenswürdigkeit selbst, er fuhr die Gäste in der Umgebung herum und sah dabei so unerhört gut aus mit seinem gebräunten Gesicht unter dem dunklen Haar, daß Ariane einmal zu ihrem Mann sagte: »Wenn Maria ihn sehen könnte, würde sie sich sofort in ihn verlieben.«

»Soviel ich beobachtet habe, ist das schon geschehen. Es besteht eine gewisse Vertrautheit zwischen den beiden, was ich ganz gut finde, denn wenn aus all diesen Plänen etwas werden soll, braucht Maria einen Mann an der Seite, der erstens von der Sache etwas versteht und den sie zweitens gern hat.«

»Frederic hat sich ziemlich abfällig über den jungen Mann geäußert.«

»Frederic hat sich überhaupt komisch benommen. Irgend etwas stimmt mit ihm nicht, wir werden es in Paris erfahren.«

Mit Maria war der Professor zufrieden, sie erschien ihm ruhig und ausgeglichen, erfüllt von ihrer Arbeit, nur zu dünn und zu blaß. Deswegen begrüßte er die Reise an die See, sie würde ein wenig Farbe bekommen und mehr Appetit.

Selbstverständlich wurde auch gesungen. An einem Abend sangen Maria und Heinrich Ruhland abwechselnd Schubertlieder, und da die amerikanischen Gäste eine Ahnung davon bekommen sollten, was für ein großer Mann Ruhland einst gewesen war, endete der Schubert-Abend programmwidrig mit der Gralserzählung aus dem ›Lohengrin‹, die er noch immer mit Bravour abliefern konnte. Am Klavier saß Lou Ballinghoff, sie war auf Ruhlands Wunsch mit herausgekommen. Michaela habe ja nun Ferien, hatte er gesagt, und könne wechselseitig von den anderen Damen beaufsichtigt werden.

Lou war eine exzellente Begleiterin; wäre sie nicht dagewesen, hätte Ruhland selbst begleiten müssen, das tat er nicht gern, wenn er vor Publikum sang. Er wollte auch als Erscheinung bewundert werden.

Während dieser Tage fand Nina Gelegenheit, in Ruhe mit Michaela zu sprechen. Sie hatte Trotz und Widerstand erwartet, doch davon konnte keine Rede sein, Michaela bereute den Diebstahl, außerdem schäme sie sich ganz schrecklich vor Frau Beckmann, wie sie hinzufügte.

»Ich kann ihr gar nicht in die Augen sehen. Wenn ich sie kommen höre, verschwinde ich aus dem Haus.«

»Das ist auf die Dauer kein Zustand. Und damit verletzt du sie erst recht. Wenn du gesagt hast, daß es dir leid tut und daß du es nie wieder tun wirst, dann kann man die Geschichte als erledigt betrachten. Und das kann ich doch erwarten, daß du es nicht wieder tun wirst?«

»Nie«, rief Michaela stürmisch, »niemals. Aber sie werden mir nicht mehr trauen.«

»Wer, sie?«

»Na, Frau Beckmann und Tante Lou. Lou hat gesagt, wer stiehlt, der lügt auch. Da hat sie recht. Ich lüge manchmal.«

Nina lächelte. »Ein bißchen schwindeln ist manchmal erlaubt. Aber richtig lügen ist übel. Es ist meistens nur Feigheit, und man kommt sich selbst sehr schäbig dabei vor.«

Nina unterbrach sich und dachte nach. Gab es Lügen in ihrem Leben? Eigentlich nur eine: Ihre Liebe zu Nicolas zog zwangsläufig die große Lüge nach sich, Betrug an Tante Alice, die sie ja liebgehabt hatte. Vor allem hatte sie ihrer Tochter nie die Wahrheit gesagt: Vicky hatte nie erfahren, wer ihr Vater war. Sie seufzte. Doch, das Leben zwang einen manchmal zur Lüge. Oder sollte man besser sagen: die Liebe. Die Lüge ist die Schwester der Liebe, das hatte Nicolas einmal gesagt. Sie wandte sich wieder dem Mädchen zu, das ihr mit ernstem Gesicht und sehr ordentlich gekämmten Haar, was eine Seltenheit war, gegenübersaß.

»Ich könnte sagen, jeder muß mit seinen Fehlern leben. Aber man kann immerhin versuchen, einige davon loszuwerden. Auf jeden Fall solltest du Lou keine Sorgen machen, und das tust du häufig, nicht wahr? Siehe Schule. Sie hat es schwer gehabt in den Jahren nach dem Krieg, und du kapierst schließlich auch, was du ihr zu verdanken hast. Sie hat dir das Leben gerettet, sie hat für dich gesorgt in den schlechten Jahren, und dann hat sie noch das Wunder vollbracht, dich hierher zu bringen. Und jetzt ist das Leben für sie auch nicht so einfach. Sie hat eine kleine Pension, sie macht gelegentlich Übersetzungen aus dem Französischen oder Englischen, die Silvester ihr durch den Verlag verschafft. Sie muß Frau Beckmann Miete bezahlen und was sonst noch dazugehört, sie sorgt für dich, schön, du futterst dich hier reihum durch die Gegend, und für deine Garderobe sorge ich. Und nun bist du also sitzengeblieben.«

Michaela senkte den Kopf mit den langen blonden Haaren, und Nina fragte sich, was echt und was gespielt war an ihrer sichtlichen Reue. Sie war ein hübsches, frisches Mädchen und erinnerte Nina manchmal an Vicky, im Aussehen, aber auch durch den bezwingenden Charme, über den sie verfügte oder verfügen konnte, wenn sie wollte.

Vicky war aparter gewesen, differenzierter und intelligenter. Schulschwierigkeiten hatte es mit ihr nie gegeben. Und Lügen? Nein, gewiß nicht. Sie war von strahlender Offenheit gewesen, unbekümmert und selbstsicher.

Aber man durfte nicht ungerecht sein gegen dieses Kind hier. Seine Kindheit war unruhig gewesen, voller Unsicherheit, vielleicht hatte sie manchmal wirklich lügen müssen. Und die Abende in den Garderoben des Theaters waren gewiß nicht gut für ihre Entwicklung gewesen; sicher hatte sie da manches aufgeschnappt, was für Kinderohren nicht geeignet war. Nina entnahm es den Ausdrücken, die sie manchmal gebrauchte.

»Jetzt hör mir mal gut zu, ich möchte etwas mit dir besprechen. Zunächst einmal, das wird dir ja auch schon aufgefallen sein, ist Lous Gesundheitszustand nicht der beste. Ihr Herz ist angegriffen, das hat Dr. Belser festgestellt. Es kann möglicherweise die Folge jener Scharlacherkrankung sein, die sicher damals nicht richtig behandelt und vor allem nicht auskuriert wurde. Die Hungerjahre, die darauf folgten, haben den Rest besorgt. Daß sie elend aussieht, nervös ist und schlecht schläft, wirst du ja mitbekommen haben.«

»Ich weiß, daß ihr Herz krank ist«, sagte Michaela ernst. »Sie ringt manchmal nach Luft, das ist ganz schrecklich.«

»Siehst du! Ich wäre dafür, daß sie eine längere Zeit ruhig auf dem Lande lebt, entweder im Waldschlössl oder in Langenbruck, sie ist an beiden Orten willkommen und könnte sich gründlich erholen, und vor allem würde sie ordentlich zu essen bekommen. Und daß sie ißt, dafür würde Victoria sorgen beziehungsweise Stephan. Du aber mußt in die Schule gehen. Bei mir kannst du nicht bleiben, dies ist Marleens und Alexanders Haus, sie werden allein hier wohnen wollen. Silvester und ich suchen eine Wohnung, sobald wir von der Reise zurück sind.«

»Ihr wollt hier ausziehn?«

»Ja. Bleibt Eva. Bei der kannst du auch nicht ständig sein, sie hat genug mit ihren eigenen Kindern zu tun.«

»Und wo soll ich hin?« fragte Michaela, nun ehrlich bestürzt.

»Ich habe an ein Internat gedacht. Wo du gut versorgt wirst und mit jungen Leuten zusammen bist, was für dich vielleicht ein Ansporn sein wird, fleißiger zu sein.«

»Ich soll also weg.«

»Hm. Es ist wohlgemerkt meine Idee. Kein Mensch wird dich zwingen. Du sollst darüber nachdenken und mir sagen, was du davon hältst. Es braucht nicht weit von uns entfernt zu sein, damit wir uns oft sehen können. Es ist nicht so, Michaela, und das mach dir bitte klar: wir wollen dich nicht los sein, keiner von uns. Ich schon gar nicht. Ich bin sehr glücklich, daß du überlebt hast, und das ohne körperlichen Schaden. Das sage ich im Hinblick auf Maria. So wie Maria damals aus Dresden zu mir kam, das war ein furchtbarer Schock. Und es war für mich eine jahrelange schwere

Belastung. Und das ist es noch. So wie es jetzt aussieht, hat Maria einen Lebensinhalt gefunden, sie hat schwer dafür gearbeitet und muß weiter dafür arbeiten, aber ich hoffe... ja, ich hoffe, ich wünsche, ich bete darum, daß ihr Leben dadurch für sie erträglich sein wird. Daß sie trotz ihres Leidens...« Nina konnte nicht weitersprechen.

»Du liebst Maria mehr als mich«, sagte Michaela leise.

»Das ist eine törichte Bemerkung. Liebe läßt sich nicht messen, und schon gar nicht gegeneinander abwägen. Denk an die vielen Jahre, die ich mit Maria verbracht habe. Als man sie mir brachte, das war kurz vor Kriegsende, ging es mir auch nicht besonders gut. Ich war ausgebombt, Silvester war im Konzentrationslager, und ich wußte nicht, ob er lebte, Stephan war sehr krank, er war in Rußland schwer verwundet worden. Und ich hatte keine Ahnung, und das war das Schlimmste, was aus deiner Mutter geworden ist. Das war eine sehr böse Zeit, Michaela. Und dazu das blinde verletzte Kind, das kein Wort sprach, das kaum etwas Menschenähnliches hatte, das wie ein verschrecktes, scheues kleines Tier war. Ob ich Maria mehr liebe als dich? Soll ich dir die Wahrheit sagen? Ich wünschte damals, Maria wäre genau wie ihr in Dresden ums Leben gekommen und mir wäre diese furchtbare Last erspart geblieben. Das habe ich gedacht, Michaela, wenn ich dir keine Lüge erzählen soll.«

Michaela saß wie versteinert, die großen blauen Augen, vor Entsetzen weit geöffnet, starrten Nina an.

Es blieb eine Weile ganz still im Zimmer. Nina stand auf, ging zum Fenster und blickte hinaus auf die stille Straße.

»Lange Zeit habe ich immer noch gehofft, daß deine Mutter am Leben sei«, sprach sie gegen die Scheibe. »Wenn wir Liebe schon messen wollen, sie habe ich am meisten geliebt von euch allen. Sie kam nie wieder zu mir. Dann bist du plötzlich gekommen, ganz unerwartet. Du bist gesund, du kannst sehen, und du kannst nicht als einziger von uns allen ohne Verstand im Kopf sein, das gibt es nicht. Ich möchte, daß du in der Schule ordentlich lernst und später einen Beruf hast. Das hat mit mehr oder weniger Liebe gar nichts zu tun, das ist eine Frage vernünftiger Überlegung.

Übrigens würde ich das Internat für dich bezahlen, ganz billig ist so etwas nämlich nicht. Also denk darüber nach.«

Während ihrer letzten Worte hatte sich Nina wieder umgedreht, und nun stand Michaela auf und kam auf sie zu.

»Darf ich... darf ich...«

»Ja? Was?«

»Darf ich dich umarmen?«

»Was für eine Frage! Selbstverständlich darfst du.«

Michaela legte sehr vorsichtig beide Arme um Ninas Schultern, sie war schon etwas größer als Nina, und küßte sie auf die Wange. Und Nina dachte: sie hat schon recht. Sie hat von mir wirklich keine Liebe bekommen.

Michaela sagte: »Ich hab schon überlegt. Ich glaube, ich würde das ganz gern machen. Und ich werde dir beweisen, daß ich lernen kann, wenn ich will. Und einen Beruf will ich auch haben. Du wirst dein Geld nicht zum Fenster hinausschmeißen.«

Nina lachte. »Das hört sich ja alles recht gut an. Dann werde ich Herbert beauftragen, sich nach einem geeigneten und guten Internat umzusehen. Er ist der richtige Mann für so etwas. Lou werden wir vor vollendete Tatsachen stellen.«

»Ja. Sie muß wieder ganz gesund werden.«

Nina nahm Michaelas Gesicht zwischen beide Hände und küßte sie auf den Mund.

»So«, sagte Nina, »das war ein vernünftiges Gespräch zwischen gleichberechtigten Partnern. Und nun lauf mal hinüber zu Eva, sie hat einen Zwetschgenkuchen gebacken, wie ich weiß. Sie soll man immer schon Kaffee kochen, ich komm' dann auch gleich. Ich muß nur erst mit Langenbruck telefonieren, wann die Golls hereinkommen.«

»Darf ich es Eva erzählen?«

»Klar. Sie wird staunen.«

Nina sah ihrer Enkeltochter nach; sie konnte zufrieden sein mit diesem Gespräch. Da war nur noch etwas hängengeblieben, das sie beschäftigte.

Du liebst Maria mehr als mich.

War das vielleicht der Grund für Michaelas Unarten?

Das ist ein Thema für den Professor, dachte sie. Und

darum erzählte sie ihm und Ariane von dem Gespräch mit Michaela, das war am letzten Abend, bevor sie nach Paris flogen.

»Wie sich zeigt, hast du mich nicht dazu gebraucht, Nina«, sagte Professor Goll. »Und ich denke, du hast Zeit und Gelegenheit genug gehabt, dich zu einem guten Psychologen zu entwickeln. Wie jede Mutter, die Verstand im Kopf hat.«

Ausführlich erzählten Ariane und Michael von Langenbruck.

»Frederic hatte sich ein wenig negativ dazu geäußert. Ich verstehe eigentlich nicht, was er meint«, sagte Ariane.

»Er fürchtet, daß Maria zuviel arbeitet.« Von Rico und der geplanten Heirat sprach Nina nicht.

»Das tut sie sicher. Aber sie tut es gern.«

»Was hat sie noch gesungen außer dem Schubert?«

»An einem Abend haben sie beide das ›Italienische Liederbuch‹ von Hugo Wolf gesungen. Da habe ich die Gräfin am meisten bewundert, die Begleitung ist verteufelt schwer. Sie haben beide sehr schön gesungen, aber Maria fehlt es für diese Lieder an Koketterie.«

Nina nickte. »Ganz verständlich, nicht? Das ist etwas, was sie nicht hat und nicht kann.«

»Am meisten imponiert von allen hat mir der Hund«, sagte Ariane. »Der Marquis von Posa! Was für ein Einfall, einen Hund so zu nennen, das kann auch nur einem Sänger einfallen. Ich muß das meinem Vater erzählen.«

Sie küßten sich zum Abschied, und Nina sagte: »Grüßt Frederic von mir. Er soll sich bald wieder einmal sehen lassen. Und es interessiert mich auch zu hören, wie es mit ihm weitergeht.« Das war ein kleiner Versuchsballon, aber die Golls wußten wirklich noch nichts, denn Ariane seufzte nur und sagte: »Mir graut jetzt schon bei dem Gedanken, wo sie ihn das nächste Mal hinstecken werden. Stellt euch vor, er kommt in irgendso einen Staat im Ostblock. Oder in eins von diesen Ländern, die bisher Kolonie waren und nun selbständig geworden sind. Die sind ja sowieso nicht ganz zurechnungsfähig.«

Silvester mußte lachen. »Das sind seltsame Ansichten für eine freie Amerikanerin.«

»Ach, ich weiß nicht. Mir ist die ganze Weltgeschichte so unheimlich. Vor ein paar Jahren dieser Aufstand in Ostberlin. Die Russen mit Panzern auf den Straßen. Und voriges Jahr der Aufstand in Ungarn. Auch der wurde brutal niedergeschlagen. Und dann die Suezkrise, zur gleichen Zeit. Kann es denn auf dieser verdammten Erde niemals Frieden geben?«

»Es hat nie Frieden auf ihr gegeben«, sagte Professor Goll, »und es wird nie Frieden auf ihr geben. Denkt an den Koreakrieg, mit dem kein Mensch gerechnet hatte.«

Korea, es war soweit entfernt gewesen. An Vietnam war noch nicht zu denken.

Sylt

Die weite Reise in den Norden Deutschlands begann Anfang September, und sie wurde dadurch sehr erleichtert, daß Hesse ihnen seinen Mercedes geliehen hatte.

Silvester hatte zunächst abgelehnt. Das könne er nicht annehmen, sagte er, und wie solle denn Alexander mit dem Volkswagen zurechtkommen.

»Allerbestens«, sagte Hesse, »für Stadtfahrten und um mal in den Verlag zu schauen, reicht er aus. Und wenn es Marleen nicht beliebt, darin zu fahren, werden wir ein Taxi nehmen. Wir wollen jetzt sowieso mal eine Zeitlang hierbleiben.«

Der große Wagen war freilich für die weite Fahrt bequemer, und Silvester steuerte ihn mit geradezu andächtiger Miene. »Solch einen Wagen habe ich noch nie gefahren«, sagte er zu Nina, als sie die Stadt verlassen hatten und auf die Autobahn kamen.

»Wir werden uns abwechseln«, sagte sie.

»Ob du mit diesem Wagen zurechtkommst?«

Nina mußte lachen. »Das kommt mir vor wie in der ersten Zeit unserer Ehe. Da hattest du auch Angst, ich käme mit deinem ollen Adler nicht zurecht und wolltest mich nicht fahren lassen. Und das war auch gar nicht so einfach. Aber merk dir eins, Geliebter: Je größer ein Auto, um so leichter fährt es sich damit.«

Maria und der Marquis von Posa saßen hinten. Eine Pfote hatte der Marquis immer auf Marias Schoß, und da er gern Auto fuhr, schien ihm das Unternehmen Spaß zu machen.

Um Maria teilnehmen zu lassen, schilderte Nina die Gegend, durch die sie kamen, Wald, Felder, Wiesen, Vieh auf den Weiden.

»Keine Pferde?« fragte Maria.

»Ich habe noch keine entdeckt«, erwiderte Nina.

»Ich möchte so gern in meinem Leben einmal ein Pferd sehen«, sagte Maria. »Herr Beckmann hat gesagt, es ist das edelste und schönste Geschöpf, das Gott geschaffen hat.«

»Sag das nicht so laut«, warnte Silvester, »sonst ist der Marquis beleidigt.«

Maria legte die Hand auf den Kopf des Hundes. »Ich kann mir ja ungefähr vorstellen, wie er aussieht, weil ich ihn fühlen kann.«

»Willst du sagen, du hast nie ein Pferd gesehen?« fragte Nina. »Auch als du klein warst nicht? Du hast doch Pferde bei Tante Victoria gesehen. Im Waldschlössl.«

»Das ist wahr«, antwortete Maria nach einer Weile. »Da waren Pferde. Das hatte ich ganz vergessen. Und in Baden, da fuhren Wagen mit Pferden. Fiaker nannte sie der Anton. Das habe ich auch vergessen.«

»Da hast du also immer noch im Unterbewußtsein Dinge stecken, von denen du nichts weißt«, sagte Nina. »Nicht einmal unser großer Psychiater in Boston hat sie entdeckt.«

»Aber du«, sagte Maria und lachte.

Nina lauschte dem Ton nach. Es war noch immer ein seltenes Ereignis, daß Maria lachte.

»Ich werde aufpassen, ob ich irgendwo ein Pferd entdecke«, sagte sie. »Und jetzt erzähle ich dir, was die Pferde für mich bedeutet haben.«

»Ja, du hast es in deinem Buch geschrieben.«

Nina erzählte von Wardenburg, von Ma Belle, der Schimmelstute, von den Ritten auf dem flachen niederschlesischen Land, von den Ritten später in Breslau und dem blamablen Sturz, den sie getan hatte, als ihr Pferd sie abwarf und den Kürassieren nachlief.

Das unterhielt sie eine ganze Weile auf der Fahrt.

Dazwischen kamen sie an Augsburg vorbei, und dank Herrn Beckmann wußte Maria, daß es einst eine Freie Reichsstadt gewesen war, desgleichen Ulm, das sie später passierten, und daß dort ein prachtvolles Münster stand, wußte Maria auch.

»Das ist aber so ziemlich das einzige, was dort noch steht«, sagte Silvester trocken. »Die Bomben haben ganz schön hier gewütet.«

Und da man nun über die Donau fuhr, war man, von Bayern aus betrachtet, schon fast im Ausland.

»Und wenn man erst über dem Main ist, hat Herr Beckmann immer gesagt, dann ist man sowieso bei den Preußen.«

»Ja, ja«, meinte Silvester. »So kenne ich das auch. Das ist bayerische Geographie.«

Maria schien die Fahrt zu genießen, sie war nicht so still und abweisend wie in letzter Zeit, was Nina sehr erleichterte. Manchmal hatte sie das Gefühl gehabt, keinen Zugang mehr zu Maria zu haben, daß sie ganz in den Besitz der Ruhlands übergegangen war.

Seit vier Jahren lebte sie nun in Langenbruck, und vielleicht war sie ganz froh, der täglichen Fron, um nicht zu sagen, der Tyrannei von Vater und Sohn Ruhland entronnen zu sein. Sie redete soviel, wie man es von ihr gar nicht gewohnt war. Der Besuch von Ariane und Michael Goll hatte sehr anregend auf sie gewirkt, und sie erzählte von ihren Erlebnissen in Boston und auf Cape Cod.

»Buster lebt nicht mehr, hat Ariane gesagt. Das ist sehr traurig. Er war ein so schöner Hund.« Sie sagte wirklich schöner Hund, als hätte sie ihn gesehen.

»Posa darf nie sterben, das würde ich nicht ertragen«, sagte sie nach einer Weile.

»Jeder muß sterben, ob Mensch oder Tier, das weißt du doch«, sagte Silvester.

»Ja«, kam die leise Antwort, »ich weiß es.«

»Posa ist erst vier Jahre alt«, sagte Nina rasch, »den behältst du noch lange.«

Mittags unterbrachen sie die Fahrt in einem Rasthaus, und sie übernachteten in einem sehr hübschen Hotel in der Lüneburger Heide, ein Stück abseits der Autobahn gelegen. Eine Empfehlung vom Münchinger.

Es war noch hell, die Sonne schien, die Heide blühte.

Nina konnte sich vor Entzücken kaum fassen, und es entfuhr ihr ein Satz, der ihr sonst nie über die Lippen kam: »Wie schade, daß du es nicht sehen kannst.«

»Ja«, sagte Maria nur.

Nina schloß sie heftig in die Arme.

»Ich bin ein Kamel, Maria«, sagte sie reuevoll.

»O nein«, sagte Maria, »es ist ganz klar, daß du das sagst. Beschreibe mir, wie es aussieht.«

Doch Silvester kam ihr zuvor. »Kamele sehe ich zwar nicht, aber Pferde. Zu dem Hotel gehört nämlich ein Reitstall, und ich kann hier vom Fenster aus Pferde auf der Koppel sehen. Wenn ihr nicht zu müde seid, spazieren wir mal dorthin.«

Müde waren sie nicht, oder nicht mehr, nachdem sie angekommen waren, und der Marquis brauchte sowieso Bewegung.

Am Koppelzaun erklärte Nina: »Es sind zwei Schimmel, drei Füchse und fünf Braune. Schade, daß wir keinen Zukker dabei haben.«

»Man soll Pferde auf der Koppel nicht füttern«, sagte Silvester, »das weißt du auch. Außerdem schmeckt ihnen das Gras viel besser. Und sie kommen auch so. Siehst du, sie sind viel zu neugierig.« Mit leisem Zungenschnalzen lockte er die Pferde, und dann konnte Maria die Hand auf einen warmen, glatten Pferdehals legen, dann seinen Kopf betasten, die weichen Nüstern fühlen.

»Es hält ganz still«, sagte sie beglückt. »Wie sieht es aus?«

»Es ist ein Goldfuchs mit einer schmalen weißen Blesse und großen dunklen Augen. Jetzt streckt er den Kopf über den Zaun. Seine Nase ist ganz nahe an deinem Gesicht. Hast du keine Angst, Maria?«

»Nein. O nein.« Und dann spürte sie die weichen Pferdenüstern an ihrer Wange.

Nina ließ sie nicht aus den Augen, schließlich gab es Pferde, die beißen. Aber dieser Fuchs war ein zärtliches Tier, das die Liebkosung von Menschenhand genoß.

Der Marquis von Posa mochte ein wenig eifersüchtig sein, er drängte sich eng an Marias Knie, aber sonst benahm er sich vorbildlich, wenn man bedachte, daß es die ersten Pferde waren, die er in seinem Leben sah.

Nina sagte, mit einer kleinen Bitterkeit in der Stimme: »Mir ist soviel in meinem Leben vorenthalten worden. Reiten war für mich das Höchste auf der Welt. Aber ich konnte es nur, solange Nicolas da war.«

»Ganz stimmt das nicht, mein Herz. Als wir uns im Waldschlössl kennenlernten, sind wir zusammen ausgeritten, wenn du dich bitte neben Nicolas auch an mich erinnern wolltest.«

»Freilich erinnere ich mich. Ein paarmal bin ich dort geritten. Das Pferd hieß Buele oder wurde jedenfalls so genannt und war alt und ziemlich faul. Na ja, klar, ich hatte jahrelang auf keinem Pferd gesessen. Das letzte Mal in Breslau vor dem Krieg. Und als ich das erste Mal ins Waldschlössl kam, das war im Herbst 36, das könnt ihr euch ja leicht ausrechnen, das war über zwanzig Jahre her. Es war mutig von Victoria, daß sie mich überhaupt auf ein Pferd setzte.«

»Reiten verlernt man nicht.«

»Genau das hat sie damals auch gesagt. Aber das war's auch schon. Danach bin ich nie wieder geritten. Warum eigentlich nicht, Silvio? Wir hätten in München doch reiten können.«

»Warum bist du in Berlin nicht geritten?«

»Ganz einfach, ich konnte mir das nicht leisten. Ich war froh, wenn ich die Miete bezahlen konnte.«

»Nun, ich meine nach dem Besuch im Waldschlössl. Da warst du doch eine gut verdienende Schriftstellerin.«

»Soviel verdient habe ich auch nicht. Ich hatte dann endlich eine schöne Wohnung, das ja. Aber die Kinder. Und dann du. Als wir geheiratet hatten, dauerte es noch ein Jahr und der Krieg begann.«

»Etwas mehr als ein Jahr«, korrigierte Silvester. »Aber er lag in der Luft, wir haben uns schon vor ihm gefürchtet.«

Sie sahen sich an, Ninas Hand lag auf dem Hals eines Braunen, sie strich leicht über das sonnenwarme Fell. Jetzt war sie alt, das Leben war vorübergegangen, und so viele Dinge, die sie gern getan hätte, erlebt hätte, waren verloren. Die Pferde, das Reiten, das war so etwas. Aber auch Reisen, die sie gern gemacht hätte, fremde Länder, die sie gern kennengelernt hätte, dazu war es nun auch zu spät.

Am nächsten Tag kamen sie auf der Insel an, und die

Fahrt war aufregend genug, Nina hatte damit zu tun, Maria alles zu berichten, was sie sah. Je weiter sie nach Norden kamen, desto mehr Tiere waren auf den Weiden zu sehen, Kühe, junge Rinder, Schafe, und immer wieder Pferde.

»Hier haben sie viel mehr Pferde als bei uns in Bayern«, stellte sie mehrmals überrascht fest.

Die Fahrt über den Hindenburgdamm vom Festland auf die Insel, das Auto auf den Zug verladen, war sensationell.

»Maria, Maria«, rief Nina, »wir fahren mitten durch das Wasser. Es ist unvorstellbar, Wasser so weit du sehen kannst.«

»Ich höre es nicht«, sagte Maria.

»Wir fahren durch das Watt«, erklärte Silvester. »Hier gibt es keine Brandung.«

Abends dann, hoch oben auf dem Roten Kliff in Kampen stehend, hörte Maria das Meer. Ein wenig nur, es war ein ruhiger sonniger Abend, nur wenig Wind, das Meer tobte nicht, wie Maria es auf der anderen Seite des Ozeans erlebt hatte. Dafür gab es einen prächtigen Sonnenuntergang, doch den konnte Maria nicht sehen. Sie stand gerade aufgerichtet, der Wind spielte mit ihrem Haar, das Meer, grau-silbern-rosa, spiegelte sich in ihrer dunklen Brille. Und Nina dachte: Es war keine gute Idee, hierher zu fahren. Nicht soweit es Maria betrifft. Es ist wundervoll, aber sie sieht es ja nicht. Und sie kann hier keinen Schritt allein tun. Es geht steil hinab, und da unten der weite Strand, wie soll sie sich da zurechtfinden. Sie kann wirklich keinen Schritt ohne mich tun.

Und so war es auch. Der Weg über die Kampener Heide war uneben und bucklig, der schmale Pfad lief zwischen Heidekraut, und man mußte sehen, wohin man trat, wenn man nicht von ihm abkommen oder stolpern sollte. Und welchen Sinn hatte es, Maria den wunderbaren Blick zu erklären, den man von einem gewissen Punkt aus hatte, wenn man zur gleichen Zeit auf der einen Seite das offene Meer und auf der anderen Seite das ruhige Watt erblickte, denn so schmal war die Insel an dieser Stelle. Maria konnte es nicht sehen.

Ostwärts zum Watt zu gehen, wo die hübschen Friesenhäuser standen, war ebenfalls schwierig, den auch hier waren es kleine Wege, die sich kreuz und quer durch die Heide schlängelten, auch hier empfahl es sich zu sehen, wohin man trat.

Vollends schwierig war es, den abfallenden Weg zum Strand zu gehen, es war sandig, und das Gefälle machte Maria unsicher. Doch dann waren sie am Strand, es wehte ein lebhafter Süd-West, und das Meer ließ sich hören, das war am Tag nach ihrer Ankunft. »Was für ein Sturm!« meinte Nina ein wenig ungehalten und faßte mit beiden Händen in ihr Haar.

»Das ist noch kein Sturm, das ist Wind«, sagte Maria.

»Bei richtigem Sturm kann man sich kaum auf den Füßen halten.«

»Na, mir genügt das schon, bleibt mal stehen, ich muß mir den Sand aus den Schuhen schütteln.«

»Hab ich auch drin«, sagte Silvester. »Ich denke, das beste ist, die Schuhe auszuziehen. Hier hat kein Mensch Schuhe an. Außerdem ist es gesund, barfuß im Sand zu laufen.«

»Und wo lassen wir die Schuhe?«

»Wir werden uns so einen Strandkorb mieten, mein Herz. Und dort lassen wir die Schuhe und alles andere. Und dann können wir wenigstens mal die Füße ins Meer stecken.«

»Willst du etwa auch nackt hier herumlaufen?« fragte Nina empört.

»Ich habe eine Badehose unter meiner Hose an. Hier, wo wir sind, haben alle Leute Badeanzüge oder Strandanzüge an. Dieser berühmte FKK-Strand ist wohl ein Stück weiter draußen. Ich probiere es erst mal mit Badehose.«

»Ich möchte auch ins Wasser«, sagte Maria.

»Das ist zu gefährlich«, widersprach Nina.

»Aber ich bin eine gute Schwimmerin, das weißt du doch.«

»Hier schwimmt kein Mensch. Das geht gar nicht. Die Leute springen in die Brandung hinein, also in jede Brandungswelle, verstehst du. Manche rückwärts, um besser standzuhalten. Und da – da hat es wieder einen umgeschmissen. Ich trau' mich nicht, Maria, und ich glaube, du kannst das auch nicht.«

»Alles kann ich nicht«, sagte Maria niedergeschlagen.

Nein, es war keine gute Idee gewesen, ans Meer zu fahren, darüber waren sich Nina und Silvester schon an diesem Tage klar. Sie gingen dann alle vier ein Stück am Strand entlang, das Meer überspülte ihre Füße, der Wind pfiff um ihre Ohren, es war steigende Flut, und manchmal spritzte eine besonders hohe Welle bis über ihre Knie.

Das heißt, sie gingen nur zu dritt, der vierte lief. Der Marquis Posa war so entzückt von dem Strand, daß er wie ein Irrer im Kreis lief, dann auch mit seinen vier Pfoten ins Wasser hinein, und die Wellen, die ihm entgegen kamen, bellte er wütend an. Nina und Silvester mußten lachen und beschrieben Maria das Verhalten des Hundes.

»Ich wußte gar nicht, daß er so viel Temperament hat«, sagte Silvester. »Sonst ist er immer so ruhig.«

Einen Spielgefährten fand der Marquis auch, einen Setter, mit dem er ausgelassen davonraste, zum erstenmal schien er Maria zu vergessen. Doch nein, das geschah nicht, er kam ebenso eilig zurück, schmiegte sich an Marias Knie, leckte ihre Hand. »Lauf nur«, sagte Maria. »Lauf! Du sollst wenigstens Freude am Meer haben.«

Im Laufe der nächsten Tage spielte sich ihr Strandleben einigermaßen ein. Sie wohnten in einem Hotel gleich oben am Roten Kliff, der Weg war nicht weit und wurde Maria einigermaßen vertraut, auch wenn Nina oder Silvester sie immer führten, sie hatten einen Strandkorb und nahmen ihre Badesachen mit hinab, sie trauten sich ein Stück ins Meer hinein, besonders wenn es ruhiger war, Silvester versuchte es mit ein paar Schwimmzügen, aber die Brandungswelle, auch wenn sie gering war, warf ihn um, und durch die Brandung zu tauchen, dazu besaß er die Kraft nicht mehr. Und auch nicht die Erfahrung. Er sah aufmerksam zu, wie die anderen es machten, und er sagte: »Wir sind so richtige bayerische Landratten. Mit dem Starnberger See und dem Chiemsee werden wir ja einigermaßen fertig, aber das hier muß man geübt haben.«

»Du meinst, ich könnte es auch nicht?« fragte Maria.

»Bestimmt nicht. Es tut mir leid, Maria, man muß hier genau sehen, was man tut. Du mußt in die Brandung hineinspringen, und wenn du hinter der Brandung wärst, würdest du total die Orientierung verlieren.«

»Dann würde ich ertrinken«, sagte Maria. »Das wär doch für mich das beste.«

»Wenn du solche Gedanken hast, Maria«, rief Nina wütend, »dann fahren wir morgen nach Hause. Du hast gesagt, du wolltest das Meer hören. Du hörst es und du riechst es, und es ist eine wunderbare Luft hier. So eine Luft habe ich in meinem Leben noch nicht geatmet. Mehr können wir dir nicht bieten. Und wenn du damit nicht zufrieden bist und mit Selbstmordgedanken spielst, dann können wir hier nicht bleiben.«

»Verzeih mir«, sagte Maria leise. »Ich denke es manchmal, aber ich tu's ja nicht.«

Nina war es übrigens, die sich nach wenigen Tagen ganz geschickt in der Brandung benahm, falls sie nicht zu hoch war. Sie war standfest auf den Beinen und hielt der Woge stand und teilte die wilde Lust mit all den anderen, die sich dem Ansturm des Meeres entgegenwarfen. Denn das war es, eine wilde, atemberaubende Lust. An einem Tag, als das Meer sehr ruhig war, schwamm sie sogar ein gutes Stück hinaus, aufmerksam beobachtet von Silvester. Denn einer von ihnen blieb immer am Strandkorb, sie ließen Maria nicht allein, auch wenn der Marquis, der sich inzwischen an Strand und Meer gewöhnt hatte, gut auf sie aufpaßte. Aber auch ihn überkam immer wieder der Rausch; einmal am Vormittag, wenn sie zum Strand kamen, mußte er ein paar stürmische Runden drehen.

Nina legte den Finger an die Lippen, als sie zum Strandkorb kam. Maria mußte nicht erfahren, daß sie geschwommen war.

»Ziemlich kalt, das Wasser«, sagte sie. »Wir haben Ostwind.«

Denn so erfahrene Inselbewohner waren sie inzwischen geworden, daß sie als erstes am Tag die Windrichtung prüften. Silvester legte ihr den Bademantel um die Schultern, und Nina streifte den nassen Badeanzug ab und dachte dabei, daß es wirklich ein prachtvolles Gefühl sein müßte, ohne Badeanzug in dieses Meer zu gehen.

»Na, dann werde ich auch mal die große Zehe hineintauchen«, sagte Silvester. Auch er schwamm ein Stück hinaus, lief dann, um warm zu werden, am Strand entlang.

»Schwimmt er?« fragte Maria plötzlich.

»Ach wo. Er ist ein kleines Stück hineingegangen und jetzt trabt er am Strand hin und her.«

»Du mußt mich nicht belügen, Nina. Dein Badeanzug ist ganz naß.«

»Also gut, dann schwimmen wir ein kleines Stück nebeneinander. Aber du mußt dicht bei mir bleiben. Und wenn ich sage, wir kehren um, dann kehrst du um. Versprichst du mir das?«

»Ja.«

»Dann komm. Solange ich noch kalt bin.«

Nina warf einen Blick rundum. Der kalte Ostwind hatte viele Leute davon abgehalten, an den Strand zu kommen, Mittagszeit war es auch.

»Ich geh schnell ohne hinein. Es sind nicht viele Leute da. Das nasse Ding mag ich nicht noch mal anziehen.«

Silvester wurde sehr schnell auf die beiden aufmerksam, denn der Marquis stand aufgeregt am Ufer und bellte. Er machte auch einen Unterschied zwischen Chiemsee und dem Meer, er traute sich nur wenige Meter hinein. Ärgerlich schnappte er nach den Quallen, die angespült wurden.

»Das laß lieber bleiben«, sagte Silvester. »Die Dinger brennen. Und das ist direkt ein Vorteil für dein Frauchen, sie kann das Glibberzeug nicht sehen. Ich bewundere Nina. Mich ekelt davor, weißt du.«

Nina klapperte mit den Zähnen, als sie an Land kam, und Silvester hüllte sie zum zweitenmal in ihren Bademantel.

»Ganz ohne, du hast es also nicht lassen können. Hier ist noch Textilstrand, wenn ich dich darauf aufmerksam machen darf.«

»So 'n Quatsch, wenn ich dort kann, warum soll ich nicht hier können.«

»Schluß für heute. Du gehörst jetzt unter eine warme Dusche und wirst einen Schnaps trinken.«

»Ich trinke eine ›Sylter Welle‹. Das schmeckt mir fabelhaft.«

Ihr Hotel war ganz nett, die Zimmer waren nicht sehr groß und nicht allzu komfortabel eingerichtet, so war das am Meer seit je. Aber es besaß ein hübsches Restaurant, wo man gut essen konnte, und einen sehr gemütlichen Aufenthaltsraum.

Das blinde Mädchen erregte Aufsehen, und alle Leute bemühten sich, ihr etwas Freundliches zu sagen, ihr eine Tür zu öffnen, ein Hindernis aus dem Weg zu räumen. Für Nina und Silvester war es lästig, auch für Maria, die es spürte. Sie war wieder sehr scheu, sehr zurückhaltend, die Sicherheit, die sie in den letzten Jahren gewonnen hatte, verlor sich.

Nina beobachtete das alles sehr genau.

Einmal sagte sie zu Silvester: »Wir sind jetzt seit Jahren daran gewöhnt, Maria im Schloß zu sehen. Dort kennt sie sich inzwischen sehr gut aus. Sobald sie in eine fremde Umgebung kommt, ändert sich das. Wenn sich nur ein Teil von dem verwirklichen soll, was Ruhland plant, dann kann sie auf Rico gar nicht verzichten. Konzerte geben! Das ist doch heller Wahnsinn.«

»Na ja, zunächst handelt es sich ja bloß um Plattenaufnahmen und um das Rundfunkstudio. Aber gewiß, da kann sie auch nicht allein hingehen. Stephan könnte das machen.«

»Stephan könnte das nicht machen. Erstens ist das eine ganz fremde Welt für ihn, und zweitens ist er total glücklich und ausgefüllt mit seinem Leben auf dem Schloß. Und wie du ja immer sehen kannst, sie brauchen ihn dort wirklich.«

»Du könntest es machen.«

»Ich? Ich habe auch keine Ahnung von dieser Musikwelt. Und außerdem bin ich zu alt.«

»Du bist nicht alt, mein Herz. Ich brauche dich hier nur zu sehen, wie du nackt im Meer herumhopst. Und durchgesetzt hast du dich schließlich immer.«

»So? Habe ich das? Also ich kann es nicht. Und ich will es nicht. Ich will schreiben. Rico ist nun einmal für diese Aufgabe prädestiniert. Das sieht Ruhland so, das sieht er selber so, und Maria ist auch an ihn gewöhnt. Was habt ihr alle gegen ihn?«

»Wer, alle?«

»Du. Frederic. Die Meroth.«

»Und du nicht?«

»Ich kann nicht sagen, daß ich ihn besonders mag. Oder sagen wir mal so, als irgendeinen netten jungen Mann fände ich ihn ganz amüsant. Es ist nur so: der Gedanke, ihm Maria total auszuliefern, stört mich. Und das stört euch alle.«

»Und ich werde dir etwas sagen, Nina. Es liegt nicht an Rico, es liegt an der Situation an sich. Wer immer Maria den Weg zu dieser sogenannten Karriere ebnen soll, auf den wird sie angewiesen sein, oder, wie du es gerade nanntest, sie wird ihm ausgeliefert sein.«

Am meisten Angst hatte Nina vor dem Roten Kliff, denn von dort ging es steil in die Tiefe. Und gerade dort stand Maria am liebsten. Dort zauste sie der Wind, dort hörte sie das Meer. »Du darfst nie allein hierher gehen, versprichst du mir das?« sagte Nina wieder einmal.

»Ich gehe ja nirgends allein hin«, antwortete Maria. »Wenn es dir zu windig ist, gehen wir.«

»Nein. Mir macht der Wind nichts aus. Ich finde ihn auch schön.« Denn der Wind hatte wieder gedreht, es war sehr stürmisch an den folgenden Tagen. Nina und Silvester waren in ihrer Bewegungsfreiheit sehr eingeschränkt, denn Spaziergänge am Watt waren für Maria zu beschwerlich.

»Geh doch ruhig allein«, sagte Nina zu Silvester, und er brach dann auch zu einem Spaziergang auf, kam aber meistens bald zurück. Der Marquis war nicht zu bewegen, ihn zu begleiten, er verließ Maria nicht.

Also fuhren sie manchmal nach Westerland hinein, doch

in der Friedrichstraße war viel Betrieb, viel Verkehr. Und trotzdem fielen sie auf, Nina hatte ihren Arm unter Marias rechten Arm geschoben, der Marquis ging dicht an Marias linkem Knie, die Leute sahen ihnen nach. Sie saßen windgeschützt vor einem der Cafés an der Friedrichstraße, und es geschah, was Maria lange nicht mehr passiert war, sie stieß ihre Tasse um, die am Boden zerklirrte.

Sie war den ganzen Abend über sehr schweigsam, sie aß kaum, ihr junger Mund war hart.

Als sie zu Bett ging, Nina war bei ihr, sagte sie: »Es tut mir leid.«

»Wegen der blöden Tasse?«

»Nein. Daß ihr mich mitgenommen habt. Ich verderbe euch den ganzen Urlaub. Mit mir kann man nicht verreisen.«

»Na, soviel ich weiß, warst du schon in Amerika. Da wirst du es wohl auf dieser Insel aushalten können.«

»Es ist schön hier, nicht wahr?«

»Es ist wunderschön. Ein hoher weiter Himmel und das weite riesige Meer. Und überall blühen die Rosen.«

»Ja, das rieche ich. Wenn ihr allein wärt, hättet ihr viel mehr davon. Ihr könntet spazierengehen. Ihr könntet in die anderen Orte fahren. Heute sprach ein Mann von Keitum. Er sagte, es wäre der schönste Ort der Welt überhaupt.«

»Ja, ich habe es gehört. Wir werden auch einmal hinfahren.«

»Was hat es für einen Sinn, daß ich dort hinfahre? Der schönste Ort der Welt ist für mich ein Ort wie jeder andere.«

»Maria, hör auf, dich zu bemitleiden. Dir wird es besser gehen, wenn du wieder singen wirst. Und nun schlaf! Gute Nacht, mein Schatz. Ich laß' die Tür einen Spalt offen.«

»Mach sie zu«, sagte Maria scharf. »Ich laufe nicht weg. Ich bleibe in diesem Bett.«

Maria lag lange wach, das Dunkel der Nacht war das gewohnte Dunkel ihres Lebens. Singen? Sie wollte nicht singen, sie wollte sehen. Doch, sie würde singen: Und sie würde Geld verdienen, wie man ihr verheißen hatte.

Und wenn ich das Geld habe, dachte sie, dann lasse ich

mich operieren. Ich habe das nie gewollt, aber nun will ich. Und wenn ich dann immer noch nicht sehen kann, dann will ich auch nicht mehr leben.

Es wurde alles besser, es änderte sich mit einem Schlag, als Rico kam.

Er kam unangemeldet, und er hatte Glück wie immer. Das Hotel hatte gerade eine Absage bekommen, und er erhielt das schönste Doppelzimmer im ersten Stock.

Angereist war er in einem funkelnagelneuen Sportwagen, den sein Vater finanziert hatte. Zwar widerwillig, wie er lachend erzählte, aber schließlich doch.

»Ich hab ihm gesagt, wenn er nicht will, braucht er nicht, ich trete wieder mit einer Band auf, dann kann ich mir so ein Ding spielend selber kaufen. Doch davon will er nichts hören. Es kommt ihm nur auf Marias Karriere an.«

Rico kannte die Insel, er war schon zweimal da gewesen und wußte, daß es hier von hübschen Mädchen wimmelte. Aber um die kümmerte er sich diesmal nicht, er war nur für Maria da.

Er nahm sie einfach auf die Arme und lief mit ihr ins Meer hinein, und wenn die Brandung sie umwarf, fischte er sie wieder auf und brachte sie heil an Land. Er lief mit ihr am Strand entlang, er ging nicht, er lief und zog sie mit, kamen sie an eine Buhne, hob er sie hoch und darüber hinweg. Er fuhr mit ihr nach List und fütterte sie mit Muscheln, nachdem der Wind am Hafen sie bald fortgeweht hatte. Er erklärte nicht sorglich wie Nina, wie es da und dort aussah, aber seine Sicherheit war so beherrschend, daß Maria gar nicht dazu kam, sich zu fürchten.

»Es gibt einen dummen Ausdruck«, sagte Nina zu Silvester, »sich jemandem blind anvertrauen. Das fällt mir immer ein, wenn ich die beiden sehe. Am Ende ist er doch der richtige Mann für sie. Oder?«

»Ich weiß es nicht, Nina. Wir alle sind hin- und hergerissen, was diese Verbindung angeht. Mal denkt man, nein, es ist unmöglich, und wieder, wenn man das hier so sieht, ist man geneigt zu sagen, ja, er ist der richtige Partner für sie. Obwohl sie überhaupt nicht zusammenpassen.«

Selbstverständlich kannte Rico die besten Restaurants auf der Insel, Fisch-Fiete, Munkmarsch, das Landschaftliche Haus, die Altfriesischen Weinstuben, und meinte, man brauche ja nicht immer im Hotel zu essen. Er tanzte abends mit Maria im Kurhaus von Kampen oder in der Kupferkanne in der Kampener Heide, und er führte sie so sicher, daß keiner etwas von ihrer Behinderung bemerkte. In Westerland kaufte er ihr ein kurzes Strandkleid und flache Leinenschuhe, in denen sie gut laufen konnte, und wenn sie dennoch über eine Unebenheit stolperte, rief er »Hoppla«, nahm sie in die Arme und küßte sie.

Und schließlich nahm er sie mit in sein Bett.

Nina und Silvester hatten nun etwas mehr Freiheit und konnten auch allein etwas unternehmen. An einem sonnigen Tag wollte Silvester nach List fahren. Wenn er denn schon am Meer sei, sagte er, wolle er auch einen Hafen sehen.

»Das ist eine gute Idee«, stimmte Rico zu. »Dort bläst der Wind immer, und ihr müßt unbedingt Muscheln essen.«

»Muscheln?« fragte Nina skeptisch.

»Aber ja. Die schmecken herrlich. Ihr geht zum ›Ollen Seebären‹.«

»Ich habe noch nie Muscheln gegessen.«

»Da wird es Zeit. Du hast doch schon Austern gegessen?«

»Ja, sicher.«

»Nun also, um mit Vater zu sprechen. Muscheln sind so ähnlich. Nur werden sie nicht kalt, sondern warm in einem Sud serviert. Du nimmst die leere Muschelschale in die rechte Hand, und ziehst damit das Muschelfleisch aus der Muschel, die du in der linken Hand hältst.« Er grinste vergnügt. »Es sei denn, du bist Linkshänder.«

»Bin ich nicht. Willst du nicht mitkommen?«

»Nein, wir gehen an den Strand und lassen uns die Sonne auf den Bauch scheinen.«

»Paß bloß gut auf Maria auf!«

»Aber das tu ich doch pausenlos, schönste aller Schwiegermütter. Mir ist unser Goldstück genauso viel wert wie dir.«

»Jetzt nennt der mich schon Schwiegermutter«, sagte Nina ärgerlich, als sie im Auto saß. »Wie findest du das?«

»Du hast nicht widersprochen.«

»Kannst du dir eine Ehe zwischen den beiden vorstellen?«

»Nina, wir haben, seit er hier ist, so ziemlich jeden Tag davon gesprochen. Und er ist seit einer Woche hier. Mir hängt das Thema zum Halse heraus.«

»Tut mir leid, wenn ich dir auf die Nerven gehe. Ich fühl mich halt für das Kind verantwortlich. Wenn er sie so einfach mit sich fortreißt, ohne Rücksicht auf die Angst in ihrem Gesicht, das macht mich ganz krank. Ich versuche immer, mir das vorzustellen, wie das ist, so ins Blinde hineinzulaufen.«

»Wie lange stellst du dir das vor, Nina?«

»Seit sie bei mir ist. Aber nicht in dieser Form. Du hast das nicht miterlebt. Anfangs ging sie sowieso keinen Schritt von selbst. Und dann hat Stephan sie immer geführt, oder ich und Eva. Wir alle. Aber dieser Rico, du kannst sagen, was du willst, ich finde ihn rücksichtslos.«

»Die Frage ist, ob sie es auch so empfindet. Es heißt, sie braucht ihn, wenn sie Karriere machen will. Karriere! Ich kann das verdammte Wort schon nicht mehr hören. Er wird sie irgendwo hinstellen, und sie wird singen. Das, was man ihr eingetrichtert hat.«

»Wie sich das anhört!«

»Entschuldige, ich sehe es so. Ob sie singt oder nicht, sie ist ein unfreier Mensch. Wie lange sie das seelisch aushält, ist eine andere Frage.«

»Das denkst du?«

»Ja, das denke ich.«

Von Karriere wurde am Strand von Kampen auch gesprochen. Rico hatte Maria heute bis zu Buhne 16 geschleppt, das war ein weiter Weg, aber sie bewegte sich jetzt am Strand schon ganz sicher.

Er zog ihr das kurze Strandkleid aus und streifte ihr den Badeanzug ab, den sie darunter trug.

Sie zog fröstelnd die Schultern zusammen. »Mir ist kalt.«

»Nix da. Die Sonne scheint schon ganz schön warm. Setz dich in den Strandkorb, da bist du vor dem Wind geschützt.«

Dort saß sie, zusammengekauert, und Rico stand, nackt und schön mit seinem gebräunten, sehnigen Körper aufrecht in der Sonne. Er wußte gut genug, daß die Frauen ihn ansahen, so einer wie er war begehrt, er hätte nur die Hand auszustrecken brauchen. Denn genau betrachtet waren eine ganze Menge Dickbäuche hier versammelt, viele schlaffe Haut und faltige Popos. Doch gerade diese Typen hatten meist die hübschesten Mädchen bei sich.

Nun, für Rico war der Lauf der Welt längst kein Rätsel mehr. Hübsche Mädchen, wenn sie nicht unbedingt arbeiten wollten, konnten nicht von der Luft leben. Und ein Urlaubsaufenthalt auf einer Insel wie dieser wollte eben bezahlt sein.

Eine Weile flirtete er mit dem Inhalt des nächsten Strandkorbs, mit dem weiblichen Inhalt, versteht sich, der männliche Teil las die Frankfurter Allgemeine.

»Ich rauch' mal eine Zigarette«, sagte er zu Maria, »bis gleich.«

Weder Maria noch der Marquis schätzten Zigarettenrauch, also gebot es die Höflichkeit, sich aus dem Strandkorb zu entfernen. Wie er erwartet hatte, kam die langbeinige Blonde auch, als er mit den Füßen im Wasser stand.

»Wollen wir rein?« fragte sie ohne Umschweife und wies aufs Wasser.

»Bißchen später vielleicht«, sagte er. »Wird jetzt langsam kühl, nicht?«

»Na, das war's immer schon. Ist ja wonnig hier, nicht? Aber voriges Jahr war ich in Riccione, zum Baden ist es da schon besser.«

»Aber nicht so schicke Leute wie hier.«

»Ja, das stimmt.«

»Und ohne Badeanzug, das geht dort auch nicht.«

»Nee, geht nicht.«

»Was ja direkt schade ist«, sagte er und ließ seinen Blick

ungeniert an ihrem Körper auf- und abspazieren. Sie war braun von Kopf bis Fuß und wunderbar gewachsen.

»Ja, Spaß macht das schon.«

»Und Ihrer Farbe nach sind Sie schon länger hier.«

»Oh, seit Juni.«

Rico warf einen Blick zurück auf den Zeitungsleser.

»Mit ihm?«

»Ach wo. Er ist der dritte in diesem Sommer.« Und genauso ungeniert wie er fügte sie hinzu: »So etwas wie Sie war leider nicht dabei.«

Rico grinste. »Na, vielleicht kann man sich nebenbei mal treffen.«

Nun blickte sie zu seinem Strandkorb.

»Sie sind ja auch nicht allein.«

»Tja, das stimmt. Meine Verlobte.«

»Na, sehen Sie. Hübsches Mädchen.«

Daß Maria blind war, hatte sie offenbar nicht bemerkt.

»Und vor allem ein bildschöner Hund. Der gefällt mir.«

»Ja, er bewacht sie gut. Sagen Sie, was mich interessiert, klappt es denn immer so mit den wechselnden Herrn den Sommer über?«

Sie lachte unbekümmert.

»Nicht ganz ohne Übergang. Dazwischen habe ich mal in einem Laden gearbeitet. Und 'ne Zeitlang als Kellnerin.«

»Das finde ich ja tüchtig.«

»Ja, nicht? Mal so, mal so. Wie das Leben eben so spielt.«

»Und wie wär's denn nun mal mit einem kleinen Treffen am späteren Abend?«

»Geht nicht so einfach. Aber er bleibt nur noch vier Tage. Dann hätte ich schon Zeit.«

»Wollen Sie denn noch länger bleiben?«

»Weiß ich nicht. So Ende September hau ich ab.«

»Wohin, wenn man fragen darf?«

»Weiß ich auch noch nicht. Eigentlich komme ich aus Berlin. Aber ich wollte es jetzt mal mit München versuchen. Soll eine dufte Stadt sein.«

»Sagt man, ja. Ich kenne München nur flüchtig.«

»Und wo wohnen Sie?«

»In Frankfurt.«

»Da ist auch allerhand los, nicht?«

»Geht so.«

Die, wenn sie wüßte, daß er nicht allzu weit von München entfernt auf einem Schloß wohnte, wäre morgen da, verlobt oder nicht. Diese Mädchen von heute waren schon seltsame Wesen. Doch alle waren sie wohl nicht so, ein Ort wie dieser lockte Mädchen dieser Art an. Hübsch war sie, aber irgendwie würde es ihm doch nicht gefallen, als vierter in diesem Sommer dranzukommen. Falls er der vierte sein würde, vermutlich gab es noch ein paar Zwischenspiele.

Mit geradezu zärtlichen Gefühlen kam er zu Maria, die zurückgelehnt im Strandkorb saß. Ihr Körper war immer noch sehr weiß, ihre Haut ganz zart, ihre Glieder wirkten zerbrechlich.

»Maria mia«, sagte er, »du legst dich jetzt auf meinen Bademantel in den Sand, und zwar legst du dich auf den Bauch, und ich öle dir den Rücken ein. Ein bißchen Farbe müssen wir schon vorweisen, wenn wir zurückkommen.«

»Gehn wir nicht ins Wasser?«

»Später. Jetzt legen wir uns nebeneinander in die Sonne und sprechen von der Zukunft.«

Mit behutsamen Händen ölte er ihren schmalen Rücken ein und deckte ein kleines Tuch über den Popo.

»Der ist nämlich besonders empfindlich. Und ich möchte nicht, daß du einen Sonnenbrand bekommst. Eine halbe Stunde, mehr nicht. Liebst du mich, Maria?«

»Oh!« sagte Maria, und weiter nichts.

»Weißt du, was Liebe ist, Maria?«

»Nein. Ich weiß es nicht.«

»Wir sind jetzt, laß mich überlegen, seit einem Jahr und vier Monaten täglich zusammen. Müßtest du mich nicht lieben, Maria mia?«

»Ich kann dich ja nicht sehen.«

»Denkst du denn, man muß sehen können, was man liebt?«

»Ja.«

»So ist das also bei dir. Darauf bin ich noch nie gekommen. Dann liebst du niemand?«

»Ich liebe niemand.«

»Auch Nina nicht? Oder Stephan? Oder meinen Vater?«

Maria bewegte unbehaglich die Schultern. Sie lag auf dem Bauch, und er saß neben ihr. Aber das machte ja keinen Unterschied, auch auf dem Rücken liegend könnte sie ihn nicht sehen.

»Liebst du sie auch nicht, Maria?«

»Ich... ich weiß nicht. Ich kenne sie. Ihre Stimmen, ihre Hände, ihren Geruch. Aber das kann nicht Liebe sein.«

Sein Blick fiel auf den Hund.

»Und den Marquis Posa? Den liebst du auch nicht?«

»Doch«, rief sie stürmisch und fuhr hoch. »Ihn liebe ich.«

»Aha! Da haben wir dich also beim Widerspruch ertappt. Ihn siehst du auch nicht. Aber du liebst ihn. Seine Stimme, sein Fell, seine Pfoten, seinen Geruch. Was ist anders bei ihm?«

»Er gehört zu mir.«

»Er gehört zu dir, das stimmt. Und zwar total. Ich verstehe genau, wie du es meinst. Was bei den anderen fehlt. Auch bei mir. Leg dich wieder hin, Maria.«

Sie legte sich wieder, er strich sacht mit der Hand über ihren Rücken.

»Es wird in Zukunft auch so sein, Maria, daß ich zu dir gehöre. Du wirst anfangen zu arbeiten, zuerst eine Sendung beim Rundfunk, das wird im November sein, dann vermutlich ein paar Plattenaufnahmen, der Vertrag ist noch nicht perfekt, aber das kommt schon. Und ich werde immer bei dir sein, Maria. Ich werde keinen anderen Beruf mehr haben, als dein Begleiter zu sein. Genau wie der Marquis. Und dann müßtest du mich eigentlich auch lieben.«

Maria schwieg eine Weile.

»Du bist doch kein Hund«, sagte sie dann.

»Das war eine kluge Bemerkung, Maria. Nein, ich bin kein Hund. Aber vielleicht kann ich dir noch ein wenig mehr bieten als ein Hund. Sieh mal, wir sprechen zusammen. Dein Hund kann nicht sprechen. Dein Hund kann sich nicht um deine Verträge kümmern, nicht um dein Essen, nicht darum, wo du wohnst und mit wem du zusammentriffst, nicht darum, was du singst, wo der Flügel steht, und schon gar nicht um deine Karriere.«

»Karriere!« wiederholte sie, es klang gequält.

»Karriere, jawohl. Deine Karriere ist auch meine Karriere, Maria. Ich habe alles andere aufgegeben für dich. Aber nicht wie dein Hund bin ich damit zufrieden, neben dir zu sitzen, und deine Hand auf meinem Kopf zu spüren. Du wirst eine berühmte Sängerin werden, und daß du es wirst, dafür sorge ich. Du hast eine wunderbare Stimme, du bist jung, du bist schön.«

»Ich bin schön?«

»Ja, das bist du. Das wird uns sehr helfen.«

»Und die Tatsache, daß ich blind bin.«

»Das auch«, gab er ehrlich zu. »Es gibt deiner Schönheit etwas Rührendes. Ich habe bereits mit drei Journalisten gesprochen, die ich kenne, ich habe ihnen von dir erzählt. Sie werden kommen und werden Bilder von dir machen, wenn wir zurück sind. Dein Bild wird in der Zeitung zu sehen sein, deine Story wird man lesen. Und dann wird man deine Stimme hören. Das alles kann dein Hund nicht für dich tun.«

»Darum liebe ich ihn«, murmelte sie. »Er ist der einzige, der gar nichts von mir verlangt.«

»Ganz so ist es auch nicht. Er würde sein Fressen von dir verlangen, wenn er es nicht von anderen bekäme. Zu Hause von Stephan, hier von Nina. Und du erinnerst dich, Maria, es ist noch gar nicht lange her, da hast du ganz entschieden erklärt, du möchtest Geld verdienen. Dein eigenes Geld.«

»Ja, das will ich auch. Mein eigenes Geld. Und ich will viel Geld verdienen.«

»Nun also, da sind wir uns einig, Vater, du und ich. Du wirst kaum Mühe haben, du mußt nur singen. Alles andere mache ich. Und du kannst sicher sein, wenn du nicht blind wärst, hättest du einen langen und schweren Weg zu gehen, um Karriere zu machen.«

Darüber mußte Maria nachdenken.

Dann sagte sie, und es klang sehr kühl: »Du willst sagen, weil ich kein gesunder Mensch bin, kein normaler Mensch wie andere, wird es leichter sein, das zu machen, was du Karriere nennst.«

»Das will ich sagen.«

»Das ist schrecklich.«

»Es ist meine Philosophie. Man muß aus jeder Situation das beste machen. Und nun gehn wir schwimmen. Sonne war es genug.« Er stand auf, zog sie hoch und nahm sie auf die Arme. Sie war so leicht wie ein Kind. Er lief mit ihr ins Wasser, ließ sie los, als sie schwimmen konnte.

Die Blonde im Strandkorb nebenan würde auch jetzt nicht bemerkt haben, daß ihre Nachbarin eine Blinde war.

Rico lachte vor sich hin, als er, das Gesicht im Wasser, mit kräftigen Stößen hinausschwamm. Das immerhin konnte er fertigbringen. Wenn er wollte. Nicht immer, aber manchmal.

Gleich nach dem Baden liefen sie den Weg am Strand zurück. Hinauf in die Dünen ging er nie mit ihr, das war wohl doch zu schwierig. Im Hotel nahm er sie mit in sein Zimmer.

»Nun werde ich dich duschen. Das Salzwasser muß man immer vom Körper abspülen.«

Er war erstaunt, wie widerspruchslos sie sich wieder von ihm ausziehen, unter die Dusche stellen und abbrausen ließ.

Aber daran war sie gewöhnt. Sie war immer gewaschen, gebadet und geduscht worden, von Nina, auch von Stephan, sie liebte Wasser an ihrem Körper, sie liebte den Geruch von Seife, von Frische. Sie hatte die Brille abgenommen, doch sie hielt die Augen geschlossen. Das war ihm lieber, er sah ihre toten Augen nicht gern.

Dann trocknete er sie sorgfältig ab, hob sie hoch und legte sie auf sein Bett und deckte sie zu.

»So, nun ruh dich aus, Maria mia. Ich dusche auch schnell. Bist du sehr hungrig?«

»Ja, ein bißchen.«

»Zu essen gibt es jetzt nichts. Aber ich werde uns Tee bestellen und ein Stück Kuchen.«

Als er vom Duschen kam, blieb er neben dem Bett stehen und blickte auf sie nieder. Warum eigentlich nicht? Ob sie eine Ahnung davon hatte? Ob jemals ein Mensch mit ihr darüber gesprochen hatte?

Nein, keiner. Das war klar. Wer denn auch? Nina? Stephan? Sein Vater? Sie sahen in diesem Mädchen immer noch ein Kind, und keiner hatte wahrgenommen, daß es kein Kind mehr war. Die ganzen Entwicklungsstufen fehlten; eine Schwärmerei, die erste Verliebtheit, die Knutscherei mit Jungen, ein Flirt hier und da, die Neugier, das Bewußtsein des eigenen Körpers.

Hatte Nina zu ihr nie davon gesprochen, als sie in die Pubertät kam? Das mußte für sie doch ein unverständliches und erschreckendes Erlebnis gewesen sein. Wie wurde sie damit fertig? Rico stand und überlegte. Zuvor hatte er so leichtfertig über Liebe gesprochen. Sie hatte sicher nicht begriffen, welche Art von Liebe er meinte. Und er? Er sprach seit einiger Zeit vom Heiraten, und er hatte dabei nicht ans Geschäft gedacht. Liebte er sie denn? Begehrte er sie?

Eigentlich nicht. Auch für ihn war sie ein geschlechtsloses Wesen. Das Gespräch am Strand fiel ihm ein.

Man muß sehen können, was man liebt. Er sah sie. Er wollte sie an sich binden, er wollte ein gemeinsames Leben mit ihr aufbauen, ein erfolgreiches Leben, das für ihn genau wie für sie viel Arbeit, viel Anstrengung kosten würde. Und würde es nicht besser für sie sein, wenn sie kein ahnungsloses Kind mehr sein würde?

Jetzt und hier, entschied er.

Er hob die Decke an und schlüpfte neben sie ins Bett.

»Das tut gut, wie? Kein Sand mehr zwischen den Zehen und in den Wimpern.«

»Irgendwo ist immer noch welcher«, gab sie zur Antwort.

Sie schien ganz unbefangen, wehrte nicht ab, als sich sein Körper an sie schmiegte, als er anfing, sie zu streicheln. Es überraschte ihn maßlos. Wollte sie es auch? Wußte sie, worum es ging, was er vorhatte?

Sie wußte es nicht, sie hatte wirklich keine Ahnung, und doch reagierte ihr Körper, er fühlte, wie ihre kleinen Brüste sich hoben, wie die Brustwarzen unter seinen spielenden Fingern hart wurden, wie sie weich und nachgiebig wurde in seinen Armen. Sie war also doch eine ganz normale Frau. Er hob sie ein wenig hoch, blickte in das schöne stille Gesicht mit den geschlossenen Augen. Und nun begehrte er sie auch. Er küßte sie lange und leidenschaftlich, öffnete dabei ihre Schenkel, und nun erschrak sie doch, bäumte sich auf, wollte sich losreißen von ihm, doch nun gab es kein Zurück mehr.

Hier und heute. Dann gab es auch für sie kein Zurück mehr.

Keiner würde sie ihm je wegnehmen können.

Höchst ungewöhnlich war ihre Reaktion danach. Sie betastete ihren Bauch und ihre Schenkel und flüsterte entsetzt: »Du hast mich schmutzig gemacht.«

Er mußte lachen. So etwas hatte noch keine Frau zu ihm gesagt. Es war ein sehr jäher Abschluß dieser Umarmung und ließ kein zärtliches Nachspiel zu.

»Ich mach' dich gleich wieder sauber.«

Er holte den Schwamm und ein Handtuch, säuberte sie, sie aber rückte zur Seite mit unwilliger Miene.

Natürlich, das Bettuch. Er hätte daran denken und etwas darauflegen müssen.

Sie setzte sich auf den Bettrand, nahm das Handtuch und rieb heftig ihre Schenkel.

»Du mußt keine Angst haben, es ist nichts passiert. Ich habe aufgepaßt.«

Sie wandte ihm das Gesicht zu, und jetzt waren ihre toten Augen weit geöffnet.

»Wie meinst du das?«

Rico fuhr sich ratlos mit der Hand durch das Haar. Konnte das möglich sein, hatte sie wirklich keine Ahnung? Sie konnte doch lesen, sie mußte doch schon einmal ein Buch gelesen haben, in dem von Liebe die Rede war.

Und dann kam ihre Frage: »Ist es das, was du – Liebe nennst?«

»Ja. Aber das nenne ich nicht nur so. Das ist es, was alle Menschen Liebe nennen.«

Er fragte nicht, ob es ihr gefallen habe. Die Antwort konnte er sich selbst geben.

»Du singst doch oft von Liebe, Maria. In deinen Liedern, in deinen Arien kommt sie vor.«

Was für ein einmaliger Blödsinn, den ich rede, dachte er, die Liebe in den Liedern, in den Arien beschrieb nun gerade dies nicht.

Der Hund, der sich die ganze Zeit sehr still verhalten hatte, kam nun und legte seinen Kopf auf Marias Knie. Ein Wunder, daß er mir nicht an die Gurgel gefahren ist, dachte Rico. Was hätte er getan, wenn sie sich gewehrt hätte?

»Bitte, bring mich in mein Zimmer«, sagte Maria ruhig. Nichts wollte Rico lieber als das. Und was zum Teufel sollte er sagen, falls Nina schon zurück war und Maria vermißt hatte? Nun, sie konnten gerade vom Strand gekommen sein, es war noch früher Nachmittag. Blieb nur die Frage, was Maria erzählen würde.

Maria erzählte gar nichts, sie war nur sehr schweigsam während des Abendessens, doch das mußte Nina nicht ungewöhnlich erscheinen, Maria war meist still. Außerdem war Nina viel zu erfüllt von der Begegnung dieses Tages, als daß sie Maria große Aufmerksamkeit geschenkt hätte.

Es war im Hafen von List, sie sahen gerade einem auslaufenden Schiff nach, und Silvester rief in den Wind, der hier heftig blies: »Kapitän wäre ich gern geworden.«

Nina lachte. »Du? Das kann ich mir ganz und gar nicht vorstellen.«

»Wieso nicht? Als Bub habe ich mit Vorliebe Bücher über die Seefahrt gelesen, am liebsten von den großen Forschungsreisenden, Scott, Peary, Umberto Nobile und natürlich Nansen und Amundsen, die berühmten Norweger. Besonders Amundsens Schicksal bewegte mich tief. 1897 war er bereits zu einer Südpolexpedition aufgebrochen. Kannst du dir vorstellen, was das in jener Zeit für ein gewagtes Unternehmen war?«

»Ich nehme an, das ist es heute auch noch. Und man

weiß bis jetzt vom Südpol auch nicht viel mehr, als daß es dort kalt ist und daß es Pinguine gibt.«

»Später dann, zu Beginn des Jahrhunderts, ging er auf eine Nordpolfahrt, von der er nie zurückkam. Er war verschollen mit seinen Männern. Und meine Fantasie malte sich all das Schreckliche aus, was ihnen widerfahren sein mochte, verhungert, erfroren im ewigen Eis, das langsame Sterben nach dem verzweifelten Kampf ums Überleben. Und ich malte mir auch aus, daß ich ein Kapitän wäre mit einem großen Eisbrecher, wie ich ihn finden und im Triumph nach Hause bringen würde.«

»Das weiß ich alles gar nicht.«

»Siehst du, es gibt noch viel, was du nicht weißt. Übrigens wäre es keine schlechte Idee, wieder einmal ein Buch über diese Männer und ihre Entdeckungen herauszubringen. Denk nur an Fridtjof Nansen, den Erfinder des Nansen-Passes. Etwas Einmaliges in der Weltgeschichte. Zuerst kam er den russischen Emigranten zugute, die durch die Revolution aus ihrer Heimat vertrieben worden waren. Immer mehr Staaten erkannten ihn an. Und wer weiß, wie schwer das Leben für einen Staatenlosen ist, wird begreifen, was dieser Paß für die Menschen bedeutet hat. Deutschland hat ihn erst 1933 anerkannt, ich nehme an, es gereichte dann den jüdischen Emigranten zum Vorteil. Jahre vorher hatte Nansen den Friedensnobelpreis dafür bekommen.«

Nina war sehr beeindruckt.

»Du bist ein kluger Mann, Silvio.«

»Mit Klugheit hat das eigentlich nichts zu tun. So etwas kann man lesen. Außerdem bin ich ja ein Zeitgenosse dieser Ereignisse. Ein Zeitgenosse war ich auch beim Untergang der ›Titanic‹. Das war ein so unvorstellbares Unglück, daß es die Menschen wochen- und monatelang beschäftigte. Mein Vater sagte zu mir: Sixt es, so einfach ist das nicht mit der christlichen Seefahrt, wenn selbst der Kapitän von solch einem großen Schiff in die Katastrophe fährt. Und ich darauf, selbstbewußt: Ich wäre dem Eisberg ausgewichen. Dabei war ich bis zu dieser Zeit nur über den

Starnberger See gekreuzt. Sind ja auch ganz hübsche Schiffe, mußt du zugeben.«

»Später bist du doch dann mit einem großen Schiff über das Mittelmeer gefahren.«

»So groß war das Schiff nicht. Ein kleiner Frachter. Eine Reise auf einem eleganten Musikdampfer konnte ich mir nicht leisten. Als Seefahrt war es aber so viel eindrucksvoller.«

»Ich war noch nie auf einem Schiff. Ob wir nicht einen kleinen Ausflug nach Dänemark machen sollten?«

Sie standen immer noch vorn am Kai, und ihre Unterhaltung war laut, da sie gegen den Wind ansprechen mußten.

Plötzlich fühlte sich Nina von hinten umarmt, und eine Stimme sagte in ihr Ohr: »Bleib lieber hier, Ninababy.«

Peter Thiede! Nach so vielen Jahren!

Sie drehte sich in seinem Arm, und sie küßten sich, ihre Umwelt ganz vergessend.

»Peter! Wo kommst du denn her?«

»Dasselbe könnte ich dich fragen. Ich aus Berlin, und du vermutlich aus München. Wo trifft sich die große Welt? Auf Sylt.«

Silvester und Peter schüttelten sich die Hand, und nun hatte Nina auch die Dame gesehen, die einige Schritte entfernt stand und der Begrüßung lächelnd zugesehen hatte.

Nina erkannte sie sofort: Sylvia Gahlen, der große Filmstar, die berühmte Schauspielerin, Peters Partnerin in vielen Filmen. Früher. In den letzten Jahren hatte man von Sylvia Gahlen nichts mehr gehört.

Sie gingen zusammen Muscheln essen, es hätte Ricos Anweisungen nicht bedurft, Nina konnte Peter zusehen, wie man das machte. Es schmeckte ihr hervorragend.

Und es gab viel zu erzählen, was in Berlin geschehen war, was in München geschah.

Peter spielte in Berlin am Schillertheater, das 1951, neu aufgebaut, wieder eröffnet worden war. Einen Film hatte er lange nicht mehr gemacht.

»Nun sind andere dran«, sagte er. »Die Rollen, die man mir noch anbietet, reizen mich nicht.«

»Er ist zu eitel, um sich mit Väterrollen zu begnügen«, sagte Sylvia lächelnd. »Auf der Bühne hat er große Erfolge gehabt.«

»Ich weiß genau, was er gespielt hat«, sagte Nina eifrig. »Ich lese es immer in der Zeitung.«

»Dann weißt du Bescheid, Ninababy. Aber der Hamlet war niemals dabei. Damals noch nicht, später nicht mehr, es hat einfach nicht geklappt.«

»Es wird ein ewiger Stachel in seinem Herzen sein«, sagte Sylvia. »Er kann mir nie verzeihen, daß ich die Ophelia gespielt habe, auch wenn es hundert Jahre her ist.«

Sylvia! Also doch. Nina spürte in ihrem Herzen immer noch ein wenig Eifersucht. Sie hatte ja gewußt, daß er Sylvia liebte. Mehr als er Nina je geliebt hatte. Diese Eifersucht reichte zurück bis in das kleine Theater von Felix, als Sylvia Gahlen überraschend auftauchte und Peter um den Hals fiel. Dann, als sie Sylvia in Salzburg trafen, schon ein Star, und Nina allein nach Berlin zurückfahren mußte. Und was für ein hinreißendes Liebespaar waren sie in ihren Filmen gewesen.

Lebten sie jetzt zusammen? Waren sie verheiratet? Dann hatte Sylvia sich scheiden lassen.

Das war nicht der Fall. Und Nina erfuhr, nach dem Mittagessen, was Sylvia Gahlen erlebt hatte in den bösen Jahren, die hinter ihnen lagen.

Peter, als er 1948, kurz vor Beginn der Blockade, nach Berlin zurückkehrte, suchte Sylvia und fand sie in ihrem Haus in Zehlendorf, das den Krieg unbeschädigt überstanden hatte. Er konnte dort wieder einziehen und ersparte sich so die Suche nach einer Bleibe. Er hatte im letzten Kriegsjahr, nachdem er ausgebombt war, schon in der Villa in Zehlendorf Aufnahme gefunden, bei Sylvias Mann, dem Anwalt, mit dem er genauso gut befreundet war wie mit Sylvia. Denn entgegen Ninas Verdächtigungen hatte es, abgesehen von ihrem Anfangsjahr, das sie gemeinsam in der Provinz verbracht hatten, nie wieder ein intimes Verhältnis zwischen Sylvia und Peter gegeben.

Als Peter sie wieder traf, gab es ihren Mann nicht mehr.

Er war nicht tot oder in Gefangenschaft, er war einfach verschwunden.

Von ihrem Mann war Sylvia mit den Kindern ins Riesengebirge geschickt worden, an den Rand des Gebirges, nach Hirschberg.

»Eine bezaubernde kleine Stadt, und wir lebten dort sehr friedlich, Detlev ging in die Schule, meine Tochter war noch zu klein, uns ging es gut. Oder sagen wir mal, mir wäre es gut gegangen, wenn ich nicht ständig Angst um meinen Mann gehabt hätte. Wir telefonierten täglich, wann immer das Telefon nach großen Angriffen wieder funktionierte. Und ich war sehr froh, daß Peter dann bei Thomas wohnte und er nicht allein in dem Haus war. Dann kamen die Russen, und wir mußten Hals über Kopf fliehen. Das wißt ihr ja noch, es ging mir wie vielen anderen, nur machte ich es etwas klüger, ich floh nicht geradewegs nach Westen, was mich unweigerlich in die Katastrophe von Dresden geführt hätte, ich reiste über Prag nach Österreich.«

»War es da nicht schon sehr gefährlich in der Tschechoslowakei?« fragte Silvester.

»Nicht für mich. Ich hatte viele Freunde dort, auch unter den Tschechen. Ich hatte am Deutschen Theater gespielt, ich hatte zweimal dort gefilmt, und ich kannte noch von Reinhardts Zeit her einen jüdischen Schauspieler, der sich all die Jahre sehr geschickt bei seiner tschechischen Freundin verborgen hatte, die auch eine bekannte Schauspielerin war. Da kam ich zunächst unter, bis meine Freunde meinten, es wäre vielleicht doch besser, ein Stück weiterzuziehen. Das sagte auch mein Mann, mit dem ich telefonische Verbindung hatte.«

In Wien blieb Sylvia nur kurz, auch hier wurde es zunehmend gefährlich, sie zog mit den Kindern weiter ins Salzkammergut.

»Und das Verrückte an dieser Geschichte«, sagte Peter. »Wir waren ganz nah beieinander, ich in St. Gilgen, Sylvia am Mondsee, als der Krieg zu Ende war. Wir wußten nur nichts voneinander. Wir waren ja damals gegen Kriegsende dort, um einen Film zu drehen auf Goebbels' Befehl, wie ihr wißt.«

»Ja, wir waren nur wenige Kilometer getrennt, aber keiner wußte etwas vom anderen. So war das damals eben. Und ich hörte nichts von meinem Mann, es gab keine Verbindung nach Berlin. Es war eine schreckliche Zeit, ich hatte auch kein Geld mehr. Ich arbeitete dann bei dem Bauern im Stall und im Haus mit, und Detlev ging mit aufs Feld. Er schwärmt übrigens heute noch davon. Bis ein amerikanischer Offizier mich aufpickte und mich in einer Offiziersmesse beschäftigte, so als eine Art Hausdame. Das hatte den Vorteil, daß ich gut zu essen bekam und auch für die Kinder immer etwas mitnehmen durfte. Denn wenn wir auch bei einem Bauern wohnten, bekamen wir nicht viel auf die Zähne.«

»Insofern war ich besser dran in St. Gilgen«, warf Peter ein. »Meine Bäuerin und ihre beiden Töchter verwöhnten mich. Arbeiten mußte ich gar nichts.«

Das waren die typischen Erlebnisse der Nachkriegszeit, die sich für jeden zwar ähnlich, aber doch unterschiedlich abgespielt hatten. Das große Unheil traf Sylvia erst, als sie ein Jahr später, mit viel Mühe, nach Berlin zurückkam. Sie hatte die ganze Zeit von ihrem Mann nichts gehört, obwohl ihre amerikanischen Offiziere sich nach Kräften bemüht hatten, ihr behilflich zu sein.

Das Haus in Zehlendorf stand noch, fremde Leute waren dort eingewiesen worden, mit denen Sylvia noch längere Zeit die Wohnung teilen mußte. Dr. Thomas Boldt, ihr Mann, war verschwunden. Einfach weg.

»Einfach weg«, sagte Sylvia auch an diesem Tag, und man merkte ihr an, wie oft sie das schon gesagt hatte und wie unverständlich es geblieben war. »Ich habe bis heute nicht erfahren, was aus ihm geworden ist. Auch das Haus in der Joachimsthaler Straße, in der sich die Kanzlei befand, ist stehengeblieben. Hier wie dort ist er nicht im Keller umgekommen. Ist er in einem anderen Keller verschüttet worden, unterwegs irgendwo? Ist er auf der Straße getötet worden? Haben ihn die Russen erschlagen? Haben ihn die Russen verschleppt? Ist er in Sibirien? Er hatte eine große Praxis, auch unter den damaligen Funktionären. Er war kein Strafverteidiger, er hatte eine Wirtschaftspraxis.« Sie blickte Nina an. »Der Mann Ihrer Schwester kennt ihn gut. Dr. Hesse und mein Mann hatten öfter miteinander zu tun. Man kann fast sagen, sie waren befreundet, soweit das bei Hesse möglich war, er war ja sehr verschlossen. Aber sie hatten einen gemeinsamen Club, in dem sie sich trafen, sehr privat. So etwas gab es ja in Berlin noch. Womit nicht gesagt sein soll, daß die Gestapo nicht auch dort ihre Spitzel hatte.«

Nina blickte von einem zum anderen. Auch dies war wieder eine schreckliche Geschichte, und der Krieg lag nun doch schon so lange zurück, daß man diese Dinge langsam ein wenig vergaß. Nie wieder etwas von einem zu hören! Nicht zu wissen, was aus ihm geworden war! Gerade sie konnte das gut nachempfinden. Peter hatte Krieg und Nachkriegszeit relativ gut überlebt, Silvester war, nach einigen Jahren, zu einem normalen Leben zurückgekehrt. Sylvias Mann war und blieb verschwunden.

»Einige Zeit lang habe ich gedacht, eines Tages steht er vor der Tür«, sagte Sylvia, »aber das denke ich nun nicht mehr.«

»Ja, und ich«, sagte Peter, »lebe all die Jahre bei Sylvia, helfen konnte ich ihr nicht.«

»Du hast mir dadurch geholfen, daß du da warst. Allein wäre ich verrückt geworden.«

Einige Zeit hatte sie auch wieder Theater gespielt, und jetzt hatte das Fernsehen ihr ein Angebot gemacht.

»Ich weiß noch nicht, ob ich es machen werde.«

»Aber ganz gewiß wirst du. Es ist eine großartige Rolle.«

»Man sagt ja, Fernsehen hätte eine große Zukunft«, meinte Sylvia. »Aber irgendwie habe ich Hemmungen, nach so langer Zeit wieder ins Atelier zu gehen. So alt, wie ich inzwischen geworden bin.«

Darüber wurde pflichtschuldigst gelacht. Sie war noch immer eine schöne Frau, doch der Kummer der vergangenen Jahre hatte Spuren in ihrem Gesicht zurückgelassen. Peter dagegen sah sehr gut aus, fast wie in alten Tagen. Das graue Haar stand ihm gut, und ein paar Fältchen machten im Gesicht eines Mannes nicht viel aus.

»Es ist wichtig«, sagte er, »daß man arbeitet. Sonst wird man wirklich alt. Es ist eine gute Rolle, Sylvia, und du wirst sie spielen. Keine jugendliche Liebhaberin mehr, eine Charakterrolle. Und einer von uns muß den Einstieg ins Fernsehen schaffen.«

Sylvias Sohn studierte Jura und wollte später in die Kanzlei des Vaters in Berlin eintreten, die bis heute von Dr. Boldts Sozius geführt wurde.

»Meine Tochter besucht die Schauspielschule. Es war ihr nicht auszureden.«

»Wie jede Mutter«, erzählte Peter, »versucht sie, es ihr auszureden. Ganz grundlos. Marlene ist so hübsch wie Sylvia, und sie ist begabt, außerdem hat sie zwei alte Hasen in der Familie, die sie beraten und ihr so manchen Trick verkaufen können.«

Davon also erzählte Nina beim Abendessen, ausführlich und sehr beteiligt. Rico interessierte es nicht sonderlich, er war schon eine andere Generation, die Nachkriegserlebnisse bedeuteten nicht viel für ihn, zumal er selbst keinerlei Not erlebt hatte.

»Morgen wollen wir uns zum Abendessen treffen«, sagte Nina.

»Es ist ihr letzter Tag, übermorgen fahren sie nach Berlin zurück.«

»Und wann fahren wir zurück?« fragte Maria überraschend.

»Auch demnächst«, sagte Silvester. »So in drei oder vier Tagen dachte ich.«

»Maria fährt diesmal mit mir«, sagte Rico.

»O nein«, sagte Maria sehr entschieden. »Ich fahre mit Nina und Silvio.«

Zum erstenmal gebrauchte sie den Kosenamen, den Nina für ihren Mann gefunden hatte.

»Aber wieso? Wir haben doch ausgemacht, daß du mit mir fährst.«

»Wir haben gar nichts ausgemacht«, erwiderte Maria abweisend. »Außerdem ist dein Wagen für Posa viel zu klein bei so einer langen Fahrt.«

Zum letztenmal standen Nina und Maria am Abend vor ihrer Abreise oben auf dem Roten Kliff. Es war sehr stürmisch, der Wind fauchte ihnen um die Ohren, und das Meer tobte wild auf den Strand.

»Da ist was los«, sagte Nina hingerissen. »Der Strand ist nur noch halb so breit. Jetzt kommen wohl die Herbststürme.«

Rico war schon vor zwei Tagen weggefahren, so plötzlich, wie er gekommen war.

»Hattet ihr Streit?« fragte Nina, als sie zum Hotel zurückgingen, und ärgerte sich gleich über die dumme Frage. Wer hatte schon Streit mit Maria?

»Nein, wieso?«

»Er war gekränkt, daß du nicht mit ihm fahren wolltest.«

»Ich habe ja gesagt, warum nicht. Und nicht nur wegen Posa, ich wollte überhaupt nicht mit ihm fahren. Ich fahre lieber mit euch.«

»Darüber bin ich sehr froh«, sagte Nina und schob ihre Hand zwischen Marias kalte Finger.

Vor dem Hotel angekommen, nahm sie Maria in die Arme.

»Ach, Kind, was werden sie bloß jetzt mit dir machen? Ich habe Angst um dich.«

»Du brauchst keine Angst um mich zu haben«, sagte Maria, »ich werde wieder üben, jeden Tag viele Stunden. Und wie es weitergeht, das weiß ich auch nicht. Aber was er auch für mich tut, ich möchte Rico nicht heiraten.«

»Hast du dich also doch über ihn geärgert?« fragte Nina ratlos. Maria schüttelte den Kopf. Ihr Mund war hart, in ihre Augen konnte man nicht sehen.

Nina erriet den Grund für ihre Haltung.

»Er ist...« begann sie zögernd, »ich meine, hat er...«

Maria schüttelte wieder den Kopf.

»Es ist nichts. Er hat gesagt, aus mir kann nur etwas werden, wenn er mir den Weg bahnt. So etwas hat er schon oft gesagt, und diesmal, ehe er abgefahren ist, in aller Deutlichkeit. Ich weiß nicht, ob er recht hat. Aber wenn es so ist, dann werde ich ihn dafür bezahlen. Aber nicht heiraten.«

Nina schwieg verblüfft. Das war eine Maria, die sie nicht kannte. Aber es befriedigte sie doch, das zu hören. Was hatte Frederic gesagt? Einen lmpresario kann man engagieren.

Nina lachte und schob ihren Arm unter Marias Arm.

»Komm, wir wollen deinen Koffer packen. Und du brauchst nicht zu heiraten, wenn du nicht willst. Rico schon gar nicht. Einen Impresario kann man engagieren, weißt du. Du bist es, die singen wird. Und es wird für jeden, der es versteht, ein Geschäft sein, dich berühmt zu machen. Das muß nicht Rico sein, das kann ein anderer auch. Und wenn du nicht auftreten willst, brauchst du nicht. Ich kann schon für dich sorgen.«

Nun lächelte Maria.

»Ich will Geld verdienen, ich habe es dir schon gesagt. Ich bin Heinrich Ruhland viel Geld schuldig für seine Stunden. Und ich bin dir viel schuldig und allen, die für mich gesorgt haben.«

»Red nicht so einen Unsinn, Maria. Du bist niemand etwas schuldig. Mir schon gar nicht. Und Ruhland? Er hat es freiwillig getan und mit großer Begeisterung. Kein Mensch hat es von ihm verlangt.«

Maria riß ihren Arm los.

»Er hat mir nicht nur Gesangstunden gegeben, ich habe dort im Haus gewohnt und gegessen, und man hat für mich gesorgt, viele Jahre lang.«

»Na, nicht von seinem Geld. Dafür kannst du dich höchstens bei dem Baron bedanken.«

»Ich will mich bei niemand bedanken müssen. Ich will nicht von Almosen leben, das habe ich dir schon gesagt. Ich will mein eigenes Geld verdienen.«

»Gut«, sagte Nina besänftigend. »Reg dich nicht auf! Du wirst dein eigenes Geld verdienen, denn du bist eine große Künstlerin. Aber laß dir ein paar Jahre Zeit. Es muß nicht so schnell gehen, wie der Herr Kammersänger und sein Sohn sich das vorstellen.«

»Ich möchte, daß es schnell geht«, sagte Maria.

Baden

Als Nina mit Maria nach Langenbruck kam, hatte der Kammersänger wieder mit einer Überraschung aufzuwarten.

Er war in Wien gewesen, hatte dort, wie er berichtete, viele alte Freunde wiedergetroffen und gute Kontakte für Marias Zukunft geknüpft. Und er war auch in Baden gewesen.

»Das ist überhaupt der Knalleffekt, liebe Nina. Und Sie haben mir nie davon erzählt.«

»Wovon?«

»Daß Maria so lange in Baden gelebt hat.«

»Das wissen Sie doch. Und so lange war es ja wieder auch nicht. Die ersten fünf Jahre ihres Lebens. Das kann doch kaum von Wichtigkeit sein.«

»Nicht von Wichtigkeit? Dieser Tatbestand? Beste Nina, ich habe Sie immer für eine patente Frau gehalten. Können Sie sich nicht vorstellen, was sich daraus machen läßt? Maria ist in Österreich geboren, Maria hat entscheidende Kinderjahre dort verbracht, was glauben Sie, wie nützlich das ist? Und nicht nur das. Im Grunde gehört sie immer noch dorthin. Baden ist ihre Heimat, und zu alldem ist sie eine reiche Erbin.«

Nina blickte ihn verständnislos an.

Heinrich Ruhland hatte das Haus in Baden gefunden, das Cesare Barkoszy gehört hatte, er fand zwei alte Leutchen dort, Anna und Anton Hofer, von denen er alles erfuhr, was er wissen wollte.

»Diese Anna weinte vor Glück, als ich ihr erzählte, Maria sei am Leben. Und sie weinte noch viel mehr vor Kummer, als ich ihr weiter erzählte, was mit Maria passiert ist. Meine kleine Maria, sagte sie immer wieder. Bringen Sie mir meine kleine Maria wieder. Ist das vielleicht nichts?«

»Sie ist also noch am Leben.«

»Sie ist am Leben und klar bei Verstand, was wichtig ist.

Dieser Jude hat Maria sein Haus vermacht, schon gleich nach ihrer Geburt. Und eine Menge Geld dazu. Er hat Konten in Österreich, in Italien und vor allem in der Schweiz. Das erfuhr ich dann von seinem Notar in Wien. Alle Papiere haben die Hofers sorglich aufbewahrt, und so kam ich auch zu dem Notar, der glücklicherweise noch am Leben ist und alles vorliegen hat. Was sagen Sie nun?«

»Cesare Barkoszy war Halbjude«, wandte Nina ein.

»Jedenfalls haben die Nazis ihn eines Tages abgeholt, auf dem Transport ist er dann gestorben. Das konnte mir Anton Hofer, ebenfalls weinend, genau berichten, denn er war dabei. Wußten Sie denn nicht, daß Maria das alles geerbt hat?«

»Es war seinerzeit die Rede davon. Offen gestanden, ich habe das längst vergessen. Es kann doch heute keine Gültigkeit mehr haben.«

»Und warum bitte nicht? Wir haben inzwischen wieder einen ordentlichen Staat, und die Österreicher sowieso, die sind ganz und gar unabhängig seit dem Staatsvertrag. Maria gehört das Haus, die Hofers haben dort Wohnrecht auf Lebenszeit, das ist sehr gut und richtig, sie haben auch alles in Ordnung gehalten, oder besser gesagt, wieder in Ordnung gebracht. Die Russen hatten das Haus beschlagnahmt, sie haben lange darin gewohnt, und entsprechend sah es dann aus, wie ich hörte. Das heißt, so lange, bis Anna und Anton wieder in das Haus zurückdurften. Erst hat man sie hinausgeworfen, aber dann, als Offiziere dort einquartiert wurden, hat man sie zurückgeholt, und sie hat für die russischen Offiziere gekocht, und dann durfte Anton auch kommen, um Haus und Garten in Ordnung zu halten. Sie waren beide vollkommen unbelastet, einfache Menschen aus dem Volk, denen hat man nichts getan.«

Nina hörte sich das mit großer Verwunderung an. Sie hatte Cesare nicht vergessen und das, was er für Vicky und Maria getan hatte. Doch für sie war es eine lang vergangene Zeit, eine versunkene Welt, sie wäre nie auf den Gedanken gekommen, daß es plötzlich wieder Leben gewinnen könnte.

Das Haus sei alt und natürlich etwas verwahrlost, erzählte Ruhland weiter, aber ein schönes großes Haus mit einem schönen großen Garten, am Rande von Baden gelegen, auf das Helenental zu.

»Allerbeste Gegend, meine Liebe. Und vergessen Sie nicht, was Baden ist, ein bezaubernder Ort mit Tradition, mit altberühmten Heilquellen dazu. Kaiser Franz-Joseph hat dort Urlaub gemacht, Beethoven und noch viele große Männer, deren Leben eng mit Baden verbunden ist. Nun also, nun also, so etwas ist doch für Maria ein Glücksfall sondergleichen. Sie wird in Wien singen, und sie wird in Baden wohnen und wird sich mit Rührung an ihre Kindheit erinnern.«

»Für die Presse, nehme ich an«, warf Nina sarkastisch ein.

»Richtig. Für die ganz besonders. Die Österreicher haben noch verschiedene Ressentiments gegen die Reichsdeutschen, doch damit unterlaufen wir das alles.«

Maria, die bei dem Gespräch zugegen war, hatte noch kein Wort geäußert, sie hatte den Kopf leicht zur Seite geneigt, sie lauschte in die Vergangenheit.

»Maria, erinnerst du dich noch an alles?« fragte Ruhland.

»An manches. Anna und Anton leben also noch? Das ist schön.«

»Du wirst sie wiedersehen, Maria.«

»Sie werden mich wiedersehen«, korrigierte Maria. »Und Sie sagen, es ist Geld da?«

»Geld ist da. Wieviel, weiß ich nicht, es wird auch sicher eine langwierige Verhandlung und allerlei bürokratischen Kram geben. Aber das ist ja nicht so dringlich und so wichtig. Zunächst einmal geht es darum, was wir aus dieser Geschichte machen können. Ich habe es Rico schon erzählt, er ist gestern nach Berlin geflogen, aber anschließend wird er sich nach Wien begeben. Ein wenig vorgearbeitet habe ich schon. Und was die Erbschaft betrifft, das Haus, das Geld, die Papiere, was immer da vorhanden ist, damit würde ich Dr. Lange beauftragen, Nina. Das ist ein aufgeweckter Bursche, der wird schon wissen, wie man das anfängt.«

»Cesare!« sagte Nina nachdenklich. »Er ist schon so lange tot. Vicky hat ihn in Venedig kennengelernt. Marleen hatte sie in den Ferien mitgenommen an den Lido. Vicky war siebzehn. Cesare wohnte im selben Hotel, er hat ihr Venedig gezeigt, und dann«, Nina lachte unfroh, »mit dem Singen. Er war der erste, dem sie erzählt hat, daß sie Sängerin werden möchte. Sie erzählte begeistert von ihm, als sie nach Berlin zurückkam. Zweimal hat er uns dann später in Berlin besucht, er wohnte im Adlon, was uns sehr imponierte. Dann kam er nicht mehr. Wir bekamen einmal Nachricht von ihm über die italienische Botschaft. Wir dachten, es sei wegen der Nazis, daß er nicht mehr kam. Wir vergaßen ihn. Nein, Vicky vergaß ihn nicht. Als sie das Kind erwartete, erinnerte sie sich an ihn. Sie fuhr zu ihm und brachte dort Maria zur Welt. Er war gelähmt, deswegen ist er nie mehr gekommen.«

»Ja, ja, das habe ich alles auch erfahren. Er war Waffenhändler, und ein amerikanisches Gangstersyndikat hatte ihn zusammengeschossen. Mafiosi vermutlich. Er war ja durch seine Mutter halber Italiener. Eine interessante Vita; halb Jude, halb Katholik, halb Österreicher, halb Italiener. Victoria Jonkalla hat das ganz schlau gemacht. Und nun erbt Maria auch noch.«

»Und wann kann ich zu Anna und Anton?« fragte Maria.

»Noch nicht, mein Kind. Wenn wir unseren ersten Auftritt in Wien haben, das ist der richtige Moment.«

»Ob es viel Geld ist?« fragte Maria, als sie mit Nina allein war.

»Das weiß ich nicht, mein Schatz. Und mach dir keine Illusionen, es wird sicher ein langwieriges Unternehmen sein, bis du davon etwas bekommst. Falls wirklich noch etwas da ist.«

»Aber das Haus?«

»Na ja, das ist da. Ziemlich altes Ding, wie ich mich erinnere, groß und düster. Vielleicht kann man es verkaufen.«

»Das geht ja nicht, wegen Anna und Anton.«

»Die könnte man sicher abfinden.«

»Ich möchte es eigentlich nicht verkaufen.«

»Bitte sehr! Es ist dein Haus. Falls es je wirklich dazu kommt. Ich bin da nicht so ganz optimistisch wie der gute

Heinrich. Aber ich kann es Herbert ja erzählen, und dann wird er sich mit dem Notar in Wien in Verbindung setzen. Sicher fährt Herbert gern mal nach Wien. Cesare hatte uns damals eingeladen, ihn in Wien zu besuchen. Aber dazu kam es nicht mehr. Ich war dann später mit Silvester in Wien, das war 38, nach dem sogenannten Anschluß. Du warst da etwas über ein Jahr alt. Und du warst ein sehr süßes Kind.«

»Ob es viel Geld ist?« wiederholte Maria ihre Frage.

»Maria, seit wann bist du so geldgierig?«

»Ich habe es dir gesagt.«

»Ja, ja, ich weiß. Du willst nicht von Almosen leben, und Schulden hast du auch bei Gott und der Welt. Schön, hoffen wir, daß es viel Geld ist und daß du es bekommst.«

»Nina, wer war mein Vater?«

»Warum willst du das wissen? Du hast mich nie danach gefragt.«

»Habe ich kein Recht darauf, es zu wissen?«

Am liebsten hätte Nina geantwortet: Vicky wußte ihr ganzes Leben lang nicht, wer ihr Vater war. Das ging auch.

Aber es wäre eine törichte Antwort gewesen. Vicky war ehelich geboren, und sie mußte Kurtel Jonkalla für ihren Vater halten.

»Dein Vater? Er ist inzwischen ein berühmter Mann geworden. Ich lese seinen Namen oft in der Zeitung.«

»Ein berühmter Mann?« fragte Maria erstaunt. »Wieso ist er berühmt?«

»Du hast nicht nur von deiner Mutter die musikalische Begabung geerbt. Auch von deinem Vater. Er galt schon damals als Genie. Er heißt Prisko Banovace, und ich glaube, er war ein Slowake. Er hatte schwarzes Haar und wilde schwarze Augen, und ich konnte ihn nicht ausstehen. Ich kannte ihn kaum. Nur war mir meine Tochter zu schade für ihn.«

»Ein Genie, hast du gesagt? Und warum ist er berühmt?«

»Er studierte damals in Berlin Musik. Und Vicky hatte ihn im Gesangsstudio kennengelernt, wo er korrepetierte. Und dann fing sie ein Verhältnis mit ihm an. Oder wohl besser gesagt, er mit ihr.«

»Und warum ist er berühmt?«

»Ich lese seinen Namen oft in der Zeitung. Er ist Dirigent. Er hat die Berliner Philharmoniker dirigiert und ist in Salzburg am Pult gewesen, und zur Zeit ist er in Amerika und dirigiert ich weiß nicht welches Orchester.«

»Ein Dirigent«, flüsterte Maria. »Das hast du mir nie erzählt.«

»Wie gesagt, du hast nie danach gefragt.«

»Und er weiß, daß ich seine Tochter bin?«

»Er weiß, daß Vicky ein Kind bekam. Das ist alles, was er weiß. Sie wollte nichts mehr mit ihm zu tun haben.«

»Warum?«

»Nun, so groß war die Liebe zwischen den beiden wohl nicht. Und außerdem war Vicky wütend, daß sie ein Kind erwartete. Sie wollte kein Kind, sie wollte Karriere machen.«

Maria bedachte das eine Weile sorgfältig.

»Ich danke dir, daß du mir es gesagt hast.«

»O bitte. Ich hätte es dir längst gesagt, wenn du es hättest wissen wollen. Aber heute ist offenbar ein besonders vergangenheitsträchtiger Tag.«

»Du bleibst aber noch hier?«

»Ich fahre morgen zurück. Ich will nur schaun, daß du dich wieder einigermaßen etablierst. Und heute abend möchte ich in aller Ruhe ein wenig mit Stephan sprechen.«

»Ich nicht?«

»Doch, du auch, wenn du willst. Wir müssen ihm von Sylt erzählen.«

»Und von der Erbschaft.«

»Gut, auch davon.«

»Wenn es viel Geld ist, dann können wir alle machen, was wir wollen. Mein Geld gehört ja euch.«

»Danke, Schatz. Stephan ist hier ganz zufrieden. Sehr zufrieden sogar. Man weiß allerdings nicht, was aus dem

Schloß wird, wenn der Baron mal nicht mehr lebt. Direkte Erben hat er ja nicht.«

»Aber viele Verwandte. Manchmal waren schon welche hier.«

»Man kann also nicht wissen, ob Stephan hier bleiben kann. Vielleicht wird er doch noch dein Impresario. Er sollte sich bei Rico abschaun, wie man so was macht.«

»Wenn dieser Mann... dieser Dirigent meinen Namen hört, wird er dann wissen, daß ich seine Tochter bin?«

»Falls dein Name je bekannt wird, könnte er sich ausrechnen, daß du seine Tochter bist.«

»Eigentlich möchte ich keine Karriere machen. Und nicht berühmt werden.«

»Schatz, du weißt nicht, was du willst. Einmal sagst du ja, einmal sagst du nein.«

»Ich habe Angst davor.«

»Das verstehe ich, Maria. Ich verstehe es bei jedem Menschen, denn ich habe es schon einmal mitgemacht. Und ich verstehe es besonders in deiner Situation. Aber da du nun so schön singst, soll man deine Stimme hören, wie Ruhland sagt.«

»Aber ihr hört sie doch. Es genügt mir, wenn ich für mich singen kann. Und für euch.«

»Damit ist Ruhland nicht einverstanden, das weißt du sehr genau. Und schon gar nicht dein Rico.«

»Er ist nicht mein Rico.«

»Gut, also nicht. Aber ich erinnere dich daran, du möchtest mit dem Singen Geld verdienen, um dir damit eine gewisse Unabhängigkeit zu verschaffen. So kann man es vielleicht ausdrücken.«

»Unabhängig werde ich nie sein.«

Nina seufzte. »Nein. Da hast du recht. Aber du willst nicht von Almosen leben. So hast du es schließlich selber ausgedrückt.«

»Aber wenn ich viel Geld erbe...«

Nun mußte Nina lachen.

»Komm, hör auf von dem Geld, das irgendwo in den Sternen hängt. Das ist eine ganz ungewisse Sache. Das Geld kann längst futsch sein, entwertet, was weiß ich. Es wäre besser, du hättest gar nicht gehört, was Ruhland da erzählt hat.«

»Das Haus ist da. Anna und Anton sind da.«

»Schön. Wenn ein bißchen Geld da ist und du kriegst es, werden wir es erfahren. Ich werde Herbert gleich in Bewegung setzen. Und nun laß uns mal zu Stephan ins Büro gehen, ob er nicht mir zuliebe etwas früher Schluß macht heute. Und dann müssen wir Posa in den Park lassen. Du kannst nicht mitgehen, es regnet. Auf Sylt war das Wetter schöner.«

Maria schwieg, einen abwesenden Ausdruck im Gesicht.

»Oder? Hat's dir nicht gefallen am Meer?«

»Doch. Es war sehr schön.«

Wenn es viel Geld ist, lasse ich mich operieren, dachte Maria. Noch einmal und noch einmal. Bis ich sehen kann. Ich will das Meer sehen. Und wenn es nie etwas wird, wenn ich immer blind bleiben muß, dann gehe ich zu Anna und Anton. Und bleibe bei ihnen. Es macht dann nichts, daß es dunkel ist in dem Haus. Und ich brauche niemals berühmt zu werden. Wenn es nur so viel Geld ist, daß es reicht für Anna, für Anton und für mich.

»Hast du morgen Gesangstunde?« fragte Nina.

»Ja. Morgen.«

Briefe

München, im November 1957

Lieber Frederic, die ersten Aufnahmen im Rundfunk haben nun glücklich stattgefunden, Maria hat Schubert-Lieder gesungen, und wie man mir sagte, ist alles höchst undramatisch und in normaler Arbeitsatmosphäre verlaufen. Irgendwann wird das nun gesendet, und damit hat es sich. Maria kam sehr erleichtert zurück, offenbar hat kein Mensch besonderes Interesse an ihr oder an ihrem Zustand gezeigt. Plattenaufnahmen sind für den nächsten Monat geplant, ebenfalls Schubert, dann noch Brahms und Schumann. Zunächst alles gängige und bekannte Lieder, weil die sich am besten verkaufen lassen. Als nächstes dann eine Platte mit Mozart, vermutlich Konzertarien. Vielleicht auch Opernarien.

Ich glaube, wir haben uns alle von Ruhland und Rico in eine übermäßige Spannung hineinsteigern lassen, auch Maria. Eine Blinde singt ein paar Lieder, sie singt besonders gut, aber andere Leute singen auch, und möglicherweise auch gut. Diese spektakuläre Karriere, von der Ruhland träumt, geht nicht von heute auf morgen. Vermutlich gehört dazu eben doch das persönliche Auftreten im Konzertsaal und, noch wirkungsvoller, auf der Bühne. Letzteres ist ja für Maria unmöglich. Und bis sich eine Konzertdirektion findet, muß sie einen gewissen Namen haben, sonst geht nämlich kein Mensch in das Konzert, und dann ist es für den Veranstalter ein großes Verlustgeschäft. Das war schon zu Vickys Zeiten so, daran wird sich nichts geändert haben.

Zur Zeit sitzen sie friedlich in Langenbruck und arbeiten. Rico ist meist nicht da, er ist auf Reisen, heißt es. Ich fahre jede Woche einmal hinaus, um zu sehen und zu hören, wie es geht. Bei uns ist es viel bewegter zugegangen, Hesse ist mit Marleen vor vierzehn Tagen nach Amerika geflogen und will eine Weile dort bleiben. Er ist da irgendwie an einem chemischen Werk beteiligt, die werten eine Erfindung von ihm aus, und dafür ist ihm jetzt eine Verbesserung eingefallen, die will er dort erproben. Er denkt nicht daran, das in Deutschland zu tun, denn hier hätten die Sieger, nachdem sie die Patente geklaut haben, alle Forschungsarbeit auf chemischem Gebiet verboten, und das Verbot galt noch bis Anfang der fünfziger Jahre. Das sei so typisch für den Schwachsinn, mit dem sich Sieger blamierten. Hat er gesagt, wörtlich. (Offen gestanden, ich habe das gar nicht gewußt.) Nun will er seine Versuche in Amerika machen, wo ihm ein erstklassiges Labor mit modernsten Geräten und qualifizierten Mitarbeitern zur Verfügung steht. Über diesen Mann kann man nur staunen.

Marleen war zunächst nicht so begeistert von dem Reiseplan, sie hat es ganz gern bequem. Aber er hat ihr Amerika ganz gut verkauft, wie man so sagt. Bequem werde sie es haben, sie wohnen nur in besten Hotels, und die Amerikaner seien reizende Leute, er habe genügend Bekannte, die sie treffen würden, und auf einmal sprach er sogar von Verwandten, die er angeblich in den Staaten hat. Mir ganz neu. Sobald er mit seinen Forschungen fertig ist, wollen sie einige Monate in Kalifornien verbringen. Marleen wollte anfangen, einzukaufen für die Reise, doch er meinte, einkaufen könne sie in New York, das sei viel amüsanter.

Nun sind sie also für eine Weile auf und davon, und für mich hat es den Vorteil, daß ich mich nicht gleich nach einer Wohnung umsehen muß. Es wird mir schwerfallen, dieses Haus zu verlassen, in dem ich nun so viele Jahre lebe. Auch Silvester fühlt sich wohl hier.

Was sagst Du denn zu Adenauers Wahlergebnis? Fantastisch, nicht? Dabei ist der Mann schon so alt. Er regiert wie ein Patriarch, streng, gerecht und sehr katholisch. Wie sich zeigt, ist der größte Teil des Volkes damit zufrieden. Aber der wirkliche Gewinner der Wahl ist eigentlich Ludwig Erhard, der Vater des Wirtschaftswunders, wie man ihn nennt. Er hat die Währungsreform zu einem Erfolg gemacht, weil er, ruckzuck, von einem Tag auf den anderen die Bewirtschaftung aufgehoben hat. Obwohl die Besatzungsmächte das gar nicht haben wollten, nicht in dieser Form. Er hat es einfach getan, und es war goldrichtig. Ohne ihn würde es uns nicht so gut gehen, darüber sind sich eigentlich alle Menschen klar.

München, im Dezember 1957

...Du schreibst, ob ich Verständnis dafür habe, daß Du Anfang des Jahres den diplomatischen Dienst verlassen willst. Du hast uns ja im Sommer, als Du hier warst, erklärt, wie Du leben möchtest und wie nicht. Und da Deine Eltern Dich verstehen, warum sollte ich Dich nicht verstehen? Es ist sehr wichtig, daß ein Mensch sich entscheidet, was er sein und was er werden möchte, der eine früher, der andere später. Halt nur nicht zu spät. Doch Du bist noch jung genug, um etwas Neues anzufangen. Was Du erlebt und gelernt hast in den letzten Jahren, kann ja nur nützlich für Dich sein.

Mir kommt es vor, als sei es Dir ein wenig peinlich, auf einmal wieder Student zu sein. Doch das ist ganz zeitgemäß. Viele Männer in Deutschland, die aus dem Krieg oder gar aus der Gefangenschaft heimgekehrt sind, waren viel älter als Du, als sie endlich ein Studium beginnen konnten. Du hörst also Vorlesungen an der Sorbonne und wirst Dich nächstes Semester voll dort einschreiben. Und daß Du außerdem Berichte aus Frankreich für eine amerikanische Zeitung schreibst, hört sich doch gut an. Da verdienst Du wenigstens eigenes Geld und mußt nicht alles von Deinem Vater bekommen. Darauf kommt es Dir doch hauptsächlich an, nicht wahr? In Berlin wolltest Du doch auch noch ein paar Semester studieren, muß es unbedingt Berlin sein? München hat auch eine gute Universität.

Du schreibst, daß Ariane traurig ist, weil ihr Vater gestorben ist, nur ein paar Monate, nachdem ihre Mutter starb. Beide so schnell hintereinander, das ist schlimm, aber sie sind ja wirklich sehr alt geworden, und Ariane hatte sie immer in ihrer Nähe, das war doch viel wert.

München, im Dezember 1957

...schade, daß Du Weihnachten nicht herkommen willst, aber es ist auch gut und richtig, daß Du Deine Eltern besuchst. Grüße sie von mir. Geschrieben habe ich ihnen natürlich auch. Und zu dem neuen Enkelkind gratuliert. Die Kleine heißt Gwendolyn, das ist wirklich ein hübscher Name. Du wirst dann Deine neue Nichte gleich besichtigen können.

Maria hat inzwischen die Plattenaufnahmen gemacht, und alle waren des Lobes voll über die Sicherheit und Präzision, mit der sie das gemacht hat. Keine Komplikationen, kaum Wiederholungen, sagt Ruhland, die waren ganz hin und weg von Maria. So schnell hätten sie in dem Plattenstudio noch nie Aufnahmen aufgezeichnet. Auf dem Cover der Plattenhülle wird ein Bild von Maria sein. In der Zeitung stand nun auch einmal eine kurze Notiz von ihr. Aber nun kommt etwas Neues, sehr Bedeutendes. Nächstes Jahr zu Ostern, genau am Karfreitag, soll sie die Sopranpartie in der ›Matthäus-Passion‹ singen, nicht im Funk, nicht auf Platte, sondern richtig und wirklich vor Publikum.

Es gibt einen jungen, viel beachteten Chorleiter hier in München, der hauptsächlich Bach-Konzerte veranstaltet, der war draußen und hat sich Maria angehört, und dann wollte er sie sofort haben. Maria studiert die Partie schon, und wie ich Ruhland kenne, machen sie das sehr gründlich. Die Aufführung wird glücklicherweise nicht in einem Saal, sondern in einer Kirche stattfinden. Ich denke mir, daß das für Maria leichter ist.

Du fragst, was ich mache? Ich habe ein neues Buch angefangen. Eine Art Familiengeschichte auf dem Hintergrund der Zeit. Unserer Zeit, nicht, wie in dem vorigen Buch, die Zeit meiner Jugend. Die Familie Czapek dient mir so in etwa als Modell. Du weiß noch, wer die Czapeks sind? Ich war schon dort und habe sie besucht und interviewt. Sie sind ja jetzt im Allgäu und haben dort einen Betrieb, der sich sehen lassen kann. Ein schönes großes Haus haben sie sich auch gebaut. Und der Karel hat mittlerweile drei Kinder. Sie haben sich schrecklich gefreut, mich zu sehen und haben mich fürstlich bewirtet. Und sie haben mir von früher erzählt, alles, was sie wissen. Sudetenland, die Tschechen, wie Hitler kam und wie es weiterging. Sehr interessant, das aus erster Quelle zu erfahren, auch wenn sie es nur mit ihren Augen sehen können. Die notwendigen facts werde ich mir anderswo besorgen. Ich fange mit dem sogenannten ›Münchner Abkommen‹ an, das war im Herbst 38, und blende dann zurück in die Zeit, als die Tschechoslowakei entstand, das war nach dem Ersten Weltkrieg. Dann die zwanziger Jahre, und Prag natürlich, dann die Nazis, der Krieg, die Ermordung Heydrichs muß hinein, ganz wichtig, und schließlich das bittere Ende für die Deutschen, die Vertreibung ist ja sehr grausam und blutig verlaufen. Aber für die Tschechen bedeutete das immer noch kein Ende ihrer Unfreiheit, ihr Land wurde ein von Moskau beherrschter Staat. Und in das Ganze hineingestellt die Story dieser Familie, diese einfachen Glasbläser aus dem Sudetenland, die heute Fabrikbesitzer geworden sind, wovon sie nie auch nur geträumt haben. So etwas hat der Krieg auch fertiggebracht.

Langweile ich Dich? Du siehst, wie mich der Stoff schon gefesselt hat.

Nun wünsche ich Dir ein gesegnetes Weihnachtsfest, bleib gesund und hab Freude an Deiner Arbeit. Ich wünsche mir, daß wir uns bald einmal wiedersehen. Du weißt ja, Frederic, daß du für mich etwas ganz Besonderes bist. Und Du weißt auch warum.

München, im Januar 1958

...danke für Deinen lieben Brief zu Weihnachten und den wunderschönen Seidenschal. Ganz pariserisch.

Bei Deinen Eltern war es sicher schön und friedlich. Wie ist denn das neue Baby von George? Sicher süß. Alle Babys sind süß. Ariane hat nun zwei Enkelkinder, damit wird sie sich wohl eine Weile zufriedengeben.

Apropos Enkelkinder – Michaela war über Weihnachten

hier, und es war sehr erfreulich, sie da zu haben. Sie hat sich gut herausgemacht, benimmt sich sehr manierlich, und ihre Leistungen in der Schule sind auch besser geworden.

Etwas komplizierter war die örtliche Verteilung. Ich hatte vorgeschlagen, die ganze Weihnachtszeit in Langenbruck zu verbringen, aber das wollte Silvester nicht. Ich hätte gern Maria unter dem Christbaum singen hören.

Silvester wollte den Heiligen Abend zu Hause verbringen, auch wegen Isabella, die nun schon zum drittenmal an diesem Abend bei uns war. Diesmal auch Franziska, die zur Zeit ziemlich deprimiert ist. Ein ganz ungewohnter Zustand bei ihr. Von ihrem letzten Freund hat sie sich getrennt, es war auch eine reichlich dubiose Angelegenheit meiner Ansicht nach. Ehemaliger Schwarzhändler, mit großer Klappe, aber sehr ungebildet. Ihr Geschäft geht schlecht, wer kauft heute schon Antiquitäten, heute kaufen die Leute neue Möbel, für den Fall, daß sie eine Wohnung haben oder eine bekommen. Es wird derzeit viel gebaut in München, nicht sehr schön für meine Augen, aber zunächst kommt es ja darauf an, daß die Leute überhaupt Wohnungen kriegen. Ein Freund von Silvester, Josef Münchinger, er hat eine Brauerei, plant ein großes Bauvorhaben. Er hat ein Trümmergrundstück in Bogenhausen gekauft und will dort bauen, schöne Häuser, wie er sagt, nicht so nackerte Hochhäuser. Da wird ja dann vielleicht auch für uns eine Wohnung dabei sein, wenn Marleen und Hesse wieder einmal zurückkommen.

Ja, also Weihnachten. Am ersten Feiertag sind wir dann nach Langenbruck gefahren, schon am Vormittag, weil wir zum Gänsebraten rechtzeitig da sein wollten. Mit Hesses großem Wagen fährt es sich ja auch im Winter problemlos.

Es gab ein herzzerreißendes Wiedersehen zwischen Lou und Michaela. Und weißt Du, wen wir mitgenommen hatten? Frau Beckmann. Sie tut mir leid, denn sie ist so einsam, seit Michaela im Internat ist. Und Lou ist ja nun ständig draußen bei Maria. Ich habe einfach den Herrn Kammersänger angerufen und gefragt, ob ich sie mitbringen darf. Aber sicher doch, aber warum denn nicht, sagte er, meine gute

Frau Beckmann, sie darf Weihnachten nicht allein und traurig sein. Nur her mit ihr.

Und sie hat es ja auch verdient, finde ich. Wenn ich denke, was sie und ihr Mann alles für Maria getan haben, das kann ich niemals gutmachen. Sie war sehr befangen, denn sie war noch nie im Schloß, aber sie waren alle furchtbar nett zu ihr, und da war sie dann auch ganz happy.

Es gab jede Menge Gänsebraten und Knödel und Blaukraut, Stephan hat inzwischen eine böhmische Köchin eingestellt, und die kochen ja am besten von allen. Marleen hatte in Berlin auch eine. Mir ist so ein Essen offen gestanden mittlerweile etwas zu schwer, ich mußte hinterher zwei große Schnäpse trinken.

Michaela hat am meisten reingehaun – entschuldige, verstehst Du den Ausdruck? Ich will sagen, sie hat am meisten gegessen. Maria ißt nur wie ein Spatz, das kennen wir ja. Sie ist überhaupt momentan schwierig, um nicht zu sagen, launisch. Keiner kann es ihr rechtmachen, und sie geht allen aus dem Weg. Selbst Stephan, der doch die Geduld in Person ist, sagte: Sie ist zwar noch keine Diva, doch sie benimmt sich wie eine. Ruhland beachtet es gar nicht. Und Rico lacht dazu. Mit ihm versteht sie sich zur Zeit ganz gut, das war eine Weile nicht so. Von mir wollte sie nur wissen, wie die Angelegenheit in Wien steht, das interessiert sie ungeheuer. Ich habe nie gewußt, daß Geld ihr soviel bedeutet. Nun, die Sache steht gut, Marias Anspruch besteht zu Recht, das Haus gehört ihr, und Geld ist auch da, und offenbar nicht zu knapp. Es ist eine umständliche Abwicklung, Gott sei Dank kümmert sich Herbert darum, er war schon zweimal in Wien und kommt mit dem Anwalt dort bestens zurecht. Der hat einen Sohn als Juniorpartner in der Kanzlei, der ist ungefähr in Herberts Alter, er war auch an der Front, und so ergeben sich gemeinsame Erlebnisse der Vergangenheit, was, wie Herbert sagt, ganz nützlich ist.

In Österreich selber ist es nicht mehr allzuviel Geld, und das steht Maria zur Verfügung, sobald sie volljährig ist, was ja im nächsten Monat sein wird. Italien ist kompliziert, da sieht man noch nicht klar, obwohl es dort sehr viel Geld gewesen sein muß. Und dann die Schweiz. Dort müßte, sagte der Notar in Wien, Maria am besten einmal mit hinfahren. Aber auch erst, wenn sie einundzwanzig ist.

Das ist ein langer Brief geworden. Hoffentlich langweile ich Dich nicht. Du kommst doch bestimmt Ostern, wenn Maria die Matthäus-Passion singt?

Neuruppin, den 24. Januar 1958

Liebe Frau Nina,
hiermit muß ich Ihnen die traurige Mitteilung machen, daß meine liebe Frau, Ihre Schwester Gertrud, am 15. Januar verstorben ist. Sie war schon einige Zeit lang krank, und ich habe gewußt, daß sie nicht mehr lange wird zu leben haben. Weihnachten haben wir noch zusammen feiern können. Und wie so oft hat sie da wieder gesagt, ach, wenn ich nur Nindel und die Kinder noch einmal sehen könnte. Das hat sie oft gesagt, aber es hat nicht sollen sein. Das mit ihrer Nichte Victoria hatte sie zuletzt ganz vergessen.

Für uns war eine Reise in den Westen ja ganz unmöglich, wie Sie wissen. Und die Leute aus dem Westen kommen nicht sehr gern zu uns. Das soll kein Vorwurf sein. Es ist eben heute so. Und wir wissen ja, warum es so gekommen ist.

Ihr Paket ist zu Weihnachten noch rechtzeitig eingetroffen, vielen Dank auch. Es war für Gertrud die letzte Freude in ihrem Leben. Nun bin ich wieder allein. Nicht allein in meinem Häuschen, es wohnen ja seit Kriegsende zwei Leute bei uns, ein Ehepaar aus Pommern, und die Frau kocht jetzt auch für mich. Wir verstehen uns ganz gut. Am liebsten hätte Gertrud ja Ihren Stephan noch einmal gesehen, die zwei haben sich immer so gut verstanden. Das Bild von Stephan, das Sie einmal geschickt haben, hat sie immer wieder angesehen. Was für ein schmucker Mann er geworden ist, hat sie immer gesagt. Ich hatte Stephan auch sehr lieb, wie Sie wissen.

Das wollte ich Ihnen nur mitteilen.

Mit herzlichen vielen Grüßen
Ihr Schwager Fritz Langdorn.

Dieser Brief verursachte Nina ein schlechtes Gewissen. Trudel war tot. War gestorben, ohne daß sie sich noch einmal wiedergesehen hatten. Schön, sie hatte Pakete geschickt, seit das möglich war, sie hatten sich hin und wieder geschrieben. Allzu schlecht war es ihnen in Neuruppin nicht gegangen, sie hatten den Garten, sie hatten Hühner, und Trudel hatte geschrieben: Hungern müssen wir nicht mehr. Aber Dein Bohnenkaffee war sehr willkommen.

Warum habe ich sie nicht einmal besucht, dachte Nina. Aber sie war ja noch nicht einmal wieder in Berlin gewesen, die Stadt, von der sie sich nie hatte trennen wollen. Doch eine Fahrt in die Ostzone, da hatte Fritz Langdorn schon recht, wer nahm die freiwillig auf sich?

Als Stephan den Brief gelesen hatte, sagte auch er: »Ja, wir hätten wirklich einmal hinfahren sollen.«

»Hätten wir, ja. Aber wie? Man weiß doch nie, was die mit einem anstellen. Ich als Schriftstellerin im Dritten Reich, mag es auch noch so bescheiden gewesen sein, was ich geschrieben habe. Na, und du als Offizier? Nee, tut mir leid, ich wäre nicht gefahren. Und dich hätte ich auch nicht fahren lassen. Es ist ein Jammer und eine Schande, was aus Deutschland geworden ist.«

»Wie Fritz ganz richtig schreibt: Wir wissen ja, warum es so gekommen ist.«

»Hitler ist schuld. Er hat den Krieg angefangen, und nun haben wir die Sowjets mitten in unserem Land. Keiner von uns hier hat gedacht, daß wir diesen Krieg gewinnen können, aber keiner konnte sich vorstellen, wie es danach aussehen wird. Daß wir kein richtiges Deutschland mehr haben. Aber das wird sich doch wieder einmal ändern, Stephan?«

»Da habe ich wenig Hoffnung. Nur wieder durch einen Krieg. Und das wollen wir doch nicht.«

»Nein, da sei Gott vor. Durch einen Krieg ist noch nie etwas besser geworden. Und wenn man die Zeit so betrachtet, heutzutage nicht einmal für die Sieger. Die Russen haben halb Europa besetzt und sind überall verhaßt und können nur mit Gewalt ihre Herrschaft aufrechterhalten. Denk nur an Ungarn. Die Engländer verlieren eine Kolonie nach der anderen, die Franzosen wechseln ständig ihre Regierung, die Amerikaner haben in Korea kämpfen müssen, Israel ist von Feinden umgeben – wenn man sich so umschaut, Frieden ist eigentlich fast nirgends auf der Welt.«

Nina setzte ihre Brille wieder auf und nahm Fritz Langdorns Brief vom Tisch, an dem sie mit Stephan saß, es war in seinem Büro in Langenbruck.

»Er spricht mich mit Sie an. Haben wir uns nicht einmal geduzt? Mein Gott, Stephan, ich kann mich kaum noch erinnern, wie er aussieht. Wenn ich denke, wie ihr da hingefahren seid, Trudel und du, und dann kamt ihr mit Nazisprüchen zurück. Er war ja wohl anfangs ein großer Anhänger der Braunen.«

»Ja, anfangs. Das änderte sich schlagartig, als der Krieg begann. Den Krieg konnte er Hitler nicht verzeihen, das änderte seine Meinung hundertprozentig.«

»Das ist eben der Unterschied zwischen den harmlosen und den gescheiten Menschen. Ich sage nicht die Guten und die Bösen, ich sage die Dummen und die Klugen. So einer wie Silvester hat immer gewußt, daß es Krieg geben wird. Er hat den Hitler von Anfang an gehaßt. Nicht nur, weil er einen Krieg vorausgesehen hat, sondern weil er das ganze Regime, so wie es war, verabscheute. Und so jemand wie ich? Ich war nicht sehr klug und nicht sehr dumm, ich hatte nur das Gefühl, daß es falsch war.«

»Ich kann mich noch genau erinnern, als ich das erste Mal im Krieg wieder hinkam, das war nach dem Polenfeldzug«, sagte Stephan, »Fritz war so verbiestert und verbittert, daß er kaum mehr den Mund auftat. Und Tante Trudel, die durch ihn eine Verehrerin von Hitler geworden war, verstand die Welt nicht mehr. Aber wir haben doch gesiegt, sagte sie. Und er sagte: Du bist zu dämlich, um zu begreifen, daß dieser Sieg nischt wert ist. Am Ende werden wir verlieren, genau wie das letzte Mal. Ich weiß, wovon ich spreche, ich hab's mitgemacht.«

»Meine große Schwester«, sagte Nina. »Jetzt ist sie tot. Ich habe ihr viel zu verdanken, und meine Kinder haben ihr viel zu verdanken. Das ist die Tatsache. Daran hat Hitler nichts geändert. Mein Gott, ich weiß noch, wie sie geheiratet hat. Sie war fünfzig, und es hatte nie einen Mann in ihrem Leben gegeben. Fritz Langdorn in Neuruppin.«

Volljährig

Marias einundzwanzigster Geburtstag wurde in Langenbruck groß gefeiert, und Maria hatte nichts dagegen, sie war sogar bereit zu singen.

Rico hatte es geschafft, ein paar Journalisten, die er kannte, herauszulocken, die Platte lag inzwischen vor, der Rundfunk hatte die Schubert-Lieder gesendet, von der Matthäus-Passion konnte man sprechen. Es gab keine Sommernacht und keinen Mond, doch Schloß und Park machten sich auch im Schnee sehr gut. Maria sang diesmal keine Lieder, sondern Opernarien: die Rosine aus dem ›Barbier‹, die Gilda und die Arie der ›Butterfly‹.

Rico hatte für die Journalisten einen Text vorbereitet, den er wohlweislich Nina nicht gezeigt hatte, denn Marias Mutter, die berühmte Victoria Jonkalla, kam darin vor.

Im Gegensatz zu ihrem Verhalten in den letzten Monaten war Maria sehr liebenswürdig, sie gab Antwort auf die Fragen, die man ihr stellte, und wenn sie nicht antworten wollte, lächelte sie geheimnisvoll und legte die Hand auf den Kopf des Hundes, der wie immer bei ihr war. Sie sah sehr schön aus, in einem bodenlangen Kleid aus lichtblauer Seide, mehr noch, sie wirkte dekorativ, es wurden viele Bilder geschossen, die kurz darauf in einer Illustrierten erschienen. Auch die Münchner Zeitungen berichteten.

»Das ist eine gekonnte Inszenierung«, sagte Victoria von Mallwitz zu Nina, als sie das Schauspiel beobachtete.

»Ja, und das Tollste ist, sie spielt mit. Wenn du sie in letzter Zeit erlebt hättest, würdest du es nicht für möglich halten. Wie hat Rico das wieder fertiggebracht, frage ich mich«, erwiderte Nina.

»Er macht seine Sache gut. Liebt sie ihn?«

»Wie kannst du mich so etwas fragen, Victoria. Ich weiß nichts über Marias Gefühle. Ich weiß nicht einmal, ob sie welche hat, außer wenn sie singt. Eine Zeitlang hat sie sich sehr negativ über Rico geäußert. Wenn überhaupt.«

»Schläft sie mit ihm?«

»Auch das darfst du mich nicht fragen, ich weiß es nicht. Oder könntest du dir es vorstellen, daß ich sie danach frage?«

»Warum nicht?« Und nach einem Blick in Marias schönes, lächelndes Gesicht: »Nein, du hast recht. So wie sie sich heute gibt, kann man sie nicht fragen. Sie wirkt sehr erwachsen, sehr sicher und ganz so, als ob sie wüßte, was sie will. Aber rein gefühlsmäßig würde ich sagen ja. Sie ist kein Kind mehr.«

Ich könnte Stephan fragen, dachte Nina, vielleicht weiß er etwas. Doch es ist einfach albern, solche Fragen zu stellen. Ich frage ihn ja auch nicht, obwohl es so aussieht, als habe er sich nun ernsthaft verliebt.

Stephans Liebesleben in den vergangenen Jahren war als Thema zwischen ihnen tabu, seitdem Nina sich einmal hatte einmischen wollen. Damals hatte er ein Verhältnis mit der Sekretärin, die im Schloß tätig war; neben der Arbeit für den landwirtschaftlichen Betrieb, für die Gärtnerei, für allen sonstig anfallenden Schriftverkehr war sie hauptsächlich mit der Korrespondenz des Schloßherrn befaßt, denn der Baron unterhielt einen regen Briefwechsel, nicht nur mit Verwandten und Bekannten, auch mit Künstlern, die im Schloß aufgetreten waren oder die er durch Ruhland kennengelernt hatte, weiterhin nicht nur mit Musikern, sondern auch mit Malern und Bildhauern und zur Krönung noch mit Wissenschaftlern, mit Politikern sowie mit dem Kardinal.

»Das ist wichtig für mich«, hatte er einmal Nina erklärt, »wenn ich nicht schreib', krieg' ich keine Post. Und wenn ich keine Post krieg', komme ich mir vor wie schon begraben.«

Damals also hatte Nina zu Stephan gesagt: »An deiner Stelle würde ich mich nicht mit einem Mädchen einlassen, das deine Angestellte ist.«

»Sie ist nicht meine Angestellte, sie ist die Angestellte des

Barons. Und sie ist kein Mädchen, sie ist eine Frau von neunundzwanzig Jahren, die weiß, was sie tut. Und bitte, Nina, wollen wir so verbleiben: es ist meine Angelegenheit.«

Nina hatte das stillschweigend geschluckt. Sie sah ein, daß er recht hatte.

Später dann war es ein Mädchen oder eine Frau aus Wasserburg, er fuhr da öfter gegen Abend hin und kam am Morgen erst zurück. Nina hätte es nicht gewußt, wenn Ruhland nicht eine Andeutung gemacht hätte.

Diesmal sagte sie kein Wort dazu; es war seine Angelegenheit. Doch nun schien es eine offizielle Angelegenheit zu werden. Im vergangenen November war Stephan vierzig geworden, und er war so gesund, wie es bei ihm möglich war. Die Arbeit im Schloß beanspruchte ihn zwar, aber sie überanstrengte ihn nicht, schon allein deswegen nicht, weil er sie gern tat. Auch weil der den Rahmen liebte, in dem er lebte.

Gegen die Frau, um die es sich diesmal handelte, konnte Nina nichts einwenden, sie war etwa Mitte Dreißig, schlank, hübsch und selbstsicher, die Tochter eines Guts aus der Nachbarschaft. Sie hatte jung geheiratet, und der Mann war im Krieg gefallen, jetzt lebte sie mit ihren beiden Kindern wieder bei den Eltern. Nina sah Mildred heute zum zweitenmal und konnte nicht verhehlen, daß diese Frau ihr gefiel. Ihre Haltung war von kühlem Stolz, aber in Stephans Augen war zu lesen, was er empfand.

»Da wir gerade von Liebe sprechen«, fragte Victoria, »was ist mit deinem Sohn? Liebt er diese stolze Blonde?«

»Rein gefühlsmäßig, wie du dich ausgedrückt hast, würde ich sagen, ja. Aber ich werde mich hüten zu fragen; wenn er Mildred heiraten will, werde ich es ja wohl erfahren.«

»Mildred?«

»Ja. Wie das Leben so spielt. Ihre Mutter ist Engländerin, genau wie deine Mutter.«

»Das gibt es ja nicht.«

»Wie du siehst, gibt es das doch. Und da Stephan immer

für dich geschwärmt hat, paßt das eigentlich ganz gut in sein Leben.«

»Ich werde mich mit der jungen Dame etwas unterhalten. Was hältst du davon?«

»Eine Menge. Gewisse Gemeinsamkeiten sind ja gegeben.«

Nachmittag und Abend dieses Tages verliefen in großer Harmonie, alle waren zufrieden, und später am Abend, als die Familie und die engsten Freunde unter sich waren, saß Maria bei ihnen, sie schien nicht müde zu sein und in keiner Weise schlecht gelaunt. Irgend jemand hatte ihr ein Stofftier mitgebracht, einen schön gefleckten Leoparden, den sie auf den Schoß nahm und streichelte, nachdem man ihr erklärt hatte, wie er aussah. Doch das ging nicht, der Marquis war eifersüchtig und knurrte das seltsame Ding auf Marias Schoß an, sie mußte den Leoparden beiseite legen. Das genügte dem Marquis noch nicht, das Ding mußte ganz weg, außer Sichtweite, also trug es Stephan lachend aus dem Zimmer.

Von ihrer Volljährigkeit machte Maria sofort Gebrauch.

Sie sagte im Laufe des Abends: »Ich möchte Herbert allein sprechen.«

»Zu Diensten, Madonna«, rief Herbert, sprang auf und legte seine Hand unter ihren Ellbogen. »Wohin darf ich dich begleiten?«

»In eine ruhige Ecke, wo uns keiner stört.«

Nach einer Weile kam Herbert zu Nina.

»Sie hat zwar gesagt, sie will mich allein sprechen, und das hat sie nun getan, aber ich denke, ich sollte dich über den Inhalt des Gesprächs unterrichten.«

»Mach' s nicht so feierlich. Was will sie denn?«

»Sie will mitkommen, wenn ich das nächste Mal nach Wien fahre. Das heißt, so hat sie es nicht formuliert. Sie hat gesagt, ich möchte, daß du mit mir nach Wien fährst.«

»Nach Wien?«

»Ja. Das heißt, sie will nicht nach Wien, sie will nach Baden. Zu den Hofers. Und zwar so bald wie möglich.«

»Ja, aber...«

»Nichts, aber. Sie hat sehr entschieden hinzugefügt, wenn ich nicht wollte oder keine Zeit hätte, dann fände sie auch einen anderen Begleiter. Ich könnte jederzeit mit Rico fahren, hat sie gesagt, aber ich möchte keine Reklametour nach Wien machen, ich möchte zu Anna und Anton. Und lieber ohne Rico. Außerdem könnten wir doch gleich die geschäftlichen Dinge regeln. Ich müßte doch eigentlich jetzt von dem Geld etwas bekommen.«

Nina war sprachlos. Sie saß in einem Sessel, in der einen Hand das Weinglas, in der anderen die Zigarette, und so verharrte sie eine Weile regungslos.

Herbert nahm ihr vorsichtig das Glas aus der Hand.

»Da staunste, was? Langsam scheint sich ihr Charakter nun zu verändern.«

Nina schluckte. »Ach, das weniger. Sie möchte zu den Hofers, was ich verstehe. Und mit dem Geld – ja, das ist seltsam, aber auf das Geld ist sie schon lange scharf.«

»Du meinst, ich soll wirklich mit ihr hinfahren?«

»Na, warte wenigstens, bis der Schnee weg ist. Es ist ja eine weite Fahrt. Ihr könntet auch mit dem Zug fahren.«

»Und du würdest mitkommen?«

»Ich? Will sie das?«

»Sie hat nichts davon gesagt. Aber mir wäre es lieber. Ein wenig Betreuung braucht sie ja schließlich.«

»Da bin ich aber gespannt, was Ruhland dazu sagt. Lange kann sie auf keinen Fall bei den Hofers bleiben, sie arbeiten doch an der Matthäus-Passion.«

Sie fuhren Mitte März, und sie blieben nicht länger als eine Woche, mehr hatte Ruhland nicht genehmigt. Rico, der mitfahren wollte, wurde von Maria kühl zurückgewiesen.

»Ich hab' da Persönliches zu erledigen, das hat nichts mit Presse zu tun. Ich will dich nicht dabeihaben.«

Rico war sehr erbost. Zumal sich in letzter Zeit das Verhältnis zwischen ihnen recht erfreulich entwickelt hatte. Maria wies ihn nicht mehr ab, sie schliefen hin und wieder zusammen, nachdem Rico ihr mit vielen Worten erklärt hatte, daß eine erste und einmalige Begegnung mit der Liebe für eine Frau höchst unbedeutend sei. Wenn sie denn je Gefallen am Zusammensein mit einem Mann finden wolle, müsse sie ihm schon gestatten, sich etwas näher und ausführlicher mit ihr zu befassen.

Er hatte es mit diesen etwas sarkastischen Worten ausgedrückt, denn Ihr Verhalten ihm gegenüber hatte ihn unsicher gemacht. Marias Antwort überraschte ihn wieder einmal. Sie sagte, ziemlich gleichgültig: »Red nicht soviel. Laß es uns halt tun, und dann werden wir ja sehen, ob es mir gefällt.«

Über diese etwas geschäftsmäßig klingende Vereinbarung kam ihr Liebesleben nicht hinaus. Maria gewöhnte sich an das sexuelle Verhalten seines und ihres Körpers, und ihr Körper reagierte ganz normal, aber Leidenschaft konnte Rico in ihr nicht erwecken, von wirklicher Hingabe war sie weit entfernt. Es lag zweifellos auch an ihm; er war zu unsensibel, und er war immer ein Mann rascher Abenteuer gewesen, nie ein Mann, der um eine Frau werben konnte. Er machte sich jetzt auch nicht viel Gedanken über ihr Verhältnis; so wie es war, konnte es bleiben, das gab ihm für später mehr Freiheit. Wenn es ihr genügte, so konnte es ihm auch genügen. Er wußte nichts über Maria, er kannte sie nicht, er würde sie nie verstehen. Er selber war ja zu Hingabe nicht fähig, wie sollte er sie von einer Frau erwarten?

Aber daß sie ohne ihn nach Wien fahren wollte, ärgerte ihn maßlos, doch sein Ärger stieß bei Maria auf Desinteresse, ihre Ansicht änderte sich nicht.

Nina konnte nicht mitfahren, Silvester bekam Anfang März eine schwere Grippe, die ihn sehr mitnahm, er brauchte Pflege. So kam es, daß Eva nach Wien mitfahren durfte.

»Kann ja nicht wahr sein«, sagte sie zu ihrem Mann, »daß du mich mal wohin mitnimmst. Aber es ist ja auch nur wegen Maria.« So war der Ton jetzt zwischen ihnen, was Nina sehr bedauerte. Frau Beckmann zog während Evas Abwesenheit in das Haus der Langes, um die Kinder zu versorgen, und Nina versprach ebenfalls, nach dem Rechten zu sehen.

»Ich möchte nur nicht, daß sie sich anstecken.«

»Keine Bange«, meinte Eva. »Die waren beide während des Winters schon erkältet.«

Nach ihrer Rückkehr erzählte Eva, was sich in Baden abgespielt hatte.

»Ich bin ja wirklich nicht so leicht zu rühren«, sagte sie zu Nina. »Aber ich saß da und heulte. Es war unbeschreiblich. Die alte Frau hielt Maria im Arm und weinte jämmerlich. Und zwischen ihren Schluchzern stieß sie immer wieder hervor: meine kleine Maria. Meine liebe kleine Maria. Und dieser Mann weinte auch, und Maria weinte aus ihren blinden Augen, na, und ich auch.«

»Eine Tränenorgie«, bestätigte Herbert. »Nur ich habe mich daran nicht beteiligt, weil ich das ja schon einmal erlebt habe, ich meine, als ich das erste Mal dort hinkam, da war es auch sehr tränenreich.«

Das Haus sei sehr schön, ziemlich groß und wunderbar gelegen, erzählte Eva. Keineswegs so verwahrlost, wie Ruhland es geschildert hatte. Ein paar Renovierungen, und man könne herrlich da wohnen. Und das habe Maria offenbar vor.

»Was sagst du?« fragte Nina.

»Sie hat zu diesen beiden Leuten, zu den Hofers gesagt, sie kommt und wird bei ihnen bleiben.«

»Wie soll ich das verstehen? Sie allein? Und was ist mit der sogenannten Karriere?«

»Das habe ich sie auf der Rückfahrt auch gefragt. Und sie hat folgendes geantwortet, und nun paß gut auf: Ich kann eine Karriere machen, wenn ich will. Und ich muß keine Karriere machen, wenn ich nicht will. Ich habe das Haus, ich habe Anna und Anton, und ich habe ja wohl auch ein wenig Geld. Ich kann endlich einmal entscheiden, wie ich leben will.«

»Stimmt«, sagte Herbert. »Akkurat das hat sie gesagt. Ich war auch baff. Wir alle wissen offenbar nicht, was in Maria steckt. Und soweit ich es begriffen habe, möchte sie nicht immer mit sich etwas machen lassen, sie möchte selbst über ihr Leben bestimmen. Meinen Beistand hat sie.«

»Sie möchte nicht für immer und alle Zeit ein hilfloses Objekt sein«, murmelte Nina. »Sie sieht es auch so.«

»Was heißt, sie sieht es auch so?«

»Frederic hat das einmal gesagt. Übrigens kommt er nächste Woche.«

»Frederic?«

»Ja. Er hat angerufen, während ihr verreist wart. Er muß mit mir sprechen, über etwas Ernsthaftes. Und das kann er nicht am Telefon, hat er gesagt.«

»Gottes willen, er wird doch keine Dummheiten gemacht haben?«

»Frederic macht keine Dummheiten.«

»Er ist auch nur ein Mann. Und nun sucht er deinen mütterlichen Rat.«

»Ich verbitte mir das«, sagte Nina empört. »Ich bin nicht seine Mutter. Meine Beziehung zu Frederic, das ist – das ist etwas ganz Besonderes. Das versteht keiner.«

»Hoffentlich versteht er es«, sagte Herbert.

»Ein bißchen vielleicht. Was meinst du mit Dummheiten?«

»Na, vielleicht will er heiraten. Oder er kriegt ein Kind.«

»Er kriegt kein Kind.«

»Ich meine die eventuell dazugehörende Dame.«

»Ich glaube, dazu würde man meinen Rat nicht brauchen.«

»Oder er hat Schulden.«

»Dann würde er seinem Vater schreiben und nicht zu mir kommen. Warten wir ab, was er mir zu sagen hat. Noch etwas, Eva, aber ganz unter uns. Ich habe deinen Sohn mit einer Zigarette erwischt, hinten im Garten. Er braucht nicht zu wissen, daß ich ihn verpetzt habe. Aber ich denke, es ist wichtig, daß du es weißt.«

»Na, das ist doch die Höhe«, begann Herbert, »da werde ich aber...«

»Nichts wirst du. Offiziell weißt du davon nichts, es war nur eine vertrauliche Mitteilung. Ich glaube, es hat ihm auch nicht geschmeckt, und es war ihm ziemlich übel.«

»Diese Kinder heutzutage...«

»Das war immer so. Ich weiß noch, wie ich einmal nach Hause kam und Stephan stinkbesoffen war. Da war er so elf oder zwölf. Kann auch eine ganz gute Lehre sein. Aber nun tut mir den Gefallen und erzählt mir noch einmal genau, was Maria gesagt hat.«

Frederic

Frederic kam am späten Nachmittag, es war ein kalter Tag mit Wind und Regen, und Nina sagte: »Ich mache uns Tee. Silvester ist noch nicht da, aber ich hoffe, er kommt bald nach Hause. Es gefällt mir gar nicht, daß er so lange im Verlag bleibt, er ist noch immer mitgenommen von seiner Grippe.« Sie setzte Frederic ins Wohnzimmer, aber er hatte keine Ruhe, kam ihr nach in die Küche und sah zu, wie sie den Tee aufgoß. »Willst du was essen?«

»Nein, danke.«

»Dann essen wir nachher zusammen mit Silvester. Hier.« Sie drückte ihm das Tablett mit den Tassen, der Zuckerdose und dem Sahnekännchen in die Hand, nahm die Teekanne und ging ihm voran ins Wohnzimmer. Seine Unruhe hatte sie wohl bemerkt. Etwas stimmte nicht, das hatte Herbert richtig vorausgesehen. Aber sie hatte keine Ahnung, was ihr bevorstand. Sie goß den Tee ein, holte die Karaffe mit dem Rum, Frederic nahm seine Tasse in die Hand und stellte sie wieder hin, ohne zu trinken, stand auf und begann im Zimmer hin- und herzugehen. Nina sah ihn befremdet an, so kannte sie ihn nicht, er war sonst immer ruhig und beherrscht.

»Frederic! Was ist los? Setz dich hin, trink deinen Tee und sag es mir. Gleich.«

Er setzte sich nicht, blieb vor ihr stehen und sagte es ihr, gleich, ohne jede Einleitung.

»Maria kann jetzt operiert werden. Ich habe den richtigen Arzt für sie.«

Nina setzte ihre Tasse klirrend ab und starrte ihn sprachlos an. »Es gibt eine berühmte Klinik in Paris, das Centre d'Ophtalmologie des Quinze-Vingts. Ich habe Professor Berthier an der Sorbonne kennengelernt. Er ist Spezialist für Hornhautverpflanzungen, und ich habe ihm von Maria erzählt. Er wird Maria operieren, so bald wie möglich.«

»Du bist verrückt«, sagte Nina.

Sie nahm die Karaffe und goß sich einen kräftigen Schluck Rum in ihren Tee.

»Verrückt bist du.«

»Nein«, sagte er, und seine Stimme war wieder normal. »Denkst du, ich habe nicht lange darüber nachgedacht? *Ein* Versuch, das ist zu wenig. Wir müssen es noch einmal wagen.«

»Was heißt wir?« fragte Nina hart. »Du wirst nicht operiert und ich nicht. Maria. Das tut sie nie. Und das weißt du ganz genau.«

»Sie muß sich operieren lassen.«

»Du weißt, wie es damals war, nach der Operation. Als dein Vater sie mitnahm und monatelang behandelt hat, damit sie wieder halbwegs normal reagierte. Diesmal nimmt sie sich das Leben, darüber bist du dir klar.«

»Sie nimmt sich nicht das Leben, denn diesmal wird es gutgehn.«

»Wie kannst du so etwas sagen! Einfach so daherreden. Sie tut es nie. Niemals. Und ich werde nicht mit einem Wort versuchen, sie zu überreden. Denn auch ich, das kann ich dir schwören, könnte es nicht noch einmal mitmachen. Alles hat seine Grenzen.«

»Du kannst es. Wenn nicht du, Nina, wer dann? Du bist stark und du bist mutig.«

Nina lachte. Sie lachte laut und voller Hohn und goß sich den Rum pur in die Tasse.

»Du und ich, wir beide schaffen es.«

»Du bist verrückt, Frederic. Was soll das heißen, du und ich, wir schaffen es. Wir operieren sie ja nicht. Und es sind nicht unsere Augen. Was können wir denn tun? Wir können gar nichts tun. Weißt du nicht mehr, was dein Vater damals gesagt hat? Das Schlimmste ist, wenn der Glaube und die Hoffnung vernichtet werden. Maria hat beides nicht mehr, nicht in dieser Beziehung. Willst du erneut Hoffnung in ihr wecken? Sie glaubt nicht mehr an eine Heilung, sie hofft nicht darauf, wieder sehen zu können. Also!«

»Woher willst du das wissen?«

»Ich weiß es eben. Sie hat sich mit ihrem Leben eingerichtet, wie es ist, und sie ist gerade jetzt in einer guten Verfassung. Sie arbeitet für die Matthäus-Passion, und sie hat Baden wieder entdeckt. Das ist offenbar wichtig für sie, sie war vergangene Woche dort und war geradezu fröhlich, als sie zurückkam. Dein Vater könnte das sicher erklären.«

»Ich habe mit Vater telefoniert und habe ihm von der Operation erzählt.«

»Von was für einer Operation?« schrie Nina wütend.

»Er hat ja gesagt.«

»Wozu hat er ja gesagt? Daß Maria endgültig zu Tode gequält wird? Ich gebe dazu meine Einwilligung nie.«

»Das mußt du auch nicht. Maria muß ihre Einwilligung geben.«

»Das tut sie nicht. Niemals. Einmal war genug. Sie wird es nie wieder mit sich machen lassen.«

»Nina, ich bitte dich. Laß uns doch in Ruhe darüber reden.«

Sie griff wieder nach dem Rum, Frederic hielt ihre Hand fest. »Trinke jetzt nicht. Wir müssen ernsthaft darüber reden. Vor allem, wie wir es Maria beibringen.«

»Mit meiner Unterstützung kannst du nicht rechnen.«

»Doch, das tue ich. Vater hat gesagt: sprich mit Nina. Wenn einer Maria dazu bringen kann, dann ist es Nina.«

Nina blickte zu ihm auf, er stand immer noch vor ihr, ganz ruhig und gelassen jetzt. Tränen verdunkelten ihren Blick.

»Dein Vater hat eine gute Meinung von mir. Ich bin auch nur ein Mensch. Und ich kann nicht mehr, Frederic, ich kann einfach nicht mehr. Vielleicht ist es dir nicht aufgefallen, aber ich bin mit den Jahren nicht jünger geworden. Ich möchte einmal ein wenig Ruhe und Frieden in meinem Leben haben, für mich, für meine Arbeit. Wenn Maria operiert wird und es mißlingt wieder, und es wird mißlingen, dann kann ich ihr gleich danach Gift geben, denn dann will sie sterben. Und ich nehme das Gift auch. So. Und dann wird endlich Ruhe sein.«

Vickys Stimme aus dem Jenseits... »dann wird Ruh im

Tode sein«, die Pamina, die verdammte g-moll-Arie, wie Vicky sie genannt hatte.

»Ja, dann wird Ruhe sein.« Ninas Kopf sank vornüber, und sie begann zu weinen.

Frederic kniete vor ihr nieder, nahm ihre Hände, die sie verkrampft im Schoß liegen hatte, küßte die eine Hand, dann die andere.

»Nina, weine nicht. Bitte, weine nicht. Hör mir zu. Ich weiß genau, was du meinst. Man kann nicht sagen, wenn es mißlingt, dann ist alles so wie vorher, es hat sich nichts geändert, so ist es nicht, das weiß ich auch. Aber ich glaube einfach daran, daß es diesmal gutgeht. Ich glaube daran, verstehst du. Ich wünsche es so sehr. Maria soll leben. Und sie soll ihre Augen wieder haben. Ich möchte, daß sie mich ansieht. Nina, verstehst du das nicht? Seit ich das erste Mal in dieses Haus kam und sie sah... Nina, hörst du mir zu? Du hast damals gesagt, sie hat das erste Mal gesprochen, nachdem ich da war. Du hast«, seine Stimme wurde leise, »du hast an Nicolas gedacht, als du mich gesehen hast. Das hast du doch gesagt. Du hast gesagt, ich wußte, daß mir von Ihnen nichts Böses kommen kann. Nina, weißt du das nicht mehr?«

In diesem Augenblick kam Silvester, er blieb verblüfft auf der Schwelle stehen, die weinende Nina, vornübergebeugt im Sessel, Frederic auf den Knien vor ihr.

Sie hatten beide nicht gehört, wie das Auto vorfuhr, sie hatten nicht gehört, wie er ins Haus kam, sie hörten ihn auch jetzt nicht.

Seine Eltern, dachte Silvester, es muß etwas passiert sein. Oder sein Bruder.

Er räusperte sich und kam in das Zimmer hinein.

Frederic fuhr auf, sah wie erwachend auf Silvester, dann stand er auf, müde und langsam.

»Good Evening, Sir«, sagte er.

»Guten Abend, Frederic. Komme ich im rechten Moment? Oder störe ich?« Er sah, daß Nina nach einem Taschentuch suchte, er reichte ihr seines, trat dann hinter sie und legte beide Hände auf ihre Schultern.

»Was ist geschehen, mein Herz? Kann ich helfen?«

»Er ist verrückt. Verrückt«, rief Nina, wischte die Tränen ab und schneuzte sich die Nase. »Los, Frederic, sag ihm, was du mir gesagt hast.«

Silvester und Frederic blickten sich über die weinende Nina hinweg an, und dann begann Frederic seine Rede von vorn.

Silvester hörte regungslos zu, und dann sagte er nur ein Wort. Er sagte: »Ja.«

Nina blickte wütend zu ihm auf. »Hast du ja gesagt?«

»Ich habe ja gesagt.«

Sie sprang auf, sie weinte nicht mehr.

»Du willst damit sagen, das Kind soll operiert werden?«

»Das Kind ist inzwischen ein erwachsener Mensch, und ein sehr bewußter Mensch, wie ich beobachtet habe. Man soll es noch einmal versuchen. Wenn es nicht gelingt, wird sie es diesmal leichter ertragen als das letzte Mal.«

»Das macht ihr ohne mich.«

»Nein, Nina«, sagte Frederic, »das geht nur mit dir. Du kommst mit nach Paris, du und ich, wir werden uns um alles kümmern, vorher und nachher. Wie immer es ausgeht. Und denke daran, was ich dir vorhin gesagt habe.«

»Was du mir gesagt hast? Nichts als Unsinn hast du mir gesagt.«

Frederic setzte sich und trank seinen kalt gewordenen Tee.

Sie griff nach der Karaffe mit dem Rum und goß sich wieder davon in ihre Tasse.

»Macht sie das schon länger?« fragte Silvester.

»Jawohl«, erwiderte Nina, »das macht sie schon länger. Der Rum steht gerade hier. Und wenn es mir so beliebt, kann ich mich betrinken.«

»Aber sicher, mein Herz. Es ist ja auch ein ekelhaft kalter Tag heute. Und der Tee sieht auch aus, als ob er schon eine Weile hier stände. Angenommen, du läßt den Rum jetzt stehen, ich hole uns eine gute Flasche Wein, möglicherweise hast du auch zum Essen etwas vorbereitet, das fände ich sehr wünschenswert, ich hatte mittags nur ein kleines Käsebrot, und dann können wir vielleicht in Ruhe über alles reden.«

Nina sagte: »Du hattest nur ein kleines Käsebrot?«

»So ist es.«

»Ich habe Kalbsschnitzel da. Und Tomatensauce. Und Spaghetti. Ich dachte an Piccata Milanese.«

»Aber das ist wundervoll, nicht, Frederic? Ich esse gern italienisch. Dazu hole ich uns einen schönen Wein aus dem Keller, rot oder weiß, ganz wie es beliebt. Willst du kochen? Oder soll ich?«

»Ach, red nicht mit mir, als ob ich einen Dachschaden hätte. Natürlich koche ich. Ich bin froh, wenn ich in der Küche verschwinden kann.«

Der weitere Abend verlief friedlich. Nina bereitete das Abendessen und hörte sich dann still an, wie die Männer den Fall erörterten.

Silvester interessierte es, was Frederic über die Klinik erzählte.

»Quinze-Vingts«, wiederholte er. »Das ist eine merkwürdige Bezeichnung. Was soll man darunter verstehen?«

»Es heißt so viel wie fünfzehnmal zwanzig, also dreihundert. Man hat diese Zahl im dreizehnten Jahrhundert offenbar mit diesen Worten bezeichnet. Es wird ganz plausibel, wenn du bedenkst, daß die Franzosen für die Zahl achtzig heute noch quatre-vingt sagen. Das Quinze-Vingts ist eine Gründung von Ludwig dem Heiligen. Ludwig der Neunte. Saint Louis, wie die Franzosen ihn nennen.«

»Einer der letzten Kapetinger.«

»Und der bedeutendste von allen. Die Franzosen, die ja ein sehr lebendiges Verhältnis zu ihrer Geschichte haben, verehren ihn heute noch. Jedes Kind in Frankreich weiß, wer Saint Louis war. Er kam schon als Zwölfjähriger auf den Thron, und seine Mutter, Blanca von Kastilien, eine sehr kluge und energische Frau, übernahm für ihn die Regentschaft. Es gab alle möglichen Versuche, dem jungen König Teile seines Reiches zu entreißen, aber Blanca besiegte alle Angreifer. Sie regierte auch später, als Ludwig 1249 zu seinem ersten Kreuzzug aufbrach.«

»Na, ist ja ausgezeichnet, wenn ihr euch jetzt mit Geschichtsunterricht amüsieren könnt. Hat der heilige Ludwig dich zu der Augenoperation angeregt, Frederic?« fragte Nina voll Hohn. Aber sie fand keine Beachtung, Frederic sprach unbeirrt weiter. »Er trägt seinen Beinamen zu Recht. Er war fromm und gütig, und ein gerechter Herrscher. Er muß auch ein schöner Mensch gewesen sein, das zeigen alte Statuen und Bilder. In Paris ließ er die Sainte-Chapelle erbauen, und er gründete eben auch das Quinze-Vingts, das zu jener Zeit kein Krankenhaus war, sondern ein Heim für Blinde. Les aveugles«, fügte er zu Nina gewandt hinzu, »so heißen die Blinden auf französisch.«

»Vielen Dank für den Schulunterricht.«

»Blinde muß es zu jener Zeit viele gegeben haben, durch Seuchen, Infektionen; und viele blindgeborene Kinder gab es wohl auch. Sie waren darauf angewiesen zu betteln. Dreihundert ließ der König in seinem Haus unterbringen, verpflegen, und sie bekamen auch eine gewisse Summe Geld. Das Quinze-Vingts ist nie aufgelöst worden, es überstand alle kommenden Dynastien, sogar die Revolution.«

»Starb Saint Louis nicht auf seinem zweiten Kreuzzug?« fragte Silvester.

»Ja, leider, er starb in Tunis. Der zweite Kreuzzug war höchst überflüssig, zumal schon der erste nicht sehr erfolgreich gewesen war, er wurde von Sarazenen gefangengenommen und kam nur durch ein hohes Lösegeld frei. Fünf Jahre hielt ihn der erste Kreuzzug von Paris fern. Dann kamen die Jahre seines segenreichen Wirkens in der Heimat. Er vermied Kriege, er wollte Frieden, er verhandelte, er führte eine königliche Gerichtsbarkeit ein, er ließ Münzen prägen, die im ganzen Königreich gültig waren. Aber noch einmal einen Kreuzzug zu unternehmen, das war ihm nicht auszureden. Möglicherweise beeinflußte ihn auch sein Bruder, Karl von Anjou, in dieser Richtung.«

»Karl von Anjou war sein Bruder? Der war das Gegenteil von Ludwig, ein ehrgeiziger und auch grausamer Herrscher.«

»Er paßte besser in seine Zeit«, meinte Frederic.

»Ich sehe, du hast deine Zeit an der Sorbonne schon gut genutzt«, sagte Nina bissig. »Und du bildest dir nun ein, Maria wird in diesem Blindenheim von dem heiligen Ludwig sehend gemacht. Hokuspokus, Ludwig kann das.«

»Bitte, Nina«, sagte Silvester, »sei nicht so unsachlich. Es ist doch interessant, ein wenig Geschichte zu rekapitulieren. Du hast doch sicher in der Schule etwas über Ludwig den Heiligen gelernt.«

»Hab' ich nicht.«

»Maria hat es bei Herrn Beckmann bestimmt gelernt.«

»Na, wie schön. Dann wird sie sich ja mit Begeisterung von Ludwig dem Heiligen operieren lassen.«

Die beiden Männer sahen sich an und seufzten unisono. Mit Nina war heute nicht zu reden.

»Entschuldige, Nina«, sagte Frederic, »noch ein wenig Schulunterricht. Da ich es nun einmal ermittelt habe, möchte ich es erzählen. Das Quinze-Vingts befand sich zunächst an einem anderen Platz in Paris, erst in der zweiten Hälfte des achtzehnten Jahrhunderts, kurz vor der Revolution, übersiedelte es in die rue de Charenton, wo sich die Klinik noch heute befindet. Und zu jener Zeit spricht man auch zum ersten Mal von einer Behandlung der Augenkranken. Und zwar sprach Ludwig der Sechzehnte davon.« Zu Nina gewandt: »Das war derjenige, den man während der Revolution köpfte.«

»Das weiß ich gerade noch«, antwortete Nina.

»Und der Kardinal Rohan. Er finanzierte ein Memorandum, das sich mit der Prophylaxe und der Heilung von Krankheiten des Auges befaßte. Damit war die Idee zu einer Klinik geboren. Ende des neunzehnten Jahrhunderts war sie bereits angesehen, heute ist sie eine der besten auf diesem Gebiet.« Frederic lehnte sich zurück, er zündete sich eine Zigarette an, er wirkte erschöpft.

Nina sah es nun auch. Es war unrecht, ihn so zu behandeln. Das alles regte ihn mindestens so auf, wie es sie aufregte.

»Trinken wir noch eine Flasche Wein«, sagte sie in verändertem Ton. »Entschuldige mein Benehmen, Frederic. Wir werden morgen nach Langenbruck fahren und mit Maria sprechen. Sie muß entscheiden.«

Silvester und Frederic seufzten wieder, diesmal erleichtert, Nina war wieder sie selbst.

Als Silvester mit der zweiten Flasche kam, sagte er: »Wirst du mir verzeihen, mein Herz, wenn ich noch ein winziges bißchen Schulunterricht hinzufüge? Nur der Vollständigkeit halber.« Nina hob die Schultern und hielt ihm ihr Glas hin.

Nachdem Silvester die Gläser gefüllt hatte, erzählte er:

»Ludwig der Heilige hatte einen Hofkaplan, Robert de Sorbon, der gründete ein Kollegium für mittellose Theologiestudenten, das heißt also, sie bekamen ein Stipendium und konnten in diesem College, wie man heute sagen würde, umsonst wohnen. Von Robert de Sorbon bekam die Sorbonne ihren Namen.«

Nina lächelte ihrem Mann zu.

»Das habe ich nicht gewußt. Du, Frederic?«

»Nein«, log der bereitwillig. »Ich auch nicht.«

Die Begegnung mit Maria am nächsten Tag verlief ganz anders, als sie erwartet hatten.

Nachdem sie sich telefonisch angemeldet hatten, fuhren Nina und Frederic am Vormittag in den Chiemgau, wurden wie immer vom Baron herzlich willkommen geheißen, und wie immer sagte er: »Mittagessen um ein Uhr. Was es gibt, wird nicht verraten.« Maria hatte noch Gesangstunde, doch sie kam kurz darauf mit Ruhland aus dem Musikzimmer.

»Wie weit seid ihr mit der Passion?« fragte Nina.

»Sie steht«, erwiderte Ruhland. »Sie steht auf festen, sicheren Beinen. Es wird für Maria der große Durchbruch sein.«

Da das Wetter immer noch schlecht war, gingen Nina und Frederic in Marias Zimmer, und Nina sagte ohne weitere Umschweife: »Frederic hat dir etwas zu sagen, Maria. Du brauchst nicht zu erschrecken, und du brauchst dir auch den Appetit auf das Mittagessen nicht verderben zu lassen. Du kannst einfach nein sagen, und dann ist es erledigt.«

Doch Maria sagte ja. Ohne Zögern, ohne Vorbehalte, nur einfach ja.

Nina sah sie fassungslos an.

»Du willst dich wirklich operieren lassen?«

»Ja, ich will es. Und du brauchst keine Angst zu haben, Nina. Wenn es nichts wird, dann gehe ich nach Baden zu Anna und Anton. Ich habe jetzt vier Tage bei ihnen gewohnt, sie wissen alles und sie verstehen mich. Ich habe Anna schon gesagt, daß ich mich operieren lasse. Sie wird für mich beten.«

»Du hast Anna gesagt – du wußtest doch noch gar nichts davon.«

»Ich will es aber. Das wußte ich.«

»Du kannst doch nicht bei diesen alten Leuten bleiben.«

»Sie sind nicht alt. Du bist doch auch nicht alt. Und Anna ist genauso alt wie du. Sie werden für mich sorgen, wie sie für Cesare gesorgt haben. Ob ich sehen kann oder nicht.«

Frederic trat zu Maria, die hoch aufgerichtet mitten im Zimmer stand, er schloß sie in die Arme, nicht so vorsichtig wie sonst, sondern fest und voller Zärtlichkeit.

»Maria, Maria, ich danke dir. Es wird gutgehen. Und wenn nicht beim ersten Mal, dann werden wir es wieder versuchen. Ich habe einen erstklassigen Arzt für dich. Nicht nur Anna betet für dich, wir alle, auch meine Mutter. Ich danke dir, daß du soviel Mut hast, Maria.«

Maria hielt still, als er sie küßte. Und Nina, die ihnen zusah, begriff: Er tut es nicht nur für Maria, er tut es auch für sich. Er liebt sie.

Ehe sie zum Essen gingen, sagte Maria sachlich: »Nach Ostern. Wenn ich die Passion gesungen habe. Gleich nach Ostern kannst du einen Termin vereinbaren, Frederic.«

Bei Tisch war sie gelöst, geradezu heiter. Und sie aß mit gutem Appetit, mehr als man von ihr gewohnt war.

»Das hat sie in Baden gelernt«, meinte Ruhland. »Seit sie von dort zurückgekommen ist, entwickelt sie Appetit. Sie ißt jetzt wie ein erwachsener Mensch.«

Maria lächelte. »Ich konnte doch Anna nicht enttäuschen. Sie hat mit soviel Liebe für mich gekocht.«

Paris

Nina hätte es sich nicht träumen lassen, daß sie in ihrem Leben einmal nach Paris kommen würde. Silvester hatte gelegentlich von einer Italienreise gesprochen, Rom und Florenz vor allem wollte er ihr gern zeigen.

Doch nun war sie in Paris. In vielen Romanen hatte sie über diese Stadt gelesen, und Stephan hatte manches erzählt, er war während des Krieges hier gewesen und kannte die Stadt recht gut. Aber was konnte Paris in dieser Situation für Nina bedeuten? Sie hätte sich ebensogut auf dem Mond befinden können. Kam dazu, daß sie sich nicht verständigen konnte. Sie hatte nicht gewußt, wie verloren man sich in einem fremden Land vorkam, dessen Sprache man nicht verstand. Zwar hatte sie in der ›Von Rehmschen Privatschule für Mädchen‹ Französisch gelernt, doch davon war nicht viel übriggeblieben, es war zu lange her. Auch ängstigte sie die Größe der Stadt, ihr Verkehr, ihre Hektik. Sie hatte doch in den letzten Jahren in dem stillen Solln ein sehr ruhiges Leben geführt.

»Ich müßte eigentlich von Berlin her das Leben in einer Großstadt gewöhnt sein«, sagte sie zu Frederic. »Aber das ist nun auch schon so lange her. Ich komme mir vor wie eine Provinzlerin.« In Berlin hatte sie sich ausgekannt, die Straßen der Stadt, die Gebäude, die U-Bahnlinien waren ihr vertraut. In Paris traute sie sich allein in die Metro nicht hinein.

Freilich, auch in Berlin hatte sie sich meist in denselben Stadtteilen bewegt, es gab Gegenden von Berlin, die waren ihr unbekannt geblieben.

Frederic hatte gesagt: »Ich werde dir Paris zeigen«, und er führte sie in den ersten Tagen auf die Ile de la Cité zur Notre Dame, von der Madeleine über die Place de la Concorde zu den Champs-Élysées, in die Tuilerien, sagte: »Den Louvre heben wir uns für später auf«, doch dann bemerkte er ihre Nervosität, ihr Desinteresse, sie war mit den Gedanken bei

Maria und nicht bei dem, was er ihr zeigte und erklärte. Er beschloß, ihr mehr Ruhe zu lassen, sie nicht unnötig zu ermüden. Seine Absicht war gewesen, sie abzulenken von ihren quälenden Gedanken, aber es war ein vergeblicher Versuch. Erst mußte man wissen, was mit Maria geschah.

Zunächst geschah nicht viel. Sie befand sich seit fünf Tagen im Quinze-Vingts, man stellte alle möglichen Untersuchungen mit ihr an, von der Operation war nicht die Rede.

Vielleicht, dachte Nina, stellen sie fest, daß es gar nicht geht. Dann fahren wir nach Hause, wie wir hergekommen sind.

An einem Nachmittag Mitte April, die Sonne schien, ging Nina von der Klinik zu ihrem Hotel. Den Weg kannte sie nun schon. Die rue de Charenton entlang bis zur Place de la Bastille, den Platz mußte sie überqueren, auf der anderen Seite des Platzes durch die kurze rue de la Bastille gehen und gleich um die Ecke befand sich das kleine Hotel, in dem sie wohnte. Frederic hatte es mit Bedacht ausgewählt, es war nicht weit von der Klinik entfernt und die Wirtin stammte aus dem Elsaß, so daß Nina sich mit ihr verständigen konnte.

Das Zimmer war bescheiden eingerichtet, lediglich mit dem Nötigsten ausgestattet, doch es war sauber und hell und bot eine Zuflucht. Nur daß Nina, wenn sie allein in diesem Zimmer war, von Ängsten gepeinigt, immer unruhiger wurde.

Sie nahm die Bücher zur Hand, die Frederic vorsorglich bereitgelegt hatte, ›Henri Quatre‹ von Heinrich Mann und ›Arc de Triomphe‹ von Remarque, ein großartiges Buch, sie kannte es und würde es noch einmal lesen angesichts der Stadt, in der es spielte. Dann war ein Buch über französische Geschichte dabei, und sie hatte sich bereits genau über Ludwig den Heiligen informiert. Sodann gab es noch einen Führer von Paris, ein deutsch-französisches Wörterbuch und ein Buch mit täglichen Redewendungen, das so unbrauchbar war, wie alle Bücher solcher Art.

Frederic hatte sie an diesem Tag noch nicht gesehen, er wollte einen Bericht für seine Zeitung schreiben, denn

Frankreich hatte wieder einmal eine Regierungskrise. Momentan gäbe es gar keine Regierung, hatte Frederic erklärt. Die politischen Verhältnisse in Frankreich waren sowieso nicht durchschaubar, auch wenn Nina in den letzten Jahren hin und wieder in der Zeitung darüber gelesen hatte. An die stabilen politischen Verhältnisse in der Bundesrepublik gewöhnt, konnte man sich kein Bild über die Zustände in Frankreich machen.

»Seit de Gaulle zurückgetreten ist«, hatte Frederic gesagt, »und das war im Januar 1946, hat es in Paris vierundzwanzig Regierungen gegeben.«

»Und warum haben sie de Gaulle nicht behalten, nachdem sie ihn so stürmisch gefeiert haben nach dem Krieg?«

»Warum haben die Engländer Churchill nicht behalten? Auch für Sieger kann die Nachkriegszeit in gewisser Weise chaotisch sein. Deutschland hat das nicht zu spüren bekommen, weil es von der Besatzung regiert wurde. Außerdem ist de Gaulle von selber gegangen. Es dauert nicht mehr lange, und er kehrt zurück. Dann wird er wirklich Macht besitzen, und er wird verstehen, sie zu nutzen. Das größte Problem für Frankreich sind seine Kolonien. Diese furchtbare Niederlage, dieses erbarmungslose Blutvergießen in Indochina hat die Franzosen schwer getroffen. Und nun geht es in Algerien los. Damit wird keine Regierung fertig.«

»Aber de Gaulle?«

»Wenn einer, dann er.«

Nina konnte es nicht lange in ihrem kleinen Zimmer aushalten. Sie stand eine Weile am Fenster, starrte auf die Straße hinunter. Sie kam sich unendlich verlassen vor.

Alles war so fremd. Und der Gedanke an Maria, so blaß und still auf einem Stuhl sitzend, inmitten der fremden Menschen, peinigte sie wie ein körperlicher Schmerz.

Hungrig war Nina auch. Zwar gab es in der Nähe ihres Hotels ein hübsches kleines Restaurant, in dem sie schon mit Frederic gegessen hatte, doch als sie heute mittag daran vorbeigegangen war, hatte sie sich nicht hineingetraut.

Das hatte sie geärgert. Warum benahm sie sich, als käme sie wirklich aus der tiefsten Provinz? Was war schon dabei, in das Lokal zu gehen, sich an einen der kleinen Tische zu setzen, die Karte in die Hand zu nehmen, Essen zu bestellen und eine Karaffe Wein? Essen, trinken, bezahlen und gehen. Ganz einfach. Aber schon das Bezahlen war schwierig, die ungeheuren Zahlen des französischen Francs waren ihr ein Buch mit sieben Siegeln.

Sie zog ihre Kostümjacke wieder an, verließ das Zimmer und stieg die enge Treppe hinab in den kleinen Empfangsraum. Die Frau des Patrons war jetzt da.

»Bonjour, madame«, grüßte sie. »Sie gehen aus?«

»Ein Stück spazieren«, sagte Nina. »Es ist so schönes Wetter.«

»Ah oui, nun kommt der Frühling. Endlich.«

»Le printemps vient«, sagte Nina, stolz, daß ihr das einfiel.

»Sie waren heute schon im Hospital?«

»Ja. Es gibt nichts Neues.«

»Ah, quelle malaise. La pauvre petite.«

Die Elsässerin kannte Maria, die in der ersten Nacht hier auch gewohnt hatte, und sie nahm lebhaften Anteil und erkundigte sich jeden Tag nach ihr.

Nina trat auf die Straße, und sie wußte auch, wo sie hingehen wollte. Ganz in der Nähe befand sich die Place des Vosges, die kannte sie, die war ihr schon vertraut.

Dort gab es ein Bistro unter den Arkaden, sie würde eine Tasse Kaffee trinken, einen Cognac und in Ruhe eine Zigarette rauchen. Auf irgendeine Weise mußte der Rest des Nachmittags ja vergehen. Abends würde Frederic kommen und sie würden zusammen essen gehen. Sie freute sich auf Frederic und auch auf das Abendessen. In Frankreich, hatte Frederic ihr erklärt, müsse man sich unbedingt am Essen erfreuen, das gehöre dazu. Und Nina hatte beobachtet, mit welcher Hingabe und konzentrierten Aufmerksamkeit die Franzosen aßen. Wie immer die wirtschaftliche Lage sein mochte und ob sie eine Regierung hatten oder nicht, Lust und Zeit, um ausgiebig zu essen, hatten sie immer.

Sie ging einmal langsam unter den Arkaden um den Platz herum und freute sich an den Bauten, die alle einander ähnlich sahen. Sie stammten aus dem 17. Jahrhundert, hatte sie im Reiseführer gelesen, es waren ehemalige Paläste des Adels, und die Autorin Nina versuchte sich vorzustellen, wie sie wohl hier gelebt hatten in dem Rahmen dieses Platzes, der wie ein geschlossener Raum wirkte, wohltuend in seiner ruhigen Harmonie. Das war zur Zeit Ludwigs des Vierzehnten, den man den Sonnenkönig nannte. Roi Soleil, das hörte sich hübsch an.

Sie ging über die leere Straße und betrat die Anlagen in der Mitte des Platzes. An den Büschen zeigte sich das erste Grün und auf den Bänken saßen alte Leute im Sonnenschein.

Es gab ein Denkmal inmitten der Anlagen, diesmal war es Louis Treize, Ludwig der Dreizehnte. Sicher, den mußte es wohl auch gegeben haben, aber über den wußte sie gar nichts. Aber sie hatte ja das Geschichtsbuch von Frederic, da konnte sie sich über den Herrn informieren.

Wie geplant landete sie in dem Bistro an der einen Stirnseite des Platzes und bestellte Kaffee und Cognac. Als sie an dem schwarzen Gebräu nippte, das ihr nicht schmeckte, sah sie nur noch Marias blasses Gesicht vor sich, und wie sie da still und gefaßt auf dem Stuhl saß. Im Bett mußte Maria nicht liegen, und wenn Nina kam, konnten sie ein wenig auf dem Gang hin- und hergehen, allein fand sich Maria in der fremden Umgebung nicht zurecht.

Wann würden sie operieren? Würden sie überhaupt operieren? Sie brauchten das passende Transplantat, hatte der junge deutsche Arzt gesagt. Den berühmten Professor Berthier hatte Nina noch nicht zu Gesicht bekommen.

Das Warten mußte für Maria schrecklich sein, entnervend. Mußte sie eigentlich an den Rand der Hysterie bringen. Was dachte sie in ihrem armen Kopf? Sie wirkte so ruhig, so gelassen. Saß da still und stumm unter lauter fremden Menschen, deren Sprache sie nicht verstand.

Englisch hatte sie gelernt bei Eva. Italienisch bei dem Baron und bei Ruhland, soviel sie zum Singen brauchte. An Französisch hatte kein Mensch gedacht.

Nina rauchte die dritte Zigarette, trank den zweiten Cognac, ihre Hände zitterten, und sie hatte das Gefühl, sie würde gleich vom Stuhl sinken, auf dem Boden liegen und nie mehr aufstehen können.

Am besten wäre es, tot zu sein.

Da war er wieder einmal, der lang nicht mehr gedachte Wunsch. Tot sein. Jenseits des Flusses. Alles hinter sich lassen, nichts mehr wissen, nichts mehr wollen. Für nichts und niemand mehr verantwortlich sein. Keine Liebe mehr empfangen, keine Liebe mehr geben, keinen Kummer mehr erleiden. Nun war sie wieder angelangt am Ufer des schwarzen Flusses, verlangte nach dem Trank des Vergessens.

Sie hob die Hand und winkte dem Garçon: »Un autre.«

Es erschien ihr, daß der Mann sie besorgt ansah. Ein schöner Anblick, eine betrunkene Deutsche mitten auf der Place des Vosges. Aber sie war nicht betrunken, obwohl sie nichts gegessen hatte, drei Cognac konnte sie leicht vertragen. Nach dem dritten würde sie gehen, noch einmal um den Platz herum, in das kleine Zimmer in dem kleinen Hotel und auf Frederic warten.

Frederic, so nahe, so vertraut. Der fremde junge Soldat, der einst ins Haus gekommen war, und der sie an Nicolas erinnert hatte. Und was war er jetzt? Ein Mensch, den sie liebte. Nina tupfte die Tränen aus ihren Augenwinkeln. Eine heulende Deutsche auf der Place des Vosges mitten in Paris.

Frederic kam kurz vor acht, er hatte sich fein gemacht, trug einen gutgeschnittenen dunklen Anzug. Und Nina, als ob sie es geahnt hätte, trug das kleine Schwarze mit den Perlen, die Silvester ihr letzte Weihnachten geschenkt hatte.

Frederic fragte als erstes, was Nina mittags gegessen hätte.

»Nichts«, erwiderte sie.

»Das habe ich befürchtet. Ich habe einen Tisch bestellt, in einem guten Restaurant. Dort werden wir speisen, ausführlich.« Er führte sie in ein kleines Restaurant am Montparnasse, es war dunkel unter alten Balken, Kerzenlicht auf dem Tisch, ein alter Kellner, der sie sorgfältig beriet und geradezu liebevoll bediente.

»Ich dachte immer, sie hassen alle Deutschen hier«, sagte Nina, nachdem sie dem Ober dankend zugelächelt hatte, der den Aperitif vor sie hinstellte.

»Das ist halb so wild«, meinte Frederic. »Die Franzosen sind nicht so emotionell wie die Deutschen, sie sind eher praktisch veranlagt. Jetzt sind sie in gewisser Weise neidisch auf den Aufstieg, den die Bundesrepublik in den letzten Jahren gemacht hat. Nach dieser Niederlage! Das ärgert sie, das bewundern sie auch. Sie haben schließlich auch Hilfe durch den Marshall-Plan bekommen, und nicht zu knapp. Sie bewundern vor allem Adenauer und beneiden die Deutschen um ihn. Diese Stabilität, diese Ruhe im Staat, dieser Wirtschaftsboom! Das kann man immer wieder hören. Das bereitet den Weg für de Gaulle. Die EWG war eine schwere Geburt, soweit es die Franzosen betrifft. Obwohl ja Schuman bereits 49 viel für eine Verbindung zwischen Frankreich und Deutschland getan hat. Aber es war dennoch ein weiter Weg. Was die Franzosen sehr empört hat, ist die deutsche Wiederbewaffnung.«

»Nicht nur die Franzosen, mich auch. Ich hatte gehofft, wir seien ein für allemal das Militär los. Nach zwei verlorenen Kriegen.«

»Dagegen hatten wir Amerikaner nun etwas. Wir sind der Meinung, daß Europa sich selbst verteidigen soll. Zumindest zu seiner Verteidigung etwas beitragen soll.«

»Verteidigung?« fragte Nina. »Gegen wen? Gegen die Russen? Nachdem ihr sie erst mit Waffen versorgt und nach Europa hereingelassen habt?«

»Nachdem Hitler sie angegriffen hatte.«

»Nun gut. Dann hättet ihr die beiden halt sich selbst überlassen, Hitler und Stalin. Die hätten sich gegenseitig umgebracht. Was konnte Besseres passieren? So habt ihr Stalin das Leben gerettet, uns in Grund und Boden gedonnert, und nun haben wir die Bescherung. Deutschland geteilt, Berlin mittendurchgerissen, die Russen in Europa, der Kalte Krieg, der Eiserne Vorhang und was, zum Teufel, noch. Ihr mußtet Krieg führen in Korea, und soviel ich weiß, sieht es dort in dieser Ecke der Erde noch ziemlich finster aus. Und wir haben wieder Soldaten. Kostet eine Menge Geld. Die Franzosen nehmen uns das auch noch übel. Dabei sitzen wir viel näher dran als sie. Und wenn die Russen Atombomben schmeißen, sind wir erst einmal dran.«

»Dann sind wir alle dran.« Frederic seufzte. »Die Lage der Welt ist hoffnungsloser denn je. Und wie lange wir Frieden haben werden...«

»Ich möchte jedenfalls keinen Krieg mehr erleben«, sagte Nina. »Ich hatte schon zwei. Ich würde sagen, das genügt für ein Menschenleben.«

»Hier kommen die Horsd'œuvres. Laß uns essen und nicht mehr von Politik sprechen.«

Nicht von Maria, nicht von Maria, dachte Nina. Nicht jetzt.

»Gut. Sprechen wir vom Frühling.«

»Vom Frühling?«

»Ja. Er kommt. Er ist schon beinahe da. Auf der Place des Vosges saßen heute schon Leute auf den Bänken. Ich habe Louis Treize dort besucht, du wirst mir gleich etwas über ihn erzählen. Und ich habe Kaffee und drei Cognac getrunken. Darum muß ich jetzt dringend etwas essen.«

»Bon appétit, ma chère«, sagte Frederic, beugte sich zu ihr und küßte sie auf die Wange.

Ob man ihn vielleicht für meinen Liebhaber hält, dachte Nina. Ach nein, höchstens für meinen Sohn. Und warum nicht für meinen Liebhaber? So etwas gibt es doch. Mein Haar ist immer noch goldbraun, ich bin gut zurechtgemacht, und das Kerzenlicht schmeichelt. Das Essen schmeckte ihr ausgezeichnet. Von Maria sprach sie erst beim Dessert.

»Es hat sich noch nichts ereignet«, berichtete sie. »Ich sprach mit diesem netten jungen Assistenzarzt aus Hamburg. Das heißt, so jung ist er gar nicht. Er hat den Krieg auch schon mitgemacht, als Unterarzt. Er wirkt nur so jung. Und er strahlt so viel Optimismus aus. Das ist gar kein Problem mit Maria, hat er gesagt, das kriegen wir wunderbar hin. Sagt das Professor Berthier auch, habe ich gefragt. Ja, genau, sagt er auch, antwortete er.«

»Wenn Maria sehen kann...« begann Frederic.

»Schweig!« unterbrach ihn Nina. »Sprich es nicht aus. Sprich es um Gottes willen nicht aus!«

Frederic legte seine Hand auf ihre.

»Nein, du hast recht. Ich sage nichts. Du und ich, wir lieben sie, so oder so.«

Zum Kaffee trank Nina noch zwei Cognac. In dieser Nacht konnte sie das erste Mal schlafen seit sie in Paris war.

Maria wurde zwei Tage später operiert. Nina durfte nicht zu ihr. Doktor Lafrentz, der deutsche Assistenzarzt, sagte: »Sie muß Ruhe haben.«

»Aber ich...«

»Wirklich, gnädige Frau, Sie können gar nichts tun. Ich werde ihr erzählen, daß Sie da waren, daß Sie ganz beruhigt fortgegangen sind, weil die Operation so gut verlaufen ist, und ich werde an Ihrer Stelle eine Weile Marias Hand halten. Zufrieden?«

Nina lächelte mühsam. »Sie sind auch ein guter Seelenarzt, nicht?«

»Das gehört dazu, wenn einer ein richtiger Arzt sein will...«

»Könnten Sie nicht ein Treffen mit Professor Berthier vermitteln?«

»Er kann Ihnen auch nichts anderes sagen als ich. Außerdem verstehen Sie nicht, was er sagt. Er spricht sehr schnell.«

»Sie könnten doch dolmetschen.«

Dr. Lafrentz lachte. »Ach, ich! Ich kann selber nicht genug Französisch.«

»Wie ist das möglich? Wenn Sie doch in dieser Klinik arbeiten.«

»Ich bin ja noch nicht so lange da, ein halbes Jahr. Als ich herkam, verstand ich kein Wort. In der Penne hatte ich Latein und Griechisch gelernt. Englisch dann in einem amerikanischen Gefangenencamp. Was die so unter Englisch verstehen. Und Französisch bekomme ich nun so peu à peu mit. Ich habe mir gerade eine französische Freundin zugelegt, das ist sehr nützlich.«

»Warum sind Sie überhaupt nach Frankreich gekommen?«

Der junge Arzt begleitete Nina zur Pforte, es lag ihm offenbar viel daran, daß sie die Klinik verließ und nicht mehr nach Maria fragte. War das ein schlechtes Zeichen?

»Als ich aus der Gefangenschaft kam, das war 47, stand ich erst mal auf der Straße. Na, und dann gab es in einem Vorort von Hamburg eine nicht mehr ganz junge Ärztin, die unerhört viel zu tun hatte. Die nahm mich auf, und ich durfte ihr assistieren. Allerdings mußte ich auch mit ihr schlafen, das war nicht so ganz mein Geschmack. Da bin ich dann wieder abgehaun.«

Nina wurde wirklich abgelenkt von ihren Sorgen.

»Und dann?« fragte sie.

Wie alt mochte der junge Mann sein? Mitte/Ende Dreißig etwa, er wirkte jünger und war von einer fröhlichen Gelassenheit, die sicher wohltuend für Patienten war. Ein wenig erinnerte er Nina an Herbert.

»Dann ging ich in die Heide. Lüneburger Heide. Da arbeitete ich in der Riesenpraxis eines Landarztes mit. War sehr lehrreich. Dann machte ich Urlaubsvertretungen. Und dann dachte ich, daß es langsam Zeit würde zu promovieren. Also ging ich wieder nach Hamburg zur Universität. Das waren zwei sehr magere Jahre, die folgten.«

»Und nun sind Sie hier.«

»Ja, ich bin hier, weil ich mich entschloß, Facharzt zu werden. Facharzt für Augenheilkunde. Genau betrachtet, war ein Kriegserlebnis der Anlaß dazu. Wir hatten mal einen Stoßtrupp ganz junger Soldaten ins Lazarett bekommen. Unter denen war eine Mine hochgegangen, vier davon erwischte es im Gesicht, sie waren blind. Den Leutnant, der der Führer der Gruppe gewesen war, hatte es zerfetzt, auch drei andere waren tot. Und diese Blinden, keiner älter als zwanzig, die konnte ich nie vergessen. So was gibt's ja, nicht?«

Sie standen jetzt im Hof der Klinik, die Sonne schien hell, es war richtig warm.

»Der Krieg«, sagte Nina. »Ist es nicht schrecklich, was man den Menschen antut? Warum läßt Gott das zu?«

»Ach, der! Der kümmert sich da nicht drum. Mit Recht würde ich sagen. Er hat den Menschen doch Verstand mitgegeben. Wenn sie ihn nicht nutzen, sind sie selber schuld.«

»Aber was hilft es dem einzelnen, wenn er seinen Verstand gebrauchen würde. Er wird ja gezwungen. Es wird ihm befohlen, zu kämpfen und zu sterben.«

»Das eben ist die Frage. Ob es immer so bleiben muß. Sehen Sie, Pazifisten hat es immer gegeben. Zwischen den Kriegen und auch während des Krieges. Die sollten effektiver werden. Das ist auch mit ein Grund, warum ich jetzt in Frankreich arbeite. Abgesehen davon, daß diese Klinik einen sagenhaften Ruf hat. Ich finde, es ist wichtig, daß sich die Menschen verschiedener Völker kennenlernen. Man kann nicht auf jemand schießen, mit dem man zusammen am Operationstisch gestanden hat. Oder mit denen man viele Gläser Wein gemeinsam geleert hat, und auch noch gut gegessen dabei. Es hat schon seine guten Gründe, warum absolute Herrscher oder Diktatoren ihre Bürger nicht gern in fremden Ländern herumreisen lassen. Oder gar dort arbeiten lassen. Aber nun muß ich langsam wieder. So schön es sich hier auch in der Sonne steht.«

»Nur noch eine Frage. Wenn Sie nicht Französisch sprechen, wie verständigen Sie sich da mit Ihren Kollegen?«

»Im Notfall reden wir Lateinisch miteinander. Mit den Schwestern ist es schon schwieriger, obwohl einige auch ganz gut Latein können. Und sonst sind sie sehr darum bemüht, mir Französisch beizubringen, oft mit recht drastischen Mitteln. Na, und die Patienten, mit denen kann ich noch nicht viel anfangen. Deswegen bin ich ja so froh, daß Maria hier ist. Sie braucht mich und ich brauche sie.«

Daraufhin lachte er fröhlich, und Nina mußte unwillkürlich lächeln. Er war froh, daß Maria hier war. In dieser Klinik lag, mit verbundenen Augen vermutlich jetzt, von Schmerzen gepeinigt, allein mit ihrer Angst, wenn sie denn bei Bewußtsein war.

»Au revoir, madame«, sagte er. »Seien Sie ganz beruhigt, es läuft alles vorbildlich. Genießen Sie Paris im Frühling.«

Am Abend erzählte sie Frederic von diesem Gespräch.

»Warum lassen Sie mich nicht zu Maria?«

»Sie werden ihre Gründe haben. Vielleicht braucht sie wirklich totale Ruhe für einige Zeit.«

»Könntest du nicht mal versuchen, Professor Berthier zu sprechen? Du kennst ihn doch.«

»Ja, ich werde es versuchen. Um wenigstens zu hören, ob er so optimistisch ist wie Dr. Lafrentz.«

Und dann geschah etwas Seltsames: Nina begann wirklich den Frühling von Paris zu genießen. Es lag an Frederic, mit dem sie viel zusammen war. Er holte sie ab, sie streiften durch die Stadt, ganz zwanglos, er zeigte ihr die Plätze, die er liebte, sie fuhren mit einem Schiff auf der Seine, auch der Eiffelturm kam dran, er zeigte ihr die Hallen, den vielgenannten Bauch von Paris, sie saßen oben auf dem Montmartre, auf der Place du Tertre, im Freien an kleinen Tischen zwischen Einheimischen und Touristen, meist waren es Amerikaner, blickten von Sacré-Cœur auf die Stadt herab, sie besuchten das Musée Grevin mit seinen wildbewegten Szenen aus der französischen Geschichte. Am meisten bewegte Nina das Bild ›La vie de la bohème‹ nach Murger, und sie sah Vicky in der Szene in ihrer Lieblingsrolle, der Mimi. Sie erzählte Frederic von Vicky, von Victoria Jonkalla, ihrer schönen Tochter, sie konnte das auf einmal, nie hatte sie über Vicky sprechen können, all die Jahre nicht, aber zu ihm konnte sie von ihr sprechen. Frederic hielt ihre Hand und hörte schweigend zu.

»Ein wenig hast du wohl von deinem Vater mitbekommen«, sagte sie. »Ich kann zu dir sprechen wie zu keinem Menschen sonst.« Er ging überhaupt gern Hand in Hand mit ihr, das war Nina ungewohnt, aber er tat es mit Selbstverständlichkeit, er suchte die Berührung, die Nähe eines vertrauten Menschen. Und das wurde er für sie immer mehr, ein vertrauter, mehr noch ein geliebter

Mensch. Sie erkannte, daß er genau war wie sie: ein Mensch, zur Liebe fähig. Ein Mensch, der Zärtlichkeit brauchte und Zärtlichkeit geben konnte.

Sie fragte sich, ob er allein lebte, ob er keine Freundin hatte, doch er würde dann kaum soviel Zeit für sie übrig haben. Doch sie fragte ihn nicht. Sie wollte es gar nicht wissen. Auf einmal, und das war in diesen im Grunde doch sorgenvollen Pariser Tagen das unvermutete Wunder, gehörte Frederic ihr. Nina war erfahren genug, um ihre Gefühle zu erkennen. Das durfte doch nicht wahr sein, das konnte es doch nicht geben, daß sie sich in diesen jungen Mann verliebt hatte.

Sie lag nachts wach im Bett, nachdem sie sich an der Tür des kleinen Hotels von ihm getrennt hatte. Er küßte sie jedesmal, liebevoll, sanft, zärtlich, er küßte sie auf die Wange und auch auf den Mund. Sie hütete sich, ihre Gefühle zu zeigen, sie beherrschte sich, um seinen Kuß nicht zu erwidern. Aber sie spürte diesen Kuß, stundenlang noch nachdem er sie verlassen hatte. Sie beherrschte sich, solange er bei ihr war, doch ihre Fantasie ließ sich nicht zügeln, sie lag in seinen Armen, sie küßte ihn, sie umarmte ihn, nachts in ihrem Bett war sie seine Geliebte. Und ein Gedanke, er war nicht zu vermeiden, begleitete sie ständig: Nicolas, meine erste Liebe. Frederic, meine letzte Liebe.

Die eine so unmöglich wie die andere.

Die erste – dennoch möglich geworden.

Doch diesmal? Nein, es würde nur bei ihren Träumen bleiben. Maria würde Frederic gehören, daran zweifelte sie nicht mehr.

Silvester rief häufig an, erkundigte sich nach ihrem Befinden. »Soll ich kommen, mein Herz?« fragte er.

»Nein, du kannst nichts helfen. Ich komme gut zurecht. Und Frederic kümmert sich um mich.«

»Brauchst du Geld?

»O nein, ich habe noch viele Travellerschecks, das reicht noch gut.«

»Laß Frederic nicht immer bezahlen. Du weißt, er hat nicht viel Geld.«

»Ich weiß es, aber er läßt mich nicht bezahlen, wenn wir essen gehen. Aber wir gehen nicht immer in teure Restaurants. Er kennt sich gut aus, und wir gehen oft in nette kleine Bistros, das ist nicht so teuer und das Essen ist trotzdem gut.«

»Und Maria?«

»Ich war gestern bei ihr. Sie muß noch liegen, sie hat die Augen verbunden. Sie ist sehr ruhig, gar nicht nervös. Sie sagt: Mach dir keine Sorgen, Nina. Erzähl mir, was du gestern gesehen hast. Ich habe ihr die Besprechungen von der Matthäus-Passion vorgelesen, die du mir geschickt hast. Ich sagte, siehst du, eine besser als die andere. Der nette deutsche Arzt, von dem ich dir erzählt habe, kam auch gerade, er las die Besprechungen und sagte, Respekt, Maria ist ja ein Star. Hat sie wirklich so schön gesungen? Traumhaft schön hat sie gesungen, sagte ich. Ihre Arie, ›Aus Liebe will mein Heiland sterben‹, die mit dem Flötensolo, also man hätte sich in tausend Teile auflösen können, so herrlich hat sie das gesungen.«

»Wußte er, wovon du sprachst?«

»Und ob er das wußte. Die Matthäus-Passion, sagte er, ist das Schönste, was es überhaupt auf Erden gibt. Maria, wenn Sie wieder einmal die Matthäus-Passion singen, lassen Sie es mich wissen. Ich nehme Urlaub und komme sofort. Und Maria lächelte und sagte mit großer Sicherheit, nächstes Jahr Ostern.«

Ein anderes Gespräch, zwei Tage später.

»Weißt du, wer sich bei Ruhland gemeldet hat?«

»Nein, wer?«

»Dieser Dirigent: Prisko Banovace.«

»Ach, du lieber Himmel!«

»Er hat nun auch über Maria gelesen, und er weiß, daß es seine Tochter ist, er schreibt das ganz unverhohlen und möchte sie kennenlernen. Sofort. Stephan war hier und brachte mir den Brief.«

»Ist dieser Mensch in Deutschland? Ich dachte, er hat in Amerika ein Orchester.«

»Er ist hier zu Proben oder Verhandlungen, oder was

weiß ich. Im Sommer dirigiert er wieder in Salzburg. Er ist wohl ein ziemlich berühmter Mann.«

»Ein Genie, ich weiß. Das war er schon immer. Vicky sagte, wir haben jetzt ein Genie im Studio, den müßtest du sehen, wir fürchten uns alle vor ihm.«

»Na, so weit kann es mit der Furcht nicht hergewesen sein.«

»Leider nicht.«

Sie wußte genau, wann Vicky ihr eröffnet hatte, daß sie ein Kind erwartete. Nina war am selben Tag aus Bayern nach Berlin zurückgekehrt, von einem längeren Aufenthalt im Waldschlössl, das erste Mal überhaupt, daß sie ihre Freundin Victoria besuchte. Und sie hatte im Waldschlössl einen Dr. Framberg kennengelernt. Am gleichen Tag sagte Nina zu Frederic: »Es ist so warm geworden, ich brauche etwas anzuziehen. Ich möchte mir ein Kleid kaufen. Vielleicht ein helles Kleid mit einem kleinen Jäckchen. Irgend etwas, das nach Frühling aussieht.«

»Es wäre ja auch nicht normal«, erwiderte er, »wenn eine Frau in Paris ist und nichts einkauft.«

Er begleitete sie bei dem Kleiderkauf, beriet sie und bewunderte das neue Stück an ihr. Und sein Lächeln, mit dem er sie ansah, erinnerte sie wieder einmal an Nicolas.

Nicolas hatte sich immer dafür interessiert, was sie anzog. Wenn sie nach Breslau kam, ging er in der Schweidnitzer Straße mit ihr in die feinsten Läden.

»Erst einmal werden wir Nina neu einkleiden«, hatte er gesagt. Er hatte Geschmack, wußte genau, was zu ihr paßte. Mit einem Koffer voll neuer Kleider kehrte sie nach Hause zurück, und Rosel, die alte Dienstmagd, schlug die Hände über dem Kopf zusammen.

»Jedid nee, nee. Nu seht ock bloß unser Kind. So scheene Sachen. Een Vermögen muß das gekostet haben, een Vermögen.«

Nachdem sie das Kleid hatte, wollte sie auch neue Schuhe. Also gingen sie Schuhe kaufen.

»Nimm nicht zu hohe Absätze«, warnte Frederic. »Wir laufen ja doch viel herum.«

Nina schämte sich. Die arme Maria lag in der Klinik, und sie kaufte Kleid und Schuhe und freute sich am Frühling in Paris. Sie spazierten durch die einander so ähnlichen Straßen des achten Arrondissements, und Frederic erzählte von George Eugene Haussmann, der all diese Prachtboulevards angelegt hatte, zur Zeit Napoleons des Dritten.

»Es ging ihm darum, die armen Leute und die Arbeiter aus der Innenstadt zu vertreiben. So wurden erst mal alle Häuser, die dort standen, abgerissen, breite Straßen angelegt, so wie du sie heute noch siehst, und dann diese prächtigen Häuser erbaut, die alle den gleichen Stil aufweisen. In diesen Straßen würde keiner Barrikaden aufbauen. Haussmann war Präfekt des Seine-Departements. Für seine Leistungen als Erbauer dieser Stadtviertel wurde er von Napoleon geadelt. Sag mir, wenn du müde bist.« Seine Hand in ihrer. »Wir könnten uns dort in das Café setzen und einen kleinen Aperitif nehmen. Wo möchtest du heute zu Abend essen?«

»Wo es nicht zu teuer ist. Oder du läßt endlich mich einmal bezahlen.«

Frederic drückte leicht ihre Hand.

»Das würde Ariane mir nie verzeihen. Sie wäre der Meinung, sie hätte mich schlecht erzogen.«

Seine Wohnung bekam Nina nie zu sehen. Es sei nur ein kleines Zimmer am Montparnasse, sagte er, sehr einfach, aber es genüge ihm.

Dafür zeigte er ihr die Botschaft der USA in der Avenue Gabriel, wo er bis vor kurzem gearbeitet hatte.

»Tut es dir leid?« fragte sie.

»Nein.«

»Stell dir vor, du hättest einmal in diesem prachtvollen Gebäude als Botschafter der Vereinigten Staaten von Amerika wirken können.«

»Das wäre noch ein langer Weg gewesen. Jetzt bin ich erst mal ein armer Student, in einer kleinen Bude. Das schließt nicht aus, daß ich eines Tages Präsident der Vereinigten Staaten werde.«

»Möchtest du das?«

»Nein. Vater machte nur einmal den Vorschlag. Er sagte, man solle seine Ziele so hoch wie möglich stecken. Versuchen könnte ich es. Bei uns ist so etwas möglich.«

Er sagte: bei uns. Er fühlte sich eben doch als echter Amerikaner, ganz gleich woher seine Eltern stammten.

Sie gingen auch über die Seine, und im siebten Arrondissement gefiel es Nina eigentlich am besten. Die schönen alten Häuser entzückten sie.

»Mit welcher Harmonie sie früher gebaut haben, es ist wie Musik«, sagte sie.

»Dies war ein Wald- und Jagdgebiet. Erst im siebzehnten Jahrhundert fing man an, hier zu bauen, zumeist waren es Sommersitze, später auch Stadtpalais des vermögenden Adels. Übrigens gehört das zusammen. Eine Zeit, die keine Musik machen kann, bringt auch keine schönen Bauten hervor.«

Er zeigte ihr die Regierungsgebäude, den Quai d'Orsay, die Nationalversammlung, die verschiedenen Ministerien. Eine Regierung hatte Frankreich immer noch nicht.

Tief beeindruckt war Nina vom Invalidendom. Respektvoll blickte sie auf den Sarkophag in die Tiefe.

»Da liegt wirklich Napoleon drin?«

»Nehmen wir an, es ist so.«

»Wenn man bedenkt, was er diesem Volk alles angetan hat. Diese vielen Kriege. Dieser fürchterliche Feldzug nach Rußland, die vielen, vielen Toten. Und heute verehren sie ihn so.«

»Sie haben ihn ziemlich bald wieder verehrt. Ich sagte ja schon, die Franzosen sind ein pragmatisches Volk. Sie lieben sich selbst, sie lieben ihre Geschichte. Sie sind bereit und fähig, aus der größten Niederlage einen Sieg zu machen. Sie würden niemals, wie die Deutschen, sich selbst verdammen oder verachten.«

Schließlich meinte Frederic, nun müsse Nina auch das Schloß Versailles kennenlernen, das bombastische Denkmal, das sich Ludwig der Vierzehnte selbst errichtet hatte. Sie fuhren in Frederics kleinem Renault hinaus nach Versailles, und es wurde ein anstrengender Tag, Nina taten am

Abend die Füße weh, trotz bequemer Schuhe. Aber dafür hatte sie auch soviel über Schloß und Park erfahren, wie es selten einem Tagesbesucher gelingen mochte.

Und Maria? Nina besuchte sie jeden Tag, ehe sie zu ihren Exkursionen aufbrach, sie hatte ein schlechtes Gewissen, wenn sie Maria wieder verließ, doch Maria sagte: »Paß gut auf. Erzähl mir morgen, was du gesehen hast.«

Auch Silvester zeigte sich befremdet am Telefon.

»Wenn man dir zuhört, könnte man meinen, du machst eine Vergnügungsreise.«

»Wenn ich nun schon mal hier bin – Frederic will mir eben alles zeigen. Ich werde ja sowieso in meinem Leben nie wieder nach Paris kommen.«

»Marleen hat wieder angerufen. Sie fragt, ob du sie brauchst, und ob sie nach Paris kommen soll.«

»Himmels willen, nein. Sie kann mir nicht helfen. Kommen sie denn schon wieder zurück?«

»Also, sie müssen da in bester Gesellschaft sein. Alle beide lernen Golfspielen, und Marleen sagt, die Leute seien sooo reizend. Und sie hätten ein ganz bezauberndes Haus gemietet, in Malibu. Keine Ahnung, wo das ist. Und einen Hund hat sie auch wieder.«

Conny war bereits seit drei Jahren tot.

»Den Marquis habe ich übrigens besucht, wie aufgetragen. Er ist immer noch sehr traurig, aber wenigstens frißt er wieder, und er hält sich an Stephan. Läßt ihn nicht aus den Augen, als hätte er Angst, der könne auch plötzlich verschwunden sein.«

»Maria fragt jedesmal nach ihm. Ich werde ihr berichten, was du gesagt hast.«

»Dann hätte ich noch eine wenig erfreuliche Neuigkeit.«

»Was denn um Gottes willen?«

»Eva und Herbert wollen sich scheiden lassen.«

»So ein Quatsch! Wie kommen sie denn darauf?«

»Er hat eine Freundin, sagt Eva. Sie war gestern hier, hat mir das erzählt, sehr temperamentvoll, du kennst sie ja. Sie läßt sich nicht betrügen, hat sie gesagt; dafür habe ich ihn nicht monatelang in meinem Keller versteckt.«

»Und Herbert?«

»Den habe ich nicht gesprochen. Geht mich ja auch nichts an.«

»Also muß man erst mal hören, ob er sich scheiden lassen will. Er hängt doch sehr an den Kindern. Und Eva liebt er auch, das weiß ich. Macht er halt mal einen Seitensprung, wird nicht so wichtig sein. Das bringe ich schon wieder in Ordnung.«

»Ja, mein Herz. Das bringst du leicht wieder in Ordnung. Übrigens, nebenbei gesagt, du fehlst mir.«

»Das ist gut so.«

Das war nur so hingeredet. Dachte sie überhaupt an Silvester, außer wenn sie mit ihm telefonierte?

Alle ihre Gedanken waren erfüllt von Frederic.

Den schönsten aller Tage verbrachten sie im Bois de Boulogne, es war nun fast schon alles grün, die Forsythien blühten, die ersten Tulpen und Narzissen; sie spazierten Hand in Hand auf den Wegen, am Ufer der Seen und Teiche entlang, ziellos, planlos, sie sprachen wenig, doch sie dachten beide das gleiche.

»Morgen«, sagte Frederic.

»Ja. Morgen«, wiederholte Nina.

Er blieb stehen, nahm sie in die Arme und küßte sie. Und an diesem Tag gestattete es sich Nina, seinen Kuß zu erwidern. Kein leidenschaftlicher Kuß, ein sanfter zärtlicher Kuß, sie waren Freunde, keine Liebenden.

Ich liebe dich, dachte Nina, aber das weißt du nicht. Das wirst du nie erfahren. Ich habe es mit den Jahren ein wenig besser gelernt, meine Gefühle zu verbergen.

Am nächsten Tag sahen sie Marias Augen. Große dunkle Augen, die sie mit Verwunderung, mit Andacht geradezu anblickten. Sie hatten Maria drei Tage lang nicht sehen dürfen, letzte Untersuchungen, hatte es geheißen, sie mußte ungestört bleiben. Nun stand sie im Zimmer, schmal und groß in dem blauseidenen Morgenrock, ihr Haar war lang geworden, fiel auf ihre Schultern, schmucklos zurückgestrichen, man sah die verblaßte Narbe an der linken Schläfe, die in die Wange hineinreichte.

Und Nina dachte sinnloserweise: Mein Gott, jetzt wird sie die Narbe sehen. Hoffentlich stört sie das nicht.

»Ich sehe euch«, sagte Maria. Sie schloß die Augen, öffnete sie wieder. »Ich sehe euch wirklich.«

Nina wollte auf sie zugehen, doch Frederic war schneller, er war schon bei ihr, legte beide Hände auf ihre Arme, sie standen regungslos, blickten sich an.

»So siehst du also aus«, sagte Maria. »Ja. So siehst du aus. Ich hätte dich sofort überall erkannt.«

»Maria«, sagte Frederic, und Nina hörte die Tränen in seiner Stimme.

»Geliebte Maria!«

Jetzt wird er sie küssen, dachte Nina, er wird sie in die Arme nehmen.

Er küßte sie nicht, er blieb stehen, ließ die Hände sinken, und sie sahen sich an. Sie sahen sich nur an, sonst nichts. Nina merkte, daß ihr Tränen über die Wangen liefen.

Warum weine ich? Aus Freude? Aus Schmerz?

Ich habe ihn verloren. Was für ein Unsinn, er hat mir nie gehört. Das, was ihn und mich verbindet, das bleibt.

Ach, Nicolas, ich habe immer verloren, was ich liebte...

Zum Schluß bekam Nina Professor Berthier doch noch zu sehen. Frederic dolmetschte das Gespräch.

»Wie ich gehört habe, ist Mademoiselle Jonkalla eine berühmte Sängerin.«

»Das will sie erst werden«, erwiderte Nina.

»Es wird mich freuen, sie eines Tages in der Pariser Oper zu hören«, sagte der Professor verbindlich. »Oder in Bayreuth.«

»Sie fahren nach Bayreuth?«

»Immer. Ich liebe Wagner.«

Ninas Danksagungen schnitt der Professor mit einer Handbewegung ab. »Ich bin selbst sehr zufrieden mit mir«, sagte er. In nächster Zeit solle Maria ein ruhiges Leben führen, keine Anstrengungen, keine Arbeit, auch noch nicht singen.

»Vielleicht eine kleine Urlaubsreise«, empfahl Professor

Berthier. »Und wenn Sie jetzt nach Deutschland zurückkehren, fliegen Sie nicht, fahren Sie nicht mit dem Auto, nehmen Sie den Schlafwagen. Das ist am bequemsten und überanstrengt Mademoiselle Jonkalla nicht.«

Er streichelte Maria die Wange, küßte Nina die Hand, schlug Frederic auf die Schulter.

»Éh bien, mon ami, bonne chance. Elle est une très jolie fille. Mais écoutez! Doucement, doucement. Il faut qu'elle apprenne à vivre.«

Maria verließ das Quinze-Vingts mit sehenden Augen. Ein wenig unsicher ging sie zwischen Nina und Frederic, sie wagte es nicht, nach rechts oder links zu blicken, jedes vorbeifahrende Auto erschreckte sie. Frederic nahm ihre Hand.

»Du mußt nun lernen zu leben, Maria«, sagte er.

Nina sah, daß er Marias Hand hielt, und sie sah die Angst in Marias Gesicht. Immer noch Angst? Eine andere Art von Angst? Die Angst, vor dieser unbekannten Welt, die sie umgab und die sie auf einmal sah.

Alles, was nun kam, mußte Maria erschrecken. Das war zunächst die Elsässerin im Hotel, die sich bestimmt wortreich äußern würde, das war die Fahrt im Zug, das war München, Silvester, Eva, Langenbruck, Ruhland, Rico, der Baron.

Sie hatte keinen von diesen Menschen je gesehen.

Sie hat mich gesehen und Stephan, als sie ein kleines Mädchen war, dachte Nina.

Der Gedanke an all diese Begegnungen machte auch Nina angst.

»Maria«, sagte sie. »Professor Berthier hat gesagt, du solltest eine Urlaubsreise machen. Aber so hat er es sicher nicht gemeint. Ich verstehe es so, daß du erst einmal Ruhe haben solltest. Daß nicht alles auf einmal auf dich einstürmt. Daß du dich langsam an dein verändertes Leben gewöhnen sollst.«

»Ich möchte das Meer sehen«, sagte Maria.

»Aber das ist großartig«, rief Frederic. »Wir fahren nach Deauville. Oder in irgendeinen kleinen Ort an der Küste. An den Atlantik, Maria, diesmal auf der anderen Seite.«

Maria schüttelte den Kopf. »Erst muß ich Posa holen. Er soll mitkommen.«

»Dann weiß ich, was wir machen«, sagte Nina. »Wir fahren nach Sylt. Du und ich und Posa. Ich kenne es, Posa kennt es, das macht die Sache leichter. Und wir fahren auch mit dem Schlafwagen, von München nach Hamburg, das ist gar kein Problem.«

Ehe sie am Gare de l'Est den Schlafwagen bestiegen, küßte Frederic sie beide.

»Es ist gar nicht so leicht«, sagte er leise zu Nina.

»Nein«, sagte Nina, »das habe ich auch nicht erwartet. Jetzt beginnt wieder einmal etwas Neues. Und etwas Schwieriges. Maria mußte sich zurechtfinden in diesem neuen Leben.«

»Und das kann sie nur mit deiner Hilfe.«

»Das denkst du?«

»Ja. Das habe ich begriffen in den letzten beiden Tagen. Es ist deine Aufgabe.«

»Es ist, wie immer, meine Aufgabe«, wiederholte Nina.

Maria stand still, starr, der Betrieb auf dem nächtlichen Bahnhof ängstigte sie, ihre Hand umklammerte Ninas Arm.

»Wir steigen jetzt in den Zug, und du legst dich dann gleich ins Bett. Ich bleibe noch ein bißchen bei dir sitzen. Und wir werden in Ruhe besprechen, was wir machen, wenn wir angekommen sind.«

»Dann sind alle da?« fragte Maria beklommen.

»Keiner ist da. Niemand weiß, wann wir kommen. Wir fahren mit dem Taxi nach Solln, und da ist nur Silvio. Vielleicht ist er auch nicht da, wenn wir kommen, vielleicht ist er im Verlag.«

»Und die anderen?«

»In Langenbruck wissen sie auch nicht, wann wir kommen. Ich werde anrufen und werde sagen, du mußt allein sein und brauchst Ruhe. Ich werde sehr energisch sein, denn weder Ruhland noch Rico können wir jetzt brauchen.«

»Nein«, sagte Maria, »nein.«

»Siehst du. Ich habe genau verstanden, was Professor Berthier meint. Stephan wird uns Posa bringen. Und dann fahren wir ans Meer.«

Sie standen vor dem Schlafwagen, der Schaffner mahnte: »Montez, mesdames, s'il vous plaît.«

»Und ich?« fragte Frederic unglücklich. »Mich könnt ihr auch nicht brauchen?«

Nina hob die Hand und legte sie leicht an seine Wange.

»Doch, Frederic. Später. Ein wenig später. Ich werde es dich wissen lassen, wenn du kommen sollst.«

Maria

Tastend ging Maria über die Kampener Heide, ihr Blick hing am Boden, sie beachtete jeden Buckel, jede Vertiefung auf dem unebenen Weg. So war es in den ersten Tagen, und Nina störte sie nicht, ließ sie mit sehenden Augen ihren Weg suchen und finden, ging auch selbst nicht schneller. Nur an einer bestimmten Stelle tippte sie leicht an Marias Arm. Sie blieben beide stehen, und Nina sagte: »Erinnerst du dich noch, was ich dir voriges Jahr erzählt habe? Hier ist die Insel ganz schmal, links siehst du das offene Meer und rechts das Watt. Von hier aus siehst du es.«

Allein diese Worte nun zu gebrauchen: du siehst es, war für Nina jedesmal ein Ereignis. »Das ist auch sehr gefährlich. Bei einer großen Sturmflut ist es möglich, daß sich die Wasser treffen. Darum braucht man die Dünen als Schutz gegen das Meer. Und wo es keine Dünen gibt, muß man Deiche bauen.« Nina lachte. »Ich habe das alles nicht gewußt. Du mußt bedenken, ich habe im letzten Jahr das Meer auch zum ersten Mal gesehen.«

Maria stand und blickte von einer Seite zur anderen.

»Ich kann es sehen«, sagte sie andächtig.

Täglich und stündlich war es für sie ein neues Wunder, daß sie sehen konnte, und das Sehen füllte derzeit ihren ganzen Tageslauf aus. Es begann morgens, wenn sie erwachte, und sie erwachte sehr früh, als könne sie es nicht erwarten, diese sichtbar gewordene Welt, die sie umgab, wiederzufinden.

Jeden Abend, wenn sie zu Bett gingen, fragte sie: »Werde ich morgen sehen können, wenn ich aufwache?«

»Natürlich, Schatz. Genau wie heute. Du brauchst keine Angst zu haben, daß es wieder dunkel wird.«

»Du tust so, als ob du es ganz genau weißt.«

»Ich weiß es ganz genau.«

»Es ist schade, daß ich schlafen muß.«

»Es ist gut für dich, wenn du schläfst. Alles ist ja für dich jetzt sehr anstrengend und sehr aufregend. Du brauchst die Ruhe des Schlafes. Deine Nerven müssen sich erholen im Schlaf. Und auch deine Augen.«

»Sind meine Augen denn noch krank?«

»Jeder Mensch braucht den Schlaf, damit sein Körper, seine Nerven und seine Augen sich ausruhen können.«

Sie war wie ein Kind, dem man die Welt erklären mußte. Manchmal war sie erregt, unsicher, geängstigt, klammerte sich an Nina wirklich wie ein Kind, das von der Umwelt erschreckt wird. Doch dann wieder war sie von einem euphorischen Überschwang und wollte am liebsten alles auf einmal sehen, erleben, begreifen und festhalten, damit sie es nie wieder verlor. Nina mußte dieses Ungestüm bremsen, genau wie sie Trost und Halt in den Stunden der Angst bieten mußte. Diese Maria war ihr so nahe wie nie zuvor, näher als das stumme blinde Kind, und viel näher auch als in den letzten Jahren, in denen die Menschen in Langenbruck ihr Leben bestimmt hatten. Neu war auch, daß Maria reden wollte. Sie war immer sehr still gewesen, aber mit der Gabe des Sehens schien sie die Gabe des Sprechens gewonnen zu haben. Sie erzählte unaufgefordert alles, was ihr einfiel, besonders was sie in Langenbruck erlebt hatte, wie die Gesangstunden sich abgespielt hatten, wie Ruhland manchmal ungeduldig wurde, wenn sie eine Melodie, eine Phrase nicht gleich behielt.

»Ich mußte mir ja alles auswendig merken. Nun kann ich Noten lesen. Ich muß es aber erst lernen. Damals in Dresden konnte ich es schon. Lou wird es mir wieder beibringen, nicht?«

»Ja, ich denke auch, daß Lou die richtige Lehrerin dafür ist.«

Das Wort Lehrerin brachte sie auf den Oberstudienrat Beckmann. »Er hätte sich gefreut, wenn er erlebt hätte, daß ich sehen kann.«

»Er hätte sich unbeschreiblich gefreut.«

»Frau Beckmann hat geweint.«

»Vor Freude.«

»Und Eva hatte auch Tränen in den Augen.« Betont fügte sie hinzu: »Ich habe es gesehen. Seltsam, daß man weint, wenn man sich freut.«

»Es kommt auf die Art der Freude an. Wenn du plötzlich vor ihnen stehst und siehst sie an, dann ist das ja keine lustige Freude, es ist eine ernste Freude. Eine erschütternde Freude. Verstehst du den Unterschied?«

»Ich verstehe den Unterschied sehr gut. Vielleicht waren sie traurig, daß ich blind war. Und wenn Trauer sich in Freude verwandelt, muß man weinen.«

Frau Beckmann, Eva und Herbert waren zu einem kurzen Besuch zugelassen worden, und nicht nur Eva hatte Tränen in den Augen gehabt, Herbert hatte sich schnell abgewendet und war aus dem Zimmer gegangen. Nina fand ihn eine Weile später im Garten mit sehr nachdenklicher Miene.

»Komm rein«, hatte Nina zu ihm gesagt. »Trink einen Whisky zur Beruhigung. Denkst du auch dran, wie alles angefangen hat? Ich bin mit meinen Gedanken immerzu im Jahr 45, als Maria wie ein stummer Schatten hier zwischen uns lebte. Leben kann man eigentlich gar nicht sagen, vegetieren. Eben bloß gerade vorhanden sein.«

»Ja. Daran habe ich auch gedacht.«

»Laß uns von anderen Dingen sprechen. Meine Nerven vibrieren noch. Wie steht es mit der österreichischen Erbschaft? Wir brauchen Geld zum Verreisen.«

»Geld ist da. Ich kann euch sofort etwas vorstrecken.«

»Ausgezeichnet. Und was ich da gehört habe von einer Scheidung, das ist ja wohl Unsinn.«

»Eva spinnt. Es handelt sich wirklich nur um eine Bagatelle.«

»Eine blonde oder dunkelhaarige Bagatelle?«

»Rothaarig«, knurrte Herbert.

»Echt oder gefärbt?«

»Daß ihr Weiber doch immer zusammenhalten müßt.«

»Na, was denn sonst? Abgesehen davon, habe ich Verständnis für ein wenig Abwechslung im Leben eines Mannes. Auch im Leben einer Frau, wohlgemerkt. Ihr seid jetzt immerhin, na, laß mich rechnen, so an die vierzehn Jahre zusammen. Das ist eine lange Zeit in einem Menschenleben. Und wenn du Eva die ganze Zeit treu geblieben bist, bewundere ich das sehr.«

»Wirst du ihr das auch sagen?«

»Aber sicher.«

»Ich war ihr nicht immer treu. Da war schon was, als ich studiert habe.«

»So genau will ich es gar nicht wissen. Es wird auch wieder mal etwas sein. Versuche halt, es möglichst diskret zu machen. Aber es wäre schade, wenn ihr auseinandergehen würdet.«

»Ich will mich ja nicht scheiden lassen.«

»Um so besser. Eva werde ich daran erinnern, daß sie einen Sieger geheiratet hat. Von so etwas läßt man sich nicht scheiden, auch wenn er hier und da mal woanders ein bißchen siegen muß.«

»Du nimmst es leicht. Würdest du als Ehefrau auch so denken?«

»Ich? Weißt du, ich bin mein Leben lang dran gewöhnt, einen Mann immer nur kurz zu haben, oder sagen wir, für eine Weile. Und heute sehe ich es vollends abgeklärt und friedlich.«

Es ist nicht wahr, es ist nicht wahr, Nina, wie war es kürzlich erst, als du mit Frederic Hand in Hand durch Paris gelaufen bist? Warst du da abgeklärt und friedlich?

Nina lächelte. »Für eine kleine Weile konnte ich behalten, was ich liebte, so war es immer.«

»Das trifft aber auf Silvester nicht zu.«

»Nein. Seltsamerweise nicht. Obwohl es mal so aussah. Komm jetzt mit, wir trinken ein Glas, und dann müßt ihr gehen, Maria braucht noch Ruhe. Vielleicht ist heute ein ganz günstiger Abend für euch beide, ein vernünftiges Gespräch zu führen. Gerade weil man unwillkürlich daran denkt, wie es einmal war, damals, gleich nach dem Krieg.«

»Weißt du, Nina, wer für mich ein echter Sieger ist? Du.«

»Ach, ich.«

»So wie du hier und heute vor mir stehst, bist du eine Siegerin. Du hast gewonnen.«

Fast zu dramatisch wurde es, als Stephan den Marquis Posa brachte. Stephan bekam zunächst kein Wort heraus, er zitterte, als er Maria umarmen wollte, wozu es nicht kam, denn der Hund gebärdete sich wie ein Verrückter, er jaulte und winselte, sprang an Maria hoch, die ihn lachend mit den Armen auffing, dann saßen die beiden auf dem Boden, Maria hielt den Kopf des Hundes in ihren Händen und sagte immer wieder: »Siehst du mich, Posa? Siehst du mich?«

»Schon gut, schon gut«, bremste Nina diese stürmische Begrüßung, »er hat dich immer gesehen.«

»Und jetzt sehe ich ihn«, rief Maria glücklich. »Er ist so schön. So schön ist er.«

Da konnte Stephan endlich etwas sagen.

»Und ich?« fragte er. »Zu mir sagst du so was nicht, Maria?«

Das waren die Szenen, die sich in den ersten Tagen nach der Rückkehr von Paris abgespielt hatten. Wäre Silvester nicht gewesen, der immer wieder für Ruhe und Entspannung sorgte, hätten Ninas Nerven nun wirklich einmal versagt.

Sie war sehr froh, daß Ruhland ihr Verbot befolgt hatte und nicht mitgekommen war.

»Er ist ein wenig beleidigt deswegen«, sagte Stephan. »Glücklicherweise ist er gerade erkältet, nicht schlimm, er hustet ein bißchen. Das hat ihn wohl davon abgehalten, mich zu begleiten.«

»Und Rico ist ebenso glücklicherweise verreist, wie ich höre.«

»Er trifft sich in Berlin mit Mr. Banovace. Sie schmieden Pläne.«

»Nicht für die nächste Zukunft, das kann ich dir versprechen. Maria braucht viel Zeit. Zeit, um ihr neues Leben zu lernen. Das hat Professor Berthier gesagt, das sagt Frederic, das sage ich. Wenn man sie jetzt überstürzt in die Arbeit drängt, bekommt sie wieder einen psychischen Knacks. Das liegt ganz nahe. Bedrohlich nahe. Wenn das die anderen nicht einsehen, dann rufe ich morgen Frederic an, er soll kommen, Maria abholen und mit ihr nach Boston fliegen, zu seinem Vater.«

»Das geht nicht wegen Posa. Sieh dir doch die beiden an. Du kannst sie nicht schon wieder trennen.«

»Gut. Dann versuche ich es auf meine Weise. Wir fahren nach Sylt. Aber das darf keiner wissen. Vor allem Rico nicht. Der bringt es fertig und kommt wieder an, genau wie das letzte Mal.«

Das Meer!

Maria stand minutenlang im heftigen Wind, ohne sich zu rühren, ihr Blick hing gebannt an der stürmischen Nordsee, die ungebärdig auf den Strand tobte. Maria stand, sah und schwieg. Nina fror, sie war müde und hatte Kopfschmerzen, sie hätte sich gern im Hotel etwas hingelegt, aber der erste Gang zum Meer, gleich nach ihrer Ankunft, war unvermeidlich gewesen. Sie waren die Nacht durch gefahren, im Schlafwagen von München nach Hamburg, und von Altona aus dann weiter durch das frühlingsgrüne Land, über dem ein schwerer grauer Himmel hing. Maria, Posa zu ihren Füßen, sah unausgesetzt zum Fenster hinaus.

»Ich habe Pferde gesehen«, rief sie aufgeregt.

»Ja, Schatz, ich habe sie auch gesehen. Wir werden noch viele Pferde sehen.«

»Und was sind das für Tiere?«

»Das sind Schafe. Und sie haben junge Lämmer, siehst du. Die kleinen Schäfchen sind die Kinder von den großen dicken wolligen Schafen.«

Es war, als habe sie ein Kind bei sich. Die beiden Leute, die außer ihnen im Abteil saßen, ein Herr und eine Dame, lächelten amüsiert. Sie mochten sich fragen, aus welchem Land die hübsche junge Dame im grauen Reisekostüm wohl kommen mochte.

Sie wohnten diesmal in Westerland im Hotel ›Stadt Hamburg‹, das Nina im vergangenen Herbst kennengelernt hatte, denn sie waren einige Male dort zum Essen gewesen. Das Hotel hatte ihr gefallen, ganz besonders das stilvoll eingerichtete Restaurant, und sie hatte sich gedacht, da sie ohne Auto waren, wohne es sich besser in Westerland. Hier hatten sie Taxis in der Nähe und konnten mühelos jeden Ort der Insel erreichen. Für den Strand war es sowieso noch etwas früh im Jahr, was der Tag ihrer Ankunft bestätigte mit seinem ungemütlichen Wetter. Auf dem Weg zum Meer, durch die Strandstraße, kam ihnen der Wind fauchend entgegen, Nina knöpfte ihre Jacke bis zum Hals zu, zog den Schal fester. Sie war viel zu dünn angezogen. In Paris war es schon so warm gewesen.

Während sie oben auf der Strandpromenade standen und dem wilden Ansturm des Meeres zusahen, rissen die Wolken jäh auseinander, die Sonne fuhr wie ein blitzender Speer in die aufgewühlte See, die im Widerschein funkelte.

Maria ergriff Ninas Arm. »Ich sehe das Meer«, schrie sie laut in den Wind. »Ich sehe das Meer.« Sie streckte den Arm aus. »Und da hinten, das ist der Horizont?«

»Ja«, schrie Nina zurück. »Das ist der Horizont. Und nun laß uns gehen, ehe du dich erkältest.«

»Ich erkälte mich nie.«

»Aber vielleicht ich. Mir ist kalt.«

Maria wandte ihr Gesicht Nina zu, ihre Wangen waren gerötet, ihre Augen strahlten. Ja, man konnte es nicht anders nennen: sie lebten und sie strahlten.

Einen kleinen Spaziergang hinter den Dünen, wo sie Schutz vor dem Wind fanden, machten sie dann doch, denn der Marquis hatte keine Bewegung gehabt an diesem Tag, er war nur eben in den Anlagen am Bahnhofsplatz in Altona gewesen.

»Morgen«, sagte Maria, als sie zum Hotel zurückgingen, »morgen gehen wir gleich ganz früh wieder ans Meer.«

»Morgen, und zwar nicht ganz früh«, sagte Nina, »werden wir erst einmal in Ruhe frühstücken. Dann werden wir Pullover kaufen. Du hast das Meer jetzt jeden Tag. Du wirst es jeden Tag sehen. Und ich bitte dich...«

Maria schob ihren Arm unter Ninas Arm. »Ja, ich weiß schon. Entschuldige! Ich muß dir schrecklich auf die Nerven gehen. Jetzt bekommst du gleich einen heißen Tee.«

Zwei Tage blieb es kalt und stürmisch, dann änderte sich

das Wetter, es wurde hell, der Himmel war hoch und weit, die Sonne schien bis spät in den Abend, denn um diese Zeit wurde es in dieser Gegend kaum richtig dunkel. Die Vögel sangen noch abends um halb elf, und wenn Maria erwachte, sangen sie schon wieder.

Nicht nur das Meer faszinierte Maria, auch an dem leuchtenden Grün in Keitum konnte sie sich nicht sattsehen. Das ganze Dorf schien nur aus Bäumen, Büschen und Blumen zu bestehen, in den Gärten blühten Tulpen und Narzissen, und ehe sie verblüht waren, brannten die Kerzen der Kastanien über den Reetdächern der alten Friesenhäuser und über den Wällen hing duftend der Flieder.

Auch Nina war hingerissen.

»Das ist wirklich das schönste Dorf der Welt, und man muß es im Frühling sehen. Ich habe nie gewußt, daß so viele Büsche und Bäume und Sträucher auf einmal blühen können. Es muß die Luft hier sein, daß alles so herrlich gedeiht.«

Nina erlebte den Frühling zum zweiten Mal in diesem Jahr, in Paris war er schon einige Wochen früher eingetroffen. Bei ihrem ersten Besuch in Keitum waren sie auch am Watt entlangspaziert, die weite Wasserfläche lag geruhsam im Sonnenschein, das Meer schwappte mit kleinen Glucksern gegen die Steine. Hier faßte Posa mehr Vertrauen, er sprang hinein, schlabberte Wasser, ließ es aber schnell wieder sein. Seltsam schmeckte dieses Wasser.

Als sie das zweite Mal in Keitum spazierengingen und ans Watt kamen, blieb Maria überrascht stehen.

»Wo ist das Wasser?«

»Na, du siehst ja drüben auch, wie es steigt und fällt, wie es kommt und geht. Hier sieht man es eben noch deutlicher, wenn Ebbe ist. Herr Beckmann hat dir doch sicher von Ebbe und Flut erzählt. Das Wasser kommt und geht, und an der Nordsee sieht man es besonders deutlich. Irgendwie hängt es mit dem Mond zusammen, glaube ich. Silvio hat es mir erklärt, als wir hier waren, aber ich habe nicht richtig aufgepaßt. Wir werden ein schlaues Buch kaufen, wo es drinsteht.«

»Ob ich es lesen kann?«

»Wir werden es versuchen.«

Denn auch lesen mußte sie erst wieder lernen, lesen mit den Augen nicht mit den Fingern.

Das, was Nina am meisten befürchtet hatte, ein erneuter psychischer Schock stellte sich nicht ein. Sie beglückwünschte sich selbst zu der Idee, mit Maria ans Meer gefahren zu sein. Es gab hier so viel zu sehen und zu erleben, daß Maria gar nicht dazu kam, sich allzu intensiv mit sich selbst zu beschäftigen. Und es war auch gut, daß sie mit ihr allein war, daß sie jede Emotion steuern konnte und auf möglichst spielerische Weise Maria wieder auf den Erdboden zurückholte. Nur keine seelischen Exzesse dulden, war Ninas Parole, Maria mußte das Gefühl gewinnen, ein normales Leben zu führen. So sah es Nina, so handhabte sie es und so war es gut. Ich muß das Frederics Vater erzählen, dachte sie einmal, wenn ich ihn wiedersehe, und ihn fragen, ob ich nicht auch ein ganz brauchbarer Psychologe bin.

Täglich wurden Marias Schritte leichter und sicherer. Sie zog die Schuhe aus, wenn sie am Strand entlangliefen, und watete ein Stück ins Wasser hinein, das noch kalt war. Posa rannte wie im vergangenen Jahr ausgelassen durch den Sand, zuckte zurück vor der Brandung, bellte die Wellen an. Er brachte Maria zum Lachen. Sie lachte und sie redete, redete ununterbrochen über das, was sie sah, wie sie es sah, was sie dabei empfand. Nicht nur das Meer, der Strand, der Himmel und die Wolken, nicht nur die grünen Bäume und die bunten Blumen bewegten Maria, auch die Gesichter der Menschen. »Hast du die Frau gesehen am übernächsten Tisch?« fragte sie eines Abends, als sie in ihr Zimmer gingen. »Sie ist sehr schön, nicht?«

»Ja, eine schöne Frau. Der Mann hat mir auch gefallen, er hatte einen guten Kopf.«

»Hast du Männer gern?« fragte Maria neugierig.

»Ja. Ich habe Männer immer gern gehabt.«

»Frederic ist auch schön, nicht?«

»Das sagt man von einem Mann nicht. Frederic sieht gut aus, das stimmt. Kunststück, er sieht aus wie Nicolas.«

»Den hast du geliebt.«

»Ja. Den habe ich geliebt.«

»Dann müßtest du Frederic auch lieben.«

»Das wäre gut möglich. Wenn ich ein bißchen jünger wäre. Außerdem habe ich ja einen Mann.«

»Silvio hat auch einen guten Kopf«, wiederholte Maria die ungewohnte Formulierung.

»Doch, kann man sagen.«

»Ich kann immer noch schlecht erkennen, wie alt oder wie jung ein Mensch ist«, sagte Maria nachdenklich. »An der Stimme habe ich es besser erkannt. Sag mir, wie Herr Ruhland aussieht.«

Nina versuchte Ruhland zu beschreiben, der ja mittlerweile auch älter geworden war und etwas zu stattlich. Das Essen schmeckte ihm stets ausgezeichnet.

»Und wie sieht Rico aus?«

»Du wirst ihn ja bald sehen.«

Maria schwieg und überlegte. Sie waren in ihrem Zimmer, sie bewohnten diesmal ein großes geräumiges Doppelzimmer, weil Nina möglichst immer in Marias Nähe sein wollte.

Plötzlich erzählte Maria, was sich zwischen ihr und Rico abgespielt hatte.

»Das habe ich befürchtet«, sagte Nina gelassen. »Liebst du ihn denn?«

»Ich habe ihn ja noch nie gesehen.«

»Und wenn du ihn sehen wirst?«

»Ich... ich weiß nicht. Ich glaube, ich will das nicht mehr.«

»Hat es dir...« Nina stockte. Sie hatte sagen wollen: Hat es dir keinen Spaß gemacht? Aber das wäre eine unpassende Frage in diesem Fall. Sie stellte sich vor, wie Rico die blinde Maria umarmte, und eine jähe Wut stieg in Nina auf. Nun verstand es Maria schon, in Ninas Gesicht zu lesen.

»Ich hätte es nicht tun sollen.«

»Du hast es nicht getan. Er hat es mit dir getan. Es ist meine Schuld. Ich hätte mit dir darüber sprechen müssen. Das habe ich versäumt.«

»Weil ich blind war«, sagte Maria altklug. »Mit einer Blinden spricht man über so etwas nicht.«

»Du hast recht. Das eben ist mein Fehler gewesen.«

»Das erste Mal war es hier. Als wir im Herbst hier waren.«

»Das sieht ihm ähnlich. Und dann?«

»Dann wollte ich es nicht mehr. Aber er hat gesagt...«

»Was hat er gesagt, dieser Tausendkünstler?«

»Er hat gesagt, man muß es öfter tun, damit es schön ist.«

»Und war es dann schön?«

»Nein. Aber Liebe ist so, hat er gesagt.«

»Liebe! So ein Quatsch. Das hat mit Liebe nichts zu tun.« Und dann sprach Nina aus, was Maria sich immer gedacht hatte. »Du mußt einem Menschen in die Augen sehen. Dann wirst du wissen, ob er dich liebt.«

Auch dieses Gespräch verlief recht unproblematisch, und das lag an Nina, die so tat, als sei es von keinerlei Bedeutung, was vorgefallen war. Auch die Tatsache, daß Rico mit ihr geschlafen hatte, sollte Maria nicht irritieren. Es war geschehen, viel wichtiger war es, was geschehen würde.

Und so sprachen sie denn auch eines Tages über Marias Zukunft.

»Du wirst wieder singen, Maria. Aber du hast Zeit. Du hast viel Zeit. Du bist so jung. Jetzt wirst du erst einmal leben, ein Jahr lang, zwei Jahre lang. Du sollst üben, du wirst deine Stimme nicht einrosten lassen. Aber du wirst dich weder von Ruhland noch von Rico und schon gar nicht von Herrn Banovace in eine überstürzte Karriere hineinstoßen lassen. Es ist dein Leben, es ist deine Stimme. Du wirst in zehn Jahren noch singen und in zwanzig Jahren noch viel besser. Du hast viel, viel Zeit.«

»Aber die Reklame, daß ich eine blinde Sängerin bin, die fällt nun weg.«

»Gott sei gelobt, die fällt weg. Du wirst eine ehrliche Karriere machen, die nicht auf Mitleid aufgebaut ist.« Und tief befriedigt fügte Nina hinzu: »Du wirst kein hilfloses Objekt mehr sein. Du wirst dein Leben nach deinem Willen gestalten.«

Dieser Satz beeindruckte Maria mehr als alles andere, fast

noch mehr als der Anblick des Meeres. Früh wenn sie aufwachte, dachte sie an diese Worte. Sie sah sich im Zimmer um, ihr Blick wanderte von der Decke über die Wände zum Fenster, vor dem sich im leichten Luftzug der Vorhang bewegte. Sie sah das Gesicht der schlafenden Nina, und sie streckte ihre Hand aus und berührte Posas Kopf, der vor ihrem Bett lag.

Eines Tages war sie so weit, daß sie sich allein auf die Straße wagte, sie ging mit Posa spazieren, er wie gewohnt an ihrem linken Knie, eine Leine brauchte sie nicht.

Sie sah den Leuten ins Gesicht, die ihr begegneten, sie blieb vor jedem Schaufenster stehen, ganz gleich, was darin ausgestellt war. Und sie hatte Spaß am Essen. Nina staunte immer wieder, wieviel Maria auf einmal essen konnte, und mit welchem Genuß.

Sie sagte kindlich: »Es ist so schön, wenn man sehen kann, was man ißt.«

Nina besah sich den Steinbutt auf ihrem Teller, er hatte weißes, festes Fleisch. Die Hollandaise war sahnig hell, die Kartoffeln von zartem Gelb, der Salat auf dem kleinen Teller grün.

»Du hast recht«, sagte sie, »es ist schön, wenn man sehen kann, was man ißt. Es schmeckt bestimmt besser.«

Immer hatte man darüber geschimpft, daß das Kind so wenig aß, daß die erwachsene Maria die Speisen kaum anrührte. Es war ganz plausibel, und Nina dachte: Trotz aller Sorgfalt, habe ich doch vieles nicht verstanden.

Am liebsten ging Maria zum ›Fisch-Fiete‹ in Keitum, das Lokal lag unter hohen Bäumen, im Vorgarten plätscherte ein Brunnen, und noch während sie da waren, begannen die Rosen an der Mauer zu blühen. Aber auch innen konnte sich Maria nicht sattsehen an den kleinen ineinander gehenden Räumen unter den schweren Balkendecken, mit Kacheln an den Wänden; das blitzende Kupfergeschirr, die vielen Bilder, und in den originellen kleinen Fensternischen standen Blumen. Jeder Tisch war dennoch eine kleine Welt für sich, liebevoll gedeckt, mit glänzendem Porzellan und funkelnden Gläsern.

Alles wurde von Maria genau betrachtet, und vor allem das, was sie auf dem Teller hatte.

Fisch schmeckte Maria besonders gut, sie aß ihn fast jeden Tag.

»Wenn man nicht sehen kann, ist es schwierig, Fisch zu essen.«

»Ich habe dir immer die Gräten rausgemacht.«

»Es macht viel mehr Spaß, wenn man sie selbst rausmachen kann.«

Dann entdeckte Maria die Ansichtskarten. Aussuchen, kaufen, schreiben. Sie saß und malte lange an den Karten herum, auch schreiben mußte wieder gelernt werden. Sie schrieb an Silvester, an Eva, an Frau Beckmann, an Frederic, an Anna und Anton, an Stephan und schließlich auch an Heinrich Ruhland.

Da waren sie schon fast einen Monat auf der Insel, die Sommersonnenwende stand bevor, die Nächte wurden immer heller.

Eines Tages wußte Maria auch, was sie tun würde.

»Wir fahren nach München, und dann holt mich Stephan, und ich bleibe ein paar Tage in Langenbruck. Damit sie mich sehen können.« Sie lachte, geradezu übermütig.

»Damit ich sie sehen kann.«

Denn noch immer, und das verwunderte Nina stets aufs neue, übertrug sie ihr Nichtsehenkönnen auch auf andere. Was sie nicht gesehen hatte, konnten die anderen auch nicht gesehen haben.

»Und dann«, sprach Maria weiter, »fahre ich zu Anna und Anton. Und da bleibe ich den ganzen Sommer über. Für sie wird es gar nichts Besonderes sein, daß ich sehen kann. Ich werde mit Posa im Wienerwald spazierengehen. Das haben wir damals nicht getan. Oder ich weiß es nicht mehr. Dort ist es auch schön, nicht wahr? Das Meer, der Wald und das Singen, das sind die schönsten Dinge, die es auf der Erde gibt.«

Nina mußte lachen. »Dagegen kann ich nicht viel einwenden. Es gibt auch sonst noch schöne Dinge.« Nach einem kleinen Zögern fügte sie hinzu: »Die Liebe zum Beispiel.«

Darüber mußte Maria eine Weile nachdenken.

»Ich weiß schon, was du meinst. Es ist schön, wenn man einen Menschen lieben kann.« Sie umarmte Nina stürmisch. »Ich liebe dich, Nina.«

»Aber du kannst es eigentlich erst, seitdem du mich siehst.«

Sie waren an diesem Tag nach List gefahren, hatten den Schiffen zugesehen und gingen jetzt auf der Wattseite den Deich entlang. Es war warm, sonnig und ganz windstill.

Nina mußte an Peter denken, den sie im vergangenen Herbst hier in List getroffen hatte. Liebe, ach ja. Sie kommt und geht, doch manchmal bleibt sie auch.

Sie ist wie die wärmende Sonne auf meinem Gesicht, wie der sanfte Wind, wie das leise Gluckern der See. Sie ist einfach da, ohne daß man sie anfassen kann. Man kann auch einen Menschen lieben, ohne ihn zu besitzen. Aber man muß wohl erst so alt werden wie ich, um das zu begreifen.

»Wirst du mitkommen in den Wienerwald?« fragte Maria.

»Nein, Schatz. Ich muß mich jetzt wieder um Silvio kümmern. Er ist lange allein gewesen.«

»Daran bin ich schuld.«

»Nun, er ist in mancher Zeit seines Lebens auch ohne mich ausgekommen. Aber nun will ich wieder bei ihm sein. Weißt du, ich bin froh, daß ich ihn habe. So richtig klargeworden ist mir das eigentlich erst jetzt.«

»Du hast ihn lieb, nicht wahr?«

Das Thema Liebe beschäftigte Maria weiterhin.

»Ja«, antwortete Nina.

»Ich habe auch schon viele Menschen liebgehabt. Mami und Papi, und meine kleine Schwester. Ich möchte jetzt Michaela richtig kennenlernen.«

»Sie hat im Sommer Ferien, und dann könntet ihr ja...«

»Ich weiß schon«, rief Maria eifrig. »Ich werde sie einladen. Sie kann mich besuchen in Baden.«

»Das ist eine gute Idee.«

»Meinst du, ich könnte Frederic auch einladen? Würde er kommen?«

»Ganz bestimmt. Ich glaube, er wartet nur darauf, dich zu besuchen.«

»Ich habe es ihm zu verdanken, daß ich wieder sehen kann.«

»Das ist wahr. Er hat als erster ein Anrecht darauf, bei dir zu sein. Nur eins, Maria, nimm dir nicht zuviel vor. Erst fährst du mal nach Baden, und mich brauchst du dazu nicht. Ich hab ja auch angefangen, ein neues Buch zu schreiben. Vielleicht bringt Herbert dich hin oder Stephan, das wird sich finden. Und dann bleibst du mal eine Weile mit Posa allein. Anna und Anton werden gut für dich sorgen. In Baden gibt es sehr gesunde Heilquellen, in diesem Wasser kannst du schwimmen, das wird dir guttun. Und dann im Laufe des Sommers besuchen wir dich, Silvio und ich. Vielleicht bringen wir Michaela mit. Das Haus ist ja groß und hat viele Zimmer. Ich kenne es, wir haben dich dort besucht, als du ein ganz kleines Mädchen warst.«

»Ja, das hast du erzählt.«

»Und wenn du dann dort bist und dir nun alles in Ruhe ansehen kannst, wirst du ja selbst entscheiden, ob du vielleicht ein paar Zimmer neu einrichten willst, oder ob etwas zu renovieren ist. Oder vielleicht willst du neue Tapeten.«

»Meinst du, das kann ich?«

»Warum nicht? Du hast ja Anna, die hilft dir.«

Maria blieb stehen und blickte ernsthaft ins Watt hinaus.

»Ich werde schöne Zimmer für euch einrichten. Und ein Zimmer für Frederic. Und eins für Michaela.«

»Du wirst sehr viel zu tun haben«, sagte Nina befriedigt. In Westerland wurden sie von Rico erwartet.

Sie waren mit der Inselbahn zurückgefahren, was Maria viel mehr Spaß machte als ein Taxi, vom Bahnhof her kamen sie zu Fuß zu ihrem Hotel zurück.

Vor dem Hotel stand Rico, Nina sah ihn schon von weitem, er stand da, spähte umher, er sah ernst aus, geradezu sorgenvoll. Nina überlegte blitzschnell, was sie tun sollte. Sie blickte Maria von der Seite an, öffnete schon den Mund, um zu sagen, wer sie erwartete, entschloß sich dann zu schweigen. Keine Vorbereitung. Auch mit einer Überraschung mußte Maria einmal fertig werden können.

Sie gingen geradewegs auf Rico zu, der sie kommen sah, sein Gesicht belebte sich, er lächelte, doch Maria ging an ihm vorbei, während sie lebhaft auf Nina einredete über irgend etwas, was sie im Laufe des Tages gesehen hatte.

Nina verhielt den Schritt, wartete ab. Rico streckte die Hand nach Maria aus, sein Gesicht war, wie Nina es noch nie gesehen hatte, voll Angst geradezu.

»Maria«, sagte er leise.

Maria blieb stehen und wandte sich um.

Sie sah ihn an, sie sah ihn zum ersten Mal.

»Rico?« Staunen in ihrer Stimme, aber kein Schreck, keine Bewegtheit. Sie sah Nina an. »Rico ist da. Hast du das gewußt?«

»Wie sollte ich?« sagte Nina, in möglichst unbefangenem Ton.

»Aber ich habe mich schon lange gewundert, daß er nicht aufkreuzt. Tag, Rico.«

»Es war dein ausdrücklicher Wunsch und Befehl, mit Maria allein zu sein«, sagte Rico, seine Stimme war heiser vor Erregung.

»Und ich danke dir, daß du dich daran gehalten hast.«

»Es war viel verlangt. Ich habe euch in Baden schon gesucht.«

»Ah, ja!«

»Und nun hat Vater ja eine Karte von Maria bekommen. Ich nicht.«

Maria lachte. »Ach, du hättest sicher auch noch eine bekommen. So schnell geht es bei mir mit dem Schreiben noch nicht.«

»Maria! Wie konntest du mich so lange in Ungewißheit lassen!« Er ergriff ihre Hände, erst die eine, dann die andere, dann küßte er sie auf die Wange.

Maria lächelte freundlich.

»In Ungewißheit? Wie meinst du das?«

»Habe ich nicht ein Recht darauf zu erfahren, wie es dir geht? Wie alles ausgegangen ist?«

»Das wißt ihr doch«, sagte Nina.

»Aber ich konnte nicht wissen, wie es weitergeht. Ob sie...« Sein Blick forschte in ihrem Gesicht, haftete schließlich an ihren Augen.

»Maria! Wie schön du bist!«

»Also bitte keine Liebesszenen auf der Straße vor dem Hotel«, sagte Nina. »Komm rein. Es geht uns gut, das siehst du ja.«

»Aber ich konnte doch nicht wissen«, begann Rico noch einmal und es klang geradezu verzweifelt.

»Es geht uns gut, richtig gut«, wiederholte Maria, »siehst du, ich bin schon ein bißchen braun geworden. Und wir essen immerzu Fisch. Und heute waren wir in List. Und jeden Tag, jeden Tag sehe ich das Meer.«

Er nahm wieder ihre Hand.

»Du bist glücklich, Maria?«

»Ja, ich bin glücklich«, so wie sie es sagte, klang es fast nebensächlich, sie gab dem Satz keine besondere Bedeutung und gleichzeitig lächelte sie einem älteren Ehepaar zu, das ebenfalls im Hotel ›Stadt Hamburg‹ wohnte und gerade heimkam von einem Spaziergang.

»Guten Abend«, sagte Maria. »Waren Sie wieder in Keitum?«

»Ja, es war ein wunderschöner Tag«, antwortete die Dame, beugte sich herab und streichelte Posa, der sich neben Maria gesetzt hatte. »Und was haben Sie unternommen?«

»Wir waren in List«, erzählte Maria. »Wir haben Schiffe gesehen.«

»Kann ich auch nicht genug von kriegen«, sagte der Mann. »Schiffe sind für mich das höchste auf der Welt.«

Sie nickten sich alle zu, ein flüchtiger Blick streifte Rico, dann betraten sie das Hotel und Nina folgte ihnen augenblicklich.

»Kommt«, sagte sie. »Hast du schon ein Zimmer, Rico?«

»Nein, ich wußte ja nicht, wo ihr wohnt. Ich war zuerst

in Kampen, in dem Hotel, wo wir im Herbst gewohnt haben.«

»Ach ja, naheliegend. Vielleicht bekommst du hier im Haus noch was. Sonst mußt du dich umschauen. Guten Abend.« Das galt der Dame an der Rezeption, und aus seinem Büro kam der Chef des Hauses und begrüßte sie auch, und Maria lächelte allen zu, nahm den Schlüssel in Empfang.

»Da kannst du gleich nach einem Zimmer fragen«, sagte Nina zu Rico.

»Wir sehen uns dann zum Abendessen, ja?«

Verdutzt blieb Rico an der Rezeption zurück.

Glücklich, dachte Nina, während sie hinter Maria durch den langen Gang ging, der in das Hotelgebäude führte, das ist es, was sie glücklich macht. Da kommen Leute, zu denen sie guten Abend sagen kann, wie jeder andere Mensch es auch tut, man sieht sich, man begrüßt sich, der Hotelier, das Personal, jeder spricht mit ihr auf normale Weise, es gibt kein verlegenes Verstummen, keine übertriebene Höflichkeit, sie ist nichts als ein hübsches junges Mädchen, das man wohlwollend betrachtet, höchstens daß einer mal denkt: was hat sie für große dunkle Augen!

Das ist Glück für sie, hier, heute und vermutlich noch für lange Zeit. Möglicherweise ihr Leben lang. Das müßte Rico als erstes begreifen, genau wie ich es sehr schnell begriffen habe.

Nach dem Abendessen gingen sie noch einmal ans Meer, Posa, der sich in letzter Zeit freier bewegt hatte, blieb heute wieder dicht an Marias Knie. Sie ging schneller und schneller, Nina und Rico blieben etwas zurück.

»Es ist jeden Tag dasselbe«, sagte Nina, »sie kann es kaum erwarten, ans Meer zu kommen.«

Rico schwieg.

»Sie hat sich gut erholt, findest du nicht? Sie ißt jetzt ordentlich, und sie war täglich viele Stunden an der Luft. Mir hat es auch gutgetan.«

Rico schwieg, sein Blick folgte Maria, die mit ihrem anmutigen Tänzerinnengang sich immer weiter von ihnen entfernte.

Sie brauchte seine Hand nicht mehr, nicht seine Augen, nicht seine Hilfe.

»Übermorgen wollen wir nach Hause fahren«, sprach Nina weiter. »Jetzt kommen Feriengäste, da wird es voll auf der Insel.«

»Sie liebt mich nicht mehr«, sagte Rico düster.

Nina blieb stehen.

»Hat sie dich denn geliebt?« fragte sie ernst.

Auch Rico stand, blickte Nina an. Er sah unglücklich aus, keine strahlende Siegermiene mehr.

»Ich weiß es nicht. Sie hat einmal zu mir gesagt, man kann nur lieben, was man sieht. Posa war der einzige, den sie trotzdem lieben konnte, ohne ihn zu sehen.«

»Sie fängt ein neues Leben an, Rico. Ein ganz neues Leben. Und bisher ist es gutgegangen. Sie findet sich erstaunlich rasch zurecht in diesem neuen Leben. Ich hatte das offen gestanden nicht erwartet.«

»Und ich?« fragte er.

»Was, und du?«

»Sie braucht mich nicht mehr.«

»Nicht so wie zuvor, das ist wahr. Doch du hast viel für sie getan in all den Jahren, das hat sie bestimmt nicht vergessen. Was du sonst für sie sein kannst in diesem neuen Leben, das bleibt abzuwarten. Ich kann dir nur einen Rat geben: versuche nicht wieder, sie zu überrumpeln. Das geht nicht mehr. Sie ist erstaunlich selbstsicher geworden.«

»Frederic hat sie mir weggenommen«, sagte Rico düster.

»Sei nicht kindisch. Sie gehört keinem, und keiner kann sie darum irgend jemand wegnehmen. Sie ist frei, verstehst du? Ein freier Mensch. Ich glaube nicht, daß sie sich in nächster Zeit an einen Mann binden wird, weder an dich noch an Frederic. Später, vielleicht. Und dann wird es ihr freier Entschluß sein.«

Das Meer lag ruhig und friedlich in der Abendsonne, der Horizont war ein klarer Strich, wie mit dem Lineal gezogen.

»Ich sehe das Meer«, sagte Maria feierlich. Wie oft sie diesen Satz nun schon gesagt hatte und sie sagte ihn stets mit der gleichen Andacht, mit inbrünstiger Dankbarkeit.

»Nun weiß ich es«, fügte sie nach einer Weile hinzu.

»Was weißt du?« fragte Nina.

»Wie ich singen werde. Ich will bald wieder singen, und ich werde jetzt viel besser singen.«

»Vater wartet auf dich«, sagte Rico.

»Ja. Ich bin schon sehr neugierig darauf, ihn zu sehen. Und im Winter werden wir viel arbeiten und dann... Ich bin euch allen so dankbar. Alle seid ihr so gut zu mir gewesen. Dein Vater, Rico, hat einmal gesagt, es wird mich glücklich machen, wenn ich singen kann. Er meinte, weil ich nicht sehen konnte. Aber jetzt möchte ich andere Menschen glücklich machen, wenn ich singe.« Sie faßte Ninas Hand, hielt sie fest. »Glaubst du, daß ich das kann?«

Der Himmel war rot, wo die Sonne im Meer versunken war. Das Meer glühte im Abendschein, hoch und weit und endlos war der Himmel.

»Ja«, sagte Nina, »das glaube ich nicht nur, das weiß ich. Du wirst die Menschen glücklich machen mit deiner Stimme. Und es wird, auch wenn du nun sehen kannst, immer das größte Glück deines Lebens sein. Denn ein Mensch kann nur wirklich glücklich sein, wenn er andere Menschen glücklich machen kann.«